INNSBRUCKER GEOGRAPHISCHE STUDIEN

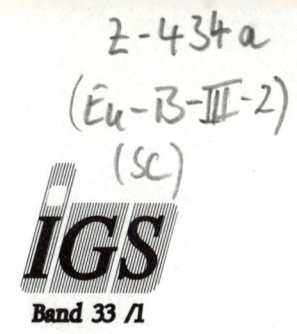

IGS Band 33 /1

Geographischer Exkursionsführer

Ernst Steinicke (Hg.)

Europaregion
Tirol
Südtirol
Trentino

Band 1
Übersichtsrouten von Kufstein bis Ala

mit 48 Illustrationen und zahlreichen Tabellen

Geographie Innsbruck
SELBSTVERLAG
2002

Der Druck wurde durch Zuschüsse folgender Stellen gefördert:

Universität Innsbruck
Marktgemeinde Wattens
ALPINARIUM Galtür
Fa. Daniel Swarovski & CO., Wattens

Alle Rechte, insbesondere das der Übersetzung in fremde Sprachen, vorbehalten.

Layout: Mag. Ingrid Bichler
Kartographie: Hannes Kölbersberger
2002, Geographie Innsbruck
Druck: RAGGL Digital Graphic-Print GmbH, Innsbruck
ISBN 3-901182-33-0

Inhaltsverzeichnis

Vorwort 5

1. Einleitung: Ein neuer Exkursionsführer (*E. Steinicke*) 7

2. Das Tiroler Unterinntal (*E. Steinicke*) 13

3. Das Inntal von Innsbruck bis Landeck (*A. Borsdorf*) 69

4. Die Brenner-Linie: Die zentrale Nord-Süd-Verbindung von Innsbruck bis Ala (*H. Penz*) 103

5. Die Felbertauern-Linie: Die östliche Nord-Süd-Querung von Wörgl bis Lienz (*E. Steinicke*) 167

6. Der obere Weg: Außerfern, Fernpass und das Obere Gericht (*W. Keller*) 207

7. Vinschgau und mittleres Etschtal (*K. Fischer*) 245

8. Gampenpass - Gardasee: Die Nord-Süd-Querung durch das westliche Trentino (*H. Penz*) 287

Vorwort

Nur wenige haben wohl noch daran geglaubt, aber nun ist es wirklich soweit. Mehr als 25 Jahre nach dem als Band 2 der Innsbrucker Geographischen Studien herausgegebenen Exkursionsführer Tirol erscheint nun endlich der neue Exkursionsführer von Tirol. Nach vielen Jahren der Diskussion wird damit ein Werk vorgelegt, das schon lange überfällig ist. Da der mittlere Ostalpenraum beliebtes Ziel von geographischen Exkursionen ist, wurde von vielen Seiten der Wunsch nach einem neuen Exkursionsführer an das hiesige Institut für Geographie herangetragen. Die gesellschaftlichen Entwicklungen von fast drei Jahrzehnten haben deutliche Spuren in der Kulturlandschaft hinterlassen - ein Wandel, der aus geographischer Betrachtungsweise des Kommentars bedarf. Auch im Naturraum lassen sich, klimatisch induziert, deutliche Veränderungen erkennen, die es zu erläutern gilt.

Viele werden sich fragen, warum die Herausgabe des neuen Exkursionsführers solange gedauert hat. Es mangelte sicher nicht an Gründen und Anregungen, aber es bedurfte letztendlich eines konkreten Anlasses (wie es auch 1975 der Deutsche Geographentag in Innsbruck war), um das seit langem vorliegende Konzept final anzugehen und umzusetzen. Das Internationale Jahr der Berge, das in Tirol mit vielen Veranstaltungen intensiv zelebriert wird, lieferte Motivation. Für ein Institut, das sich in zunehmendem Maße mit Geographie von Gebirgsräumen als schwerpunktmäßige Ausrichtung identifiziert, entstand dadurch ein Muss.

Die endgültige Umsetzung des Projekts „Exkursionsführer der Europaregion Tirol - Südtirol - Trentino" in relativ kurzer Zeit war schließlich nur möglich, weil alle Autoren an einem Strick zogen. Hierfür sei ihnen herzlich gedankt. Ein besonderer Dank geht an die Kollegen Hugo Penz, der das vorliegende Konzept wesentlich geprägt hat, und Ernst Steinicke, der als Herausgeber letztendlich den Exkursionsführer *gemacht* hat.

Johann Stötter
Vorstand des Instituts für Geographie der Universität Innsbruck

1. EINLEITUNG

Ein neuer Exkursionsführer

Zur Konzeption des Gesamtwerks

Der in Innsbruck abgehaltene 40. Deutsche Geographentag war Anlass, im Jahr 1975 erstmals einen grenzüberschreitenden Exkursionsführer Tirol (mit Südtirol) vorzulegen. Dieses Werk, das als zweiter Band der Innsbrucker Geographischen Studien (IGS) erschien, erfreute sich nicht nur bei den Tagungsteilnehmenden und Studierenden großer Beliebtheit, sondern auch in der landeskundlich interessierten Öffentlichkeit: Schon wenige Jahre später war die gesamte Auflage restlos vergriffen.

Das „Internationale Jahr der Berge" bietet sich nun an, das immer wieder auf die lange Bank geschobene Projekt eines neuen Exkursionsführers zu realisieren. Schon zu Beginn des Jahres 2002 wurde der Mitte der 90er-Jahre entwickelte Entwurf überarbeitet und an die mittlerweile entstandene Europaregion Tirol - Südtirol - Trentino angepasst. Das neue Grundkonzept geht von einem vierbändigen Gesamtwerk aus, das innerhalb von drei Jahren erscheinen (2002-2004) soll. Der erste Band sieht Übersichtsrouten in der genannten Euregio vor. In den drei weiteren Bänden sind für jeden Teil der Euregio, also für das Bundesland Tirol sowie für die Autonomen Provinzen Südtirol und Trentino, eigene Bände mit Spezialexkursionen vorgesehen. Damit unterscheidet sich der neue Führer allein schon durch seinen Umfang von seinem Vorgänger. Im Gegensatz zum alten Exkursionsführer verzichtete man im vorliegenden Werk gänzlich auf eine landeskundliche Einführung. Anstelle eines Fachaufsatzes sollen die Übersichtsexkursionen bzw. die Einführungen zu den Übersichtsexkursionen diese Rolle übernehmen. Damit wird der Wunsch nach exemplarischer Erklärung am Objekt Rechnung getragen.

Während der alte Exkursionsführer - dem Exkursionsangebot während des Geographentags in Innsbruck entsprechend - den Nordtiroler Raum in den Vordergrund schiebt, Südtirol nur kursorisch und das Trentino (= Welschtirol) überhaupt nicht dokumentiert, soll das hier vorgestellte Projekt den gesamten Tiroler Raum in seinen historischen Grenzen (= heutige Europaregion) umfassen und insofern eine in Fachdiskussionen oft aufgezeigte landeskundliche Lücke beseitigen.

Projekt Exkursionsführer Europaregion Tirol - Südtirol - Trentino

Band 1: Übersichtsrouten von Kufstein bis Ala - Erscheinungstermin: 2002
Band 2: Spezialexkursionen im Bundesland Tirol - Erscheinungstermin: 2002
Band 3: Spezialexkursionen in Südtirol - Erscheinungstermin: 2003
Band 4: Spezialexkursionen im Trentino - Erscheinungstermin: 2004

Bei der Auswahl der zu behandelnden Routen, Gegenden oder lokalen Fallbeispiele bilden zwar in erster Linie die regionalen Schwerpunkte und Forschungsinteressen der Institutsmitarbeiter die Grundorientierung, es wird jedoch darauf geachtet, dass das Gesamtwerk möglichst viele unterschiedliche natur-, kultur- und wirtschaftsräumliche Typen sowie geographisch relevante Themenkreise behandelt. Ein solches Bestreben macht es daher von vornherein notwendig,

Abb. 1: Dargestellte Übersichtsrouten in der Europaregion Tirol - Südtirol - Trentino

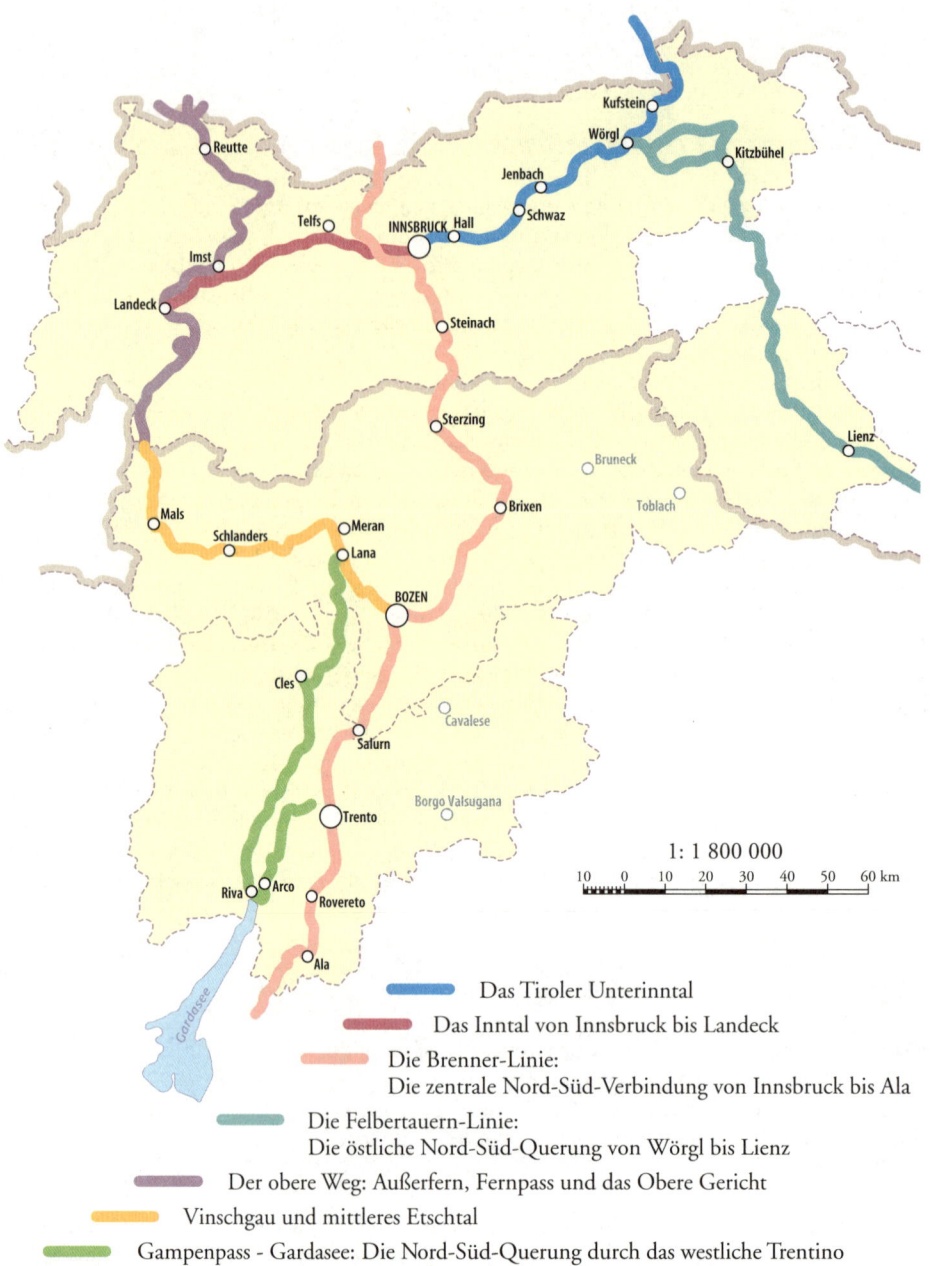

Hilfe von Fachleuten außerhalb des Institutes in Anspruch zu nehmen. Damit lässt sich ein vielperspektivisches Bild der Europaregion Tirol - Südtirol - Trentino vermitteln, das freilich nicht den (unsinnigen) Anspruch erheben will, das „Wesentliche" von Landschafts- bzw. Raumteilen zu erfassen. *Aschauer* (2001) hat sicher Recht, wenn er aufzeigt, dass Landeskunde, zu der regionalgeographische Exkursionsführer grundsätzlich zählen, über kein vorgegebenes und umfassendes Themenspektrum verfügt. Sie ist keine Forschungsdisziplin mit eigener Theorie, sondern eine Form der Darstellung und somit als adressatenorientiertes Angebot von Raumbildern aufzufassen, das immer selektiv, vorläufig und demonstrativ bleibt.

Den Autoren stand (bzw. steht) bei der Abfassung ihrer Exkursionsbeiträge größtmögliche Freiheit zu. Dies betrifft sowohl die Auswahl von Darstellungselementen, Methode, konkrete Form der textlichen Darstellung als auch Illustration (Abbildungen, Fotos etc.) sowie Verwendung des wissenschaftlichen Apparates. Die Aufgabe des Herausgebers beschränkt sich hierbei lediglich auf die Koordination der Beiträge und auf die Betreuung bei formalen Fragestellungen (inklusive graphischer Ausstattung und Textkästen) - keineswegs werden inhaltlich-informative Elemente verändert. Die Autoren tragen demnach für ihre Beiträge allein die Verantwortung. Obwohl die Mitarbeiter bemüht sind, Beschreibung und Erklärung miteinander zu verbinden und vielfach auch kritisches Hinterfragen anzuschließen, mögen sich manche Leser und Leserinnen an der stellenweise zu knapp gehaltenen explikativen Darstellung stoßen. Dabei ist allerdings zu bedenken, dass die vielerorts bestehenden Lücken im Forschungsstand eine wünschenswerte, eingehende Behandlung etlicher Fragen verhindern.

Da die ersten beiden Bände dieses Exkursionsführers gleichzeitig erscheinen, ließen sich im Text Querverweise zwischen den Übersichtsexkursionen und den Spezialexkursionen, die das Bundesland Tirol betreffen, einbauen. Sie sollen die Lesenden über das landeskundliche Angebot im Exkursionsführer informieren und zur Übersichtlichkeit beitragen. Textkästen, die sich in manchen Beiträgen häufen, haben wiederum die Aufgabe, Besonderheiten bzw. Singularitäten hervorzuheben oder einfach den Haupttext zu entlasten und damit die Lektüre zu erleichtern. Auch die technischen Hinweise zum Exkursionsverlauf, die jedem Beitrag vorangestellt sind, werden in einer solchen "text box" untergebracht.

Der Herausgeber hofft, dass das vorliegende Werk über den Kreis der Fachgeographen hinaus auch geographisch interessierte Laien und damit weite Teile der Öffentlichkeit ansprechen kann.

Band 1: Überblicksexkursionen durch Tirol, Südtirol und das Trentino

Der hier vorliegende Band wurde von fünf Autoren verfasst und enthält sieben Darstellungen von W-E und N-S gerichteten Übersichtsrouten in der Europaregion (vgl. *Abb. 1*):

1. Einleitung: Ein neuer Exkursionsführer (*E. Steinicke*)
2. Das Tiroler Unterinntal (*E. Steinicke*)
3. Das Inntal von Innsbruck bis Landeck (*A. Borsdorf*)
4. Die Brenner-Linie: Die zentrale Nord-Süd-Verbindung von Innsbruck bis Ala (*H. Penz*)
5. Die Felbertauern-Linie: Die östliche Nord-Süd-Querung von Wörgl bis Lienz (*E. Steinicke*)
6. Der obere Weg: Außerfern, Fernpass und das Obere Gericht (*W. Keller*)
7. Vinschgau und mittleres Etschtal (*K. Fischer*)
8. Gampenpass - Gardasee: Die Nord-Süd-Querung durch das westliche Trentino (*H. Penz*)

Das Grundkonzept sah für Band 1 zusätzlich die W-E verlaufende Durchzugsroute *Pustertal* sowie die sich im Osttrentino anbietende Route *Bozen - Fassatal - Valsugana* vor, doch war die Bearbeitungen in dem geplanten Zeitrahmen nicht mehr unterzubringen. Beide Räume sollen daher in den Bänden 3 und 4 anhand von Spezialexkursionen in ausreichender Form abgedeckt werden.

Die dargelegten Übersichtsexkursionen werden insofern dem Namen gerecht, als sie eine Vielzahl von Themen entlang der großen Durchzugsrouten ansprechen. Aber auch hier führten individuell unterschiedliche Präferenzen und Sichtweisen zwangsläufig zu gewissen Schwerpunktbildungen - etwa in den Bereichen Agrargeographie, Genese und Wandel der Kulturlandschaft, Siedlungsstruktur oder Industrie.
Den Anfang in vorliegendem Führer machen zwei Beiträge über das Inntal, die den Zentralraum des Bundeslandes Tirol abhandeln. *Das Tiroler Unterinntal* behandelt sowohl das Inn-Quertal von Erl bis Kufstein als auch das Inn-Längstal von Kufstein bis Innsbruck, wobei - nach einem bewusst breit angelegten regionalgeographischen Überblick - eine überaus reiche Fülle von physisch- und humangeographisch ausgerichteten Themen diskutiert wird. Der Beitrag *Das Inntal von Innsbruck bis Landeck* baut auf die Unterinntal-Exkursion auf und setzt sie - ähnlich vielfältig - westwärts fort. Dabei fand die Stadt Innsbruck nicht im Übersichtsband Aufnahme, da sie separat im 2. Band ausführlich beschrieben wird. *Die Brenner-Linie: Die zentrale Nord-Süd-Verbindung von Innsbruck bis Ala* ist entsprechend der Routenlänge die umfangreichste Darstellung im Exkursionsführer: Sie beginnt in Scharnitz und endet an der Südgrenze Alttirols. Die Palette reicht von naturräumlichen Fragestellungen über siedlungsgeographische Probleme bis hin zu tourismus-, verkehrs- und industrieorientierten Betrachtungen. Im Mittelpunkt stehen aber eindeutig Genese und Wandel der Kulturlandschaft. Das Tiroler Unterland und Osttirol werden im Beitrag *Die Felbertauern-Linie: Die östliche Nord-Süd-Querung von Wörgl bis Lienz* näher beleuchtet. Schwerpunkt der Betrachtungen bildet die Abfolge von tourismusgeprägten wirtschaftlichen Aktivräumen und strukturschwachen Gebieten in peripherer Lage. Auch durch das Tiroler Oberland führt eine zweite Übersichtsroute: *Der obere Weg: Außerfern, Fernpass und das Obere Gericht* stellt zu Beginn mit dem Außerfern ebenfalls einen Tiroler Peripherraum vor, in dem allerdings ein Industriebetrieb besonders hervortritt. In weiterer Folge geht der Beitrag auf den Fernpass-Bergsturz ein und schließt mit tourismusgeleiteten Fragestellungen über den obersten Inntal-Bereich Tirols, dem Oberen Gericht, ab. Den Westen Südtirols beschreibt die Übersichtsexkursion *Vinschgau und mittleres Etschtal*. In diesem tief eingesenkten Talraum, der sich einer außerordentlichen Schutzlage innerhalb des Gebirges erfreut und darin auch seinen Ruf als inneralpine Trockeninsel begründet, ist es nicht verwunderlich, wenn agrargeographische Fragestellungen im Vordergrund stehen. Die Beitragsserie endet mit der Exkursion *Gampenpass - Gardasee: Die Nord-Süd-Querung durch das westliche Trentino*. Der besondere Reiz dieses Nord-Süd-Profils liegt darin, dass sich die Abfolge montane, kolline und mediterrane (planare) Vegetationsstufe gut aufzeigen lässt. Darüber hinaus werden wirtschaftsräumliche Differenzierungen zwischen dem Nonsberg, Außerjudikarien und dem nördlichen Gardaseegebiet thematisiert. Das durchfahrene Südtiroler und Trentiner Gebiet eignet sich ferner hervorragend, Fragen zum modernen Wandel der Kulturlandschaft am Objekt zu diskutieren.

Abschließend ist allen Mitarbeitern dieses Bandes großer Dank auszusprechen. Es ist nämlich nicht selbstverständlich, dass Manuskripte innerhalb von nur vier Monaten fertig gestellt werden. Eine enorme Leistung erbrachten auch Frau Mag. Ingrid Bichler, welche die einzelnen Artikel für den Druck vorbereitete, und Herr Hannes Kölbersberger, der die (karto)graphische Ausstattung besorgte und überdies wertvolle gestalterische Anregungen gab. Ihnen sei dafür besonders gedankt.
Danksagen möchte der Herausgeber Herrn Mag. Dr. Wilfried Keller und Herrn Dr. Josef Aistleitner für ihre Bemühungen zur Drucklegung sowie dem Vorstand des Instituts für Geo-

graphie der Universität Innsbruck, Herrn o.Univ.-Prof. Dr. Johann Stötter, für seine Unterstützung. Ein herzliches Dankeschön geht an Herrn ao.Univ.-Prof. Dr. Hugo Penz, der für sämtliche Fragen zum Exkursionsführer immer eine hilfreiche Anlaufstelle war.

Ernst Steinicke

Literatur

Aschauer, W. - 2001: Landeskunde als adressatenorientierte Form der Darstellung. Ein Plädoyer mit Teilen einer Landeskunde des Landesteils Schleswig (= Forschungen zur Deutschen Landeskunde 249). - Flensburg.
Leidlmair, A. (Hg.) - 1975: Tirol. Ein geographischer Exkursionsführer (= Innsbrucker Geographische Studien 2). - Innsbruck.

2. DAS TIROLER UNTERINNTAL

ERNST STEINICKE

 Exkursionsverlauf und praktische Hinweise

Autobahn München/Rosenheim - Kufstein bis Oberaudorf - Niederndorf - Ebbs - Kufstein - Schwoich - Bad Häring - Wörgl - Kundl - Breitenbach - Oberangerberg - Kramsach - Rattenberg - Brixlegg - Straß im Zillertal - Wiesing - Kanzelkehre - Jenbach - Stans - Schwaz - Pill - Weerberg - Weer - Kolsaß - Wattens - Volders - Mils - Hall in Tirol - Thaur - Rum - Innsbruck/Arzl.

Transportmittel: Pkw oder Autobus; einige kurze Fußwanderungen (Halbschuhe sind bei Schönwetter ausreichend)

Fahrtkilometer: ~ 150

Exkursionsdauer: 10 Stunden (ohne Mittagspause)

günstige Mittagspause: Rattenberg oder Kanzelkehre

Aussichtspunkte Kufstein (Festungsberg) und Kanzelkehre sind gebührenpflichtig.

Die Exkursion wird einerseits durch die Überblicksexkursionen *Das Inntal von Innsbruck bis Landeck, Die Brenner-Linie* und *Die Felbertauern-Linie* fortgesetzt, zum anderen durch folgende Spezialexkursionen (im 2. Band des Exkursionsführers) ergänzt:

Alpbach und Umgebung
Das Zillertal: Tourismus und Energiewirtschaft
Geographisches Profil: Wattens und Umgebung
Hall in Tirol: Altstadtsanierung und Revitalisierung
Die Stadt Innsbruck.

Sie ist ganzjährig durchführbar.

Karten:

Tirol-Atlas 1:300.000, insbesondere Topographische Übersicht und Geologie mit Tektonik
Österreichische Karte 1:50.000, Blätter 89, 90, 118, 119, 120, 148
Freytag-Berndt-Wanderkarte 1:50.000, Blätter 241, 301, 321
Freytag-Berndt-Wanderkarte 1:100.000, Blätter 30, 31, 32
Österreichische Karte 1:200.000, Blätter 47/11, 47/12, 48/12
Freytag-Berndt: Große Straßenkarte Österreichs 1:300.000, Blatt 3

Regionalgeographischer Überblick

Durch seine Breite und den geradlinigen nordöstlichen Verlauf bildet das Unterinntal einen der markantesten Abschnitte der nordalpinen Längstalfurche. Auf der knapp 90 km langen Strecke zwischen der Mündung der Melach in den Inn (590 m) am Fuß der Martinswand und dem Beginn des Inn-Quertals bei Kufstein (499 m), das nach Bayern führt, beträgt der Höhenunterschied keine 100 m. Neben der Breite zählt daher das geringe Gefälle zur Charakteristik des Talgrundes.

Das Exkursionsgebiet lässt sich vom Talverlauf her in zwei Abschnitte teilen: Einerseits in ein Längstal, das von Innsbruck nach Nordosten zieht, zum anderen, unterhalb der Stadt Kufstein, in ein Nord-Süd gerichtetes Quertal, das nach rund 20 km den morphologischen

Abb. 1: Exkursionsroute im Unterinntal mit Haupthaltepunkten

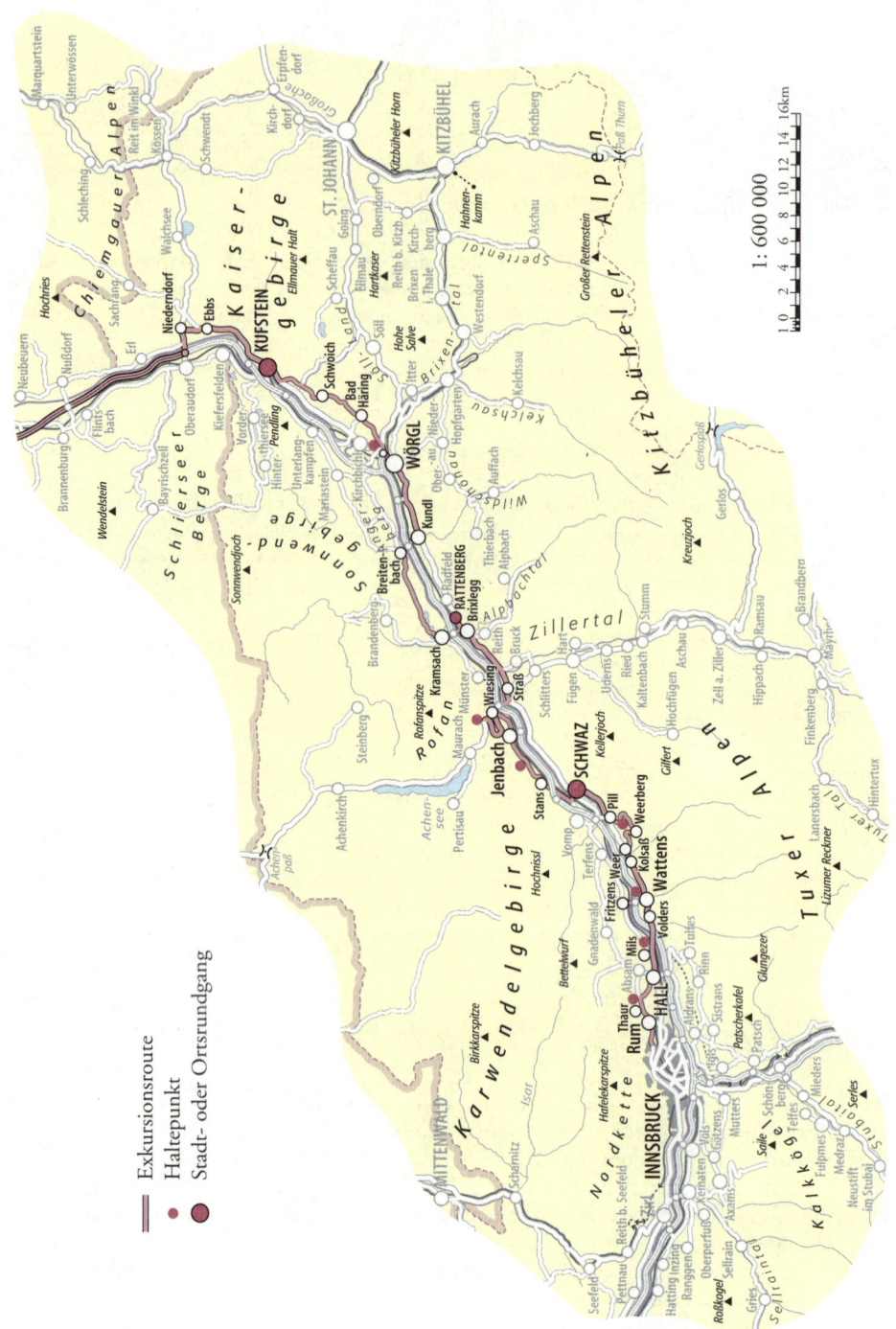

Alpenrand erreicht. Im Bereich des Quertals übernimmt der Inn streckenweise die Funktion der Staatsgrenze, sodass dieser Teil zwischen Tirol und Bayern aufgeteilt ist. Für kulturgeographische Vergleiche empfiehlt es sich jedoch, die Territorialbildung Tirols zu berücksichtigen und das Unterinntal folgendermaßen zu gliedern: In das mittlere Inntal von der Melach bis zum Ziller und - östlich davon - in das Unterland am Inn. Das so ausgewiesene Gebiet betrifft neben dem Bezirk Innsbruck-Stadt wichtige Zentralräume der Bezirke Innsbruck-Land, Schwaz und Kufstein.

Der Inn quert in Tirol Teile der Zentral- und der Nördlichen Kalkalpen; er berührt auch den dritten großen Naturraum Tirols, die Grauwackenzone. Trennt der Fluss zwischen Landeck und Innsbruck (von einigen Ausnahmen abgesehen) die Kalkalpen von den kristallinen Zentralalpen, so gilt dies im Unterinntal nur für den westlichen Bereich. Hier stehen die beiden Talseiten in großer Breite zueinander: Zwischen den Nördlichen Kalkalpen und den zentralalpinen Tuxer Alpen verläuft eine tektonische Fuge („Inntal-Linie"), an welcher der ursprüngliche Zusammenhang der beiden Gesteinswelten gestört ist. Das Kalkgebirge im Norden wurde nicht so hoch emporgehoben wie die Zentralalpen im Süden, wo erst in Gipfelhöhe jene Gesteine zu erwarten wären, die den ältesten der Kalkalpenseite entsprächen. Tatsächlich sind im Brennergebiet sowie im hintersten Wattental über den paläozoischen Gesteinen Reste von mesozoischen Ablagerungen erhalten geblieben („Brenner Mesozoikum").

Östlich von Pill ändern sich die geologischen Verhältnisse. Mit dem Kellerjochmassiv tritt an der Südseite ein neues Element im Gebirgsbau vor. Hier legt sich die ostwärts rasch breiter werdende Grauwackenzone zwischen den Nördlichen Kalk- und den Zentralalpen. Überdies dringt ab Schwaz der Inn in zunehmendem Maße in die Nördlichen Kalkalpen ein. Somit erscheinen auch an seiner rechten Seite mesozoische Sedimente, die ab Rattenberg sogar die gesamte südliche Talseite aufbauen. Die Stadt Kufstein liegt bereits inmitten des Kalkgebirges. Die Verbreitung der drei großen geologischen Einheiten hat die grundsätzliche Reliefgestaltung vorgezeichnet.

Nördlich des Inns machen sich die *Kalkalpen* durch ihre Siedlungs- und Verkehrsfeindlichkeit bemerkbar. Dies gilt insbesondere für das Karwendelgebirge, das zwischen der Seefelder Senke und der Achenseefurche verläuft. Der triassische Stapel bildet hier zum Teil stark zerklüftete Wandfluchten mit weit herabreichenden Schuttkegeln, wobei die Deckentektonik in Form von Überschiebungen Älteres über Jüngeres brachte. Beispielsweise taucht der jüngere, rauchgrau verwitternde Hauptdolomit vorwiegend in den unteren Lagen auf, während der helle, unfruchtbare Wettersteinkalk, der in ungestörter Sedimentationsfolge darunter lagert, den Gipfelregionen ihre schroffen und kahlen Formen verleiht. Die Quertalbildung ist in den Nördlichen Kalkalpen gering. Die meisten Erosionsrinnen verlieren sich alsbald in steilflankigen Tobeln. Hingegen riegeln mehrere hintereinander gestaffelte, in Ost-West-Richtung angelegte Ketten das Inntal nach Norden hin ab. Dazwischen finden sich einsame, landschaftlich reizvolle Hochtäler, wie das Halltal oder das Vomperloch.

Im Exkursionsraum durchbrechen nur die Achenseefurche und das Inn-Quertal die Nördlichen Kalkalpen und führen in das bayerische Alpenvorland. Zusammen mit dem Brandenberger Tal gliedern sie die Gebirgsstöcke nördlich des Inns in drei Teile, dem Karwendelgebirge im Westen, dem Rofangebirge mit seinem Plateaucharakter in der Mitte und dem Sonnwend-/Pendlinggebirge im Osten. Bei dieser Abfolge fällt auf, dass die absoluten Höhen nach Osten hin abnehmen. Verläuft im Karwendel die Gipfelflur auf ca. 2.400 m und erreicht hier das Gebirge im Birkkar- (2.749 m), Ödkar- (2.743 m) und Bettelwurfmassiv (2.726 m) seine maximalen Höhen, so bleiben die Gipfel im Rofan alle unter 2.300 m (Hochiss - 2.299 m). Im Sonnwend-/Pendlinggebirge sind Höhen über 1.700 m bereits die Ausnahme.

Das Einfallen der Gipfelflur zum Inn-Quertal und damit nach Nordosten hin lässt sich mit der geringeren Auffaltung im randalpinen Bereich erklären. Gleichzeitig wird das Gestein immer jünger, je weiter man gegen die Außenzone der Alpen vordringt: Östlich des Karwendels bereichern rosafarbene Jurakalke den triassischen Stapel, und im Sonnwendgebirge hängen die abgerundeten Formen in beträchtlichem Ausmaß mit den wenig widerstandsfähigen Gesteinen der Kreide zusammen.

Trotz der stärkeren Hebung der Zentralalpen übersteigen die *Tuxer Alpen* die 3.000 m Marke nicht. Die großen Höhen werden erst weiter südwärts in den Zillertaler Alpen erreicht. Ihre vergletscherten Gipfelzonen, die in geologischer Hinsicht dem Tauernfenster des Penninikums angehören, sind aber von den Talgegenden im Unterinntal, sieht man einmal vom Gebiet der Zillermündung ab, nicht sichtbar. Im Höhenprofil entspricht die südliche Talseite etwa der nördlichen. Das Relief erscheint gegenüber dem Norden bis in die Gipfelregionen weicher; vielfach sind diese zu Doppelgraten ausgebildet. Der Wald reicht in den Tuxer Alpen weit hinauf, ebenso die Besiedlung. Das Gebirge wird von unten bis oben vom Quarzphyllit („Innsbrucker Quarzphyllit") aufgebaut, ein stark gepresstes Schiefergestein mit Quarzadern, das leicht verwittert und damit die sanfte Hanggestaltung begründet.

Neben den zahlreichen Eckfluren und Riedeln, die das Hangprofil im Süden unterbrechen, treten zwei Verflachungszonen hervor, die man als alte Talbodenreste deutet: Die eine knapp oberhalb der Waldgrenze in einer Höhe zwischen 2.000 und 2.200 m, die andere etwa 300 m über dem heutigen Talboden. Die Verebnung im unteren Bereich - im Süden von Innsbruck und am Weerberg - ist besonders auffällig, entspricht sie in ihrem Höhenverlauf doch der Hungerburg- und Gnadenwaldterrasse auf der gegenüberliegenden Talseite. Im Gegensatz zu dieser handelt es sich dabei um Skulpturformen, die im Anstehenden angelegt sind. Die zum Teil breit ausladenden Terrassen im Norden und Süden werden in Tirol als das „Mittelgebirge" bezeichnet; sie mildern den Kontrast der beiden unterschiedlich aufgebauten Talseiten und prägen damit die Landschaft des mittleren Inntals.

Viel stärker als der Norden wird die Südseite von Seitentälern bestimmt, die alle tief in das Gebirge eindringen - manche, wie das Wattental, bis zu 20 km. Ihre Schuttlast lagerten die Bäche an den Talausgängen ab, wodurch der Hauptfluss abgedrängt wurde. Die größten Schwemm- bzw. Murkegel des Unterinntals liegen allerdings auf der Nordseite - am Eingang des Halltals und des Vomper Lochs, wo die waldfreien, wenig befestigten Hänge des Karwendels große Schuttanteile lieferten.

Den Abschluss der Tuxer Alpen gegen das Unterinntal bildet die Bergkuppe des Kellerjochs, die hauptsächlich aus Augengneis besteht. Sie stellt den Westteil der *Grauwackenzone* dar, die sich gegenüber dem Quarzphyllit durch eine ungleich reichere Erzführung auszeichnet. Dies gilt in erster Linie für den Schwazer Dolomit an der Abdachung zum Inntal. Der Ruhm des alten Silberbergbaus von Schwaz beruht darauf. Der harte Gneis und die nordöstlich anschließenden paläozoischen Dolomitrippen, aber auch der auf die südliche Talseite herübergreifende triassische Hauptdolomit der Nördlichen Kalkalpen sind die Ursache dafür, dass ostwärts von Schwaz nunmehr beide Talflanken schroffe Formen zeigen. Hauptgesteinsbildner der Grauwackenzone ist jedoch der glimmerreiche, leicht ausräumbare und zu Rutschungen neigende „Wildschönauer Schiefer". Seine Verbreitung setzt im Osten des äußeren Zillertals an, wo er den Kitzbüheler Alpen das typisch sanfte Gepräge verleiht („Grasberge"). Schärfere Formen sind hier i.d.R. an Härtlingen gebunden.

Während der Gebirgsbildungsphase im Tertiär, kam es im Raum Kufstein - Wörgl - Rattenberg mehrfach zu Meereseinbrüchen und zur Aufstauung von Seen. Das dabei abgelagerte kalkig-tonige Material (Mergel) bildete noch vor einer Million Jahren den Talboden. Innerhalb der mergeligen Schichten finden sich auch Braunkohlelager, die auf die tropischen Klimabedingungen in der Tertiärzeit hindeuten. Im nachfolgenden Eiszeitalter wurde dieses „*Unterinntaler Tertiär*" (inneralpine Molasse) jedoch zum Großteil ausgeräumt. Reste davon sind heute an beiden Talseiten in Form von Terrassen („präglazialer Talboden") erhalten.

Obwohl Kufstein - wie angesprochen - inmitten der Nördlichen Kalkalpen liegt, ist der Formenstil des Gebirges im Norden und Süden unterschiedlich. Während im Norden sanfte Formen überwiegen, bildet das Kaisergebirge im Süden mit seinen bizarr-wilden Zacken, Türmen und Spitzen, den geröllbeladenen Schutthalden sowie den hoch emporgehobenen verkarsteten Plateauflächen einen imposanten Kontrast. Der Hauptgrund für die Reliefunterschiede hängt mit dem Alter des abgelagerten Kalkmaterials zusammen. Sieht man von einigen Deckenüberschiebungen ab, so gilt der bereits erwähnte Grundsatz, dass die Gesteine jünger, weicher und daher leichter abtragbar werden, je weiter man sich nach Norden bewegt.

Das heutige Aussehen der Landschaftsformen ist maßgeblich mit der eiszeitlichen Vergletscherung verbunden. Noch vor 22.000 Jahren waren die Tiroler Täler - so auch das Unterinntal - bis zu den Gipfelfluren mit Eis bedeckt. Die Scheuerwirkung der mehrfach talauswärts fließenden Gletscher war enorm. Sie rundeten Felskuppen, formten Kare, räumten weiches Gesteinsmaterial aus und verbreiterten Talkerben zu Trögen. Die dabei abgetragenen Schuttmassen wurden vor den Gletschern hergeschoben und bei Eintritt einer wärmeren Periode als halbkreisförmige Wälle abgelagert. Die solcherart entstandene Endmoräne des Inntalgletschers liegt bei Wasserburg in Bayern.

Auf den von den Gletschern überfahrenen Gebieten blieb eine lehmig-schottrige Grundmoräne zurück, die heute die Inntalterrassen überzieht. Am Talboden selbst ist sie durch die Entwässerung - insbesondere im Gefolge der katastrophenartig rückschmelzenden Gletscher - fast zur Gänze verschwunden. Während des Rückzugs schotterten zahlreiche Wildbäche die Talgründe zu - im Inntal bis zu mehreren 100 m! In diese Geröllfüllung schnitt sich der Inn allmählich ein und schuf im Laufe der letzten 17.000 Jahre sein breites, flaches Bett - die heutige Talsohle. Reste der Aufschüttung treten im nördlichen Innsbrucker Mittelgebirge und in der von Absam bis Vomp reichenden Terrasse des Gnadenwalds entgegen. Äußerlich, nach Form und Höhenlage, sieht sie dem Mittelgebirge im Süden ähnlich. Das Innere besteht - soweit erforscht - jedoch nicht aus Fels, sondern aus Schotter, Sanden und Bändertonen („Inntalterrassensedimente"; vgl. Spezialexkursion *Geographisches Profil: Wattens und Umgebung*).

Das Einfallen der Nördlichen Kalkalpen gegen das Inn-Quertal hin macht sich auch in klimatischer Hinsicht durch einen Ost-West-Wandel bemerkbar. Im Schutz der randlichen Gebirgszüge erfreut sich das obere, aber auch das mittlere Inntal einer relativ langen Sonnenscheindauer und geringen Bewölkung. Östlich der Achensee- und Zillertalfurche nehmen die Niederschläge zu, was sich im Pflanzenkleid durch ausgedehnte Waldgebiete, wie etwa im Brandenberger Tal, zeigt. Dem entspricht auch eine Abnahme der Jahresmitteltemperatur gegen Osten hin, was vor allem mit dem starken Föhneinfluss im mittleren Inntal zusammenhängt. So unterscheidet sich Innsbruck (582 m) mit einem durchschnittlichen Jahresniederschlag von 895 mm und einer mittleren Jahrestemperatur von 8,8° C von Kufstein (499 m), dessen entsprechende Werte bei 1.309 mm und 8,3° C liegen (vgl. *Fliri* 1975). In der Abfolge der Vegetationsstockwerke ist - trotz des milden Klimas im Innsbrucker Raum - die kolline Stufe nur ansatzweise vorhanden. Sie betrifft lediglich den Silberweiden-Schwarzpappel-Auwald entlang des Inns. Der gesamte Exkursionsverlauf im Unterinntal bleibt hauptsächlich in der submontanen Vegetationszone, wo im Bereich der Talsohle stellenweise Auwälder und Eichen, an den trockenen Lagen Föhren, ansonsten aber in der Hauptsache Fichten, Tannen und Lärchen, auf der Kalkalpenseite auch Buchen, die Hauptvertreter der Waldvegetation bilden.

Fundmaterial und Ortsnamen (z. B. Ampaß, Terfens, Volldöpp, Kundl oder Ebbs) weisen darauf hin, dass das Tiroler Unterland schon in vorrömischer Zeit bewohnt war. Am Talboden suchten die ersten Siedler vornehmlich die Schwemmkegel im Mündungsbereich der Seitentäler auf, wo sie abseits der sumpfigen Talauen Schutz vor der Hochwassergefahr des Inns fanden. Neben dem Bergbau wurden bereits vor über 4.000 Jahren vom Talboden aus Almen bewirt-

schaftet. In ethnischer Hinsicht dürften die ersten Bewohner kelto-illyrischer Herkunft gewesen sein. Auch wenn diese „Räter" von der römischen Kultur überschichtet wurden, so blieb im Rätoromanischen, das im Unterinntal noch bis weit in das Mittelalter hinein die Alltagssprache gewesen war und heute in vielen Ortsnamen fortlebt, ein Relikt der Urbevölkerung.
Nachhaltigen Einfluss auf die gegenwärtigen Verhältnisse hatte die bajuwarische Landnahme, die im Exkursionsgebiet mit der zweiten Hälfte des 6. Jahrhunderts einsetzt. Die Bayern erweiterten und verdichteten den Siedlungsbestand auf den Schwemmkegeln. Als im Hochmittelalter der Bevölkerungsdruck in den Talsiedlungen immer mehr zunahm, leitete die Grundherrschaft die Höhenkolonisation ein. An den Talhängen, Terrassen sowie in den Seitentälern wurden ausgedehnte Waldflächen gerodet und Viehhöfe (Schwaighöfe) errichtet. In vielen Fällen entwickelten sich aus solchen Höfen am Berg kleinere Weiler oder locker verbaute Dörfer. Diese Streusiedlungen und der typische Dreiklang zwischen Wald, Wiese und Feld beherrschen nach wie vor das Bild der bergbäuerlichen Kulturlandschaft im Unterinntal wie auch in weiten Teilen des mittleren Alpenraums. Zu einer systematischen Inwertsetzung der Talauen und feuchten Möser kam es erst ab dem 17. Jahrhundert, wobei der Meliorierungsprozess im Unterinntal bis in die Zeit nach dem Zweiten Weltkrieg hineinreicht. Einheitliche Stilmerkmale, die man in den Altstädten von Innsbruck, Hall, Rattenberg und Kufstein findet, beweisen, dass auch die Gründungen von städtischen Siedlungen im Exkursionsgebiet in das Hoch- bis Spätmittelalter fallen (Inn-Salzach-Stadttypus).

Das Unterinntal mit seiner Geräumigkeit der Siedlungsfläche und verkehrs- bzw. transitgünstigen Lage an der Einmündung des Brennerwegs bildet heute den bedeutendsten wirtschaftlichen Aktivraum Tirols (vgl. *Leidlmair* 1983). Etwa die Hälfte der Tiroler Bevölkerung lebt in den Gemeinden des Exkursionsraums, und zwei Drittel der Arbeitsplätze im sekundären Sektor sowie über 60 % der durch gemeindeeigenen Steuern aufgebrachten Finanzkraft Tirols entfallen auf das Talgebiet zwischen Zirl und Erl.

Obwohl man gelegentlich von der „Unterinntaler Industriegasse" spricht, handelt es sich hierbei um keinen einheitlich strukturierten Wirtschaftsraum. West-Ost-Unterschiede treten nicht nur in physisch-, sondern auch in kultur- und wirtschaftsgeographischer Hinsicht hervor. Wiederum fällt die Zillertalmündung als Grenze zweier unterschiedlicher Raumeinheiten auf. Die verschiedene Entwicklung des mittleren Inntals und des Unterlands lässt sich heute noch großteils mit dem Prozess der Territorialbildung der Gefürsteten Grafschaft Tirol erklären, der erst zu Beginn des 19. Jahrhundert abgeschlossen wurde.

Das *Tiroler Unterland* - gemeint sind die ehemaligen bayerischen Landgerichte Kufstein, Rattenberg und Kitzbühel - kam erst zu Beginn der Neuzeit durch die Besetzung von Kaiser Maximilian I. 1504/05 zu Tirol. Das Brixental sowie die Gebiete im Osten des Zillertals waren noch zu Beginn des 19. Jahrhunderts salzburgisch und wurden im Jahr 1816 an Tirol angegliedert. Im Tiroler Unterland wirken bis heute Wirtschafts- und Sozialstrukturen nach, die sich in die bayerische Zeit zurückführen lassen. Im Gegensatz zu den mehr oder weniger freien Bauern der Grafschaft Tirol achteten die bayerischen Grundherren streng auf die Entwicklung der abgabepflichtigen Höfe. Es gelang ihnen generell, die Aufsplitterung des landwirtschaftlichen Besitzes zu verhindern. Die Realteilung, also die Teilung der Güter unter den Nachkommen, die für das westliche Tirol so typisch ist, konnte daher nicht Fuß fassen. Auch der Landesfürst begünstigte später die Weitergabe des landwirtschaftlichen Besitzes im Sinne der Anerbensitte, bei welcher der Erst- oder Letztgeborene den Hof übernimmt. Aus diesem Grund konnten sich die großen Betriebe bis zur Gegenwart halten (vgl. *Penz* 1991).

Ebenso hängen die Hofformen mit den großen Besitzeinheiten zusammen. Im Tiroler Unterland fallen die weitgehend aus Holz erbauten, langgezogenen Einhöfe mit rustikalen Balkonen, Schindeldächern und Glockentürmen ins Auge. Lange Zeit hielt man diesen Typ als das „echte Tiroler Haus", obwohl es tirolweit nur in der Kufsteiner und Kitzbüheler Gegend vorkommt.

Die Hausform des Tiroler Unterlandes wurde sogar als Vorbild für ein „landschaftsgebundenes Bauen" übernommen. Sie beherrscht heute vielfach den Baustil in zahlreichen Neusiedlungen in ganz Tirol und über Tirol hinaus.

In kunstgeschichtlicher Hinsicht bilden Tirol und Bayern einen einheitlichen Kulturraum. Die Orientierung Tiroler Auftraggeber nach Weilheim, München und Passau ließ im 17. und 18. Jahrhundert das bayrische Barock auch nach Tirol hereinstrahlen. Dies gilt in besonderem Maße für den nordöstlichen Landesteil. Gerade im grenznahen Raum entstanden intensive Wechselbeziehungen; außerordentlich viele Barockbauten zeugen hier von einer Zusammenarbeit von bayerischen und Tiroler Künstlern.

Auf die lange bayrische Einflussnahme im Unterland erinnert schließlich auch noch ein eigener, viel weicher als im übrigen Tirol klingender Dialekt.

Dass die Landwirtschaft im Wirtschaftsleben des Tiroler Unterlands am Inn nur mehr eine untergeordnete Rolle spielt, ist einerseits mit der frühen Industrialisierung der Kufsteiner Gegend verbunden, die sogar in die Phase der klassischen Industrialisierung (erste Hälfte des 19. Jahrhunderts) zurückreicht, zum andern mit dem industriell-gewerblichen Aufschwung nach dem Zweiten Weltkrieg. Die ersten Fabriken waren energie- und rohstofforientiert. Viele dieser Betriebe konnten sich bis in die Gegenwart bzw. bis vor kurzer Zeit halten, wie zum Beispiel die Zementindustrie, einige Hüttenwerke oder die Glasverarbeitung. Mit der Fertigstellung der Eisenbahn durch das Unterinntal im Jahr 1858 wurde das Branchenspektrum erweitert, was der Landwirtschaft weitere Arbeitskräfte entzog. Daneben drangen Agrarprodukte aus anderen Gebieten der Monarchie ein. So ist es leicht zu verstehen, dass der arbeitsaufwendige Ackerbau allmählich durch eine Grünlandbewirtschaftung ersetzt wurde. Heute ist dieser Umstellungsprozess im Tiroler Unterland weitgehend abgeschlossen.

Die junge Industrialisierung im Kufsteiner Raum bietet vielseitige Beschäftigungsmöglichkeiten. Vereinzelte Betriebe erwarben sogar weltweit einen guten Ruf. Dabei profitierte die Unterinntaler Industrie von ihrer Lage an einer der bedeutendsten europäischen Nord-Süd-Verkehrsachsen. Im Zuge dieser Entwicklung, deren Beginn wie angedeutet nach dem Zweiten Weltkrieg einsetzte, stieg die Einwohnerzahl sowohl in der Stadt Kufstein als auch in den umliegenden Gemeinden beträchtlich an. So waren im Bezirk Kufstein 1951 noch 56.093 Personen ansässig, im Volkszählungsjahr 2001 jedoch schon 93.795.

Der eigentliche Zentralraum Tirols ist jedoch das *mittlere Inntal* zwischen Zirl und Jenbach (vgl. div. Blätter des Tirol Atlas). Ein Großteil der Bevölkerung und Arbeitsplätze fällt dabei auf die Landeshauptstadt Innsbruck (2001: 113.826 Ew.). Die Wachstumsraten sind allerdings heute in den Umlandgemeinden größer, wo die in den 1950er-Jahren noch vorwiegend agrarisch ausgerichteten Dörfer eine starke urbane Überprägung erfahren haben. Mit den Suburbanisierungserscheinungen verringerte sich die Innsbrucker Wohnbevölkerung seit 1991 um knapp 4 %. So ist am Talgrund zwischen Völs und Wattens bereits ein nahezu geschlossenes Siedlungsband entstanden, das den Grundbaustein für eine künftige „Unterinntalstadt" bildet, von der Raumplaner aufgrund der gegenwärtigen Entwicklung häufig sprechen (z.B. *ÖIR* 1991). Die guten Arbeitsplatzchancen in Gewerbe und Industrie machten die Innsbrucker Stadtregion zu einem der attraktivsten Zuwanderungsgebiete Österreichs. Die dynamischsten und gewerbetüchtigsten Zentren sind dabei der östliche Stadtrand von Innsbruck mit Neu-Rum, ferner die alte Salinenstadt Hall mit Absam sowie - in der Außenzone der Stadtregion - der Glasschleifereiort Wattens. Ein außerordentlich schnelles Bevölkerungswachstum hat aber auch die Gemeinden im südlichen Mittelgebirge und vor allem Völs im Westen von Innsbruck erfasst. So mag es nicht verwundern, wenn die Baulandpreise in den genannten Bereichen österreichische Rekordwerte erreichen (vgl. *Steinicke/Schreiber* 1999). Außerhalb der Innsbrucker Stadtregion behauptet sich Schwaz immer mehr als Industriestadt. Sein Pendlereinzugsgebiet, das es allerdings mit dem Marktort Jenbach teilt, umfasst das gesamte Achen- und Zillertal. Im Unterschied zu den Verhältnissen im Unterland handelt es sich im mittleren Inntal um eine jüngere Industrialisierung, deren Dynamik zu Beginn der 1960er-Jahre einsetzt, wenngleich auch hier vereinzelte Branchen - zum Beispiel die Papierindustrie - beachtliche historische Wurzeln haben.

Zwar ist die rückläufige Entwicklung des agrarischen Sektors im mittleren Inntal stärker als im Unterland, doch darf man nicht übersehen, dass auf den wenigen Freiflächen zwischen Innsbruck und Wattens der Feldgemüseanbau einen besonderen Stellenwert einnimmt. Außerdem bleibt auch der Grad der Vergrünlandung gegenüber dem feuchteren Nordosten Tirols zurück. Im Bild der Agrarlandschaft erscheint am Talgrund zwischen Volders und Jenbach der Silomaisanbau tonangebend. Allerdings wird die Bewirtschaftung durch einen Wechsel von Acker- und Wiesennutzung auf der gleichen Parzelle (Egartenwirtschaft) bestimmt.

Fernab vom Hauptwirtschaftsraum im Tal mit seiner Verkehrs-, Abgas- und Lärmbelastung findet man sich auf den Terrassen des mittleren Inntals. Wenn auch der Suburbanisierungsvorgang das südliche Innsbrucker Mittelgebirge seit Jahrzehnten voll erfasst hat, so liegt seine große Bedeutung nach wie vor in der Naherholungsfunktion. Dies gilt in besonderem Maße für die übrigen Terrassen, die ebenso immer mehr als beliebte Siedlungsräume an Wert gewinnen.

Was den Tourismus betrifft, so spielen die innerhalb des Unterinntals mehrfach aufgezeigten West-Ost-Unterschiede keine große Rolle. Obwohl um Kufstein und Innsbruck schon vor 1900 bzw. kurz danach Schigebiete erschlossen wurden, gibt es innerhalb der Unterinntaler Talgemeinden keinen ausgesprochenen Winterfremdenverkehrsort. Für die Anlage von Schipisten bieten die schroffen Kalkalpen nur ungünstige natürliche Voraussetzungen. Daneben ist die Schneedeckendauer in den unteren Lagen des Inntals für einen rentablen Liftbetrieb zu kurz. Der Fremdenverkehr im Unterinntal betrifft somit in erster Linie das Sommerhalbjahr. In der Intensität kann er sich jedoch bei weitem nicht mit den großen Seitentälern messen. Beispielsweise war das Zillertal im Jahr 2000 lt. Erhebungen der Hoteliervereinigung mit € 710 Mio. erneut die umsatzstärkste der 104 österreichischen Tourismusdestinationen (ohne Wien).

Am Kernstück der Alpentransversale gelegen verbindet die Unterinntaler Gemeinden heute ein gemeinsames Problem: Die *Verkehrsbelastung*. Der Exkursionsraum hat etwa die Hälfte des gesamtösterreichischen Transitaufkommens zu tragen, wobei derzeit über 80 % der Güter auf der Straße transportiert werden - mit zunehmender Tendenz. Die Fertigstellung der Autobahn durch das Unterinntal (A 12) im Jahr 1972 erwies sich für die Erhöhung des Warentransportes auf der Straße entscheidend; bis dahin liefen noch rund 50 % des internationalen Güterverkehrs über die Schiene. Die Art und Weise, wie Lärm und Schadstoffe entlang der inneralpinen Verkehrsachsen bekämpft werden sollen, erhitzt die Gemüter und entlädt sich zeitweise in Protestaktionen (Blockaden). Die Umweltbelastung entlang der Unterinntaler Transitstrecke konnten auch verkehrsregulierende Maßnahmen, wie Nachtfahrverbote für laute und schadstoffreiche Lkw, Geschwindigkeitsbeschränkungen und Ökopunkteregelungen bisher nicht eindämmen. Geeignete Lösungsvorschläge sind in der EU, in welcher der freie Personen-, Waren- und Kapitalverkehr eine Grundsäule der Integration bildet, rar. Das beweisen die gegenwärtig diskutierten Projekte. Seit einiger Zeit geht man davon aus, dass die Attraktivität der umweltfreundlichen Bahn nur durch eine Neutrassierung zu steigern sei. Die neue Bahn durch das Unterinntal soll künftig parallel zur Haupttalfurche in einem „Supertunnel" auf der nördlichen Talseite führen. Bei Umsetzung des Projekts wird sich zwangsläufig ein Großteil des Unterinntals in den kommenden Jahren Stück für Stück in eine riesige Baustelle verwandeln. Ob es damit gelingt, die Straße vom alpenquerenden Transit zu entlasten, muss allerdings fraglich bleiben - zumindest so lange, bis es gelingt, eine einigermaßen gerechte Aufteilung der Kosten zwischen Schiene und Straße zu erzielen („Kostenwahrheit").

Das mittlere Inntal zwischen Volders und Innsbruck (mit Karwendel, Milser Schwemmkegel und links „südliches Mittelgebirge")

Routenbeschreibung

Inn-Quertal

Der erste Exkursionsteil verläuft entlang der Autobahn München bzw. Rosenheim - Kufstein.

Im Gegensatz zu den Verhältnissen in Friaul und Venetien präsentiert sich der Alpenrand in Bayern nicht als ein jäh aus dem Vorland emporsteigender Gebirgszug. West-Ost verlaufende Molasserippen, mächtige Endmoränenkränze und zahlreiche Tälchen, welche die nacheiszeitlichen Schmelzwässer darin anlegten, prägen den Charakter der Schotterfläche südlich von München. Von den Kuppen dieser hügeligen Landschaft fällt dennoch auf, dass nur wenige Einschnitte in das Innere des Gebirges führen. Umso markanter erscheint die Öffnung des Inn-Quertals, in das man, an der Autobahn München - Salzburg, vom Irschenberg ungehindert blicken kann. Unterhalb dieser Seitenmoräne breitet sich ein glaziales Zungenbecken aus, in der das Inntal mündet. Das Rosenheimer Becken wird im Norden durch die Moränenwälle des eiszeitlichen Inn-Chiemsee-Gletschers und im Süden durch den morphologischen Alpenrand begrenzt. Im Spätglazial hatte sich hier ein See von der Größe des Bodensees gebildet, der allerdings bereits bald verlandete. An das ehemalige Gewässer erinnern heute einige Moore, die sich lange Zeit als siedlungsfeindlich erwiesen und erst in jüngster Zeit in Wert gesetzt werden konnten. Die Schotterterrassen am Rand tragen dagegen eine Reihe alter Siedlungen. Bezeichnend dafür sind die -ing-Endungen der Ortsnamen, die auf die Zeit der bairischen Landnahme hindeuten. Der Verlauf der Autobahnen unterstreicht die Verkehrsfunktion des Rosenheimer Beckens. Die in das Inntal führende Nord-Süd-Verbindung trifft auf den West-Ost-Verkehrsstrang knapp nördlich der Alpen. An der Mündung des Inntals verengt sich das Becken trichterförmig, bis man bei Brannenburg in das Inn-Quertal eintritt und sich alsbald inmitten des Gebirges wiederfindet.

Der „Fischbacher Gletscherschliff"

Ein kurzer Halt würde sich am „Gletscherschliff" südlich der Autobahnausfahrt Brannenburg in der Höhe von Fischbach empfehlen, wo der Aussichtspunkt vom Autobahnparkplatz in ein paar Schritten erreichbar wäre. Allerdings ist heute die Zufahrt zu diesem Parkplatz amtlich verboten. Auf der Autobahn ist ein flüchtiger Einblick nur vom Bus aus möglich.

Mitten im Inntal verdeutlicht eine wenige Meter aufragende Klippe aus Wettersteinkalk die ehemalige Gletscherarbeit und die Wirksamkeit subglazialer Schmelzwässer. Auf engstem Raum sind hier verschiedene glaziale Erosionsformen, wie Rinnen, Schliffe, Strudeltöpfe und kleine Rundhöcker, nebeneinander sichtbar. Ihre Bildung lässt sich mit dem Inn-Durchbruch durch die Nördlichen Kalkalpen in Verbindung bringen. Die Seitenhänge des Wendelstein Massivs im Westen und der Chiemgauer Berge im Osten reichen hier weit in das Tal herein, sodass eine klausenartige Verengung entstand. Kurz vor dem Alpenrand musste sich der Inngletscher durch diese Engstelle durchzwängen und übte daher einen besonders hohen Druck auf den Härtling aus.

Wir verlassen bei Oberaudorf die Autobahn. Für die nachstehenden Hinweise bietet sich ein kurzer Abstecher nach Oberaudorf an. Darauf geht es über die Innbrücke ins österreichische Niederndorf. Von dort wird Kufstein über die Gemeinde Ebbs erreicht.

Zweifelsfrei ist der Zahme Kaiser im Süden das dominierende Landschaftselement. Mehrere 100 m lotrecht gegen das Inntal abfallende Wände aus bleichem Wettersteinkalk bewirken die imposante Erscheinung dieses Gebirgsmassivs, dessen stark verkarstetes Hochplateau sich südwärts, in Richtung Wilder Kaiser, von 1.800 m auf 1.400 m absenkt. Zwischen dem Kaisergebirge und dem nördlich vorgelagerten mittelgebirgsartigen Niederndorfer Berg verläuft die Walchseer Senke. Insgesamt steht die Tiroler Seite im Kontrast zum Formenstil der Wendelsteingruppe westlich des Inn-Quertals.

Deutliche West-Ost-Differenzierungen zeigen auch die Wirtschafts- und Sozialstrukturen. Sie hängen im Wesentlichen mit dem Grenzverlauf zusammen. 1504/05 kam die östliche Talseite südwärts der Passionsspielgemeinde Erl mit dem Landgericht Kufstein von Bayern zu Tirol. Diese nun 500 Jahre alte politische Trennlinie grenzt die sozialen Kontakte etwas ein, die aber - wie man den relativ vielen Heiraten über die Grenze hinweg entnehmen kann - enger blieben als in manch anderen Grenzlandschaften. *Zollna* (1993) erklärt die grenzüberschreitenden Heiratskreise durch alte kirchliche Verbindungen, welche bis 1812 aufrechterhalten wurden. Beispielsweise gehörten die bayerischen Orte Nußdorf, Flintsbach und Oberaudorf in kirchlicher Hinsicht zur Tiroler Mutterpfarre Erl.

Die Ost-West-Unterschiede im Wirtschaftsleben sind mit dem jüngeren Strukturwandel verknüpft (vgl. *Penz/Steinicke* 1987). Infolge der Zugehörigkeit zu verschiedenen Staaten unterscheiden sich die ökonomischen Rahmenbedingungen auf beiden Seiten. Auf der deutschen Westseite ist die technische Infrastruktur frühzeitig ausgebaut worden: Die Hauptverkehrsstraßen, die Eisenbahn und die Autobahn wurden hier geführt. Dementsprechend setzten sich Industrie und Gewerbe eher durch. So kam es im Unterschied zur österreichischen Seite früher zu einem Wohlstand, der auch heute noch im Landschafts- und Ortsbild unübersehbar ist. Die Forste und schmucken Einfamilienhäuser auf der bayerischen Seite erinnern sehr an eine Parklandschaft. Die Landwirtschaft hat hier einen geringeren Stellenwert als am Fuße der Niederndorfer Berge. So kommt man auf der österreichischen Seite in der warmen Jahreszeit häufig an weidenden Rindern (Fleckvieh) vorbei, während dies jenseits des Inns bereits zur Ausnahme gehört.

Die bayerischen Gemeinden waren den Tirolern sozusagen immer eine Phase voraus. Sogar die Problematik der Zersiedelung versuchte man früher in den Griff zu bekommen, indem schon Anfang der 1960er-Jahre Flächenleitpläne (Flächenwidmungspläne) erstellt wurden. Auch der Fremdenverkehr erfasste die Gemeinden am Fuße des Wendelsteins eher. Die Zwischenkriegszeit spielte in der Entwicklung der Region eine große Rolle. Während die österreichischen Orte zwischen 1934 und 1937 unter der 1000-Mark-Sperre zu leiden hatten, begünstigte die NS-Autarkiepolitik auf der bayerischen Seite das Aufkommen von Hotel- und Gastbetrieben. In den letzten Jahrzehnten kamen weitere Unterschiede in der Freizeitnutzung hinzu. Auf der bayerischen Seite nehmen Freizeitwohnsitze, die zum Teil später zu Alterswohnsitzen werden, eine besondere Stellung ein. Auf der Tiroler Seite behinderte bis zum EU-Beitritt Österreichs das Grundverkehrsgesetz einen Abverkauf von Immobilien an Ausländern. Außerdem liegen die Freizeitwohnsitze dort vorzugsweise in „Mittelgebirgslagen" und im Bereich der Niederalmen. Sie bleiben daher am östlichen Talgrund deutlich zurück.

Allerdings bringt der Entwicklungsvorsprung der bayerischen Seite nicht nur Vorteile. Beispielsweise hat sich in den letzten Jahren durch die erhebliche Transitbelastung auf den europäischen Hauptverkehrsachsen die geringere Verkehrserschließung der österreichischen Seite zu einem Vorteil umgekehrt (*http://www.alpennet.com/inntalgemeinschaft/*).

Mit dem Überschreiten der Innbrücke zwischen Oberaudorf und Niederndorf tritt man in die „Untere Schranne" ein. Diese Bezeichnung, die sich vom althochdeutschen Wort „scranna" (Bank zum Feilbieten von Waren) ableitet, geht auf das Gliederungsprinzip der bayerischen Landgerichte zurück (vgl. *Zollna* 1993). Ab 1250 war das Landgericht Kufstein verwaltungsmäßig in vier Schrannen unterteilt, die in etwa mit den Grenzen der Pfarrbezirke übereinstimmten.

Mit dem Entzug der niederen Gerichtsbarkeit wurde zu Beginn des 19. Jahrhunderts die Auflösung des Schrannenverbands eingeleitet. Dennoch hat sich im Sprachgebrauch der Bevölkerung des Unterlandes bis heute der Begriff der „Unteren Schranne", erhalten, mit der man die Tiroler Gebiete innabwärts von Kufstein umschreibt. Damit drückt sich auch ein besonderes Regionalbewusstsein aus, das bei der Ausgliederung von Planungsregionen nach dem Tiroler Raumordnungsgesetz von 1972 berücksichtigt wurde (Region 26 = Untere Schranne).
Die Kurve der Bevölkerungsentwicklung zeigt seit dem Zweiten Weltkrieg einen kräftigen Anstieg: Zwischen 1951 und 2001 verdoppelte sich die Wohnbevölkerung in den sechs Gemeinden Erl, Niederndorf, Niederndorferberg, Rettenschöß, Ebbs und Walchsee; sie betrug im Jahr 2001 11.850 Einwohner. Mit dieser Zunahme schritt eine Zersiedlung einher, die selbst nach der Verabschiedung der Flächenwidmungspläne zu Beginn der 80er-Jahre nicht aufgehört hat. Dazu kommt eine Umgestaltung der alten Dorfzentren sowie eine städtische Überprägung der alten Bausubstanz, die, wie auf der Fahrt nach Kufstein unübersehbar ist, auch vor den traditionellen Bauernhäusern nicht Halt macht.
Der in den Morgenstunden in die bayerischen Ortschaften und am Abend in die Untere Schranne gerichtete Verkehrsstrom, der am Grenzübergang an der Brücke feststellbar ist, drückt die Attraktivität Bayerns als Arbeitsort aus. In den letzten Jahrzehnten pendeln immer mehr Einwohner der Tiroler Grenzregion täglich in die benachbarten bayerischen Gewerbebetriebe zur Arbeit. Betrug der Anteil der Tagespendler vor der Eröffnung der Autobahn Mitte der 60er-Jahre nur 1 %, so finden heute über ein Viertel der Auspendler entlang der Strecke Kiefersfelden - Rosenheim Arbeit. Zweifellos sind es die höheren Gehälter in Bayern, die diese Präferenz der Pendlerzielgebiete bestimmt. Dazu kommt noch, dass der mittlere Arbeitnehmer-Bruttoverdienst im Bezirk Kufstein unter dem Tiroler Schnitt liegt. Bezeichnend dafür ist auch, dass in der Unteren Schranne kaum Deutsche beschäftigt sind (vgl. *Zollna* 1993).
Die Orte Niederndorf und Ebbs liegen beide auf dem flachen Schwemmfächer des Jennbachs zwischen dem Niederndorfer Berg und dem Zahmen Kaiser. Die glaziale Überformung sowie weiches tertiäres Gestein erklären den sanften, terrassenförmig ansteigenden Aufbau der West- und Südwesthänge. Gegenüber Kufstein hat sich in der Unteren Schranne der Fremdenverkehr später entwickelt. Nennenswerte Ansätze tauchen zwar in den 1920er-Jahren auf, doch erst Anfang der 50er-Jahre beginnen sich die Gemeinden der Unteren Schranne auf den Tourismus zu spezialisieren - allen voran das relativ schneesichere Walchsee. In den anderen Gemeinden hat sich der wachstumsintensive Wintertourismus aufgrund der tiefen Lage und der sonnenexponierten Hänge nicht entscheidend durchsetzen können.
Ebbs (2001: 4.888 Ew.) zählt zu den ältesten Siedlungen Tirols. Der Ort soll eine Gründung des keltischen Volks der Fokunates sein, die sich ab dem fünften vorchristlichen Jahrhundert im Unterinntal sesshaft machten. Der keltische Begriff „ep" (Pferd), der im Siedlungsnamen eingegangen ist, lässt in Ebbs auf eine uralte Tradition der Pferdezucht schließen, die - wenn auch in abgeänderter Form - noch heute ein wesentliches Merkmal der Gemeinde ist. Im Bereich des Ebbser Gemeindegebietes, im Naturschutzgebiet Kaisertal, befindet sich die „Tischofer Höhle", die schon in der jüngeren Steinzeit vom Menschen aufgesucht wurde. Die Höhlenfunde dienen als weiterer Beleg für die frühe Besiedlung der Ebbser und Kufsteiner Gegend.
Als Urpfarre umfasste Ebbs alle umliegenden Orte, Kufstein einbezogen. Die ehemalige bambergische Vogtei, an welche die Burg Wagrein erinnert, ging im Jahr 1228 an Bayern über und wurde Schrannenhauptort. Die heutige Pfarrkirche Unserer Lieben Frau Geburt errichtete man zwischen 1748 und 1756 an Stelle einer gotischen Vorgängerkirche. Der „Dom von Ebbs", der unverkennbar den Einfluss des bayrischen Barocks ausstrahlt, gilt als eine der schönsten Barockkirchen Tirols. Die Hauptattraktion in Ebbs bildet jedoch seit 1947 der Fohlenhof mit dem größten Haflingergestüt Europas. Etwa 180 Stuten, Hengste und Jungtiere werden hier gehalten und stehen auch für Ausritte bereit. Im Sommer befindet sich ein Großteil des

Bestandes auf den umliegenden Almen. Die Haflinger mit der markanten blonden Mähne sind durch ihre Gutmütigkeit und den sicheren Tritt im Gelände bei Reitern sehr beliebt. In ihrer Entwicklung ist die Haflingerrasse mehr vom orientalischen als vom nordischen Pferd beeinflusst wurden. Die Heimat des Haflingers ist allerdings Südtirol; seit dem Ersten Weltkrieg züchtet man diese Rasse auch in Nordtirol.

Der Inndamm, dem man sich bei der weiteren Fahrt nach Kufstein nähert, begrenzt die Siedlungsflächen im Westen. Der Inn ist heute von Kufstein bis Rosenheim begradigt und lückenlos von Hochwasserdämmen eingefasst, wodurch die regelmäßigen Überschwemmungen in der Au der Vergangenheit angehören. Durch diese Korrektur, mit der man schon in der Zwischenkriegszeit begonnen hatte, erfolgte eine Eintiefung des Flussbettes und eine Senkung des Grundwasserspiegels, was die teilweise Trockenlegung der ehemals labilen Innwindungen bewirkte. Dies schränkte den Lebensraum zahlreicher Pflanzen und Tierarten zwar weitgehend ein, andererseits konnten aber große Flächen in ihrer landwirtschaftlichen Nutzung erheblich verbessert und an Stelle von Auwäldern mehrschnittige Wiesen kultiviert werden. Seit ein paar Jahren lässt sich aber eine andere Entwicklung beobachten. An der niedrigen Fließgeschwindigkeit des Flusses ist die Stauwirkung des 1991 fertig gestellten internationalen Innkraftwerks Ebbs-Oberaudorf zu erkennen. Die Staustufe hat das ehemals kraftvolle Gewässer in ein Mittelding zwischen Stausee und Fluss verwandelt. Neben den energiewirtschaftlichen und hydrologischen Konsequenzen gehen damit günstige bzw. wünschenswerte biologische Phänomene einher. So sind mittlerweile im Bereich der Inndämme bereits einige ökologisch wertvolle Biotope entstanden, die auch für das "Bird Watching" zunehmend Interesse finden.

Am Innknie, der Schnittstelle zwischen Inn-Quer- und Inn-Längstal, führt die Route hart an den Fuß des Zahmen Kaisers heran. Schon seit einiger Zeit zieht im Südwesten die markante Kuppe des 1.563 m hohen Pendlings die Blicke an, der die Thierseer Mulden gegen das Inntal hin trennt. Ein Waldstück am Ausgang des Kaisertals begrenzt die nordöstliche Ausdehnung des Kufsteiner Siedlungsgebiets.

Kufstein

In Kufstein hält man sich an das Richtungsschild Zentrum, folgt dann aber der ersten Straße nach rechts (Feldgasse), um nach einigen 100 m wieder rechts abzubiegen (Hinweisschild Sportzentrum). Ein großer Parkplatz befindet sich in der Nähe der Fußgänger-/Radfahrerbrücke bzw. der Anlagestelle der „Innschifffahrt" (Fischergries). Man begibt sich zu Fuß entlang der Innpromenade flussaufwärts bis zur Innbrücke. Dort mündet auch der Untere Stadtplatz mit der Altstadt.

Im Bereich des Parkplatzes eröffnet sich ein weiter Blick in das ostwärts verlaufende Kaisertal, welches den Zahmen vom Wilden Kaiser trennt. Unweit vom gegenüberliegenden Innufer liegt der Firmenstandort von Kneissl & friends - zweifellos eines der international bekanntesten der in Tirol ansässigen Unternehmen (vgl. Textkasten *Aspekte der Kufsteiner Wirtschaft*). Seit einigen Jahren verkehren am Inn Ausflugsboote zwischen dem Kufsteiner Zentrum und der Gegend um Oberaudorf/Ebbs. Sie haben allerdings nur mehr wenig Gemeinsamkeiten mit der traditionellen Inn-Schifffahrt, die im 19. Jahrhundert noch eine große Bedeutung hatte Selbst im Bereich des Fischergrieses, wo sich einst der Kufsteiner Hafen befand, ist davon nicht mehr viel zu sehen - sieht man von der Anlagestelle der modernen „Innschifffahrt" ab. Jahrhundertelang wurden Salz aus der Salinenstadt Hall, Erze, Vieh sowie Wein und Obst aus den südlichen Ländern flussabwärts und Getreide aus Ungarn flussaufwärts transportiert. Man benützte die Innschiffe auch, um Personen, vor allem Soldaten, zu befördern. Beispielsweise hat Kaiser Karl V. im Jahre 1595 auf dem Wasserweg rund 20.000 Spanier und Italiener mit

2.000 Pferden von Hall nach Wien verfrachtet. Manche Schiffe waren so groß, dass bis zu 200 Soldaten an Bord Platz fanden. Die Kähne in Richtung stromabwärts waren 20 bis 30 m lang und etwa 3 bis 5 m breit. Sie kehrten in der Regel nicht mehr zurück. Das für den Schiffsbau verwendete Holz verkaufte man am Ziel. Die flussaufwärts fahrenden Schiffe waren etwas länger und breiter. Sie wurden auf eigenen Uferwegen, den so genannten „Trampelpfaden", von 40 bis 50 Pferden gezogen. Eine Reihe von Gewerben, wie zum Beispiel die Schopper (Schiffsbauer) und Holzflößer, ließ sich am Inn zwischen Angath und Oberaudorf nieder. Mit dem Rückgang des Tiroler Bergbaus, vor allem aber mit der Eröffnung der Bahnlinie Rosenheim - Innsbruck (1858) sank die Bedeutung der Inn-Schifffahrt schlagartig. Eine gewisse Rolle spielte darauf folgend nur mehr die Holzflößerei, doch verschwand auch sie mit den Inn-Regulierungsarbeiten in den 1920er-Jahren.

Am Fuße der Festung Geroldseck steigt der Untere Stadtplatz vom Inn ostwärts an und verengt sich dabei. Großteils viergeschossige, im Kern spätmittelalterliche Häuser begrenzen ihn zu beiden Seiten (*Abb. 2*). Die aneinander gereihten Bürgerhäuser stehen giebel-, aber auch traufseitig zum Platz und vermitteln durch ihre geschlossene Front die räumliche Begrenztheit innerhalb der ehemaligen mittelalterlichen Stadtmauer. Der helle, meist in zarten Farben gehaltene Häuserverputz unterstreicht die Einheitlichkeit zusätzlich. Ihre zusammenhängenden flachen Satteldächer sind heute oftmals mit Blech gedeckt. Im Grundriss sowie in der Entwicklung der Bauweise lassen sich Parallelen mit Rattenberg finden, von dem später die Rede sein wird, doch sind wesentliche Elemente, die den Typ der „Inn-Salzach-Stadt" charakterisieren (vgl. Textkasten *Grundelemente der Inn-Salzach-Städte*), durch verschiedene Brände verloren gegangen. Einen besonders malerischen Winkel der Altstadt findet man in der Römerhofgasse, die im unteren Bereich des Platzes abzweigt und zwischen Inn und Festungsberg verläuft. Sie endet an einem Rest der ehemaligen Stadtmauer.

Als bedeutendstes Gebäude des Unteren Stadtplatzes ist das Rathaus (Hausnummer 22) zu nennen. Das als einziges nach Westen hin ausgerichtete, im Kern in der ersten Hälfte des 16. Jahrhunderts erbaute Haus weist eine Stufengiebelfassade aus den Jahren 1923/24 auf. 1977 baute man den Marienbrunnen nach langjähriger Diskussion am Unteren Stadtplatz neu auf. Zum Zweck der Verkehrsberuhigung und zur Verschönerung des Stadtplatzes wurde der Rückbau der Straße sowie die Gestaltung mittels Pflastersteinen, Blumenkästen und Bänken vorgenommen. Die ursprüngliche Funktion des Platzes, nämlich Treffpunkt und Zentrum des wirtschaftlichen Handels zu sein, hat sich beim Unteren Stadtplatz nicht geändert. Man findet ausreichend Cafés, Konditoreien, Restaurants und diverse Einzelhandelsgeschäfte vor.

Der Weg zum Festungsberg führt an der Pfarrkirche St. Veit vorbei, die sich, etwas abseits, im oberen Bereich des Platzes mit gotischen, barocken und spätklassizistischen Elementen präsentiert.

Vom Unteren Stadtplatz aus besteht die Möglichkeit, zu Fuß oder mit dem Lift (Panoramabahn) zum Aussichtspunkt zu gelangen. In der Gebühr ist eine Besichtigung der Festung inkludiert.

Die Festung ist das Wahrzeichen der Stadt, die beiden Türme, Kaiser- und Bürgerturm, sind schon von weitem sichtbar. Heute befinden sich in der Burg das Heimatmuseum sowie im Bürgerturm die Heldenorgel, die im Jahre 1931 zur Erinnerung an die Gefallenen im Ersten Weltkrieg errichtet wurde. Sie gilt mit ihren 46 Registern und 4.307 Pfeifen als die größte Freiorgel der Welt. Man hört sie täglich zur Mittagszeit. Der Festungsberg bietet einen guten Überblick über Stadt und Umland - weniger jedoch über die Altstadt, die sich an den Burgfelsen schmiegt.

Von diesem Aussichtspunkt wird die ehemals strategisch wichtige Lage der Stadt kurz oberhalb des Innknies und damit an der Öffnung des Inn-Quertals gegen Norden hin deutlich. Im Westen bildet nur der bereits erwähnte, aus dem dunkel verwitternden Hauptdolomit aufge-

baute Pendling einen markanten Gipfel. Seine sanft geformten, bewaldeten Ausläufer fallen gegen den Inn-Durchbruch rasch ein, sind aber gerade noch hoch genug, um die Sicht in die Thierseer Mulde mit den zahlreichen beschaulichen Seen zu versperren. Eindrucksvoll steht im Kontrast dazu die schroffe Kulisse des Kaisergebirges im Süden und Südosten, dessen Massiv sich über die Waldgrenze erhebt. Man hat tatsächlich den Eindruck, an der Pforte zum Hochgebirge zu stehen. Am Talgrund, jenseits des Flusses, fällt der Zellerberg auf, der, wie der Festungsberg, als glazial überformter Härtling aus Wettersteinkalk herausragt. Mitten im Tal gelegen riegeln beide das Tal ab; an ihren Prallhängen wird der Inn jeweils in eine andere Richtung abgelenkt.

Abb. 2: Baualter der Kufsteiner Altstadt

Quelle: *Graf* (1979, 31), modifiziert

Das unterste Tiroler Inntal wird durch die Stadt Kufstein bestimmt, die sich auf Grund der langen Zugehörigkeit zu Bayern anders entwickelt hat als die meisten Städte Deutschtirols. Während es sich bei diesen um Gründungen der Territorialherren (Tiroler Landesfürst, Bischöfe von Brixen und Trient) handelt, ist Kufstein wegen seiner strategischen Bedeutung und seiner wachsenden Verkehrsfunktion erst allmählich zur Stadt aufgestiegen. Der Name der Stadt soll auf die kufenförmige Gestalt des Burgfelsen zurückgehen. Erste urkundliche Erwähnungen reichen in das 8. Jahrhundert (788 als Caofstein). Allerdings wird der Ort noch um die Mitte des 11. Jahrhunderts als Dorf bezeichnet. Durch die Felsbarrieren des Burg- und des Zellerberges erhielt es eine erhebliche strategische Bedeutung. Hinzu kam der Handel über die Alpen, der im Hochmittelalter stark zunahm. Dadurch stieg der Stellenwert des Ortes, und um die Mitte des 13. Jahrhunderts erscheint er als Markt. Ab 1133 waren die Herzöge von Bayern Herren der gebirgseinwärts bis zur Zillermündung reichenden Grafschaft im Unterinntal. Die Herzöge von Bayern machten Kufstein zum Stützpunkt ihrer Herrschaft und versahen den Ort mit einer Reihe von Freiheiten. 1329 wird Kufstein erstmals als Stadt, dann abwechselnd als Markt und Stadt und ab 1393 durchgehend als Stadt bezeichnet. Bereits im 15. Jahrhundert bauten die Bayernherzöge Kufstein zur Festung aus. Nachdem Kaiser Maximilian I. Kufstein endgültig erworben hatte, wurde es tirolische Grenzfestung.

Handel, Industrie und verarbeitendes Gewerbe bilden die wirtschaftlichen Grundlagen der heutigen Stadt Kufstein (2001: 15.401 Ew.). Früher wie heute ist die Stadt zentraler Ort für die meisten Gemeinden des gleichnamigen politischen Bezirks. Diese Stellung wird durch die vorteilhafte lokale Verkehrslage an der Landesgrenze begünstigt. Seit die Inntal- (1972) und Brennerautobahn (1974) durchgehend befahrbar sind, nahm der Straßentransit außerordentlich stark zu. Die zuständigen Stellen beim Bund und beim Land bemühten sich zwar, den Lärm durch die Errichtung von Lärmschutzmauern und durch das Aufbringen eines „Flüsterbelages" zu reduzieren. Trotzdem ist die vom Straßentransit ausgehende Umweltbelastung immer noch sehr groß (vgl. Textkasten *Zur Verkehrsproblematik im mittleren Inntal*).

Aspekte der Kufsteiner Wirtschaft

Die Lage an einer der wichtigsten alpinen Transitrouten begünstigte die Entwicklung des sekundären Sektors. Die ersten Ansätze der Industrialisierung reichen weit zurück. Bereits 1842 gründete Franz Kink mit einem Zementwerk den ersten Industriebetrieb der Stadt. Später folgten mehrere Zementfirmen in der Umgebung, die man ab 1872 in die vor kurzer Zeit noch bestehende Perlmooser Zement AG eingliederte. Die nächsten Betriebsgründungen waren um die Wende vom 19. zum 20. Jahrhundert. Allerdings wurde die Kufsteiner Gegend erst seit dem Zweiten Weltkrieg verstärkt von der Industrialisierung erfasst. Dabei gingen von den Rüstungsbetrieben und von den Flüchtlingen entscheidende Impulse aus. So gründeten sudetendeutsche Flüchtlinge die Tiroler Glashütte, die 1956 der aus Böhmen stammende Unternehmer C.J. Riedel übernahm. Er spezialisierte sich auf die Produktion von Tafelgläsern der Spitzenqualität.

Von den heimischen Betrieben gelang der Firma Kneissl, die auf eine kleine Wagnerei von 1850 zurückgeht, zunächst der rascheste Aufstieg. Dieses weltweit bekannte Unternehmen begann um 1926 mit der Erzeugung von Schiern. Es beschäftigte um 1950 36 und um 1970 rund 700 Arbeitskräfte. Durch Fehler im Management geriet der Familienbetrieb Mitte der 70er-Jahre in Schwierigkeiten, 1981 musste er den Konkurs anmelden. Daraufhin übernahm ein Schweizer Unternehmen den Betrieb und führte ihn unter dem alten Namen weiter. Inzwischen hat sich aus dem einstigen Schi produzierenden Kufsteiner Betrieb eine international agierende Firmengruppe entwickelt („Kneissl & friends GesmbH"), die für mehrere Schneesportarten innovative Produkte auf den Markt bringt (z.B. "Big Foot").

> Bei den Kufsteiner Industrieunternehmen handelt es sich durchwegs um Klein- und Mittelbetriebe. Die Branchengliederung ist vielseitig. Deshalb erweist sich der sekundäre Sektor - auch wenn einzelne Betriebe mit Problemen zu kämpfen haben - als relativ krisensicher. Verglichen mit der Industrie nahm der Fremdenverkehr eine entgegengesetzte Entwicklung. Kufstein war schon vor 1900 ein wichtiger Fremdenverkehrsplatz. Auf Grund seiner Lage an der Bahn diente es den Bergsteigern und Sommerfrischlern als Standquartier und Ausgangspunkt für Wanderungen. Die Kufsteiner bemühten sich ihrerseits um die Gäste. Früher als in anderen Städten erkannte man die Bedeutung des alpinen Schilaufes, und bereits im Jahr 1904 wurde der Wintersportverein gegründet, der ab 1905 Schirennen veranstaltete. Die 1000- Mark-Sperre Hitler-Deutschlands stürzte den Kufsteiner Tourismus in eine schwere Krise. Er erlangte auch nach dem Zweiten Weltkrieg nicht mehr seine frühere Geltung, weil die Stadt nicht mehr der Konkurrenz der jüngeren, höher gelegenen und schneesicheren Wintersportplätze in den Seitentälern gewachsen war.

Nach dem Abstieg vom Festungsberg hält man sich rechts und gelangt zum Oberen Stadtplatz, der am Unteren Stadtplatz anschließt. Vom Oberen Stadtplatz kann man leicht zum Fischergries zurückfinden.

Der sich Nord-Süd erstreckende Obere Stadtplatz entstand im Jahr 1862 als Straßenplatz anstelle des östlichen Wehrgrabens der Burganlage. Sein Erscheinungsbild leidet durch die ständige Verkehrsbelastung. Im Gegensatz zum Unteren Stadtplatz lädt er kaum zum Verweilen ein. Er stellt das Zentrum des tertiären Sektors dar, wobei die Bankenansammlung sogar cityähnliche Effekte wiedergibt. Diese werden durch das neue Postgebäude mit der dahinter anschließenden, zum Teil mit Glas überdachten Einkaufspassage verstärkt. Daneben treten am Oberen Stadtplatz zwei architektonisch interessante Bauwerke hervor: Im Jahr 1907 wurde das Sparkassengebäude (Hausnummer 1) errichtet, ein historisierender Bau mit Heimatstilelementen, dessen Hauptfassade in einen Turm mit hölzernem Arkadenumgang und steilem Walmdach übergeht. Den Haupteingang schmücken Marmorreliefs über die Inn-Schifffahrt. Schräg gegenüber steht das ehemalige Hotel Egger, das in derselben Zeit entstand. Sein Hauptmerkmal bilden die Laubengänge in den beiden Obergeschossen und der reiche skulpturale Fassadenschmuck.
Das Siedlungsgebiet nördlich des Oberen Stadtplatzes entspricht der einstigen Vorstadt. Sie entwickelte sich als Verbindung der Altstadt mit den ehemaligen Weilern Sparchen und Kienbach, die auf dem Schwemmkegel des Kaiserbachs liegen.

Terrasse von Schwoich und Bad Häring

Man verlässt die Stadt Kufstein im Südwesten und nimmt die Bundesstraße 173 Richtung St. Johann und Kitzbühel. Gleich bei der ersten Linkskurve zweigt die Auffahrt zur Schwoicher und Häringer Terrasse ab.

Am südwestlichen Stadtrand von Kufstein, wo sich in der Nähe des Autobahnanschlusses einige größere Betriebe niedergelassen haben, mündet die enge Kerbe der Weißache in das Inntal. Dieses aus dem Söll-Land kommende Gewässer durchbricht das Kaisergebirge an einer tektonischen Störung im Bereich des Eibergs und trennt den Pölven (1.594 m) vom Hauptstock des Wilden Kaisers.
Die Schwoicher und Häringer Terrasse, die dem Pölven vorgelagert ist, liegt ca. 100 m über dem Inntalboden und bildet, wie die gleich hoch verlaufende Terrasse des Angerbergs auf der nördlichen Talseite ein Siedlungsgebiet mit zunehmendem Beliebtheitsgrad. Beide Terrassen

stellen den Rest eines präglazialen Talbodens dar, der aus tertiären Ablagerungen, hauptsächlich aus Mergeln und verschiedenen Konglomeraten (Angerberger, Paisselberger, Häringer Formation u.a.; vgl. *Ortner/Stingl* 2001), besteht. Das Verbreitungsgebiet des Unterinntaler Tertiärs reicht auch ostwärts des Eibergs, verschwindet aber dort unter der darüber geschobenen Kaisermasse und taucht östlich von Ebbs in der Walchseesenke wieder auf. Aufgrund ihrer geringen Vertikaldistanz zum Inn-Talgrund rechnet *Klebelsberg* (1948) den Sockel von Schwoich und Häring nicht zu den Tiroler Mittelgebirgen.

Im Unterschied zum Haupttalboden betritt man hier Jungsiedelland. Wenn auch *Ölberg* (1986) am Plateau eine römische Straße vermutet und Ortsnamen wie Matzing, Klötting, Strilling oder Taffing auf eine frühe bairische Landnahme hindeuten, so darf es als gesichert gelten, dass es erst im Hochmittelalter zu einer verstärkten Besiedlung durch Schwaighöfe kam. Die Erstsiedler fanden auf der moränenüberzogenen Terrasse eine waldreiche Gegend mit einigen feuchten Niederungen vor, was in die örtliche Toponomastik einging (z. B. die Ortsteile Gschwendt, Schönau, Letten oder Moos). Wälder, Wiesen, stille Wege und einsame Einzelhöfe prägen noch heute weitgehend das Landschaftsbild abseits der Durchzugsstraße. Dazu kommt die Felskulisse des Wilden Kaisers im Osten, deren scharfe Formen überall von den Rodungsinseln aus sichtbar sind. Inmitten großer Blockfluren stehen in Einödlage langgezogene Bauernhäuser, bei denen die rustikalen, blumengeschmückten Balkone sowie die „Marendenglocken" am Dach besonders hervortreten. Die Höfe erscheinen vom modernen Wandel weniger erfasst zu sein als jene am Talgrund. Dennoch geben die vielen Neubauten um Schwoich (2001: 2.206 Ew.) und an der Verbindungsstraße zu Bad Häring zu erkennen, dass sich das bis vor wenigen Jahrzehnten noch rein bäuerlich orientierte Dorf immer mehr zu einer Wohngemeinde entwickelt, die auf die Industrie- und Gewerbezentren von Kufstein, Kirchbichl und Wörgl orientiert ist. Wenngleich moderne Zersiedlungserscheinungen unübersehbar sind, für die nicht selten die Anlage von Zweitwohnsitzen die Verantwortung trägt, ging die Beschaulichkeit der Landschaft mit ihrem traditionellen Streusiedlungscharakter nicht verloren. Seit dem Zweiten Weltkrieg gilt die Schwoicher und Häringer Terrasse als viel besuchtes Erholungsgebiet, und immer mehr Gäste aus dem Ausland nutzen die zahlreichen Möglichkeiten eines „Urlaubs am Bauernhof".

Gegen Bad Häring (2001: 2.267 Ew.) lichtet sich der Wald. Er macht einer weiten, nach Westen hin offenen Siedlungsfläche Platz. Zunächst springt noch die Neubautätigkeit ins Auge. Bei der weiteren Ortsdurchfahrt bemerkt man jedoch Unterschiede zu Schwoich. Die großen Bauernhöfe weichen zurück, an ihre Stelle treten vielfach Wohnhäuser oder Blöcke, zum anderen finden sich im bebauten Gebiet immer wieder kleinere Häuser, die unschwer zu erkennen geben, dass sie früher auch einer bescheidenen Landwirtschaft dienten. Es handelt sich hierbei um die ehemaligen Unterkünfte der Knappen, die im Kohlebergbau am Peisslberg, im Südwesten oberhalb der Siedlung, beschäftigt waren und daneben, im Familienverband, noch eine kleine Bauernschaft führten.

Die Braunkohle lagert zwischen den mergeligen Formationen und zeugt vom feuchtheißen Klima, das hier im späten Eozän herrschte. Über die ersten Ansätze des Kohleabbaus weiß man wenig. Gesichert erscheint lediglich, dass die Förderung von Häringer Braunkohle in größerem Ausmaß um die Mitte des 18. Jahrhunderts einsetzte. Sie diente fast ausschließlich der Versorgung des Sudhauses in der Salinenstadt Hall. Ständig schwelende Flözbrände, denen auch Menschenleben zum Opfer fielen, beeinträchtigten den Bergbau immer wieder. Schon im Jahr 1558 vermerkte ein „Tiroler Bergreim", dass „bey Kufstein ein Perg prinnen thuet". Bis heute machen sich diese Brände unter Tag bemerkbar. Beispielsweise gab es vor wenigen Jahren in der Nähe des alten Ferdinand-Stollens noch Bodentemperaturen bis zu 50° C. Dort war es angeblich möglich, mitten im Winter Frühgemüse anzubauen. Die Gefährlichkeit der Brände sowie der hohe Schwefelgehalt, der die Qualität der Häringer Braunkohle entscheidend minderte, waren die Gründe, warum man im Jahr 1954 die Kohleförderung in den Stollen offiziell einstellte. Rund 1.000 Bergarbeiter, die aus allen Gemeinden der Region hier Arbeit fanden, mussten sich dadurch anderen Erwerbszweigen zuwenden.

Der ehemalige Kohleabbau, der unter Tag in den Stollen betrieben wurde, ist für den Durchreisenden nicht sichtbar. Man wäre geneigt die Flöze mit dem Zementmergelabbau zu verwechseln, der in unmittelbarer Nachbarschaft zum Kohlebergwerk seit den 50er-Jahren des 19. Jahrhunderts erfolgt. Gemeinsam mit dem Schwoicher Vorkommen hatte er für den Aufbau der Zementindustrie, die wiederum wesentliche Impulse für die Unterländer Industrialisierung erzeugte, große Bedeutung. Stärker landschaftsprägend als der Mergelabbau ist jedoch der Kalksteinbruch, der östlich des Lengauer Einschnitts, an den Abhängen des Pölven, schon von weitem gesehen werden kann. Der Häringer Bergbau lebt also in den Steinbrüchen fort, wo allerdings nur mehr ein Dutzend Personen ihr Brot verdienen.

Wie der heutige Namen der Siedlung zu erkennen gibt, besitzt Bad Häring neben der Landwirtschaft und verschiedenen Betrieben des verarbeitenden Gewerbes eine weitere wirtschaftliche Absicherung: 1951 war man im Ortsgebiet - bei der Suche nach neuer Braunkohle - in 300 m Tiefe auf Schwefelwasser gestoßen. Diese Schwefelquelle spendet hochwertiges Heilwasser und wurde 1953 amtlich als Heilquelle bestätigt. Im gemeindeeigenen Kurmittelhaus, das am Nordwestrand des Dorfs liegt, verabreicht man seit 1958 Schwefelbäder. Das Knappendorf hat somit einen Funktionswandel zum Kurtourismus erfahren.

Westlich des Häringer Ortsteils Schönau, kurz bevor der Schwoicher und Häringer Sockel abrupt gegen das Inntal abfällt, passiert man rechter Hand das 1973 errichtete Rehabilitationszentrum der Allgemeinen Unfallversicherungsanstalt, in dem vornehmlich am Bewegungsapparat Geschädigte zum Zweck der medizinischen und sozialen Wiederherstellung betreut werden. Obwohl die Aussicht vom Gasthof Mara, der unmittelbar an das Rehabilitationszentrum anschließt, beeindruckend ist, empfiehlt es sich, der Hauptstraße weiter zu folgen und anschließend das Grattenbergl, das im Inntal als Härtling emporragt, zu besteigen.

Grattenbergl/Wörgl

Der Weg zum Grattenbergl ist angeschrieben. Größere Autobusse müssen einen kleinen Umweg machen. Parkmöglichkeiten bestehen in der Nähe des „Walchhofes". Der Aufstieg nimmt höchstens 15 Minuten in Anspruch (Achtung Weidevieh). Das Grattenbergl ist auch Ausgangspunkt der Überblicksexkursion „Die Felbertauern-Linie".

Das weidewirtschaftlich genutzte Grattenbergl, die „Warze Tirols", erhebt sich rund 70 m über dem Talgrund und bietet ein reizvolles Panorama. Wie der Pölven und Teile des Wilden Kaisers besteht dieser glazial gerundete Felsklotz, der 1956 zum Naturdenkmal erklärt wurde, aus Wettersteinkalk. Von seinen steilen Abhängen, wo sich Moränenmaterial nicht halten konnte, tropft an heißen Sommertagen „Asphalt", der kapillar aus der Häringer Formation in die darüber geschobenen Riffkalke aufsteigt (vgl. *Mutschlechner* 1958; *Ortner/Stingl* 2001). Das Grattenbergl gehört zu den uralten Kultstätten des Landes. Auf dem Plateau befand sich wahrscheinlich die größte hallstattzeitliche Siedlung Tirols. 1711 wurde in Erfüllung eines Gelöbnisses zu Ehren der Muttergottes eine Holzkapelle errichtet, zu der das Volk aus der Umgebung gerne pilgerte, 1739 entstand die heutige Mariahilfkapelle und die kleine Einsiedelei. Zur Zeit der Napoleonischen Kriege befestigte man den Berg durch Schanzen, woran heute noch Vernarbungen erinnern. Schließlich war das Grattenbergl während des Zweiten Weltkrieges ein wichtiger strategischer Punkt, wo eine Fliegerabwehrstation ihre Stellung bezog.

Im Osten beherrschen der Gebirgsstock des Zahmen und die Zacken des Wilden Kaisers noch immer das Bild. Deutlich gewahrt man auch den bewaldeten Abhang der Häringer Terrasse, die sich weit nordwärts in das Inntal schiebt. Ihre bergseitige Begrenzung, der Pölven sowie - von ihm abgetrennt - im Vordergrund der tertiäre Peisslberg-Rücken, an dem von zwei Seiten Mergel abgebaut wird, bildet zugleich die nördliche Umrahmung des Söll-Lands und des untersten Tals der Brixentaler Ache. Durch den Wörgler und Kirchbichler Boden, wie dieser Abschnitt genannt wird, verläuft eine der wichtigsten und meist befahrenen innerösterreichischen Verkehrsverbindungen (B 312). Auch die Westbahn (Giselabahn) durchquert den Wörgler und Kirchbichler Boden, folgt aber im Gegensatz zur B 312 nicht dem Söll-Land, sondern dem Brixental. Nach ihrer Eröffnung (31. Juli 1875) siedelten sich hier etliche Industriebetriebe an. Weiter taleinwärts, am Eingang ins Brixental, erblickt man auf einem Terrassenvorsprung Schloss Itter. Bis 1816 verlief die Grenze zwischen Tirol und Salzburg an der Brixentaler Klause.

Über Itter steigt die Hohe Salve (1.829 m) mit ihrer auffälligen, im paläozischen Dolomit angelegten Kuppenform an. Inmitten der weichen Kitzbüheler Schieferalpen, wo die Einzelhöfe weit hinauf reichen und darüber, bereits im Almbereich, ausgedehnte Rodungsflächen den Eindruck von „Grasbergen" verstärken, lenkt sie die Blicke auf sich (vgl. Überblicksexkursion *Die Felbertauern-Linie*). Die „Grasberge" begünstigen den alpinen Wintersport auch in der Wildschönau, im Süden des Standortes. Allerdings versperrt das Kalkgebirge, das hier auf der südlichen Talseite inntalaufwärts die erste Bergkulisse bildet, den Einblick. Diesen Gebirgszug entwässern zahlreiche im mesozoischen Kalk klammartig eingekerbte Bäche, was dem Landschaftsteil bis Kundl ein wildes und zerklüftetes Aussehen verleiht. Ihre flachen Schwemmkegel drängten den Inn auf die andere Talseite, wo er die Terrasse des Angerberges anschneidet.

Unterhalb des Grattenbergls, westlich der Mündung der Brixentaler Ache in den Inn, liegt der Verkehrsknotenpunkt Wörgl (2001: 10.880 Ew.), die jüngste Stadt Tirols. Hier trifft die internationale Bahnlinie München - Rom auf die Westbahn, die über Kitzbühel und Zell am See nach Salzburg führt, und münden die wichtigsten Straßenverbindungen von Lofer und vom Felbertauern ins Inntal.

Wie bei Kufstein handelt es sich auch bei dieser Stadt nicht um eine planmäßige hochmittelalterliche Gründung. Zwar lässt sich eine Siedlungskontinuität auf dem Schwemmkegel des Wörgler Bachs bis zur römischen Veteranensiedlung Vergilianum zurückverfolgen, doch blieb die Bedeutung von Wörgl lange Zeit gering. Der Aufstieg vom Bauerndorf zur Industriestadt begann im Jahre 1858 bzw. 1875, als die Eisenbahnlinie Innsbruck - Kufstein - Rosenheim und die innerösterreichische Giselabahn (benannt nach der österreichischen Erzherzogin) eröffnet wurden. Aufgrund der günstigen Verkehrssituation kam es neben den Zementfabriken zur Ansiedlung weiterer Industriebetriebe (1885: Zelluloseproduktion, 1909: Genossenschaftsbrauerei, 1939: Holzfaserfabrik). Die rauchenden Schlote des Spanplattenwerks, das im Westen des Grattenbergls, unmittelbar am Aufeinandertreffen der beiden Bahnlinien liegt, symbolisieren heute den industriellen Stellenwert der Stadt.

Im 15. Jahrhundert wurde Wörgl zweigeteilt, in Wörgl-Kufstein und Wörgl-Rattenberg. Erst kurz vor dem Ersten Weltkrieg kam es zur Wiedervereinigung. Die ineinander greifenden goldenen Ringe im Wörgler Wappen erinnern an die einstige Teilung. 1911 wurde Wörgl zum Markt erhoben, und seit 1951 ist Wörgl Stadt. Bedeutende Schulen haben hier einen Standort: Die Bundeshandelsakademie, das Bundesrealgymnasium und die Höhere Bundeslehranstalt für wirtschaftliche Frauenberufe. Die zentralräumliche Funktion lässt sich auch daran messen, dass die Wohnbevölkerung seit 1981 um über ein Viertel angestiegen ist. Das starke Bevölkerungswachstum der letzten Jahrzehnte kommt im Siedlungsbild deutlich zum Ausdruck.

Links des Inns setzt der Angerberg die Terrasse von Schwoich und Häring gegen Westen fort. Seine wellige Oberfläche reicht vom Kalkalpenhang, den im Osten der Pendling und im Westen das plateauartige Rofanmassiv beherrschen, weit in das Inntal herein. Etwas unterhalb von Wörgl, wo der Unterangerberg aus dem Talgrund allmählich ansteigt, stehen sich beide Terrassen gegenüber und engen die Talsohle ein. An dieser Engstelle liegt die Siedlung Kirchbichl (2001: 5.067 Ew.) mit ihren über die Landesgrenzen hinaus bekannten, inzwischen jedoch aufgelassenen Perlmoser Zementwerken. Da die Mergelvorkommen, die heute eine internationale Firmengruppe verwertet, unweit davon entfernt sind, war der Standort dieser Industrieanlagen sowohl rohstoff- als auch verkehrsorientiert.

> *Der Mergelabbau im „Unterinntaler Tertiär"*
>
> Der Raum zwischen Wörgl und Kufstein gilt als die Wiege der österreichischen Zementindustrie. 1842 fand der Bozner Franz Kink bei Schwoich einen Mergel, der sich besonders gut für die Zementherstellung eignet. 1858 konnte er in acht Zementmühlen schon 150 Arbeiter anstellen. Etwa zur gleichen Zeit erfand ein weiterer Pionier der Zementherstellung, Alois Kraft, eine Methode, die es ermöglichte, den hochwertigen Portlandzement herzustellen, der bis dahin ausschließlich aus England importiert werden musste. Seine Gesellschaft (Kraft & Saullich) erwarb 1857 das Feuchtgebiet Perlmoos in Kirchbichl und gab dem bisherigen Kufsteiner Zement den Namen „Perlmooser Zement". Schon bald übertraf dieser den englischen an Qualität, und Kraft erwarb im Jahr 1872 die Fabriken von Kink (vgl. *Schönauer* 1985). In der Kirchbichler Zementindustrie waren gegen Ende der 1980er-Jahre noch über 200 Mitarbeiter beschäftigt. Mit der Übernahme durch die französische Gruppe Lafarge wurden die Perlmo(o)ser Zementwerke 1997 stillgelegt. Der Bedeutungsrückgang dieses traditionellen wirtschaftlichen Standbeins drückt sich auch in der seit 1993 stagnierenden Bevölkerungsentwicklung von Kirchbichl (2001: 5.067 Ew.) aus. Trotzdem gilt der Talbereich zwischen Kirchbichl und Kufstein nach wie vor als wirtschaftlicher Aktivraum. Der Niedergang der Zementindustrie wurde beschäftigungsmäßig v.a. durch Ausweitungen der Industrie- und Gewerbezone im Osten von Langkampfen („Industriepark Schaftenau") aufgefangen. Namhafte Tiroler Betriebe haben inzwischen hier ihren Standort bzw. ihre Filiale errichtet.

Das Gebüsch an der Nordseite des Grattenbergls verstellt teilweise den Blick auf den Talgrund im Bereich Kirchbichl/Langkampfen. In der dortigen Talverengung vollzieht der Innlauf eine besonders ausgeprägte Mäanderschleife. Diese markante Innkrümmung wird seit 1941 energiewirtschaftlich genutzt, indem man den Flusslauf künstlich verkürzte. Durch Rückstau auf rund 1 km Länge ließ sich für die Abarbeitung sogar ein bis zu elf Meter hohes Gefälle gewinnen. Die Kraftwerks- und Umspannanlage Kirchbichl entwickelte sich seit ihrer Gründung zu einem zentralen Stützpunkt der Elektrizitätsversorgung für die nordöstlichen Tiroler Landesteile. Die erzeugte elektrische Energie gelangt in das 110 KV-Landesnetz bzw. in das regionale 25 KV-Netz. Vom Standort sind die vom Umspannwerk ausgehenden Strommasten zu erkennen. Die jährliche Produktion des Innkraftwerks Kirchbichl beträgt 134 Mio. GWh. Bei der Gewässerreinhaltung nimmt es eine Sonderstellung ein, da sich am Rechen des Kraftwerks Treibgut aus dem gesamten Einzugsbereichs des Inns ablagert.
Der Innstau setzt sich flussabwärts weiter fort. Zwischen den beiden bereits genannten Innkraftwerken Kirchbichl (TIWAG) und Oberaudorf-Ebbs (Österreichisch-Bayerische Kraftwerksgesellschaft) hat man im Jahr 1999 das 9 km beanspruchende Laufkraftwerk Langkampfen (169 GWh) errichtet.
Das nördlich vom Aussichtspunkt liegende Dorf Angath war neben Hall, Kastengstatt und Langkampfen einer der Hauptorte der Tiroler Inn-Schifffahrt und des Schiffsbaus. Allerdings sind die Hafenanlagen, wo einst die Häringer Kohle auf die Schiffe verladen wurde, sowie die Häuser und Einrichtungen der ehemaligen Schopper heute bis auf einige historische Reminiszenzen verschwunden.

Von Wörgl über Kundl und den Oberangerberg nach Rattenberg

Die weitere Exkursionsroute folgt der Bundesstraße 171 bis nach Kundl, wo man vor der Biochemie rechts abbiegt und den Ort bis zur Innbrücke durchquert. Jenseits des Flusses, in Breitenbach, führt die Landstraße nach Westen auf den Angerberg hinauf und weiter über das Gebiet der Reintaler Seen bis nach Kramsach.

In Wörgl passiert man die ursprünglich barocke Pfarrkirche St. Laurentius, die nach einem Brand im Jahre 1836 klassizistisch umgestaltet wurde. Der hl. Laurentius hatte im vierten Jahrhundert große Bedeutung erlangt. Aus diesem Grund ist es verständlich, wenn Laurentiuskirchen zumeist dort erscheinen, wo durch Funde römische Ansiedlungen belegt sind. Dies gilt auch für Wörgl. Neben dem alten Patrozinium, dem antiken Fundgut und der Toponomastik lässt sich auch aus der besonderen Flurform eine römische Besiedlung deuten.

Quadrafluren in Tirol

Die römische Feldvermessung gliederte das eroberte Land in quadratische Blöcke - wie es später in ähnlicher Weise in der Neuen Welt erfolgte. In weiten Teilen Italiens sind solcherart entstandene Flurformen heute noch deutlich erkennbar. *Bachmann* hat zwischen 1947 und 1970 versucht, anhand alter Kataster zahlreicher Inntalgemeinden auch in Tirol die Aufteilung der Feldflur in geschlossene, sich dem Quadrat nähernde Parzellen nachzuweisen. In diesen geometrischen Grundstücken („Quadrafluren") sah er das Nachwirken der römischen Landvermessung. Das Ausgangsmaß dafür bildete der so genannte „actus" (= 36 m). Er lasse sich, so *Bachman*, in einem Vielfachen in der Größe verschiedener Tiroler Feldteile wiederfinden. Damit scheine gesichert zu sein, dass die mittelalterliche Grundherrschaft häufig die alten Flurgrenzen übernahm. Der Autor meint, dass solche Quadrafluren in hochwassergeschützten Tallagen, die unbesiedelt blieben und wo es in der jüngeren Vergangenheit zu keiner Flurzusammenlegung gekommen ist, bis zur Gegenwart erkennbar seien - freilich nur mit geschultem Auge. Am Schwemmkegel des Wörgler Bachs glaubt er (1947), erstmals in Nordtirol diese Zeugen der antiken Feldvermessung gefunden zu haben. Entlang der heutigen Bundesstraße zeigen die alten Flurmappen tatsächlich eine Reihe von quadratischen Blöcken mit einer Seitenlänge von rund 220 m. Heute sind diese Feldteile jedoch schon längst vom tertiären Sektor in Anspruch genommen, und Autohandelsunternehmen, Tankstellen, Einkaufszentren und Transportbetriebe prägen die westliche Ortsausfahrt. Quadrafluren können nicht mehr in überzeugender Weise ausgemacht werden.

Die weitere Route führt an den Schluchten des Kundler Walds vorbei. Vielfach versickern seine Gewässer im zerklüfteten Kalkgestein und treten erst wieder in den feuchten Niederungen am Talgrund zutage. Entlang der Bundesstraße zwischen Wörgl und Kundl verdichten sich Gewerbe- und Industriebetriebe (Holzindustrie) immer stärker. Daneben treten die Schlote der Kundler Industrie schon bald ins Blickfeld.
Der sich auf dem Schwemmkegel der Wildschönauer Ache ausbreitende Ort Kundl (2001: 3.716 Ew.) geht ebenso wie Wörgl bis in die Antike zurück. Im 15./16. Jahrhundert waren v.a. der Bergbau, die Erzverhüttung, zeitweise die Goldwäscherei in der Kundler Klamm sowie der Silber- und Kupferbergbau von Bedeutung. Einen echten wirtschaftlichen Aufschwung erfuhr Kundl aber erst nach dem Zweiten Weltkrieg, als sich innovative Industriebetriebe, wie zum Beispiel die Traktorenwerke Lindner oder die Biochemie, ansiedelten. Rascher als

anderswo entwickelte sich der Ort vom Bauerndorf zum Industriezentrum. Dies hängt vor allem mit der angesprochenen chemischen Industrie zusammen, die ihren Standort im Westteil von Kundl hat.

> *Penicillin aus Tirol*
>
> Mit der Kundler Biochemie tritt eines der Aushängeschilder der Tiroler Industrie entgegen. Das Unternehmen wurde unmittelbar nach dem Zweiten Weltkrieg in Innsbruck gegründet, jedoch schon im Jahr 1948 nach Kundl verlegt. In den stillgelegten Werksanlagen der Kundler Brauerei fand es entscheidende Standortvorteile, zumal die Gemeinde ausreichende Expansionsmöglichkeiten einräumte. Für den Export erwies sich das Anschlussgleis an die Inntalbahn sowie die Nähe der Staatsgrenze als vorteilhaft. Mit der Entdeckung eines säurestabilen Penicillins (Penicillin V) im Jahr 1952 erwarb die Biochemie alsbald Weltgeltung. Damit stand erstmals Penicillin zur Verfügung, das von der Magensäure nicht zerstört wird und somit in Form von Tabletten oder Sirup verabreichbar ist. Entscheidend für den weiteren wirtschaftlichen Aufstieg war zweifellos die Eingliederung der Biochemie Kundl in die Sandoz AG, Basel, im Jahr 1965. Seit der Fusion von Sandoz und Ciba Geigy zu Novartis gehört der Tiroler Betrieb zu einer Firmengruppe, in der weltweit knapp 70.000 Personen tätig sind. Heute liegt die Exportquote der Biochemie, die voll im Besitz dieses Basler Großkonzerns steht, bei 98 %, der Umsatz betrug im Jahr 2001 € 880 Mio. Neben der Penicillinherstellung hat sich das Kundler Werk auch im biotechnischen und molekularbiologischen Produktionsbereich (technische Enzyme, rekombinante Proteine, Hormonherstellung) einen Namen gemacht. Darüber hinaus ist Novartis Generics weltweit einer der führenden Anbieter patentfreier und damit preisgünstiger Pharmazeutika (sog. „Generika"). Der Sitz der Konzernsektorleitung dieser globalen Generika-Organisation befindet sich (derzeit) ebenfalls hier.
>
> Der Anteil der in der Forschung und Entwicklung beschäftigten Mitarbeiter ist mit rund 20 % so hoch wie in keinem anderen Tiroler Großbetrieb. Wie aus Gesprächen mit dem Country President Novartis Austria hervorgeht, sei die Biochemie heute mehr denn je bestrebt, internationale Spitzenforscher für den Unterländer Standort zu gewinnen. In diesem Zusammenhang werden Standortdefizite genannt, die in der Frühphase der betrieblichen Entwicklung nur eine geringe Rolle spielten, heute jedoch einen Ausbau der Produktion im größeren Stil kritisch hinterfragen lassen. Sie betreffen u.a. das Fehlen von internationalen Schulen, was die Niederlassung von ausländischen Spitzenkräften (mit ihren Familien) beeinträchtigen soll, sowie raumplanerische Probleme. Gestiegene Bodenpreise der als Bauland ausgewiesenen Flächen erschweren notwendige Erweiterungen des Firmengeländes (z.B. Parkplätze für die Pendler).
>
> Chemische Betriebe rufen immer ein gewisses Maß an Umweltbelastung hervor - selbst bei Vorhandensein von vorbildlichen Gegenmaßnahmen. In den inneralpinen Tälern wirken sich Beeinträchtigungen der Umwelt stärker als im Flachland aus (vgl. Textkasten *Zur Verkehrsbelastung des mittleren Inntals*). Dementsprechend stellen sich laufend ökologische Probleme. Andererseits soll nicht übersehen werden, dass es der Biochemie (in Kooperation mit den Österreichischen Bundesbahnen) gelungen ist, zwei Drittel der Transporte von der Straße auf die Schiene zu verlagern.

Industriegründungen gehen im Allgemeinen mit einer verstärkten Zuwanderung und Bautätigkeit einher, was in vielen Fällen das Siedlungsbild tiefgreifend verändert. Eine der sichtbaren Konsequenzen sind beispielsweise die Hochhäuser - wie sie in Wörgl bzw. schon am Kufsteiner Stadtrand aufgefallen sind - , die nicht in das gewachsene Ortsbild passen. Im Gegensatz dazu hat Kundl sein dörfliches Aussehen größtenteils bewahren können. Dies lässt den Schluss zu, dass es sich bei den 2.200 Beschäftigten der Biochemie (Februar 2002) vielfach um Personen handelt, die ihren Wohnsitz nicht am Arbeitsort selbst haben. Tatsächlich sind hier überwiegend hoch qualifizierte Arbeitnehmer tätig, in der Regel Abgänger der Universität Innsbruck, von denen der überwiegende Teil nach Kundl pendelt.

Der alte Römerweg mied die Feuchtgebiete westlich von Kundl und folgte der Terrasse am Sonnenhang. Diese Route empfiehlt sich auch für den weiteren Verlauf der Exkursion. Die Angerbergterrasse bildet in der Höhe von Kundl eine Senke, die bei Breitenbach fast das Talbodenniveau erreicht und den Oberangerberg vom Unterangerberg trennt. Wieder betritt man Jungsiedelland. Schon bei der Auffahrt zum Oberangerberg werden die im Vergleich zur Terrasse von Schwoich und Häring viel geringeren Zersiedelungserscheinungen („Verhüttelung") deutlich. Auch entlang der Durchzugsstraße ist die traditionelle Siedlungslandschaft, die sich aus Einzelhöfen und Weilern zusammensetzt, vom modernen Wandel nicht grundlegend umgestaltet worden.

Der Oberangerberg hat einige morphologische Besonderheiten, die ihn von anderen Terrassen im Inntal, so auch vom hügeligen Unterangerberg, unterscheidet. Zunächst fällt seine Muldenform auf, die durch mehrere langgezogene Höhenrücken am äußeren Terrassenrand entsteht. Fast wäre man geneigt, sie als inneralpine Drumlins zu deuten. Da öfters das Anstehende zutage tritt, muss jedoch von dieser nahe liegenden Erklärung abgesehen werden. Die Muldenachse selbst verläuft nur rund 60-70 m über dem Inntalgrund, die begrenzenden Höhenrücken überragen den Terrassenboden im Schnitt um 50 Höhenmeter.

Öfters treten an der unteren Bergflanke kleinere Stufungen auf, die zweifellos als Eisrandterrassen bezeichnet werden können. Daneben finden sich auch alte (vom Menschen geschaffene) Ackerbauterrassen. Sie haben heute als Wiesen und Weiden die gleiche Funktion wie die anderen Flurteile. Auffassungen, wonach bereits die Römer diese Terrassen angelegt hätten, treffen auf den Oberangerberg mit hoher Wahrscheinlichkeit nicht zu. Einerseits bietet die Toponomastik dafür keinerlei Hinweise, zum anderen können Ackerbauterrassen grundsätzlich in allen Epochen errichtet werden, so auch zur Zeit der echten Landnahme im Hochmittelalter bzw. ebenso später.

In ihrer Längsachse ist die Mulde des Angerbergs sehr flach. Aufgrund der geringen Neigung sammelt sich im Muldengrund das Wasser, wodurch es stellenweise zur Ausbildung von Mösern und Sumpfgebieten kam. Der feuchte Boden erlaubt seit jeher nur eine Grünlandbewirtschaftung. Für die vielen Nassstellen ist neben der lehmigen Grundmoräne auch der geologische Untergrund verantwortlich, den ein wenig wasserdurchlässiges Sand-Gestein-Konglomerat (Nagelfluh) aufbaut. Meliorierungen, die man deutlich an den Entwässerungsgräben erkennen kann, setzten schon im 18. Jahrhundert ein. Der einst flächengroße Mosertaler See, der eine Hohlform in der Nagelfluh füllte, wurde beispielsweise im Jahr 1803 trockengelegt; zwischen Haus und Mosen erinnert eine Torffläche an ihn.

Das ländliche Haus entspricht voll dem Typ des Unterländer Einhofs (*Abb. 3*). Es ist langgestreckt und quergeteilt. Vorne befindet sich der Wohntrakt, dessen Eingang in der Mitte der Giebelfront liegt, dahinter fügt sich der Wirtschaftsteil an. Das Mauerwerk geht im ersten Stock i.d.R. in Holz über; im Wirtschaftsgebäude dominiert dieses Baumaterial. Hervorstechend sind die stattlichen Balkone, deren Geländer sich aus geschnitzten Brettern oder zierlich gedrechselten Säulen zusammensetzen. Auch der zweite Stock besitzt unter dem Giebel oftmals einen Balkon, den im Sommer die schönsten Blumen schmücken.

Das weit ausladende Pfettendach trägt den typischen Glockenturm; schindelbedeckte Einhöfe sind jedoch heute sehr selten. Den Einzelhof umgibt ein mehr oder weniger großer Obstanger. Schließlich zählt aber ebenso das Silogebäude zu den prägenden Elementen im Gesamtbild des Unterländer Bauernhofs.

Abb. 3: Der Einhof im östlichen Nordtirol

Quelle: *Tirol Atlas* (1995)

Wer sich eingehender über ländliche Hofformen informieren will, dem sei ein Besuch des Tiroler Bauernhöfe-Museums empfohlen, das in den 70er-Jahren unweit von Mosen am südlichen Höhenzug angelegt und ständig erweitert wurde. Ein Dutzend Höfe, die aus allen Teilen Tirols kommen, sind hier in ihrer ursprünglichen Form wieder aufgebaut worden.

In vorgeformten Vertiefungen innerhalb der tertiären Angerberger Schichten haben sich - trotz Verlandungserscheinungen - bis heute Seen erhalten, von denen der Reintaler und der Krummsee die beiden größten sind. Noch vor drei Jahrhunderten waren sie mit dem Mosertaler See verbunden. Für den Tourismus spielen die beiden Seen, die sich im August aufgrund ihrer geringen Tiefe bis auf 27° C erwärmen, sowie die Angerbergterrasse selbst eine nicht unbedeutende Rolle. Im Sommer stellt das Gebiet ein beliebtes Ausflugsziel dar, im Winter bietet der Angerberg eine reizvolle Kulisse für den Langlauf- und Eislaufsport. Obwohl hier an heißen Sommertagen tausende von Besuchern die Ufergebiete säumen, ging der ruhige Charakter der Seenlandschaft nicht verloren. Sieht man von den wenigen Gasthöfen und zwei Campingplätzen ab, so blieben die unmittelbaren Uferbereiche unverbaut. Freizeitwohnsitze fehlen überhaupt. In den peripheren Seegebieten, die von der Verlandung bedroht sind, nimmt die geschützte Weiße Seerose beträchtliche Flächen ein.
Der größere der beiden genannten Seen, der Reintaler See, wird seit 1975 vom Land Tirol gepachtet. Bisher ist es gelungen, das seichte Gewässer (tiefste Stelle: 10,5 m) sauber zu halten. Wichtig dafür war, dass man die seenahen Parzellen vor einer Überdüngung bewahrte. Während hier die Ufergegend außerhalb der Badeanstalten frei zugänglich und durch schattige Wanderwege erschlossen ist, blieb der Krummsee, dessen hüfttiefe Ausläufer fast den Reintaler See berühren, dagegen in privaten Händen. Westlich des viel besuchten Seebades und des Campinggeländes endet die Angerbergterrasse. Sie fällt gegen den Schuttfächer der Brandenberger Ache ein, auf der die zentralen Teile der Ortschaft Kramsach (2001: 4.401 Ew.) liegen.

Das Augsburger Geschlecht der Fugger, das im 16./17. Jahrhundert den Bergbau zwischen Schwaz und Rattenberg wesentlich beeinflusste, setzte auch hier wirtschaftliche Impulse. Da aus dem waldreichen Brandenberger Tal viel Holz anstrandete, errichteten die Fugger im Mündungsbereich („Lände") zwei Schmelzhütten. Aus einer ging im Jahr 1615 ein Messingwerk hervor, in dem bis weit in die Zwischenkriegszeit hinein zwischen 100 und 200 Personen Arbeit fanden. Die andere diente bis zur Einstellung der Holzkohleerzeugung im Jahr 1860 hauptsächlich der Kupferverhüttung. Heute steht an der Lände ein Sägewerk (seit 1921), allerdings wurde der Mündungsbereich durch den Autobahnbau völlig verändert.

> *Die Wurzeln der Glaserzeugung im Tiroler Unterland*
>
> In Kramsach hat aber noch eine andere Branche alte Wurzeln: 1632 eröffnete man mit Unterstützung der Herzogin Claudia von Medici eine Glashütte, in der anfänglich auch venezianische Handwerker tätig waren und ihren Erfahrungsschatz einbrachten. Der Betrieb konnte sich über drei Jahrhunderte halten. Als im Jahr 1935 die Glashütte geschlossen wurde, verloren rund 100 Personen ihre Beschäftigung. Das Glasgewerbe fand dadurch aber kein Ende. Mit sudetendeutscher Hilfe kam es nach dem Zweiten Weltkrieg in Kramsach sowie in den Nachbargemeinden Rattenberg und Brixlegg zur Gründung von einem Dutzend glasverarbeitenden Betrieben. Bei der Fahrt durch Kramsach bekommt man in verschiedenen Schaufenstern die Produkte dieses Gewerbes zu Gesicht. Der Tradition entsprechend wurde Kramsach im Jahr 1948 Standort der einzigen Glasfachschule Österreichs.

Eine wirtschaftliche Betrachtung von Kramsach wäre unvollständig, würde nicht auch der Fremdenverkehr Erwähnung finden. Es handelt sich immerhin um die tourismusintensivste der Unterinntaler Talgemeinden. Obwohl durch die liftmäßige Erschließung des Sonnwendjochs im Jahr 1968 das Spektrum der Wintersportmöglichkeiten verbessert wurde, fallen die rund 180.000 Nächtigungen hauptsächlich in das Sommerhalbjahr. Die Reintaler Seen, das Brandenberger Tal und das naheliegende Städtchen Rattenberg machen das ländlich gebliebene Kramsach als Fremdenverkehrsort attraktiv.

In Kramsach empfiehlt es sich, nicht den angeschriebenen, kürzesten Weg zum Rattenberger Zentrum zu nehmen, sondern dem Hinweisschild ‚Autobahn' zu folgen und auf diese Weise zum Parkplatz am Westeingang der Kleinstadt zu gelangen.

Rattenberg - die flächenkleinste Stadt Österreichs

Wie in Kufstein eignet sich auch hier der Burgberg mit seiner Festung (untere Hochburg) als Standort für die weiteren Beobachtungen. Die Burgruine erreicht man am besten, wenn man der heute verkehrsberuhigten Durchzugsstraße ostwärts folgt und kurz vor dem Stadttor rechts zur Pfarrkirche abbiegt. Unmittelbar nach der Bahnunterführung zweigt rechts ein kleiner Steig ab, der in wenigen Minuten zur Ruine hinaufführt.

Die Burgruine Rattenberg ist eine romanische Anlage, die im Laufe der Jahrhunderte mehrmals erweitert und verstärkt wurde. Sie erwarb als Gefängnis bzw. Hinrichtungsstätte für die Wiedertäufer traurige Berühmtheit. 1651 war sie Schauplatz der Hinrichtung von Kanzler Dr.

Wilhelm Biener, einem treuen Gefolgsmann der Herzogin Claudia von Medici. Sein Schicksal wird im Rahmen der Burgfestspiele noch heute nachgespielt.

Vom Plateau der Burgruine reicht der Blick im Osten bis zum Kaisergebirge und im Westen bis zu den Kalkkögeln südlich von Innsbruck. Dabei lassen sich die verschiedenen landschaftlichen Einheiten erkennen: Die Talsohle, die vom Inn dominiert wird, mit dem Kramsacher Schwemmkegel, im Nordwesten das Rofangebirge mit dem Vorderen Sonnwendjoch (2.224 m) und dem Pletzachkogel (1.549 m) sowie, ostwärts des Brandenberger Tals, der wandbildende Bergzug von der Voldöpper Spitze (1.510 m) über das Keglhörndl (1.645 m) bis zum Pendling. Diesen vorgelagert ist die Terrasse des Angerbergs, deren innseitige Begrenzung ein bewaldeter Konglomerathärtling bildet. Der Aufbau der Talflanke südlich des Inns, der Schattseite, entspricht gesteinsmäßig dem gegenüberliegenden Kalkgebirge.

Vom Standort aus gewährt das Brandenberger Tal, das nahezu alle mesozoischen Schichten der Nördlichen Kalkalpen anschneidet, nur einen bescheidenen Einblick. Er genügt aber, um deutlich zu machen, dass sich hier das größte zusammenhängende Waldgebiet Tirols erstreckt. Das weiche Relief, v.a. die hohen, gegen den randalpinen Bereich stark zunehmenden Niederschlagswerte begünstigen die Ausbreitung der Forste. Wie der hochmittelalterliche Rodungsname Brandenberg ausdrückt, spielte der Wald eine wichtige Rolle im Laufe der Talgeschichte. Seine Bedeutung kommt auch darin zum Ausdruck, dass er immer im Besitz der Landesherrschaft (heute der Bundesforste) stand. Die Brandenberger Forste bildeten das wichtigste Reservoir für das im Bergbau reichlich benötigte Grubenholz. Berühmt war Brandenberg aufgrund seiner Holztrift auf der Ache, die allerdings 1966 ihr Ende fand. Im Jahr 1934 verdienten 80 % der Erwerbstätigen ihr Brot in der Forstwirtschaft, 1968 waren es 57 % und heute immerhin noch um 10 %. Das tägliche Pendeln zu den Arbeitsplätzen im Inntal setzte spät - nicht vor Mitte der 60er-Jahre - ein. Erst darauf wurde auch dieser ländliche Beharrungsraum vom modernen Wandel erfasst.

Die Siedlungen des Brandenberger Tals liegen auf eiszeitlichen Terrassen einige hundert Meter über der schmalen, aber außerordentlich flach verlaufenden Kerbe der Ache. Es mag nicht verwundern, dass schon seit 1914 immer wieder Pläne auftauchen, die ein Aufstauen des Bachs und seine energiewirtschaftliche Abarbeitung vorsehen. Bisher konnte man solche Projekte verhindern.

Eine morphologische Besonderheit der Kramsacher Gegend bilden die Bergstürze vom Pletzachkogel (bzw. -kopf), deren bewaldetes Hauptablagerungsgebiet sich westlich des Schuttfächers der Brandenberger Ache erstreckt. Nach den neuesten Forschungsergebnissen liegen hier drei unterschiedlich zu datierende Bergstürze vor (frdl. Auskunft von G. Patzelt). Der größte und zugleich jüngste ging im 3. nachchristl. Jahrhundert nieder. Obwohl seine Abbruchsnische im Vergleich zu anderen Bergstürzen der Ostalpen wenig imposant wirkt, nimmt das Trümmermaterial fast den gesamten Inntalgrund westlich von Rattenberg ein. Steinschlag und kleinere Felsstürze gehen auch heute noch ab; die frische Färbung der wachsenden Schutthalde gibt dies deutlich zu erkennen. Die rezente Schutthalde setzt oberhalb eines Walls von mächtigen Blöcken in 1.050 m Höhe ein und zieht sich bis 1.360 m zu den materialliefernden Steinschlagrinnen empor. Sie stellt die Spitze des Bergsturzkegels dar. Auffallend ist die rötliche Färbung der abgehenden Felsbrocken. Es handelt sich dabei um Lias-Gestein, das in Wechsellage mit weißem, rätischem Plattenkalk auftritt. Seit dem Mittelalter wird es etwas unterhalb der Schutthalde abgebaut. Dieser „Kramsacher Marmor" oder „Hagauer Marmor" erlangte als Baumaterial für Kirchen große Bedeutung.

Der jüngste Bergsturz hatte zunächst die Aufstauung des Inns bzw. seine Aufspaltung in mehrere Arme zur Folge. Es entstand oberhalb des Ablagerungsgebietes ein siedlungsfeindliches Sumpfgebiet. Das Bergsturzgebiet im Westen von Rattenberg und Kramsach wirkte in politischer und kultureller Hinsicht als eine Scheidelinie. Der Habach, der sich durch die Trümmerlandschaft schlängelt, streckenweise darin aber auch versickert, trennte die römischen Provinzen Norikum und Rätien und bis 1504 die Grafschaft Tirol und Bayern.

Betrachtet man nun die Stadt Rattenberg, die mit 439 Einwohnern (2001), 94 Häusern und einer Fläche von 11 ha als flächenmäßig kleinste Stadt Österreichs gilt, von oben, so lässt sich

Grundelemente der Inn-Salzach-Städte

Die meisten Inn-Salzach-Städte besitzen einen schmalen, langgezogenen Grundriss. Durch die Stadt führt die Hauptstraße, die sich allmählich platzartig erweitert. Entlang der Durchzugsstraße, an der ursprünglich nur die Handels- und Gasthäuser sowie die Behörden und vornehmen Bürgersitze lagen, findet man zumeist dreistöckige, schmale Gebäude mit flächigen Stirnmauern, die in zarten Farben verputzt sind. Ihre Fronten werden nur durch schmale Seitengassen unterbrochen. Alleinstehende Bauten treten in der Regel nicht auf. Die nicht unterkellerten Häuser stehen giebelseitig zur Straße, wobei der Giebel oft durch hochgezogene Blendfassaden verborgen ist. Die einheitliche Wirkung wird dadurch noch verstärkt. Typische Stilelemente sind ferner die reich verzierten Erker, die Laubengänge und das so genannte Grabendach (vgl. *Abb. 4*). Diese Dachform hat sich aus der Absicht heraus entwickelt, durch die hochgezogenen Steinmauern das Löschen eines Brandes zu erleichtern und dessen Ausbreitung zu erschweren (vgl. *Meusburger* 1975).

Abb. 4: Entwicklungsstufen vom innerstädtischen Giebeldach zum Grabendach

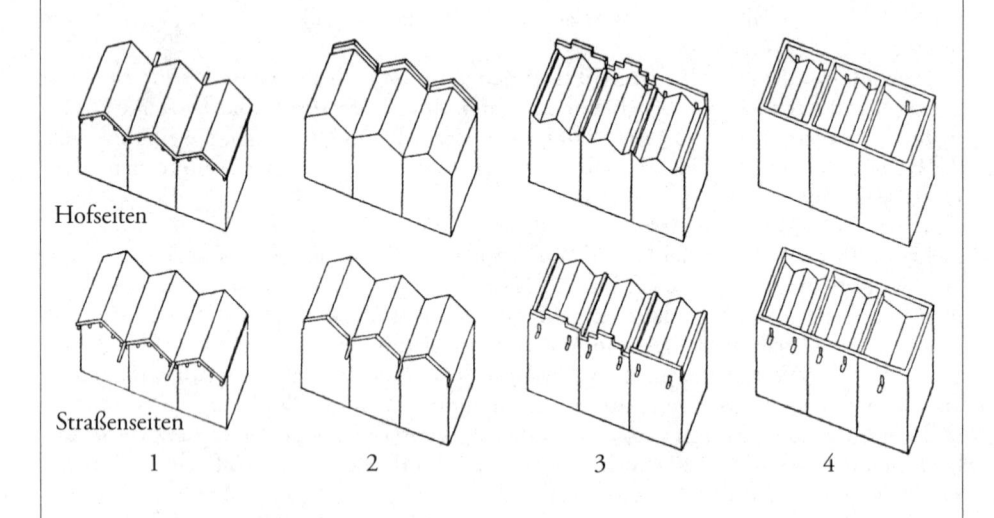

1. Giebeldach mit straßenseitig vorspringendem Dach und weit herausragenden hölzernen Dachrinnen.
2. Die Giebelmauern zur Straßenseite überragen die Dachflächen.
3. Treppenförmige und waagrechte Giebelabschlüsse. Kommunmauern zwischen den Häusern durchstoßen nach oben die Dachhaut. Steinerne Wasserspeier.
4. Giebel und Kommunen erreichen die gleiche Höhe und umschließen das tief liegende Dach.

Quelle: *Meusburger* (1975, 93); *Schuster* (1964)

der Stadtgrundriss in Form eines Dreiecks erkennen. An dessen Ecken befand sich jeweils ein Stadttor; ein viertes Tor, das noch besteht, führt ostwärts aus der Stadt. Die Wahl des Standorts für eine Stadtgründung scheint hier in der Schattenlage ungünstig ausgefallen (vgl. *Meusburger* 1975): Es gibt wenig Ausdehnungsmöglichkeiten; im Norden ist Rattenberg eng vom Inn und im Süden vom Gebirge begrenzt, ostwärts schlossen lange Zeit versumpfte Augebiete an. Die Erklärung liegt darin, dass die Stadt - an der Grenze zwischen Bayern und Tirol - aus militärischen Beweggründen errichtet wurde. Die Talenge im Bergsturzgelände bot außerdem die Möglichkeit, die Inn-Schifffahrt zu kontrollieren.

Durch den regen Handelsverkehr kam es in der Zeit zwischen 1200 und 1400 entlang des Inns und der Salzach zur Anlage von zahlreichen Städten und Märkten. Es überrascht daher nicht, wenn sie ein ähnlicher Baustil verbindet: Die so genannte Inn-Salzach-Stadt-Bauweise (vgl. *Kriechbaum* 1924). In Rattenberg, dessen Burg erstmals im Jahr 1074 erwähnt wurde und das 1393 das Stadtrecht erhielt, ist dieser Stil noch in einer sehr ursprünglichen Form sichtbar (vgl. Textkasten).

Lange Zeit hatte Rattenberg als bayerische Grenzfestung gegen Tirol eine wichtige Funktion. Bedeutung erlangte es dadurch, dass sich hier neben Hall und Kufstein eine der wichtigsten Innländen (Anlegeplatz für Schiffe) befand. Es bestand in Rattenberg Anlegezwang und Zollpflicht. Zusätzliche Einkünfte brachte der nahe gelegene Kupfer- und Silberbergbau in Kundl und Brixlegg. Der Höhepunkt der wirtschaftlichen Blüte erlangte die Stadt im 15./16. Jahrhundert. Nachdem die Landgerichte Rattenberg, Kufstein und Kitzbühel an die Grafschaft Tirol gefallen waren, verlor Rattenberg seine Hauptfunktion als Grenzfestung. Dazu kam, dass zu Beginn des 17. Jahrhunderts auch der Bergsegen allmählich versiegte und gleichzeitig der Stellenwert der Inn-Schifffahrt zurückging. Damit wurde es in den nachfolgenden Jahrhunderten in Rattenberg ruhig. Die Errichtung der bereits angesprochenen Glashütte im Jahre 1632 konnte den wirtschaftlichen Niedergang nicht aufhalten. Da es an finanziellen Mitteln fehlte, Um- und Neubauten zu errichten, bewirkte die ökonomische Passivität jedoch die Erhaltung der alten Bausubstanz.

Auch die heutige Bevölkerungs- und Sozialstruktur ist ungünstig. Beispielsweise hat keine Gemeinde der Region einen höheren Anteil an älteren Menschen als Rattenberg. Die demographischen Konsequenzen dieser Überalterung sowie die laufenden Abwanderungen haben die Einwohnerzahl seit 1951 halbiert. An die ehemalige Blüte der Stadt erinnert beim Durchgehen der Überbesatz an Gasthäusern, Geschäften und gewerblichen Betrieben. Als wirtschaftliches Standbein spielt neben dem Ausflugtourismus die Glasverarbeitung eine Hauptrolle. Das Glasbläsergewerbe wurde nach dem Zweiten Weltkrieg wie in Kramsach von sudetendeutschen Flüchtlingen neu belebt. Die Bedeutung dieser Branche tritt beim nachfolgenden Stadtrundgang deutlich zutage (*Abb. 5*). Funktional hängt die Stadt heute mit Radfeld, dessen Gemeindegebiet östlich des Stadttors beginnt, zusammen. Die enge Verbindung der beiden Ortschaften kommt dadurch zum Ausdruck, dass viele öffentliche Einrichtungen gemeinsam genutzt werden. Außerdem sind nicht wenige Rattenberger aufgrund der geringen Expansionsmöglichkeiten nach Radfeld übersiedelt. Dies äußert sich dadurch, dass nahe der Stadt Rattenberg ein weiterer, dicht verbauter Ortsteil von Radfeld entstanden ist. Radfeld gehört zu den Gemeinden Tirols, deren Bevölkerungszahl im letzten Jahrzehnt am stärksten gewachsen ist (1991 - 1.575 Ew., 2001 - 2.016 Ew.).

Auf dem Rückweg zum Parkplatz empfehlen sich einige Haltepunkte (vgl. Meusburger 1975).

Unterhalb des Stadtbergs südlich der Eisenbahnunterführung zeigen einige Häuser noch ein frühes Entwicklungsstadium des Inn-Salzach-Baustils. Ihre ausladenden Giebeldächer weisen in eine Zeit, als der Schritt zu den hochgezogenen Fassaden und den Grabendächern noch nicht vollzogen war. Auf der anderen Seite der Bahnunterführung steht die aus Hagauer Marmor aufgebaute und dem heiligen Salzburger Bischof Virgilius geweihte Pfarrkirche. Auffällig an dieser spätgotischen Hallenkirche, die innen barockisiert wurde, sind zwei Schiffe und zwei Hauptaltäre, die früher durch eine Holzwand voneinander getrennt waren. Wie in der Bergwerksstadt Schwaz unterschied die Kirche einst auch hier zwischen Bürger und Knappen. Unweit der Pfarrkirche gelangt man in den „Malerwinkel", der - wie der Name verrät - schon manchen Künstler in seinen Bann gezogen hat. Die engen, pittoresken Gassen mit ihren Cafés laden zum Verweilen ein. Wieder auf der Hauptstraße erkennt man vor dem Stadttor, das 1855

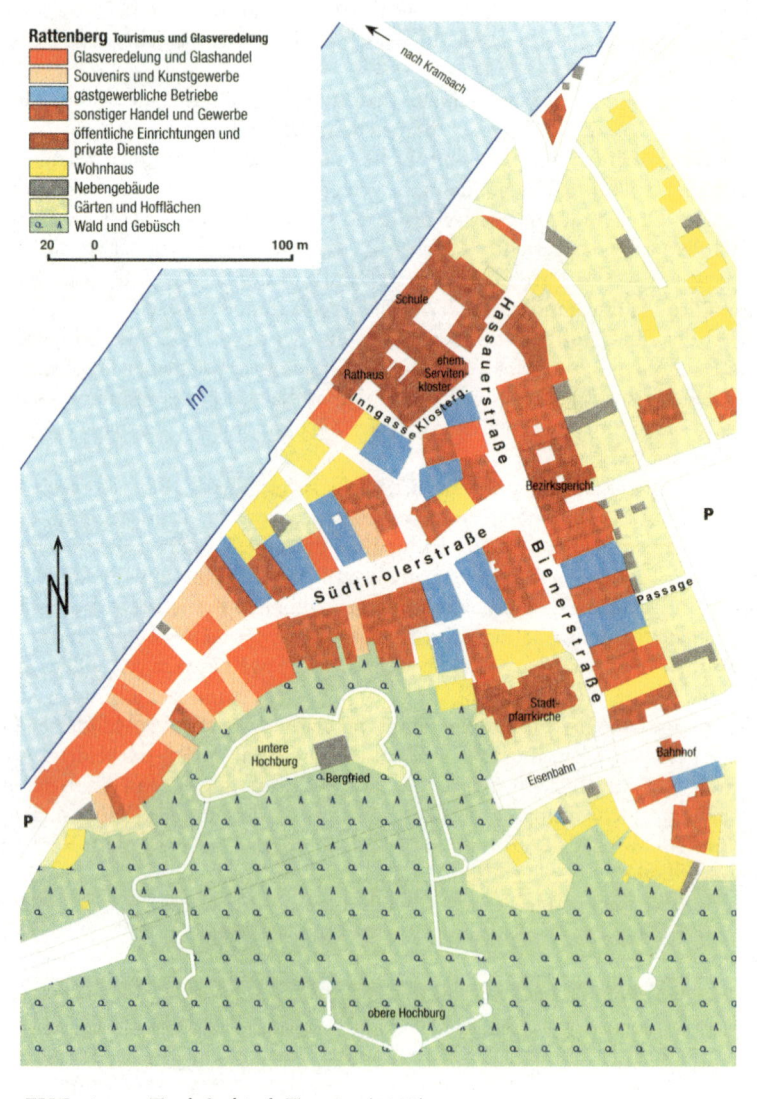

Abb. 5: Funktionale Gliederung von Rattenberg

Quelle: *EU Regiomap Tirol, Südtirol, Trentino* (1998)

aus dem ehemaligen Rathaus, dem heutigen Bezirksgericht, herausgebrochen wurde („Neutor"), ihre platzartige Erweiterung. Einige Häuser in diesem Bereich sind stilwidrig umgebaut worden und fügen sich nicht in die traditionelle Inn-Salzach-Bauweise ein. Der Gasthof Traube (heute geschlossen), der unweit davon, an der Ecke Inngasse-Klostergasse, zu finden ist, war früher der Sitz des Herzogs von Bayern. Bei der Wanderung durch die Durchzugsstraße zurück zum Innsbrucker Tor begegnet man einer Reihe von Geschäften, in denen die Produkte der heimischen Glasverarbeitung auf Käufer(innen) warten. Zweifellos hat das Erscheinungsbild der Stadt durch verkehrsberuhigende und stadterneuernde Maßnahmen (Umfahrungstunnel bzw. Fassadenrenovierung) in den letzten Jahren gewonnen. Die älteste Entwicklungsstufe des Inn-Salzach-Stils ist im efeuumrankten Nagelschmiedhaus am oberen Stadtausgang beim Parkplatz zu sehen. Der obere Gebäudeteil erinnert an die Zeit, als noch die Holzbauweise vorherrschte.

Zillertalmündung/Kanzelkehre

Von Rattenberg führt die B 171 über Brixlegg und Strass/Zillertal zur Abzweigung zum Achensee. Man nimmt diese Route, die alsbald ansteigt, und erreicht bei der ersten Linkskehre den viel besuchten Aussichtspunkt Kanzelkehre (gebührenpflichtig).

Immer dichter an Rattenberg rücken die Gewerbe- und Industriebetriebe von Brixlegg (2001: 2.786 Ew.). Der größte Betrieb, der rechter Hand in der Ortsmitte zu sehen ist, führt die traditionelle Kupferproduktion heute noch fort. Die Kupferhütte Brixlegg der Montanwerke, in der ca. 270 Personen beschäftigt sind, kam Mitte der 1980er-Jahre ins Kreuzfeuer der öffentlichen Kritik, als man feststellte, dass vom Werk eine Dioxinbelastung der Umwelt ausging. Das Giftgas entstand bei der Wiederverwertung alter Kupferdrähte (Metallrecycling), die man bislang samt Isoliermaterial (Kunstoffe, Plastik) eingeschmolzen hatte. Nachdem dieses Fehlverhalten korrigiert worden war, glätteten sich auch die Wogen der Kritik. Obwohl bis heute beachtliche Innovationen und Investitionen im Bereich des Umweltschutzes (z.B. Absorptionsverfahren für Schwefeldioxid, moderne Filtrationsanlagen oder selbst entwickelte Techniken zur Ausscheidung von Schwermetallen aus Abwässern) erfolgten, tauchen in Brixlegg jedoch immer wieder Diskussionen über die besondere Umweltbelastung auf.
Breit und gleichsohlig, kaum mit einer anderen Talschaft vergleichbar, führt das Zillertal ins südliche Hochgebirge hinein, dessen firnbedeckte Gipfel sichtbar werden (vgl. Spezialexkursion *Das Zillertal: Tourismus und Energiewirtschaft*). Erst nach 30 km, wo bei Mayrhofen die harten Gesteine des Penninikums an die Oberfläche treten, kommt es zu einer Talstufe. Trotz der fertig gestellten Meliorierungsarbeiten lässt sich im Mündungsbereich des Zillers unschwer das einstige Sumpfgelände ausmachen, das bis zum Ende des 19. Jahrhunderts als Malariagebiet gefürchtet war; noch im Jahr 1933/34 wies man in den Tümpeln das Vorhandensein der Stechmücke Anopheles maculipennis nach. Zwischen dem Inn und dem Murschwemmkegel von Schlitters tauchen immer wieder Entwässerungsrinnen auf, die gemeinsam mit den schnurgeraden Feldwegen die Blockfluren gliedern. Hauptstraße und Zillertalbahn führen am Westrand des ehemaligen Sumpfgebietes entlang.
Nicht aus Verwechslungsgründen, sondern wegen der besonderen touristischen Attraktivität des Zillertals, mit der man - trotz der peripheren Lage - verbunden sein will, hat man den Ortsnamen der am Taleingang liegenden Siedlung Strass (2001: 813 Ew.) im Laufe der letzten Jahrzehnte auf „Strass im Zillertal" erweitert. Hier trifft die viel frequentierte Straßenverbindung Zillertal - Achental auf die Inntal-Bundesstraße und -Autobahn. Durch den im Jahr 1996 eröffneten Brettfall-Tunnel wurden die langen Verkehrsstauungen am Ausgang des Zillertals entschärft. Die beste Aussicht über das Mündungsgebiet des Zillertals gewinnt man aber von der Kanzelkehre (vgl. *Penz/Ruppert* 1975).

Burgen und Schlösser im ehemaligen Grenzbereich zwischen Tirol, Bayern und Salzburg

Finden sich zwischen Kufstein und Brixlegg kaum Adelssitze, so löst am Ortsausgang von Brixlegg eine Burg die andere ab. Alle stehen gegenwärtig im Privatbesitz. Diese Anhäufung mag im einstigen Grenzgebiet zwischen Bayern, Tirol und Salzburg nicht verwundern. Zunächst erscheint linker Hand die hügelige Parkanlage des Schlosses Matzen. Das über 900 Jahre alte Schloss ist das Ergebnis zahlreicher Bauwellen. Von der Wehrhaftigkeit der ehemaligen Festung, die ab dem 16. Jahrhundert von mehreren Adelsgeschlechtern, darunter auch der Fugger, zu einem Feudalsitz umgestaltet wurde, kann man sich nur mehr schwer ein Bild machen. Die Besitzverhältnisse vor 1504 waren - wie in den benachbarten Burgen - von der Auseinandersetzung zwischen Wittelsbachern, Habsburgern und dem Erzbistum Salzburg geprägt (vgl. *Bracharz* 1966). Unmittelbar an Matzen schließt im Westen Schloss Lipperheide („Neumatzen") an. Dieses Gebäude wurde im Jahr 1883 von privater Hand anstelle des Badehauses errichtet.

Gegenüber taucht rechts in der Innau Schloss Lichtwerth auf, das aus der zweiten Hälfte des 12. Jahrhunderts stammt und wie Matzen ebenso romanische Wurzeln besitzt. Im Gegensatz zu Matzen hat es aber seine originale Gestalt bewahren können. Ursprünglich floss der Inn in dieser Gegend in labilen Windungen, und ein Hauptarm nahm den Weg zwischen Matzen und Lichtwerth hindurch - wo heute die Bundesstraße verläuft. Die Wortendung -wert(h) weist auf eine Insellage hin, sodass Lichtwerth als einst vom Inn umschlungene Wasserburg, wahrscheinlich die einzige Nordtirols, zu sehen ist.

Bevor im Süden das Zillertal erscheint, zieht auf einem Felssporn rechts neben der Straße die Ruine Kropfsberg den Blick auf sich. Ihre Entstehung, die man zeitlich in das 12. oder 13. Jahrhundert einordnet, hängt unmittelbar mit dem Zillertal zusammen, das bis 1816 zum Erzbistum Salzburg gehörte. Die Burg sollte dieser Talschaft Schutz gewähren, doch trat sie in den nachfolgenden Jahrhunderten weder militärisch noch herrschaftlich hervor.

Zu kleineren Auseinandersetzungen zwischen den Herren von Rattenberg, Matzen bzw. Rottenburg (bei Rotholz) und dem salzburgischen Pfleger kam es erst, als das Unterland tirolisch wurde. Doch sicherte schon im Jahr 1533 ein Vertrag die Rechte von Kropfsberg. Wenige Umbauten haben die Burg verändert. Dies erklärt, warum nahezu alle Teile der Ruine, die nach der Bombardierung von 1945 noch erhalten geblieben sind, aus der romanischen Bauperiode stammen.

Die Kanzelkehre liegt an der neuen Achenseestraße (fertig gestellt 1960) und zählt zu den bekanntesten Aussichtspunkten des Landes. Nahezu der gesamte bisherige Exkursionsverlauf im Inn-Längstal lässt sich nochmals vor Augen führen: Das Kaisergebirge, die Häringer und Angerberger Terrassen, der Talgrund mit Kundl, Rattenberg und Kramsach, die Burgengegend um Brixlegg sowie der Bereich der Zillermündung. Im Vordergrund beherrscht der bewaldete Murschwemmkegel aus dem Rofangebirge das Bild, der die Gemeinden Wiesing, direkt unterhalb des Standortes, und Münster voneinander trennt. Die Waldzunge dahinter, die fast die gegenüberliegende Talflanke berührt, entspricht etwa der Ausdehnung des jüngsten Pletzach-Bergsturzes. Das einstige Sumpfgebiet im Bereich der Zillermündung erweist sich, wie schon erwähnt, als besonders alter Grenzraum, den man bis in die Römerzeit nachweisen kann. Bis 1504 berührten sich hier die Besitzungen von Bayern, Tirol und Salzburg, und bis 1816 bildete der Ziller die Trennlinie zwischen Tirol und Salzburg. Heute verläuft noch die Bistumsgrenze zwischen Salzburg und Innsbruck mitten durch das Zillertal. Auch die Bezirke Schwaz und Kufstein grenzen im Mündungsgebiet des Zillers aneinander.

Aussicht von der Kanzelkehre auf die Zillertalmündung

Die alte Grenze hat ebenso die Ausbreitung verschiedener kultureller Ausdrucksformen beeinflusst. Was die ländlichen Bauten betrifft, so endet in dieser Gegend die alleinige Verbreitung des giebelseitig erschlossenen Unterländer Einhofs. Zwar dominiert er noch bis Hall, doch treten westlich der Zillertalmündung nunmehr auch Paar-, Haken, längsgeteilte und Mittertennhöfe auf. Von den zuletzt Genannten soll in Thaur mehr die Rede sein. Neu errichtete Bauernhäuser sind aber überall im Unterinntal nach dem Grundriss-Schema des Unterländer Einhofs errichtet. Sie liefern den Beleg, dass die unterschiedlichen Hofformen in erster Linie als Anpassung an bestimmte betriebswirtschaftliche Erfordernisse zu sehen sind und nicht, wie zuweilen angenommen, als Niederschlag ethnisch bedingter - etwa alter bairischer - Einflüsse. In diesem Sinn bildet der Einhof eine moderne Form und somit das vorläufige Ende einer Entwicklungsreihe.

Ebenso lässt sich der Übergang vom Unterland in das mittlere Inntal in sprachgeographischer Hinsicht aufzeigen. Hervortretendes Merkmal bildet das auslautende /-st/, das im Dialekt von Münster und westwärts davon zu /-scht/ wird (Bsp.: „Mist" - „Mischt").

Das ansteigende Gebiet nördlich des Inns ist Altsiedlungsland. Der romanische Namen des Ortsteils Bradl, der im schmalen Streifen zwischen Autobahn und Inn liegt, lebt in der Bezeichnung der Gemeinde Wiesing (2001: 1.771 Ew.) weiter. Offensichtlich sind die landnehmenden Bajuwaren auf römische „Erstsiedler" gestoßen.

Greift der mesozoische Kalk zwischen Wörgl und Brixlegg in einem schmalen Streifen auf die südliche Talseite über, so läuft er bis Schwaz allmählich aus. Im Bereich der Zillertalmündung wird die Südseite bereits von der erzreichen Grauwackenzone aufgebaut. Östlich davon tritt sie nur stellenweise an das Inntal heran, etwa am Eingang des Alpbachtals südlich von Brixlegg; wo sie die Grundlage für den einst wichtigen Kupferbergbau bildete (vgl. Spezialexkursion *Alpbach und Umgebung*). Der schroff am östlichen Zillertaleingang aufragende Reither Kogel (1.336 m) besteht bereits zur Gänze aus hartem paläozoischen „Schwazer Dolomit", ebenso der westliche Taleingang, wo auf einem Felssporn die Wallfahrtskirche Maria Brettfall ins Tal blickt. Dahinter, im Schiefer der Grauwacke, werden die Formen sanfter. Über den geschlossenen Ortschaften am Talgrund reichen verstreut liegende Einzelhöfe weit am Hang hinauf. Ihnen schließt sich die Stufe der Asten (Niederalmen) an, die vor und nach dem eigentlichen Almauftrieb bewirtschaftet werden. Immer mehr zeigt sich aber, dass die Asten einem Funktionswandel unterliegen. Im vorderen Zillertal wird bereits die Mehrzahl der Astenhütten ganzjährig an Auswärtige, vorwiegend Bayern, für Freizeitzwecke vermietet. Im steilen Gelände zwischen den Asten und den Hochalmen konnte sich der Wald halten. Weiter taleinwärts hat der obere Bergbereich größte touristische Bedeutung, und ein dichtes Netz von Aufstiegshilfen erschließt diese Region für den Wintersport.

Nicht nur in der Achensee- und Zillertalfurche, sondern auch im Inntalbereich tritt der sekundäre Sektor zugunsten des Tourismus zurück. Aus der luftigen Höhe der Kanzelkehre lässt sich dies am Beispiel der Wiesinger Rofansiedlung, in der heute ein Drittel der Einwohner der Gemeinde Wiesing lebt, aufzeigen. Kurz vor 1950 entstanden im Osten außerhalb des Dorfes die ersten Einfamilienhäuser, heute ist der Ortsteil bereits weit in das vorhin genannte Waldgebiet am Schuttkegel eingedrungen. Die Siedlungsausdehnung erfasst allmählich auch das alte Wiesinger Weidegebiet, den Astenberg, der sich unterhalb des Aussichtspunktes als Rodung zu erkennen gibt. Sehr früh spielte in der Rofansiedlung die Privatzimmervermietung eine wichtige Rolle im Familienbudget. Ende der 60er-Jahre und im Laufe des nachfolgenden Jahrzehnts gab es bereits kein Haus mehr, in dem sich nicht auswärtige Gäste, in erster Linie aus Deutschland, einquartierten. Ihre Zahl betrug im Sommer das Vierfache der Wiesinger Wohnbevölkerung. Die Lage am Fußpunkt der Achenseestraße, die Nähe des Jenbacher Bahnknotenpunktes sowie die günstigen Ausflugsmöglichkeiten in das Rofangebirge, zum Achensee, zu den Oberangerberger Seen, ins Zillertal sowie zu den Städten Schwaz und Rattenberg bildeten die Grundlage dieses Sommerfremdenverkehrs. Aber auch Bewohner der Region erkannten immer mehr die Siedlungsgunst an diesem sonnigen, windgeschützten Waldrand. Vor allem in den 80er-Jahren erlebte der Ortsteil ein rasantes Wachstum. Gleichzeitig ging jedoch - wie auch in anderen Teilen Tirols - aufgrund der veränderten sozialen Strukturen die Privatzimmervermietung stark zurück. So nächtigen die Touristen heute in den Dorfgasthöfen und Pensionen. Wie am Achensee ist der Anteil der ausländischen (bzw. nicht-österreichischen) Grundbesitzer nicht die Ausnahme. Bei diesem Personenkreis, der hier Zweit-, aber auch Alterswohnsitze unterhält, handelt es sich in der Regel um ehemalige Gäste, die in zahlreichen Urlaubsaufenthalten enge Verbindungen mit Land und Leuten knüpften.

Falls Zeit bleibt, empfiehlt sich anschließend ein Abstecher zum nahen Achenseegebiet, das hier aber nicht behandelt wird (vgl. dazu Penz/Ruppert 1975).

Von Wiesing nach Schwaz

Die weitere Exkursionsroute führt hinunter nach Wiesing, wo vor der Autobahnauffahrt die Landstraße nach Westen, Richtung Jenbach, genommen wird. Die Durchfahrt durch Jenbach ist nicht bequem. Ca. 300 m nach der Überquerung der Gleise der Achensee-Zahnradbahn folgt man zunächst dem Hinweisschild „Bahnhof" bzw. „Zentrum" und gelangt in der Folge zur Jenbacher Hauptdurchzugsstraße, der alten Achensee-Straße (Kreisverkehr). Hier orientiert man sich weiter an das Richtungsschild „Zentrum". Nach der Engstelle wird scharf nach links abgebogen und die Landstraße nach Stans genommen. Große Autobusse müssen das Zentrum umgehen: Sie biegen etwas oberhalb des Kreisverkehrs nach Westen in Richtung Stans ab und gelangen so direkt zur Jenbacher Tratzbergsiedlung.

Der Bahnhof von Jenbach - Treffpunkt besonderer Bahnlinien

Am Bahnhof Jenbach treffen drei Linien mit jeweils unterschiedlicher Spurweite aufeinander: Inntalbahn (Normalspur), Achenseebahn (Schmalspur, 100 cm) und Zillertalbahn (Schmalspur, 75 cm). Projekte zum Bau der Zillertalbahn entstanden unmittelbar nach der Fertigstellung der Bahnlinie durch das Unterinntal, doch dauerte es bis 1902, dass die erste Lokomotive nach Mayrhofen dampfen konnte. Zunächst hatte diese Bahnverbindung für die Personenbeförderung, später für den Transport der Produkte des Lanersbacher Magnesitbergbaus größere Bedeutung. Öfters erwägte man, den Betrieb einzustellen. Die Kraftwerksbauten im hinteren Zillertal retteten jedoch den Weiterbestand dieser Nebenbahn. Es erwies sich für den Tourismus als vorteilhaft, die benötigten Materialien nicht auf der Straße, sondern mit der inzwischen dieselbetriebenen Bahn nach Mayrhofen zu bringen. Nicht zu übersehen ist aber ihr heutiger Stellenwert in der Fremdenverkehrswirtschaft.
Im Gegensatz zur Zillertalbahn, die immer noch für verschiedene Gütertransporte, insbesondere für Holz, verwendet wird, hat die Achenseebahn rein touristische Bedeutung. Seit 1891 befördern ihre Dampfloks mit Zahnradhilfe in der warmen Jahreszeit Personen ins Achenseegebiet. Dabei wird eine maximale Steigung von 16 % überwunden. Diese Ausflugsfahrten mit den alten, dampfbetriebenen Loks stoßen bei Gästen und Einheimischen auf große Beliebtheit, einerseits wegen des nostalgischen Erlebniswerts, zum anderen lässt sich der Ausflug zum Achensee bequem mit einer Dampfrundfahrt verbinden.

Wie das Grattenbergl so besteht auch die langgezogene, bewaldete Aufragung links der Landstraße zwischen Wiesing und Jenbach („Tiergarten") aus triassischem Kalk, der auf der Südseite in einem mächtigen Steinbruch abgebaut wird. Und ähnlich wie beim Unterländer Härtling weist das Fundgut auf eine Hallstatt-Siedlung hin.

Am Eingang zum Marktort Jenbach (2001: 6.623 Ew.) überquert man die Trasse der Zahnradbahn, die an der Westflanke eines moränenüberzogenen Felsstocks zum Achensee führt. Die Funktion von Jenbach als Bahnknotenpunkt wurde bereits angedeutet. Einige Hinweise dazu bieten sich im Bahnhofsgelände an, dessen Nordrand die weitere Fahrt berührt.

Die Entwicklung von Jenbach ist mit dem Schwazer Bergsegen eng verbunden. Auf dem heutigen Betriebsgelände der Jenbacher AG, das sich - unweit vom Bahnhof - im Westen von Jenbach über mehr als 10 ha erstreckt, standen lange Zeit die wichtigsten Verarbeitungsstätten des Schwazer Silbererzes. Die Halden an den oberen Hangregionen auf der südlichen Talseite erinnern heute noch an den alten Bergbau. Im Gebiet von Jenbach wurde ab 1658 auf Eisengewinnung umgestellt, welche die Sensenschmieden, die schon seit dem Spätmittelalter entlang des Kasbachs vorhanden waren, mit dem notwendigen Rohstoff versorgten. Die im 19. Jahrhundert berühmte Jenbacher Sensenindustrie fußte auf dieser Tradition. Die Eisenindustrie als Nachfolgerin des alten Hüttenwerks verfiel jedoch in der Zwischenkriegszeit. Sie kam erst wieder 1939 in aller Munde, als der Rostocker Industrielle E. Heinkel das Betriebsgelände kaufte, erweiterte und im Werk Flugzeugteile und Raketenmotoren herstellen ließ. Nach dem Zweiten Weltkrieg wurde das Unternehmen zunächst verstaatlicht, dann ab 1959 als „Jenbacher Werke" in eine Aktiengesellschaft umgewandelt. Dieselmotoren, Kompressoren, Waggons, vor allem aber Gasmotoren stellten die Hauptprodukte dar. In den 70er-Jahren entwickelte es sich zum zweitgrößten Industriebetrieb Tirols, in dem bis zu 1.600 Personen beschäftigt waren. Trotz bahnbrechender Entwicklungen im Bereich der Gasmotorentechnik führte die ungünstige Auftragslage im nachfolgenden Jahrzehnt zu einer Reihe von Kündigungen, was die Zahl der Mitarbeiter bis zum Jahr 1996 halbierte. Die vorgenommenen Investitionen und Betriebserweiterungen sowie Veränderungen in den Beteiligungsverhältnissen und der Unternehmensstrategie scheinen sich jedoch in der Gegenwart bezahlt zu machen. Von der Unternehmensführung ist zu erfragen, dass die Jenbacher AG mit ihren Gasmotoren weltweiter Marktführer im Bereich der energetischen Nutzung von diversen Schwachgasen (etwa aus der Landwirtschaft, der Industrie oder von Mülldeponien) sei. Weltweite Marktführerschaft beansprucht das Werk ebenso bei den so genannten Cogeneration-Anlagen, die zur gleichzeitigen Erzeugung von Strom und Wärme dienen. Mittlerweile verbesserten sich auch die Unternehmenskennziffern wieder, und die Zahl der Mitarbeiter liegt bei rund 1.200.

Das Zentrum von Jenbach zieht sich entlang des untersten Kasbachgrabens, dem auch die alte Straßenverbindung zum Achensee folgt. Etwas oberhalb davon steht in hochwassergeschützter Lage die - wie in Rattenberg - aus rötlichem Hagauer Marmor erbaute Pfarrkirche. Kurz vor der westlichen Ortsausfahrt fallen rechts am Weg pastellfarbene und stilmäßig einheitlich gestaltete Wohnhäuser auf. Es handelt sich hier um eine Siedlung für die ehemaligen Südtiroler Optanten (siehe Textkasten).

Kurzer Halt bei der westlichen Ortsausfahrt (Südtiroler Siedlung, „Tratzbergsiedlung"). Hier lassen sich auch die Ausführungen über Jenbach zusammenfassen.

Einige hundert Meter weiter passiert man das zwischen 1924 und 1927 von der Tiroler Wasserkraftwerke AG (TIWAG) errichtete Achenseekraftwerk. In einem Druckstollen fällt das Wasser vom 930 m hoch gelegenen Achensee knapp 400 m tief zum Inntal-Grund, wo es insgesamt acht Turbinen antreibt, die eine Höchstleistung von 80 MW erreichen. Fünf Maschinensätze davon erzeugen Drehstrom für das Tiroler Landesnetz. Ihre jährliche Produktion beträgt 214 GWh. Dazu kommen drei Einphasenmaschinensätze, deren Jahresleistung von 40 GWh ausschließlich den Österreichischen Bundesbahnen zur Verfügung steht. Seit dem Bau des Kraftwerks entwässert der Achensee nicht mehr nach Norden zur Isar, wie es seinem natürlichen Abfluss entspricht, sondern zum Inn.

> ### Südtiroler Optanten in Jenbach
>
> Im Jahr 1939 wurden die deutschen und ladinischen Südtiroler vor die Alternative gestellt, sich für die italienische oder die reichsdeutsche Staatsbürgerschaft zu entscheiden („Berliner Vertrag"), wobei mit der Option für Deutschland eine Umsiedlung verbunden war. Trotzdem sprachen sich vier von fünf Südtirolern gegen Italien aus, und rund 30 % der Optanten (= 75.000 Personen) mussten während der Kriegsjahre das Land verlassen. Ein Großteil konnte 1948 jedoch wieder legal in die Heimat zurückkehren. Ursprünglich sah man für die Optanten Neusiedelgebiete in Teilen Galliziens und Böhmens vor, die aber von den meisten Südtirolern abgelehnt wurden. Aufgrund des Scheiterns einer systematischen Aktion hat Nordtirol den überwiegenden Teil der Umsiedler (ca. 22.000 Personen) aufgenommen. Hier erwies sich die Südtiroler Umsiedlung jedoch als ein großes Problem. Die damalige Wohnraumknappheit wurde dadurch noch brisanter. Deshalb beauftragte man die Wohnbaugesellschaft „Neue Heimat Tirol", umfangreiche Siedlungsflächen zu erschließen. So kam es in den zentralen Orten Nord- und Osttirols zur Errichtung eigener Südtiroler Siedlungen mit jeweils einigen hundert Einwohnern. Nirgendwo treten die Optantensiedlungen jedoch so im Landschaftsbild hervor wie in der Jenbacher Tratzbergsiedlung.
> Sie ist geprägt von der halboffenen Bauweise sowie den unterschiedlich langgestreckten und breiten Wohngebäuden, die vor allem durch ihre vorwiegend parallele Lage zu den Straßen ein geschlossenes Wohnviertel bilden. Die Häuser vereinigen die Merkmale verschiedener Hausformen Tirols unter einem Dach, die zumeist nicht zusammenpassen (vgl. *Gschnitzer* 1964, 36). Beispielsweise wurden der Grundriss, das flache, weit ausladende Satteldach und die Holzbalkone, die wie Fremdkörper aus den einfach verputzten Fassaden hervorragen, vom Unterland übernommen, die gemauerten Freitreppen stammen dagegen aus dem westlichen Tirol. Die Häuser bestehen in der Regel aus zwei Geschossen und weisen kleine, schnurgerade ausgerichtete Fenster auf. Zwar haben die kürzlich vorgenommenen Sanierungsarbeiten die Bausubstanz aufgewertet, doch kann man noch immer *Gschnitzer* Recht geben, wenn er im Jahr 1964 meinte, dass die Südtiroler Siedlungen die Entwurzelung der Bewohner widerspiegeln würden.
> Heute leben hier freilich nur mehr wenige Angehörige der 376 nach Jenbach umgesiedelten Südtiroler Familien. Dagegen ist der Anteil an ausländischen Mietern überdurchschnittlich hoch. Bei diesem Personenkreis handelt es sich in der Regel um Immigranten mit ihren Familien, die in der Jenbacher AG Beschäftigung fanden bzw. finden.

Ein Halt empfiehlt sich bei der Waldlichtung, etwa 200 m nach der ersten (heute geschlossenen) Auffahrtsmöglichkeit zum Schloss Tratzberg. Ein Schlossbesuch ist höchst lohnenswert und durch die erfolgreiche Umsetzung neuer führungsdidaktischer Ideen nicht nur informativ, sondern auch bequem und kinderfreundlich gestaltbar. Nachstehende Hinweise lassen sich ebenso gut vom Schloss aus verfolgen, zu dem man per Shuttle („Tratzberg Express") oder zu Fuß gelangt. Ein Beobachtungsplatz, der allerdings vom reflektierenden Verkehrslärm beeinträchtigt ist, findet sich am Teich etwas unterhalb des Schlosses.

Aus knapp 100 Meter Höhe schaut inmitten eines Buchen- und Eichenwaldes Schloss Tratzberg in das Tal. Es gilt als das schönste Schloss des Inntals, ein Ruf, der sich aber nicht nur auf seine bauliche Gestaltung, sondern vor allem auf seine überaus reiche und prunkvolle Ausstattung gründet (vgl. *Bracharz* 1966). Von der ursprünglichen Burg, die wahrscheinlich von Meinhard II. von Tirol im 13. Jahrhundert zum Schutz gegen die Bayern erbaut wurde, ist nichts mehr vorhanden. Da damals ein Hauptarm des Inns knapp am Bergfuß unterhalb der Burg vorbeifloss und die übrige Talsohle versumpft war, eignete sich der Standort in militärstrategischer Hinsicht für den Wehrbau. Zahlreiche Nassstellen in den Wiesen zwischen Stans und Jenbach erinnern noch an die alten Inn-Mäander. Nach einem Großbrand im Jahr 1491 tauschte Kaiser Maximilian I. die Ruine gegen die Burg Berneck mit dem reichen Schwazer Gewerken Tänzl, der Tratzberg wieder aufbaute. Das neue Schloss, das in zwei spätgotischen Bauwellen und ab 1560 in einer dritten Bauperiode der Renaissance entstanden ist, wechselte mehrfach den Besitzer. Zwischen 1589 und 1657 lag es auch in den Händen der Fugger. Tratzberg wurde 1848 von den Grafen Enzenberg übernommen, deren Nachkommen heute noch das kunsthistorisch bedeutende Denkmal besitzen.

Auf der gegenüberliegenden Talflanke ziehen, wie schon von Jenbach aus sichtbar, hohe Schutthalden die Hänge des Kellerjochs hinan: Es sind die Halden des ehemaligen Silberbergbaus, der Schwaz um 1500 zu den reichsten Orten der damaligen Welt machte. Das Tiroler Silber (und Kupfer) garantierte die Finanzbasis für die politischen Pläne und Kriegszüge von Kaiser Maximilian I.; es ermöglichte erst die Großmachtpolitik der Habsburger. In der Blütezeit des Bergbaus (1440-1530), als an die 12.000 kg Silber jährlich gefördert wurden, lebten in Schwaz rund 30.000 Menschen - fast dreimal soviel wie heute. Die Belegschaft in den Schwazer Berg- und Hüttenwerken betrug zwischen 10.000 und 15.000 Personen. Handel und Gewerbe nahmen einen rasanten Aufschwung. Die Augsburger Fugger, von denen bereits mehrfach die Rede war, taten sich dabei besonders hervor. 1515 erscheinen sie als Pächter der landesfürstlichen Berganteile und kurz darauf betrieben sie fast alle Bergwerke Tirols, ein Dutzend Schmelzwerke sowie verschiedene Kaufhäuser. Raubbau am Erz und die Unzufriedenheit der Knappen leiteten aber in der zweiten Hälfte des 16. Jahrhunderts den Niedergang im Bergbau ein. Finanzielle Misserfolge sowie die Nachwirkungen des Dreißigjährigen Krieges hatten die Geldmittel so erschöpft, dass sich die Fugger nach 170-jähriger Tätigkeit aus Tirol zurückzogen. Wie in Rattenberg wurde es darauf auch in Schwaz ruhig. Die Einwohnerzahl schrumpfte bis zum Jahr 1835 auf 4.543. So gilt das taube Haldengestein, das man vom Standpunkt aus am Falkenstein erblicken kann, seit Jahrhunderten als Sinnbild für den erloschenen Bergsegen.

Unterhalb der steilen, zum Teil vegetationslosen Bergwerkshalden der oberen Grubenzone tritt als Rest eines präglazialen Talbodens die breite Felsterrasse von Gallzein (800-920 m) hervor, die sich westwärts stellenweise in schmaleren Gesimsen fortsetzt. Jenseits der Kerbe des Pillbachs erscheint diese Verebnung jedoch in ihrer ausgeprägtesten Form in der Weerberger Terrasse. Alle diese Felsterrassen gehören bereits zum südlichen „Mittelgebirge". Während der Weerberg als Skulpturform im Phyllit angelegt ist, handelt es sich bei der Gallzeinterrasse haupsächlich um eine Strukturform, da die Verflachungszone der Obergrenze der triassischen Sedimente entspricht, die hier auf die südliche Talseite übergreifen.

Die untere Grubenzone des Falkensteiner Silberreviers, deren Stollen bisweilen von der Talsohle in den Berg führen, kommt im Landschaftsbild kaum heraus. Teils sind hier die Halden wiederbewachsen, teils wurden sie abgetragen. Der harte Schwazer Dolomit eignet sich hervorragend als Bahn- oder Straßenschotter. Das Hartsteinwerk sowie das Schau-Silberbergwerk, beide im Osten von Schwaz, bilden heute die letzten sichtbaren Relikte des alten Bergbaus.

Die schräg im Süden gegenüberliegende frische Abbruchsnische am Eiblschrofen ist zwar auch von unserem Standort aus sichtbar, doch rückt sie auf der Fahrt nach Schwaz deutlicher ins Blickfeld.

Die auffallende Abbruchsnische am Eiblschrofen in einer Seehöhe von etwa 1.100 m oberhalb des Schwazer Ortsteils Ried entstand als Folge einer Serie von Felsstürzen während des

Sommers 1999. Nach dem ersten Sturz am 10. Juli 1999, bei dem mehrere 1.000 m³ Gestein den unterhalb des Eiblschrofens gelegenen Waldbestand zerstörten, wurde durch Experten der Landesgeologie eine erste Gefahrenbeurteilung durchgeführt. Da mit weiteren Felsstürzen zu rechnen war, musste man 285 Personen aus dem potentiellen Gefahrenbereich evakuieren. In der Folge wurde ein umfangreiches Beobachtungs- und Messsystem installiert, darüber hinaus wurden oberhalb der evakuierten Häuser zwei Auffangdämme mit einer Kubatur von insgesamt 180.000 m³ und zum Schutz von zwei seitlich gelegenen Häusern ein 130 m langes Steinschlagschutznetz errichtet. Ca. drei Monate nach dem ersten Felssturz konnten alle Bewohner in ihre Häuser zurückkehren (*Bayer et al.* 2000; *Scheikl et al.* 2000; frdl. Mitt. v. G. Meissl). Aufgrund dieser Ereignisse hat die Attraktivität des Wohngebietes im Ortsteil Ried abgenommen, was die stark gesunkenen Verkehrswerte der Häuser und Grundstückspreise zeigen. Zudem verzeichnete das Silber-Schaubergwerk seit dem Sommer 1999 rückläufige Besucherzahlen.

Die Gründe für die Massenbewegungen liegen in der komplexen geologischen Struktur des Gebietes. Der Eiblschrofen besteht aus paläozoischem Schwazer Dolomit, bergseitig schließt sich ebenfalls paläozoischer Wildschönauer Schiefer an, talseitig permoskythischer Buntsandstein. Der Eiblschrofen befindet sich somit an der Nahtstelle zwischen der paläozoischen Grauwackenzone und den mesozoischen Sedimenten der Nördlichen Kalkalpen. Die Wandstufe des Eiblschrofens weist parallel zum Inntal streichende, sowohl berg- als auch talwärts einfallende Kluftflächen auf (*Scheikl et al.* 2000). Kontrovers diskutiert wird die Rolle des Dolomitabbaus (Untertagebau der Montanwerke Brixlegg), im Zuge dessen große Hohlräume im Inneren des Berges entstanden. Aufgrund des Verdachts, dass der Bergbau für die Felsstürze mitverantwortlich sein könnte, ist die Stadt Schwaz bestrebt, eine endgültige Schließung des Bergbaubetriebes zu erreichen.

Die Landstraße quert die Ortschaft Stans, wo Hinweisschilder die Richtung nach Schwaz angeben. So gelangt man über die östliche Innbrücke zur Bundesstraße, der man westwärts folgt. Parkmöglichkeiten bieten sich in Schwaz einige hundert Meter links nach der westlichen Brücke (Steinbrücke) an.

Kurz vor dem Ortsgebiet Stans eröffnet sich der Blick in das Stallental, das mit einer Mündungsschlucht ("Wolfsklamm") in das Karwendel führt. Oberhalb dieser Kerbe, durch die ein abenteuerlich angelegter Steig hindurchführt, versteckt sich auf einem Felssporn die Wallfahrtsstätte St. Georgenberg. Als der Silberbergbau um 1409 begann, hätte die Kirche und die Einsiedlergenossenschaft am Georgenberg bereits ihre Halbtausendjahrfeier begehen können. Durch eine Menge an Landschenkungen erlangte die Eremitensiedlung einen großen Einflussbereich im gesamten Inntal, Achenseegebiet und im Etschtal. 1138 kam es am Georgenberg zur Gründung einer Benediktinerabtei. Entsprechend ihrer Regel „ora et labora" bot sich die Höhenlage an, da sie die Nähe Gottes symbolisiert (vgl. Übersichtsexkursion *Das Inntal von Innsbruck bis Landeck*). Nach dem Brand von 1705 wurde die Abtei jedoch nach Fiecht verlegt. Das Kloster mit den turmartigen Eckbauten fällt nach Unterquerung der Autobahn auf der nördlichen Talseite auf.

Die Ortschaft Stans (2001: 1.883. Ew.) selbst entwickelt sich zusehends als Wohngemeinde von Schwaz. Ähnliches gilt auch für die übrigen Dörfer in der Umgebung des Bezirkshauptortes Schwaz (2001: 12.294). Trotz des Bevölkerungswachstums vermittelt Stans noch immer einen ländlichen Eindruck, worum sich nicht zuletzt auch die vom Land geförderte „Dorferneuerung" bemüht hat. Nach dem Ortszentrum erscheint rechts das wirtschaftliche Aushängeschild, die Firma „darbo", deren Honig- und Marmeladeprodukte weit über Österreich hinaus bekannt sind. Der Betrieb hat - wie das gesamte Schwazer bzw. Vomper Gewerbe- und Industriegebiet, in das man nach der Autobahnunterführung eintritt, - durch den guten Verkehrsanschluss seit dem Autobahnbau profitiert. Allerdings erfordert die Umsetzung des Bahnprojekts

"Unterinntaltrasse" (vgl. Textkasten *Zur Verkehrsproblematik im mittleren Inntal*) große bauliche Veränderungen im Schwazer Talsohlenbereich. So ist zu erwarten, dass in den kommenden Jahren die Autobahn verlegt und Bäche umgeleitet werden müssen.

Bei der Industrialisierung handelt es sich in diesem Raum um eine verhältnismäßig junge Entwicklung, die erst nach dem Zweiten Weltkrieg ihren Ausgang nahm. Während die größeren Unternehmen, die hier gleichzeitig auch die älteren sind, in ihrer Standortwahl die Nähe des Schwazer Bahnhofs gesucht haben, tasten sich die kürzlich errichteten Betriebsanlagen immer weiter zum Autobahnanschluss vor. Bei der Überquerung der Schwazer Ostbrücke besteht mit den beiden bekanntesten Unternehmen der Stadt, das Tyrolit-Schleifmittelwerk der Firma Swarovski (in Schwaz ca. 1.250 Beschäftigte) sowie die Firma Elektra Bregenz (insgesamt 350 Beschäftigte), auf der rechten Seite daher nur aus der Ferne Sichtkontakt.

Dagegen wird der Blick schon seit einiger Zeit von einem Hügel oberhalb von Schwaz angezogen, auf dem die romanische Burg Freundsberg (mit Kapelle) steht, die im 12. Jahrhundert Sitz des Landgerichts und somit der Grundherrschaft wurde. Wie bereits geschildert, stagnierte Schwaz mit dem Rückgang des Bergbaus. Zur Katastrophe kam es im Jahr 1809 als im Zuge der Napoleonischen Kriege französische und bayerische Truppen die Siedlung niederbrannten und plünderten. Die Situation besserte sich erst nach 1828, als man in Schwaz eine Tabakfabrik errichtete. Wie ein Fremdkörper steht das Gebäude noch heute in der Altstadt, wo es als Zweigniederlassung der Austria Tabakwerke AG rund 80 Personen, überwiegend Frauen, beschäftigt. Der mächtige Komplex erscheint links am Weg, kurz bevor das Zentrum erreicht wird.

Bei einem Rundgang ist es zweckmäßig, zunächst die Hauptachse der Altstadt von Süden nach Norden zu durchqueren; vor oder im Bereich der Tankstelle bestehen Parkmöglichkeiten.

Die ehemalige Reichsstraße verläuft parallel zur heutigen Bundesstraße und setzt sich einerseits aus der Innsbrucker Straße, andererseits aus der Franz-Josef-Straße zusammen. Beide bilden das heutige Einkaufs-, Handels- und Verwaltungszentrum der Stadt. Zur Altstadt gehört aber auch das Spitalsviertel jenseits des Inns, das die Steinbrücke mit dem Zentrum verbindet. Trotz seiner großen Bedeutung im ausklingenden Mittelalter wurde der Marktort erst im Jahr 1899 zur Stadt erhoben. Gewiss wäre schon unter Kaiser Maximilian I. die Stadterhebung erfolgt, hätten sich nicht die Knappen geweigert, die einfache Straßensiedlung mit einer Stadtmauer zu umgeben.

Wie der langgezogene Grundriss, die Giebelrichtung der meisten Häuser oder die Erker verraten, sind Elemente der Inn-Salzach-Stadt durchaus vorhanden. Ursprünglich verbreiterte sich auch die Durchzugsstraße (Franz-Josef-Straße) platzartig, und die Pfarrkirche stand etwas abseits. Heute ist jedoch davon nicht mehr viel zu merken, da die zwischen 1460 und 1502 erbaute vierschiffige Hallenkirche die Dimension ihrer Vorgängerinnen sprengte und seitdem weit in den Marktplatz hereinreicht. Spätgotische und barocke Elemente finden sich noch hie und da an Erkern und Haustoren, ganz besonders aber im monumentalen Rathaus, dem ehemaligen Handelshaus, das dem Stadtplatz sein charakteristisches Gepräge verleiht und an die einstige wirtschaftliche Blüte erinnert. Ansonsten ist vieles vom mittelalterlichen Bild durch den genannten Großbrand verschwunden. Dennoch nimmt Schwaz in der Kunstgeschichte Tirols eine beachtliche Stellung ein. Dazu gehört die erwähnte Pfarrkirche mit dem gesonderten Schiff für die Knappen, welches das größte Bauwerk des gotischen Stils in Nordtirol darstellt oder die Fresken im Meistersingersaal im Gerichtsgebäude, ebenfalls ein spätgotischer Bau mit Arkadengängen.

Folgt man der Burggasse, die vom Stadtplatz allmählich den Murkegel des Lahnbachs aufwärts führt, so tritt rechts alsbald Kirche und Kloster der Franziskaner entgegen, die allerdings schon am Rand der Altstadt liegen. Unweit davon steht das Fuggerhaus (1525). Weiter in Richtung zur Ruine Freundsberg gehen die seitlich abzweigenden Wege in ein Gewirr von schmalen

Gässchen über, die nicht selten in Sackgassen enden und den Eindruck jeglicher Systemlosigkeit vermitteln. *Pirker/Paschinger* (1951) erkannten in der Eigenart des Grundrisses außerhalb der alten Straßensiedlung das rasante Wachstum während der Blütezeit des Bergbaus, das eine fast planlose Anlage entstehen ließ. Auch der Aufriss der ehemaligen Knappensiedlung ist eigenartig, der in mancher Hinsicht an die Beobachtungen in Bad Häring anschließt. Trotz moderner Überprägung begegnet man noch immer auffallend kleinen, einstöckigen Häuschen, die zumeist von einem Garten umgeben sind. Anbauten, die ehemals der Kleinviehhaltung dienten, weisen in eine Zeit zurück, als die meisten Knappenfamilien im Nebenerwerb eine Landwirtschaft, zumeist in Form einer Ziegenhaltung, betrieben.

Falls Zeit bleibt, folgt man dem Murkegel weiter aufwärts bis zum Burghügel mit der Ruine Freundsberg, an dessen Nordabdachung man den besten Ausblick über die verschiedenen Stadtbereiche gewinnt. Die meisten der vorangegangenen Hinweise lassen sich ebenso dort nachverfolgen.

Am Weerberg

Westlich von Schwaz führt die Bundesstraße in die Ortschaft Pill, wo die Weerbergstraße abzweigt. Als geeigneter Aussichtspunkt bietet sich das Gelände um den Gasthof Sunnbichl an, den man kurz vor der Terrassenkante erreicht.

Bei der Ortsausfahrt von Schwaz ist links der Schilift erwähnenswert, der seit den 50er-Jahren in drei Sektionen den vorderen Bereich des Kellerjochs erschließt. Das Schigebiet am Arbeser/Grafenast nimmt im Tiroler Fremdenverkehr zwar keinen besonders hohen Stellenwert ein, zumal im nahen Zillertal berühmte Schigroßräume locken, doch hat es eine wichtige Erholungsfunktion für die einheimische Bevölkerung. Pläne über eine Liftverbindung mit dem Zillertal (Hochfügen) existieren. Eine nicht zu vernachlässigende Bedeutung genießt Schwaz durch sein vielfältiges Angebot an Schulen. Ihr Einzugsgebiet reicht weit über den Bezirk hinaus. Einen besonders guten Ruf hat das Gymnasium Paulinum, welches im Gebäudekomplex westlich der Lift-Talstation untergebracht ist.
Vom Aussichtspunkt Sunnbichl ist wiederum fast die gesamte Längsfurche des Unterinntals vom Kaisergebirge bis zu den Sellrainer Bergen zu überblicken. Auf der gegenüberliegenden Seite treten die Bauelemente des Karwendels in geradem West-Ost-Verlauf an das Inntal heran und schneiden an ihm ab; die Hochtäler zwischen den einzelnen sterilen Kalkketten, das Halltal im Westen, das Vomper Loch gegenüber und das Stallental im Osten, münden somit spitzwinkelig zum Haupttal. Die Felsszenerie wird vom Bettelwurf-Walderkamm und vor allem vom Hochnißl-Grat beherrscht, deren steile Wände im bleichen Wettersteinkalk angelegt sind. Der östliche Teil des Karwendels steht dazu im Gegensatz: Der Kamm verläuft am Staner Joch über fast zwei Kilometer ganz flach, um erst dann mit einem leichten Knick stufenförmig nach Jenbach abzusteigen. Der stumpfe Rücken ist der Rest einer alten Landoberfläche, die sich in der Plateauform des Rofans fortsetzt. Aber weniger auffallende Relikte dieses alten Flächensystems sind in ähnlicher Höhe überall - auch südlich des Inns - erhalten. Im Blick gegen Innsbruck sieht man solche Verflachungszonen scheinbar horizontal an der letzten Kulisse vor dem Patscherkofel vortreten. Am Gilfert und am Kellerjoch bilden sie die Gipfelflur.
Den wesentlichen Landschaftszug im mittleren Inntal bilden jedoch die „Mittelgebirgsterrassen", die den nördlichen und südlichen Bergflanken vorlagern. Auf beiden Seiten sind sie deutlich ausgebildet; von der Terrassenkante fällt das bewaldete Gelände steil zum Inntal ab. Während sich das nördliche Terrassenland scharf vom oberen Berghang absetzt, gehen die südlichen Felsgesimse, wie der weitere Exkursionsverlauf am Weerberg noch zeigen soll, allmäh-

lich in die Bergflanke über. Damit drückt sich äußerlich ein Zeichen ihres unterschiedlichen geologischen Aufbaus aus (vgl. Spezialexkursion *Geographisches Profil: Wattens und Umgebung*). Das Terrassensystem im Norden wird vom Vomper Bach, der am Ausgang des Vomper Lochs die Laufrichtung verändert und eine tiefe Kerbe in die eiszeitliche Schotterterrasse schneidet, zweigeteilt: Im Westen der Gnadenwald mit dem Umlberg und im Osten der Vomperberg. Wie in den bereits aufgesuchten Terrassengebieten in Häring und am Oberangerberg weisen die Streusiedlungen in den Rodungsflächen auf einen Jungsiedelraum hin.

Am Vomperberg bestimmen Bauten der Gralsritter, die dort das weltweite Zentrum ihrer Religionsgemeinschaft errichtet haben, das Siedlungsbild. Im Jahr 1928 gründete Oskar-Ernst Bernhard („Abd-ru-shin") diese Kosmologie mit christlichem Anstrich. Sie hat heute in allen Teilen der Welt, mit Schwerpunkt Schwarzafrika, eine Anhängerschaft von ca. 6.000 Gläubigen. Die verhältnismäßig hohe Nächtigungsziffer der Gemeinde Vomp weist auf den Religionstourismus hin.

Am Talgrund zieht die Stadt Schwaz den Blick an, deren Lage am Murkegel des Lahnbachs deutlich wird. Ihre Industrie- und Gewerbezone markiert den Beginn des Tiroler Hauptwirtschaftsraums, der sich innaufwärts, vor allem aber ab Wattens, verstärkt. Dennoch liegen zwischen den einzelnen Siedlungen auf der Talsohle ausgedehnte landwirtschaftliche Flächen, deren geometrische Parzellierung unschwer auf eine erfolgte Flurbereinigung schließen lässt. Weit schiebt sich der Schwemmkegel des Vomper Bachs in das Inntal herein. Inmitten des schütteren Föhrenwalds („Forchat"), der diesen trockenen, unfruchtbaren Landschaftsteil bedeckt, wird in flächenintensiver Weise Schotter abgebaut und zur Betonherstellung verwendet. Rund 300 Personen sind in dieser Vomperbacher Branche beschäftigt.

Am Standpunkt befindet man sich an der Nahtstelle zwischen den drei naturräumlichen Großeinheiten Nordtirols - von den so genannten Mittelgebirgen einmal abgesehen: Im Süden und Westen erstreckt sich die Zone der Zentralalpen, deren Hauptgesteinsbildner bis zum Silltal der Innsbrucker Quarzphyllit ist. Jenseits des Inns verlaufen die Nördlichen Kalkalpen, und als dritte Einheit taucht östlich des Piller Tals aus der Tiefe die Grauwackenzone auf. An die Stelle der verhältnismäßig sanft geneigten Hänge der Tuxer Alpen mit den weit hinaufreichenden Siedlungen und Kulturen, tritt jenseits des Piller Einschnitts der steilere Abhang des Kellerjochs, wo die breite Terrasse des Weerbergs ausläuft und auch die Grenze des Dauersiedlungsbereichs tiefer liegt.

Um auf die Terrasse des Weerbergs zu gelangen, die flach gegen das Hauptal geneigt auf einer Höhe von 880 m verläuft, müssen noch knapp 100 Höhenmeter überwunden werden. Das Siedlungsbild unterscheidet sich von jenem der bereits besuchten Terrassen. Anstelle von verstreut liegenden Höfen und Weilern erscheint am Weerberg eine zeilenartige Siedlungsweise, die sich über mehrere Kilometer entlang der Hauptstraße hinzieht und trotz moderner Zersiedelungserscheinungen deutlich sichtbar bleibt. Es wäre aber unrichtig zu vermuten, dass hier die hochmittelalterliche Schwaighof-Besiedlung in geometrischer Form stattgefunden habe, wenngleich die hofanschließenden Langstreifenfluren den Eindruck einer planmäßigen Anlage verstärken. Tatsächlich handelt es sich am Weerberg um verschiedene Höfe, die perlschnurartig nebeneinander errichtet wurden und sich im Laufe der Zeit, hauptsächlich aber nach dem Zweiten Weltkrieg, entlang der Verbindungsstraße verdichteten. Der waldhufenartige Charakter entstand wahrscheinlich dadurch, dass es sich aufgrund des vorherrschenden Gefälles anbot, die Fluren quer zur Terrassenlängsachse anzuordnen.

Der Weerberg hebt sich in einer weiteren Hinsicht von den übrigen Terrassen bzw. von den bisher genannten Tourismusräumen im Unterinntal ab. Hier entstand nämlich ein Fremdenverkehrsgebiet, in dem die Wintersaison beachtliche Beiträge zur Gesamtnächtigungsziffer leistet. Mit der Errichtung einiger Aufstiegshilfen ab den 60er-Jahren gelang es, eine breite Publikumsschicht - von Schianfängern bis zu Fortgeschrittenen - anzusprechen. Unverkennbar ist bei der Durchfahrt die touristische Überprägung einiger Gebäude. In der sozioökonomischen Struktur macht sich daneben die Nähe des Wattner Industriegebiets bemerkbar.

Das Gebiet von Wattens bis Innsbruck - der Zentralraum des mittleren Inntals

Der Weerberg wird auf der stark abfallenden Straße nach Weer verlassen. Über Kolsaß erreicht man auf der Bundesstraße den Wattner Ortseingang.

Der Weerbach trennt die zusammengewachsenen Gemeinden Weer und Kolsaß sowie die Bezirke Schwaz und Innsbruck-Land. Hat sich die Bezirksgrenze zwischen Kufstein und Schwaz als eine Scheidelinie verschiedener kulturlandschaftlicher Erscheinungen gezeigt, so trifft dies hier nicht zu. Bis auf kleinere dialektmäßige Besonderheiten können kaum Unterschiede ausgemacht werden. Im Gegenteil, in funktionaler Hinsicht bilden die beiden Gemeinden dies- und jenseits des Weerbachs eine Einheit.

Westlich von Kolsaß gewahrt man die hohen Schlote der Wattner Industrie. Der Raum von Wattens eignet sich in idealer Weise, um landeskundliche, historische sowie siedlungs- und wirtschaftsgeographische Betrachtungen über das mittlere Inntal anzustellen. Da davon in einer Spezialexkursion ausführlich die Rede ist, mögen hier einige industriegeographisch orientierte Hinweise genügen (vgl. Spezialexkursion *Geographisches Profil: Wattens und Umgebung*).

Dazu wird am besten das Gelände der „Swarovski Kristallwelten" aufgesucht, das sich unmittelbar am östlichen Ortseingang befindet. Vom künstlich aufgeschütteten (Haupt-)Hügel ist das Hauptwerk der Glasschleiferei D. Swarovski & Co. im Vordergrund sichtbar.

Wenn der Marktort Wattens (2001: 7.309 Ew.) heute zu den finanzstärksten Gemeinden Österreichs zählt, so hängt dies in erster Linie mit der ansässigen Industrie zusammen, deren

Swarovski Kristallwelten - Besucherattraktion Österreichs

Die „Kristallwelten", die im Swarovski-Jubiläumsjahr 1995 für den allgemeinen Besuch eröffnet wurden, haben sich binnen kurzer Zeit zu einer österreichweiten Attraktion entwickelt. Mit jährlich rund 600.000 Besuchern zählen die Wattner Kristallwelten nach dem Schloss Schönbrunn in Wien zum beliebtesten Touristen-Zielpunkt Österreichs. Ursprünglich wollte man hier eine Art Museum errichten, in dem die verschiedenen in Wattens erzeugten Kristallprodukte ausgestellt sind. Der von der Familie Swarovski zur Gestaltung beauftragte Künstler André Heller ging jedoch darüber hinaus und schuf einen Komplex, in der Landschaftsarchitektur, Wirtschaft, Kunst und Unterhaltung bizarr zusammenwirken. In seinem unterirdischen Teil beinhaltet das Gesamtkunstwerk unter anderem den größten und den kleinsten Kristall der Welt sowie eine elf Meter hohe und 42 Meter lange, mit zwölf Tonnen Kristallgesteinen gefüllte Glaswand. Ständig bringen Autobusse neue Besuchergruppen, wobei Gäste aus Übersee (Japan, Amerika), die in Tirol Urlaub machen, besonders häufig sind. In der Wattner Übernachtungsziffer hat sich diese Attraktion nicht niedergeschlagen, da sie lediglich in Form eines mehrstündigen Ausflugs besucht wird. Es bestehen jedoch Pläne, in der unmittelbaren Umgebung weitere attraktive Einrichtungen zu schaffen, die als Ansatzpunkt eines neu orientierten Industrietourismus wirken sollen. Ein erster Schritt dazu bildet die zurzeit vorgenommene Erweiterung der Kristallwelten nach Osten.

Anfänge weit zurückreichen. Der Aufschwung, den die beiden größten Wattner Unternehmen, die Papierfabrik und die Glasschleiferei, nach dem Zweiten Weltkrieg nahmen, erzeugte die notwendigen Impulse für die moderne Industrialisierung der Region.

Die im Jahr 1559 von Ludwig Laßl gegründete Papiermühle gilt als die älteste Papiererzeugungsstätte des Landes. Für die Wahl des Standorts war die Wasserkraft des Wattenbachs, das Vorhandensein einer stillgelegten Schmelzhütte sowie die günstige Lage zwischen den Handels- und Bergbauzentren Schwaz und Hall ausschlaggebend. Die Wasserabhängigkeit ist so groß, dass es innerhalb der Ortschaft nie zu einer Standortverlegung an die Peripherie gekommen ist. Die Papierfabrik liegt heute daher mitten im Wattner Hauptsiedlungsgebiet. Vom Aussichtpunkt macht lediglich ein Rauchfang an ihre Existenz aufmerksam. Nach dem Ersten Weltkrieg kam dieser Betrieb zur Wiener Bunzl & Biach AG, die sich aber Ende der 70er-Jahre aus Österreich zurückzog und das Werk an die Familie Trierenberg verkaufte. Mit einer Belegschaft von ca. 350 Mitarbeitern erzeugt die Papierfabrik Wattens jährlich um 40.000 Tonnen Spezialpapiere (Zigarettenpapiere).

So war die Industrialisierung in Wattens schon im Gang, als der Sudetendeutsche Daniel Swarovski sen. im Jahr 1895 in diese Gegend kam. Gemeinsam mit Familienmitgliedern suchte er nach einem geeigneten Standort, um seine Erfindung, den Glasschleifapparat, zu verwerten. Am Ausgang des Wattentals fand er die dazu notwendigen Voraussetzungen: Wasserkraft und das Betriebsgebäude der aufgelassenen Rhomberg'schen Lodenfabrik. Dazu kam, dass in Wattens bereits seit Jahrhunderten ein beträchtlicher Bevölkerungsanteil in außeragrarischen Wirtschaftszweigen tätig war. Das Verständnis der Einwohnerschaft für die industrielle Produktionsweise war besonders in der Anfangsphase vorteilhaft. Der Betrieb beschäftigte um 1910 bereits 600 Personen, und in der Zwischenkriegszeit entstand der Fabrikskomplex im Osten von Wattens (Werk 1). Nach dem Zweiten Weltkrieg kam es in mehrfacher Hinsicht zu einer Standortspaltung: Die Produktion von Schleifscheiben wurde nach Schwaz („Tyrolit Schleifmittelwerk") und die Herstellung optischer Geräte nach Absam („Swarovsi Optik") verlegt. In Wattens blieben die Glasschmuck-, Lusterbehang- und Rückstrahlererzeugung sowie die Edelsteinschleiferei.

Die Raumbedeutsamkeit dieses Unternehmens drückt sich auch in einer eigenen Siedlungstätigkeit aus, deren Idee auf den Firmengründer zurückgeht; die Umsetzung lag aber hauptsächlich in den Händen seines gleichnamigen Enkels. Dabei ging man bewusst nicht von der Schaffung von Werkswohnungen aus, wie dies in zahlreichen anderen Betrieben üblich ist. Jedem Mitarbeiter sollte vielmehr die Möglichkeit eingeräumt werden, auf einem ca. 1.000 m² großen Grundstück ein eigenes Einfamilienhaus („Gartenheim") zu errichten. Dazu diente ein ausgeklügeltes Finanzierungssystem. Diese Swarovski-Siedlungen entstanden in Wattens ab 1947 und breiteten sich darauf in den meisten umliegenden Ortschaften aus (vgl. Spezialexkursion *Geographisches Profil: Wattens und Umgebung*). Besonders augenfällig sind sie im Nachbarort Fritzens, der vom Sonnenhang auf Wattens blickt. Die Siedlungstätigkeit von Swarovski entspricht jedoch nicht den Vorstellungen einer verdichteten Bauweise, wie sie heute die amtliche Raumordnung verlangt. Aus diesem Grund werden derzeit kaum mehr „Gartenheime" in der ursprünglichen Form errichtet.

Nach Volders wird auf der Bundesstraße der Milser Schwemmkegel erreicht.

Entlang der Exkursionsroute kommt die ursprüngliche Ideologie des „Wohnens im Grünen" in der Siedlung am Wattner Kreuzbichl zum Vorschein. Verlässt man Wattens auf der Bundesstraße, so wird der Hügel, den eine Unmenge solcher „Gartenheime" bedeckt, rechter Hand sichtbar. Seit ihrer Entstehungszeit (1947-1956) ist aber auch die inzwischen eingetretene Verdichtung unübersehbar: Häufig stehen nun auf den einst ausgewiesenen 1.000 m²-Parzellen mehrere Gebäude.

Die Bundesstraße folgt hier einem alten Verkehrsweg, der wahrscheinlich schon in vorrömischer Zeit bestanden hat. Zwischen Schwaz und Volders bleibt er auf der stärker besiedelten südlichen Talseite und führt von einem Schwemmkegel zum nächsten. Dagegen meidet die Bahnlinie diese Aufschüttungsflächen und kann demnach die meisten Unterinntaler Ortszentren nicht miteinander verbinden. Beispielsweise liegen die Bahnhöfe von Wattens und Volders jenseits des Inns - weit abseits der Ortskerne. In der täglichen Pendelwanderung kommt dies durch eine geringe Akzeptanz der Bahn als Verkehrsmittel zum Ausdruck.
Die Mächtigkeit des Sedimentkörpers im Tahlsohlenbereich ist noch immer weitgehend unbekannt. Eine Bohrung, die 1986/87 in den Feldern zwischen Wattens und Volders durchgeführt wurde, brach man in einer Tiefe von knapp 1.000 m ab, ohne das Anstehende erreicht zu haben. Gesichert erscheint lediglich, dass sich hier die verschiedenen Gesteinswelten der Zentral- und Kalkalpen weit unterhalb des Meeresspiegels berühren.
Mit Wattens sind wir in die Außenzone der Innsbrucker Stadtregion eingetreten. In funktionaler Hinsicht eng mit Innsbruck verflochten, gehört Volders (2001: 4.164 Ew.) zu den Gemeinden Tirols mit einem außerordentlich raschen Siedlungs- und Bevölkerungswachstum. Auch hier bemühte sich die Dorferneuerung, umsetzbare Konzepte zu entwickeln, die verschiedenen Zuwandergruppen im Ort zu integrieren. Bei einer Ortsdurchfahrt treten freilich die von ihr eingeleiteten baulichen Maßnahmen, wie Kreisverkehr, Platz- und Straßenrandgestaltung, stärker hervor. Im Westen von Volders erscheint die Karlskirche mit ihrem eigenartigen byzantinisch wirkenden Grundriss. Sie wurde vom Haller Arzt Guarinoni in der ersten Hälfte des 17. Jahrhunderts am Südende der ehemaligen Brücke ("Bruggenkirche"), welche die mittelalterliche Salzstraße zum Brenner ("Römerstraße") mit der Salinenstadt verband, errichtet und gilt als schönster Rokokobau Tirols. Sie zählt zu den viel besuchten Kirchen, nicht zuletzt auch deshalb, weil sie unmittelbar an einem Autobahn-Parkplatz anschließt.
Auf den Feldern jenseits des Flusses ist der Maisanbau, der auf der Talsohle zwischen Wattens und Schwaz beträchtliche Flächen einnimmt, seit rund einem Jahrzehnt rückläufig. Stattdessen beginnen die ersten Feldgemüsekulturen, deren Verbreitung gegen Innsbruck hin zunimmt. Sie werden im Norden von der Bahntrasse sowie vom mächtigen Milser Schwemmkegel (Schwemmkegel des Weißenbachs) begrenzt. Seinen äußeren Teil schnitt einst der Inn an. Er setzt sich daher durch eine Steilkante (Remmelrain) scharf vom flachen Talgrund ab. Bemerkenswert ist der im Jahr 1998 errichtete Gewerbepark Mils, in dem sich bereits 75 Betriebe niedergelassen haben und 550 Arbeitsplätze neu geschaffen wurden (Auskunft der Gewerbebetriebe Mils GmbH, 2002).

Mit der Auffahrt auf den Remmelrain überquert man die Trasse der Inntalbahn und biegt unmittelbar darauf rechts in einen Schotterweg ein, wo nach einigen Metern ein vorletzter Haltepunkt empfohlen wird.

Der Standort bietet sich für landeskundliche und verkehrsgeographische Hinweise an. Zunächst wandert der Blick auf die Sonnseite, wo dem Karwendelgebirge die breite Terrasse des Gnadenwalds vorgelegt ist, die als geschlossene Waldkulisse ins Inntal abfällt. Darüber steigt der schütter bewaldete Berghang steil an, um alsbald in Schotterhalden, nackten, senkrechten Wänden, steilflankigen Platten und schroffen Felsrinnen überzugehen. Die Vertikaldistanz zwischen Talsohle und Gipfelflur wird im übrigen Unterinntal nicht mehr übertroffen, die enorme Talbreite schwächt jedoch den Eindruck ab. Hauptfelsbildner der Gipfelregionen ist der auffallend helle, in den obersten Regionen des Bettelwurfs (2.726 m) gebankte Wettersteinkalk. Da die Schichten inntalwärts einfallen, geht von diesem hohen Karwendelberg etwas Bedrohendes aus. Unwillkürlich legt er die unbeantwortbare Frage nach der Möglichkeit eines Bergsturzes nahe. Das zweite Leitgestein, der Hauptdolomit, baut die unteren Bereiche des Karwendels und den stumpfen Rücken der Zunterköpfe, die das Halltal im Süden begrenzen, auf. Er vermag nicht ähnlich hohe Wände zu bilden, er bröckelt mehr ab und bedeckt sich mit feinem Grus (vgl. *Klebelsberg* 1953). Wie am Latschenkleid des Haller Zunterkopfs (1.966 m) sichtbar wird, ist der Dolomit für die Vegetation zugänglicher als der unfruchtbare Wettersteinkalk.

In diesem Teil des Karwendels entspricht der Gebirgsaufbau nicht der ursprünglichen Schichtfolge vom Älteren zum Jüngeren. Da hier zwei Gesteinspakete (Decken) übereinander geschoben wurden, ist es erklärbar, warum der ältere Wettersteinkalk über dem Hauptdolomit lagert. Wo in scheinbar halber Höhe die dunklen Latschenbestände beginnen, dort verläuft etwa die Grenze zwischen dem oberen (Inntaldecke) und unteren Stockwerk (Lechtaldecke). Trotz der Sterilität des Kalkgebirges wurden im Verzahnungsbereich der beiden Decken, wo der dazwischenliegende Buntsandstein wasserstauend wirkt, Almen angelegt. Seit einigen Jahrzehnten haben sie allerdings einen Funktionswandel erlebt und dienen heute hauptsächlich dem Ausflugstourismus. Weithin sichtbar ist die Trassierung des Fahrwegs auf die Hinterhorn- und Walder Alm, die mittlerweile zu wichtigen Naherholungsgebieten des Innsbrucker Raums gehören.

An der Basis des oberen Stockwerks, zwischen Buntsandstein und Wettersteinkalk, liegen im Untergrund die Salzlagerstätten, die der Haller Gegend einst den Reichtum verschafften. Im Halltal wurde das Salz künstlich in kleinen Teichen im Berginneren ausgelaugt. Bis 1967 leitete man die Sole (Salzlösung) ins Sudhaus nach Hall.

Die Talasymmetrie kommt nicht nur in der unterschiedlichen Neigung und Geologie der beiden Talflanken zum Ausdruck, sondern auch in der Vegetation, im Verlauf aller Höhengrenzen sowie in den Siedlungsverhältnissen. Ähnlich sind nur die vorgelagerten Terrassen.

Ausführlich mit den natur- und kulturräumlichen Besonderheiten der Innsbrucker Nordkette beschäftigt sich Heuberger (1975).

Der Schwemmkegel von Mils, Hall und Absam, an dessen unteren Rand wir uns befinden, ist mit 8,6 km² der flächengrößte im Tiroler Inntal. Eine Datierung ergab, dass die große Murschüttung im 6. vorchristl. Jahrtausend nur wenige Jahrhunderte dauerte (vgl. Spezialexkursion *Geographisches Profil: Wattens und Umgebung*). Somit erhielt der Murschwemmkegel seine Mächtigkeit durch katastrophenartige Witterungsbedingungen, die im älteren Atlantikum in diesem Raum herrschten und zu erheblichen Materialverfrachtungen aus dem Halltal führten. Dabei wurde der westlichste Teil der Schotterterrasse des Gnadenwalds abgetragen. Innerhalb des Kegels äußern sich die Ablagerungsverhältnisse auch im Bild der Kulturlandschaft. Im oberen, edaphisch trockenen Bereich, wo die großen Blöcke zum Stillstand kamen, überwiegt ein schütterer Föhrenwald. Die unfruchtbaren Bodenverhältnisse waren der Grund dafür, dass das Gelände lange Zeit lediglich militärischen Zwecken diente. Im Jahr 1953 erwarb die Firma Swarovski die „Milser Heide" zu günstigen Bedingungen und band sie in ihre Siedlungsprojekte ein. Heute steht dort das klassische Beispiel einer Gartenheimsiedlung. Im mittleren Bereich des Murkegels, wo das Schuttmaterial feiner und die Hochwassergefahr geringer wird, hat sich das Ortszentrum von Mils entwickelt, das jedoch mit den Einfamilienhäusern der Milser Heide allmählich zusammenwächst. Während der tiefstgelegene Abschnitt landwirtschaftlich genutzt wird – und zwar über die Hälfte im Ackerbau –, nimmt der Rand des Schwemmkegels eine wichtige Verkehrsfunktion ein.

Nirgendwo im mittleren Inntal sind die verschiedenen Verkehrsträger auf so engem Raum zusammengedrängt wie im Bereich des Remmelrains. Unmittelbar unter unserem Haltepunkt – in der schmalen Schneise zwischen Schwemmkegel und südlichem Bergfuß – verläuft die Inntalbahn mit der Abzweigung der Umfahrungsstrecke Innsbruck-Süd, die in einer 488 m langen Spannbeton-Trogbrücke (genannt „Sautrog"), die Bundesstraße, den Inn und die Autobahn quert, um dann im Tunnel zu verschwinden. Die Flächenbelastung verstärken noch zwei Stromleitungen, die den Komplex teilweise überspannen.

Zur Verkehrsproblematik im mittleren Inntal

Der Abschnitt Wattens - Innsbruck gehört zu den verkehrsintensivsten Strecken aller außerstädtischen Autobahnen Österreichs. Die Lärmbelastung ist hier für alle Bewohner spürbar - selbst in hohen Berglagen. Wie eine Studie kürzlich nachwies, sind auch die beobachtbaren Stickoxidkonzentrationen an der Messstelle Hall in Tirol, unweit des Haltepunkts, hoch bis extrem hoch zu beurteilen. Im Vergleich zum Flachland bewirken die zirkulationsspezifischen Gegebenheiten im Inntal zudem wesentlich ungünstigere Verdünnungsverhältnisse (*Wotawa et al.* 2000).

Nach den automatischen Zählungen der Bundesstraßenverwaltung (Messstelle Vomp) verkehren gegenwärtig in beiden Fahrtrichtungen im 24-stündigen Schnitt alle 1,7 Sekunden ein Kraftfahrzeug (ca. 50.000/Tag) bzw. jede 12. Sekunde ein schwerer Lkw (7.700/Tag). Knapp 60 % der Lkw-Frequenz betreffen Transitfahrten durch Tirol (4.400/Tag; *http://transitforum.at*). Ebenso sind Bundesstraße und Inntalbahn höchstbelastet. Damit innerhalb der östlichen Stadtregion Innsbruck Kapazitäten im Bahnverkehr frei werden, war es notwendig, den internationalen Güterverkehr um Innsbruck herum zu leiten. Nachdem man Ende der 80er-Jahre die Bürgerproteste, die sich gegen das Projekt richteten, zum Abklingen gebracht hatte, konnte die ÖBB mit dem Bau der talquerenden Überbrückung (Überwerfungsbauwerk) und dem 12,7 km langen Umfahrungstunnel beginnen. Seit 1994 ist die zweigleisige Umfahrungsstrecke von Baumkirchen nach Gärberbach südlich von Innsbruck eröffnet. Sie ist grundsätzlich als reine Güterzugsstrecke konzipiert. Die hochgezogenen Trogwände der neuen Inntalbrücke sind gleisseitig mit Lärmschutzkassetten ausgekleidet. Ein unverwechselbares Erscheinungsbild verleiht ihr die Gestaltung der Fahrleitungsträger als stählerne Bogenkonstruktionen, welche die Querschnittslinie des Troges fortsetzen (vgl. *Petrovitsch* 1994). Die Auslastung der Strecke hat mit den täglich verkehrenden 20-24 Zugpaaren ihre Grenzen gewiss noch nicht erreicht. Tagsüber können tatsächlich Stunden vergehen, ohne dass ein Zug den „Sautrog" passiert. Wie ein Blick zur nahen Autobahn versichert, findet man den Hauptgrund dafür in der anhaltenden bzw. immer noch zunehmenden Attraktivität des Lkw als Transportmittel, zum anderen liegt die Hauptfrequenz dieser Umfahrungsstrecke in den Nachtstunden.

Daneben erscheint der Betrieb der Umfahrung umständlich. Während der Tunnel selbst nur Steigungen unter 9,5 Promille aufweist, steigt die alte Brennerstrecke nach der Abzweigung Gärberbach bis zu 26 Promille an. So macht die Trassenführung für die Bergfahrt eine Vorspann- bzw. eine Schiebelok notwendig. Da jedoch die seinerzeitigen Bürgerproteste einen Lokwechselbahnhof in den Baumkirchner Feldern östlich des Milser Schwemmkegels verhinderten, müssen die Verschubbewegungen bereits im 50 km entfernten Wörgl vorgenommen werden, was höchst unwirtschaftlich ist.

Die Bahnumfahrung Innsbruck-Süd lässt sich aber auch aus einem anderen Gesichtspunkt betrachten. Im Zuge der geplanten Neutrassierung der Unterinntalbahn („Supertunnel" auf der nördlichen Talseite), die den Transit-Güterverkehr von der Straße auf die Bahn bringen soll, bildet die talspannende Brücke und der Umfahrungstunnel den Ansatzpunkt für die neue Streckenführung. Die bisher von jeglicher Verbauung frei gebliebenen Baumkirchner Felder müssen dann wohl geopfert werden. Das zweigleisige Mega-Projekt „Unterinntaltrasse" zwischen Baumkirchen und Kundl/Radfeld (42 km), für das der Generalverkehrsplan für Tirol (2002) € 1,32 Mrd. vorsieht, soll angeblich noch vor dem Jahr 2010 fertig sein. Diese Neutrassierung bildet den ersten Teil der geplanten Ausbaustrecke München - Verona. Der zweite Ausbauschritt in Tirol wäre der Brennerbasistunnel (Innsbruck - Franzensfeste), für den jedoch jegliche Finanzierung ungesichert ist.

Abb. 6: Bahnumfahrung Innsbruck

Streckenschema Raum Innsbruck nach der nunmehrigen Inbetriebnahme der Transitumfahrung Baumkirchen – Gärberbach.
Die Betriebsstellencodes: Fw Z2 = Abzweigung Baumkirchen, Fw U14 = Überleitstelle im Tunnel, I Z1 = Abzweigung Gärberbach, H U2 = Überleitstelle Arzl.

Quelle: *Petrovitsch* (1994)

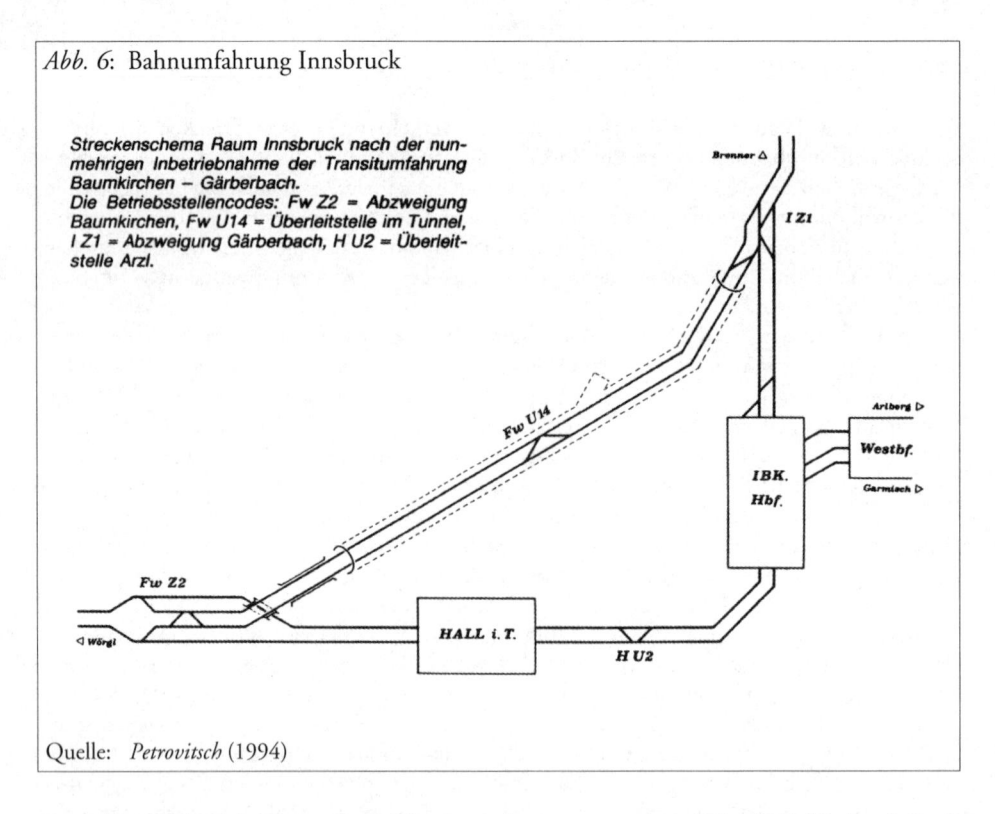

Der Schlussteil des Exkursionsverlaufs führt durch den unteren und westlichen Teil der alten Salinenstadt Hall in Tirol. Über Entwicklung, Funktion und aktuelle Probleme dieser traditionsreichen Stadt informiert die Spezialexkursion „Hall in Tirol: Altstadtsanierung und Revitalisierung". Vorliegende Überblicksexkursion beschränkt sich nur auf eine Durchfahrt. In Hall wird an der Hauptkreuzung rechts abgebogen. Entlang der Dörferstraße bewegt man sich anschließend durch Thaur (kurzer Halt empfohlen) und Rum nach Innsbruck-Arzl, wo die Exkursion endet.

Hall in Tirol (2001: 11.480 Ew.) liegt zur Hälfte auf dem Schwemmkegel des Weißenbachs. Um zum Unteren Stadtplatz zu gelangen, muss man, am alten Zoll vorbei, entlang der ehemaligen Stadtmauer die Terrassenböschung wieder hinunterfahren. Wie bereits vermerkt, verdankt Hall seine Entstehung und Blüte weitgehend dem Salzbergbau. Die Bedeutung der Inn-Schifffahrt, der Münzstätte und des Marktwesens hängt unmittelbar damit zusammen. Vom Unteren Stadtplatz ist der Münzerturm, in dem das Schwazer Silber zu Münzen geprägt wurde, im Süden sichtbar. Die Nähe des Schwazer Bergbaus veranlasste Herzog Sigmund „dem Münzreichen" die Landesmünzstätte von Meran in die Salinenstadt Hall zu verlegen. Nach dem Abklingen des Schwazer Bergsegens stellte man jedoch im Jahr 1796 die Prägung der Haller Münze ein. Die Münzstätte funktioniert heute noch, und zu besonderen Anlässen wird sie aktiviert. An der Hauptkreuzung erscheinen linker Hand die hohen, gelben Gebäude des ehemaligen Sudhauses (Pfannhaus). Die aus dem Halltal herausgeleitete Sole wurde zuerst noch im Bereich des Talausgangs, später, ab 1290, in der Sudhütte am Inn gesotten. Der Energiebedarf war enorm. Ende des 13. Jahrhunderts wurden rund 120.000 Baumstämme jährlich verfeuert (vgl. *Meusburger* 1975). Zur Gewinnung von Brennmaterial diente auch ein Rechen am Inn, der das Treibholz auffangen sollte. Er bildete den Hauptgrund, warum die

Inn-Schifffahrt nicht über Hall hinaufreichen konnte. An der Endstation der Inn-Schifffahrt und um die Saline herum entstand ein Markt, an dem vor allem Getreide, Holz und Salz umgeschlagen wurden. Im Jahr 1303 erhielt er das Stadtrecht. Die Bedeutung von Hall wird auch dadurch ersichtlich, dass hier die größte Altstadt Tirols entstand, dessen Zentrum (Oberer Stadtplatz) auf dem bereits genannten Schwemmkegel liegt.

Verlässt man hinter der spätgotischen Kirche von Heiligkreuz das Haller Siedlungsgebiet im Westen, so fallen die Gemüsefelder auf, die sich bis zu den Toren von Innsbruck ausbreiten. Darauf wird etwas später eingegangen.

In sozialer und wirtschaftsräumlicher Hinsicht unterscheidet sich die Ortschaft Thaur (2001: 3.491 Ew.) von den übrigen Talgemeinden der Innsbrucker Stadtregion bzw. des mittleren Inntals. Vieles lässt sich dabei auch auf die historische Bedeutung der Urpfarre und des ehemaligen Landgerichts, das von Mühlau bis zum Vomper Bach reichte, zurückführen. Die Blüte des Haufendorfs Thaur lag um 1000 n.Chr., in einer Zeit, als noch niemand von Innsbruck oder Hall sprach. Grund dafür war der hier angelegte Stapelplatz für das im Halltal gewonnene Salz, der zahlreiche Salzhändler und Gewerbetreibende anzog. Allerdings übernahm das verkehrsgünstiger gelegene Hall Ende des 13. Jahrhunderts diese wirtschaftliche Position, und Thaur dämmerte über 650 Jahre dahin. Erst ab 1973, als man in der Au eine Gewerbezone errichtete, setzte auch hier ein nennenswertes Bevölkerungs- und Siedlungswachstum ein. Früh erwarb das Dorf jedoch eine wichtige Stellung für die Gemüse- und Feldfrüchteversorgung der Städte Innsbruck und Hall. Obwohl die Viehzucht im Hintergrund blieb, hat sich der landwirtschaftliche Stellenwert von Thaur bis in die Gegenwart gehalten: Sowohl in der Zahl der Betriebe als auch in der Zahl der agrarisch orientierten Bevölkerung wird Thaur von keiner Talgemeinde des mittleren Inntals übertroffen.

Der relativ hohe Anteil an Agrarbevölkerung, die bescheidene Industrialisierung, der geringe Tourismus, aber auch die lange Zeit bewusst in Grenzen gehaltene Zuwanderung hatten zur Folge, dass sich in dieser Ortschaft althergebrachte Kulturgüter besonders lang halten konnten. So hebt sich Thaur beispielsweise im Brauchtum und in der Schnitzkunst deutlich von den Nachbarorten ab, was sich u.a. in den Faschings- und Palmsonntagsumzügen bemerkbar macht. Persistente ländliche Hofformen sind ebenfalls erwähnenswert.

Schon beim Eintritt in das Ortszentrum fallen die stattlichen Bauernhäuser auf. Nicht selten handelt es sich dabei um alte Höfe mit großen Tennentoren, welche den Zugang zum Wohnungs- und Wirtschaftsteil ermöglichen. Diese Mittertennhöfe (*Abb. 7*) waren ursprünglich im gesamten mittleren Inntal sowie im Südwesten Bayerns verbreitet. Nirgendwo sind sie jedoch besser erhalten geblieben als in Thaur. Ihr Grundriss ist einfach (vgl. *Gschnitzer* 1989; vgl. dazu auch Übersichtsexkursion *Das Inntal von Innsbruck bis Landeck*). Die Höfe sind in Firstrichtung über die ganze Hauslänge dreigeteilt. Der Wohntrakt liegt links, der Wirtschaftsteil rechts der Tenne, zu der man durch die großen Torbögen gelangt. Somit wurde auch das Vieh ursprünglich durch diesen Gang getrieben. Der Nachteil dieses Grundrisses ist daher offensichtlich: Staub, Geruch und Kälte können besonders leicht in die Wohnräume dringen. So versteht es sich von selbst, dass man kaum mehr die Originalform des Mittertennhofs vorfindet. Schon im 18. Jahrhundert modifizierte man sie, indem unterschiedliche Zugänge zu Stall und Wohnräume angelegt wurden. Moderne betriebswirtschaftliche Anforderungen, insbesondere die Umstellung auf vermehrten Feldgemüseanbau, zwangen zur Vergrößerung und vielfach auch zur Umgestaltung der Wohn- und Wirtschaftsgebäude. Dennoch findet man in der Solegasse, die in die Ortsmitte führt, einige gut gelungene Renovierungen und Betriebserweiterungen, bei denen der alte Baubestand weitgehend erhalten blieb (z.B. Solegasse 12). Eine Ortsdurchfahrt zeigt auch etliche quergeteilte Bauernhäuser, die offensichtlich in späterer Zeit entstanden sind.

Der Weinbau im Norden der Solegasse 25, wo eine Familie einige hundert Rebstöcke kultiviert

("Romediwein"), weist ebenso auf traditionelle Verhaltensmuster hin. Davon soll noch auf den Feldern zwischen Thaur und Rum die Rede sein.

Abb. 7: Der Mittertennhof im mittleren Inntal

Quelle: *Tirol Atlas* (1995)

Die Landstraße bietet einige reizvolle Blicke auf Talsohle und gegenüberliegende Bergflanke sowie auch in die Stubaier Gletscherwelt. Die Entstehung der hier völlig ebenen Inntalsohle hängt eng mit dem Schwemmkegel von Hall und Mils zusammen. Anhand von stratigraphischen

---

Intensivlandwirtschaft in der Innsbrucker Stadtregion

Eine weitere alte Tradition bildet der Feldgemüseanbau, der sich von Thaur ausgehend immer weiter ausgebreitet hat. Als innovativ erwies sich dabei der Schotthof-Bauer, der im Jahr 1975 die Ackerfolien einführte und seitdem durch Kauf und Zupachten seinen Betrieb beträchtlich aufstocken konnte. Das Folienpatent erlaubt es, schon im Februar die Felder zu bestellen und im April die ersten Früchte (Radieschen) zu ernten. In der Folge entwickelte sich ein fortschrittlicher Gemüseanbau mit Kühlhauslagerung und modernem Vertriebsmanagement, dem auch ein Fuhrpark zur Verfügung steht (vgl. *Sölder* 1986). Das Absatzgebiet reicht von der Stadtregion Innsbruck bis nach Skandinavien. Der Mangel an landwirtschaftlichen Kräften hat dazu geführt, dass in den Thaurer Feldern ausländische Arbeitskräfte als Landarbeiter einen Erwerb finden.
Ein aktuelles qualitatives Problem des Thaurer Feldgemüseanbaus liegt in der Angewiesenheit auf künstliche Düngung. Eine andere Schwierigkeit betrifft die agrarsoziale Situation. Obwohl man sich im Anerbengebiet befindet, schaffen Kleinbesitz und Flurzersplitterung, die noch auf die Knappenzeit zurückgehen, nicht selten ungünstige Produktionsbedingungen. Auch hier zeigen sich Beharrungstendenzen, da die Thaurer Bauern eine Neuordnung der Flur bisher ablehnten. Obwohl schon Mitte der 80er-Jahre ein Ende des Ausbreitungsvorgangs prophezeit wurde, schieben sich die Kulturen, wie entlang des Exkursionsverlaufs zu sehen ist, weiterhin in alle Richtungen vor.

Untersuchungen bestätigte *Patzelt* (1987) die alte Auffassung, wonach der Schwemmkegel den Inn staute. Gleichzeitig brachte er jedoch den Nachweis, dass es dabei nicht zu einer großflächigen Seenbildung gekommen ist. Mit zunehmender Murschuttakkumulation hat nämlich auch der Inn sein Bett erhöht, dessen Höchststand 16 m über dem rezenten Auniveau lag. Das Ende der Schuttlieferung erleichterte es dem Fluss, sich in die Murkegelbarriere einzuschneiden. Die darauf folgende verstärkte Erosionstätigkeit räumte die Schwemmlandschaft zwischen Innsbruck und Hall wieder aus. Vereinzelte Lehmvorkommen und Naßstellen im Osten von Innsbruck erinnern heute noch an diese episodisch überflutete Flussaue.

Weinbau im Innsbrucker Raum

Wie auf den Mittelgebirgsterrassen im Süden von Innsbruck lassen sich auch in den sog. MARTHA-Dörfern, deren Bezeichnung sich aus den Anfangsbuchstaben der an der Dörferstraße gelegenen Orte Mühlau, Arzl, Rum, Thaur, Absam ergibt, aufgrund von Bodenfunden, Orts- und Flurnamen seit vorgeschichtlicher Zeit Siedlungsspuren nachweisen. Die Eisrandterrassen, die entlang der Exkursionsroute treppenförmig am Hang emporklettern, dienen seit uralter Zeit als leicht bewässerbare Ackerterrassen. In flurgenetischer Hinsicht fällt auf, dass sie häufig germanische Toponyme tragen, die Feldwege in der Regel dagegen romanische. Da die Ackerterrassen mit deutschen Flurnamen kaum vom römischen Wegenetz geschnitten werden, ja sogar an solchen ausklingen, folgert *Bachmann* (1963/64; 1969), dass man sie in nachrömischer Zeit, vermutlich um 700 n.Chr., angelegt habe.

Auf diesen Verebnungen wurde einst auch ein bescheidener Weinbau betrieben. Wahrscheinlich als Liebhaberei legte die landesfürstliche Hofhaltung im 15. und 16. Jahrhundert einzelne kleinere Weingüter zwischen Zirl und Absam an. Im Allgemeinen wurden sie im 18. Jahrhundert aufgelassen; sie treten heute, abgesehen von Hobby-Weingärten in Thaur, Rum, Absam und Zirl, nur mehr als historische Reminiszenz in Parzellen- und Familiennamen auf. Zur bereits angesprochenen Rebfläche in der Thaurer Solegasse, die seit 1990 besteht, kam gegen Ende der 90er-Jahre ein weiterer Weingarten oberhalb der Landstraße zwischen Rum und Thaur hinzu (zusammen 0,65 ha). Insgesamt wurde in Thaur im Jahr 2000 360 l Weißwein (Chardonnay, Riesling und Müller-Thurgau) und 2.775 l Rotwein (Blauburger, Blauer Portugieser und Zweigelt) produziert, von dem ein Gutteil direkt vertrieben wird (Auskunft der Fam. Isser). Ob der moderne Thaurer Weinbau eine weitere Innovation bildet, die sich - ähnlich wie der Feldgemüseanbau - allmählich ausbreitet und die benachbarten Dörfer erfasst, muss letztendlich dahingestellt bleiben.

Im Gegensatz zu Thaur ist die Reaktivierung des Zirler Weinbaus, westlich von Innsbruck, immerhin schon sieben Jahrzehnte alt. Das sich dort im Schutz der Martinswand befindliche Weingut umfasste vor zwei Jahrzehnten noch 3 ha, seit Mitte der 90er-Jahre allerdings nur mehr 1 ha. Trotz der klimatischen Gunst der sonnseitigen Lagen und des Föhneinflusses rentiert sich allerdings im Innsbrucker Raum (noch) kein kommerzieller Weinanbau.

Immer näher zu Thaur wächst die Ortschaft Rum (2001: 8.368 Ew.). Im Unterschied zu Thaur hat sie sich vom Bauerndorf zur echten Stadtrandgemeinde entwickelt, in die zahlreiche Bewohner von Innsbruck zugezogen sind (vgl. *Pirchmoser* 1992). Zwar säumen noch einige behäbige Mittertennhöfe den Weg, doch ist das urbane Gepräge unverkennbar. Da ihr Talgrund-Ortsteil Neu-Rum, der hauptsächlich durch gemeinnützige Wohnbaugesellschaften entwickelt wurde, mit den Hochhäusern des Olympischen Dorfs von 1976 verschmilzt, steht sie auch räumlich in enger Tuchfühlung mit Innsbruck. Die Freiflächen im Auland werden im Westen und Osten von den unaufhaltsam voranschreitenden Betriebsgründungen eingegrenzt. Bei gleichbleibender Entwicklung wird schon in wenigen Jahrzehnten das Gewerbe- und Industriegebiet von Hall mit jenem von Innsbruck/Neu Rum zusammengewachsen sein.

Von der Dörferstraße sind Einblicke in das südliche „Mittelgebirge" möglich. Ungleich zu den Verhältnissen auf den bisher besuchten Terrassen besteht dort ein Altsiedlungsgebiet. Die sonnigen, geschützten Lagen im Süden oberhalb von Innsbruck, die im Gegensatz zur siedlungsfeindlichen Mündungsschlucht des Silltals stehen, nahmen schon sehr früh eine verkehrsgeographische Schlüsselstellung ein und wurden bevorzugte Standorte vor- und frühgeschichtlicher Niederlassungen. Dies drückt sich einerseits in Ortsnamen wie Aldrans, Sistrans oder Lans aus, die vorrömischen Ursprungs sind, zum anderen weist auch der kulturlandschaftliche Befund auf eine alte Besiedlung hin. Schon aus der Ferne ist wahrnehmbar, dass nicht Einzelhof und Weiler die vorherrschende Siedlungsform bilden, sondern geschlossene Ortschaften mit beachtlicher Größe. Ähnlich wie Rum entwickelten sich dort in den letzten Jahrzehnten ausgesprochene Wohn- bzw. Pendlergemeinden. Die reizvolle Eiszerfallslandschaft mit den zahlreichen Toteislöchern, drumlinartigen Formen, Trockentälchen und Moorseen sowie das Vorhandensein von Spazierwegen, Bademöglichkeiten und einer Anzahl renommierter gastronomischer Betriebe verleihen dem „Mittelgebirge" nach wie vor einen hohen Freizeitwert für die Stadtbevölkerung.

Obwohl die Wohnsilos der beiden Olympischen Dörfer ein negatives Beispiel der Innsbrucker Siedlungsentwicklung darstellen, bietet die Stadteinfahrt auf der Dörferstraße dennoch ein landschaftliches Erlebnis. Dazu gehören in erster Linie die Gebirgsumrahmung und der Einblick in das Sill- und Stubaital. Besonders reizvoll ist das Zusammenwirken der stumpfen Formen des Quarzphyllits, z.B. der vulkanartig aussehende Patscherkofel, mit den lebhaften, bizarren Kalkkappen jenseits des Silltals. Scheinbar mitten in der Öffnung nach Süden gelegen, beherrscht die Serles die Gebirgskulisse.

Die Exkursion endet bei der kegelförmigen Aufragung des Arzler Hügels. Er gewährt einen ausgezeichneten Überblick über Innsbruck-Ost. Die Stadt Innsbruck wie auch die Stadtrandgemeinden im Westen werden in der Spezialexkursion „Die Stadt Innsbruck" bzw. in der Übersichtsexkursion „Das Inntal von Innsbruck bis Landeck" behandelt.

Literatur

Ager, W. - 1992: Die Wirtschaft im Bezirk Schwaz. Tiroler Handelskammer. - Innsbruck.

Alexander, H./S. Lechner/A. Leidlmair - 1993: Heimatlos: Die Umsiedlung der Südtiroler. Hg. vom Tiroler Landesinstitut. - Wien.

Amt der Tiroler Landesregierung - 1990 ff.: Der Tourismus im Sommerhalbjahr/Winterhalbjahr. - Innsbruck.

Anker, G. - 1988: Ebbs - Tirol (Chronik). 1200 Jahrfeier der Gemeinde Ebbs. - Kufstein.

Atlas für Südtirol - 1993, 3., verb. Auflage. Konzeption: A. Leidlmair/W. Keller. - Innsbruck.

Bachmann, H. - 1947: Zur Flur- und Siedlungsgeschichte von Wörgl. - In: Schlern-Schriften 52, S. 13-23.

Bachmann, H. - 1953: Zur Geschichte der Besiedlung von Münster. - In: Schlern-Schriften 101 (= Jenbacher Buch), S. 123-136.

Bachmann, H. - 1958: Zur älteren Siedlungs- und Flurgeschichte von Wattens. - In: Schlern-Schriften 165 (= Wattner Buch), S. 133-164.

Bachmann, H. - 1963/64: Zur älteren Besiedlungsgeschichte von Arzl bei Innsbruck. - In: Tiroler Heimat 27/28, S. 29-47.

Bachmann, H. - 1969: Zur Flur- und Siedlungsgeschichte des Dorfes Absam. - In: Tiroler Wirtschaftsstudien 26, 1. Teil, S. 1-23.

Bachmann, H. - 1986: Zur älteren Geschichte der Mittelgebirgsterrassen von Häring-Schwoich. - In: Tiroler Heimat 50, S. 27-59.
Bayer, H. et al. - 2000: Planning of Mitigation Measures regarding the Aggravated Risk Imposed by Rockfall. - In: Felsbau 18, Nr. 1, S. 30-35.
Biasi, F. - 1974: Unteres Inntal (Bezirk Kufstein). - Innsbruck.
Biasi, F. - 1976: Kufstein. - Innsbruck.
Bracharz, E. - 1966: Die Burgen im unteren Inntal. Schlern-Schriften 239. - Innsbruck.
Devich, H. - 1981: Fritzens. Der Wandel vom Bauernort zur Arbeiterwohnsiedlung. Unveröffentlichte Hausarbeit am Geographischen Institut der Universität Innsbruck.
Egg, E. - 1971: Das Tiroler Unterland. - Salzburg.
Egg, E./A. Atzl - 1951: Die Schwazer Bergwerkshalden. - In: Schlern-Schriften 85 (= Schwazer Buch), S. 136-145.
EU Regio Map Tirol, Südtirol, Trentino - 2001. Hg. v. Institut für Geographie der Universität Innsbruck, 2. Auflage. - Innsbruck.
Finsterwalder, K. - 1990: Tiroler Ortsnamenkunde. Gesammelte Werke, Bd. 2. - Innsbruck.
Fischer, K. - 1968: Das Innquertal. - In: Topographischer Atlas von Bayern. - München, S. 268 f.
Fliri, F. - 1975: Das Klima der Alpen im Raume von Tirol. Monographien zur Landeskunde Tirols, Folge 1. - Innsbruck.
Fliri, F. - 1985: Baumirchen - ein Dorf in Tirol. - Baumkirchen.
Fuß, M. - 1984: Vomp - eine geographische Fallstudie. Unveröffentlichte Hausarbeit am Geographischen Institut der Universität Innsbruck.
Gamrith, M. - 1979: Die landwirtschaftlichen Verhältnisse in der Gemeinde Mils. Unveröffentlichte Hausarbeit am Geographischen Institut der Universität Innsbruck.
Graf, K. - 1979: Funktionswandel in den Altstadtkernen der Tiroler Stadt mit besonderer Berücksichtigung von Lienz, Kitzbühel und Kufstein. Unveröffentlichte Hausarbeit am Geographischen Institut der Universität Innsbruck.
Gschnitzer, H. - 1964: Gedanken zum ländlichen Siedlungsausbau während des 20. Jahrhunderts im mittleren Inntal. - In: Schlern-Schriften 237, S. 33-43.
Gschnitzer, H. - 1989: Hauslandschaften in Tirol. - In: H. Heyn (Red.): Der Inn. Vom Engadin ins Donautal. Von der Urzeit bis heute. Drei-Länder-Ausstellung der Stadt Rosenheim, 4.5.-5.11.1989. - Rosenheim, S. 97-100.
Gwinner, M.P. - 1978: Geologie der Alpen. Stratigraphie, Paläographie, Tektonik. 2. Auflage, Stuttgart.
Hagen, G. - 2001: Hall in Tirol. Sozio-ökonomische Phänomene und Probleme einer Tiroler Kleinstadt im ausgehenden Jahrhundert. Unveröffentlichte Dissertation am Geographischen Institut der Universität Innsbruck.
Hagn, H. - 1989: Zur Geologie des Unterinntals. - In: H. Heyn (Red.): Der Inn. Vom Engadin ins Donautal. Von der Urzeit bis heute. Drei-Länder-Ausstellung der Stadt Rosenheim, 4.5.-5.11.1989. - Rosenheim, S. 41-46.
Heuberger, H. - 1975: Innsbrucker Nordkette. - In: Innsbrucker Geographische Studien 2, S. 43-65.
Heyn, H. (Red.): Der Inn. Vom Engadin ins Donautal. Von der Urzeit bis heute. Drei-Länder-Ausstellung der Stadt Rosenheim, 4.5.-5.11.1989. - Rosenheim.
http://www.iv-tirol.at/Betriebe/liste.html
http://www.tirol.gv.at/statistik
http://transitforum.at
http://www.alpennet.com/inntalgemeinschaft/
Institut für österreichische Kunstforschung des Bundesdenkmalamtes (Hg.) - 1980: Dehio-Handbuch Tirol. - Wien.
Jäger, G. - 1997: Die ländliche Spätsiedlung oder Häuslerkolonisation in Nordtirol während des 18. und 19. Jahrhunderts anhand von ausgewählten Beispielen. - In: Tiroler Heimat 61, S. 227-239.
Kessler, G./Steinicke, E. - 1995: Die Entwicklung der Bodenpreise in Tirol. - In: Österreichische Geographische Gesellschaft/Zweigverein Innsbruck (Hg.): Innsbrucker-Jahresbericht 1993/1994, S. 36-50.
Kirchmair, F. - 1988: Das Schwoicher Dorfbuch. - Innsbruck.

Kissel, M. L. - 1978: Das mittlere Inntal. Ein Beitrag zur Kulturgeographie einer inneralpinen Stromlandschaft. Unveröffentlichte Dissertation am Geographischen Institut der Universität Innsbruck.

Klebelsberg, R. v. - 1935: Geologie von Tirol. - Berlin.

Klebelsberg, R. v. - 1948: Die „Mittelgebirge" Tirols. Eine geomorphologische Studie. - In: Schlern-Schriften 53, S. 207-217.

Klebelsberg, R. v. - 1951: Geologie der Schwazer Landschaft. - In: Schlern-Schriften 85 (= Schwazer Buch), S. 9-15.

Klebelsberg, R. v. - 1953: Die Landschaft von Hall - geologisch gesehen. - In: Schlern-Schriften 106 (= Haller Buch), S. 7-15.

Klebelsberg, R. v. (Hg.) - 1953: Jenbacher Buch (= Schlern-Schriften 101). - Innsbruck.

Klebelsberg, R. v. - 1958: Wattner Geologie. - In: Schlern-Schriften 165 (= Wattner Buch), S. 1-10.

Koch, C. - 1969: Stadtgeographie von Wörgl. Unveröffentlichte Hausarbeit am Geographischen Institut der Universität Innsbruck.

Kriechbaum, E. - 1924: Die Städte des Inn-Salzachgaues (= Veröffentlichung der Vereinigung zur Pflege der Braunauer Heimatkunde 20). - Braunau.

Leidlmair, A. - 1975: Tirol. Die natürlichen Grundlagen und das Werden der Kulturlandschaft. - In: Innsbrucker Geographische Studien 2, S. 9-23.

Leidlmair, A. - 1983: Tirol. - In: A. Leidlmair (Hg.): Landeskunde Österreich. - München, S. 110-126.

Leuprecht, B. - 1987: Das Swarovski Werk in Wattens als Standort der gewerblichen Industrie in Tirol. Unveröffentlichte Hausarbeit am Geographischen Institut der Universität Innsbruck.

Marktgemeinde Brixlegg (Hg.) - 1988: Brixlegg - eine Tiroler Gemeinde im Wandel der Zeiten. - Innsbruck.

Marktgemeinde Wattens (Hg.) - 1985: Festschrift zur Markterhebung 1985. - Innsbruck.

Mayer, M. - 1953: Der mittelalterliche Weinbau im Nordtiroler Unterlande. Schlern-Schriften 95. - Innsbruck.

Mayer, M./J. Neuhardt - 1961: Der Tiroler Anteil des Erzbistums Salzburg. 7. Bd.: Kufstein und die Untere Schranne Ebbs - Niederndorf - Walchsee - Erl. - Kufstein.

Meusburger, P. - 1975: Rattenberg und Hall als Inn-Salzach-Städte. - In: Innsbrucker Geographische Studien 2, S. 89-111.

Meze, B. - 1999: Die Stadterneuerung in Rattenberg am Inn und ihre Auswirkungen auf die ansässige Bevölkerung und Wirtschaft. Unveröffentlichte Hausarbeit am Geographischen Institut der Universität Innsbruck.

Mutschlechner, G. - 1951: Vom alten Bergbau am Falkenstein (Schwaz). - In: Schlern-Schriften 85 (= Schwazer Buch), S. 113-125.

Mutschlechner, G. - 1958: Das Grattenbergl bei Wörgl, eine geologische Besonderheit. - In: Schlern-Schriften 188, S. 33-43.

Ölberg, H. - 1986: Die Besiedlung des Plateaus von Häring-Schwoich. - In: Tiroler Heimat 50, S. 61-68.

Ortner, H./V. Stingl - 2001: Facies and basin development of the Oligocene in the Lower Inn Valley, Tyrol/Bavaria. - In: W.E. Piller/M.W. Rasser (ed.): Paleogene of the Eastern Alps. Österreichische Akademie der Wissenschaften. Schriftenreihe der Erdwissenschaftlichen Kommissionen, Band 14. - Wien, p. 153-197.

ÖSTAT - 1992: Land- und Forstwirtschaftliche Betriebszählung 1990 - Tirol. - Wien.

ÖSTAT - 1995: Volkszählung 1991. Hauptergebnisse II - Tirol. - Wien.

Österreichisches Institut für Raumplanung (ÖIR) - 1991: Wo und wie bauen wir morgen? Siedlungsentwicklung und Baulandbedarf in der Stadt Innsbruck und im Bezirk Innsbruck-Land. - Wien.

Patzelt, G. - 1987: Untersuchungen zur nacheiszeitlichen Schwemmkegel- und Talentwicklung in Tirol. - In: Veröffentlichungen des Museum Ferdinandeum 67, S. 93-122.

Penz, H. - 1975: Die Kulturlandschaft des äußeren und mittleren Zillertales. - In: Innsbrucker Geographische Studien 2, S. 314-318.

Penz, H. - 1991: Das nordöstliche Tirol. Moderne Wandlungen der Wirtschaftsstruktur der Bezirke Kufstein und Kitzbühel. - In: Österreich in Geschichte und Literatur mit Geographie 35, S. 397-411.

Penz, H./K. Ruppert - 1975: Achensee-Tegernsee. Freizeitverhalten als landschaftsgestaltender Faktor. - In: Innsbrucker Geographische Studien 2, S. 113-129.
Penz. H./E. Steinicke - 1987: Exkursion Alpenquerprofil (Bayern - Friaul - Venetien - Trentino). Unveröffentlichter Exkursionsführer anlässlich des 46. Geographentags in München. - Innsbruck.
Petrovitsch, H. - 1994: Inbetriebnahme der Umfahrung Innsbruck. - In: Schienenverkehr aktuell, 7/94, S. 3 f.
Pirchmoser, P. - 1992: Zur Suburbanisierung der Doppelstadtregion Innsbruck - Hall i. T. Unveröffentlichte Dissertation am Geographischen Institut der Universität Innsbruck.
Pirker, P./H. Paschinger - 1951: Form und Bild der Stadt Schwaz. - In: Schlern-Schriften 85 (= Schwazer Buch), S. 234-239.
Prazeller, A. - 1950: Malaria in Nordtirol. - In: Schlern-Schriften 65, S. 127-133.
Salzburger, R. - 1972: Bevölkerungsgeographische Untersuchungen im Brandenberger Tal. Unveröffentlichte Dissertation am Geographischen Institut der Universität Innsbruck.
Scheikl, M. et al. - 2000: Multidisciplinary Monitoring Demonstrated in the Case Study of the Eiblschrofen Rockfall. - In: Felsbau 18, Nr. 1, S. 24-29.
Schmeiss-Kubat, M. - 1975: Innsbrucker Mittelgebirge. Ein kulturgeographischer Überblick. - In: Innsbrucker Geographische Studien 2, S. 25-42.
Schönauer, A. - 1985: Industrie im Unterinntal (Wörgl - Kufstein). Unveröffentlichte Hausarbeit am Geographischen Institut der Universität Innsbruck.
Schreiber, W. - 1950: Der Pletzach-Bergsturz. - In: Schlern-Schriften 65, S. 63-76.
Schuster, M. - 1964: Das Bürgerhaus im Inn- und Salzachgebiet. - Tübingen.
Seiwald, M. - 1981: Die Seenlandschaft Reinthaler See - Krummsee als Erholungsgebiet. Unveröffentlichte Hausarbeit am Geographischen Institut der Universität Innsbruck.
Sölder, B. - 1986: Thaur. Siedlungsentwicklung und sozioökonomische Struktur. Unveröffentlichte Hausarbeit am Geographischen Institut der Universität Innsbruck.
Steinicke, E. (Hg.) - 1994: Radwanderführer der Ferienregion Kufstein. - Kufstein.
Steinicke, E./E. Schreiber - 1999: Baulandpreise im Westen Österreichs - Entwicklung und regionale Differenzierung. - In: Geographischer Jahresbericht aus Österreich 56, S. 85-103.
Steurer, R./V. Siegl - 1996: Österreichischer Weinführer. - Wien.
Stoffaneller, C. - 1985: Revitalisierung der Haller Altstadt. Unveröffentlichte Hausarbeit am Geographischen Institut der Universität Innsbruck.
Stolz, O. - 1948: Zur Geschichte des Weinbaus in Tirol. - In: Der Schlern 22, S. 330-337.
Stolz, O. - 1951: Geschichte der Besiedlung und politischen Raumbildung des Bezirkes Schwaz. - In: Schlern-Schriften 85 (= Schwazer Buch), S. 74-93.
Swarovski, D. - 1988: Wohnen im Grünen. Modell für ein familiengerechtes Wohnen. - Innsbruck.
Tiefenthaler, F. - 1979: Die Entwicklung der Kulturlandschaft der Gemeinde Mils bei Hall in Tirol im 19. Jahrhundert. Unveröffentlichte Hausarbeit am Geographischen Institut der Universität Innsbruck.
Tirol Atlas - 1962-2002. Herausgegeben im Auftrag der Tiroler Landesregierung unter der Leitung v. A. Leidlmair. Institut für Geographie der Universität Innsbruck. - Innsbruck.
Tiroler Landesmuseum Ferdinandeum (Hg.) - 1993: Bayerisch-tirolische G'schichten. Beiträge zur Tiroler Landesausstellung. - Innsbruck.
Vilas, H. - 1973: Das Schwazer Bezirksbuch. - Schwaz.
Vogler, H. - 1985: Jenbach als Mittelpunkt der gewerblichen Wirtschaft. Unveröffentlichte Hausarbeit am Geographischen Institut der Universität Innsbruck.
Walchshofer, A. - 1968: Stadtgeographie von Kufstein. Unveröffentlichte Dissertation am Geographischen Institut der Universität Innsbruck.
Winder, M. - 1975: Agrar- und forstgeographische Untersuchungen am Angerberg. Unveröffentlichte Hausarbeit am Geographischen Institut der Universität Innsbruck.
Wopfner, H. - 1933: Entstehung und Wesen des tirolischen Volkstums. Bäuerliche Siedlung und Wirtschaft. - München. Neudruck: Tiroler Wirtschaftsstudien 46. - Innsbruck 1994.
Wotawa, G. et al. - 200: Verkehrsbedingte Stickoxid-Belastung im Inntal: Einfluss meteorologischer und topographischer Faktoren. Endbericht zum Projekt Nr. 6984 „Analyse der Schadstoffbelastung

im Inntal" des Jubiläumsfonds der Österreichischen Nationalbank. Institut für Meteorologie und Physik der Universität für Bodenkultur Wien.

Zollna, M. - 1993: Sozioökonomischer Strukturwandel in Tirol nach 1945 unter besonderer Berücksichtigung des Fremdenverkehrs dargestellt am Beispiel der Region „Untere Schranne". Unveröffentlichte Geographische Dissertation an der Universität Innsbruck.

Anschrift des Verfassers:
ao.Univ.-Prof. Dr. Ernst Steinicke
Institut für Geographie der Universität Innsbruck
A-6020 Innsbruck, Innrain 52

3. DAS INNTAL VON INNSBRUCK BIS LANDECK

AXEL BORSDORF

> *Exkursionsverlauf und praktische Hinweise*
>
> Innsbruck - Inntalautobahn - Zirler Berg: Gasthof Zirlerberg - Weiler Hof bei Inzing - Hatting - Stams - Haiminger Berg - Haiming - Roppener Schlucht - Imst - Landeck
> Fahrtkilometer: ~ 100
> Exkursionsdauer: 8-10 Std. (ohne Mittagspause)
> Günstige Mittagspause: Stams, Stamser Klosterwald als Picknickmöglichkeit, Haiming, Imst
> Omnibusexkursion mit kurzen Fußwanderungen, normale Halbschuhe sind ausreichend
> Die Exkursion ist als Fortsetzung der Übersichtsexkursion *Das Tiroler Unterinntal* konzipiert, sie fügt sich aber auch in die beiden Nord-Süd-Übersichtsexkursionen *Die Brenner-Linie: Die zentrale Nord-Süd-Verbindung von Innsbruck bis Ala* und *Der obere Weg: Außerfern, Fernpass und das Obere Gericht* ein. Sie kann ferner über den Arlberg oder ins Engadin fortgesetzt werden. Die Exkursion ist ganzjährig möglich, die günstigsten Monate sind Mai bis Oktober. Folgende Spezialexkursionen (im 2. Band des Exkursionsführers) können als Ergänzung herangezogen werden:
> *Die Stadt Innsbruck*
> *Die Hochlagenaufforstungen von Haggen im Tiroler Sellraintal*
> *Das Ötztal: Schwaighofsiedlung und Kulturlandschaftsentwicklung*
> *Durch die östlichen Lechtaler Alpen: Von Imst über das Hahntennjoch ins Bschlaber Tal und Lechtal*
> *Galtür. Eine Gemeinde im Zeichen des Lawinenereignisses von 1999*
> Karten:
> Tirol-Atlas 1:300.000: Topographische Übersicht, Geologie mit Tektonik, Aktuelle Vegetation
> Österreichische Karte 1:50.000, Blätter 115, 116, 117 und Alpenvereinskarte Nr. 31/5;
> Kompaß-Wanderkarte 1:50.000, Blätter 35 und 36.

Landeskundlicher Überblick

Das Oberinntal beginnt mit der Einmündung der Melach, die aus dem Sellrain kommend bei Kematen den Inn erreicht. Es weist gegenüber dem Unterinntal (vgl. Übersichtsexkursion *Das Tiroler Unterinntal*) natur- und kulturräumliche Besonderheiten auf. Das Tal verengt sich bei Kematen, die „Mittelgebirgsterrassen" auf der Südseite des Tales sind wesentlich schmaler, nicht mehr durchgängig ausgebildet, werden von steilen Kerbtälern zerschnitten und sind - anders als im Innsbrucker Raum - funktional eng mit den Tal-Ortschaften verbunden. Auf der Nordseite des Tales fehlen sie, wenn man vom Sonderfall des Miemeinger Plateaus absieht, völlig. Deutlicher als im Unterland bildet das Inntal weitgehend die tektonische und geologische Grenze zwischen den Kalkalpen und den Zentralalpen, die Grauwackenzone als dritte naturräumliche Einheit des Unterinntals ist jedoch nicht mehr vorhanden (vgl. hierzu und im Folgenden die Übersichtsexkursion *Das Tiroler Unterinntal* - Abschnitt Einführung).

Abb. 1: Exkursionsroute im Oberinntal mit Haupthaltepunkten

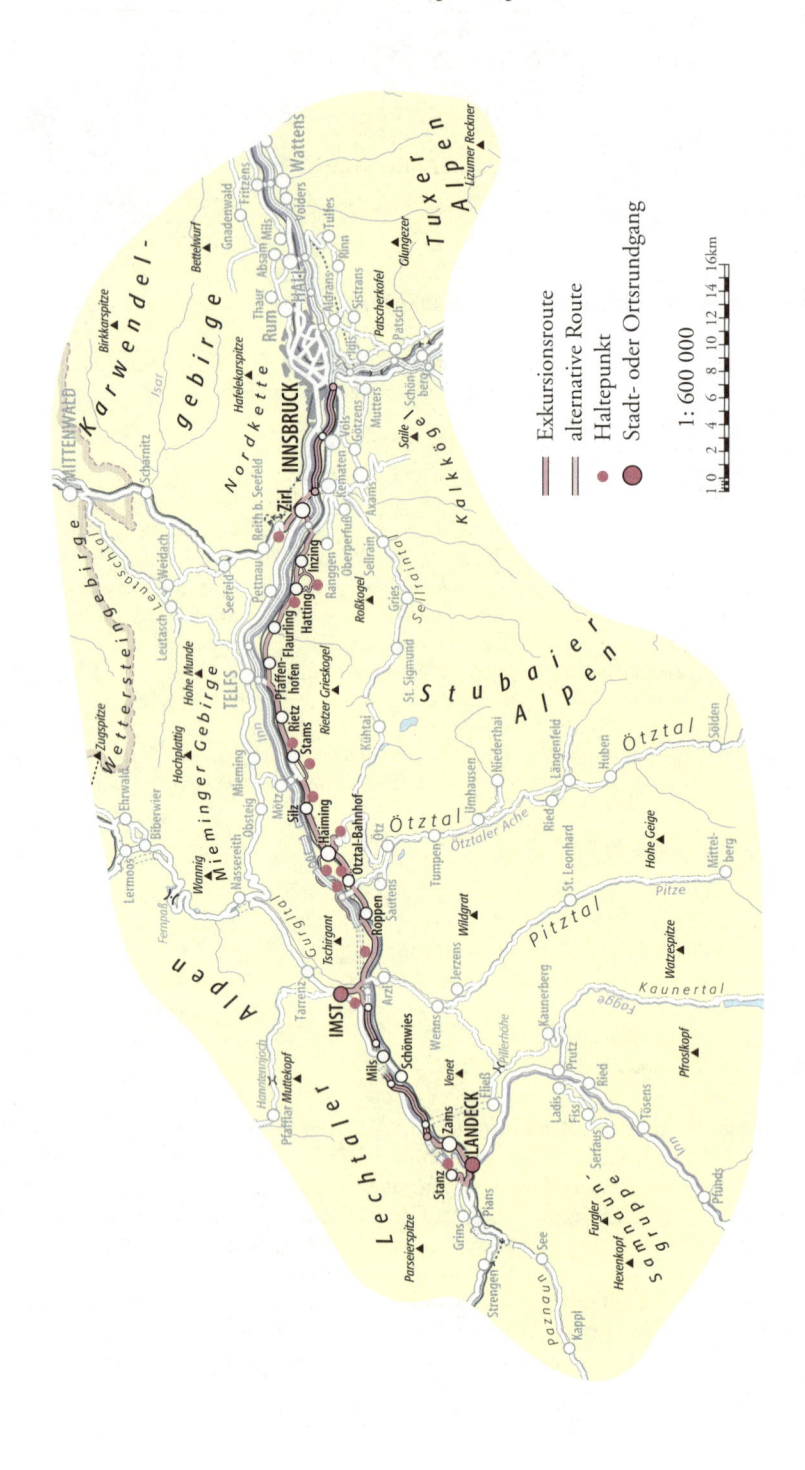

Die Charakteristika der Kalkalpen ändern sich aber auch westlich von Innsbruck wenig. Wie schon im Unterland beschrieben, kommt es zuweilen zur Reliefumkehr: Die geologisch älteren Gesteine liegen über den jüngeren. Dies ist besonders schön am Ausgang des Seefelder Beckens zum Inntal zu erkennen, wo der mitteltriassische Wettersteinkalk über dem Hauptdolomit aus der jüngeren Trias liegt. Die Einsattelung des Zirler Bergs ist damit älter als die beiden rundlichen Pfeiler, gebildet aus dem Großen Solstein und der Hohen Munde, die diese Pforte Tirols so eindrucksvoll begrenzen.

Im Oberinntal gibt es gleich drei, „konsequent" der allgemeinen Nord-Süd-Abdachung folgende Quertäler, die das Inntal über niedrige Pässe mit dem Alpenvorland verbinden: Das über den Zirler Berg erreichbare Seefelder Becken mit seiner Verbindung zum Isartal, das über die Buchener Höhe erschlossene Hochtal der Leutasch, per Hängestufe bei Mittenwald mit dem vorgenannten Quertal verbunden und schließlich das Gurgltal mit Fernpaß und Verbindung nach Garmisch-Partenkirchen.

Abgesehen von Ortschaften, die die Verkehrsgunst dieser Süd-Nord-Achsen nutzen, setzt sich die Siedlungsarmut der schroffen Kalkalpen auch im Oberland fort. Eine Ausnahme bildet lediglich das Mieminger Plateau, auf dessen fruchtbaren Moränenböden in sonnenexponierter Lage inzwischen der Fremdenverkehr die Landwirtschaft in der Wertschöpfung verdrängt hat.

Im Oberland haben sich im jüngeren Quartär drei sehr große Bergstürze ereignet. Der gewaltige Tschirgant-Bergsturz verschüttete die Mündung des Ötztals und hat dort eine bizarre Toma-Landschaft hinterlassen. Er verzahnt sich nach Osten mit der Masse eines weiteren Sturzereignisses vom Gegenhang (Haimingerberg). Bis weit in das Gurgltal und auf der anderen Seite in das Ehrwalder Becken hinein ist das Gestein des Fernpaßbergsturzes geglitten und hat neben den Toma-Hügeln auch reizvolle Seen hinterlassen (*Abele* 1991).

Auch der eigentliche Talbereich ändert seinen Charakter. Der Inn hat auf den 55 km Luftlinie zwischen Landeck und Kematen eine etwa doppelte Höhendifferenz zu überwinden (200 m) als der untere Inn zwischen Kematen und Kufstein auf 90 km. Stromschnellen kennzeichnen den Fluss daher insbesondere im Bereich des Roppener Riegels, wo sich der Inn canyonartig in den harten Hauptdolomit einschneiden muss und keine Möglichkeit zur Lateralerosion hat. Diese ist insgesamt an der nördlichen Talflanke stärker ausgeprägt als an der südlichen. Die im undurchlässigen Kristallin wasserreicheren und im weicheren Gestein mehr Sediment führenden Bäche der Zentralalpen haben gewaltige Schwemmfächer aufgeschüttet und den Fluss auf den Gegenhang gedrückt, wo die kurzen Karstgewässer kaum mit der Kegelbildung mithalten konnten. Dass sich derartige Schwemmfächer dennoch auch im Karbonatgestein ausbilden, beweist das Mieminger Plateau, wo die Kegel ohne Gefahr, vom Inn ausgeräumt zu werden, eindrucksvolle Zeugen der postpleistozänen Morphodynamik bilden.

Klimatisch erscheint das Oberinntal in seiner relativen Leelage als inneralpine Trockeninsel (*Fliri* 1975). Im Oberen Gericht bei Ried wird mit 612 mm Jahresniederschlag die größte Trockenheit erreicht. Dem entspricht in den südexponierten und edaphisch trockenen Talhängen und Terrassen der Kalkalpen die weite Verbreitung von Schneeheide-Kiefernwäldern in der montanen Stufe, die im Unterinntal ein wesentlich geringeres Areal einnehmen. Die nordexponierten Wälder auf dieser Stufe sind als montane Fichtenwälder und Lärchen-Fichtenwälder dem Unterinntal vergleichbar, die Auwälder und Eichen-Linden-Wälder der submontanen Stufe sind weitgehend verschwunden. In der Kulturvegetation tritt das Ackerland gegenüber dem Grünland zurück. Egärten sind weiter verbreitet, auf dem Talboden nimmt nach Westen das Areal der Mähwiesen immer mehr zu.

Nicht nur in der Kulturvegetation, auch in den anderen Elementen der Kulturlandschaft tritt uns ein ganz anderes Erscheinungsbild vor Augen. Dies ist einerseits eine Folge der hier früher herrschenden Realteilungssitte, die vielfältige Folgen hatte: Die Flur ist wesentlich stärker gegliedert, die Dörfer sind dichter verbaut, vielerorts fallen Teilungsvorgänge selbst bei den

Hofgebäuden auf. Andererseits ist der obere Talabschnitt weit weniger industrialisiert als der untere, und alte Städte fehlen dem Oberinntal gänzlich. Neben den Bezirkshauptorten Landeck und Imst hat Telfs städtische Funktionen übernommen. Realteilung und fehlende wirtschaftliche Impulse haben das Oberinntal bis ins das beginnende 20. Jahrhundert hinein zu einem Notstandsgebiet gemacht. Von dort aus nahmen Jahr für Jahr die Züge der „Schwabenkinder" Anfang März ihren Anfang, um im Herbst dort auch wieder zu enden. Um 1830 wanderten z.B. aus Tirol 2.500 Kinder, d.h. jeder vierte bis fünfte männliche Jugendliche alljährlich ins „Schwabenland", vor allem in den Bodenseeraum und nach Oberschwaben, wo die Kinder als Viehhüter und für andere Verrichtungen in Dienst genommen wurden. Die Eltern ersparten sich Ernährung und Kleidung für ihre Kinder für sechs bis sieben Monate, die Kinder dagegen erhielten volle Einkleidung und einen geringen Lohn (*Spiss* 1993; *Uhlig* 1983). Ein weiteres Phänomen der Verarmung des Oberlandes sind die dort bis in die Zeit nach dem Zweiten Weltkrieg anzutreffenden Karrner (auch Dörcher, Lani[n]ger, Jenische), Landfahrer, die, wie der Name sagt, ihre Karren selber zogen (*Jäger* 1998; 1999; *Mantl* 1976).

Ambulanter Handel, Kinderarbeitswanderung und Karrnerwesen sind eindeutige Zeugnisse der einstigen Armut in den Oberländer Realteilungsgemeinden. Da die Industrialisierung im Unterinntal früher begann und bald ein relativ hohes Niveau erreichte, wäre der Schluss verfehlt, das Vorhandensein von billigen Arbeitskräften und die hohe Nachfrage nach außeragrarischen Arbeitsplätzen als alleinige Ursache für die Industrieentwicklung im Oberland zu bezeichnen, aber beides bildete doch wichtige Rahmenbedingungen einer gewerblichen Entwicklung, die auf dem wichtigsten Standortfaktor - das Arbeitskraftpotential - aufbaute. Es standen nicht nur eine ausreichende Zahl von Arbeitswilligen mit geringen Lohnforderungen zur Verfügung, aufgrund des frühen Zwangs zum Nebenerwerb, der u.a. durch Spinnen, Weben, Stricken und Spitzenklöppelei bestritten wurde, besaßen diese auch eine gute Arbeitserfahrung. Schließlich war im Inntal bis in das 19. Jahrhundert hinein der Flachsanbau noch weit verbreitet. Von Imst aus verbreitete sich die Textilindustrie im ganzen Oberland, so dass namhafte Betriebe auch in Silz und Landeck entstanden. Weitere frühe Branchen waren die Sägerei und Holzbearbeitung mit starker Bezugsorientierung.

Die Realteilung spiegelt sich auch in der Ausprägung der Bauernhäuser. Im mittleren Inntal bildet der hier längsgeteilte Mittertennhof, ein Einhaus, den meist vertretenen Bauernhaustypus. *Wopfner* (1933, Nachdruck 1994, 94 ff.) hielt es für eine Weiterentwicklung aus Seitenflurhaus und (giebelgeschwenktem) quergeteiltem Mittertennhaus, eine Auffassung, die heute zugunsten der Eigenständigkeit des Hoftyps aufgegeben wurde. Da die Tenne den einzigen Zugang zu Stube, Küche und Kammern bietet, wurde, um den Stallgeruch von den Wohnräumen fernzuhalten, vielfach ein schmaler Flur parallel zur Tenne angelegt (*Gschnitzer* 1996, 14). Die Mittertennhöfe sind eigentlich aufgrund ihres Grundrisses schwer teilbar, und dennoch finden sich die verschiedensten Teilungsformen, die aufgrund des Erbrechts nötig wurden.

In der Wahrnehmung der Innsbrucker erscheint das Oberinntal als eng, schattig, ärmlich und wenig attraktiv. Dass diese Sicht einseitig ist und den Blick auf die reizvollen Landschaftsstrukturen des vernachlässigten Westens verstellt, soll die Exkursion unter anderem zeigen.

Routenbeschreibung

In der Regel wird man in Innsbruck übernachtet haben und beginnt am Vormittag mit der hier beschriebenen, den ganzen Tag ausfüllenden Exkursion. Sie ist leicht auch in entgegengesetzter Richtung zu fahren, was alle jene Reisenden tun werden, die über den Arlberg oder das Obere Gericht, aus dem Engadin oder dem Vinschgau kommen, über Kufstein nach Ost-

österreich oder Deutschland reisen wollen. In diesem Fall orientiert man sich an der Routenkarte und liest die folgenden Kapitel in umgekehrter Reihenfolge. Eine dritte Möglichkeit der Routengestaltung besteht in der Kombination von Unter- und Oberinntalexkursion im zeitlichen Zusammenhang eines Tages. In diesem Fall müssen aus Zeitgründen im Oberland die Abstecher zum Weiler Hof, der Rundgang im Stamser Eichenwald und die Stadtexkursion Imst entfallen. Es wird dennoch empfohlen, die Fahrt zum Aussichtspunkt am Zirler Berg nicht zu streichen, weil der dortige erhöhte Standpunkt einen guten Überblick ermöglicht.
Die Stadt Innsbruck wird dann auf der Autobahn umfahren. Dennoch gestattet die rasche Fahrt auf der Inntalautobahn (A 12) zwischen Innsbruck Ost und Innsbruck West einige Beobachtungen zur Lage, Struktur und Problematik der Stadt Innsbruck. An der Ausfahrt Innsbruck Ost nach Norden (rechts) schauend, drängt sich die "Shopping City" um das Einkaufszentrum DEZ ins Blickfeld. Es wurde 1970 als erstes Einkaufszentrum Österreichs nach amerikanischem Vorbild errichtet und seither mehrfach erweitert und modernisiert. Inzwischen sind auf dem Areal weitere großflächige Versorger hinzugekommen, darunter ein Lebensmittelgroßhändler, ein Autohaus, ein schwedisches Mitnahme-Möbelhaus, ein Autohändler, ein Fertighaus-Center und ein Gartenmarkt. Die gute Ausstattung mit kollektivem Parkraum und die trotz geringer Planung günstige Anordnung der Gebäude lassen das DEZ-Areal trotz des architektonischen Wildwuchses als verkehrstechnisch gelungene, kompakte Struktur erscheinen. Ganz anders die im Hintergrund gelegene nichtintegrierte Fachmarktagglomeration Rossau, von der aus die Reklameschilder von Elektronik- und Schuhmärkten die Blicke der Autofahrer auf sich zu ziehen versuchen. Großflächige Anbieter, jeweils mit eigenem Parkplatz ausgestattet, haben dort ihre Standorte, die für den Kunden nur dann vernünftig erreichbar sind, wenn er auch für kurze Wege das Auto benutzt. Bei der Durchfahrt nur zu erahnen ist die Problematik, die sich aus einer solchen Geschäftsflächenballung am Stadtrand ergibt.
Nach dem Bergisel-Tunnel öffnet sich der Blick auf das Weichbild der Stadt, das hier mit den Wiltener Kirchen im Vordergrund, der Dachlandschaft der Innenstadt und dem steil aufragenden Abschluss durch die Nordkette wirklich malerisch erscheint. Die verschlungene Führung der Autobahntrassen im Bereich des Innsbrucker Autobahndreiecks verdeutlicht aber auch klar die Enge der Stadt in Nord-Süd-Richtung, die alle Raumreserven zum Bergisel bzw. zur Nordkette hin aufgezehrt hat und die Verkehrslinien flächenschonend auf hohen Stelzen führen muss.

Am Zirler Berg: Einführung in das Thema

Wir beginnen die Fahrt in Innsbruck und fahren bei der Anschlussstelle Innsbruck-West auf die Inntal-Autobahn in Richtung Arlberg auf. Bei der Ausfahrt Zirl-Ost fahren wir in Richtung Seefeld von der Autobahn ab und dann steil den unteren Teil des Zirler Berges bis zum Gasthaus Zirlerberg hinauf.

Bei der Ausfahrt erhalten wir einen flüchtigen Eindruck von den Suburbanisierungserscheinungen im westlichen Umland von Innsbruck. Die Verstädterung der Randgemeinden ist in Richtung auf das Oberinntal weniger ausgeprägt als im Unterinntal, wo sie bereits früher eingesetzt hat. Die höhere Verkehrsdichte im Unterinntal, das größere Bevölkerungs- und Kaufkraftpotential hat dort bereits seit Beginn der 70er-Jahre die Ansiedlung von großen Einkaufszentren und Geschäftsarealen zur Folge gehabt. Im Westen dagegen ist erst 1993 ein Einkaufszentrum, das Cyta in Völs, das wir von der Autobahn aus sehen können, entstanden. Wir erkennen aber auch, dass die Suburbanisierung schon weit früher eingesetzt hat. Ausgedehnte Siedlungsflächen in Völs, aber auch in Kematen, sind mit Mehrfamilienhäusern und Reiheneigenheimen aus den 70er-Jahren des 20. Jahrhunderts überbaut, daneben finden sich große Viertel mit freistehenden Einfamilienhäusern, die zum weit überwiegenden Teil ebenfalls aus der Nachkriegszeit stammen.

Der Zirler Berg ist im unteren Teil gut an die Autobahn angeschlossen. Dass diese auch heute noch außerordentlich steile Bergstrecke bereits seit dem Mittelalter eine große Verkehrsbedeutung hatte, belegen die beiden Türme der Ruine Fragenstein am Hang nördlich der Bundesstraße. Die romanische Burg wurde zuletzt unter Kaiser Maximilian I. als Jagdschloss genutzt und 1703 von den vor den Bayern zurückweichenden Tirolern gesprengt.

Der Parkplatz am Rasthaus Zirlerberg bietet uns einen guten Rundblick und gestattet eine ausführliche Einführung in das Tagesthema. Wenn Verkehrssituation und Lärm es erlauben, ist der beste Blick an der Leitschiene knapp oberhalb des Überholverbotsschildes, sonst kann man am Rasthaus Beobachtungsplätze finden.

Wie im Unterinntal stehen die Flanken des Inntals in einem starken Kontrast: Hinter uns steigt der Hang der Kalkalpen steil an, die Verebnung, auf dem das Café steht, wurde künstlich verbreitert, um einem Parkplatz Raum zu schaffen. Der Hang ist durchgängig mit Kiefern bewachsen, die einer dichten Schneeheideflora im untersten Stockwerk Licht bieten. Der widerständige, relativ harte Hauptdolomit, der am Bremsweg hinter dem Rasthaus schön angeschnitten ist, zeichnet für die Schroffheit der Hänge verantwortlich.

Ganz anders stellt sich die andere, nordexponierte Talflanke dar. Dort formt die Hochterrasse des Mittelgebirges einen gestuften Hang. Sie ist östlich der Melach breit und durchgängig ausgeformt, wir erkennen deutlich die großen, vom Tourismus überformten Haufendörfer von Axams und Birgitz. Im eigentlichen Oberinntal wird die Hangleiste schmaler, kleinere Weiler und gestreckte Hofreihen bilden die „-berg"-Siedlungen des Oberinntals. Dort setzt sich die Bezeichnung „Mittelgebirge" nicht fort, obwohl die Morphogenese durchaus dem Innsbrucker Mittelgebirge ähnlich ist. Die Konturen werden von quartären Ablagerungen und jüngeren Bildungsprozessen bestimmt. Unter den würminterstadialen bis spätglazialen Ablagerungen stecken oft alte Felskerne. Ortsfremde Erratika reichen teilweise bis auf 2.000 m hinauf. Die ausgleichende Tätigkeit des Inngletschers ist im weicheren Gestein für die sanfteren Hangformen verantwortlich.

Über dieser Hangverflachung beobachten wir eine weitere, die am Rangger Köpfl auf 1.900-2.000 m Meereshöhe ihre breiteste Ausdehnung erfährt. Sie ist als Altfläche (Rax) zu deuten. Die Berggipfel zwischen Sellrain/Kühtai und Oberinntal sind zwar oft höher als die der Kalkalpen, diese Höhe tritt jedoch wegen der Massigkeit der Berggestalten nicht so in Erscheinung. Von Ost nach West sehen wir in ansteigender Folge die Nockspitze (2.403 m), den Roßkogel (2.649 m), zwischen diesen in starkem morphologisch-petrographischen Kontrast die Kette der dolomitischen Kalkkögel, dann den Flaurlinger Roßkogel (2.808 m) und die markante Pyramide des Rietzer Grießkogels (2.884 m). Deutlich tritt die Höhenstufung der Vegetation in Erscheinung. Die Talsiedlungen liegen auf den Schwemmfächern der steilen Gebirgsbäche, deren Transportkraft bei Eintritt in das Tal erlischt und die flache bis steile, weitflächige Kegel bilden. Bei Zirl und Kematen sehen wir deutlich, wie die Schwemmfächer den Inn auf das jeweils andere Ufer drängen, so dass eine weite S-Schleife entsteht.

Die Bäche werden heute geradlinig mit steilem Gefälle in künstlich angelegten tiefen Kerben geführt, um die Gefahr von Überschwemmungskatastrophen zu bannen. Dies ist besonders deutlich in Inzing zu beobachten. (vgl. Übersichtsexkursion *Die Brenner-Linie*, Textkasten *Der Enterbach und die Bedrohung Inzings*) Auf der südexponierten Talseite sind wegen der viel geringeren Zertalung im verkarsteten Kalkgebirge diese Schwemmkegel seltener. Zwischen Zirl und Telfs finden sich daher nur einige Weiler und kleinere Dörfer, obwohl diese Seite wegen der Sonnenlage eigentlich begünstigt sein müsste. Diese Eigenart bleibt im gesamten

Oberinntal bis Landeck charakteristisch: Von wenigen Ausnahmen abgesehen liegen die Dörfer schattseitig auf den teilweise gewaltigen Schwemmfächern der Bäche, die von den Zentralalpen abkommen, während die Sonnseite siedlungsarm bleibt.

Das Inntal bildet die tektonische, im Bau des Gebirges begründete Grenze der so verschiedenen Naturräume der Zentral- und Kalkalpen. Die Geradlinigkeit dieser Störung wird nur zwischen Imst und Roppen und bei Landeck unterbrochen, wo zunächst der Dolomit, bei Landeck das Kristallin über den heutigen Flusslauf hinausreicht. Das Inntal ist mit der hier noch zweispurigen Eisenbahn, der Autobahn und den auf beiden Flussseiten befindlichen Straßen (Bundes- und Landesstraße) die zentrale Verkehrsachse, an der sich die Siedlungen im Drei-bis-Fünfkilometer-Abstand perlschnurartig aufreihen. Unter uns liegt Zirl, dessen Name (von Teriolis, älteste Erwähnung 799 als Cyroleum) etymologisch den gleichen Kern wie Tirol hat. Darin steckt das Wort Übergang. Somit bezeichnet schon der vorrömische Ursprung die besondere Lage dieses Ortes an einem der wichtigsten Übergänge über die nördlichen Kalkalpen, zugleich aber bei einem alten Innübergang (Furt, später Fähre, ab 1482 Brücke), dessen verkehrsgeographische Bedeutung später von Innsbruck übernommen wurde. Weiter im Westen liegen Inzing, Hatting, Polling und Flaurling, die mit ihren Namen den bayerischen Ursprung erkennen lassen. Die breite Aue des Oberinntals war in diesem Bereich versumpft – wir können noch Reste der einstigen Auenlandschaft noch in der Gaisau zwischen Inzing und Hatting beobachten, die allerdings nach dem Autobahnbau und der damit verbundenen teilweisen Verlegung des Flusslaufes renaturiert worden ist. Die heutige Verkehrsbedeutung des Oberinntals geht eigentlich erst auf den Ausbau des Arlbergs (1789) zurück. Zuvor war die Verbindung zwischen Innsbruck und Imst eher zweitrangig und im Früh- und Hochmittelalter nur als Saumweg ausgebaut. Der Inn war erst ab Hall mit kleineren Schiffen, ab Rosenheim mit größeren Einheiten schiffbar und wurde ausschließlich für die Flößerei benutzt, die zu Beginn des 20. Jahrhunderts, mancherorts erst mit Beginn des Zweiten Weltkriegs endgültig aufgegeben wurde. Der Fernpaßverkehr war ein überwiegender Nord-Süd-Verkehr, der seine Fortsetzung im Reschenpaß fand. Die Ost-West-Komponente war im Mittelalter eher zweitrangig. Dies scheint im Gegensatz zur Bezeichnung „Salzstraße" in den „-ing-Orten" zu stehen, doch ist diese Namengebung sehr jungen Datums und entbehrt der historischen Grundlage. Ein letztes Augenmerk gilt der Flurform. Sie ist mit ihren regelmäßigen und großzügigen Streifen und z.T. sogar Blöcken das Resultat einer sehr jungen Flurbereinigung (Grundzusammenlegung) und passt daher nicht recht zum Erscheinungsbild der eng verbauten Haufendörfer, deren Verdichtung auf die Realteilung zurückgeht. Im Zuge der Umstrukturierung mit dem Autobahnbau ist das alte Bild einer kleingekammerten Kurzgewannflur verschwunden.

Damit können die Hauptcharakteristika des Oberinntals wie folgt zusammengefasst werden: Der krasse Gegensatz zwischen den steilen südexponierten Hängen der Kalkalpen, das breite Sohlental des Inn als intensiv genutzter Agrarraum mit starker Betonung der Viehwirtschaft, freilich mit wesentlich kleineren Hofeinheiten als im Unterinntal, die Ausprägung des sekundären Sektors in kleinbetrieblicher bis handwerklicher Struktur, die Verdichtung der Talsiedlungen zu eng verbauten Haufendörfern, die Zuordnung von -berg-Siedlungen, die mit Stichstraßen von den Mutterdörfern aus erschlossen werden, die Almen auf den von Altflächen und Großkaren gebildeten Verflachungen, die Bündelung der Verkehrsachsen im Talbereich. Damit sind zugleich auch die Hauptprobleme dieses Raumes angesprochen: Eine eigene ökonomische Dynamik hat sich hier nicht ausbilden können, dafür war die Landwirtschaft zu schwach, Impulse durch Städte waren nicht vorhanden, der Tourismus fand und findet in diesem Naturraum kaum Ansatzpunkte, und der Verkehr stellt heute mit dem von ihm verursachten Lärm, der von den südexponierten Steilhängen reflektiert und bis in die Höhenlagen der -berg-Siedlungen dringt, ein nennenswertes Problem dar. Eine zukunftsorientierte Regionalentwicklung muss von diesen Schwächen ausgehen, hinter denen sich jedoch auch potentielle Stärken verbergen können, die bislang kaum entdeckt oder gar inwertgesetzt wurden.

Blick vom Rasthaus Zirlerberg ins Oberinntal

Der Weiler Hof am Inzingerberg: Naturraum und periphere Landwirtschaft

Wir fahren vom Zirler Berg hinunter, biegen am Ortseingang von Zirl ab, folgen dem Schloßbach durch das Dorf zum Inn und erreichen jenseits des Flusses die Landstraße nach Inzing, durchfahren den Ort und biegen nach der Mündung des Enterbaches nach links zum Weiler „Hof" ab, wo wir an der Kapelle halten.

Die Größe von Zirl erklärt sich durch die Verkehrsgunst des Ortes am Fuß des Zirler Berges, aber auch durch die Nähe zu Innsbruck, die Zirl wie auch die folgenden -ing-Orte noch zum Pendlereinzugsbereich der Tiroler Hauptstadt zählen lassen. Die Nähe zu Innsbruck ist auch die Erklärung für das kleine Gewerbegebiet zwischen Zirl und Inzing, in der sich hauptsächlich flächengreifende Betriebe der Bauindustrie finden, die die günstigeren Baugründe hier nutzen. Damit haben wir auch die Grenze des engeren Industrieraumes Innsbruck erreicht.

Hinter Inzing fahren wir auf den weiträumigen Schwemmkegel des Enterbaches auf, nehmen die Rechenverbauung des Baches wahr, mit der Vermurungen verhindert werden sollen, und folgen dem asphaltierten Weg bergauf bis zur Kapelle im Weiler Hof. Wir gehen jedoch zunächst noch am eigentlichen Weiler vorbei, indem wir der Fortsetzung des Weges folgen. Dadurch können wir zunächst einige Beobachtungen zu den Nördlichen Kalkalpen machen, die nun vor unserem Blick liegen und uns dann in einem zweiten Schritt der Landesnatur hier auf der Mittelgebirgsterrasse zuwenden.

Im Osten erkennen wir die wilden Hauptdolomit-Zacken der Freyungstürme, eingerahmt von der Reither Spitze im Westen und der Erlspitze im Osten. Noch weiter östlich liegt als westlicher Eckpfeiler der Innsbrucker Nordkette der gerundete Große Solstein. In seiner Form sehr ähnlich ist der markante Berg, der ganz im Westen unseres Blickfeldes liegt: Es ist die Hohe Munde, dessen Ostgipfel diese Rundform aufweist. Die Kette der aus Wettersteinkalk oder Hauptdolomit aufgebauten Gipfel wird von einer weiten Senke unterbrochen, die hier als Einsattelung im Niveau von rund 1.200 m Meereshöhe erscheint (zum Seefelder Becken vgl. Übersichtsexkursion *Die Brenner-Linie: Die zentrale Nord-Süd-Verbindung von Innsbruck bis Ala*): Das Seefelder Becken und die Leutasch, voneinander durch eine niedrige, bewaldete Bergkette getrennt. Die Ausbildung dieses Beckens hat sowohl fazielle als auch tektonisch-epirogenetische Gründe. Einerseits kam es hier nach Abschluss der Hauptdolomitbildung zur Einsenkung eines von einem See erfüllten Beckens, in dem unter reduzierenden Bedingungen, also völlig ohne Sauerstoff, die bituminösen Seefelder Schichten abgelagert wurden. Andererseits taucht das Solsteingewölbe (Wettersteinkalk) unter die Seefelder Senke ab und steigt in der Hohen Munde fast spiegelbildlich wieder auf. Dieser großartige tektonische Bau lässt sich von Hof aus sehr schön beobachten. In der tektonischen Tiefenlage des Seefelder Beckens war der Hauptdolomit vor der Abtragung geschützt und kann im Randbereich eindrucksvolle Gipfel bilden (Seefelder und Reither Spitze).

Unter diesem Niveau erkennen wir nun auch eine sehr schmale, dem Mittelgebirge entsprechende Terrasse, die sich hier hat erhalten können, und auf der der Weiler Leithen liegt. Die Höhe der jenseitigen Hangleiste, die die Zirler Bergstraße geschickt ausnutzt, liegt mit 1.000 m knapp 200 m über der Verflachung, auf der sich unser Haltepunkt befindet.

Damit können wir nun Feststellungen zu den naturräumlichen Grundlagen der hier auf einem Höhenniveau von gut 825 m betriebenen Landwirtschaft machen. Die Flächen auf der schmalen und durchaus noch spürbar geneigten Hangleiste sind begrenzt, die gesamte Flur der Rodungsinsel beträgt gerade einmal 27 ha. Einer weiteren Expansion waren schon im Hochmittelalter, als der Weiler auf Allmendland angelegt wurde, durch die tief eingeschnittenen Kerbtäler des Enter- und des Toblater Baches sowie durch den Steilhang des Rauhen Kopfes

Grenzen gesetzt. Klimatisch liegt Hof zwar im Oberinntaler Trockenraum, doch empfängt die Nordflanke des Rauhen Kopfes (hier wird er „Handbaum" genannt) schon wieder etwas mehr Niederschlag als der Talgrund im Bereich der Muttersiedlung Inzing. Dies ist ein Gunstfaktor, der den trockenheitsbedingten sommerlichen Futtermangel mindert, ebenso, wie auch die Lage über der winterlichen Inversionsgrenze positiv für die Landwirtschaft eingeschätzt werden kann. Das Vorhandensein von Obstbäumen, Apfel, Birne, sogar Kirsche und Marille (Aprikose) sind vertreten, in den Bauerngärten um den Weiler verwundert daher nicht. Allerdings liegt Hof im Sommer extrem schattseitig und erhält zur Zeit der Wintersonnenwende nur für wenige Minuten Sonne, wenn sie kurz zwischen Rangger Köpfl und Archbrandrücken auftaucht. Der Sonnenstand bedingt daher auch eine relativ kurze Vegetationsperiode.

Das Ausgangssubstrat der Bodenbildung sind Schotter und Mehlsande der Inntalterrasse. Wir haben Gelegenheit, uns von der Korngröße selbst zu überzeugen: Im Oberboden treffen wir schluffige bis tonige Böden an. Über Schotter hat sich unter eher sauren Bedingungen ein Ranker gebildet, über mächtigeren Ton- und Mehlsandlagen eine Braunerde, allerdings sind große Areale auch durch den flächenhaften Zustrom von Oberflächenwasser auch vergleyt. Für die Landwirtschaft bedeuten Boden und Klima eine sinnvolle Zuwendung auf die Viehwirtschaft, was wir nun beim Durchgang durch den kleinen Ort auch erkennen können. Der unregelmäßig, aber sehr kompakt verbaute Weiler besteht aus sechs Höfen, einigen kleineren Nebengebäuden und einer Kapelle, in der einmal pro Jahr der Pfarrer den Gottesdienst zelebriert. Sie wurde nach Aussage der Bewohner nach dem großen Brand von 1797 errichtet und zwar vom Bauern des östlichsten Hofes, der vom Brand verschont blieb. Dennoch ist der Besitz an der Kapelle an die ursprünglichen sechs Bauern aufgeteilt. Ein Hof, und zwar der am Ende des Brunnenwegs, der als Hakenhof eine ganz ungewöhnliche Form hat, wurde bereits früher zusammengelegt und auch baulich verbunden. Aber auch von den fünf Höfen sind heute nur noch vier bewirtschaftet und dies auch nur noch nebenerwerblich. Die Alten versehen die tägliche Arbeit, die Jungen arbeiten tagsüber in Innsbruck und widmen sich in der übrigen Zeit der Landwirtschaft. Ein Haus (das südlichste) steht leer, seine Hofflur ist an einem Bauern vom benachbarten Hattingerberg verpachtet. Insgesamt stehen auf den rund 27 ha ca. 40 Großvieheinheiten aus drei Höfen. Jeder hat eine eigene Viehrasse: Grau-, Braun- und Fleckvieh sind vertreten, ein Bauer hält nur Schafe. Seine Herde umfasst ca. 60 Tiere. Die drei Rindviehhalter produzieren Milch, die jeden zweiten Tag abgeholt wird und solange am Hof gekühlt wird. Die eigene Futtererzeugung - es wird auch Silomais angebaut - reicht dafür aus. Umgekehrt wird der Boden fast ausschließlich mit dem eigenen Dung verbessert, nur Kalk wird zugekauft. Die Nutzung ist somit als ausgesprochen standortgerecht zu bewerten.

Der Weiler ist seit dem Ende des 18. Jahrhunderts nahezu unberührt geblieben und spiegelt eindrucksvoll und lebend, d.h. nicht-museal, die ursprüngliche bäuerliche Kulturlandschaft Nordtirols wider. Das gesamte Gebäudeensemble von Hof soll daher unter Denkmalschutz gestellt werden, derzeit ist lediglich der Wannerhof geschützt. Wie unschwer zu erkennen ist, reicht die Unterschutzstellung nicht aus, um die Bausubstanz wirksam zu erhalten. Nicht nur das inzwischen unbewohnte Haus am Südeck der Siedlung, auch die anderen lassen dringenden Renovierungsbedarf erkennen. Lediglich der ganz im Westen gelegene Hof zeigt durch moderne Anbauten und Umgestaltungen eine Aktivität in dieser Richtung. All diese Degradationserscheinungen (Hofaufgabe, Flurverpachtung, Hausverfall) belegen die Grundproblematik dieser Siedlung, die durch Peripherität trotz der relativen Nähe zum Hauptsiedlungsraum Inntal gekennzeichnet ist. Dennoch besteht auch bei den Bewohnern das Bedürfnis nach Neu- und Umbauten. Für eine junge Familie soll neuer Wohnraum geschaffen werden, eine Herausforderung für die Planer.

Der architektonische Reiz des Weilers liegt in der Vielfalt im Kleinen bei einer gewissen Einheitlichkeit und Geschlossenheit im Großen. Die Originalform des Oberinntaler Mitterentennhofes

(*Gschnitzer* 1996) lässt sich am besten am südlichen, heute verlassenen Gebäude betrachten. Es ist frontseitig geteilt: Die eine Hälfte ist als Wohnteil mit Stube, Küche und Kammern über zwei Stockwerke ausgestattet, die andere Hälfte ist als Wirtschaftsteil mit Stadel und Stall konzipiert, wobei die Einfahrt zur Scheune von hinten (nordseitig) her per Rampe erfolgt. Das Haus wird durch eine Tenne, die der Firstlinie folgt, mittig geteilt. Besonders reizvoll ist an diesem Haus die Verwendung von Holz und verputztem Mauerwerk. Das Fachwerk ist bis heute - für deutsche Besucher ungewohnt - in der traditionellen altdeutschen (fälschlich auch als alemannisch bezeichneten) Verplattungstechnik mit Holznägeln zusammengefügt, „fränkisches", d.h. verzapftes Fachwerk fehlt völlig. Im Giebelbereich ist das Bundwerk ganz besonders kunstvoll gestaltet. Auch die anderen Höfe waren ursprünglich nach dem Muster der Mitterennhöfe längsgeteilt. Am westlichsten Haus, das 1947 abbrannte und anschließend teilweise neu gestaltet wurde (deutlich am Bruch der Fensterlinie zu erkennen!), lässt sich der Wandel der Baugesinnung zum quergeteilten Haus deutlich ablesen. Dort ist die gesamte sonnseitige Front inzwischen der Wohnfunktion (drei Generationen leben in diesem Haus) zugeordnet, die schattseitige Nordhälfte dient den landwirtschaftlichen Funktionen der Viehaufstallung und Ernteborgung.

Einen besonderen Schatz stellt auch der im Norden gelegene Hakenhof, der durch Hofzusammenlegung entstanden ist, dar. Das in der West-Ost-Achse liegende Gebäude hat nach dem Brand das damals moderne Krüppelwalmdach erhalten, das auch vier weitere Bauernhöfe in Inzing ziert und als Beleg der barocken Entstehungszeit gelten kann. Der dazu im Winkel stehende südexponierte Bauteil ist dagegen noch in der Originalform erhalten.

Der Weiler Hof kann zur Gruppe der -berg-Siedlungen des Oberinntals gerechnet werden, obwohl er dies in seinem Namen nicht zeigt. Sie sind in aller Regel nach Mitte des 12. Jh. aus Schwaighöfen entstanden, die später geteilt wurden. Im Weiler Hof wurde diese Entwicklung jedoch bald, wohl auch wegen der begrenzten Flur, als ökonomisch nicht tragfähig betrachtet. So ist der westliche Hof seit 1626 Erbhof und auch die anderen Höfe werden heute geschlossen an den ältesten Sohn vererbt.

Wenn viel Zeit zur Verfügung steht, empfiehlt sich eine kleine Wanderung zum nur zwei Kilometer entfernten Hattingerberg (20 min.), wo der Bus auf die Exkursionsgruppe warten kann. Anderenfalls fährt man wieder hinunter ins Inntal, wobei auch die erste Abzweigung auf dem oberen Schwemmfächer genommen werden kann, um die gesamte Größe des Kegels besser abschätzen zu können. In diesem Fall passiert man den Weiler Toblaten, dessen vorgermanischer Namen belegt, dass der Bereich der -ing-Orte doch schon in vorbajuwarischer Zeit besiedelt war. Dort soll Friedrich „mit der leeren Tasche", der sich dort auf der Flucht aus der Konstanzer Gefangenschaft verbarg, eine Linde gepflanzt haben, die sog. „Friedrichslinde". Auf der Hauptkreuzung in Hatting biegen wir nach Norden ein und halten vor dem 1995/96 im postmodernen Allerweltsstil errichteten und mit seinem Baukörper nicht so richtig ins Dorf passenden Dorfgemeinschaftshaus.

Hatting: Formen und Folgen der Realteilung

Vom Dorfgemeinschaftshaus der Straße nach Norden folgend erreichen wir nach wenigen Schritten Bauernhöfe, die bereits in ihrer äußeren Form Teilungsvorgänge erkennen lassen. Das Dach weist jeweils einen Sprung auf, unter den beiden Dächern befinden sich jeweils alle Funktionen eines bäuerlichen Hofes. Für das Realteilungsgebiet des Oberinntals sind derart materiell geteilte Häuser charakteristisch. Dies kann, wie hier in Hatting, eine einfache Querteilung sein, vielfach wurde aber auch das Zimmereigentum auf mehrere Stockwerke verteilt. Dies konnte soweit gehen, dass die Küche durch mehrere Familien genutzt wurde, wobei

die jeweiligen Wirtschaftsbereiche durch Kreidestriche festgelegt waren. Diese Hausteilungen waren nötig, weil die Landesregierung oder die Gemeinden den Bau neuer Häuser verboten hatten. So sollte der Steigerung des Holzverbrauchs für Bauzwecke Einhalt geboten werden. Andererseits befürchteten die Gemeinden, dass neue Hausbesitzer auch das Allmendrecht für sich beanspruchen würden. Dieses war aber als Realrecht an eine genau definierte Zahl von Häusern gekoppelt. Die negative Folge der Teilung ist der schlechte Bauzustand der Gebäude, für den sich keine Familie allein verantwortlich fühlte.
Aber bereits in der zweiten Hälfte des 19. Jahrhunderts, als der Bevölkerungsdruck mit der wachsenden Verstädterung ein Ventil fand, schwand der Anlass zur Güter- und Hausteilung. Bereits das „Grundzerstuckungspatent" unter Maria Theresia hatte die Konsolidierung der geteilten Häuser gefordert und einem Teilinhaber das Vorkaufsrecht für die übrigen Teile des Gebäudes eingeräumt. Dies wurde im Verlauf der Industrialisierung voll wirksam, als viele Teilbesitzer die Mitbesitzer auskauften. Die Entwicklung nach dem Zweiten Weltkrieg hat mit der regen Neubautätigkeit schließlich für die weitflächige Auflösung der materiell geteilten Bauernhäuser gesorgt.
Für deutsche Exkursionsgruppen gilt es bei der Besprechung des Westtiroler Realteilungsgebietes umzudenken. Bei den nördlichen Nachbarn ist die Realteilung ja vielfach eine Folge der Bauernkriege und der Reformation, von Sonderkulturen (Weinbau) oder der Entwicklung außeragrarischer Erwerbsmöglichkeiten (*Schröder* 1979). Im westlichen Tirol dagegen geht die Realteilungssitte, wie im Wallis, bereits auf das 13. Jh. zurück oder ist gar noch älter. Hierfür können sicherlich keine stammesmäßigen Eigenarten verantwortlich gemacht werden (vgl. dazu *Kretschmer* 1965, 7), auch die Persistenz römischer Vererbungsformen muss eher angezweifelt werden. Das Oberinntal gehörte bis zu den Napoleonischen Kriegen konfessionell zum Bistum Chur, das in seinen Grenzen die freie Teilbarkeit von Anfang an erlaubte (*Lichtenberger* 1965, 63).
Aber die Toleranz der Grundherrschaft kann nicht allein als Ursache angenommen werden. Im oberen Inntal gab es außeragrarische Nebenerwerbsmöglichkeiten, etwa bei den Rodleuten über den Reschenpaß oder im Bereich der Innflößerei. Der Bevölkerungsdruck, den *Wopfner* (1907, 202) ins Feld führt, ist Ursache und Wirkung für die Realteilung zugleich. 1422 lebten im Oberinntal 2.033 Menschen, bis 1615 stieg diese Zahl auf 5.515 Personen. Allerdings muss berücksichtigt werden, dass in Anerbengebieten nur Inhaber vollwertiger Arbeitsplätze (Bauern, Handwerker) Familien gründen durften (*Penz* 1995, 165). Die weichenden Erben arbeiteten aber oft als Knechte auf dem väterlichen Betrieb und hatten daher keine Heiratsaussichten. Im Oberinntal dagegen konnten alle Erben heirateten, was zur Bevölkerungsvermehrung, damit aber auch zur Verstärkung der Realteilung beitrug.
Wichtigste Voraussetzung für die freie Teilbarkeit im Oberinntal war aber das freie Eigentum der Bauern. Auch dies ist ein wichtiger Unterschied zur Agrarverfassung in deutschen Ländern. Den kleinen Grundherrschaften war die Vermehrung der Bauernstellen aber recht, weil dadurch ihr Steueraufkommen stieg. Das Verbreitungsgebiet solcher kleiner Grundherrschaften deckt sich recht genau mit dem Westtiroler Realteilungsgebiet.
Die Realteilungssitte hatte zahlreiche Auswirkungen. Die am Rand des Existenzminimums oder darunter wirtschaftenden Bauern waren zum Nebenerwerb gezwungen. Neben Müllern und Schmieden entstand dadurch ein gut entwickeltes Landhandwerk (das in Deutschland dagegen erst mit der Gewerbefreiheit im 19. Jahrhundert in dieser Form entstehen konnte). Das Oberinntal brachte eine stolze Zahl bekannter Maurer, Zimmerer, Stukkateure, Steinmetze, Bildhauer und Maler hervor, die z.T. in Saisonarbeit und ambulant arbeiteten. Maler wie Anton Zoller (1695-1768) und sein gleichnamiger Sohn, Josef Schöpf (1745-1822), Josef Anton Puellacher (1737-1799) und Sohn Leopold, Bildhauer wie Urban Klieber (1741-1803), Peter Paul Schöpf (1757-1841) und Heinrich Natter (1846-1892) belegen diese Tradition.

Dass das Oberinntal auch über die Kunst hinaus bedeutende Persönlichkeiten hervorgebracht und beheimatet hat, belegt die Erinnerungstafel an Blasius Hueber an einem Hattinger Haus. Es drückt dies aber eher die Verehrung Huebers durch den Hausbesitzer als eine Beziehung des Bauern und Kartographen (1735-1814) zu Hatting aus. Er stammte aus Oberperfuß, wurde Gehilfe des zwölf Jahre älteren Kartographen Peter Anich. Als dieser starb, vollendete Hueber die von Anich begonnene Tirolkarte (1769). Hueber verkaufte 1802 seinen Hof in Oberperfuß und verbrachte seinen Lebensabend als Bauer in Toblaten. Sein Sohn Johann Nepomuk wurde ein bekannter Porträtmaler, der in St. Petersburg Karriere machte.

Weitere Nebenerwerbsquellen waren die Spitzenklöppelei, die Rosenkranzherzstellung, die Schnitzerei, das Stricken. Die Produkte wurden durch ambulante Händler vertrieben (vorwiegend aus Ischgl). Daneben bestand ein Verlagswesen, für das die Textilfabrik Strele in Imst wichtigster Arbeitgeber war. Die Artikel wurden in Heimarbeit gefertigt und an den Verleger geliefert. Zu nennen ist in diesem Zusammenhang auch die Kanarienvogelzucht (vor allem in Imst und Tarrenz), an die die Operette „Der Vogelhändler" erinnert.

Die Saisonarbeit (vor allem bei Bauhandwerkern) war in den Realteilungsgebieten weit verbreitet, was allerdings wiederum den biologisch-demographischen Rhythmus störte: Wegen der Reisen der Männer häuften sich die Geburten im Herbst, so dass die kritischen ersten Lebensmonate der Neugeborenen oft in den Winter fielen (*Spiss* 1993, 77). In diesen Zusammenhang gehört auch die traurige Erinnerung an die „Schwabenkinder", die eine Folge der wirtschaftlichen Not in den Realteilungsgebieten waren.

Von Hatting aus kann bei Zeitdruck die Autobahn bis Telfs-West gewählt werden (Auffahrt nach der Innbrücke über die Raststätte Pettnau), schöner ist allerdings die Fahrt über Polling, Flaurling, Pfaffenhofen, Rietz bis Stams.

Wir passieren Telfs, eine der Tiroler „Boom-Gemeinden", die in der Dekade zwischen 1991 und 2001 ein Bevölkerungswachstum von ca. 26 % aufgewiesen hat und vermutlich auch zügig weiter wachsen wird. Die Bedingungen für dieses Wachstum unterscheiden sich nicht wesentlich von den boomenden Gemeinden im Unterinntal, die im entsprechenden Teil dieses Exkursionsführers dargestellt sind. Die Gunstfaktoren in Telfs sind im übrigen auch mit jenen zu vergleichen, die Imst ein gutes Wirtschaftsklima bescheren. Imst wird auf der hier beschriebenen Exkursion noch ausführlich beschrieben.

Stams: Kulturlandschaftliche Wirksamkeit der Rodeklöster, natürliche Waldvegetation

Das Zisterzienserkloster Stams gehört zu den Tiroler Besonderheiten (*Eines Fürsten Traum* 1995, 416-540). Es sollte nach dem Willen Meinhards I., des Gründers von Tirol, das religiöse Zentrum seines Territoriums werden. In diesem Sinn wurde es 1995 zu einem der beiden Ausstellungsorte der Landesausstellung „Eines Fürsten Traum", der andere Teil wurde folgerichtig in Schloss Tirol gezeigt.

Die Besonderheiten zeigen sich bereits in der Bauanlage. Die Stiftskirche steht nicht, wie bei den Zisterziensern üblich im Norden des Konventes, sondern im Süden und damit dem Mittelpunkt der Grafschaft zugewandt. Heute gruppiert sich das Kloster um zwei Innenhöfe, die die sog. „Neue Abtei" mit den beiden Türmen nach Norden vorschieben. Dieser Neubau und die meisten anderen Um- und Neubauten gehen auf die Zeit nach 1697 zurück, als ein Erdbeben die alte Abtei schwer geschädigt hatte. Damals wurde das Kloster barockisiert (Kirchenumbau

Der Lehrpfad durch den Stamser Eichenwald

Bei Tafel 1 an der Brücke beginnt eine kleine Wanderung, wobei die Tafeln des Naturlehrpfades der Unterrichtung und Orientierung dienen. Der Lehrpfad ist in der montanen Vegetationsstufe angelegt, wobei im unteren Teil auch ansatzweise Vertreter der collinen Stufe zu finden sind. Der Pfad zeigt im unteren Stockwerk die Ökosysteme des Auenwaldes (Grauerlenwald mit Biotopen), des Eichen-Lindenmischwaldes und des Bergmischwaldes (Fichten, Tannen, Buchen). Darüber schließen sich in der hochmontanen Stufe die reinen Fichtenwälder an, um schließlich in der subalpinen Stufe in lichte Lärchen- und Zirbenwälder überzugehen.

Zu Beginn erhalten wir einen guten Eindruck des Eichen-Linden-Mischwaldes, der ursprünglich die unteren Hangteile des ganzen Oberinntals bedeckte. Neben Stieleichen und Winterlinden entdecken wir einzelne Ulmen. Unter den lockeren Baumkronen haben sich eine kräftige Strauch- und eine üppige Krautschicht entwickeln können, deren Blütenreichtum im Frühjahr (bei noch großem Lichtdargebot) am stärksten ist. Es blühen dann Leberblümchen, Buschwindröschen, Hohler Lerchensporn, Veilchen, Sanikel und Waldmeister. Im Sommer sterben deren oberirdische Teile z.T. ab, die untere Krautschicht wird nun vom Bingelkraut und Geißfuß geprägt, wobei die Blüten des Salomonsiegels, der Goldnessel und des Springkrautes für Auflockerung sorgen.

Der erste Teil des Lehrpfades führt in den Grauerlenwald, dem Silberweide, Ulme und Esche beigemischt sein können. Dieser Weichholz-Auwald ist die typische Waldgesellschaft vernässter Tallagen, während bei seltener Überflutung aber noch starkem Grundwassereinfluss Hartholz-Auwälder mit Eichen und Linden entstehen. Bei der Tafel 5 stoßen wir auf einen beschatteten Waldtümpel, ein typisches Element der Aue, dessen Wasserfläche und vernäßter Uferbereich ein wertvolles Feuchtbiotop darstellen. Tafel 7 gestattet einen Einblick in das reichhaltige Bodenleben. Im humosen Oberboden sorgen Regenwürmer, Asseln, Schnecken und Käfer für eine Aufbereitung des organischen Materials. In Wechselwirkung mit Kleintieren, Pilzen und Mikroorganismen arbeiten sie den Großteil der jährlich anfallenden Biomasse auf und gestatten die Zuführung der Nährstoffe über Wurzelpilze (Mykorrhiza) an die Bäume.

Wir queren den Ausgangspunkt und können uns vor Tafel 10 über die Mehrfachwirkungen des Stamser Eichenwaldes informieren. Er bietet, wie schon erwähnt, Schutz vor Hochwasser und Muren. Zu den Wohlfahrtswirkungen zählen der Windschutz, den er Siedlung und Flur bietet, aber auch die übrigen Einflüsse auf den Klimahaushalt (Temperaturausgleich, Luftaustausch, Sauerstoffproduktion, Luftreinigung). Seine Sozialfunktionen erweist er als Erholungs- und Erlebnisraum für den Menschen. Nicht zu vergessen ist, dass der Wald ein wichtiger Rohstofflieferant für Haus- und Möbelbau, für Arbeitsgeräte, Spielzeug, aber auch Hausbrand ist. Er ist aber auch ein wichtiger „Arbeitgeber". In Österreich sind in der Forstwirtschaft noch 14.000 Personen beschäftigt, in der Holzindustrie weitere 60.000. Für 55.000 private Waldbesitzer bietet er eine wichtige Einkommensquelle (alle Zahlen nach *Paul* o.J.). In früheren Jahrhunderten bot der Wald ferner die Möglichkeit zur Waldweide, zur Waldstreugewinnung, Kienspanherstellung, des Harzens, der Pottaschesiederei, Pech- und Holzkohleherstellung.

Bei Tafel 12 ist die dritte Stufe des Waldes und damit die untere montane Stufe erreicht. In ihm dominiert die Fichte, aber auch Tanne und Buche sind vertreten. Wir wenden uns nun nach Osten, dem Bach zu, und können die Wildbachverbauung im Bereich des Murkegels studieren. Die ersten Schutzmauern wurden 1911-13 erbaut (als mörtellose Trockenmauern) und mehrfach so ergänzt, dass im unterem Bereich inzwischen das Dorf von einem doppelten

Wall vor den Gefahren einer Mure geschützt wird. Ferner wurden 1982-85 Sohlschwellen eingebaut, die die Eintiefung der Bachsohle und somit die rückschreitende Erosion verhindern sollen. Dies gibt Gelegenheit, über die Wildbachverbauung generell zu reflektieren. Im Einzugsgebiet, das wir von hier aus nicht sehen können, haben die aktiven Schutzmaßnahmen die Aufgabe, den Abfluss zu verringern und die Hochwasserwelle zu dämpfen, was durch natürliche (Aufforstung) und technische Maßnahmen (Rückhaltebecken) geschehen kann. Ferner soll die Erosion bekämpft werden, indem das Geschiebe an Ort und Stelle zurückgehalten wird. Dies kann wiederum durch forstliche und technische Maßnahmen geschehen. Neben Aufforstungen sind dies der Einbau von Sperren und Staffelungen, in Rutschgebieten auch die Anlage von Entwässerungen und Drainagen.

Im Aufschüttungsgebiet, in dem wir uns befinden, geht es teilweise auch noch um die Geschiebebewirtschaftung, aber auch um die Sicherung der schadlosen Wasser- und Geschiebeabfuhr. Wir können dies am Beispiel der Ufersicherungen und der kanalisierten Abflussregulierung gut beobachten.

Um zum Ausgangspunkt zu gelangen, gehen wir zurück zur Tafel 12 und von dort aus geradeaus weiter nach Westen an den Waldrand. Wir genießen nun den Ausblick auf den unverbauten Murkegel, sehen unter uns das Kraftwerk Silz-Sellrain der Tiroler Wasserkraft AG, dessen Turbinen von einem Druckstollen aus dem Speicher Längental bei Kühtai gespeist werden. Im Hintergrund erkennen wir den Bergrücken des Tschirgant, östlich davon den Einschnitt des Holzleitensattels mit dem Dorf Obsteig vor der Mieminger Kette. Der Rand des Mieminger Plateaus stürzt mit steilen Wänden gegen den Inn ab, auf einer markanten Stelle befindet sich die schlanke, neugotische Wallfahrtskapelle Locherboden. Wir haben von hier aus eine gute Möglichkeit, die drei typischen Siedlungslagen des Oberinntals an Beispielen zu erkennen. Stams liegt auf einem der steilen Murkegel, die vom Kristallin der Zentralalpen abkommen, demgegenüber liegt Mötz auf der anderen Talseite auf dem viel flacheren Schwemmkegel, wie sie die Bäche der Kalkalpen aufschütten. Das im Hintergrund gelegene Silz, aber auch der Weiler Staudach vor diesem Ort, liegen schließlich weitflächig auf der Niederterrasse, ähnlich wie wir das wieder in Haiming beobachten werden.

Bevor wir unseren Ausgangspunkt an der Brücke wieder erreichen, schauen wir nach Osten in den schönen Eichen-Linden-Wald hinein. Nun erkennen wir deutlich, wie das ursprüngliche Relief auf dem Murkegel aussah: Der Untergrund ist unruhig, immer wieder schauen große Gesteinblöcke aus dem Boden heraus. Die jüngeren Bäume fußen auf dem Boden und verbreitern sich daher, während die älteren Bäume von späteren Muren (1891, 1903) z.T. metertief verschüttet wurden und kerzengerade in den Boden gehen.

durch Georg Anton Gumpp 1729-33), wodurch der schlichte, auf geistige und körperliche Arbeit gerichtete Baugedanke des Zisterzienserordens verloren ging. Dennoch zeigt die Struktur der Anlage noch die Grundkonzeption: Die Zisterzienser entstanden durch den Wunsch nach einer Re-Form der Benediktinerregel „ora et labora" und wollten zugleich die päpstliche Partei im Konflikt zwischen Kaiser und Papst stärken, wobei sie die wirtschaftliche Stärkung der Kirche anstrebten. Beides gelang ihnen durch eine Trennung von Klerikermönchen und Laienbrüder (Konversen) auch hinsichtlich der Aufgaben. Die geistige Kontemplation, verbunden mit Askese, war die Aufgabe der einen, die wirtschaftliche Tätigkeit in Neuland - vor allem in Waldgebiete, der Wirkungsbereich der anderen. Die alte Trennung zwischen dem ausgedehnten Wirtschaftsteil, der allerdings heute anderen Funktionen zugeordnet ist, und dem davon abgesetzten Konvent lässt sich in der Anlage noch gut beobachten. Auch die Lage im Tal entspricht den Regeln des Ordens: Während die Benediktiner die Nähe zu Gott und daher Berglagen suchten, brauchten die Zisterzienser für ihre Kolonisationsvorhaben Talräume. Ein

Turmbau war dem Orden ursprünglich verboten, die Brüder behalfen sich mit bescheidenen Dachreitern. Selbst bei der Barockisierung schreckte man offenbar noch davor zurück, der Kirche einen Turm zu geben. Die neuen Abteigebäude im Norden erhielten dafür aber zwei umso mächtigere Türme, die das Bild der Klosteranlage von weither bestimmen.

Mit diesen Feststellungen werden die Besonderheiten des Stiftes Stams deutlich: Die Zisterzienser errichteten ihre Klöster im unkolonisierten Ödland. Das war das Oberinntal jedoch keinesfalls: In Stams bestand bereits zuvor auf dem Murkegel des Stammerbaches ein Dorf (1065 urkundlich als Stammes erwähnt), das sogar eine Wallfahrtskapelle zum hl. Johannes dem Täufer besaß. Aber 200 Jahre nach Gründung des Ordens wurden bereits nicht mehr alle Regeln streng eingehalten. Dass 1273 überhaupt noch im Altsiedelland eine Filiale des Zisterzienserordens entstand, der zu dieser Zeit längst vor allem in den Gebieten der Ostkolonisation tätig war, geht auf den Grafen Meinhard zurück, der damit u.a. seine Kirchentreue unter Beweis stellen und ein Zeichen gegenüber dem Papst setzen wollte, der ihn zuvor mehrfach unter Bann gestellt hatte. Damit wird ein Zisterzienserkloster ganz im Gegensatz zum ursprünglichen Gedanken zu einem Mittel weltlich-dynastischer Politik, was noch dadurch unterstrichen wird, dass die Abtei zur Grablege der Tiroler Grafen bestimmt wird.

> ## *Die kulturlandschaftliche Wirksamkeit der kirchlichen Orden*
>
> Die alten Orden gehen auf Benedikt von Nursia zurück. Benediktiner mit ihren ursprünglich harten Ordensregeln suchten die Bergeinsamkeit, pflegten die Kontemplation und waren ausschließlich Gott verpflichtet. Im Laufe des 10./11. Jh. entstanden neue Orden (Camaldulenser, Kartäuser, Prämonstratenser, Zisterzienser), ursprünglich zur Reformierung des strengen Klosterlebens, zur spirituellen Erneuerung, bald aber auch zusätzlich zur Stärkung des Papstes im Investiturstreit, aber auch die Benediktiner erlebten eine Reform, die vor allem von Cluny getragen wurde. In Deutschland wurde Hirsau zum wichtigsten Träger dieser Bewegung. Die Reformorden sahen handwerkliche und landwirtschaftliche Tätigkeiten vor und suchten daher entsprechende Lagen. Wie die Benediktiner sind es stadtferne Gegenden, oft in den Tälern des damaligen Waldlandes, die von ihnen kolonisiert, aber, wo nötig, auch christianisiert und missioniert werden. Durch die Trennung der Mönchsgemeinde in die betenden und die arbeitenden Mönche entsteht die Chorschranke, der Lettner.
>
> Eine dritte Gruppe von Orden entsteht in der Folge der Gedanken des hl. Franziskus von Assisi. Ihm ging es nicht um eine Mehrung des Reichtums, selbst wenn dies zum Vorteil der Kirche wäre. Die Bettelorden predigten die Kultur der Armut und konnten daher vornehmlich in Städten eine große Wirkung erzielen. Ihre Klöster liegen daher meist intra mures, wo sie auch innere Mission betreiben - eine weitere Unterscheidung von Prämonstratensern und Zisterziensern, denen an der äußeren, der Heidenmission lag. Die Kirchen der Barfüßer z.B. zeigen das Gedankengut dieser Orden in besonders klarer Weise: Meist Saalkirchen, also ohne untergeordnete (hierarchisierte) Nebenschiffe, ohne bestimmenden Turmbau und ohne Lettner betonen sie die Gleichheit des Kirchenvolkes.

Es wird dringend empfohlen, sich einer Kirchenführung durch die Abtei anzuschließen. Besteht dazu keine Gelegenheit, kann die Stiftskirche vom kunstvollen Eisengitter aus bewundert und anhand eines Kirchenführers studiert werden. Nicht zu vergessen ist auch die Heiligblutkapelle südlich des Paradieses, die von einem noch kunstvolleren Rosengitter abgeschlossen wird. In den Klostermauern befinden sich heute das Meinhardinum, ein katholisches Gymnasium, sowie das Sozialkolleg, eine Akademie für Sozialberufe. Lehrer des Meinhardinum lehren teilweise auch im Schigymnasium Stams, einem von zwei entsprechenden österreichischen Schulen, in

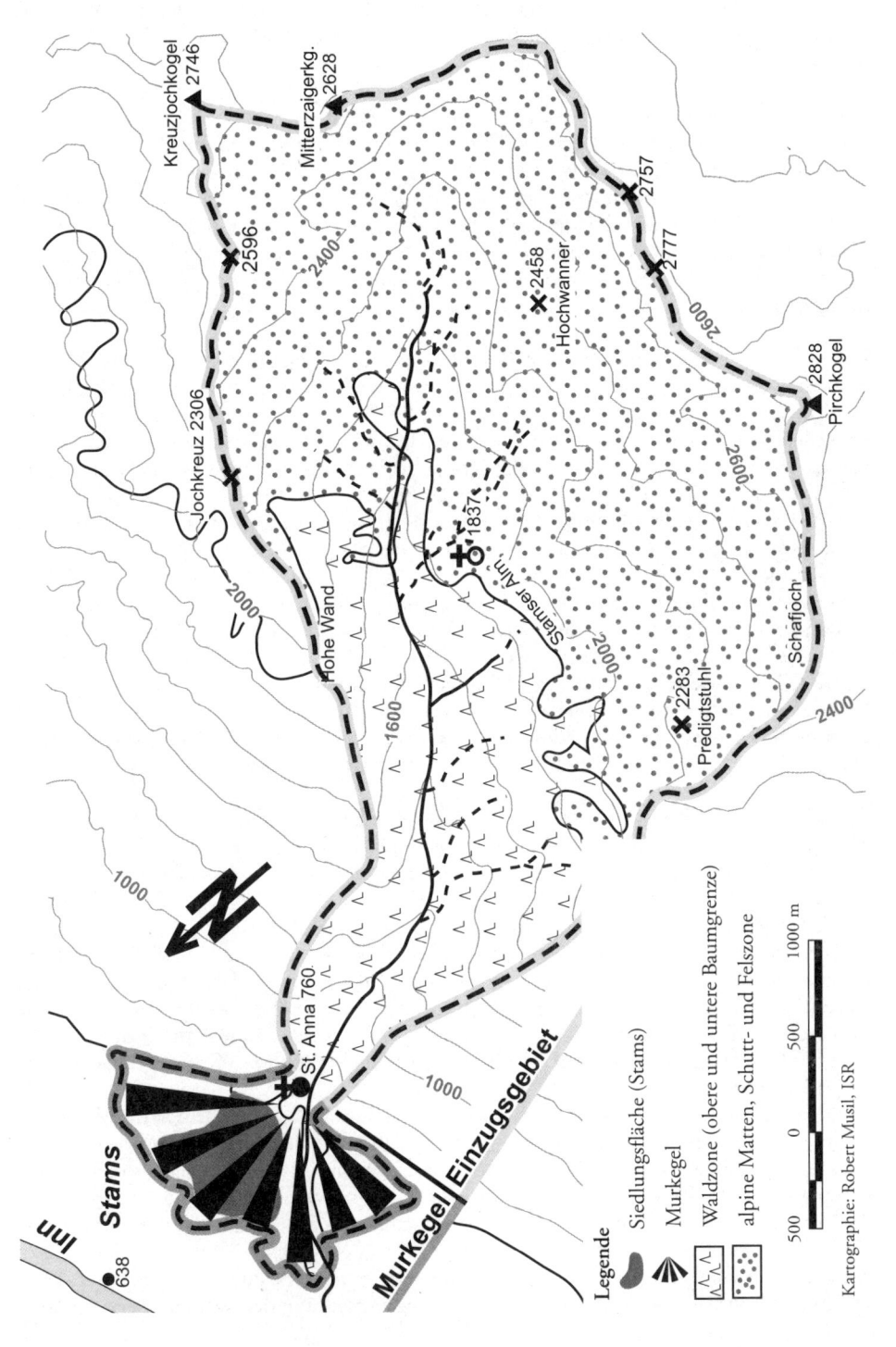

Abb. 2: Einzugs- und Akkumulationsbereich der Stamser Mure

dem der sportliche Nachwuchs des Landes ausgebildet wird. Das moderne Gebäude setzt einen visuellen Akzent am Ortseingang, und auch die im Sommer mit grünen Matten ausgekleidete Ganzjahressprungschanze knapp östlich des Ortes weist auf die Ausbildungsfunktion für junge Sportler hin.

Sinnvollerweise wird man in Stams die Mittagspause einlegen, weitere Möglichkeiten ergeben sich später in Haiming oder Imst. Bei gutem Wetter kann auch im nahen „Stamser Eichenwald", dem der weitere Besuch gilt, eine Picknickpause eingelegt werden. Wir erreichen ihn entweder über die Straße, die am Gasthaus vorbei durch den Torbogen führt. Ist dieser für den Bus zu niedrig, nimmt man die Straße nördlich des Schigymnasiums. Noch besser ist es, den Ausgangspunkt der Naturlehrpfades zu Fuß zu erreichen (ca. 7 min vom Ortszentrum aus). Von der Brücke aus wenden wir uns zunächst nach Norden und folgen der Beschilderung des Naturlehrpfades (reine Gehzeit ca. 20 min).

Dabei hat man Gelegenheit, einige Beobachtungen zur topographischen Lage von Stams zu machen. Der Ort liegt leicht nach Ost versetzt noch im Zentrum eines steilen Murkegels, den der Stamser Bach hier aufgeschüttet hat. Der Stamser Bach mündet mit einem deutlich zu erkennenden Hängetal 600 m über dem Niveau des Inntals und hat sich mit einer steilen Klamm in diese Stufe eingeschnitten. *Abb. 2* zeigt Einzugsgebiet, Murkegel und Ortslage. Daraus wird auch deutlich, dass zwei Drittel des 19 km² großen Einzugsbereichs in der Felsschuttzone zwischen Kreuzjoch, Pirchkogel (2.828 m) und Predigtstuhl liegen. Die enorme Reliefenergie kann zu gewaltigen Murabgängen führen, die in der Stamser Ortschronik in unregelmäßigen Abständen belegt sind (1399, 1694, 1719, 1745, 1806, 1821, 1827, 1891, 1903, 1965). Diese Lage war für die ersten Siedler Segen und Fluch zugleich. Im Gegensatz zum vernässten Talboden wies der Kegel fruchtbare Böden und trockene Bauplätze auf. Die Wasserkraft konnte für Mühlen und Schmieden genutzt werden. Dabei leisteten die Mönche durch Rodung des ursprünglichen Waldes auf dem Kegel wichtige Kulturarbeit.
Mönche und Bauern waren sich aber der Schutzwirkung des Waldes wohl bewusst und ließen daher einen Waldstreifen entlang des Baches stehen. Diesem richtigen Gedanken verdankt der Stamser Eichenwald, der 1929 zum Naturdenkmal erklärt wurde, seine Erhaltung (vgl. S. 82).

Wir fahren auf den Weiler Staudach zu und erreichen am Bahnhof Mötz wieder die Bundesstraße. Hierbei muss eine Brücke mit 14 t Gewichtsbeschränkung überfahren werden. U.U. muss der Bus daher über Stams zurückfahren. Wir folgen der Bundesstraße über Silz nach Haiming.

In Silz haben wir anhand der beiden Industriebetriebe Silz-Textil-AG und Tiroler Blockhaus Gelegenheit, über die hier vorwiegend rohstofforientierte Industrie (ursprünglich Flachs und Holz) nachzudenken. Die relativ gute zentralörtliche Ausstattung und der prächtige Kirchbau von Silz erklären sich daraus, dass der Ort als Gerichtssitz immer schon eine gewisse zentrale Bedeutung hatte. Zur Silzer Gemarkung gehört auch der Schiort Kühtai am Ende des parallelen Sellraintals, der mit seinen im Tourismus erzielten Umsätzen der Gesamtgemeinde hohe Steuereinnahmen sichert.
Nicht immer war die wirtschaftliche Situation in Silz so rosig. Die Gemeinde ist bekannt als Patenort für die Tiroler Kolonie Pozuzo in Peru. Aufgrund des Bevölkerungsdrucks im armen Realteilungsgebiet sind 1857 308 Tiroler nach Peru ausgewandert, die meisten Familien stammten aus Silz. An der Fassade des Gasthauses Post im Ortszentrum erinnert ein Fresko, das eine ausreisefertige Gruppe von etwa 20 Personen zeigt, an diesen Exodus (vgl. *Kinzl* 1934; *Schmid-Tannwald* 1957).
Ursächlich hierfür war die Verarmung der Gemeinde durch Realteilung, die zwei Folgen hatte: Die Ausdehnung des (älteren) Seldnertums und die Entstehung des Karrnerwesens. Seldner,

in Tirol auch Söll-Leute genannt, sind in Tirol bereits seit dem 13. Jahrhundert urkundlich belegt (*Jäger* 1996, 88). Es handelte sich um unterbäuerliche Dorfbewohner, rechtlich den Hubern (Besitzer einer Hufe) nicht gleichgestellt, die kleine Hofstellen in oft ungünstiger, z.B. schattseitiger oder hochwassergefährdeter Lage besaßen. Im Laufe des 18. Jahrhunderts konnten manche Seldner mit der sogenannten Häuslerkolonisation und der Aufteilung der Gemeindegründe sozial aufsteigen (*Jäger* 1997).

Standen den Häuslern noch ihre Söllhäuser zur Verfügung, so blieben die Karrner gänzlich ohne feste Behausung. Unterkunft, Betriebsstätte und Transportmittel bildeten für sie ihre einachsigen Planwagen mit weißer Leinwand, die über stark gebogene Weidenstäbe gezogen war. Da der Karren vom Karrner-Vater selbst gezogen wurde, konnte der Besitz kaum vergrößert werden, auch Gewerbe mit schwerem Werkzeug (Scherenschleifen, Pfannenpflicken) verboten sich vielfach von selbst. So blieb der Broterwerb meist auf das Besenbinden und Körbeflechten mit Material, dass am Wegesrand wuchs, beschränkt bzw. auf solche Fertigkeiten, die außer Geschicklichkeit kein Material verlangten (Regenschirmflicken) oder Tätigkeiten, für die die eigene Arbeitskraft anderen zur Verfügung gestellt wurde. Im Raum Mieming (mit Mötz) beziffert *Jäger* (1999) das Dörchertum auf über 13 % der Bevölkerung.

Haimingerberg und Haiming:
Tschirgant-Bergsturz und Fremdenverkehr im Oberinntal

Auf der Höhe von Haiming verlassen wir die Bundesstraße und kurven hinauf zum „Haimingerberg". Anschließend fahren wir hinunter nach Haiming und halten bei der Innbrücke.

Über die -berg-Siedlungen wurde schon gesprochen. Der Haimingerberg besteht, wie die meisten -berg-Siedlungen aus insgesamt mehreren Einzelhöfen, Doppelhöfen und Weilern (hier: Egge, Glockerhof, Larchet, Mittelberg, Höpperg, Lahnbach, Gwiggen, Hausegg, Hochrohnen und Grün). Seine Verkehrslage schafft ihm aber eine gewisse Bedeutung, da hier die Anschlussstraße keine Stichverbindung ist, sondern bis Ochsengarten durchgeht und somit die kürzeste Straßenverbindung der Kühtaier zu ihrer Muttergemeinde Silz darstellt. Der Haimingerberg ist daher mit 83 bewohnten Gebäuden und 318 Einwohner die bei weitem größte -berg-Siedlung. Die landwirtschaftlichen Wohngebäude machen noch 43 % des Bestandes aus. Von den 36 landwirtschaftlichen Betrieben werden elf im Vollerwerb und 25 im Nebenerwerb betrieben. Auf der Flur von 191 ha werden ca. 90 Milchkühe und 130 Schafe gehalten. Am Haimingerberg bestehen zwei Hotels/Gasthäuser mit insgesamt 65 Betten, hinzukommen 22 Betten in Privatzimmern und Ferienwohnungen. Die relativ gute Ausstattung am Haimingerberg zeigt sich auch in der Ausstattung mit einer Volksschule, die freilich nur durchschnittlich von 25 Kindern besucht wird.

Von der Parkplatz-Terrasse des Hotels Ferienschlössl im Weiler Höpperg haben wir einen guten Blick auf das Inntal und den Tschirgant. Gegenüber liegt der markante Bergrücken des Tschirgant (2370 m). Der Steinhang zieht sich bis auf ein Höhenniveau von knapp 900 m hinunter, sehr viel tiefer, als wir dies bislang bei den Kalkalpen beobachten konnten. Die Wand erscheint relativ frisch im Anschnitt, was auch der lokale Name (Weißwand) zum Ausdruck bringt. Es handelt sich dabei um die Abrissnische eines relativ jungen Bergrutsches, der erst in postglazialer Zeit abgegangen ist.

Im Tal erkennen wir am dem unruhigen Relief westlich von Haiming die Bergsturzmasse. Sie wird schon dadurch deutlich, dass hier das Tal nicht, wie sonst, intensiv agrarisch genutzt wird, sondern von Kiefernwald bestanden ist. *Heuberger* (1975) datierte den Bergsturz noch auf das

Gschnitzstadial um 13.000 v.h. und glaubte aufgrund der Vermengung von Moränen- und Bergsturzmaterial an einen Weitertransport der Bergsturzmasse durch den Ötztalgletscher. Neue Aufschlüsse, Altersdatierungen und sedimentologische Befunde zeigen jedoch, dass die Bergsturzmasse keinen Kontakt mit Gletschern hatte (*Patzelt/Poscher* 1993; *Patzelt* 1995). Sie belegen stattdessen ein Alter von nur 2.900 Jahren. Der Bergsturz verfüllte die Ötztalmündung und transportiere seine Masse noch weit in das Ötztal bis Sautens, innaufwärts bis Roppen und innabwärts bis Haiming. Die maximale Mächtigkeit der Bergsturzmasse beträgt bis zu 65 m.

Im landeskundlichen Zusammenhang unseres Exkursionstages soll herausgestellt werden, dass Formen flächenhafter Abtragung als Bergstürze, wie hier am Tschirgant, aber auch als Murgänge (wie in Stams vorgestellt) bis heute die Morphodynamik des gesamten Inntals prägen.

Die Fahrt führt nun den Haimingerberg wieder hinunter und in das Dorf Haiming hinein, wo an der Innbrücke erneut gehalten wird.

Die Trendsportart Rafting in Haiming

Im Bereich Haiming wird die Strecke Imst-Haiming befahren, die durch die landschaftlich reizvolle Imster Schlucht führt, deren Stromschnellen das Gefühl von Gefahr und Abenteuer vermitteln. Dieser Streckenverlauf ist für das Rafting ideal: Im ersten Teil verläuft der Fluss noch ruhig, hier finden Einführung und Sicherheitstraining statt. Im Rohrbrückenschwall, wo der Wettersteinkalk das Flussbett durchquert, erreicht das Gummifloß die erste Schwallstrecke, im sog. Fotographenschwall bei Roppen eine zweite. Beide Engstellen sind natürliche Schwellen im glazial geprägten Längsprofil des Inns, das typischerweise immer wieder Stufen aufweist. Hier sind sie petrographisch bedingt. Die Schlüsselstelle der Tour ist die „Memminger Walze" an der Einmündung der Ötz, wo der Inn in ein tiefes, gefährliches Loch stürzt. Der Flusslauf ist auch unterhalb dieser Stelle durch Bergsturzmaterial stark verblockt. Es folgen weitere Walzen und gefährliche Stellen bevor die Schlauchboote vor Haiming wieder in ruhigeres Wasser kommen.

Von Beginn an ist das Rafting von Seiten des Naturschutzes sehr kritisch beurteilt worden. Ein Problem stellt die Massierung der Boote an schönen Tagen und an Wochenenden dar. Der Verschmutzung durch Picknickpausen ist inzwischen Einhalt geboten worden, anders verhält es sich bei der Beeinträchtigung der Fischpopulation. Fluchtreaktionen, Störung der Nahrungsaufnahme, Beeinträchtigung des Laichs sind Folgen des Raftings, die jedoch noch wissenschaftlich untersucht werden müssen. Ähnlich verhält es sich bei der Beeinflussung des Brutverhaltens der ufernah siedelnden Vögel. Proteste gegen das lärmende Verhalten der Rafter kommen auch von den Anrainern, in ähnlicher Weise sind auch die Anrainer an den Einstiegs- und Ausstiegsstellen gestört. Folge all dieser Probleme war eine gesetzliche Regelung des Raftings, das nun auf eine festgelegte Zeit im Jahr beschränkt ist. Durch eine strikte Konzessionierung wurde auch eine Begrenzung der Unternehmen und Boote erreicht.

Für den Fremdenverkehr in Haiming hat die neue Trend-Freizeitbeschäftigung allerdings einen Aufschwung gebracht. Die Übernachtungszahlen im Ort im Sommerhalbjahr stiegen in den ersten fünf Jahren seit Einführung des Rafting um 50 % an. Rund 75 % der Sommergäste und 40 % der Sommernächtigungen deklarieren sich inzwischen als Raftingtouristen. Ihr Tagesumsatz wird auf durchschnittlich 100 € geschätzt, so dass allein die Rafter einen Umsatz von 2,5 Mio. € in einer Saison bewirken. Davon profitieren das Beherbergungsgewerbe, die Rafting-Unternehmen und -Bootsführer, aber auch die Gemeinde, da pro Boot und Saison 250 bis 380 € abzuführen sind.

Im Oberland hat die Gemeinde Haiming aufgrund der wirtschaftlichen Rührigkeit ihrer Bewohner einen guten Namen. Hier wird im Herbst der Haiminger Bauernmarkt abgehalten, der Besucher aus nah und fern anzieht. Bis 1990 war Haiming die einzige Gemeinde im Oberland, die biologisch-organisch wirtschaftende Landwirte besaß. Damit sicherte sich der Ort einen Entwicklungsvorsprung bei der Güte seiner Produkte. Auch der Haiminger Campingplatz wird mit einem besonders großen Aufwand betrieben und schließlich war die Gemeinde bei der Entwicklung einer neuen Trendsportart bzw. Freizeitbeschäftigung führend: Dem Rafting. Bei der Durchfahrt durch den Ort fallen immer wieder die Hinweisschilder auf Rafting-Unternehmen auf. An der Innbrücke können wir schließlich die Anlegestelle der Schlauchboote beobachten.

Dies führt zu einer Reflexion über die kulturlandschaftlichen Einflüsse von Trendsportarten am Beispiel des Raftings. Haiming wird zuweilen euphemistisch als „Raftingzentrum Europas" bezeichnet, obwohl allein im Bundesland Tirol 10 Raftingstrecken von insgesamt 35 Bootsunternehmen mit zusammen 252 konzessionierten Booten (1995) befahren werden. 1994 wurden insgesamt in Tirol 160.000 Personen befördert, d.h. pro Tag 950 Personen oder 120 Boote. Am Wochenende ist die Belastung natürlich viel höher. Das Rafting wurde bereits 1909 in den USA eingeführt, als Julius Stone seine Firma „Grand Canyon Expediton" gründete. Der Aufschwung erfolgte aber erst 1983, wiederum in den USA, als das „selbstlenzende Schlauchboot" erfunden wurde. Englische NATO-Soldaten brachten die Innovation in den 80er-Jahren nach Haiming, das sich damit zu einer Hochburg des neuen Freizeitvergnügens entwickelte.

Von der Anlagestelle aus stehen zwei Fahrtalternativen zur Auswahl: Primär physiogeographisch interessierte Gruppen sollten die Weiterfahrt über Schlierenzau wählen, um die Besprechung des Raftings für den Blick auf eine Schleife des Inns aufzusparen. Primär humangeographisch interessierte Gruppen fahren durch den Ort zurück nach Ötztal-Bahnhof. Im Folgenden werden beide Varianten kurz vorgestellt.

Ötztalmündung: Bergsturz, glaziales Talrelief und Industrie

Variante A: Weiterfahrt über Schlierenzau

Unter uns befindet sich ein Innmäander, wo die Boote über eine längere Strecke gut beobachtet werden können. Der Standort liegt auf einem Teil der Bergsturzmasse des Tschirgant, die größere Masse kann aber am jenseitigen Ufer beobachtet werden. Ein Schotterwerk nutzt den Rohstoff für die Herstellung von Schotter und Fertigbeton. In der Folge fahren wir zunächst an einem ähnlichen Werk vorbei, wobei sich gute Aufschlüsse in der scharfkantigen und unsortierten Bergsturzmasse ergeben, später queren wir ein weiteres Fertigbetonwerk. Wir haben einen guten Blick auf die Mündung der Ötztaler Ache und die Roppener Schlucht.

Variante B: Weiterfahrt über Ötztal-Bahnhof. Bei dieser Fahrtvariante wird empfohlen, noch vor der Einmündung in die Bundesstraße nach rechts dem Wegweiser nach Ötztal-Bahnhof zu folgen.

Es ergibt sich dadurch ein interessanter Einblick in diese Industrie- und Gewerbesiedlung, die ihr Entstehen ausschließlich den Lagefaktoren verdankt. Flächen standen in dem landwirtschaftlich nicht nutzbaren, unruhigen, aber leicht zu modellierenden Bergsturzmaterial in ausreichendem Maße zur Verfügung. Die Arlbergbahn wird oberhalb von Ötztal-Bahnhof nur noch einspurig weitergeführt, ins untere Inntal bestehen aber die besten Zugverbindungen auf doppeltem Gleis. Andererseits beginnen hier die Autobus- und Taxilinien in das Ötztal mit

seinen Tourismusmagneten Sölden und Obergurgl. Ötztal-Bahnhof hat sich daher zu einem Versorgungsort für das Ötztal und einen Teil des Oberinntals entwickelt, nicht nur im Bereich des Einzelhandels, sondern auch des Handwerks. Daneben existieren mehrere flächengreifende Betriebe der Baustoff- und Holzbranche.
Folgende Branchen sind vertreten: Industrie: Natursteine, Fertigzement, Sägewerk, Maschinenbau, Ölbrenner-Fabrik, Umformerwerk der ÖBB, Umspannwerk der TIWAG, Druckerei, Schallplattenstudio und -herstellung. Handwerk und Handel: Landmaschinenhandel und -reparatur, Installateur, Sanitär-/Heizungsinstallation, Glaserei, Maurer, Malerhandwerk, Elektrohandwerk und -geschäft, Schlosserei, Baumschule. Groß- und Einzelhandel, Lager: Obstgroßhandel mit Kühllager, Tiefkühlkost/Fertiggerichte-Zentrale, Lebensmittelsupermarkt, Modegeschäfte, Blumengeschäft, Eisengeschäft, Baumarkt, Möbelgeschäft. Tourismus, Dienstleistungen, Verkehr: Raftingunternehmen, Ötztaler Hof als Bahnhofshotel in großem Stil ausgebaut, Pensionen, Taxi-Zentrale für das Ötztal. Die Wohnviertel sind eher kleindimensioniert, so dass der Ort ein echter Industrieort mit starker Einpendlerbewegung ist.

Die Weiterfahrt erfolgt über das unruhige Relief der Bergsturzmasse, das von einem kleinwüchsigen Kiefern-Schneeheidewald bedeckt ist, wie wir ihn schon vom Zirler Berg her kennen. Nach Roppen und ca. 500 m vor der Ortseinfahrt Karres, 200 m vor der Firma Rainalter besteht - wenn es Verkehrssituation und Toleranz des Busfahrers erlauben - die Möglichkeit auf der linken Straßenseite an einem Marterl kurz zu halten, um einen Blick auf die Imster Schlucht zu werfen.

Hier hat sich der Inn als epigenetisches Durchbruchstal ein canyonartiges Bett geschaffen. Für die hier nur eingleisige Eisenbahn konnte noch eine Trasse in das Kalk- und Dolomitgestein gesprengt werden, Bundesstraße und Autobahn mussten jedoch schon auf ein höheres Niveau ausweichen. Gegenüber mündet die Pitze mit Mündungstufe und steiler Klamm in den Inn. Auf dem alten Talboden der Pitze befinden sich einige Weiler, darüber am Waldrand ein Schwaighof.
Im ersten Drittel des 20. Jahrhunderts gab es um die Morphogenese im Bereich des sogenannten „Roppener Riegels" eine lebhafte wissenschaftliche Diskussion, an der sich *Ampferer, Machatschek, Sölch* und *Wehrli* beteiligten und die von *Sölch* (1935, 47 ff.) zusammengefasst wurde. Endgültig konnte die Entstehung des Canyons jedoch nicht erklärt werden. Rätsel geben die bis 1.350 m hinaufreichenden Flussschotter auf, die - den Transport durch den Inn vorausgesetzt - bedeuten, dass dieser interglazial 600 m über dem heutigen Niveau noch aufgeschottert hat. In diesem Zusammenhang wurde ein alter Innverlauf rekonstruiert, der erklären könnte, warum die Roppener Schlucht sehr junger Entstehung ist und daher nicht durch Lateralerosion auf die Weite des Tals oberhalb der Schlucht ausgeräumt wurde. Freilich ließen sich für diesen alten Flusslauf keine wirklichen Beweise finden.
Falls ein Parken hier nicht möglich ist, gibt es am Pkw-Parkplatz links vor der Brücke eine weitere Möglichkeit. Allerdings ist dort der Blick bei weitem nicht so aufschlussreich.

Imst: Stadtähnliche Entwicklungen, aber lange ohne Stadtrecht

Die Exkursion endet mit einem stadtgeographischen Schwerpunkt, der mit dem Vergleich der Städte Imst und Landeck gesetzt wird. Es ist durchaus möglich, dieses Thema auch zum Gegenstand einer Spezial-Tagesexkursion zu machen und in diesem Fall den Besuch in Imst und Landeck auf jeweils einen Standort (Imsterau/Imst und Prandtauersiedlung/Landeck) zu begrenzen. Wenn dies nicht geplant ist, fahren wir zunächst auf der Umgehungsstraße an Imst vorbei, nehmen die nördliche Stadteinfahrt und steigen bei der Kirche aus. Der Bus fährt nun zum Stadtplatz in der Unterstadt, wo er die Gruppe erwartet (reine Gehzeit 20 min).

Imst liegt auf 827 m Höhe am Ausgang des Gurgltales im Verschneidungsbereich von eiszeitlichen Terrassenschottern und Moränen und Wettersteinkalkfelsen. Die geographische Lage ist bestimmt durch die Situation an der Grenze der Naturräume Zentralalpen, Kalkalpen, Gurgl- und Inntal, sowie durch den Schnittpunkt der Inntalverkehrslinie mit der des Fernpaß-Reschenpasses, darüber hinaus liegt Imst etwas versetzt zur Mündung des Ötztals und seines Verkehrsweges über das Timmelsjoch. Bereits im Mittelalter bildete Imst den Mittelpunkt eines Straßensterns der Fernverbindungen Augsburg-Imst-Reschen-Verona-Venedig und Imst-Innsbruck, darüber hinaus der viel begangenen Wege über das Timmelsjoch nach Meran, über das Hahntennjoch ins Lechtal (vgl. Spezialexkursion *Durch die östlichen Lechtaler Alpen: Von Imst über das Hahntennjoch ins Bschlaber Tal und Lechtal*) und über die Pillerhöhe nach Prutz. Diese Lagefaktoren prägten und prägen die Entwicklung der Ortschaft.

Wir beginnen unseren Weg durch die Stadt an der Pfarrkirche in der Oberstadt. Ihr Grundstein wurde 1462 gelegt. Daher ist sie in ihrer Baukonzeption eine spätgotische Hallenkirche, die nach zwischenzeitlicher Barockisierung 1909 regotisiert wurde. Die gewaltige Westfassade mit dreizehn spitzbogigen Flachnischen ist nach dem Vorbild der Haller Stadtkirche ausgeführt. Als Imst 1898 zur Stadt erhoben wurde, hat man den Turm um zwölf Meter erhöht: Mit 96 Metern Gesamthöhe gilt er als höchster Kirchturm Nordtirols (*Luchner* 1987, 448).

Der Bau einer solchen großen Kirche in einem Marktflecken, der zur Zeit des Kirchenbaus kein Stadtrecht besaß, spiegelt die wirtschaftliche Bedeutung der Siedlung im späten Mittelalter. Die Antwort auf die Frage, woher der Ort seinen Reichtum bezog, gibt uns zu einem Teil das Fresko an der Kirchensüdwand vom „Heiligen Daniel in der Grube", datiert 1487. Tatsächlich beruhte die Wirtschaftskraft von Imst einerseits auf dem am Tschirgant und im Gurgltal betriebenen Bergbau auf Silber, Zink und Blei (25 Gruben), dessen Blütezeit im 15. Jh. war. Eine zweite, dauerhaftere ökonomische Basis hatte Imst durch den Verkehr über den Fernpaß. Die Imster versahen den gesamten Um- und Vorspanndienst, wozu wahre Herden von Pferden und Saumtieren gehalten wurden. Die Vielzahl der Ansitze, Handelshäuser und Gasthöfe, aber auch der Brunnen (Pferdetränken) an der Hauptstraße, die wir nun hinuntergehen, spiegelt diese Bedeutung noch heute.

Nicht nur in Folge der topographischen Lage, sondern auch wegen dieser Fernverkehrsbedeutung ist Imst im Kern eine langgestreckte Siedlung, die ihr Rückgrat in einer zwei Kilometer langen Hauptstraße besitzt. An der Scheitelstelle dieser Straße, dem Johanniplatz, erkennen wir auch, dass der Ort aus zwei Vorsiedlungen, dem vorgermanischen „Humiste" (Unterstadt) und dem Weiler „Gafjoal" (Oberstadt) mit seinem engadinischen Namen (zu deutsch: „Taleinschnitt") zusammengewachsen ist (*Luchner* 1987, 446). Entsprechend wurde in dem 1282 zum Markt erhobenen Ort ein Ober- und ein Untermarkt abgehalten.

Die stilistisch relativ einheitliche, an historischen Gebäuden arme Bausubstanz geht auf einen Stadtbrand im Jahre 1822 zurück, der von 220 Häusern nur 14 unversehrt gelassen hat. Die Nord-Süd-Erstreckung der Ortschaft erwies sich hierbei als äußerst nachteilig: Der Brandherd lag in der Mitte der Siedlung, der vor allem im Frühjahr des Vormittags sehr beständige Südwind trug die Funken zunächst in die Oberstadt, während der abendliche „Fernwind", der vom Fernpaß hinunterweht, den Brand nachts in die Unterstadt trug. In der Oberstadt wurde das große Pfarrhaus von 1735 vom Brand verschont.

Wenn wir an der zentralen Brücke über den Schinderbach linksseitig den schmalen Mühlenweg hinuntergehen, können wir einige Einblicke in einen weiteren Bereich des Imster Wirtschaftslebens gewinnen. Hier finden sich einige Handwerksbetriebe, darunter eine Mühle, deren Kanal wir bei der nächsten Brücke überqueren und weiter unten die Gerberei, die ihren Ursprung im Mittelalter hat. Das Gerberhandwerk und die Textilienherstellung, die auf dem im Gurgl- und Inntal betriebenen Flachsanbau beruhte (Textilfabrik Strele 1747-1822, betrieben im Verlagssystem, bis zu 9.000 Heimarbeiter!), haben der Siedlung ein durchaus städtisches Wirtschaftsleben ermöglicht. Dass dieses überhaupt möglich war, lag an der rechtlichen

Gleichstellung von freien Bauern und Bürgern, so dass es verständlich wird, dass die Imster die Kosten und Mühen einer Ummauerung der langgestreckten Siedlung, die ihnen das Stadtrecht ermöglicht hätte und 1312 auch angeboten wurde, gescheut haben. Auch hinsichtlich der Künste hat Imst keinen Vergleich zu größeren Städten zu scheuen: Berühmte Maler, Bildhauer und Baumeister kamen aus Imst, ebenso bedeutende Wissenschaftler. Man hat den Kunstsinn der Bewohner mit der Imster Fasnacht in Verbindung gebracht, deren kunstvoll geschnitzte Masken beim „Schemenlaufen" alle vier Jahre gezeigt werden.

Eine Innovation, die von Imst seinen Ausgang nahm, sei noch erwähnt: Am Weinberg gründete Hermann Gmeiner 1949 das erste SOS-Kinderdorf. Heute sind es mehr als 150 in vier Kontinenten. Das Kinderdorf am Sonnberg ist eine großflächige Anlage, die neben den Familienhäusern - jede Familie mit durchschnittlich sechs Kindern und einer Kinderdorfmutter bewohnt ein Haus - auch die Verwaltung der global tätigen Institution beherbergt.

Wir wenden uns nun nach Westen und gelangen zunächst auf den Postplatz mit dem Hotel Post, einem barocken Ansitz (Schloss Sprengenstein), auf den geräumigen Stadtplatz. Hier spielte sich dereinst der Warenumschlag ab. Im ehemaligen Schlösschen Rofenstein (1685) war das Hauptamt untergebrachte, hier stehen noch der alte Salzstadel und das Ballenhaus (heute Rathaus und Heimatmuseum). Im Ballenhaus (auch Ballhaus) mussten die Waren der durchreisenden Kaufleute mindestens eine Nacht gelagert werden.

Damit sind die beiden letzten Säulen der Wirtschaftskraft von Imst angesprochen: Der Handel und die Verwaltung. Imst war seit 1266 Gerichtssitz, wobei das Hochgericht von Petersberg bis zum Arlberg reichte und seinen Sitz im Rofenschloss hatte. Der alte Turm aus gotischer Zeit ist im heutigen Gebäude eingebaut. Vom 15.-17. Jh. war Imst auch Standort des Berggerichts. Der administrativen Bedeutung kam die kommerzielle gleich. Vom 16.-18. Jh. waren die Imster wegen ihres Vogelhandels in ganz Europa bekannt. Die hier gezüchteten Kanarienvögel wurden von zwei Gesellschaften bis England, Holland, Russland und in die Türkei verkauft. Die Hauptstraße ist die traditionelle Leitlinie des Einzelhandels. Noch scheint Imst dort einen guten Branchenmix zu haben, doch sind erste Anzeichen einer gewissen Problematik nicht zu übersehen (Handelsnachfolger, Franchiser und Filialisten).

Am Stadtplatz steigen wir wieder in den Bus und fahren in das neue Gewerbegebiet Imsterau.

In der Imsterau ist mit und nach dem Bau der Autobahn ab 1984 ein ausgedehntes Gewerbegebiet entstanden. Zunächst errichtete dort eine Imster Holzverarbeitungsfirma ein „Bio-Plattenwerk" neben dem bereits bestehenden Beton- und Fertigteilwerk einer Baufirma. Drei Jahre später wurde das Projekt zum Bau eines Einkaufszentrums (FMZ) mit rund 10.000 m² Fläche präsentiert, das 1990 eingeweiht wurde, das derzeit eine Frequenz von rund 5.500 Besuchern/Tag aufweist. Als 1996 in der Imsterau auch noch der Möbelriese Kika einen Markt eröffnete, war die Attraktivität so gestiegen, dass sich die Gemeinde die weiteren Betriebe praktisch aussuchen konnte: Ein Supermarkt, Obi, Möbelix, Niedermeyer, Hervis, Fussl, adessa, Libro und andere Franchiser und Filialisten, aber auch zahlreiche kleinere Imster Handelsbetriebe sorgen für ein reichhaltiges Branchenspektrum. Manche Betriebe stammen als Handwerksunternehmen noch aus der Frühzeit des Gewerbegebietes und haben inzwischen große Schauräume für den Kundenverkehr, oder sind gleich mit solchen angelegt worden, so Tischler, Wohnraumausstatter, Fliesenleger, Werkzeug- und Eisenhändler, Heizungsinstallateure, Steinmetze und Kunstschmieden. Sie werden ergänzt durch zahlreiche Auto- und Motorradhändler (Mercedes-Chrysler, Renault, Nissan-Suzuki). Die Industrie ist vertreten durch Betriebe der Edelstahlverarbeitung und des Metallbaus, den Textildruck, die Erzeugung von Plastikhaushalt- und Gartengeräten, ein Sägewerk, zwei Betonteilewerke, ein Spanplattenwerk und ein Kraftwerk.

Branchenspektrum, Arbeitsplatzangebot und Dynamik machen die Imsterau zur Nummer 1 der Gewerbe- und Einzelhandelsagglomerationen des Tiroler Westens. Ausschlaggebend für den Erfolg des Gewerbe- und Handelsgebietes Imsterau sind die guten Lagebedingungen: Direkter Anschluss an Autobahn und Bundesstraßenkreuz, große Flächenreserven mit ebenem Boden, beste Infrastruktur. Die Gemeinde profitiert von diesen Standortfaktoren in besonderer Weise. Es sind nicht nur die zu lukrierenden Kommunalsteuern, es ist auch das Arbeitsplatzangebot mit großem Branchenspektrum, das Imst zu einem gefragten Mittelpunktsort im Oberinntal mit besten Zukunftsaussichten macht. Dennoch ist nicht zu übersehen, dass mangelnde Planung der Gesamtanlage nun kaum noch behebbare Fehler herbeigeführt hat. Das so genannte „Fachmarktzentrum" (FMZ) ist weder ein Fachmarktzentrum, noch ein Einkaufszentrum oder gar eine „Mall", halbherzige Genehmigungen haben eine vernünftige Struktur verunmöglicht. Da das FMZ von Anfang an zu klein konzipiert war und auch nicht großzügig erweitert wurde, veränderte sich die Struktur zu einem unter Gesichtspunkten der Umwelt oder der Nachhaltigkeit äußerst problematischen Wildwuchs einer nichtintegrierten Fachmarktagglomeration, bei der der Kunde auf den Gebrauch seines Fahrzeugs angewiesen ist, um von Laden zu Laden zu gelangen. Die Erweiterung des Gewerbegebietes in Richtung Bahnhof (geschützte Werkstätte, Reca, Gewerbepark) wird die Struktur nicht optimieren, sondern weiter belasten.

Dennoch: Imst hat aufgrund seiner Standortfaktoren (Verkehrslage, Sonnenexposition, touristische Attraktion, Bildungsinfrastruktur und Baulandreserven) beste Aussichten für die Zukunft. Wenn es gelingt, die Attraktivität der Innenstadt zu erhöhen (Ärztehaus, Lorenzihof, Neugestaltung des Stadtplatzes, Stadtmarketing für die Innenstadtkaufleute etc.) kann dem Wirtschaftsstandort Imst eine gute Zukunft vorausgesagt werden.

Über den Autobahnanschluss Imsterau fahren wir auf die Inntalautobahn Richtung Arlberg. Bei der Abfahrt Zams verlassen wir die Autobahn, folgen der Bundesstraße noch über Landeck hinaus und fahren nach Norden die steile Straße Richtung Stanz bis zum Parkplatz in der Prandtauersiedlung hinauf, wo die Exkursion abgeschlossen wird (Variante A). Wenn aber am Ende des Tages - oder nach der Übernachtung in Landeck am nächsten Vormittag - noch Zeit bleibt, empfiehlt sich ein Rundgang durch die Stadt, die in diesem Fall am Bahnhof beginnt. Im Folgenden wird zunächst die Variante A besprochen, an die sich sinnvollerweise die Zusammenfassung der Exkursion am Textende anschließen sollte. Zwischen diesen Textteilen erfolgt die Beschreibung eines Rundgangs um und durch die Stadt (Variante B). Er beansprucht ca. zwei bis max. drei Stunden.

Landeck: Alte Siedlung, junge Stadt

Variante A: Prandtauersiedlung

Von erhöhtem Standort bei der Prandtauersiedlung von Stanz sind die Lagefaktoren der Stadt Landeck deutlich auszumachen: Absolut gesehen liegt die Stadt auf 10°9' östlicher Länge, 47°8'30" nördlicher Breite und 807 m Seehöhe. Naturräumliche Lagefaktoren sind die drei Talbereiche, die sich hier in einem relativ engen Konfluenzbecken treffen: Das Obere Gericht, das Inntal unterhalb Landecks und das von der Sanna durchflossene Stanzer Tal. Sie orientieren sich an den tektonischen Leitlinien, denen sie jedoch nicht ganz konsequent folgen: Das Kristallin der Ötztaler Alpen greift über Sanna und Inn hinaus (auch unter den glazialen Ablagerungen unseres Standorts steht noch Landecker Quarzphyllit an), erst nördlich beginnt der triassische Hauptdolomit und auf ihm der Wettersteinkalk, der mit dem Passager mit 3.036 m am weitesten herausgehoben ist, und schließlich setzt sich die tektonische Loisachstörung, der das

Unterengadiner Fenster (ab Prutz) folgt, über Pillerhöhe, Wenns (ehemaliger Innverlauf) bis Imst fort. Dieses alte Tal wurde durch die Tiefenlage der Landecker Konfluenz von der Sanna angezapft und zeigt im engen Talanschnitt geomorphologisch sehr junge Formen.

Die Lage im Grenzbereich unterschiedlicher Naturräume bedingt an sich schon eine wichtige Marktfunktion. Sie wird unterstrichen durch die verkehrsräumliche Lage am Schnittpunkt der Arlberg-, der Reschen-Fernpaß- und der Engadinstraße, so dass sich in Landeck Verkehrsverbindungen nach Italien, in die Schweiz und nach Vorarlberg und Deutschland bündeln. Im weiteren Sinne sind auch das Lechtal über (Lech-Warth) und der Bregenzer Wald (über Hochtannberg) an Landeck angeschlossen. Politisch liegt Landeck dagegen peripher zur Hauptstadt Innsbruck. Sie ist Tirols westlichste Bezirkshauptstadt. Topographisch liegen die einzelnen Siedlungskerne auf mehreren, teilweise übereinander gestaffelten Terrassen des Inns und der Sanna.

Es ist aufschlussreich, die Lage Landecks mit der Imsts zu vergleichen. Beide ordnen sich etwas versetzt zu der tektonischen Hauptstörung zwischen Kalk- und Zentralalpen an. In Landeck durchschneidet der Inn noch Pakete des Quarzphyllits, so dass Landeck den Zentralalpen zugeordnet werden muss, Imst dagegen ist noch kalkalpin, wobei die Kalke und Dolomite dort sogar über den Inn hinaus reichen und den Inn in eine enge Schlucht drängen. Klimatisch gehören beide Orte in den inneralpinen Trockenbereich des Oberinntals, wobei der Föhn für kräftige Winde sorgt. Wirtschaftsräumlich liegen Imst und Landeck schon recht peripher, Landeck bildet den letzten Hauptort vor der Grenze zum Bundesland Vorarlberg. Verkehrsgeographisch allerdings ist ihre Situation günstig: Beide liegen an der Einmündung eines Quertals in das Haupttal, das den Zugang zu einem Pass ermöglicht. Damit besitzen sie eine ausgesprochene Pfortenlage, die im Falle von Imst das Außerfern erschließt, im Falle von Landeck das obere Gericht, den Vinschgau und das Unterengadin. Mit der Betrachtung der Verkehrslage beginnen aber bereits die Unterschiede beider Städte: Landeck hat einen günstigen Anschluss an die 1884 eröffnete Arlbergbahn und ist IC-Haltestelle, während der Bahnhof von Imst sehr peripher, durch drei Kilometer Entfernung und 110 Höhenmeter getrennt, im Inntal liegt. Dagegen ist der Anschluss an die Autobahn E 60/A 12 in Imst günstiger: Zwei Anschlussstellen auf nur drei Kilometer Distanz gestatten einen guten Zugang zur Stadt und seiner Industriezone Imsterau, wobei der Durchgangsverkehr über die Umgehungsstraße rasch weitergeleitet wird. Dagegen muss sich in Landeck der lokale Autoverkehr durch Ortslagen quälen, während der Fernreiseverkehr nach Süden inzwischen durch einen im Jahre 2000 dem Verkehr übergebenen Tunnel an der Stadt vorbeigeleitet wird. Auch der Ost-West-Verkehr fließt mit der ebenfalls neuen tangentialen Autobahnführung inzwischen an Landeck vorbei.

Die Unterschiede betreffen vor allem auch die topographische Situation. Landeck liegt mit seinen Ortsteilen Bruggen, Perfuchs, Angedair und Perjen auf der schmalen Nieder- bzw. Mittelterrasse des hier bereits sehr engen Inn-/Sannatals und besitzt nur mit den Perjener Wiesen im Bereich eines weiten Gleithangs des Inn noch Flächenreserven. Imst dagegen auf hoch gelegenen glazialen Terrassenschottern und Moränen oberhalb des weiten Gurgltals und besitzt in der trichterförmigen Weitung der Talmündung und der breiten Imsterau am Inn weiträumige Flächenreserven. Auch die Höhenlagen an den unteren Hängen von Ödkarle- und Pleiskopf im Bereich von Sonnberg und Gungrün, aber auch Kapill und Teilwiesen, bieten noch attraktive, für den Wohnbau in Sonnenexposition geeignete Reserven.

Die Entstehung und der weitere Ausbau von Imst und Landeck verliefen wiederum ähnlich. Im Kern gehen beide Ortschaften auf mehrere vorgermanische Siedlungen zurück, was bereits die Namengebung der Siedlungsteile Angedair, Perfuchs und Perjen in Landeck oder Imst/Humiste und Gafjoal in Imst belegen. Ihre römische bis mittelalterliche Bedeutung geht einerseits auf die Verkehrslage an der Via Claudia Augusta und späteren Fernstraße von Verona über Reschen- und Fernpaß nach Augsburg, andererseits auf Verwaltungsfunktionen in den ihnen tributären Talschaften zurück. Daneben hat sich in Imst ein Bergbau auf verschiedene Metalle entwickelt, während in Landeck die Flößerei eine gewisse Rolle spielte.

Deutlich sind in Landeck die einzelnen Siedlungskerne zu erkennen: Orographisch rechts des Inns liegt der Ortsteil Angedair, im Dreieck zwischen Inn und Sanna erkennen wir Perfuchs, dem Blick entzogen ist das links der Sanna befindliche Bruggen und der Ortsteil Perjen am linken Ufer des Inn. Diese Siedlungsteile entsprechen den ehemals selbstständigen Gemeinden, die sich erst 1900 zur Großgemeinde Landeck zusammenschlossen und 1904 zum Markt und 1923 zur Stadt erklärt wurden. Der dominante Gemeindeteil ist Angedair, über dem die eindrucksvolle Wehrburg liegt, die den Eingang ins oberste Inntal bewachte. Der gewaltige Bergfried bekam den kleinen Palas angebaut und um 1500 wurde der Hof in eine gedeckte Halle verwandelt. Die Erhaltung der Burg verdankt sie ihrer Funktion als Gerichtssitz (Anfang 19. Jh. ins Tal verlegt), seit 1973 ist dort ein sehenswertes Heimatmuseum eingerichtet. Zwei weitere Burgen, der Schrofenstein nahe Stanz und die Kronburg unterhalb des Zammerberges, belegen die wichtige Verkehrsfunktion der Ortslage. Angedair besitzt auch den größten Kirchenbau, die Pfarrkirche Mariä Himmelfahrt, die einzige gotische Basilika Nordtirols (1471), ein Unikum, das mit der zur Entstehungszeit üblichen spätgotischen Hallenkirchenbauweise nicht zusammenpasst. In der Nähe der Kirche erkennen wir große Schulbauten, die die zentrale Funktion belegen, die Landeck bereits vor der Gemeindezusammenführung als Schulstadt besaß.

Dass Landeck gegenüber Imst Voraussetzungen der urbanen Entwicklung besaß und besitzt, die sich in jüngster Zeit als ungünstiger herausstellen, wird jedoch nicht nur aus der politischen Zersplitterung des Gemeindeverbandes deutlich. Die enge Lage im Talkessel und die steilen Hänge der Gebirge behinderten die bauliche Entwicklung und stellten bis zur Eröffnung des Anschlusstunnels an die Reschenstraße noch das wichtigste Entwicklungsproblem dar. Dennoch setzte die Industrialisierung früher ein als in Imst, eine Folge des Baus der Arlbergbahn. Während Imst ausdrücklich keinen direkten Bahnanschluss wollte, bekam Landeck 1883 einen Bahnhof, der den Endpunkt der Inntalstrecke darstellte. Ein Jahr später erfolgte die Eröffnung des Arlbergtunnels, damit war Landeck im Schienenverkehr auch an Vorarlberg angeschlossen (*Dultinger* 1984).

Dieser Bahnanschluss führte tatsächlich zur Ansiedlung wichtiger Industriebetriebe. 1901 wurde in Bruggen die Spinnerei der Textil AG errichtet, der später Zwirnerei, Gerberei und Mecerisierabteilungen folgten. 1995 ging diese traditionsreiche Firma in Konkurs, auf dem Gelände wird ein Wohnviertel errichtet. Ein Jahr später entstand die Karbidfabrik, die 1942 in den Besitz der Donau-Chemie überging. Der dritte Großbetrieb, das Stahlwerk Krismer (heute Stahl- und Alu-Bau-GesmbH) wurde erst 1965 gegründet. Standortfaktoren für diese Betriebe waren der Verkehrsanschluss, die Lage am Wasser (als Roh-, Hilfs- und Betriebsstoff), das Arbeitskräftepotential eines Raumes, der die höchste Bevölkerungsdichte Tirols im Dauersiedlungsraum aufweist, und das Vorkommen von Rohstoffen (Kalk, Holz, tierische Fasern). Die weitere Entwicklung wurde aber durch die Knappheit an Reserveflächen empfindlich behindert, so dass die Landecker Industrie mit großen Strukturproblemen zu kämpfen hat. Landeck ist schon 1991 mit nur noch 19 % Industrieerwerbstätigen hinter Imst (23 %) zurückgefallen. Landeck verliert klar im Wettbewerb mit dem bis 1991 noch etwa gleich großen Imst (1991: Landeck 7.411 Ew., Imst 7.509 Ew.). Bei der Volkszählung 2001 verzeichnete Landeck einen Verlust von 52 Bürgern gegenüber der letzten Zählung, die Konkurrenten Imst und Telfs nahmen um 16 % (Imst, jetzt 8.724 Ew.) bzw. 25,9 % (Telfs, jetzt 12.815 Ew.) zu.

Während in Imst und Telfs neue Unternehmen angesiedelt werden, sperren in Landeck Betriebe zu (wie vor Jahren der Traditionsbetrieb Tiroler Loden) oder wandern ins attraktive Gewerbegebiet Imsterau ab (wie die Mercedes-Chrysler Vertretung Goidinger). Die weitere Entwicklung wird davon abhängen, ob es Landeck gelingt, seine natürlichen geographischen

Lagevorzüge gegenüber den topographischen Lagenachteilen auszuspielen. Die Verkehrsentlastung nach Öffnung der neuen Autobahntunnels, die Modernisierung des Bahnhofs sind wichtige Verbesserungen für die Stadt, die jedoch mit weiteren Strukturproblemen zu kämpfen hat. Dies sind die veraltete Industriestruktur und die fehlenden Flächen für die Ansiedlung neuer Industrie. Konzepte für eine zukunftsfähige Entwicklung gäbe es schon, es ist zu wünschen, dass es Landeck gelingt, sein Potential entsprechend zu nutzen.

Variante B: Stadtgeographie von Landeck
Die Variante B behandelt die Stadt Landeck ausführlicher. Es wird empfohlen, den Bus am Bahnhof Landeck abzustellen.

Bahnhof und Perjen

Die Exkursion beginnt am Bahnhof Landeck. Von dort über die Innbrücke nach Perjen, an der Kirchenstraße nach links zum Kapuzinerkloster. Weiter der Straße folgend zur Südtirolersiedlung.

Der Bahnhof von Landeck besteht aus zwei zweistöckigen Gebäuden, die durch einen einstöckigen Zwischentrakt zu einer Einheit verbunden sind. Der eigentliche Hauptbau ist durch seine Höhe (höheres Obergeschoss) besonders hervorgehoben. Beide Bauten sind mit einem Krüppelwalmdach versehen. Das Dachgeschoss darunter ist mit Holz verkleidet. Nicht nur die Ausführung in Naturstein, auch die Ausstattung mit gusseisernen Säulen an der Perronseite belegen die Entstehungszeit während der Hauptindustrialisierungsphase 1880-1882. Es ist die neue „Eisenzeit", in der dieses Material nicht nur für die Eisenbahn, sondern auch als Baumaterial eine große Bedeutung hatte. Dieser Baustil ist für alle größeren Bahnhofsbauten an der Arlbergstrecke charakteristisch. Im Rahmen der österreichischen „Bahnhofsoffensive" wird auch der Landecker Bahnhof einer Frischzellenkur unterworfen. Es bleibt zu hoffen, dass dabei nicht allzu viel von der denkmalgeschützten Bausubstanz verloren geht.
Obwohl das Bahnhofsgebäude nur wenige Umbauten erfahren hat, ist doch unschwer anhand der sichtbaren Erweiterungen des Bahngeländes insgesamt zu ersehen, dass die Fernbahn dem Ort immer wieder wichtige Impulse gegeben hat. Bereits mit der Eröffnung des Anschlusses nach Innsbruck 1883 konnte Landeck als Endpunkt des an die Bahn gebundenen Sommerfrischeverkehrs profitieren, worauf die älteren Hotels im Ortskern, die wir noch sehen werden, hinweisen. Zahlreiche Fremde kamen Ende des 19. Jh. nach Landeck, wo sie z.T. blieben, z.T. aber auch per Pferdedroschke in die angrenzenden Seitentäler weiterfuhren. In dieser Zeit war Landeck der Hauptort des Tourismus im Oberinntal.
Ein Jahr nach der Inbetriebnahme des Bahnhofs (1.7.1883) erfolgte die Eröffnung der Arlbergstrecke (21.9.1884), die Tirol an Vorarlberg anschloss und Landeck zur Durchgangsstation machte. Der Bahnanschluss bedeutete auch einen Impuls für die Industrialisierung der Stadt. In Bahnnähe befinden bzw. befanden sich die Betriebsanlagen der Karbidfabrik (gegr. 1900, heute Donauchemie) und der Textil AG (ebenfalls 1900). Bereits während des Ersten Weltkrieges wurde mit dem Bau der strategisch wichtigen Reschenscheideckbahn begonnen, die an die Südtiroler Vinschgaubahn und die Rhätische Unterengadinbahn anschließen sollte. Sie wurde allerdings nur bis Tösens geführt und 1925 wegen der inzwischen erfolgten Änderung der politischen Verhältnisse (Abtrennung von Südtirol) stillgelegt.
Derzeit ist geplant, das noch eingleisige Teilstück zwischen Ötztal-Bahnhof und Landeck zweispurig auszubauen. Als erste Baumaßnahme wurde 1995 mit dem Bau des 3,6 km langen Zammer Tunnels begonnen, der direkt in den Landecker Bahnhof mündet und das Krankenhaus Zams vom Zuglärm befreit.

Perjen, auf der Niederterrasse des linken Innufers gelegen, ist einer der alten Ortskerne der Gesamtgemeinde Landeck. Bereits der rätoromanische Name deutet auf ein hohes Alter. Das alte Haufendorf tritt aber nur noch im unregelmäßigen Grundriss in Erscheinung, die Bausubstanz ist überwiegend jungen Datums. Der Ausbau dieses Ortsteils geht auf die Impulse von Tourismus (in Bahnhofsnähe) und die Industrialisierung zurück. Dass hier viele Arbeiter Wohnungen fanden, belegt auch das erst Ende des 19. Jh. gegründete Kapuzinerkloster, dessen Aufgabe die geistliche Betreuung und innere Mission war. Die schlichte Saalkirche mit ihrem spitzen Dachreiter und dem zwiebelgekrönten Chorreiter belegt diese Funktion.

Gleich hinter dem Kloster stoßen wir auf die Südtiroler Siedlung, die hier aus drei gleichartigen zweistöckigen Wohnhäusern besteht. Mit der Übernahme von Stilelementen aus Südtirol (vorragendes Satteldach in Pfettenkonstruktion, Holzläden, Außentreppe, Balkon) sollte den Südtiroler Optanten (zur historischen Einordnung vgl. Übersichtsexkursion *Das Tiroler Unterinntal*, Abschnitt Jenbach) Heimatgefühl vermittelt werden. Nach Landeck wurden offenbar ärmere Leute ohne Grundbesitz verfrachtet, was aus der eher bescheidenen Architektur (vgl. Spezialexkursion *Die Stadt Innsbruck*, Abschnitt Pradl) erkenntlich wird.

Die weit oben am Hang liegende Ruine der Burg Schrofenstein war Wohnsitz von Lehensleuten der Bischöfe von Chur, deren Lehen bis 1808 bestand. Die Churer Bischöfe erlaubten die freie Teilung von Bauerngütern, so dass das Gebiet um Landeck im Mittelalter verarmte, dort bereits früh ein Landhandwerk entstand, aus dem sich später ein Ansatzpunkt der Industrialisierung ergeben sollte. Andererseits mussten die Landecker sich schon früh nach außen orientieren (ambulanter Handel, Schwabenkinder), wodurch sie über weitreichende wirtschaftliche Beziehungen verfügen.

Gleich nach den Südtirolerhäusern wenden wir uns nach rechts und nehmen die zweite Abzweigung links zum Sonnenweg, dann immer geradeaus. Wir halten, kurz bevor der Wald sich talwärts lichtet, an einem Aufschluss von Quarzphyllit, gehen dann noch wenige Meter zur Lichtung und haben einen guten Blick auf die gesamte Stadt.

Im Bereich von Landeck folgen die Flüsse Trisanna, Sanna und Inn nicht genau den tektonisch vorgegebenen Leitlinien. Dass die Täler hier mehr Skulptur- als Strukturformen sind, hängt mit der starken Morphogenese während und nach der Glazialzeiten zusammen, als die Flüsse, durch Moränen und Terrassenschotter gezwungen, sich ein neues Bett suchen mussten. Auch insofern ähnelt die Situation im Konfluenzbereich von Sanna und Inn der des Konfluenzbeckens von Imst, wo das Gurgltal in das Inntal mündet und der Inn sich durch einen aus Dolomiten und Kalken gebildeten Härtlingsriegel schneiden muss.

Das bei Landeck anstehende Gestein ist der sog. „Landecker Quarzphyllit", der sich aus dünnen Muscovit- und Biotitlagen zusammensetzt und von markanten Quarzgängen durchschnitten wird. Dieses Material ist am Sonnenweg mehrfach angeschnitten. Wir erkennen auch die rankerartige Bodenbildung unter Wald, die ein saures Milieu abgibt und einen natürlichen Nadelwald entstehen lassen hat . In der folgenden Lichtung ist am Sonnenhang ein Trockenrasen mit schönen Polsterpflanzen ausgebildet. Aber auch hier deuten neben Moosen auch Sanddornbüsche, Kiefern und Birken auf den sauren Untergrund hin.

Von diesem Standort ist die Mehrkernstruktur Landecks besonders gut zu beobachten. Wir erkennen deutlich die Stadtteile Angedair auf übereinander geschachtelten Terrassen rechts des Inns, Perfuchs am anderen Ufer auf der Mittelterrasse und direkt unter uns links der Sanna den Ortsteil Bruggen, während sich Perjen perspektivisch versteckt. Die älteren Siedlungen sind Angedair, Perfuchs und Perjen, mit ihrem noch heute rätoromanisch klingenden Ortsnamen, erst um 600 n.Chr., in der Landnahmezeit, kam das jüngere Bruggen hinzu. Wie die unregelmäßige Struktur zu erkennen gibt, handelte es sich um landwirtschaftlich ausgerichtete Haufendörfer. Bereits zur Römerzeit gelangte Angedair aufgrund seiner Lage an der Via Claudia Augusta zu verkehrsgeographischer Bedeutung, ein Faktor, der sich im Mittelalter durch die hohe Verkehrsfrequenz auf der Fernpaß-Reschenpaßstrecke noch verstärkte. Dies führte schon damals zu einer gewissen funktionalen Differenzierung der Siedlungsgruppe: Während Angedair zunehmend zentrale Funktionen übernahm (Gericht im Schloss Landeck bis 1779, Verkehrsdienstleistungen; Marktrecht 1703, Poststation auf der Arlbergstraße 1824), verblieben die anderen Siedlungen bis zum Ende des 19. Jh. bei ihrer agrarischen Ausrichtung. Diese war durch die Lage in einem ausgesprochenen Trockengebiet beeinträchtigt, so dass die Bauern zur Anlage von vier großen Bewässerungssystemen (Waale) schritten, die z.T. noch zu sehen sind. Die Zammer Flur wurde durch den „Tragwaal", die Perjener Wiesen durch den „großen Graben" und die Felder unterhalb des Schlosses von Angedair durch einen teilweise in den Fels geschlagenen Wassergraben bewässert. Diese Systeme sind heute aufgegeben und nur noch in Bruchstücken vorhanden. Dagegen ist der „Thialwaal" oder „Robethenwaal" in Bruggen noch in Gebrauch. Mit scharfem Auge kann ein Teilstück am nordexponierten Hang auf halber Höhe der Wiesen entdeckt werden.

Trotzdem verarmte der Raum Landeck in der frühen Neuzeit als Folge der Realteilung. Um 1520 wurde bereits die Neuanlage von Obstgärten verboten, weil Brot notwendiger sei als Äpfel und Birnen (*Kecht* 1973, 21). Während die Zuwanderung verboten wurde, waren viele Familien zur Auswanderung gezwungen, und gerade aus dem Raum Landeck und dem Stanzer Tal (*Spiss* 1993) stammten viele der Schwabenkinder, die während des Sommers zu Fuß in den süddeutschen Raum wanderten.

Nach dem Bahnbau siedelten sich um 1900 großflächige Industriebetriebe an, die in der bis dahin unverbauten Flussaue in Perfuchs und bei Angedair ausreichende Flächen vorfanden. Sie nehmen von unserem Standort aus das Blickfeld in der Nähe der Flüsse ein. Dabei orientierten sie sich am Standortfaktor Bezug (Wolle, Flachs, Kalk, Wasser als Hilfs- und Betriebsstoff) und den Ortsfaktoren (Transport, Baufläche, erfahrene Arbeitskräfte infolge des Neben- und Zuerwerbszwanges durch Realteilung), während der Standortfaktor Absatz keine Rolle spielte. Heute sind diese Betriebe kaum noch konkurrenzfähig. Trotz der Einrichtung einer modernen Spinnerei, einer Firmenfusion der Tiroler Loden AG mit der Textil AG und der Verschlankung der Beschäftigtenstruktur musste die Textilproduktion 1995 geschlossen werden. Das Areal der Textilfabrik in Perfuchs wurde inzwischen verbaut.

Erst diese relativ späte Industrialisierung führte schließlich zur Verleihung des Stadtrechts 1923, während die Übernahme zentralörtlicher Funktionen in Verwaltung und Handel keine Stadterhebung zur Folge gehabt hatte. Hierin erweist sich einmal mehr das stark bäuerlich geprägte und städtefeindliche Milieu im Land Tirol.

An der Innpforte zum Oberen Gericht stand schon früh eine Wehrburg, deren Standort strategisch zu erklären ist. Sie zeigt idealtypisch die Entwicklung der Burgenarchitektur bis zum Beginn der Neuzeit. Ursprünglich bestand sie aus einem Wohnturm, dessen einstige Funktion der gewaltige Bergfried noch zu erkennen gibt, dem der fünfstöckige Palas angebaut wurde. Sie wurde verteidigungstechnisch immer wieder verbessert, vor allem im 15. Jh., als ein Appenzeller Bauernheer Angedair verwüstet hatte (1406). Diese Erweiterungen und Vorwerke sind jedoch heute kaum noch zu erkennen. Um 1500, schon gegen Ende der Hoch-Zeit der Burgen, wurde der Hof, vielleicht nach dem Vorbild von Sigmundsried, in eine gedeckte Halle verwandelt. Aber schon 1521 war die Burg in einem schlechten baulichen Zustand. Dass die Burg trotzdem überlebte, verdankt sie nur dem Umstand, dass sie landesfürstlich war und dort das Gericht installiert wurde. Heute dient sie als Schloss- und Heimatmuseum.

Wir folgen dem Fußweg bis zur Wohnstraße am Lochbödele (Prandtauersiedlung), stoßen auf die Zufahrtstraße nach Stanz, der wir bis zur zweiten Abzweigung folgen, wenden uns nach links und gehen den Asphaltweg hinunter bis zum Schulgebäude. Dort kurzer Halt und weiter (Abkürzung über steilen Fußpfad!) ins Tal zur Sannabrücke und in den Stadtteil Perfuchs.

Die Pfortenlage Landecks hat eine gute Ausstattung mit Schulen zur Folge gehabt, die wegen der langen Verkehrswege und der im Winter schwer zugänglichen Bergsiedlungen vielfach mit Internat versehen wurden. Bis in die Nachkriegszeit erstreckte sich der schulische Einzugsbereich Landecks auch über den Arlberg hinaus in das Klostertal hinein. Landeck besitzt heute fast alle Schultypen, darunter eine Handelsakademie und eine Fremdenverkehrsschule. Die Hauptschule mit polytechnischem Lehrgang Bruggen ist ein Gebäude, das im sog. „Nierentischstil" der 1950er-Jahre errichtet wurde. Das flache Satteldach, die Struktur der Fenster, der Eingangsbereich und das Mosaik „Lehrer und Schüler" an der Giebelseite sind typische Stilelemente einer Zeit, die noch auf der Suche nach der Moderne war.

Perfuchs

Von der Sannabrücke geradeaus über die Kreuzung auf den Fußweg am Hang der Innterrasse (Wegweiser: Pension Kristille) über die Bahnbrücke zur Freiterrasse des Gasthauses Sonne.

Der Stadtteil Perfuchs lässt aufgrund seiner bis heute noch relativ geringen Verdichtung den ursprünglich dörflichen Charakter noch gut erkennen. Die Überprägung des 20. Jh. äußert sich im Zubau von einigen Hotels, Gasthäusern und Pensionen, die z.T. aus bäuerlichen oder handwerklichen Anwesen hervorgegangen sind und einigen Bungalows, wobei die Errichtung repräsentativer Wohnbauten bereits kurz nach 1900 begonnen hat, wie einige Villen am Weg deutlich ausweisen.
Von der Gartenterrasse des Hotels Sonne hat man einen guten Überblick über das gegenüberliegende Angedair. Es baut sich stufenförmig auf verschiedenen Terrassenniveaus auf und öffnet sich aus der Engstelle des Inns unterhalb des Schlosses zum weiten Konfluenzbecken. Erst die Flussregulierung ermöglichte auch die Erschließung des untersten Niveaus. Die Raumknappheit tritt uns in der außerordentlich dichten Verbauung entgegen. Auf der Niederterrasse erstreckt sich die langgezogene Hauptgeschäftsstraße (Walser Straße), die ehemals den gesamten Verkehr von und nach Süden aufnahm. Im Funktionsgefüge hat demnach Angedair schon früh die Verkehrs- und Handelsfunktionen übernommen, die Gasthäuser, Spanndienste und Poststation und später den Bahnhof.
Der Walserstraße parallel läuft auf der Mittelterrasse eine zweite, untergeordnete Straße, so dass die Siedlung einen Parallelstraßengrundriss aufweist. Die Kirche (1493) mit ihrem spitzen gotischen Turm und ihrer sowohl für die Entstehungszeit als auch für Nordtirol außergewöhnlichen Basilikastruktur mit doppelt hohem und breitem Hauptschiff und zwei Nebenschiffen war, wie deutlich zu erkennen ist, bis ins 19. Jh. oberhalb des Dorfes freigestellt. Ihre Umgebung wurde erst Anfang des 20. Jh. durch zwei Schulgebäude und späte Wohnbauten, darunter ein Terrassenbau, wie er in den frühen 70er-Jahren modern war, überbaut.
Angedair ist im funktionalen Gefüge Landecks bis heute das Zentrum des Einzelhandels geblieben, eine Funktion, die diesem Ort bereits seit der Verleihung des Marktrechts zukommt. Mit seinen Geschäften erfüllt Landeck-Angedair auch heute noch eine bedeutende Versorgungsfunktion im gesamten Oberland, die durch die Vielzahl der Banken noch unterstrichen wird. Dieser Bankenstandort erklärt sich durch die Nähe zu wichtigen Schigebieten. Vom Standort ist auch zu erkennen, dass neben der räumlichen Enge und dem Fehlen von Erweiterungsflächen der Verkehr ein großes Problem für Landeck darstellt.
Gegenüber dem Gasthaus Sonne liegt das heutige Gerichtsgebäude, die sog. „Gerburg", die nach

dem Brand des Schlosses (1779) in barockem Stil errichtet und 1995/96 renoviert wurde. Mit der Verlagerung des Bezirksgerichtes erhielt Perfuchs im 18. Jh. ebenfalls zentrale Funktionen.

Angedair

Vom Gasthaus Sonne zur Innbrücke und zur Information, von dort die Maisengasse hinauf, über den Marktplatz zur Pontlatzkaserne und zur Siedlung Öd, den Treppenweg hinunter und zum Bahnhof zurück.

Jenseits der Innbrücke haben wir Gelegenheit, das eigentliche Stadtzentrum und die Hauptgeschäftsstraße aus der Nähe zu betrachten. Zahlreiche gastronomische Betriebe, Geschäfte des täglichen und Spezialbedarfs befinden sich hier, Banken, Ärzte, Rechtsanwälte und Reisebüros bieten ihre Dienste an. Und dennoch drängt sich der gesamte, von Süden kommende Verkehr durch dieses Nadelöhr. Die Ausweisung der Maisengasse zur Fußgängerzone ist eher halbherzig, denn die geringe Weite lässt ohnehin keinen modernen Autoverkehr zu. Im Gegenteil: Man hat den Eindruck, als ob diese Maßnahme diese Gasse vom Kundenstrom abgeschnitten hat. Sie taugt nicht recht für den Einkaufsbummel, da sie an einem für Kauflustige toten Platz, dem Marktplatz, endet und keine Verbindung zu weiteren Geschäftsstraßen hat.
Von diesem Platz aus wenden wir uns nach Nordost und gelangen über die Ulrichstraße, an der wir noch einmal an einer Südtiroler Siedlung vorübergehen, an die Pontlatzkaserne. Ihre Architektur belegt eindrucksvoll die Entstehungszeit (1937). Ausschlaggebend für ihre Gründung waren dieselben geostrategischen Gesichtspunkte, die schon rund tausend Jahre früher zur Errichtung der Burg Landeck geführt hatten, nun verstärkt durch die Abtrennung Südtirols und die Notwendigkeit, den Inn- und Sannaübergängen Schutz zu geben. Überlegungen der ökonomischen Stärkung einer eher strukturschwachen Region, die für die Gründung vieler Garnisonen mit ausschlaggebend waren, mögen ebenfalls eine Rolle gespielt haben. In den 50er und 60er-Jahren entstanden gegenüber der Kaserne im Stadtteil Öd sieben große fünf- bis siebenstöckige Wohnblocks des sozialen Wohnungsbaus, die z.T. auch für Ostflüchtlinge im charakteristischen Nierentischstil mit flachen Satteldächern hier errichtet wurden. Innseitig vorgelagert ist eine Straßenzeile mit frühen Reiheneigenheimen, in den späten 60er-Jahren kamen noch zwei weitere Wohnblocks, jetzt schon mit Flachdach, hinzu. Durch diesen Zustrom wuchs Landeck von 1934 auf 5.615 (1951), 6.514 (1961) und 7.388 Ew. (1971) an, eine Bevölkerungszahl, die seither einigermaßen konstant geblieben ist.

Wir gehen bis ans Ende der Siedlung, biegen vor dem bahnhofseitigen Parkplatz nach links ab (Schild: Feuerwehrzufahrt) und erreichen zwischen den Häusern Statth.-Fischer-Str. 98a und 98b einen Treppenweg, der uns rasch zum Bahnhof zurückbringt. Vorsicht beim Überqueren der Geleise!

Zusammenfassung

Auf der Grundlage der Beobachtungen des Tages wird eine Zusammenfassung der geographischen Substanz des Oberinntals möglich. Wir haben das Tiroler Oberland als einen Raum mit zunehmender Peripherität kennen gelernt, der durch eine außerordentliche naturräumliche Vielfalt gekennzeichnet ist. Wir konnten hierbei einen Formenwandel nicht nur mit der Höhe bei Vegetation, Oberflächenformen und Wirtschaftsweise feststellen, sondern vor allem auch nord-südlich im Gegensatz zwischen Kalkalpen und Kristallin, aber auch west-östlich, wo sich das Tal ständig verengt und glazigene Böden immer spärlicher werden.

Das Hauptproblem besteht in der zunehmenden Enge des Talgrundes, die uns zuletzt in Landeck noch einmal bewusst geworden ist, die aber auch in den schmalen Hangleisten der -berg-Siedlungen deutlich wurde, deren Ausbau im Mittelalter ja bereits eine Folge des in den Tälern herrschenden Bevölkerungsdrucks war. Die relativ geringe Gliederung der Gebirge im Großen und das Vorhandensein langer Seitentäler führt zwar zur zentralörtlichen Bedeutung einiger Siedlungen im Inntal, doch sind die Distanzen zu den entferntesten Siedlungen der jeweiligen Einzugsbereiche außerordentlich hoch. Handel wurde allerdings nicht nur zur Versorgung des agrarisch geprägten Umlandes betrieben, er war auch als Fernhandel an den wichtigen nord-südlichen und ost-westlichen Fernhandelswegen ausgeprägt. All dies hatte zur Folge, dass sich zwar stadtähnliche zentralörtliche Strukturen bildeten, für die Stadterhebung gab es jedoch keinen wichtigen Grund, da sich die Rechtstellung der Bewohner von Stadt und Land kaum unterschied. Die Stadterhebungen erfolgten erst im 20. Jahrhundert. Diese Entwicklungsverspätung führte auch dazu, dass sich im ganzen Oberland kein wirklich dominantes städtisches Zentrum herausbilden konnte und die besser ausgestatteten Orte untereinander in Konkurrenz standen und stehen.

Im Mittelalter verarmte das Oberinntal aufgrund der Realteilungssitte und dem zunehmenden Bevölkerungsdruck. Saisonale Wanderungen auch von Kindern, ambulanter Handel und Karrnerwesen sowie eine starke Auswanderung nach Übersee waren die Folgen, andererseits aber auch die Ausbildung gewerblicher Betriebe und eines bedeutenden Kunsthandwerks. Zunächst brachte der Bau der Inntal-Arlberg-Eisenbahn einigen Orten einen gewissen Aufschwung, auch im Fremdenverkehr. Mit der Bedeutungszunahme des motorisierten Straßenverkehrs verlor das Oberinntal aber seine Lagevorteile und gehört seit langem nicht mehr zu den touristischen Spitzenlokationen, zumindest in der Wahrnehmung vieler Urlaubsgäste. Dass diese Wahrnehmung mit der tatsächlich vorhandenen, überaus reichen und vielfältigen Natur- und Kulturlandschaft nicht übereinstimmt, sollte die Exkursion zeigen.

Literatur

Abele, G. - 1991: Der Fernpaßbergsturz. - In: Österreichische Geographische Gesellschaft, Zweigverein Innsbruck: Jahresbericht 1989-90. - Innsbruck, S. 22-32.

Buch der Stadt Landeck. - Landeck 1973.

Dultinger, J. - 1984: 100 Jahre Arlbergbahn 1884-1984. Europas schwierigste Gebirgsbahn im Wandel der Zeit. - Rum.

Eines Fürsten Traum. Tiroler Landesausstellung 1995 Stift Stams, Schloss Tirol (Ausstellungskatalog). - Dorf Tirol, Innsbruck 1995.

Fliri, F. - 1975: Das Klima der Alpen im Raume von Tirol (= Monographien zur Landeskunde Tirols 1). - München, Innsbruck.

Forcher, M. - 1988: Tirols Geschichte in Wort und Bild. - 3. Aufl., Innsbruck.

Gschnitzer, H. - 1996: Hofformen und Hauslandschaften in Tirol. - In: Begleittexte zum Tirol Atlas 12, Innsbruck, S. 7-36.

Gschnitzer, H./W. Keller - 1996: Haus- und Hofformen. - In: Begleittexte zum Tirol Atlas 12. - Innsbruck, S. 37-48.

Hayn, H. (Red.) - 1989: Der Inn. Vom Engadin ins Donautal, von der Urzeit bis heute (Ausstellungskatalog). - Rosenheim.

Hensler, E. - 1977: Dreißig Jahre Zusammenlegung landwirtschaftlicher Grundstücke in Tirol. - In: Mitteilungen der Österreichischen Geographischen Gesellschaft 119, 1, S. 66-88.

Heuberger, H. - 1975: Das Ötztal. Bergstürze und alte Gletscherstände, kulturgeographische Gliederung. - In: Tirol. Ein geographischer Exkursionsführer (= Innsbrucker Geographische Studien 2). - Innsbruck, S. 213-249.

Jäger, G. - 1996: Siedlungsausbau und soziale Differenzierung der ländlichen Bevölkerung in Nordtirol während der frühen Neuzeit. - In: Tiroler Heimat 60, S. 87-127.

Jäger, G. - 1997: Die ländliche Spätsiedlung oder Häuslerkolonisation in Nordtirol während des 18. und 19. Jahrhunderts anhand von ausgewählten Beispielen. - In: Tiroler Heimat 61, S. 227-239.

Jäger, G. - 1999: Die Landfahrer - eine verschwundene Tiroler Randgruppe. - In: Tiroler Bauernkalender 86, S. 99-116.

Kecht, K. - 1973: Zur Siedlungs- und Wirtschaftsgeschichte von Landeck. - In: Das Buch der Stadt Landeck. - Landeck, S. 11-24.

Kinzl, H. - 1934: Bei den Deutschen in Pozuzo. - In: Pädagogische Warte 14, S. 771-775.

Kretschmer, I. - 1965: Bäuerliches Erbrecht (= Österreichischer Volkskundeatlas, 2. Lieferung, Blatt 77, Begleittexte). - Wien.

Lichtenberger, E. - 1965: Das Bergbauernproblem in den österreichischen Alpen. Perioden und Typen der Entsiedlung. - In: Erdkunde 19, S. 39-57.

Luchner, L. - 1987: Tirol. Von Kufstein bis Landeck. - 2. Aufl., München.

Mantl, N. - 1976: Die Karrner. - In: Tiroler Heimat 40, S. 191-196.

Patzelt, G./G. Poscher - 1993: Der Tschirgant-Bergsturz. - In: C. Hauser/A. Nowotny: Geologie des Oberinntaler Raumes, Schwerpunkt Blatt 144 Landeck. (= Arbeitstagung 1993 der Geologischen Bundesanstalt), S. 208-213.

Patzelt, G. - 1995: Tschirgant Landslide. - In: D. v. Husen (ed.): Eastern Alps Traverse, Inqua 1995, Quaternary field trips in Central Europe, Vol. 1. - München, S. 391.

Paul, H. et al. - o.J.: Naturlehrpfad Stamser Eichenwald. - o.O. (ca. 1990).

Penz, H. - 1995: Bevölkerungsveränderungen im Bundesland Tirol. Langfristige Entwicklungen und aktuelle Differenzierung. - In: Tiroler Heimat 59, S. 163-175.

Pfaundler, G. - 1983: Tirol-Lexikon. - Innsbruck.

Prantauer, G. - 1983: Stadtgeographie von Landeck. - Innsbruck.

Schmid-Tannwald, K. - 1957: Pozuzo - vergessen im Urwald. - Braunschweig.

Schröder, K.-H. - 1979: Zur Frage geographischer Ursachen der Realteilung in der Alten Welt. - In: Fragen geographischer Forschung. Festschrift für A. Leidlmair (= Innsbrucker Geographische Studien 5). - Innsbruck, S. 467-482.

Sölch, J. - 1935: Fluss- und Eiswerk in den Alpen zwischen Ötztal und St. Gotthard. (= Petermanns Mitteilungen, Ergänzungsheft 219 und 220). - Gotha.

Spiss, R. - 1993: Saisonarbeiter, Schwabenkinder und Landfahrer. Die gute alte Zeit im Stanzertal (= Tiroler Wirtschaftsstudien 44) - Innsbruck.

Stadtbuch Imst. - Imst 1976.

Uhlig, O. - 1983: Die Schwabenkinder aus Tirol und Vorarlberg (= Tiroler Wirtschaftsstudien 34). - 2. Aufl., Innsbruck.

Wirtschaftskammer Tirol (Hg.) - 1995: Wirtschaftsleitbild für den Bezirk Imst/Landeck. - Innsbruck.

Wopfner, H. - 1951, 1954, 1960: Bergbauernbuch. 3 Bände. - Innsbruck, Wien, München.

Wopfner, H. - 1933: Entstehung und Wesen des tirolischen Volkstums. Bäuerliche Siedlung und Wirtschaft. - München. Neudruck: Tiroler Wirtschaftsstudien 46. - Innsbruck 1994.

Zagler, L. - 1995: Die Korrner. Grenzgänger zwischen Freiheit und Elend. - Bozen.

Anschrift des Verfassers:
o.Univ.-Prof. Dr. Axel Borsdorf
Institut für Geographie der Universität Innsbruck
A-6020 Innsbruck, Innrain 52

4. DIE BRENNER-LINIE
Die Nord-Süd-Verbindung von Innsbruck bis Ala

HUGO PENZ

> *i* *Exkursionsverlauf und praktische Hinweise*
>
> Staatsgrenze bei Scharnitz - Seefeld - Reith bei Seefeld - Zirl - Innsbruck - Europabrücke - Matrei - Steinach - Gries am Brenner - Brenner - Gossensaß - Sterzing - Trens - Franzensfeste - Schabs - Elvas - Brixen - Feldthurns - Klausen - Bozen - Leifers - Castelfeder - Neumarkt - Salurn - San Michele all'Adige - Lavis - Trient (Trento) - Castel Beseno - Calliano - Rovereto - Ala - Avio
> Transportmittel: Pkw oder Omnibus; einige kurze Fußwanderungen (Halbschuhe sind bei Schönwetter ausreichend)
> Fahrtkilometer: ~ 275
> Exkursionsdauer: 16 Stunden für das hier beschriebene Programm. Entlang der Exkursionsroute sind nahezu in allen Ortschaften Gaststätten auf Omnibustouristen spezialisiert. Dasselbe gilt für Übernachtungsmöglichkeiten, die über die örtlichen Tourismusverbände vermittelt werden können.
> Die Exkursion wird durch die Überblicksexkursionen *Das Tiroler Unterinntal, Das Inntal von Innsbruck bis Landeck, Vinschgau und mittleres Etschtal* sowie *Gampenpass - Gardasee* fortgesetzt. Dazu bieten sich entlang der Fahrstrecke zahlreiche Spezialexkursionen an, die in Band 2 (Bundesland Tirol), Band 3 (Südtirol) und Band 4 (Trentino) beschrieben sind.
> Karten:
> Tirol Atlas 1:300.000, insbesondere Topographische Übersicht und Geologie mit Tektonik
> EU-Regio-Map - Tirol, Südtirol, Trentino, 2. Aufl. 2001
> Die einschlägigen Blätter der Österreichischen Karte 1:50.000 und der Carta d'Italia 1.50.000
> Straßenkarten: Generalkarte Österreich 1:200.000; Touring Club Italiano Straßenkarte 1:200.00, Blatt 3 (Trentino-Alto Adige)
> Private Kartenwerke: Einschlägige Wanderkarten der Verlage Freytag Berndt 1:50.000, Kompass 1:50.000 und Tabacco 1:50.000

Einführung: Die Stellung der Brennerlinie im Rahmen der Regionalstruktur Tirols

Der Brennerweg ist die wichtigste Alpenquerung innerhalb des „Passlandes" Tirol. Er verbindet auf überregionaler Ebene Süddeutschland mit Oberitalien, dient im regionalen Maßstab als feste Klammer zwischen Nord- und Südtirol und ermöglicht auf der lokalen Ebene enge Kontakten zwischen den Wipptaler Gemeinden nördlich und südlich des Brenners. Entlang dieser Nord-Süd-Furche in der Mitte des „Landes im Gebirge" bietet das Relief außerordentlich günstige Voraussetzungen für die Anlage von überregionalen Verkehrslinien. Die Gipfelflur des Alpenhauptkammes sinkt hier auf beiden Seiten vom steil zugespitzten Hochgebirgsrelief der Stubaier und Zillertaler Alpen zu den stumpfen Jöchern der alten Brennersenke ab, in welcher die Berge Mittelgebirgsformen aufweisen. Innerhalb dieser rund zehn Kilometer breiten Mulde bildet das heutige Passtal nur eine schmale Kerbe. Mit einer Höhe von 1.372 m ist der

Abb. 1: Orientierungskarte Scharnitz - Ala

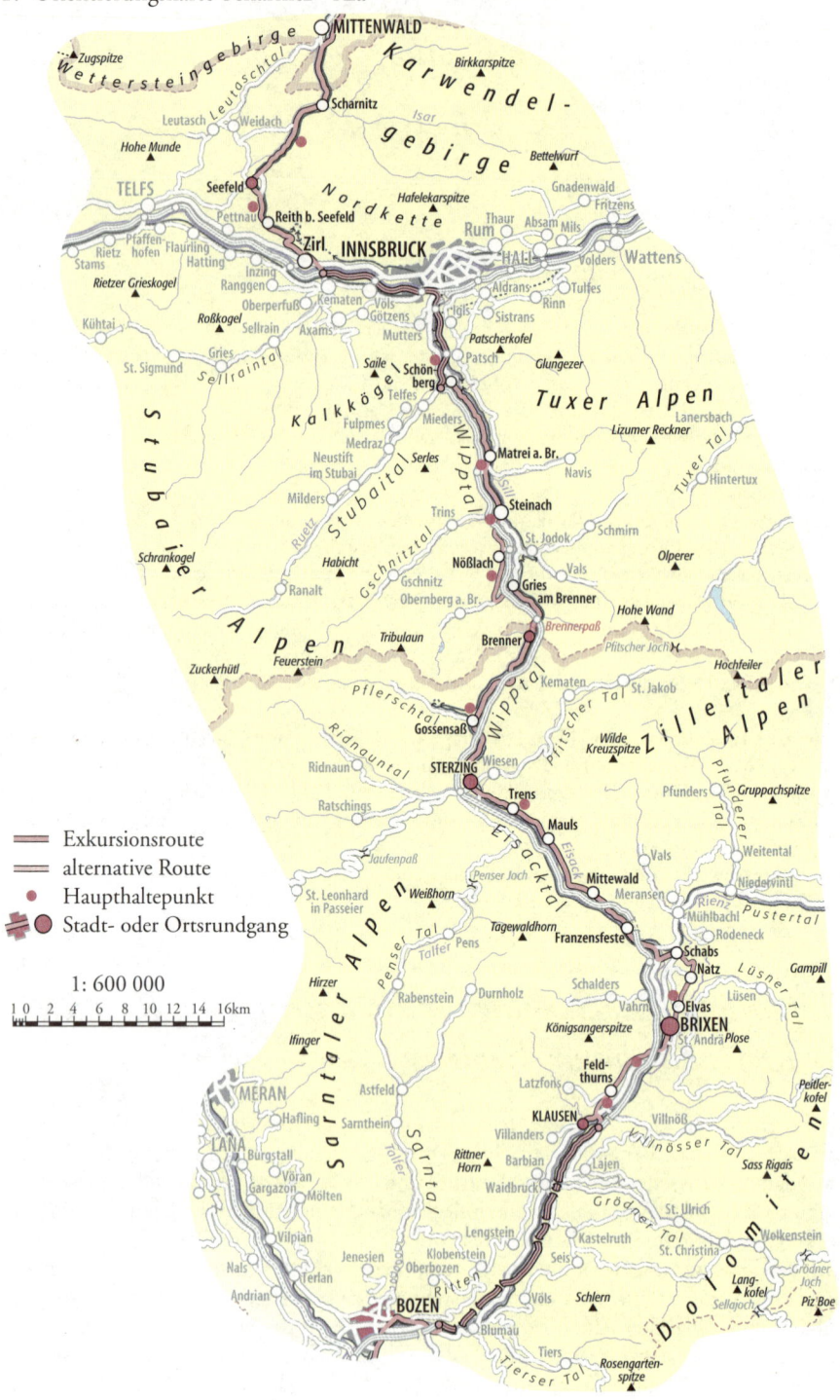

1 : 600 000

Exkursionsroute
alternative Route
Haupthaltepunkt
Stadt- oder Ortsrundgang

Brenner der niedrigste Übergang, mit dem der Alpenhauptkamm in einem einzigen Anstieg überquert werden kann. Auch in den Tälern, die zum Pass emporführen, bietet das Relief günstige Voraussetzungen für den Bau von Verkehrswegen. Weit größere Schwierigkeiten als die Scheitelrampen bereiten manche tiefer liegende Talengen wie der „Kuntersweg" im unteren Eisacktal.

In der Antike überquerten im Gebiet des heutigen Tirols zwei Römerstraßen den Alpenhauptkamm. Die damals bedeutendere westliche Via Claudia Augusta führte vom Hafen von Aquileia über Trient und Bozen zum Reschenpass und von dort weiter über den Fernpass zur Hauptstadt der Provinz Rätien Augusta Vindelicorum, dem heutigen Augsburg. Die zweite Römerstraße zweigte bei Bozen von der Via Claudia Augusta ab und folgte von dort der Brennerlinie. Allerdings ist noch nicht endgültig geklärt, ob sie im untersten Abschnitt wie im Mittelalter über den Ritten oder durch das Eisacktal geführt hat. Im Gebiet der Provinz Rätien verlief sie über Sterzing (Vipitenum), Matrei (Matreium), Wilten (Veldidena), Zirl (Teriolis) und Scharnitz (Scarbia) nach Augsburg.

Die Brennerlinie ist nicht nur die bedeutendste Querung der Ostalpen, sondern sie schließt als feste Klammer auch die Talschaften nördlich und südlich des Alpenhauptkammes zusammen. Sie verbindet mit den Stadtregionen von Innsbruck, Bozen und Trient die politischen, wirtschaftlichen, gesellschaftlichen und kulturellen Kernräume von Nord- und Südtirol sowie des Trentino. Die zwischen diesen Oberzentren liegenden Talschaften sind als Entwicklungskorridore zu werten, in denen infolge der Verkehrslage und der gut ausgebauten Infrastruktur die Standortbedingungen für Betriebe des sekundären und tertiären Sektors günstiger sind als in den peripheren Nebentälern. Die durch den Transitverkehr hervorgerufene verstärkte Nachfrage entlang der Brennerlinie bot Handwerk, Handel und Gewerbe auch bereits in der Vergangenheit manche Vorteile. Seit der Eröffnung der Eisenbahn und dem Bau der Autobahn finden zudem viele Bewohner von Gemeinden entlang der Strecke bei diesen Verkehrsträgern eine Beschäftigung.

Die günstigen außerlandwirtschaftlichen Erwerbsmöglichkeiten wirkten sich auch auf die Agrarstruktur aus. Da viele bäuerliche Familien ihre Existenzbasis durch Zu- und Nebenverdienste erweitern konnten, wurden die Höfe häufiger als anderswo geteilt. Daneben gab es viele Nebenerwerbsstellen, die in der frühen Neuzeit im Zusammenhang mit dem Fuhrwerksverkehr (Wagner, Schmiede usw.) als Söllgüter (Selden) angelegt worden waren. Daher wurde die Agrarstruktur entlang der Brennerlinie seit jeher durch kleinbäuerliche Betriebe bestimmt. Nach dem Bahnbau war die Landwirtschaft verstärkt der fremden Konkurrenz ausgesetzt, weil man die Agrarprodukte nun leicht von auswärts einführen konnte. Allerdings verzögerte sich infolge des Vorherrschens von klein- und mittelbäuerlichen Betrieben der moderne Strukturwandel, der sich in der Regel erst nach dem Zweiten Weltkrieg durchzusetzen vermochte.

Entlang der Brennerlinie setzte der Fremdenverkehr besonders früh ein, weil die „Luftkurorte" an der Eisenbahn von Urlaubern aus den Städten leicht erreicht werden konnten. Mit dem Freizeitverhalten der Gäste haben sich die Standortbedingungen später gewandelt. Im Verlauf dieser Entwicklung hat sich der Tourismus u.a. verstärkt an die Talschlüsse und auf höhere Standorte verlagert. Auf derartige Differenzierungsprozesse und manche der gegenwärtigen Strukturprobleme kann am Beispiel von einzelnen Fremdenverkehrsorten entlang der Brennerlinie näher eingegangen werden.

Als Folge der verstärkten europäischen Integration hat der Transitverkehr über die Alpen laufend zugenommen. Seit mit der Brennerautobahn ein leistungsfähiger Verkehrsträger zur Verfügung steht, verlagerte sich der Personen- und Gütertransit mehr und mehr von der Schiene auf die Straße.

Die Brennerlinie führt im mittleren Tirol durch eine Reihe unterschiedlicher Talschaften, die sich deutlich voneinander abheben. Die Seefelder Senke in den nördlichen Kalkalpen wird weitgehend vom Tourismus bestimmt, im Nordtiroler Zentralraum stehen hingegen Dienstleistungseinrichtungen im Vordergrund, während im Wipp- und Eisacktal die mit dem Transitverkehr zusammenhängenden Probleme deutlich hervortreten. Das Bozner Becken und das Südtiroler Unterland zählen hingegen zu den wirtschaftlichen Kerngebieten der Provinz Bozen. Im südlich angrenzenden Trentino nimmt das Etschtal von der Salurner Klause bis unterhalb von Trient und das obere Vallagarina eine ähnliche Stellung ein. An der knapp südlich gelegenen Provinzgrenze bei Ala verengt sich nicht nur das Tal, mit dem veronesischen Anteil am Vallagarina setzt vielmehr auch eine Landschaft ein, die eine geringere wirtschaftliche Dynamik aufweist. Entlang der Exkursionsstrecke ergeben sich demnach nicht nur hinsichtlich der naturräumlichen Ausstattung, sondern auch in Bezug auf aktuelle Probleme der Raumordnung bemerkenswerte Unterschiede, auf welche im Verlauf der vorliegenden Exkursion näher eingegangen werden soll.

Routenbeschreibung

Die Seefelder Senke

In Nordtirol wird die massige Felsbarriere der Nördlichen Kalkalpen westlich des Inn-Quertales, das von Kufstein in das Alpenvorland führt, nur durch drei Furchen durchbrochen, die für den Transit quer durch die Alpen von unterschiedlicher Bedeutung sind: Im Westen stellt der Fernpass die Verbindung vom Oberinntal nach Südwestdeutschland her, in der Mitte führt der kürzeste Weg vom Brenner über die Seefelder Senke nach Oberbayern, das östliche Quertal am Achensee fällt dagegen ab, weil der Personen- und Güterverkehr vom Tiroler Unterland in das Alpenvorland seit jeher größtenteils über die Inntalfurche abgewickelt wird.
Von Norden kommend erreicht man Tirol nördlich der Gemeinde Scharnitz (2001: 1.300 Ew.), deren Struktur durch die Lage an der Grenze und an der Durchzugsstraße gekennzeichnet ist. Westlich des früheren Grenzüberganges erblickt man die Reste der „Porta Claudia", jener Befestigungsanlage, die die Tiroler Landesfürstin Claudia von Medici während des 30-jährigen Krieges (1633) zum Schutz gegen Einfälle aus dem Norden anlegen ließ. Mitten im Dorf überquert die Bundesstraße die Isar, die am Halleranger nördlich des Bettelwurfs entspringt. Von Scharnitz führen entlang der Quelltäler dieses Flusses viel begangene Wege in das Karwendelgebirge, einem der schönsten Naturschutzgebiete Österreichs, wo Wanderer und Alpinisten in zahlreichen Berggasthöfen und Schutzhütten einkehren können. Trotzdem ist der Tourismus in Scharnitz weniger bedeutend als in den anderen Gemeinden der Seefelder Senke, weil man verabsäumt hat, die touristische Infrastruktur in der Nähe des Dorfes stärker auszubauen. Südwestlich schließen an den Dorfrand von Scharnitz Mähwiesen an, die infolge der geringen Bodenmächtigkeit erst spät kultiviert wurden. Zahlreiche Feldstädel lassen erkennen, wie stark diese Grundstücke parzelliert sind. Südlich der Haltestelle von Gießenbach verengt sich das Tal und es beginnt eine Talstufe, an deren Ostseite der Gebäudekomplex des „Playcastle" steht. Diese mächtige Anlage sieht äußerlich wie eine alte mittelalterliche Burg aus, es handelt sich jedoch um einen Neubau aus Beton, der als Standort für modernste Spiel- und Freizeiteinrichtungen dienen sollte. Nach der Eröffnung im Frühjahr 1999 gelang es den Betreibern nicht, den Betrieb kostendeckend zu führen. Die Nachfrage nach solchen Freizeitaktivitäten war weit geringer als erwartet, daher kam es bereits nach einem Jahr zu einem Konkursverfahren, das im Sommer 2000 zur Schließung des „Playcastle" geführt hat, wobei eine Bank als derzeitige Eigentümerin (Frühjahr 2002) interessiert ist, eine Nachfolgenutzung zu finden.

Vom „Playcastle" aus lässt sich die Landschaft der Nördlichen Kalkalpen gut überblicken. Daher empfiehlt es sich, zum Parkplatz dieses Gebäudes zu fahren, von welchem aus u.a. die Gestaltung des Naturraumes im nördlich anschließenden Wetterstein- und Karwendelgebirges diskutiert werden kann.

Südlich der Engstelle an der Porta Claudia weitet sich das Tal zu der mehrere Kilometer breiten Seefelder Senke, die im Bauplan der Nördlichen Kalkalpen begründet ist. Gegen diese Mulde sinken die Achsen von beiden Seiten ab. Daher steht hier der jüngere Hauptdolomit an, während die Gipfel der Mieminger Berge und des Wettersteingebirges im Westen sowie des Karwendels im Osten vorwiegend von älteren Wettersteinkalken aufgebaut werden. Während der Eiszeit, als ein Seitenarm des Inngletschers über die Seefelder Senke nach Norden floss, wurde das Relief erheblich umgestaltet. Nach dem Abschmelzen des Eisstromnetzes blieben neben der Grundmoränendecke bemerkenswerte Kleinformen zurück, die das heutige Landschaftsbild beleben. Dazu zählen neben glazigenen Rundhöckern auch abflusslose Hohlformen, die heute von Seen und Mooren ausgefüllt sind.

Obwohl der Ortsname Scharnitz unter der Bezeichnung Scarbia bereits in der Tabula Peutingerina aufscheint, welche auf die um 360 n. Chr. entstandene spätrömische Straßenkarte des Castorius zurückgeht, belegen Urkunden, dass die Seefelder Senke zu Beginn des 13. Jahrhunderts noch bewaldet war. Die älteren, wüstgefallenen Siedlungen haben keinerlei Spuren hinterlassen. Dies gilt für die römische Straßenstation ebenso wie für das Kloster Scharnitz, das 763 durch Reginpert aus dem Hause Huosi gegründet, jedoch schon 772 nach Schlehdorf am Kochelsee verlegt worden ist. Der „Scharnitzer Wald", der sich von der Landesgrenze bis Seefeld erstreckte, wurde erst im Hochmittelalter gerodet.

Die folgende Siedlungsentwicklung hing eng mit der strategischen Lage und dem Transitverkehr zusammen. Nach dem Aussterben der Grafen von Andechs (1248) sicherte die Feste Schloßberg bei Seefeld, die später verfallen ist, die Tiroler Besitzungen gegen Norden hin ab. Der Fuhrwerksverkehr bildete eine wichtige Einnahmequelle. Entlang der alten Römerstraße führte eine wichtige Verkehrsverbindung über die Seefelder Senke, deren Dörfer als Rastorte nach dem Anstieg vom Inntal bzw. vom Alpenvorland dienten. Die Landwirtschaft spielte hingegen seit jeher nur eine untergeordnete Rolle. Sie wurde in ihrer Entwicklung durch ungünstige naturräumliche Bedingungen, vor allem dem rauen Klima und durch kleinbäuerliche Betriebsstrukturen gehemmt. Umso größer ist die Bedeutung des Tourismus, der begünstigt durch die Lage (Nördliche Kalkalpen, Nähe zu den oberbayerischen Fremdenverkehrszentren) und die Erschließung durch die 1912 eröffnete Karwendelbahn früh einsetzte und laufend ausgebaut wurde. Dementsprechend zählt die Seefelder Senke, die rund 600 Höhenmeter über dem Inntal liegt, heute zu den führenden Fremdenverkehrsgebieten Österreichs.

Für Exkursionen, die sich schwerpunktmäßig mit Problemen des Tourismus beschäftigen, erscheint es zweckmäßig, eine halbtägige Pause in Seefeld (2001: 3.121 Ew.) einzulegen, das sich als Beispiel für die Entwicklung, die Struktur und die aktuellen Probleme von hoch entwickelten alpinen Fremdenverkehrszentren anbietet. Ausgehend von den instruktiven Ausführungen von *Haimayer* (1975) können entlang der von ihm beschriebenen Fußwanderungen die in den letzten 25 Jahren erfolgten Veränderungen diskutiert werden. Für landeskundlich ausgerichtete Übersichtsexkursionen reicht ein kürzerer Rundgang aus (reine Gehzeit 30 min, Aufenthaltsdauer ca. 1½ Stunden), um auf einige wesentliche Punkte hinweisen zu können.

Bei der Abfahrt Seefeld Nord oder Seefeld Mitte verlässt der Omnibus die Umfahrungsstraße und fährt bis zum Ortszentrum vor. Unmittelbar nördlich davon befinden sich in der Münchner Straße am Feuerwehrhaus Omnibus-Parkplätze. Von hier aus wird folgender Rundgang empfohlen: Kurpark (1. Haltepunkt) - Bahnhof (2. Haltepunkt) - Platz vor der Pfarrkirche (gotischer Spitzturm) (3. Haltepunkt) - Kreuzweg bis zur 3. Station (4. Haltepunkt) - Pfarrhügel (5. Haltepunkt) - Seekirchl (6. Haltepunkte) - Klosterbräu (7. Haltepunkt) - Omnibusparkplatz beim Feuerwehrhaus.

Die Zunahme des Tourismus führte in vielen alpinen Fremdenverkehrsorten zu Verkehrsbelastungen. Um diese in den Griff zu bekommen, wurden in Seefeld mehrerer Maßnahmen zur Beruhigung des Verkehrs umgesetzt: Das gesamte Ortszentrum ist als Fußgängerzone ausgewiesen, die Verbindung zu den peripheren Fraktionen und zu den abseits liegenden Freizeiteinrichtungen stellt der „Dorfbus" her, den die Touristen kostenlos benützen dürfen. Als Ausgangspunkt für diese Linien dient der „Terminal" am Feuerwehrhaus bzw. beim Hotel Eden, von wo im Winter auch die Schibusse zu den Schiliften und Seilbahnen fahren. Bei diesen Maßnahmen handelt sich um jüngere Aktivitäten - in den 1960er- und 1970er-Jahren hatte man noch auf den Individualverkehr gesetzt und unmittelbar nördlich des Ortszentrums große Parkplätze errichtet, die von der Kreuzung von Münchner- und Olympiastraße gut eingesehen werden können. Ein erheblicher Teil dieser Abstellplätze steht den Hausgästen der zentrumsnahen Hotels zur Verfügung. Während die Seefelder Touristen den Dorfbus benutzen können, sind die übrigen Besucher auf öffentliche Abstellflächen angewiesen. Bei diesen kommt es immer wieder zu Engpässen, weil sowohl im sekundären Ausflugsverkehr aus der Umgebung als auch im Naherholungsverkehr (München, Innsbruck), der vor allem während der Zwischensaison eine große Rolle spielt, die Besucher zumeist mit Privat-Autos anreisen.

Der Kurpark (1. Haltepunkt) bildet ähnlich wie in anderen Fremdenverkehrsorten eine wichtige Einrichtung der touristischen Infrastruktur. Der Musikpavillon ermöglicht unabhängig vom Wetter Platzkonzerte im Freien, die von den Gästen gerne angenommen werden. Auch Ehrungen nach Sportwettkämpfen und ähnliche Veranstaltungen finden hier statt. Der Kurpark von Seefeld wurde an einem typischen Standort angelegt. Er liegt zentrumsnah in einem ruhigen Hof zwischen der Münchner-, der Andreas-Hofer- und der Bahnhofsstraße. Die Gestaltung ist funktionsgerecht, vor dem Musikpavillon steht Platz für die Besucher von Veranstaltungen zur Verfügung. Der Südteil der Anlage erhält durch die überlebensgroße Bronzeplastik des Einhorns, des Wappentiers von Seefeld, und einem Weiher ihr besonderes Gepräge. Südlich des Kurparks liegt das im Jahre 1969 eröffnete Spielkasino, dessen Zielpublikum kapitalkräftige Gäste sind. Dank der seriösen Führung und der gediegenen Ausstattung ergänzt es das Freizeitangebot des Ortes vorteilhaft.

Neben der Bereitschaft der Einheimischen, sich im Fremdenverkehr zu engagieren, begünstigten mehrere Faktoren den Aufstieg Seefeld zu einem internationalen Zentrum des Tourismus. Zu Beginn der Entwicklung erwiesen sich die landschaftliche Ausstattung und die Nähe zu Oberbayern als Standortvorteil. In der zweiten Hälfte des 19. Jahrhunderts entdeckte der deutsche (Hoch-) Adel, der dazu durch das bayerische Königshaus angeregt wurde, die Nördlichen Kalkalpen als Jagdgebiet und als Sommerfrische. Nach der Eröffnung der Mittenwaldbahn im Jahre 1912 konnten die Fremdengäste zudem leichter anreisen. In der Zwischenkriegszeit trugen Schipioniere zum Aufschwung bei, der sich nach 1945 verstärkt fortsetzte. Der weitere Aufstieg zu einem weltweit bekannten Fremdenverkehrsort hing eng mit den Olympischen Winterspielen von Innsbruck 1964 und 1976 zusammen, bei denen die nordischen Bewerbe in Seefeld ausgetragen wurden. Zudem verfolgte die Gemeinde über Jahrzehnte eine Fremdenverkehrspolitik, die qualitatives und quantitatives Wachstum zu verbinden suchte.

Der Bahnhof von Seefeld (Haltepunkt 2) liegt nur rund 200 m östlich des alten Ortszentrums, das durch die Pfarrkirche markiert wird. Um die Mitte des 19. Jahrhunderts waren in Tirol noch viele Gemeinden darauf bedacht, dass der Bahnhof weit vom Dorf entfernt errichtet wurde. Als nach der Jahrhundertwende die Mittenwaldbahn (eröffnet 1912) erbaut wurde, hatte in Seefeld bereits der Fremdenverkehr eingesetzt. Daher erkannten die Bürger des Ortes die Bedeutung der Eisenbahn als Zubringer für die Fremdengäste und traten für eine zentrumsnahe Lage des Bahnhofes ein. Später führte der Tourismus zu einem Überbesatz an Dienstleistungseinrichtungen, die sich ähnlich wie in den „Cities" der Großstädte im Zentrum konzentrieren. In Seefeld kommt es am Vorplatz des Bahnhofes, wo sich in der Bahnhofspassage u.a. Boutiquen niedergelassen haben, in der Bahnhofs- und Klosterstraße sowie in der Innsbruckerstraße nördlich der Reither-Spitz-Strasse zu einer besonders starken Häufung von Betrieben des tertiären Sektors, wobei in der Nähe des Bahnhofes vor allem Bankfilialen auffallen. Insgesamt bieten in der Fußgängerzone von Seefeld rund 80 Geschäfte bzw. Boutiquen ihre Waren an.

Die Transformierung der Gebäude des historischen Ortszentrums von Seefeld, das vom Platz vor der Pfarrkirche (Haltepunkt 3) gut eingesehen werden kann, spiegelt die Entwicklung des Ortes von einem kleinen Klosterdorf zum Fremdenverkehrszentrum und die gegenwärtige Problematik einer vom Tourismus geprägten Gemeinde wider.

Das Klösterchen des Augustinerordens, dem eine kleine Brauerei angegliedert war, bildete mit der prächtigen gotischen Kirche das Zentrum des Dorfes. Die Gasthöfe in der Nachbarschaft waren auf den Fuhrwerksverkehr ausgerichtet, der zusammen mit dem Kloster auch das Handwerk belebte, sodass Seefeld stärker gewerblich geprägt war als viele andere Landgemeinden. Nachdem Josef II. 1786 das Kloster aufgehoben hatte und der Fuhrwerksverkehr im 19. Jahrhundert nach dem Bahnbau verfallen war, verarmte die Bevölkerung von Seefeld zunächst. Erst mit dem aufkommenden Fremdenverkehr besserte sich die Lage.

> ## *Die Kirche von Seefeld und das „Hostien-Wunder"*
>
> Auf der Passhöhe von Seefeld befand sich im Mittelalter die verschwundene Feste Schlossberg, die Sitz eines landesfürstlichen Pflegers war. Von 1390-1420 scheint Oswald Milser dieses Amt innegehabt zu haben, der durch das „Hostien-Wunder" bekannt geworden ist. Die Legende erzählt, Milser habe als Ritter vom Priester eine große Hostie verlangt, dieser habe sie ihm auch gegeben, daraufhin sei Milser jedoch in den Boden eingesunken.
>
> In der Folgezeit setzte ein reger Wallfahrtsverkehr ein, und die Tiroler Landesfürsten Friedrich IV. „Mit der leeren Tasche" und Sigmund „Der Münzreiche" förderten den Neubau der reich geschmückten gotischen Kirche (1423-74) durch erhebliche Zuwendungen. Das Ergebnis ist ein sehenswerter gotischer Sakralbau, für dessen Besuch man sich Zeit nehmen sollte. Über ein Seitenschiff erreicht man die im Renaissancestil aufgeführte Heilig-Blut-Kapelle aus dem Jahre 1574. Im Jahre 1516 ließ Kaiser Maximilian I. an die Pfarrkirche eine Herberge anbauen, die Erzherzog Maximilian der Deutschmeister 1604 den Augustinerchorherren für die Einrichtung eines Klösterchens übergab. Wie anderswo (z.B. Augustinerbräu München) so betrieb dieser Orden auch hier eine Brauerei, an die heute noch der Namen des Hotels erinnert.

Nach der Säkularisierung diente das Klostergebäude verschiedenen Zwecken, bis es schließlich zu einem Gasthof umgebaut wurde. Auf diesen geht das „Klosterbräu" mit dem Nachtklub „Zur Kanne" zurück, das bis heute eines der führenden Hotels von Seefeld geblieben ist. Aus den ehemaligen Fuhrwerksgaststätten in der Nähe der Kirche (z.B. Hotel Post, Hotel Lamm) sind ebenfalls bekannte Beherbergungsbetriebe hervorgegangen. Auch sonst finden sich vielfach Hinweise auf persistente Strukturen. Das Kaufhaus Albrecht in der Innsbruckerstraße geht auf das alte Ladengeschäft des Ortes zurück, das die Einheimischen noch lange „beim Krumer" (= Krämer) bezeichnet haben. Um im Wettbewerb bestehen zu können, passten die Unternehmer ihre Betriebe den gestiegenen Erfordernissen an, indem sie die Gebäude vergrößerten und modernisierten. Dementsprechend wurden mit Ausnahme des Widums (Pfarrhaus südlich der Kirche) alle Häuser des Dorfzentrums in den letzten Jahrzehnten erheblich umgebaut.

Von der Pfarrkirche führt ein moderner „Kreuzweg", der im Jahre 2000 angelegt wurde, auf den Pfarrhügel. Die 14 Kreuzwegstationen bestehen allerdings nicht aus Bildstöcken, es handelt sich vielmehr um mächtige kantengerundete Schiefer- und Gneisblöcke aus den Ötztaler und Zillertaler Alpen, die nicht vom Eis, sondern durch moderne Transporter nach Seefeld befördert wurden. Folgt man dem Kreuzweg, so erreicht man in der Nähe der Station 3 westlich der Weggabelung einen Punkt, von dem aus der Seefelder Wildsee und das südliche Ortsende gut überblickt werden kann (Haltepunkt 4).

Der Seefelder Wildsee bildete auf Grund seiner landschaftlichen Schönheit und der Möglichkeit, dort im Hochsommer schwimmen zu können, ein wichtiges Potential für den Seefelder Tourismus. Der See, um den beliebte Wanderwege herumführen, blieb erfreulicherweise abgesehen vom Strandbad weitgehend naturbelassen. Knapp nördlich davon setzt die geschlossene Verbauung mit dem Traditionshotel Seespitz und auf der Nordostseite mit mehreren Privatpensionen und dem (inzwischen geschlossenen) Wildseeschlößl sowie dem Hotel Glas ein. Die Grünfläche zwischen der Eisenbahn und der Umfahrungsstraße wurde noch lange als landwirtschaftliches Grünland genutzt, ehe ein kleiner Golfplatz („Golfacademy") angelegt wurde, der kapitalkräftigen Seefelder Gästen eine nahe Möglichkeit für die Ausübung dieses Sportes bietet. Der 18-Loch-Golfplatz von Seefeld liegt einige Kilometer westlich am Wildmoos-See. Daneben verfügt der Ort auch über einige private Golf-Indoor-Zentren.

Der Scheitel des Pfarrhügels (Haltepunkt 5), an welchem am Ende des Kreuzweges zwölf Findlinge die zwölf Apostel symbolisieren, bietet einen hervorragenden Einblick in die Landschaft und Lage von Seefeld. Die deutliche Senke in den Nördlichen Kalkalpen wird im Westen durch die Mieminger Kette, im Nordwesten durch das Wettersteingebirge mit dem Zugspitzmassiv und im Osten durch die Karwendelkette begrenzt. Diese schroffen Gebirgsgruppen wurden frühzeitig zu Zielen der Alpinisten, die dazwischen liegende Senke weist sanfte Gebirgsformen auf, welche für die früh einsetzende Sommerfrische („sanfter Tourismus") günstige Voraussetzungen geboten haben.

In der Zwischenkriegszeit trug der Schiweltmeister Toni Seelos, der als Erfinder der Wedeltechnik gilt, zum Aufschwung des alpinen Schilaufes bei, dessen Ausübung neben kleineren Übungsliften die Standseilbahn zur Rosshütte östlich und die Sesselbahnen zum Gschwandkopf südwestlich des Ortes erleichtern. Obwohl Seefeld nur 1.180 m hoch liegt, gilt der Ort begünstigt durch die Lage in der Nähe des nördlichen Alpenrandes als relativ schneesicher. Um das Risiko weiter zu minimieren, können inzwischen nahezu alle Pisten (künstlich) beschneit werden. Dem Weitblick der Verantwortlichen war es zu verdanken, dass sich Seefeld nicht einseitig auf den alpinen Schisport konzentriert hat. Bei den Olympischen Spielen 1964 und 1976 richtete der Ort den Großteil der nordischen Wettkämpfe aus. Dadurch gelang es in der Folgezeit, ein breiteres Spektrum von Gästen als andere Fremdenverkehrsorte in den Alpen anzusprechen. Die damals angelegten Langlaufstrecken wurden laufend erweitert, sodass Seefeld heute über ein rund 250 km langes Loipennetz in allen Schwierigkeitsstufen verfügt.

Vom Pfarrhügel führt ein schmaler Gehweg südwestlich am Olympia-Sport- und Kongress-Zentrum vorbei und von dort über eine kleine Brücke im Bereich der Seewiesen zum Seekirchl (1.176 m; Haltepunkt 6). Diese Namen erinnern an den ehemaligen Kreuzsee, der unter Herzog Sigmund im 15. Jh. als Fischweiher aufgestaut und um 1840 trockengelegt wurde, wobei der Versuch, dort Gerste für die nahe Brauerei anzubauen, fehlgeschlagen hat. Die hübsche im Jahre 1666 geweihte Barockkappelle wird nach dem mächtigen Kruzifix aus dem 16. Jh. am Hochaltar auch als Heiligkreuzkirche bezeichnet. Vom Seekirchl aus können die wichtigen Freizeiteinrichtungen entlang der Mösererstraße im Südwesten von Seefeld gut eingesehen werden. Im Süden erblickt man das nahe Schigebiet zum Gschwandkopf mit der Vierer-Sesselbahn, unmittelbar westlich davon die „Casino-Arena-Sprungschanze" mit dem Sprungturm und dem Kampfrichtergebäude. Unterhalb der Brücke der Umfahrungsstraße verlaufen im

Winter die Langlaufloipen, wobei bei Wettkämpfen das Zielgelände knapp westlich davon in der Nähe der Sprungschanze aufgebaut wird. Am Hangfuß oberhalb der Einmündung der Umfahrungsstraße in die Möserer Straße wurde die „Casino-Tennishalle" errichtet, in welcher u.a. (Senioren-)Turniere und Veranstaltungen der international bekannten Tennisschule stattfinden. Auf der östlichen Talseite wurde das Olympia-Sport- und Kongress-Zentrum mit dem Frei- und Hallenbad in den Hang, der zum Pfarrhügel emporführt, gebaut.

Vom Seekirchl führt der Weg zurück zur Brücke über den Raabach und von dort Richtung Ortszentrum zur Klosterstraße, wo gegenüber dem Eingang zum Klosterbräu bzw. zum Nachtlokal Kanne der nächste Halt vorgesehen ist (Haltepunkt 7). In der Klosterstraße kam es in den letzten Jahrzehnten zu einer Konzentration von Einzelhandelsgeschäften, wobei im Block gegenüber dem Klosterbräu auch die Passagen für Schaufenster genutzt werden, welche die vorbeibummelnden Touristen zum Kauf anregen sollen. Ein zweites Beispiel ist die Rathauspassage gegenüber der Pfarrkirche, an welcher u.a. der Tourismusverband Seefeld untergebracht wurde. Bei den Geschäften in dieser Straße handelt es sich vorwiegend um Betriebe, die hochwertige Produkte anbieten. Das Angebot an Gaststätten hat in den letzten Jahrzehnten stark zugenommen, wobei neue Typen von Lokalen eröffnet wurden. Dazu zählt das „Siglu" unmittelbar neben dem Klosterbräu, ein aus durchsichtigem Kunststoff errichteter Iglu-förmiger Bau, wo die Besucher dicht gedrängt ihre Getränke konsumieren.

Von hier wird zum Terminal beim Feuerwehrhaus zurückgegangen. Der Omnibus nimmt die Zufahrt durch die Andreas-Hofer- zur Umfahrungsstraße. Bei der Einfahrt erblickt man den Parkplatz der Standseilbahn zur Rosshütte und das Hotel Royal-Vital, das bereits in der Ortschaft Krins liegt, die zur Nachbargemeinde Reith bei Seefeld gehört. Die Tourismusbetriebe von Seefeld bekämpften den Bau dieses Großhotels, sie konnten ihn allerdings nicht verhindern, weil Reith als Standortgemeinde für die örtliche Raumordnung zuständig ist.

Vom Seefelder Sattel führt die Umfahrungsstraße nach Süden in das Inntal hinunter, wobei mit Auland eine weitere Fraktion der Gemeinde Reith bei Seefeld folgt, die sich begünstigt durch die Nähe von Seefeld inzwischen ebenfalls zu einem beachtlichen Fremdenverkehrsort entwickelt hat. Westlich der Talfurche fällt unterhalb der mit Lärchen bestockten Gschwandkopfmähder das in isolierter Lage errichtete 4-Sterne-Hotel Alpenkönig auf.

Knapp unterhalb der Abzweigung nach Auland wird am Parkplatz des Rasthauses Meilerhof angehalten, von dem aus das Inntal und die im Süden angrenzenden Zentralalpen gut eingesehen werden können.

Das Inntal von der Seefelder Senke aus

Das Inntal ist ein inneralpines Längstal, dessen Längs- und Querprofil vom Meilerhof aus gut überblickt werden kann. Die Gliederung der Talsohle wird im Abschnitt zwischen Zirl und Telfs durch Schwemmkegel geprägt, die von den südlichen Nebenbächen aufgeschüttet wurden und den Inn an die Nordseite des Tales gedrängt haben. Obwohl sie schattseitig liegen und im Winter mehrere Wochen ohne Sonne auskommen müssen, wurden diese Schwemmkegel früh besiedelt. Diese Vermutung wird u.a. durch die Ortsnamen Hatting, Polling, Flaurling mit der Endung -ing belegt. Es handelt sich dabei durchwegs um Haufendörfer, die stark angewachsen und erheblich transformiert wurden, seit in den letzten Jahrzehnten der Pendelverkehr in die nahe Landeshauptstadt Innsbruck laufend zugenommen hat. Die Schwemmkegel stauten den Inn auf, daher entstanden im Anschluss feuchte Auen, die erst nach der Regulierung des Flusses in Wert gesetzt werden konnten. Als letzte wurden die Pettnauer Auen, die am Fuß des Südhanges unterhalb von Reith liegen und daher vom Meilerhof nicht eingesehen werden können, erst nach dem Zweiten Weltkrieg kultiviert. Im Rahmen dieser neuzeitlichen Meliorierungen wurden jeweils größere, vielfach als „Neuraute" bezeichnete Flächen gemeinsam entsumpft und anschließend parzelliert. Dadurch entstand im Gebiet der ehemaligen Flußauen eine planmäßige, heute durch die Autobahn zerschnittene Flureinteilung mit zahlreichen Feldstadeln, die auf die Gemengelage hinweisen.

Der Enterbach und die Bedrohung Inzings

Die Kulturflächen auf den Schwemmkegeln werden durch Murbrüche gefährdet. Der Enterbach, der den Inzinger Schwemmkegel aufgebaut hat, gilt als ein besonders gefährlicher Wildbach. Sein Einzugsgebiet, das von unserem Standpunkt aus gut übersehen werden kann, beträgt 12,2 km^2, wovon nur 40 % bewaldet sind. Bei einer Gesamtlänge des Tales von 8,7 km entfallen 3,1 km auf das obere Sammelgebiet, 3,6 km auf den steilen Mittellauf, der z.T. tief in den Altschutt eingegraben ist, und 2 km auf den Schwemmkegelhals und den Schwemmkegel. Die Bewohner des gefährdeten Dorfes Inzing haben frühzeitig begonnen, den Bach zu verbauen. Trotzdem kam es immer wieder zu Katastrophen. Nach dem Ausbruch von 1817, bei dem 45 Häuser zerstört und 72 ha Wiesen vermurt worden waren, wollte man das Dorf sogar verlegen. Ab 1838 wurden beachtliche Mittel für „Archen- und Murschanzungen" ausgegeben. Trotzdem kam es am Ende des 19. Jahrhunderts zu mehreren Murbrüchen. In der Folgezeit betrieb die „Forsttechnische Abteilung der Wildbach- und Lawinenverbauung" die Sanierungsarbeiten, die im Jahre 1929 durch einen schweren Murgang einen Rückschlag erlitten. Zur Katastrophe kam es jedoch erst am 26. Juli 1969, als der Wildbach 42 der 44 Sperren niederriss und auf dem Schwemmkegel eine Fläche von ungefähr 50 ha verschüttete, wobei u.a. das Schwimmbad, 12 Häuser und eine Kapelle zerstört wurde. Bei den Gebäuden handelte es sich fast ausschließlich um Neubauten. Hätte nicht ein Gutachten der Wildbachverbauung ein stärkeres Wachstum des Ortes Inzing verhindert, so wäre ein wesentlich größerer Schaden entstanden.
Diese Erfahrungen haben die Ausarbeitung von Gefahrenzonenplänen (= passiver Katastrophenschutz) erheblich beschleunigt. Nach der Katastrophe wurde der Enterbach innerhalb kurzer Zeit bis zum Jahre 1972 verbaut. Sein steiler Mittellauf und der des Almbaches wurde mit insgesamt 50 Betonsperren abgestuft, und oberhalb des Dorfes ein großes Rückhaltebecken errichtet. Darüber hinaus wurde der Ober- und Mittellauf des Baches durch einen Güterweg erschlossen, der auch der Alm- und Forstwirtschaft zugute kommt.

Rund 300 Höhenmeter über der Talsohle liegt oberhalb der mit Nadelwäldern bestockten Steilstufe die auffallende Verflachungszone der Inntalterrassen, auf welchen über den anstehenden kristallinen Gesteinen eiszeitliche Lockersedimente (Schotter, Grundmoräne) abgelagert sind. Das Terrassensystem erreicht südlich von Innsbruck, wo das Silltal in das Inn-Längstal mündet, die größte Breite. Diese auffallenden Verebnungen, die von den Tirolern als „Innsbrucker Mittelgebirge" bezeichnet werden, sind - wie die Ortsnamen (Götzens, Birgitz, Axams, Grinzens) belegen - größtenteils ein Altsiedelraum, der frühzeitig gerodet wurde und mit nahe nebeneinander liegenden Haufendörfern besetzt ist. Je näher sie bei Innsbruck liegen, umso stärker wurden sie in den vergangenen Jahrzehnten in den Surbanisierungsprozess einbezogen.
Die Terrassenfläche zwischen Götzens und Axams ist heute nahezu geschlossen verbaut. Westlich der Mündung des Sellraintales wird die Inntalterrasse rasch schmäler. Während Oberperfuß und Ranggen inzwischen ebenfalls typische Auspendlergemeinden geworden sind, spielt

der Berufsverkehr in den sehr kleinen westlich anschließenden Berg-Siedlungen (z.B. Inzinger-, Hattinger-, Pollingerberg) nur eine sehr bescheidene Rolle, weil diese verkehrsmäßig unzureichend erschlossen sind und eine ungünstige Versorgungslage aufweisen.

Oberhalb des „Mittelgebirges" schließt eine steile Waldstufe an, die bis in eine Höhe von ungefähr 2.000 m hinaufreicht, wobei die schüttere Kampfzone darauf hinweist, dass die Obergrenze des Waldes durch die Almwirtschaft erheblich gesenkt worden ist. Auf die darüber liegenden sanfteren Reliefformen, die auf dem durch Aufstiegshilfen erschlossenen Rangger Köpfl (1.939 m) besonders gut beobachtet werden können, schließt gegen oben die Steilstufe des „eigentlichen Hochgebirges" an, das im Bereich der von hier aus eingesehenen Hochedergruppe bis zur Gipfelflur in 2.600 bis 2.800 m hinaufreicht.

Östlich des Sellraintales beleben die Kalkkögel, die das Schigebiet der Axamer Lizum umschließen, das Landschaftsbild. Dieser aus hellen Kalken aufgebaute Gebirgsstock hebt sich deutlich von den dunklen kristallinen Schiefern der Ötztaler Masse ab, die gegen Osten an Höhe verlieren. Wegen einer lokalen Geländerippe, auf der das Dorf Reith bei Seefeld liegt, kann die Brennersenke von unserem Standort am Meilerhof nicht eingesehen werden. Dies ist vom fahrenden Omnibus aus rund 500 m weiter östlich knapp oberhalb des Dorfes Leithen möglich, wo die Nord-Süd-Abfolge des Reliefs vom Inntal bis zum Alpenhauptkamm klar hervortritt. Auf die sanften Tuxer Alpen, deren Nordgrenze u.a. durch den stumpfen Patscherkofel (2.247 m) und den deutlich höheren Glungezer (2.678 m) markiert wird, folgt gegen Süden der Tuxer Kamm des Tauernfensters mit dem mächtigen Olperer (3.480 m), dessen Gletscher den Hochgebirgscharakter dieser Gebirgsgruppe unterstreichen.

Die moderne Straße über die Seefelder Senke folgt im Wesentlichen dem Verlauf der Römerstraße, die von Augsburg über Garmisch-Partenkirchen, Scharnitz (Scarbia) und Zirl (Teriolis) nach Wilten (Veldidena) geführt hat. Von dort verlief sie auf der Westseite des Silltales nach Matrei (Matreium) und weiter über den Brenner nach Sterzing (Vipitenum). Der historische Weg über den Zirlerberg wurde inzwischen zwar zu einer modernen Straße ausgebaut, allerdings weist auch diese ein Gefälle von bis zu 16 % auf. Viele Fahrer, die aus dem Flachland kommen, werden hier erstmals mit den Gefahren einer Gebirgsstrecke konfrontiert. Daher kommt es häufig zu Unfällen durch unerfahrene Lenker, wobei manche Katastrophen durch die seitlichen Auffangstrecken im oberen Abschnitt der Zirlerbergstraße verhindert wurden. Vom darunter liegenden Rasthaus Zirlerberg aus kann das Inntal gut eingesehen werden (vgl. Übersichtsexkursion *Das Inntal von Innsbruck nach Landeck*). Die moderne Innbrücke bei Martinsbühel liegt ungefähr an jener Stelle, an welcher auch die Römerstraße den Fluss gequert hat. Während die Autobahn bis Innsbruck entlang des in ein enges Bett gezwängten Flusses führt, verlief die Römerstraße am südlichen Rand des Inntals über Michelfeld und Völs nach Wilten (Veldidena).

Eine Beschreibung der Tiroler Landeshauptstadt erfolgt in der Spezialexkursion *Die Stadt Innsbruck* (Band 2 des Exkursionsführers).

Das südliche Innsbrucker Mittelgebirge und das vordere Silltal

Südlich von Innsbruck liegt 200 bis 500 m über der Sohle des Inntals eine breite, getreppte Terrassenflur, das bereits erwähnte sog. „Mittelgebirge". Diese weiten Verebnungen, in die sich die Sill in einem engen Kerbtal eingeschnitten hat, bestehen vorwiegend aus eiszeitlichen Lockersedimenten (Schotter- und Moränenmaterial), die an Felskerne angelagert sind. Neben vielen vorromanischen Ortsnamen (z.B. Igls, Aldrans, Sistrans, Lans, Mutters, Natters, Götzens, Birgitz, Axams usw.) bezeugen Ausgrabungen (z.B. Hohe Birga), dass die Terrassen bereits seit prähistorischer Zeit besiedelt sind. Das enge Silltal, das lange Zeit eine Verkehrsschranke gebildet hat, ist hingegen bis heute bewaldet geblieben. Infolge der Nähe zur Landeshauptstadt kam es im Innsbrucker Mittelgebirge und im vorderen Silltal, wie angesprochen, in den letzten Jahrzehnten zu einer verstärkten Suburbanisierug, wobei zunächst immer mehr Einheimische in Innsbruck eine Arbeit suchten und auspendelten, ehe Städter wegen der besseren Wohnungsqualität in die Umlandgemeinden zogen. Im Verlauf dieser modernen sozio-ökonomischen Entwicklung nahmen die Einwohnerzahlen der Dörfer stark zu und beachtliche Flächen wurden vorwiegend mit Einfamilienhäusern verbaut.

Für die Weiterfahrt von Innsbruck zum Brenner kommt sowohl die Autobahn als auch die Bundesstraße in Frage. Beim Bau der österreichischen Brennerautobahn wurde eine Hangtrasse gewählt, von der man das Tal gut überblicken kann. Die Bundesstraße liegt tiefer und vermittelt keinen so guten Eindruck vom Landschaftsbild. Zudem fehlen geeignete Parkmöglichkeiten. An der Autobahn folgen hingegen in kurzen Abständen Raststätten mit Parkplätzen an landschaftlich reizvollen Stellen. Als erste Haltepunkte bieten sich an der Bundesstraße und an der Autobahn Parkplätze in der Nähe der Europabrücke an. Bei der Autobahn lohnt es sich, vom Parkplatz neben der Raststätte (Westseite der Autobahn) zur Kapelle emporzusteigen, von wo aus man die Landschaft gut überblicken kann. Der kleine Parkplatz (mit Kiosk) an der Bundesstraße liegt auf der östlichen Straßenseite knapp nördlich der Brückenpfeiler (bei Kilometer 9).

Der durch die Tiroler Freiheitskämpfe (1809) und den Sport (Sprungschanze) bekannt gewordene Bergisel südlich von Innsbruck wurde durch eine Epigenese der Sill aus den Sedimenten der Inntalterrassen herauspräpariert, wobei in der Sillschlucht das Anstehende zum Vorschein kommt. Westlich davon benutzt die Brennerstraße am Sonnenburger Hof die Einkerbung einer früheren Talgeneration. Die Eisenbahn und die Autobahn führen hingegen in Tunnelröhren durch den Berg.
Um den Autobahnknoten Innsbruck-Süd anlegen zu können, musste mit dem Sonnenburger-Bühel ein Hügel abgetragen werden, der in prähistorischer Zeit besiedelt war und im Mittelalter eine Burg getragen hat, die einem ganzen Landgericht den (inzwischen verloschenen) Namen gab. Die Talkerbe des vorderen Silltales weist aber heute nur eine geringe Nutzungsintensität auf. Daher konnte die Stadt Innsbruck noch Ende der 1970er-Jahre im Ahrntal (ca. 3 km südlich des Autobahnknotens Innsbruck-Süd) östlich der Autobahn ihre Mülldeponie anlegen, während zu Beginn der 1990er-Jahre für die Gemeinden des Bezirkes Innsbruck-Land die inzwischen aufgefüllte Deponie Graslboden errichtet wurde, die an der Brenner-Bundesstraße oberhalb der Europabrücke liegt.

Die Landschaft des vorderen Silltales überblickt man von der Kapelle neben der Europa-Brücke besonders gut, beim Parkplatz an der Brenner-Bundesstraße (unterhalb der Europa-Brücke) kann man hingegen nur in das Kerbtal der Sill einsehen. Daher empfiehlt es sich, dort die Ausführungen auf die Verkehrsproblematik zu konzentrieren.

Im Bereich der Europabrücke treten die Charakteristika im Landschaftsbild des vorderen Silltales besonders deutlich hervor. Nicht nur zahlreiche Aufschlüsse entlang der Brennerstraße, sondern auch die plumpen Erdpyramiden nördlich der Brücke zeigen, dass das enge Kerbtal, in das sich die Sill eingeschnitten hat, aus eiszeitlichen Schotter- und Moränenmaterial aufgebaut ist. Knapp oberhalb der Europabrücke setzt eine mehrfach abgetreppte Terrassenflur ein, auf der das natürliche Waldland zurückgedrängt ist. Locker verbaute Haufendörfer wie das Dorf Patsch (2001: 879 Ew.) prägen das äußere Erscheinungsbild der Altsiedlungen des „Mittelgebirges". Der Hang nordwestlich der Europabrücke wird hingegen von Einzelhöfen eingenommen, die - wie der Ortsnamen Kreith (= Gerodetes) vermuten lässt - erst im Zuge der hochmittelalterlichen Rodungskolonisation angelegt wurden. Südwestlich davon schließen die Telfer Wiesen an, die zu den schönsten Lärchenwiesen Tirols zählen. Dieser reizvolle Landschaftstyp, den die Wanderer vor allem im Frühjahr zur Zeit der Enzianblüte aufsuchen, hängt mit der landwirtschaftlichen Nutzung zusammen.

> *Die Lärchenwiesen*
>
> Seit diese Grundstücke gerodet sind, regeln die Bauern durch die Mahd die Art und den Grad der Bestockung. Bäume wie die Fichten, die das Licht abschirmen, lassen sie nicht aufkommen. Lärchenbäume, deren Holz man wegen des Harzreichtums als Rohstoff (Balken für Hausbau, Legschindeln, Holz für Zäune) außerordentlich schätzte, ließ man hingegen stehen, weil unterhalb der lichten Äste auch weiterhin so viel Gras aufkam, dass man einen ausreichenden Heuertrag erzielte. Seit sich die Bewirtschaftung wegen der hohen Bearbeitungskosten und der geringen Heuerträge nicht mehr lohnt, werden viele Lärchenwiesen nicht mehr genutzt. Dadurch droht dieser attraktive Landschaftstyp zu verschwinden. Um dies zu verhindern, führte das Land Tirol Prämien für die Bewirtschaftung der Lärchenwiesen ein. Dadurch wurde der weitere Verfall zwar gebremst, infolge des fortschreitenden gesellschaftlichen Wandels kann er jedoch nicht mehr gestoppt werden. Daher kommen nun in den Lärchenwiesen - wie ein Blick auf die Telfeser Wiesen eindrucksvoll bestätigt - heute verstärkt Fichten und Laubgehölze auf, die in 30 bis 50 Jahren das Landschaftsbild bestimmen werden.

Am Beispiel des vorderen Silltales kann der Ausbau der Verkehrsinfrastruktur in den Alpen gut verfolgt werden. Der genaue Verlauf der Römerstraße ist im Abschnitt zwischen Wilten (Veldidena) und Matrei nicht bekannt. Die wenige Meter lange Gleisstraße neben dem Parkplatz der Europabrücke wurde nicht hier, sondern am Brennersee ausgegraben. Bei der Verkehrsverbindung von Hall über Igls und Patsch nach Matrei, die man von der Kapelle oberhalb der Europabrücke aus nördlich des Dorfes Patsch gut erkennen kann, handelt es sich entgegen der vielfach vertretenen Volksmeinung um keine Römerstraße, sondern um einen alten Verbindungsweg, über den nach dem Ausbau der Haller Saline im Mittelalter vor allem Salz nach Süden transportiert wurde. Diese Straße, die im weiteren Verlauf der Autobahn mehrfach am Gegenhang eingesehen werden kann, folgt heute noch der alten Trasse, die zahlreiche Gegensteigungen aufweist.
Der mittelalterliche Brennerweg verlief von Innsbruck über den Sonnenburger Hof auf der Westseite des Tales zur Mündung des Stubaitales, wobei dieses 500 m oberhalb der Mündung der Ruetz beim Weiler Unterberg überquert wurde. Von dort führte die Straße an der Westseite des Burgstallrückens auf die Terrasse von Schönberg hinauf. An diesem Steilanstieg wurden im Verlauf der Neuzeit mehrmals Änderungen in der Trassenführung vorgenommen. In Schönberg zweigte der Weg in das Stubaital beim kulturgeschichtlich bedeutsamen Gasthof Domanig von der Brennerstraße ab und verlief von dort über Matreiwald nach Süden.
Der Anstieg auf die Terrassenflur, der beträchtliche Vorspanndienste erfordert hatte, wurde erst 1836-1845 umgangen, als die Brennerstraße auf die Ostseite des Burgstalles verlegt wurde. Dieser Neubau erfolgte nach den Richtlinien der österreichischen „Reichstraßen", die in Hinblick auf Truppentransporte mit schwerem Gerät breit und flach angelegt wurden. Als technische Meisterleistung galt die 1840 eröffnete Stefansbrücke, welche die Ruetz in einem 43 m langen und 36 m hohen Quadersteinbogen überquert. Von dort führt die Straße mit einer Steigung von weniger als 10 % in zahlreichen Kurven, die heute viele Motorradfahrer anlocken, direkt nach Matreiwald.

Blick auf die Brennerautobahn im Bereich der Europabrücke (mit Serles und Stubaier Gletscher)

Für die 1867 eröffnete Brennerbahn wählte der aus Württemberg stammende Baumeister Ing. Etzel auf der Ostseite der Sillschlucht eine großzügige Linienführung mit einer gleichmäßigen Steigung von 25 Promillen. Gerade in diesem Abschnitt galt die Brennerbahn lange als eine technische Meisterleistung, sie wird allerdings heute den modernen Anforderungen nicht mehr voll gerecht. Um den Güterverkehr verstärkt auf die Schiene verlagern zu können, wird eine weitergehende Modernisierung angestrebt. Diesbezüglich bildet die 1999 fertig gestellte Südumfahrung von Innsbruck, die beim Bahnhof Unterberg einmündet, nur die erste Ausbaustufe, der später der 45 km lange Brennerbasistunnel folgen soll.

Die Europabrücke

Die Europabrücke, die mit einer Länge von 800 Metern 190 m über dem Fluss das Tal überquert, bildet das Kernstück der Brennerautobahn im vorderen Silltal. Dieses Bauwerk stellte aus mehreren Gründen an die Techniker besondere Anforderungen. Die Brücke wurde unmittelbar über der Silltalstörung errichtet, an der die Quarzphyllite der Tuxer Alpen unter die kristallinen Schiefer der Ötztaler Masse abtauchen. Dieser Verwerfung, an der das Gestein infolge der tektonischen Beanspruchung stark zerklüftet ist, folgt auch eine Erdbebenlinie. Daher mussten die Pfeiler so konstruiert werden, dass sie dem gleichzeitigen Auftreten eines Erdbebens der Stärke 8 (Mercalli-Siebert-Skala), eines Föhnsturmes mit einer Windgeschwindigkeit von 140 km/h und einer vollen Verkehrsbelastung standhält. Nach eingehenden Vorstudien konnte im Jahre 1959 mit dem Bau der Brennerautobahn, der heutigen A-13, begonnen werden, wobei 1963 der Abschnitt von Innsbruck-Süd nach Schönberg und 1971 das letzte Teilstück zum Grenzübergang Brenner fertig gestellt werden konnte.

Beim Bau des südlichen Brückenkopfes der Europabrücke musste ein bis zu 30 m mächtiger Schotterrücken abgetragen werden. Auf der entstandenen Fläche wurden neben den Fahrbahnen ein großer Parkplatz, eine Tankstelle, eine Autobahnraststätte und mehrere kleinere Geschäftslokale errichtet, welche die Reisenden zu einer Rast einladen. Künstlerisch bemerkenswert ist die Europakapelle auf dem stehen gebliebenen Rest des Burgstallgrates, die der bekannte Nordtiroler Architekt Hubert Prachensky geschaffen und der Südtiroler Maler Plattner mit Fresken geschmückt hat.

Südlich der Europabrücke umschließt die Autobahnkehre den ganzen Dorfkern von Schönberg (2001: 1.007 Ew.), an der Westseite wurde der Vollanschluss Stubaital und an der Südseite die Hauptmautstelle angelegt. Infolge dieser Trassenführung wird die „Autobahngemeinde" Schönberg besonders stark durch Lärm und Abgase belastet. Protestveranstaltungen gegen den Transitverkehr finden in der Regel hier statt. Inzwischen haben die Bewohner einige Schutzmaßnahmen erreicht, darunter den Lärmschutztunnel nordwestlich des Ortes.

Das nördliche Wipptal

Die breite Terrasse von Schönberg setzt sich in das Stubaital nach Mieders fort, im Silltal verengt sie sich hingegen südlich der Hauptmautstelle. Die Autobahn wurde oberhalb des Dauersiedlungsraumes angelegt, wobei die Trasse, die z.T. über Brücken führt, nacheinander Fichten- und Lärchenparzellen überquert. Dieser Wechsel hängt mit der (früheren) Nutzung zusammen. Die Fichtenwälder dienten als Heimweiden, die lockeren Lärchenbestände sind das Ergebnis der über Jahrhunderte gepflegten Mahd. Unterhalb der Autobahn liegt das Streusiedlungsgebiet des Matreiwaldes, das die Talschaft „Wipptal" gegen Norden begrenzt.

Obwohl bereits die Römerstraße hier entlang geführt hat und manche vordeutsche Ortsnamen (z.B. Gschleirs) vorkommen, wurde dieser gut sechs Kilometer lange Abschnitt erst im Hochmittelalter gerodet, worauf die Bezeichnung „Wald" im Ortsnamen hinweist. Die Höfe liegen auf der Hangverflachung in unterschiedlicher Höhe. Sie sind entlang des alten Fahrweges angeordnet, der zahlreiche Gegensteigungen aufwies. Erst im 19. Jahrhundert wurden diese mit dem Ausbau der „Reichsstraße" beseitigt. Auf der gegenüberliegenden östlichen Talflanke ist die Verflachung noch etwas deutlicher ausgebildet. Beide Talseiten werden durch die enge, 150 bis 60 m tiefe Sillschlucht voneinander getrennt, durch die sich die Brennerbahn windet. Lange Zeit bildete der Talabschnitt nördlich von Matrei eine stagnierende Raumzelle, in welcher auch die Landwirtschaft erst spät modernisiert wurde. Dabei spielte der Autobahnbau eine wichtige Rolle. Die Bauern verwendeten nämlich die Entschädigungen für die Abtretung des Grundes vor allem für den Kauf von Maschinen und für die Verbesserung der Gebäude.

Fährt man auf der Autobahn, so kann der vorhin beschriebene Talabschnitt vom Nordende des Parkplatzes bei der Raststätte Matrei („Autogrill") gut überblickt werden. Für die Ausführungen über die Marktsiedlung Matrei geht man am besten auf die Terrasse im 1. Stock dieses Rasthauses. Wenn die Bundesstraße benützt wird, so bietet sich ein kurzer Rundgang an. Dieser beginnt in Zieglstadl nördlich von Matrei (Anhaltemöglichkeit für den Omnibus beim Privatparkplatz des Gasthofes Nusser) und führt am Raspenbühel (Haltepunkt) vorbei zur Sillbrücke, weiter über die Ellbögener Straße zum Markt Matrei (Haltepunkt) und schließlich zum Bahnhof, wohin der Omnibus inzwischen vorgefahren ist. Kommt man von Süden, so sollte man den Omnibus beim Bahnhof stehen lassen und für das Zusteigen beim Gasthof Nusser einen Zeitpunkt vereinbaren (reine Gehzeit 20 min).

Nördlich von Altstadt (oder Altenstatt) sperren drei nebeneinander liegende Hügel das Tal ab. In der Talmitte ragt der Raspenbühel auf. Durch die Senke westlich davon führt die Brennerstraße. Östlich liegt der mittlere Hügel („Loambichl"), der wie der Raspenbühel die oberste Aufragung einer eiszeitlichen Talfüllung ist, in welcher neben Schottern auch Bändertone abgelagert sind. Der östliche Hügel, der Burgfels von Matrei, wurde durch eine junge Epigenese aus dem Talhang herausgeschnitten. Der frische Abbruch geht auf einen Felssturz im Jahre 1978 zurück. Die drei Matreier Bühel sperren nicht nur das Tal ab, sie beherrschen auch die Brenner- und die Ellbögenerstraße. Die zuletzt genannte Verkehrslinie, die man in Tirol in der Regel als „Römerstraße" bezeichnet, wurde zwar in der Antike häufig begangen, damals jedoch noch nicht zu einer Fahrstraße ausgebaut. Das geschah erst im Hochmittelalter nach der Entdeckung der Haller Salzlager. Dadurch stieg die Verkehrsbedeutung von Matrei erheblich an, was sich u.a. in der Gründung des Marktes geäußert hat.
Matrei wird 1249 als „forum", d.h. Markt, erwähnt. Obwohl Urkundenbelege fehlen, kann man mit *Wopfner* (1920, 77) annehmen, dass dieser Markt im 13. Jahrhundert durch den Bischof von Brixen neu angelegt wurde. Für diese These spricht die kleine Gemarkungsfläche (nur 36 ha!), die aus der ländlichen Gemeinde Mühlbachl (2.884 ha) herausgelöst wurde. Weitere Hinweise ergeben der Ortsname „Altstatt", der sich bis in das 14. Jahrhundert zurückverfolgen lässt, die Lage der Pfarrkirche, dem Sitz der Urpfarre Matrei, die im Mittelalter das ganze nördliche Wipptal umfasste, und Bodenfunde. Nach der Gründung des Marktes Matrei hat sich die die Siedlung Altstatt nur wenig weiterentwickelt. Das bemerkenswerteste Gebäude ist die Pfarrkirche, eine gotische Anlage, die im Inneren u.a. durch Gemälde des Tiroler Malers G. Mölk barockisiert wurde. Neben der Pfarrkirche steht die spätgotische, von Niklas Thüring, dem Baumeister des Goldenen Dachls in Innsbruck, gestaltete Johannes-Kapelle, die mit Unterstützung der Messerschmitt-Stiftung renoviert worden ist.
Der Markt Matrei bildet somit ein junges Glied in der Siedlungslandschaft. In prähistorischer Zeit errichteten die ersten Bewohner ihre Hütten auf den Hügeln, insbesondere auf dem Ras-

penbühel, auf dem auch das in der „Tabula Peutingeriana" angeführte römerzeitliche Matrei gelegen haben dürfte. Obwohl der Markt im Zweiten Weltkrieg bombardiert und mehrfach von verheerenden Bränden (z.B. 1917) heimgesucht worden ist, kann Matrei (2001: 1.003 Ew.) als eindrucksvolles Beispiel für eine historische tirolische Verkehrssiedlung gelten. Der Verlauf der Brennerstraße bestimmt den Grundriss. Sie wird an beiden Seiten von einer Zeile aneinandergebauter, behäbiger, giebelseitig stehender Häuser gesäumt, deren Bauweise städtisch wirkt. Die Straßengabelung, an der die Ellbögener Straße abzweigt, bildet die nördliche Begrenzung, während die Marktsiedlung im Süden bis zum spätgotischen „Spital" reicht, das bis nach 1970 noch als lokales Krankenhaus genutzt worden ist. Gotische Stilelemente an Häusern entlang der Straße belegen, dass viele von ihnen bis in das ausgehende Mittelalter zurückreichen.

Aus dem Ortsbild ergeben sich auch Hinweise auf frühere Funktionen des Marktes. Neben Bürgerhäusern, die an Handel und Gewerbe erinnern, fallen die stattlichen alten Gasthäuser mit kunstvollen Wirtshausschildern auf. Sie gehen auf den historischen Fuhrwerksverkehr zurück, der nach der Eröffnung der Brennerbahn (1867) zum Erliegen kam. Diesen Verlust konnte der Fremdenverkehr nicht wettmachen, der in Matrei nie eine größere Bedeutung erlangte (1972: 12.000 Übernachtungen, 2000: 30.000 Übernachtungen). Da die Einnahmen ausblieben, mussten zahlreiche Gasthäuser nach dem Bahnbau den Betrieb einstellen, andere wurden zu „Bauernwirtshäusern", die auf Einnahmen aus der Landwirtschaft angewiesen waren.

Ein besonders schönes Beispiel ist diesbezüglich das Gasthaus „Zur Uhr" neben dem Rathaus. Es war einst „Ballenhaus" - d.h. die Waren („Ballen") wurden über die Nacht eingestellt - und weist einen außerordentlich wertvollen, ebenso 1991 renovierten Baubestand auf (gewölbter Flur auf spätgotischen Rundpfeilern, tonnengewölbte Treppenhalle, Freitreppe, Galerien usw.). Nach dem Bahnbau wurde die Landwirtschaft Haupterwerb. Der Gastbetrieb verlor immer mehr an Bedeutung, bis er 1965 aufgelassen wurde. Die gegenwärtigen Besitzer (Fam. Weiss vulgo Gipser) öffneten im Jahre 1978 wiederum das Gasthaus. Sie betreiben aber nach wie vor ihre Landwirtschaft. Den zweiten verbliebenen landwirtschaftlichen Betrieb der Marktgemeinde Matrei besitzt ebenfalls ein Gastwirt (Fam. Hörtnagl vulgo Laner, Gasthof Laner). Obwohl die Bedeutung des Pendelverkehrs laufend zugenommen hat, ist Matrei nach wie vor der bedeutendste Arbeitsort des nördlichen Wipptales. Die Einzelhandelsgeschäfte sind größtenteils entlang der Marktstraße angeordnet. Betriebe des sekundären Wirtschaftssektors haben sich hingegen vor allem am nördlichen und südlichen Ortsrand niedergelassen.

Das bedeutendste Unternehmen ist das 1948 gegründete Gerätewerk Matrei, das seinen Standort östlich des Ortes zwischen Bahnhof und Sill hat.

Das Gerätewerk Matrei

Diese Firma nimmt auf Grund der Eigentumsverhältnisse unter Österreichs Industriebetrieben eine Sonderstellung ein. Das Werk ist im - auf einem Genossenschaftsstatut basierenden - Mitbesitz der Arbeiter und Angestellten. Nach einer dreijährigen Zugehörigkeit zur Belegschaft erfolgt die Aufnahme als Gesellschafter, die vom Aufsichtsrat und vom Vorstand beschlossen wird. Von diesen beiden Organen, in denen die Meister und Obermeister des Werkes sitzen, werden auch Löhne und Gehälter, Investitionen und Fertigungsprogramme festgelegt. Hatte das Werk zunächst Kochplatten und elektrische Heizkörper hergestellt, so stehen heute hochwertige Metallprodukte im Vordergrund. Inzwischen verfügt das Gerätewerk auch über ein Zweigwerk in Völs bei Innsbruck (insgesamt rund 200 Beschäftigte).

Es folgt die Omnibusfahrt vom Bahnhof Matrei nach Steinach (über die Brenner-Bundesstraße). Auf der Autobahn ist der nächste Halt auf dem Parkplatz vor dem Wipptaler Hof in Steinach vorgesehen.

Von dort wird auf die Ostseite der Autobahn gegangen, von wo aus sich ein guter Überblick über Steinach bietet.

Gut einen Kilometer oberhalb des Bahnhofes von Matrei mündet der Navisbach mit einem flachen Schwemmkegel in die Sill. Der Eingang des Tales, der 700 m zurückversetzt ist, wird durch eine enge Mündungsschlucht geprägt. Sie wird auf der Nordseite durch das Kirchlein St. Kathrein beherrscht, das auf das längst verfallene Schloss Aufenstein zurückgeht, auf der Süd - seite durch das Ulrichskirchlein von Tienzens, das auf einstige grundherrschaftliche Beziehungen zu Augsburg hinweist. Bei Puig wird die Talsohle sehr schmal. Die Terrasse von Tienzens, die im Wesentlichen aus geschichteten Schottern aufgebaut ist, zwang die Sill nach Westen auszuweichen. Nach Süden wird die Terrasse, die sich bis nach Mauern fortsetzt, schmäler.

Falls man in Steinach aussteigt, wird folgender Exkursionsweg vorgeschlagen: Er führt zunächst vom nördlichen Ortsrand über die Brennerstraße bis zum neu gestalteten Platz zwischen dem Hotel Wilder Mann und der Raiffeisenbank (erster Haltepunkt), dann von dort weiter über den Zirmweg zum Kurpark (zweiter Haltepunkt), von dem aus über das „Wipptalcenter" zum Bahnhof gegangen wird, wohin der Omnibus inzwischen vorgefahren ist (kurzfristige Parkmöglichkeit auf den Parkplätzen der Linienbusse; reine Gehzeit: 15 min)

Steinach (2001: 3.298 Ew.), im Mündungsgebiet des Gschnitzbaches, wurde wesentlich später besiedelt als Matrei. Älter als der heutige Markt ist das Dorf Mauern auf der östlichen Hangterrasse, dessen romanisches St. Ursula-Kirchlein sowohl von der Bundesstraße als auch von der Autobahn aus gut gesehen werden kann. Steinach, das an der Mündung des Gschnitzbaches in die Sill liegt, wird erst am Ende des 13. Jh. erwähnt. Im ausgehenden Mittelalter profitierte die junge Siedlung von der Förderung durch die Tiroler Landesfürsten, die hier ein Gegengewicht zum bischöflichen Matrei schaffen wollten. Obwohl Steinach bereits im 14. Jh. Sitz des Landesgerichtes war und auch weitere zentralörtliche Funktionen übernahm, blieb es rechtlich ein Dorf und wurde erst 1936 zum Markt erhoben. Der Grundriss des Ortes wird wie in Matrei vom Verlauf der Straße bestimmt. Da der Handel und die verkehrsorientierten Gewerbe in der Zeit des Fuhrwerksverkehrs weniger bedeutsam waren, sind die beiden Häuserzeilen etwas kürzer und die alten Bürgerhäuser weniger stattlich als in Matrei. In funktionaler Hinsicht bildet die Brennerstraße auch heute noch den Mittelpunkt des Marktes, wobei die Ausstattung mit zentralen Diensten ungefähr gleich gut ist wie in Matrei. Auf Grund des größeren Einzugsbereiches, der ebenfalls von Innsbruck überlagert wird, konnte Steinach seine Position im Rahmen der zentralörtlichen Hierarchie eher halten.
Im äußeren Erscheinungsbild des Marktes (Haltepunkt Marktplatz) spiegelt sich der moderne wirtschaftliche Strukturwandel wider. Dem jeweiligen Zeitgeist entsprechend wurde das Ortsbild, das vorher ähnlich ausgesehen hatte wie jenes von Matrei, laufend umgestaltet. Die Fassaden der alten Hotels entlang der Brennerstraße weisen gründerzeitliche Stilmerkmale auf. Sie belegen das frühe Einsetzen des Fremdenverkehrs. Im 19. Jh. gehörte der „Luftkurort" Steinach als Sommerfrische und Ausgangspunkt für Bergfahrten zu den bedeutendsten Fremdenverkehrsorten Tirol. Daher wurde der Ort frühzeitig gegen Süden erweitert. Dies kann man an den Gebäuden zwischen dem Marktplatz, der Brennerstraße und dem Kurpark erkennen, wo neben einzelnen Neubauten Villen und Fremdenpensionen aus der Zeit vor dem Ersten Weltkrieg überwiegen. In den ruhigen Ortsteilen hat man seit jeher an Dauergäste vermietet, an der Brennerstraße hingegen vielfach an Passanten, die bei der Reise zu und von den Urlaubsgebieten einmal übernachteten. Bei Individualreisenden spielt diese Beherbergungsform keine Rolle mehr. Die Urlauber fahren vielmehr über gut ausgebaute Autobahnen direkt bis zum Zielort. Seit der Omnibustourismus wieder stärker aufgekommen ist, haben sich einige der größeren Hotels verstärkt auf solche Gruppen eingestellt, während andere den Anschluss verpassten.

Am Beispiel des ehemaligen Hotels Steinbock kann diese Entwicklung gut verfolgt werden: Der „Steinbock" wurde nach einem Brand im Jahre 1923 nach Plänen des bedeutenden Tiroler Architekten Klemens Holzmeister wieder aufgebaut, dessen Bruder als Arzt in Steinach gewirkt hat. Nachdem durch Jahrzehnte nur wenig in dieses Haus investiert worden war, wurde der architektonisch bemerkenswerte Hotelbau Mitte der 1980er-Jahre verkauft und abgerissen. Der Neubau, in welchen die Raiffeisenkasse übersiedelt ist, nimmt nur die Hälfte der früheren Baufläche ein. Der Rest entfällt auf den „Marktplatz", der größtenteils mit Autos verparkt wird. Nach der Eröffnung der Autobahn hoffte man in Steinach, den Dauergast stärker ansprechen zu können. Diese Erwartungen erfüllten sich jedoch nicht. Der Schwerlastverkehr ist zwar von der Brennerstraße verschwunden, die Belastungen durch den Pkw-Verkehr und von der nahen Autobahn sind jedoch geblieben, bzw. sie haben seither zugenommen. Daher stagniert der Tourismus, obwohl man sich im alten „Luftkurort" lange Zeit bemühte, die ungünstigen Standortbedingungen (Verkehrsbelastung, niedrige Höhenlage usw.) durch freizeitorientierte Infrastruktureinrichtungen wettzumachen. Bereits im Jahre 1960 wurde die Seilbahn auf die Bergeralm gebaut, die inzwischen modernisiert und durch kleine Schilifte ergänzt worden ist. In den 1970er-Jahren wollte man östlich vom Kurpark ein modernes Freizeitzentrum mit Hallenbad errichten. Aus Kostengründen ließ sich dieses Vorhaben nur zum Teil verwirklichen. Vor allem für den Bau des Hallenbades reichten die Mittel nicht aus. Heute erinnert beim „Wipptalcenter" nur noch wenig an die ursprüngliche Zielsetzung. Seit dem Umbau (1997 abgeschlossen) wird das Gebäude abgesehen von den Einzelhandelsbetrieben im Erdgeschoss durch (Eigentums-) Wohnungen genutzt.
Die jüngeren Siedlungserweiterungen seit dem Zweiten Weltkrieg dienten vor allem dem Wohnbau. Sie konzentrieren sich auf die Nähe des Bahnhofes, wo vor allem die „Siedlung", die aus Einzelhäusern besteht, seit dem Beginn der 1950er-Jahre laufend ausgebaut worden ist. Aus dieser Orientierung lässt sich unschwer ablesen, dass die Bevölkerungs- und Siedlungsentwicklung eng mit der Zunahme der Pendelwanderung in die Stadtregion von Innsbruck zusammenhängt. Der lokale Arbeitsmarkt tritt hingegen zurück. Es fehlen größere Industrie- und Gewerbebetriebe. Der Handel und der übrige tertiäre Sektor sind größtenteils entlang der Brennerstraße angeordnet, während in allen anderen Gemeindeteilen die Wohnfunktion im Vordergrund steht.

Wenn man es eilig hat, so fährt man von Steinach durch das nun enge Silltal ohne Halt bis zur Staatsgrenze. Hat man einen kleineren Exkursionsbus (bis 40-Sitzer und nicht über 3,60 m hoch), so lohnt es sich, von Steinach über die schmale Nößlacherstraße nach Nößlach zur St. Jakobs-Kapelle (Haltepunkt) zu fahren. Von dort geht die Fahrt über die „Gasse" Richtung Obernbergtal nach Vinaders, dann zurück nach Gries und weiter auf den Brenner. Auf der Autobahn kann man bei der Autobahntankstelle oberhalb von Gries anhalten und von dort zu Fuß zum Haltepunkt an der romanischen St.-Jakobs-Kapelle hinaufsteigen.

Die Bundesstraße folgt oberhalb von Steinach der Sohle des Silltales, das sich bald verengt und zu einem schmalen Kerbtal wird. Die Eisenbahnlinie verlässt den Talboden und führt mit einer Steigung von 25 Promille am östlichen Hang bergauf, ehe sie durch die drei Kilometer lange Kehre in das vereinigte Schmirn- und Valsertal beträchtlich an Höhe gewinnt. Das enge Tal ist oberhalb von Steinach mit Einzelhöfen besetzt, zu denen in der Nachkriegszeit einige Wohnhäuser einheimischer Pendler gekommen sind. Im kleinen Weiler Wolf und im etwas größeren Stafflach erinnern behäbige alte Gasthöfe an den ehemaligen Fuhrwerksverkehr über den Brenner.
Für den Bau der Autobahn wählte man die westliche Talseite, wo die Trasse zunächst das Gschnitztal in einer Brücke überquert, ehe sie auf die Hochfläche von Nößlach hinaufführt.

Die Entstehung dieser auffallenden, aus anstehenden Gesteinen aufgebauten Terrassenflur ist bis heute noch nicht ausreichend geklärt. Neben der Gebirgsstruktur an der Grenze zwischen dem Tauernfenster, das von Osten steil einfällt, und der ostalpinen Steinacher Decke mag auch die frühere Talentwicklung („alter Talboden") eine Rolle gespielt haben.

Von Nößlach bietet sich eine prachtvolle Aussicht auf das Schmirn- und Valsertal sowie auf den Olperer (3.476 m), einem der markantesten Gipfel der Zillertaler Alpen. Durch den Bau der Autobahn hat sich das Landschaftsbild in Nößlach erheblich gewandelt. Vorher schien die Zeit stehen geblieben zu sein. Bis 1966 war Nößlach noch nicht erschlossen. Man konnte die einsamen Bauernhöfe nur über einen Karrenweg erreichen, es gab noch keinen Gasthof und in Privathäusern wurden zusammen nur zehn bescheidene Fremdenbetten angeboten, für die sich kaum ein Tourist interessierte. Nachher investierte ein Teil der Bauern die Grundablösen der Autobahn in den Fremdenverkehr. Neben einigen Privatpensionen öffnete damals auch der kleine Gasthof an der Autobahnzufahrt seine Pforten. Allerdings fiel die Nachfrage weit geringer als von der Landesplanung erwartet aus, die in einem Gutachten vor einem Bauboom und einer drohenden „Überfremdung" gewarnt hatte.

Haltepunkt St. Jakob bei Gries am Brenner: Die St. Jakob-Kapelle liegt auf einem Aussichtshügel, von dem aus man nicht nur die typischen Merkmale der Natur- und Kulturlandschaft des Brennergebietes, sondern auch den Verlauf der alten und neuen Verkehrswege gut erfassen kann.

Die Naturlandschaft des Brennergebietes weist charakteristische regionale Unterschiede auf, die mit dem Bau der Alpen zusammenhängen. Im Osten stehen die Gesteine des Tauernfensters an (vgl. Übersichtsexkursion *Die Felbertauern-Linie*). Mit dem Tuxer Kern, der den Olperer, den Kraxentrager und den hier gut sichtbaren Wolfendorn aufbaut, reicht der Zentralgneiszug östlich der Brennerfurche bis nahe an das Haupttal heran. Um ihn herum legt sich schalenförmig die untere Schieferhülle, die hier neben mineralreichen Glimmerschiefern vorwiegend aus metamorphen Kalken (Hochstegenkalke) besteht. Südlich des Obernbergtales bilden die Grasberge der Brenner-Mulde den Alpenhauptkamm. Sie sind nur knapp über 2.000 m hoch (z.B. Sattelberg 2.113 m) und weisen sanfte Mittelgebirgsformen auf, wobei das Gesteinssubstrat diesen Relieftyp begünstigt. Weiche Quarzphyllite, die sich leicht ausräumen lassen, bauen die Steinacher Decke auf, deren paläozoisches Alter durch das Vorkommen von der am Nößlacher Joch sogar kurzfristig (1944-1952) abgebauten Steinkohle belegt wird. Erst am Ende des Obernbergtales steigt das Relief stärker an und weist in der aus mesozoischen Sedimenten aufgebauten Tribulaungruppe (Obernberger Tribulaun 2.780 m, Schwarze Wand 2.916 m) Hochgebirgscharakter auf.

In der Kulturlandschaft tritt neben der typischen Höhenstufung des bergbäuerlichen Agrarraumes, auf die im Rahmen der Spezialexkursion *Das Obernbergtal* (Band 2) ausführlicher eingegangen wird, der Gegensatz zwischen den peripheren Siedlungen und dem Haupttal zutage, das seit jeher durch den Brennerverkehr geprägt gewesen ist.

Bezeichnend dafür ist die Situation im Dorf Gries (Gemeinde Gries 2001: 1.258 Ew.), das in einer engen Talkerbe an der Mündung des Obernberger Baches in die Sill liegt. Diese Siedlung ist noch erheblich jünger als Steinach, sie wird erst in der zweiten Hälfte des 15. Jh. erwähnt. Die Söllhäuser (Nebenerwerbsstellen) wurden auf Allmendboden und auf der Feldflur älterer Höfe angelegt, die auf Hangverflachungen und Terrassen oberhalb des Ortes liegen. Gries besteht aus einer einzigen Häuserzeile. Darin kommt die geringe Bedeutung als Rastplatz des alten Brennerverkehrs deutlich zum Ausdruck. Ein Teil der Gaststätten hat sich frühzeitig auf den Fremdenverkehr umgestellt. Durch den Bau der Sattelbergbahn (1964) versuchte man, die Wintersaison zu beleben. Trotzdem stagnierte der Tourismus bereits in den 1970er-Jahren; er hat seither abgenommen. Die Pendelwanderung nach Innsbruck erlangt hingegen eine immer größere Bedeutung. Dementsprechend steht heute die Wohnfunktion im Dorf Gries klar im Vordergrund.

Ausgrabungen in der Nähe des Brennersees haben den Beweis erbracht, dass bereits die Römerstraße auf der Talsohle verlaufen ist. Ihre Trassenführung dürfte im Gebiet von Gries ungefähr der heutigen Bundesstraße entsprochen haben. Durch diese Funde wurde die Hypothese des Historikers *Wopfner* (1920) widerlegt, der angenommen hatte, die Römerstraße habe den versumpften Talboden gemieden. Sie sei von Steinach über Nößlach und St. Jakob nach Vinaders und von dort über die Sattel- zur Steinalm hoch oberhalb des Brennerpasses verlaufen, ehe sie über einen Almweg nach Gossensaß in das Eisacktal abgestiegen sei. Als Begründung für seine These führte er neben romanischen Ortsnamen - der Hof neben unserem Standort hieß im Mittelalter Talatschhof - die St. Jakobs-Kapelle an, deren Patrozinium er mit dem mittelalterlichen Pilgerverkehr erklärte. Später stieß der Kunsthistoriker *Hammer* auf die Gründungsurkunde der sehenswerten romanischen Kapelle (u.a. mit gotischem Flügelaltar), aus der hervorgeht, dass sie vom Ritter Heinrich von Auffenstein im Jahre 1303 erbaut wurde, nachdem dieser von einer Wallfahrt nach Santiago de Campostela zurückgekehrt war (*Hammer* 1939, 34). Die Eisenbahn führt am östlichen Talhang hoch oberhalb des Dorfes vorbei. Daher benützen viele Grieser den Linienbus der Bundesbahn und steigen erst in Steinach auf den Zug um. Während man sich beim Bau der Brennerautobahn allgemein bemüht hat, landwirtschaftliche Kulturflächen zu schonen, durchschneidet sie diese in der Nähe unseres Standorts bei Hölden, um das Obernbergtal in einer 500 m langen und 60 m hohen Brücke überqueren zu können. Dadurch sind die alten Bauernhöfe, die nahe an der Autobahn stehen, außerordentlich stark durch den Verkehr belastet.

Südlich von Gries setzt die letzte starke Steigung der Straße zur Passhöhe ein. Sie wird bei Lueg und am Brennersee durch kurze Flachstücke unterbrochen. Lueg war die älteste (1287 erstmals erwähnt) und ertragreichste Zollstätte des Landes. Im 15. Jh. wurde neben dem befestigten Zoll- und Ballhaus (Warenniederlage) eine Kapelle zu den hl. Sigmund und Christoph errichtet, die als einziger Bau erhalten geblieben ist; die übrigen wurden im Krieg von 1809 zerstört. Die Autobahn führt über die zwei Kilometer lange Luegbrücke am westlichen Talhang oberhalb der alten Zollstätte zum Brennersee. Der überalterte Wald unterhalb der Fahrbahn zeigt auffallende Schäden, die mit dem Betrieb der Autobahn (Salzschäden durch die Schneeräumung im Winter, Emissionen der Fahrzeuge usw.) zusammenhängen.

Der Brennersee wird durch eine lokale Hangrutschung aufgestaut. Der Großteil des Stauraumes ist bereits verlandet. Beim Bau der Autobahn bereiteten die moorig-schluffigen und die Tonablagerungen große Schwierigkeiten. Durch den Ausbau der Verkehrswege verlor der idyllische Bergsee, von dem in alten Reisebeschreibungen die Rede ist, den früheren Reiz. Es entstand eine nüchterne Zwecklandschaft, die von Verkehrsflächen dominiert wird. Auf der Ostseite verlaufen Eisenbahn, Bundesstraße und Autobahn dicht nebeneinander, während ein erheblicher Teil der Aufschüttungsfläche im Süden der Autobahnzufahrt geopfert werden musste.

Zwischen der Staatsgrenze und Klausen kann enlang der Autobahn nur an wenigen Stellen angehalten werden. Daher sollte man auf diesem Streckenabschnitt die Staatsstraße benützen.

Die Brenner-Passtalung und das oberste Eisacktal

Da am Brenner die meisten für einen Grenzort typischen Einrichtungen entlang des westlichen Straßenzuges liegen, können bei Nord-Süd-Fahrten die wichtigsten Beobachtungen vom langsam fahrenden Omnibus aus gemacht werden (Einbahnstraße). Bei Fahrten in der Gegenrichtung (östliche Durchgangsstraße) empfiehlt sich ein kurzer Rundgang vom Bahnhof zum

südlichen Ortsrand, von dort nach Norden bis zur neuen Kirche und zurück zum Bahnhof. Obwohl bereits die Römer die erste Straße über den Brenner erbaut und die meisten deutschen Kaiser diesen bei ihren Romzügen benutzt haben, scheint der Name des Passes erst spät in Karten und Urkunden auf. Lange blieb die Passlandschaft bewaldet. Erst im Hochmittelalter wurde mitten im Wipetwald, der von Steinach bis Gossensaß reichte, die kleine Siedlung „Mittewald" angelegt, für die sich im Spätmittelalter der Name Brenner durchsetzte. Es handelt sich dabei um einen typischen Rodungsnamen, der sich zunächst auf jenen Hof bezog, den am Ende des 13. Jahrhunderts ein „Brennerius" besaß. Bei Nikolaus von Kues scheint dieser Name im 15. Jahrhunderts erstmals in einer Karte auf. Die Wasserscheide hat man lange Zeit nur wenig beachtet. Bis zum Ersten Weltkrieg bildete sie nicht einmal eine lokale Verwaltungsgrenze: Die Gemeinde Brenner reichte bis zum Brennersee hinunter. Erst nach der Abtrennung Südtirols wurden das Venna- und Griesbergtal an die Gemeinde Gries angegliedert. Kirchlich gilt die alte Grenze auch heute noch. Wer zwischen dem Brennersee und der Staatsgrenze wohnt, gehört zur (Südtiroler) Pfarre Brenner und zahlt - wie die Katholiken in Italien - keine Kirchensteuer.
Aus dem kleinen Weiler Kerschbaum entwickelte sich der österreichische Teil der Grenzsiedlung, wo sich neben den seit dem 1. April 1998 (Schengener Abkommen) funktionslos gewordenen, für Grenzübergänge üblichen Einrichtungen (Zollbehörden, Speditionen, Wechselstuben) auch ein paar kleine Läden befinden, die auf den „kleinen Grenzverkehr" ausgerichtet sind (Tabak, Lebensmittel, Fleischwaren). Um einen Teil des Gütertransits von der Straße auf die Schiene zu bringen, bauten die Österreichischen Bundesbahnen einen Terminal für die „Rollende Landstraße" vom Brenner nach Ingolstadt. Um das unmittelbar neben der Bundesstraße liegende, dafür erforderliche Gleis verlegen zu können, musste der alte Gasthof Kerschbaumer abgerissen und die dortige Tankstelle verlegt werden. Vor allem Unternehmer aus dem ehemaligen Ostblock, die nicht über die erforderlichen „Ökopunkte" für die Durchfahrt durch Tirol verfügen, nutzen diese Möglichkeit.
Bedeutend größer als die österreichischen waren früher die Amtsgebäude der italienischen Grenzbehörden. Vor dem Ersten Weltkrieg bestand die Ortschaft Brenner nur aus einer kleinen Bahnstation mit anschließender Gastwirtschaft, der Kirche, dem Widum, einem Bauernhof und dem Gasthof Post mit den dazugehörigen Nebengebäuden. Nach der Grenzziehung wurden nicht nur Ämter und Wohnungen für die Militär-, Grenz- und Zivilbehörden geschaffen, auch viele - vorwiegend italienische - Kaufleute wanderten zu und richteten Geschäfte ein.
Das heutige Ortsbild ist sehr uneinheitlich. Es wird von zahlreichen Um- und Zubauten geprägt, die unharmonisch wirken. Die Verkehrsflächen nehmen beträchtliche Areale ein. In den 1920er-Jahren entschlossen sich die italienischen Behörden, einen großen, internationalen Bahnhof zu errichten, der schließlich 1934-1937 erbaut wurde. Der starken Zunahme des Individualverkehrs, vor allem der Fernlastertransporte, wurde nach dem Zweiten Weltkrieg durch die Schaffung von Parkraum Rechnung getragen. Inzwischen können die Fernlaster die Grenze ungehindert passieren, daher spielen die Speditionen und andere Grenzeinrichtungen keine Rolle mehr, und es gingen zahlreiche Arbeitsplätze verloren, wodurch es zu einem merklichen Rückgang der Einwohnerzahl gekommen ist. In der Gemeinde Brenner nahm sie von 2.550 im Jahre 1971 auf 2.242 im Jahre 1991 und schließlich auf 2.072 bei der letzten Volkszählung im Jahre 2001 ab.
Die Geschäfte konzentrieren sich auf den westlichen Straßenzug und auf den Verbindungsweg zum Bahnhof. Die im Freien vor den Geschäften hängenden Schaustücke und das Schaufensterangebot zeigen, wie sehr diese Läden auf durchreisende Touristen und den „kleinen Grenzverkehr" ausgerichtet sind. Es werden vorwiegend Textilien (Pullover, Jacken, Decken), Spielsachen, Weine und Spirituosen, Obst und Gemüse sowie modische Schuhe feilgeboten. In der Ortschaft Brenner entwickelte sich sogar ein eigener Geschäftstyp, der dieser Nachfrage entgegenkommt. Solche Läden führen neben Woll- und Spielwaren Weine und Spirituosen.

> *Der Brennermarkt*
>
> Den Höhepunkt erlebt der Einkaufsverkehr an den Wochenenden knapp vor Weihnachten und während des Jahres am Fünften und Zwanzigsten eines jeden Monats, weil an diesen Tagen am Brenner Krämermärkte abgehalten werden. Dabei bauen die mit Lieferwägen anreisenden ambulanten Händler ihre Marktstände auf der großen, asphaltierten Freifläche auf, die südlich des von zwei Kasernen und von Wohnhäusern gebildeten Gebäudekomplexes liegt. Der Brennermarkt wurde nach dem Zweiten Weltkrieg immer stärker beschickt. Vor Weihnachten ist die Nachfrage am größten. Deshalb drängen sich rund 150 Stände auf dem (zu kleinen) Platz. Angeboten werden vorwiegend Bekleidungsartikel. In den „Zwischensaisonen" sind die Verkaufsaussichten nicht so günstig, deshalb finden sich weniger Händler ein. Am 20.2.1996 waren z.B. nur 92 Verkaufsstände aufgebaut. Dabei wurden bei mehr als drei Vierteln aller Stände Textilien (Wollwaren, sonstige Bekleidung) verkauft, auf der Hälfte der übrigen Stände Schuhe und Lederwaren (vor allem Lederjacken) und auf den restlichen Spielwaren und Lebensmittel (vor allem Milchprodukte). Obst, Gemüse, Weine und Spirituosen spielten beim Markt keine Rolle mehr. Diese Waren werden vielmehr in Geschäften und in festen Ständen in der Ortschaft Brenner verkauft. Auf Grund der Autokennzeichen konnte am 20.2.1996 die Herkunft der Händler festgestellt werden. Von den erfassten 92 Lieferwagen kamen 71 aus Südtirol, 18 aus dem Trentino und drei aus anderen norditalienischen Provinzen.

Von der Ortschaft Brenner geht die Omnibusfahrt auf der Staatsstraße nach Gossensaß.

Die Wasserscheide liegt am Nordrand des Brenner-Passtales, das nur eine schmale, tief eingeschnittene Kerbe innerhalb einer breiten Senke, der „alten Brenner-Senke", bildet. Die Talhänge sind steil und auf der Ostseite größtenteils bewaldet. Auf der westlichen Talflanke ist der Wald stark gelichtet, die meisten Bergmähder werden heute allerdings nicht mehr bewirtschaftet. Mehrere Lawinenstriche reichen ins Tal. Sie wurden erst in neuerer Zeit verbaut, früher wurden dadurch immer wieder die Verkehrswege gefährdet. Das Brenner-Passtal fällt gegen Süden sanft ab. Flache Schwemmkegel wechseln mit Stauflächen, die z.T. aus der Verlandung kleiner, seichter Seen und Moore hervorgegangen sind.
Brennerbad war das bedeutendste Wildbad des Wipptales, das um die Jahrhundertwende den Höhepunkt erreichte (1903: 1.750 Gäste). Nach dem Ersten Weltkrieg ging der Badebetrieb schlagartig zurück, ehe er nach dem Brand des Grand Hotels 1923 aufgelassen wurde. Auch von staatlicher Seite wurde der Fremdenverkehr stark behindert. Der Grenzraum galt als „zona militare", in welcher die Bewegungsfreiheit der Touristen stark eingeschränkt war. Inzwischen hat die kleine „Zacharias-Quelle" wieder ihre Pforten geöffnet, und auch die beiden alten Badegasthöfe „Vetter" und „Silbergasser" warten auf Gäste. Auf der anderen Seite weist die Einstellung des Schilifts auf den Zirog auf die geringe Dynamik des Fremdenverkehrs in der Brenner-Passtalung hin. Knapp südlich von Brennerbad biegt die Eisenbahn in den neuen, im Jahre 2000 eröffneten Tunnel ab. Auf der alten Bahnstrecke sind die Geleise bereits abmontiert, es ist derzeit allerdings noch unklar, wie diese ehemalige Bahntrasse in der Zukunft genutzt wird. Südlich von Brennerbad fällt das Eisacktal steil gegen Gossensaß ab.

Aus mehreren Gründen empfiehlt es sich, in Gossensaß anzuhalten. Es handelt sich nämlich um einen alten „Luftkurort", der diese Funktion inzwischen eingebüßt hat. Den Omnibus kann man auf dem Ibsen-Platz abstellen, dem großen Parkplatz im Ortszentrum (westlich der Brennerstraße). Südwestlich davon liegt der Kurpark, der sich anbietet, Probleme des Tourismus zu diskutieren.

Für die Ausführungen zum Landschaftsbild erscheint es zweckmäßig, von der Einfahrt zum Ibsen-Platz über die Treppe (neben der Raiffeisenbank) zur Pfarrkirche und von dort zum darüber liegenden Friedhof neben der gotischen St. Barbara-Kapelle emporzusteigen, von wo aus man nicht nur Gossensaß, sondern auch das von Westen her mündende Pflerschtal gut überblickt.

Gossensaß geht auf eine alte landwirtschaftliche Siedlung zurück. Die Verkehrsfunktion kam erst später hinzu, ehe im 15. Jh. die reichen Bodenschätze (Kupfer- und Schwefelkies) im Pflerschtal und bei Steckholz (knapp südlich von Gossensaß) zahlreiche Bergleute nach Gossensaß lockten. Die Mehrzahl der Einwohner übte nun die Landwirtschaft nur mehr als Nebenerwerb oder gar nicht mehr aus. Der Rückgang des Bergbaues hatte zur Folge, dass die Knappen verstärkt Grund und Boden zu erwerben suchten. Auf diese Weise entstand eine Reihe von Kleingütern, deren Inhaber auf einen Nebenerwerb - vor allem im Verkehrsgewerbe - angewiesen waren. Nach dem Bau der Brennerbahn setzte bald der Fremdenverkehr ein. Nicht zuletzt auf Grund der Initiativen des Hoteliers Leopold Gröbner entwickelte sich Gossensaß rasch zu einem der bekanntesten Urlaubsorte Tirols. Auch heute noch wird das Ortsbild von Gebäuden aus der Zeit um die Jahrhundertwende geprägt, als Gossensaß 1908 zum Markt erhoben wurde. Nach dem Ersten Weltkrieg begann der Fremdenverkehr zu stagnieren. Die früheren Gäste, die der Oberschicht angehört hatten, blieben aus. Die Mehrzahl der Übernachtungen entfiel nunmehr auf Inländer (Italiener), während die Sommerfrischler aus dem deutschsprachigen Raum Gossensaß auch deshalb mieden, weil - wie bereits angesprochen - die Bewegungsfreiheit aus militärischen Gründen stark eingeschränkt wurde. Als am Ende des Zweiten Weltkrieges das Grand Hotel durch Bombentreffer zerstört wurde, fand sich niemand, der es wieder aufgebaut hätte. Daher befindet sich an dieser Stelle nun der zentrale Parkplatz neben der Brennerstraße. In den letzten Jahrzehnten wurde der Tourismus durch den zunehmenden Verkehr auf der Brennerstraße und der über den Ort hinwegführenden Autobahn immer stärker beeinträchtigt, sodass die Gäste mehr und mehr ausblieben. Zuletzt musste wegen mangelnder Rentabilität sogar die Seilbahn auf das Hühnerspiel eingestellt werden.
Blickt man von der Pfarrkirche in das Pflerschtal, so erhält man vom Bauplan der Stubaier Alpen einen Eindruck. Die geologischen Achsen fallen steil gegen die Brennerlinie ein. Am Talhintergrund steht im Gebiet der Feuersteine die kristalline Ötztaler Masse an, auf welcher in der Tribulaungruppe (Pflerscher Tribulaun, 3.096 m) Kalke und Dolomite des Brennermesozoikums liegen. Besonders schön zeigt sich die primär-sedimentäre Auflage beim Goldkappel (2.781 m). Während helle Kalkschichten die Spitze dieses sagenumwobenen Berges aufbauen, stehen unterhalb davon dunkle kristalline Schiefer an. Am Ausgang des Pflerschtales tauchen die Schichten des Brennermesozoikums ab, und es kommt der Quarzphyllit der (älteren) paläozoischen Steinacher Decke zum Vorschein, die im Zuge einer gewaltigen Überschiebung nach oben gelangt sind. Unterhalb der Kreuzigungsgruppe am Aufgang zur Barbara-Kapelle hat man einen anstehenden Felsblock aus Quarzphyllit in die Mauer einbezogen.
Unterhalb von Gossensaß überwindet der Eisack die zweite Talstufe. Der enge Talgrund ist in z.T. konglomerierte Schotterablagerungen eingeschnitten. Oberhalb dieser Talfüllung verlaufen mehrere funktionslos gewordene Rinnen, die die komplizierte jüngere Talentwicklung verdeutlichen. Bei Lurx - einer alten Zollstation - setzt eine schmale hochwasserfreie Talsohle ein, die ins weite Sterzinger Becken mündet.

Das Sterzinger Becken - der Kernraum des südlichen (unteren) Wipptales

Das Sterzinger Becken bildet eine auffallende Talweitung, in die mit dem Ridnauntal aus dem NW und dem Pfitschertal aus dem NE zwei bedeutende Seitentäler münden. Der Talgrund wird von der Verlandungsfläche des Sterzinger Mooses gebildet, das am Südrand von Sterzing (in der Nähe der Pfarrkirche) einsetzt, 4 km ESE-wärts bis Freienfeld reicht und im Süden durch das Hügelwerk von Stilfes begrenzt wird.

Falls die Zeit reicht, ist es empfehlenswert, in Sterzing einen Stadtrundgang vorzusehen. Das Fahrzeug kann am Omnibus-Parkplatz an der Talstation der Roßkopf-Seilbahn im Norden der Stadt abgestellt werden. Der Rundgang führt durch die Altstadt zum (oberen) Stadtplatz am Zwölferturm (erster Halt), von dort durch die Neustadt zum Untertorplatz (kurzer Halt), dann weiter durch die Gänsbichler- und Deutschhausstraße zur Pfarrkirche (Haltepunkt). Der Rückweg erfolgt über die Hochstraße und Frundbergstraße zum Jöchlturm (Haltepunkt) sowie von dort über den Stadtplatz zur Eisackstraße, über die zum Parkplatz (reine Gehzeit ca. 40 min).

Die Alt- oder Oberstadt ist enggassig. Sie geht auf eine Verkehrssiedlung zurück, die zwar erst 1181 urkundlich fassbar ist, jedoch erheblich älter sein dürfte. Dafür spricht der echte -ing-Namen (von Starz oder Störz) süddeutscher Prägung. Allerdings knüpfte die Siedlung nicht an das antike Vipitenum an, das im Frühmittelalter wüstgefallen ist, dessen Name jedoch in der Talschaftsbezeichnung Wipptal fortlebt. Die Häuser der Sterzinger Altstadt sind bescheiden, fast ländlich, ihr Bauzustand wurde erst in den letzten Jahrzehnten durch Sanierungsmaßahmen verbessert, wobei die alteingesessenen Bürger manche moderne Umbauten - etwa die Fassade der Buchhandlung Athesia - heftig kritisieren. Früher beherbergte die Altstadt vorwiegend Handwerker, Gewerbe, die mit dem Brennerverkehr zusammenhingen, und Gasthöfe. Während die ersten beiden Berufsgruppen zu einem Gutteil verschwunden sind, spielen die Wirtshäuser noch eine beträchtliche Rolle. Stadteinwärts verliert die Wohnfunktion an Bedeutung; die Zahl der Häuser, in deren Erdgeschosse Verkaufsläden untergebracht sind, nimmt zu. Zwischen Alt- und Neustadt liegt der Stadtplatz, der im Süden von dem 1468-1473 erbauten Stadt- oder Zwölferturm - dem Wahrzeichen der Stadt - abgeschlossen wird.
Die Neustadt (Unterstadt) von Sterzing hebt sich vorteilhaft von der Altstadt ab. Dieser Unterschied spiegelt die soziale Schichtung des Stadtvolkes wider. In der Neustadt wohnten nämlich das gehobene Bürgertum, einige adelige Familien und in der Zeit des Bergbaues die Gewerken. Hinsichtlich des Grund- und Aufrisses kann Sterzing noch zur Gruppe der Inn-Salzachstädte gerechnet werden. Die breite Durchzugstraße wird von behäbigen, giebelseitig stehenden Bürgerhäusern begrenzt, die in langen Zeilen zu großen Baublöcken verschmolzen sind. Kunstvolle Erker gliedern die Fassaden der Häuser, die als Zinnen- oder auch als Treppengiebel hoch über die Dachhaut emporgezogen sind. Bei einer Reihe von Häusern wurde anstelle der Giebel hoch aufragende Feuermauern errichtet. An andere Inn-Salzach-Städte (z.B. an Innsbruck) erinnern auch die Laubengänge, die in Sterzing urkundlich erstmals 1477 genannt werden. Die Häuser sind schmal und tief, weshalb nach der vorderen Zimmerreihe in der Regel ein Lichthof eingeschoben ist. Die Wohnräume waren seit jeher in den oberen Stockwerken untergebracht, das gewölbte Erdgeschoss wurde hingegen vorne als Laden, Schrankraum oder Werkstätte und rückwärts als Lager, Keller oder Stall genutzt. Auffallend breit sind die Eingangstore der alten Gasthöfe; sie dienten einst als Einfahrt für Ross und Wagen. Besonders sehenswert ist das spätgotische, in der zweiten Hälfte des 15. Jh. erbaute Rathaus (Haus Nr. 100), das zu den schönsten Rathäusern des mittleren Alpenraums zählt. In einem Innenhof kann eine Nachbildung - das Original befindet sich im Archäologiemuseum in Bozen - jenes aus Ratschinger Marmor gefertigte römerzeitliche Mithrassteines besichtigt werden, den man 1589 in einer Gebirgshöhle bei Mauls (8 km unterhalb von Sterzing) fand.
Das einheitlich spätgotische Stadtbild der Neustadt von Sterzing geht auf den Wiederaufbau der Stadt nach dem großen Brand des Jahres 1443 zurück. Er fiel in die Zeit höchster wirtschaftlicher Blüte, die vor allem der Bergbau hervorgerufen hatte. Die stattlichen Häuser be-

zeugen den damaligen Reichtum. Später wurden die Gebäude, die heute größtenteils unter Denkmalschutz stehen, nur noch geringfügig geändert. In funktionaler Hinsicht bildet die Neustadt das Zentrum der Stadt. Die Wohnnutzung ist dort nach wie vor auf die oberen Stockwerke beschränkt, und im Erdgeschoss musste in den vergangenen Jahrzehnten so manche Werkstätte Geschäften weichen. Es ist dies ein deutlicher Hinweis darauf, dass Sterzing seine Stellung als zentraler Ort nicht zuletzt wegen des Gegensatzes zwischen der stark italienisierten Provinzhauptstadt Bozen und dem Land etwas verbessern konnte. Die Branchengliederung des Einzelhandels - es sind Schmuck-, Textil-, Sport-, Leder- und Weingeschäfte überdurchschnittlich stark vertreten - und das Schaufensterangebot deuten an, wie bedeutsam die durchfahrenden Touristen und jene Nordtiroler für Sterzing sind, die im Rahmen des kleinen Grenzverkehrs einkaufen.

Die Neustadt von Sterzing ist eine Gründung des Grafen Meinhard II. von Görz-Tirol (1258-95). *Huter* (1965, 51f.) konnte nachweisen, dass der Mauerbau bereits 1280 voll im Gange war und die Neustadt spätestens in den siebziger Jahren des 13. Jh. errichtet wurde, wobei die Bürger als Gegenleistung für den Aufbau ein mehrjähriges Steuerprivileg genossen. Der Landesfürst beabsichtigte, den Brennerverkehr zu fördern. 1304 wurde den Bürgern der Stadt das alleinige Herbergs- und Schankrecht bestätigt. Spätestens im 15. Jh. wurde als Lagerhaus für den Durchzugsverkehr ein Ballhaus erstellt. Im 15. und 16. Jh. nahm das wirtschaftliche und kulturelle Leben Sterzings durch den Bergbau einen bedeutenden Aufschwung. Nach dessen Versiegen stagnierte die Stadt. Die Brennerbahn nahm ihr auch noch den Fuhrmannsbetrieb (1867), eröffnete jedoch im Fremdenverkehr eine neue Einnahmequelle.

Südlich des Untertorplatzes entstand schon im 15. Jh. eine kleine Vorstadt mit Handwerkshäusern und Werkstätten. Im 19. Jh. wandten sich diese Betriebe z.T. der Horn- und Kleineisenindustrie zu. Während der erste Industriezweig schon vor 1900 erlosch, entwickelte sich aus dem zweiten der wichtigste Industriebetrieb Sterzings. Die 1888 gegründete Firma Leitner zählt heute zu bedeutendsten Produzenten von Schiliftanlagen und Pistengeräten. Sie hat inzwischen den Betrieb vom alten Standort an der Staatsstraße nach Gasteig ins vordere Ridnauntal verlegt.

Die Pfarrkirche und das Hospital im Süden von Sterzing, die 1233 bzw. 1234 erstmals erwähnt werden, bildeten einen weiteren Ansatzpunkt der Besiedlung. Beide gingen zwischen 1253 und 1263 auf den Deutschen Orden über, der hier die dritte Kommende im Lande errichtete. Die einstige Komturei, das „Deutsche Haus", das im 16. Jh. erbaut und im 18. Jh. erneuert wurde, gelangte nach der Säkularisierung zunächst in die Hände der Grafen von Thurn und Taxis, die es 1884 an die Stadt verkauften. Diese nutzte es bis zur Eröffnung des Krankenhauses in der Margarethenstraße zu Beginn der 1970er-Jahre als Spital und Altersheim. Nachher wurde im Deutschhaus das Multscher- und Stadtmuseum untergebracht. Die Pfarrkirche, deren Chor 1417-51 und deren Langhaushalle 1496-1525 erbaut wurde, ist ein Werk der Bürger von Sterzing. Die Bergwerksbruderschaft St. Jakob und einzelne Gewerke haben sie gestiftet und ausgestaltet. Vom Ulmer Meister Hans Multscher bestellten sie den Flügelaltar (aufgestellt 1456-58), der im 18. Jh. entfernt und zerteilt wurde. Seine vier Bildtafeln sind 1958 nach Sterzing zurückgekehrt und seither im Multscher-Museum aufgestellt.

Das lange Stagnieren Sterzings hat seinen Niederschlag in der Bauentwicklung gefunden. Erst in den letzten Jahrzehnten wuchs die Siedlung über die historischen Stadtgrenzen hinaus. Neben der Margarethenkirche befand sich eines der sechs Stadttore, das Telfertor. Gegenüber liegt der bedeutendste Profanbau der Stadt, der Jöchlturm, der im 15. Jh. von Hanns Jöchl, einem einheimischen Gewerken, errichtet wurde. Später ging er in Besitz der Grafen von Enzenberg über, die ihn derzeit als Gerichtsgebäude vermietet haben. Der Enzenberggarten dient als „Kurpark". Das Gebiet um den Jöchlturm bildet eine Ausnahme. Der übrige ehemalige Stadtrand wird von der Wohnfunktion geprägt, wobei an sanierungsbedürftige alte Häuser Neubauten anschließen.

Über das Sterzinger Moos ragen mehrere stumpfe, gletschergeschliffene Felskuppen auf, die frühe Ansatzpunkte der Besiedlung bildeten. Ein bedeutender Fundplatz ist der Kronbühel (Custozzahügel), der durch die westlich vorbeiführende Autobahn noch stärker vom Hang (unterhalb von Thuins) abgetrennt wurde. Auch die Terrassen am Rande des Sterzinger Beckens wurden während der Bronzezeit unter Kultur genommen. Die römische Station Vipitenum konnte bisher noch nicht lokalisiert werden. Sie ist nicht mit dem frühmittelalterlichen Castellum ad Wipitina gleichzusetzen, in dessen Schutz ein urkundlich vom 9. bis 11. Jh. fassbarer Ort gleichen Namens bestanden hat

Falls die Autobahn benutzt wird, ist es ratsam, bei der Raststätte von Freienfeld kurz anzuhalten. Nimmt man die Staatsstraße, so lohnt es sich, auf der nördlichen Zufahrtsstraße nach Trens abzubiegen. Dort kann am kleinen Parkplatz unterhalb der Wallfahrtskirche angehalten werden. Von der Kirche aus bietet sich ein schöner Rundblick über das (südliche) Sterzinger Becken.

Die Meliorierung des Sterzinger Mooses

In historischer Zeit bildete das Sterzinger Moos ein mit Wassertümpeln durchsetztes, von Erlen bestandenes Sumpfgebiet, das bei Hochwässern überflutet wurde. Der wirtschaftliche Ertrag war sehr gering - es diente vorwiegend als Viehweide. Bereits im Jahre 1783 entwarf die Stadt Sterzing einen Plan, der vorsah, das Moos durch Begradigung der Bäche zu entsumpfen. Dieser Vorstoß scheiterte wie eine Reihe weiterer am Widerstand der Gemeinden Stilfes und Trens. Auch das Projekt der Südbahngesellschaft, welche das Moos im Zuge des Bahnbaues meliorieren wollte, wurde abgelehnt. Erst nach dem Ausfall der Einnahmen aus dem Fuhrwerksverkehr gaben Stilfes und Trens ihre abweisende Haltung auf. Im Jahre 1875 erklärte der Tiroler Landtag die Meliorierung des Mooses zu einer Landesangelegenheit. Sie wurde in den Jahren 1875-1877 mit finanzieller Unterstützung durch den Staat und das Land nach Plänen des Baurates Karl Lindner durchgeführt, wobei u.a. die Flussbette des Eisack und des Ridnauner und Pfitscher Baches begradigt und tiefer gelegt und seitliche Abzugsgräben geschaffen wurden. Um die Sumpfpflanzen rascher zurückdrängen zu können, wurde ein Teil des Mooses umgepflügt. Man kam jedoch bald davon ab und ging zur ausschließlichen Grünlandnutzung über. Dadurch wurden die Betriebe futterstärker, und die Viehwirtschaft gewann zunehmend an Bedeutung. Um bessere Einnahmen als aus der Viehzucht zu erzielen, wurde 1884 in Sterzing die älteste Molkerei Südtirols gegründet. 1906 folgte die Molkerei Stilfes und 1914 die von Stange (bei Mareit im Ridnauntal). Die modernen landwirtschaftlichen Betriebe bilden ein deutliches Indiz dafür, dass die Viehwirtschaft im Sterzinger Becken in den letzten Jahrzehnten außerordentlich stark intensiviert worden ist.

Das Hügelwerk von Stilfes besteht aus zahlreichen, unregelmäßig angeordneten Kuppen und Kegeln sowie aus breiteren und schmäleren Rücken mit dazwischenliegenden Vertiefungen. Es geht, wie *Klebelsberg* (1953, 106-108) auf Grund des kantigen, unsortierten, ausschließlich aus Kalkglimmerschiefer bestehenden Materials nachweisen konnte, auf einen Bergsturz zurück, der auf der linken Talseite hauptsächlich vom Gebiet der Plitsch-Alm unterhalb des Trenser Joches abgebrochen ist. Die Kalkglimmerschiefer verwittern nicht nur leicht, sie sind auch gute Bodenbildner. Aus diesem Grund sind sowohl die Abbruchnische als auch das Ablagerungsgebiet bereits mit einer dichten Pflanzendecke überzogen. Da sich der Eisack erst wenige Meter tief in das Hügelwerk von Stilfes eingeschnitten hat, fehlen Spuren früherer Seestände. Allmählich wurde das Seebecken aufgefüllt.

Die moderne Verkehrsentwicklung wertete die ehemalige Moosfläche bedeutend auf und drängte die Landwirtschaft zugunsten anderer Funktionen zurück. Die Autobahn erhielt nicht nur einen Vollanschluss, auch eine große Mautstelle wurde errichtet. Im Anschluss daran ist eine Zollstation für die Güterabfertigung entstanden, und nach und nach sind die für Autobahnanschlüsse typischen gewerblichen Betriebe hinzugekommen. So finden sich nördlich der Ausfahrt erste Ansätze für eine Industrie- und Gewerbezone. Neben der Fa. Grünig, die auf einer großen Parzelle Torf sticht, und einigen kleineren gewerblichen Unternehmungen ist vor allem die Bayernland-Molkerei zu nennen, die in den Jahren 1970-1972 errichtet wurde.
Unterhalb von Mauls verengt sich das Eisacktal zu einer schmalen Schlucht, der „Sachsenklemme". Diese Bezeichnung erinnert an die Tiroler Erhebung im Jahre 1809. Damals rieben mit den Geländekenntnissen bestens vertraute Tiroler Schützen ein sächsisches Regiment auf, das im Verband der Rheinbunddivision kämpfte. Diese Klause, in welcher die Verkehrslinien (Autobahn, Staatsstraße und Eisenbahn) einen erheblichen Teil der Talsohle einnehmen, ist gesteinsbedingt. Zwischen Mauls und Franzensfeste steht der harte Brixner Granit an, der an der periadriatischen Naht, der Grenze zwischen dem alpidischen Gebirgskörper und südalpinen Dinariden, emporgedrungen ist. Der Brixner Granit ist nicht nur ein hartes Gestein, sondern auch ein schlechter Bodenbildner. Nur wo an den Hängen Moränenreste erhalten geblieben sind, boten sich günstigere Voraussetzungen. Daher wurde dort vereinzelt der Wald gerodet, wobei in tieferen Lagen - z.B. an der von der Straße aus gut sichtbaren Hangverflachung oberhalb von Grasstein - Bergbauernhöfe, in der Höhe hingegen Almen entstanden. Solche kleine Rodungsinseln fallen kaum auf. Oberhalb der schmalen Talsohle wird das Landschaftsbild vielmehr durch dunkle Nadelwälder bestimmt. Infolge der Bestockung kann man nur vereinzelt jene mächtigen Granitblöcke erkennen, die bei stärkeren Gewittern immer wieder die Verkehrswege am Talboden bedrohen. Um diese Gefährdung zu verringern, wird die Staatsstraße zwischen Grasstein und Mittewald in einem Tunnel unter den Murgang hindurch geführt.
Der Holzreichtum der Sachsenklemme bot seit jeher den Rohstoff für gewerbliche Aktivitäten. So betrieben die Fugger bereits zu Beginn der Neuzeit in Grasstein ein Schmelzwerk, in welchem sie Erze aus dem Sterzinger Revier verhütteten. In Mittewald gründete die einheimische Familie von Pretz, die zur Zeit Goethes das Postmeisteramt innegehabt hatte und immer die größten Waldbesitzer dieses Talabschnittes gewesen war, vor rund 100 Jahren eine Kartonagenfabrik, die früher vorwiegend für den italienischen Markt braune und weiße Pappe erzeugte. Inzwischen wurde die Produktion eingestellt. Die Familie betreibt nur noch einen Handel mit Kartonagenerzeugnissen. Auch das große Sägewerk von Oberau, dessen Bretterstapel neben der Straße auffallen, verdankt seine Entstehung dem Holzanfall in den Wäldern der Sachsenklemme.
Der Ortsname „Mittewald" weist darauf hin, dass der Talboden der Sachsenklemme im Mittelalter bewaldet war. Während die Gebirgspässe damals verbindend wirkten, lagen an bewaldeten Talengen vielfach Landschafts- und Territorialgrenzen. Besonders zeigt sich dies am Beispiel des Wipptales, das seit dem Hochmittelalter vom Silltal über den Brenner hinweg in das obere Eisacktal bis zur Holzbrücke bei Oberau unterhalb von Mittewald gereicht hat.
Das Dorf Franzensfeste ist eine junge Verkehrssiedlung, die nach der Fertigstellung der Eisenbahnen über den Brenner- (1867) und ins Pustertal (1871) rasch an Bedeutung gewonnen hat. Diese war vor dem Ersten Weltkrieg eine Hauptbahnlinie. Damals fuhren von Franzensfeste nicht nur Züge nach Wien, sondern entlang der südlichen West-Ost-Verbindung der Monarchie auch über Villach nach Maribor (Marburg) in der Untersteiermark (heute Slowenien). Die Eisenbahner bildeten bereits vor dem Ersten Weltkrieg die wichtigste Berufsgruppe. Nach 1918 wurden bei den Staatsbahnen die meisten Stellen mit Italienern besetzt, die im Dorf Franzensfeste seither die Mehrheit stellen.
Neben dem Bahnhof und die Niederlassungen verschiedener Transportformen prägen die einfachen Wohnblöcke der Eisenbahner das wenig erfreuliche äußere Erscheinungsbild des

Dorfes, in welchem die Hauptfunktion dieser Verkehrssiedlung deutlich hervortritt. Ältere Elemente der Kulturlandschaft sind 1935 mit dem Bau des Stausees verschwunden, dem die drei Höfe von Unterau weichen mussten. Knapp südlich des Dorfes riegelt die auch heute noch militärisch genutzte Festung Franzensfeste das Tal ab. Benannt ist sie nach Kaiser Franz I., unter dessen Regierung 1833 bis 1838 der Bau errichtet wurde. Sie wurde als Talsperre ausgeführt, die aus Verteidigungswerken an beiden Seiten der tiefen Eisackschlucht besteht.

Das Brixner Becken und das untere Eisacktal

Südlich von Franzensfeste ändert sich das Landschaftsbild schlagartig. Auf die Talenge, die durch den harten Brixner Granit verursacht ist, folgt im Bereich des weichen Brixner Quarzphyllits, der sich viel leichter ausräumen lässt, das breite Brixner Becken. Für die Ausbildung dieser auffallenden Talweitung war neben dem Gesteinssubstrat auch der Verlauf der Talentwicklung bedeutsam. Von Osten mündet mit dem Pustertal ein großes inneralpines Längstal, wodurch die Erosionsleistung infolge der Konfluenzwirkung verstärkt worden ist.
Neben den Reliefverhältnissen ändert sich südlich der Brixner Pforte eine Reihe weiterer naturräumlicher Voraussetzungen. Die Temperaturen steigen gegenüber dem Wipptal deutlich an, wo der Anbau neben der Höhenlage z.T. auch durch die starke Windexposition beeinträchtigt ist. Daher steht nördlich von Franzensfeste die bergbäuerliche Landwirtschaft im Vordergrund, die sich im Rahmen des vorherrschenden Futterbaues vor allem auf die Milchviehhaltung spezialisiert hat. Im Brixner Becken erreichen wir hingegen jenes „Zwischenstockwerk" in der agrarischen Höhenstufung Südtirols, wo das Wärmeangebot nicht nur für einen intensiven Obstanbau ausreicht, sondern auch noch Rebkulturen ermöglicht.
Auch die Gestaltung der Siedlungen wandelt sich je weiter man nach Süden kommt. Dies gilt für einzelne Strukturelemente wie für manche aktuellen Veränderungen. Beim Brixner Becken und beim unteren Eisacktal handelt es sich somit um außerordentlich reizvolle, reich differenzierte Kulturlandschaften, bei denen es sich lohnt, länger zu verweilen. Daher wird in einer Spezialexkursion ausführlicher auf diesen Raum eingegangen, wobei mit der Hochfläche von Natz-Schabs und der „Mittelgebirgslandschaft" von Feldthurns zwei ländliche Gebiete abseits der Brennerstraße vorgestellt werden. Daneben darf auch ein Besuch von Brixen - der ältesten Stadt Deutschtirols - nicht fehlen (vgl. dazu Band 3 des Exkursionsführers).

Um einen Überblick über das Brixner Becken zu erhalten, zweigen wir an der Autobahnausfahrt Brixen zur Pustertaler Straße ab, verlassen diese bereits in Schabs und fahren von dort über Raas nach Elvas, wo der Omnibus auf dem kleinen Parkplatz neben der Kirche von Elvas abgestellt wird. Von hier gehen wir auf dem Wanderweg (Markierung 1) ungefähr 350 m nach Süden zum Pinazbichl, von wo aus man das Brixner Becken gut überblicken kann.

Die Schabser Senke, durch welche die Bahn und die Straße in das Pustertal führt, ist ein muldenförmiges Trockental, an dessen Nordrand vereinzelt noch der anstehende Brixner Quarzphyllit zu Tage tritt. In der übrigen Mulde liegt das Grundgebirge unter einer mächtigen Decke von eiszeitlichen Schottern und Moränen begraben. Auf Grund der Gerölle hat man frühzeitig erkannt, dass die Rienz ursprünglich durch die Schabser Senke in den Eisack gemündet hat. Die heutige enge Rienzschlucht ist demnach als junge Epigenese zu deuten. Nachdem das alte Tal verschüttet worden ist, hat der Fluss seinen Lauf geändert und sich tief in die Lockersedimente eingeschnitten, wodurch die dreieckförmige Natzer Hochfläche entstanden ist.
Die landwirtschaftliche Nutzung zeigt im Gebiet der Gemeinde Natz-Schabs die charakteristischen Merkmale jenes „Übergangsstockwerkes", das zwischen der bergbäuerlichen Grünland-

wirtschaft und den Obst- und Weinbaukulturen der Niederungsstufe eingeschoben ist. Die Bodennutzung ist durch das Nebeneinander von mehrschnittigen Wiesen, Obstwiesen und dem Anbau von Feldfutterpflanzen gekennzeichnet, wobei neben dem Futtermais auch Klee- und Luzerneäcker häufig vorkommen. Einzelne Parzellen sind mit Feldgemüse bestellt. Früher stand der Getreideanbau in diesem niederschlagsarmen, trockenen Gebiet im Vordergrund. Seit moderne Beregnungsanlagen installiert wurden, nahm seine Bedeutung nach und nach ab, sodass er heute nur noch eine geringe Rolle spielt.

Die Landschaft des weiten Brixner Beckens ist durch eine klare Höhenstufung gekennzeichnet. Der heutige Talboden wurde in der Eiszeit durch die Glazialerosion übertieft, später verschüttet und teilweise wieder ausgeräumt. Zwischen Vahrn und Brixen hat der Schalderer Bach an der westlichen Talseite seinen Schwemmkegel abgelagert, der Eisack ist hingegen auf der flachen Talaue von Neustift bis zur Mündung der Rienz in Brixen geflossen. Die Seitenbäche haben von beiden Talseiten her lokale Schwemm- und Schuttkegel aufgeschüttet. An den Talhängen liegen mehrere Verflachungszonen übereinander.

Das Riggertal, in das sich der Eisack zwischen der Ladritscher Brücke (unterhalb von Franzensfeste) und Neustift eingeschnitten hat, bildet das Gegenstück zur Schabser Senke. Knapp höher verläuft in 700-900 m Höhe eine Terrassenflur, die von den Einheimischen als „Mittelgebirge" bezeichnet und in der geomorphologischen Literatur in der Regel als präglazialer Talboden gedeutet wird. Während vorwiegend Lockersedimente das Plateau von Natz aufbauen, sind die Verebnungen sowohl an der westlichen Talflanke von Tschötsch über Feldthurns als auch am linken Hang von St. Andreä über Mellaun und Theis nach Gufidaun im anstehenden Quarzphyllit angelegt worden. Die höhere Verflachungszone in 1.200-1.300 m Höhe, die vom Pustertal herausziehend im Norden die Siedlungen Spinges und Meransen trägt, ist im mittleren und unteren Eisacktal weniger deutlich ausgebildet. Umso klarer tritt die „alte Landoberfläche" oberhab der Waldgrenze hervor, die günstige Voraussetzungen für die Anlage von Almen geboten hat. Dieses Sanftrelief reicht bis zur Gipfelflur hinauf. Bezeichnen dafür ist der Hausberg der Brixner, die Plose, der nur eine Mittelgebirgsformung aufweist.

Vom Standort am Pinazbichl kann die Siedlungsentwicklung im Bereich der Stadt Brixen gut verfolgt werden. An den Doppeltürmen des Domes und am „Weißen Turm" der Pfarrkirche erkennt man die Lage der Altstadt mit der engverbauten Bürgerstadt und der ehemaligen fürstbischöflichen Residenz. Sie entspricht weder lokal noch regional den Standorten anderer alpiner Städte. Die Altstadt reicht nämlich in die Talaue hinein, die man, bevor mit dem Stadtbau begonnen werden konnte, entsumpfen musste. Sie lag auch nicht im Schnittpunkt überregionaler Verkehrslinien. Die ältere Verkehrssiedlung Stufels - heute ein Stadtteil von Brixen - liegt auf der anderen Eisackseite.

Die Lage Brixens hängt ausschließlich mit der Wahl des Bischofssitzes zusammen. Im Jahre 901 schenkte der deutsche König, Ludwig das Kind, dem Bischof von Säben die „curtis Prichsna". Während sich die Gebäude dieses Meierhofes in Stufels jenseits der Brücke am Zusammenfluss der Rienz befanden, lagen die zu ihm gehörenden Felder rechts des Eisack. Auf diesem geschlossenen Grundstücksblock haben die Bischöfe später ihre Stadt gebaut (*Hye* 1986, 362-363). Nach der Schenkung verlegten die Bischöfe zeitweise und unter Bischof Albuin am Ende des 10. Jahrhunderts endgültig ihren Sitz hierher. Als erstes wurden ein neuer Dom, eine neue Bischofsburg und ein Kreuzweg gebaut, der beide verband. Bald entstand am Verbindungsweg zu Stufels eine Marktsiedlung. Bereits während der Regierung von Bischof Hartwig (1022-1039) wurde die städtische Ringmauer vollendet. Damit war Brixen eine städtische Siedlung. Sie zählt mit anderen frühmittelalterlichen Bischofssitzen zur ältesten Schicht städtischer Siedlungen in Mitteleuropa. Es dauerte allerdings lange, bis sich die Bürger gegen den Bischof, dem Domklerus und dem Adel durchzusetzen vermochten und städtische Rechte erhielten. Diese erreichten sie erst im Stadtrecht von 1380. Bis 1803 waren die Bischöfe von Brixen auch weltliche Fürsten. Sie erhielten 1027 die Grafschaftsrechte im Inn- und Eisacktal und 1091 im Pustertal übertragen. Später konnten sie sich gegen ihre eigenen Vögte, die Grafen von Tirol, nicht behaupten. So verblieb ihnen im Hochmittelalter nur ein kleines Territorium, das eng mit der gefürsteten Grafschaft Tirol verbunden war.

Die Verbauungstypen weisen auf die Siedlungsentwicklung hin, die lange Zeit durch eine geringe Dynamik gekennzeichnet war. Bis zur Mitte des 19. Jahrhunderts beschränkte sich die Verbauung auf das mittelalterliche Stadtgebiet, bis zum Ersten Weltkrieg schob sie sich im Westen langsam bis zur Eisenbahnstrecke vor. Erst nach dem Zweiten Weltkrieg setzte ein stärkeres Wachstum ein, als die Talsohle im Norden gegen Vahrn nach und nach verbaut und auch dieses Nachbardorf in den städtischen Siedlungsraum einbezogen worden ist. 1970 stand das 1873 eröffnete Bischöfliche Gymnasium Vinzentium noch mitten in den Feldern. Inzwischen ist die Talsohle in der Umgebung des „Kastens", wie die Brixner diese rund einen Kilometer nördlich der Altstadt liegende Bildungsstätte bezeichnen, bereits weitgehend verbaut. Im Süden entstand auf der linken Talseite ein neues Wohnviertel, sodass die städtische Verbauung nun bis über Milland hinausreicht, während rechts des Eisack in der Mitte der 70er-Jahre die neue Brixner Industriezone angelegt wurde.

Nachdem vom Pinazhügel aus eine Überblicksdarstellung gegeben worden ist, fährt man mit dem Omnibus nach Brixen, wo man in der Nähe des Sonnentores anhält. Von dort wird nach Südwesten zur Hofburg gegangen.

Brixen - die ehemalige Bischofsstadt

Bis zum Beginn des 20. Jahrhunderts wurde die Entwicklung von Brixen maßgeblich vom Bischof und dem Klerus geprägt. Die Stadt verdankt ihre Gründung der Verlegung des Bischofssitzes und war später durch Jahrhunderte die Residenz eines kleinen geistlichen Fürstentums. Nach der Gründung der Stadt ließen sich bald auch Handwerker und Händler nieder. Allerdings war die Bürgerstadt klar vom Dombezirk getrennt, der dem Bischof und den Klerikern vorbehalten blieb. Diese Viertelsbildung ist in der Altstadt bis heute erhalten geblieben.

Auch in der Verbauung der Altstadt hat sich seit dem Mittelalter wenig verändert. Dies gilt nicht nur für das Straßenbild mit den malerischen Lauben, sondern auch für die Reste der Ummauerung und den vier Stadttoren. Außerhalb des ältesten mittelalterlichen Kerns siedelten die Bischöfe im Laufe der Zeit zahlreiche Klöster und religiöse Anstalten an und förderten sie. Die meisten von ihnen bestehen heute noch und spielen im kulturellen Leben der Stadt nach wie vor eine beachtliche Rolle. Allerdings ist Brixen heute nicht mehr Bischofssitz. Dieser wurde 1964 nach Bozen verlegt, als auch die Diözesangrenze an die Provinzgrenze angeglichen wurde. Vorher hatte das gesamte Etschtal unterhalb von Glurns und das untere Eisacktal zur Diözese Trient gehört. Die Diözese Brixen, von der nach dem Ersten Weltkrieg der Nordtiroler Anteil abgetrennt worden war, umfasste vor 1964 nur das Eisacktal oberhalb von Waidbruck und den Südtiroler Anteil des Pustertales.

Nördlich von Brixen wurden in den letzten Jahrzehnten entlang der Brennerstraße mehrere Handels-, Industrie- und Gewerbebetriebe angesiedelt. Unter ihnen sind der Milchhof Brixen auf der östlichen Straßenseite und auf der gegenüberliegenden die Obstbaugenossenschaft Brixen besonders hervorzuheben, weil sie die Voraussetzung für den jüngsten Aufschwung der Landwirtschaft im Brixner Becken gebildet haben.

Das heutige Sonnentor wurde früher als Kreuz- oder St. Erhardstor bezeichnet. Es wird von einem Wehrturm überragt und markiert die Grenze der ältesten mittelalterlichen Stadt. Diese von einer Ringmauer umgebene bischöflich Siedlung reichte im Westen bis zum Kleinen Graben, im Norden bis zum Großen Graben, im Osten bis zur heutigen Hartwiggasse und im Süden bis zum Nordrand der fürstbischöflichen Burg. Die Maße dieses Mauerrings, der eine Fläche von ungefähr fünf Hektar einschließt, betragen rund 250 mal 200 Meter. Die rechteckige Form bestätigt die Vermutung, dass es sich um eine geplante städtische Siedlung gehandelt hat. Sie wurde auf der Kernflur jenes „curtis Prichsna" errichtet hat, den König Ludwig das Kind 901 dem Bischof von Säben übertragen hat. Die Wohn- und Wirtschafsgebäude dieses Fronhofes scheinen hingegen, wie *Hye* (1986, 362) ausführt, jenseits des Eisack in Stufels gelegen zu sein. Im Süden schließt an das Sonnentor eine freistehende Mauer an, die auf die älteste Ummauerung der Stadt vor 1039 zurückgeht. Von dieser sind erhebliche Teile erhalten geblieben. Allerdings wurde sie später i.d.R. in die Häuser integriert, indem man die Stadtmauer als rückwärtige Wand der Gebäude verwendete. Erst nachträglich brach man die Fensteröffnungen heraus.

Auch die funktionale Gliederung dieses ältesten Teils der Stadt hat sich seit der Gründungszeit nur wenig verändert. Zu dem vom Bischof erbauten Dombezirk im Süden kam bald eine erste Bürgerstadt im Norden hinzu, in der die Händler und Handwerker wohnten. Die Grenze zwischen beiden unterschiedlich strukturierten Teilen der Altstadt verlief damals wie heute vom Sonnentor über die Bäcker- und Domgasse zum Domplatz. Im Nordteil zählen die Kleinen und die Großen Lauben zu den wichtigen Einkaufsstraßen der Stadt, im Domviertel sind Handel und Gewerbe hingegen bis in die Gegenwart unbedeutend geblieben. Dies gilt bereits für die Hofburggasse, in der auffallend wenige Dienstleistungsbetriebe zu finden sind.

Vom Sonnentor wird nach Süden zum Vorplatz der Hofburg gegangen (Haltepunkt).

Den Südwesten des Domviertels prägt die Neue Hofburg, die im Jahre 1268 erstmals erwähnt wird. Nach heftigen Auseinandersetzungen mit seinen Ministerialen fühlte sich der Fürstbischof Bruno von Kirchberg in seiner alten Bischofsburg neben dem Dom nicht mehr sicher. Er ließ deshalb südlich der alten südlichen Stadtmauer, die abgerissen wurde, eine neue Bischofsburg errichten und sie von allen Seiten durch einen Graben sichern. Dieser ist, wie man an der Brücke vor dem Eingang ersehen kann, teilweise bis heute erhalten geblieben. Südlich der Burg entstand eine neue, noch bestehende Stadtmauer, deren Südostecke ein Turm, das Scheuchegg, absichert. Das durch die Stadterweiterung im Süden hinzugewonnene Gebiet wurde in der Folgezeit nur locker verbaut, weil für jene kirchlichen Funktionen, die man im Domviertel konzentrierte, nur wenig zusätzlicher Raum benötigt wurde. Daher sind viele Gebäude entlang der südlichen Stadtmauer bis heute Wohnhäuser geblieben, und die zwischen ihnen liegenden Parzellen werden als Hausgärten genutzt. Vor der fürstbischöflichen Burg blieb mit dem Hofburgplatz eine größere Fläche unverbaut. Auf ihm ließ die Stadt im Jahre 1901 die Gedenksäule zum 1000-jährigen Bestehen Brixens aufstellen.

Von der Hofburg gehen wir zum nächsten Haltepunkt am Domplatz.

Der Domplatz bildet das Zentrum der Altstadt. Um ihn gruppieren sich die wichtigsten Gebäude des bischöflichen Brixen. An den prachtvollen Dom, dessen barocke Fassade neben dem Weißen Turm ein Wahrzeichen der Stadt geworden ist, schließt im Süden die Frauenkirche und alte Residenz an, in der heute das Gericht und andere öffentliche Ämter untergebracht sind. Diese beiden Gebäude versperren den Blick zum Kreuzgang, dem künstlerisch vielleicht bedeutsamsten Objekt in der an Kunstschätzen überaus reichen Stadt Brixen. Im Süden schließt die Johanneskapelle an den Kreuzgang an, im Osten das Bruderhaus, in welchem ursprünglich die Domkleriker wohnten. Vom Beginn des 20. Jahrhunderts bis in die 1970er-Jahre diente dieses Gebäude als Diözesanmuseum. Im Haus südöstlich der Johanneskapelle war ursprünglich die Domschule untergebracht, die nachweislich bereits im 11. Jahrhundert bestanden hat. Zwischen dem Dom und der Pfarrkirche St. Michael, die zum Bürgerviertel von Brixen gehört, liegt mit dem alten Friedhof, der seit dem 18. Jahrhundert nicht mehr belegt wird, ein ruhiger, besinnlicher Platz. Obwohl das Domviertel seit seiner Anlage vor 1000 Jahren mehrmals umgebaut worden ist, bildet es ein beeindruckendes geschlossenes Ensemble, das wie kaum ein zweites im Lande die Kulturgeschichte Tirols widerspiegelt. Die eng nebeneinander stehenden vielen Kirchen und Kapellen ergeben zusammen jene „Kirchenlandschaft", die allgemein als ein typisches Merkmal für frühmittelalterliche Bischofsstädte angesehen wird. Wer sich mit den reichen Kunstschätzen des Domviertels genauer auseinander setzen will, sei auf die kunstgeschichtlich ausgerichteten Darstellungen in Reiseführern verwiesen.

Vom Domplatz wird in das Zentrum der Bürgerstadt im Bereich der Großen Lauben (Haltepunkt Ecke Kleine Lauben) nach Norden gegangen.

Die Kirche von St. Michael mit dem Weißen Turm, dessen Spitze eine hohe gemauerte und weiß-getünchte Achteckpyramide bildet, dient seit dem Mittelalter als Pfarrkirche den Bürgern von Brixen. Der heutige Bau wurde um 1500 anstelle einer 1038 erstmals erwähnten Kirche errichtet und im Inneren im 18. Jahrhundert barockisiert. Die Großen Lauben bildeten im Mittelalter den Mittelpunkt des städtisch-bürgerlichen Lebens. Sie waren damals der bevorzugte Standort des Handels an der Hauptverkehrsachse, die vom Michaelstor durch die Großen und Kleinen Lauben zum Sonnentor durch die ummauerte Altstadt geführt hat. Heute liegen die Großen Lauben in der Fußgängerzone, sie gehören zusammen mit den Kleinen Lauben immer noch zu den wichtigsten Geschäftsstraßen der Stadt.
Das Erscheinungsbild der Straße hat sich im Laufe der Jahrhunderte nur wenig geändert. Die meisten Häuser, die durch vorspringende Erker gegliedert werden, stammen aus der frühen Neuzeit und haben ihr Aussehen seit damals bewahrt. Allerdings sind die Eigentümer der Geschäfte größtenteils bereits in neue, wohnliche Häuser verzogen. Trotzdem ist die Behausungsdichte nach wie vor hoch, wobei nun vorwiegend Angehörige der sozialen Grundschicht in den Altstadtgassen leben. Auch in den Kleinen Lauben zeigen sich in der Gebäudenutzung Persistenzen. Es dominieren der Handel und das Handwerk. Auch das Straßenbild hat sich seit Jahrhunderten nur wenig verändert.

Nach diesem kurzen Rundgang kehren wir zum Sonnentor zurück und gehen von dort zum Exkursionsomnibus. Mit diesem wird auf die Terrasse auf der westlichen Seite des Eisacktales nach Feldthurns gefahren, weil die Landschaft von dort aus gut überblickt werden kann. Die Zufahrtstraße zweigt knapp nördlich des Bahnhofes von Brixen ab. Oberhalb von Tschötsch sollte man den Omnibus erstmals anhalten. Rund 500 m nach dem Weiler Payrdorf führt ein Güterweg zu zwei Höfen hinunter, von denen einer in der Karte als „Fallmerayer" eingetragen ist. Unmittelbar hinter dieser Kreuzung befindet sich bergseitig eine Ausweiche, auf der der Omnibus abgestellt wird (dort quert der Wanderweg 10, der nach Tötschling emporführt, die Straße). Von hier geht man zum „Fallmerayer" hinunter und von dort am Feldkreuz vorbei über den Feldweg 100 m nach Norden. Dieser Aussichtspunkt bietet einen guten Überblick über die Kulturlandschaft des südlichen Brixner Beckens.

Der Name des Hofes erinnert an den bedeutenden Historiker und Orientalisten Jakob Philipp Fallmerayer (1790-1861), der allerdings nicht hier, sondern im rund einen Kilometer nördlich liegenden Weiler Payrdorf geboren wurde. Als Kind hütete er auf der Tschötscher Weide das

Vieh, konnte jedoch als begabter Bub die Domschule in Brixen besuchen. Später war er Professor in München und 1848 Mitglied des Frankfurter Parlaments.

Unterhalb unseres Standortes erblickt man am Talboden die Brixner Industriezone, die als Beispiel für die junge Industrialisierung Südtirols gelten kann. Nach dem Zweiten Weltkrieg gab es im Brixner Becken zu wenig gewerbliche und industrielle Arbeitsplätze. Daher suchten viele Südtiroler als „Heimatferne" im deutschsprachigen Ausland eine Beschäftigung. Durch die Ansiedlung von Betrieben in eigens dafür ausgewiesenen und infrastrukturell erschlossenen „Industriezonen" wollte die Provinz Bozen diesen Mangel beheben. In der Industriezone von Brixen sollte zunächst ein Zweigwerk der Reifenfirma Continental (in Hannover) mit rund 1.000 Arbeitsplätzen angesiedelt werden. Nach heftigen Auseinandersetzungen mit engagierten Vertretern des Heimat- und Umweltschutzes ließ dieser Konzern 1973 diesen Plan fallen. In den folgenden Jahren entstanden anstelle eines einzigen Großbetriebes zahlreiche Klein- und Mittelbetriebe, die der einheimischen Bevölkerung zusammen rund 1.000 Arbeitsplätze bieten.

Auf der orographisch linken, östlichen Talseite liegt auf dem Schwemmkegel des Aferer Baches das Dorf Albeins, dessen Fluren heute vorwiegend durch moderne Apfelkulturen genutzt werden. Diese bestimmen auch im etwas kleineren Sarns und südlich von Milland die agrarische Nutzung. Bis zu diesem Dorf, das in den letzten zwanzig Jahren sehr stark gewachsen und zu einem wichtigen Wohnviertel geworden ist, reicht inzwischen die geschlossene städtische Verbauung von Brixen.

Über einer bewaldeten Talstufe folgt auf dem östlichen Talhang in rund 900 m Höhe die Mittelgebirgsterrasse mit den Dörfern Klerant (856 m), Mellaun (895 m) und Sankt Andrä (961 m), die oberhalb der Obstbaustufe liegen. Hier bestimmt der Futterbau die landwirtschaftliche Nutzung. Die vordeutschen Ortsnamen der Dörfer auf den Terrassen des Brixner Beckens weisen darauf hin, dass es sich um Altsiedlungen handelt. Archäologische Funde bestätigen diese Annahme. Besonders bedeutsam erwiesen sich die Ausgrabungen von Mellaun, die zum locus typicus einer bronzezeitlichen Kultur („Mellauner Kultur") geworden sind. In der darüber liegenden Höhenstufe, die man im Afrertal deutlich erkennen kann, bestimmen bäuerliche Einzelhöfe das Siedlungsbild. Die stumpfe Spitze der Plose, auf die seit 1961 eine Seilbahn hinaufführt, begrenzt die Kulturlandschaft des Brixner Beckens nach oben hin.

Von Tschötsch wird nach Feldthurns vorgefahren, dort Richtung Klausen abgebogen. Am unteren Rand der Mittelgebirgsterrasse wird beim Parkplatz des Freibades angehalten. Von diesem Parkplatz geht man auf der schmalen Fahrstraße ca. 300 m nach Osten, von dort über Weidegrund zum Aussichtspunkt Drumbühel (817 m), wo ein Halt vorgesehen ist.

Vom Drumbühel, einem glazial überprägten Rundhöcker, überblickt man nicht nur das südliche Brixner Becken, das sich unterhalb von Albeins gesteinsbedingt verengt, sondern auch die beiden Talflanken. Der westliche Hang fällt unterhalb unseres Standortes gegen das enge Eisacktal steil ab, oberhalb der Geländekante folgt mit dem Feldthurner Mittelgebirge eine sanfte Verebnung mit dem Haufendorf Feldthurns (850 m), bei dem es sich offenbar um eine Altsiedlung handelt. Für diese These spricht u.a. die Altpfarre und die frühmittelalterliche Burg, auf der nachweislich bereits im Jahre 1112 die Herren von Velthurns saßen. Allerdings sind vom alten Schloss, das ähnlich wie die Pfarrkirche auf einer gegen das Tal vorgeschobenen Geländekuppe stand, nur wenige Reste der Ummauerung übrig geblieben. Aus den Trümmern ließ nämlich 1574 Fürstbischof Christoph von Madruzzo mitten im Dorf ein neues Schloss erbauen, das den Brixner Bischöfen bis zur Säkularisation im Jahre 1803 als Sommerresidenz gedient hat. Die Fürstenzimmer gelten als wichtigste Sehenswürdigkeiten dieses Gebäudes, das heute als Museum Verwendung findet.

In den letzten Jahrzehnten hat sich die Siedlungslandschaft auf der Terrasse von Feldthurns beträchtlich gewandelt. Es fallen vor allem zahlreiche Neubauten auf, die zu einer Verdichtung und Erweiterung des bestehenden Haufendorfes geführt haben. In den letzten 30 Jahren wurden u.a. in den Industriezonen der nahen Städte Brixen und Klausen viele Arbeitsplätze geschaffen, daher spielt heute die Pendelwanderung eine beachtliche Rolle. Inzwischen wurde oberhalb des Schwimmbades auch in Feldthurns eine Handwerkszone ausgebaut, durch welche in der Gemeinde Beschäftigungen im sekundären Sektor geboten werden. Die Terrasse von Feldthurns wurde bereits im 19. Jahrhundert für den Tourismus erschlossen. Der gute Bauzustand der alten, behäbigen Gasthöfe und viele neuere Hotels zeigen, dass der Fremdenverkehr auch heute noch eine bedeutende Rolle spielt. Zu den wichtigsten Ressourcen zählen die vielen Wanderwege, welche die sanfte Mittelgebirgslandschaft erschließen und von den Touristen häufig für Spaziergänge und längere Ausflüge genutzt werden. Das Bild der Agrarlandschaft hat sich in den letzten Jahrzehnten grundlegend gewandelt. In den tieferen Lagen unterhalb der Terrassenkante hat sich inzwischen der Obstbau durchgesetzt, oberhalb des Dorfes überwiegt der Futterbau, der die Grundlage für eine intensive Milchviehhaltung bildet. Am relativ flachen Talhang oberhalb der Waldstufe erkennt man in der Ferne die Hütten von kleinen Almen und von Bergmähdern.

> ## Das „Törggelen"
>
> Früher war der Talhang unterhalb der Terrassenkante mit Kastanienbäumen, die man an vielen Stellen auch heute noch beobachten kann, und in tieferen Lagen mit Weinreben bestockt. Diese beiden Sonderkulturen bilden Grundlage für das „Törggelen", das heute ein wichtiges touristisches Angebot darstellt und wesentlich zur Verlängerung der Fremdensaison bis zum Ende des Monats November beiträgt. Diese Ausflugsfahrten gehen auf einen alten Eisacktaler Brauch zurück. Nach der Ernte besuchten sich die Bauern gegenseitig und ließen sich dabei den jungen Wein und die Kastanien schmecken. Die meisten Törggelefahrten führen auch heute noch in das mittlere und untere Eisacktal, dem Ursprungsgebiet dieses Brauches, von dem allerdings nicht mehr viel übrig geblieben ist. Nur Einheimische und kleinere Gruppen aus Tirol besuchen noch die alten Bauernstuben und begnügen sich mit Wein und Kastanien. Organisierte Busreisen führen hingegen zumeist in größere Gasthöfe, in welchen neben diesen beiden Produkten mehrgängige Menus angeboten werden und die Gruppen auch übernachten. Während das Törggelen auf privaten Bauernhöfen nur im Verbreitungsgebiet des Weinbaues und der Kastanienkulturen möglich ist, wird es von der Gastronomie inzwischen nahezu in ganz Südtirol angeboten.

Vom Standort am Drumbühel kann man sehr gut den östlichen Talhang überblicken. Dort wird die ungefähr gleich hoch wie Feldthurns gelegene Terrassenflur mit den Haufendörfern Teis (962 m) und Gufidaun (724 m) vom Villnösser Bach zerschnitten. Die höher aufragenden Gebirgsformen sind vielfältig. Während im Eisacktal die dunklen Schiefer und Phyllite der Südalpen („Brixner Quarzphyllitzone") anstehen, schließen helle Kalke und Dolomite das Villnösser Tal im Osten ab. Sowohl der Peitlerkofel als auch die Geisler Spitzen gehören zu den Dolomiten und weisen das für diese Gebigsgruppe typische Formenbild auf.

Anschließend fährt der Omnibus nach Klausen vor, wo er am Parkplatz am Nordende des Städtchens (knapp nach der Abzweigung von der Brenner-Staatsstraße) abgestellt wird.

Oberhalb von Klausen beherrscht der mächtige Dioritfelsen von Säben das Eisacktal. Dieser exponierte Siedlungsplatz, der schon in der Jungsteinzeit bewohnt war, gehört zu den bedeutendsten historischen Stätten des mittleren Alpenraumes. Bereits im 4. Jahrhundert wurde hier

Oberhalb der Stadt Klausen beherrscht der mächtige Dioritfelsen von Säben das Eisacktal. Dieser exponierte Siedlungsplatz, gehört zu den bedeutendsten historischen Stätten des mittleren Alpenraumes.

eine erste frühchristliche Kirche errichtet, die im 6. Jahrhundert als Bischofssitz gedient hat. Sie bildete möglicherweise die letzte Station auf der Flucht des „episcopus secundae Raetiae", der während der Völkerwanderung zunächst seinen Sitz von Augsburg (Augusta Vindelicorum) in das Inntal (Pfaffenhofen bei Telfs, Martinsbühel bei Zirl) und schließlich an die äußerste Südgrenze seiner Provinz, dem geschützten Burgfels von Säben, verlegt hat. Drei der frühen Bischöfe - der legendäre hl. Kassian, der hl. Ingenuin (578-591) und der hl. Albuin (975-1006), der den Bistumssitz nach Brixen verlegt hat - wurden zu Patronen der Diözese Brixen-Säben. Im Hoch- und Spätmittelalter blieb die alte Burg eine Festung und diente als Sommersitz für die Bischöfe. Zu Beginn der Neuzeit verödete der Burgfels. Die Bischöfe verlegten ihre Sommerresidenz nach Feldthurns und nach einem Blitzschlag brannte das Gemäuer der Festung aus. Erst 1681-86 zog wieder Leben ein, als das heute noch bestehende Nonnenkloster der Benediktinerinnen neben der Marienkirche errichtet wurde, dessen Gebäude den Burgfelsen von Säben krönen.

Das Städtchen Klausen, dessen Name die Lage dieser malerischen Südtiroler Siedlung in der Talenge zwischen Säbener Burgfelsen und Eisack beschreibt, kann als Beispiel für eine Zwergstadt dienen, deren Entwicklung durch mehrere Faktoren gehemmt worden ist. Die Geländeverhältnisse haben von Beginn an die Verbauung erschwert. Die Siedlung konzentriert sich auch heute noch auf eine einzige, schmale Gasse, bei der an der bergseitigen Häuserzeile die Gärten und Keller in oder auf der untersten Stufe des Burgfelsens liegen, während die Gärten hinter der flussseitigen Häuserzeile aufgefüllt und durch Mauern gegen den Eisack abgestützt worden sind.

Das Städtchen konnte nie eine größere Zentralität erlangen, weil ihm dafür von Beginn an das Hinterland fehlte. Klausen lag an der Südgrenze des Territoriums der Bischöfe von Brixen, die die Stadt aus militärischen (Talsperre) sowie wirtschaftlichen Überlegungen gegründet haben. Bereits 1202 wird eine Zollstätte erwähnt, die später zwar zu den einträglichsten in diesem kleinen geistlichen Fürstentums gezählt hat, die Einnahmen aus dem Brennerverkehr blieben jedoch hinter den Erwartungen zurück. Klausen, das 1220 als „forum", d.h. Markt, und 1308 als „stat" bezeichnet wird, erhielt 1428 ein Jahrmarktprivileg und im Stadtrecht von 1485 auch eine beschränkte Selbstverwaltung. An der Wende vom Mittelalter zur Neuzeit erlebte es seine wirtschaftliche Blütezeit, als die Stadt Sitz des Berggerichtes war, dem die Bergwerke im nahen Pfundererberg im Tinnebachtal (Gemeinde Villanders) und im ladinischen Buchenstein unterstanden. Das Gebäude des Berggerichts jenseits des Eisack erinnert heute noch daran.

Um einen Eindruck von dieser Kleinstadt zu gewinnen, ist es ratsam, vom Parkplatz nördlich der Stadt durch diese bis zur platzförmigen Erweiterung am südlichen Ende der Altstadt zu gehen (mit den Gasthöfen Post, Hirschen und Engl).

Die kurze Zeit der wirtschaftlichen Blüte tritt im Baustil deutlich hervor. Die Häuser stammen aus der Zeit um 1500 und weisen größtenteils spätgotische Stilmerkmale auf. Als eine Reihe von Germanisten den Vogelweiderhof im nahen Lajener Ried zur Heimat des Minnesängers Walter von der Vogelweide erklärten, entdeckte im 19. Jahrhundert das Bildungsbürgertum das „liebliche Nest" Klausen, dessen Straßenbild mit den steinernen Türumrahmungen, den malerischen Erkern, den Zinnengiebeln und Lichthöfen sich infolge der wirtschaftlichen Stagnation seit dem Spätmittelalter kaum verändert hatte. Es entsprach vor allem den romantischen Vorstellungen der Künstler der Zeit vor dem Ersten Weltkrieg. Nach 1918 blieben diese Gäste aus. Selbst der Gasthof Lampl im nördlichsten Teil der Stadtgasse, in dessen Vogelweider Saal sich die Literaten getroffen hatten, musste schließen. Obwohl oder gerade weil Klausen den modernen Massentourismus „verschlafen" hat, lohnt sich ein Gang durch die Altstadt, die sich nicht nur durch die stilvolle spätgotische Bebauung auszeichnet, sondern auch zahlreiche Hinweise auf den frühen Kulturtourismus beherbergt. Die sehr eng verbaute historische

Altstadt hebt sich deutlich ab von den Siedlungserweiterungen im Norden und im Süden der Stadt, die nach 1945, vor allem aber nach 1960 vorgenommen wurden. Sie dokumentieren den jüngsten Strukturwandel, der durch die Ansiedlung von Industrie- und Gewerbebetrieben gekennzeichnet war. Diese Firmen, bei denen es sich die z.T. um Zweigwerke ausländischer Unternehmen handelt, bieten heute den Einheimischen zahlreiche Arbeitsplätze.

Unterhalb von Klausen kann die Landschaft von der Autobahn aus besser überblickt werden als von der Staatsstraße an der Sohle des engen Eisacktales. Daher empfiehlt es sich, für die Fahrt von Klausen nach Bozen (Nord) die Autobahn zu benutzen. Als Haltepunkt bieten sich die an beiden Seiten eingerichteten Raststätten an.

Südlich der Engstelle, die durch den Burgfelsen von Säben und die Stadt markiert wird, folgt die Talweitung von Klausen, die bis Kollmann unterhalb von Waidbruck reicht. Hier stehen mit den Quarzphylliten und Schiefern jene Basisgesteine der südalpinen Schichtfolge an, die sich leicht ausräumen lassen.
Bei Kollmann ändert sich das Landschaftsbild. Eisenbahn und Staatsstraße nehmen die gesamte Breite der engen Schlucht ein, durch die sich der Eisack zwängt. Infolge der ungünstigen Bedingungen mied der Verkehr lange Zeit diese Klamm. Im Mittelalter führte der Kaiserweg von Kollmann über den Ritten nach Bozen, erst im Jahre 1314 erbaute der Bozner Bürger Heinrich Kunter einen Saumweg durch das untere Eisacktal, den Erzherzog Sigmund 1480 durch Sprengungen erweitern ließ. Für die Autobahn war die Talsohle zu schmal. Deshalb wurde sie dem Hang entlang angelegt, wobei die Trasse mehrmals durch Tunnels und über Brücken und Viadukte geführt werden musste.
Diese gesteinsbedingte Talverengung bildet nur einen schmalen Einschnitt in der harten Quarzporphyrplatte, an deren Oberkante sowohl am Ritten als auch im Dolomitenvorland weite Hochflächen das Landschaftsbild bestimmen. Die Talhänge sind größtenteils mit schütteren, wenig ertragreichen Nieder- und Mittelwäldern bestockt. Die landwirtschaftliche Nutzung bleibt auf einzelne Gunstlagen beschränkt, an denen vielfach Rebanlagen angepflanzt sind. Der Talboden ist bis heute weitgehend siedlungsleer geblieben, wobei die beiden einzig nennenswerten Orte, Atzwang und Blumau, an kleinen lokalen Verbreiterungen des Tales angelegt wurden. Die kleineren Nebenflüsse münden hier durch canyonartige Schluchten in das enge Eisacktal. Besonders eindrucksvoll ist diesbezüglich das untere Eggental, durch welches die Dolomitenstraße nach Gummer in der Gemeinde Welschnofen emporführt. Erst bei Kardaun knapp oberhalb von Bozen, wo die mächtigen Druckleitungen des Wasserkraftwerkes vom Hang herunterführen, weitet sich Tal zu einem breiten Becken, das tief in die Porphyrplatte eingesenkt ist.

Das Bozner Becken - der wirtschaftliche Kernraum Südtirols

Bei Bozen Nord sollte man die Autobahn wiederum verlassen. Solange die Seilbahn von Bozen auf den Virglberg in Betrieb war, bot sich deren Bergstation für einen Überblick auf die Stadt an. Als Ersatz kann ein rund halbstündiger Aufstieg zum Virglkopf dienen. Dabei verlassen wir den Omnibus am Hauptbahnhof von Bozen und gehen durch die Südtiroler Straße und den Verdiplatz zur Lorettobrücke. Von dort nehmen wir bei der ersten Abzweigung den Weg zum Kalvarienberg, über den man an der Kapelle am Kalvarienberg vorbei über die Virglstraße auf die Kuppe des Virglberges emporsteigt, von der aus das Stadtgebiet von Bozen gut überblickt werden kann. Mit dem Omnibusfahrer wird ein Termin vereinbart (ca. 1½ bis 2 Stunden), wann er die Gruppe wieder am Bahnhof abholt. Als Abstellplatz für den Omnibus bietet sich u.a. die Talstation der Kohlernbahn an. Eine Fahrt mit dieser kommt für Übersichtsexkursionen weniger in Frage.

Die Bergstation liegt in rund 1.000 m Seehöhe und eignet sich daher eher als Ausgangspunkt für Wanderungen in dieser Höhenstufe. Die Stadt Bozen bildet im Band 3 des Exkursionsführers eine eigene Spezialexkursion. Nachfolgende Beschreibungen sollen lediglich einen stadtgeographischen Überblick bieten.

Die Stadt Bozen (2001: 93.073 Ew., davon rund 70 % Italienischsprachige) liegt im Nordosten eines geräumigen Talbeckens, in welchem sich an der Mündung des Eisack und der Talfer in das Etschtal seit jeher wichtige Verkehrsrouten gekreuzt haben. Neben den Straßen, die diesen beiden Haupttälern folgen, führen Verkehrswege zu mehreren Pässen empor (Überetsch-Mendel-Nonsberg, Sarntal-Penserjoch, Dolomitenvorland-Karerpaß-Fassa- und Fleimstal) und stellen über die Jöcher Verbindungen zu benachbarten Regionen her. Das weite Bozner Becken, das tief in die Quarzporphyrplatte eingeschnitten ist, geht gegen Nordwesten unmerklich in das mittlere Etschtal über, das breit bleibt und gegen Meran nur langsam ansteigt. Gegen Süden folgt unterhalb von Leifers das Bozner Unterland, das durch die Quarzporphyrrippe des Mittelberges gegenüber dem Überetsch abgegrenzt ist. Die Täler aus dem Norden (Sarntal) und Nordosten (Eisacktal) münden hingegen in engen Schluchten.

Die Altstadt von Bozen liegt am unteren Ende des blockreichen Schwemmkegels, den die aus dem Sarntal mündende Talfer abgelagert hat. Dadurch wurde der Eisack gegen die Felskuppe des Virglberges nach Süden abgedrängt. Oberhalb davon liegt zwischen St. Peter und St. Johann die Hangfußzone, über der an mehreren Stellen Lockersedimente angeordnet sind. Diese eiszeitlichen Schotter- und Moränenablagerungen, die besonders günstige Voraussetzungen für den Weinbau bilden, sind in dem durch den gleichnamigen Wein bekannten St. Magdalena und in St. Justina besonders deutlich ausgebildet. Oberhalb davon setzen die Talflanken ein, an denen der rötliche Quarzporphyr ansteht. Darüber erkennt man am Tschögglberg und am Ritten die breiten Mittelgebirgsterrassen.

Zwei Thesen zur Stadtgründung Bozens

Der Name der Stadt Bozen geht zwar auf die römerzeitliche Siedlung Pons Drusi zurück, die bisher nicht lokalisiert werden konnte, es handelt sich jedoch um eine mittelalterliche Neugründung, die älter als die meisten Tiroler Städte ist, wobei bezüglich der Stadtwerdung in der Literatur unterschiedliche Auffassungen vorliegen. Da Urkundenbelege für den Gründungsvorgang fehlen und ihn auch andere Indizien nicht überzeugten, nimmt *Loose* (1991) an, Bozen habe sich allmählich aus einem dörflichen Kern entwickelt. Für den Historiker *Hye* (1991) sind hingegen der regelmäßige Grundriss und die kleine Gemarkungsfläche eindeutige Belege dafür, dass die bis 1828 nur 69 Hektar große Gemarkung von Bozen im Zuge der mittelalterlichen Stadtgründung aus der Flur des älteren Zwölfmalgerein (bis 1828 3.312 ha) herausgeschnitten wurde.

Von unserem Standpunkt aus können die unterschiedlichen Verbauungstypen und die innerstädtische Gliederung von Bozen sehr gut verfolgt werden. Im Süden markieren Waltherplatz, Dom und Dominikanerkirche die Südgrenze der mittelalterlichen Altstadt, in deren Mitte sich im Bereich der Laubengasse die gegründete mittelalterliche Altstadt befindet, die früher als das „Viertel unter den Gewölben" bezeichnet wurde. An diese schließen im Norden mit der „Wangener Vorstadt", im Westen mit der „Landesfürstlichen Vorstadt" und im Südosten mit dem Viertel Rain und Gurmental mittelalterliche Stadterweiterungen an, die weniger regelmäßig gestaltet sind. Der Schwemmfächer zwischen der Eisenbahnlinie, welche die Innenstadt von Bozen abgrenzt, der Talfer und dem Hangfuß unterhalb von St. Peter und St. Magdalena und der Altstadt wurde in der Gründerzeit verbaut, wobei die Landesverwaltung und andere öffentliche Einrichtungen Standorte in der Nähe des Bahnhofes gewählt haben. Jenseits davon folgt das Gewerbegebiet am Bozner Boden. Die Hänge oberhalb des städtisch verbauten Gebietes nehmen Weinberge ein, die zu den besten Lagen Südtirols gezählt werden. Zuoberst erkennt man die Hochfläche des Ritten, die seit Jahrhunderten als bevorzugtes Naherholungsgebiet genutzt wird. Vor allem in Oberbozen, welches u.a. durch eine Seilbahn erschlossen ist, besitzen viele Bozner Bürger Wochenendhäuser.

Von diesem Standort an der Virglstraße wird bis zur Kapelle am Kalvarienberg zurückgegangen. Von dort aus kann das Stadtgebiet westlich der Talfer gut überblickt werden.

Das westlich der Talfer gelegene Neubozen, das vorwiegend von der italienischen Volksgruppe bewohnt wird, hebt sich in vieler Hinsicht ab. Die Straßen im Anschluss an das Siegesdenkmal sind typische Beispiele für den repräsentativen Städtebau in der Zeit des italienischen Faschismus. Auch sonst dominieren, abgesehen vom Kern des alten Dorfes Gries, das von diesem Standort aus nicht gut eingesehen werden kann, moderne Wohnblöcke, auf welche am westlichen Stadtrand Obstkulturen folgen. In der gegen den Eisack und die Etsch anschließenden Flussaue herrschen ebenfalls moderne Wohnblöcke vor, die in der Nähe der Talfer vorwiegend in der Zwischenkriegszeit, weiter westwärts hingegen erst in den letzten Jahrzehnten erbaut wurden. Am westlichen Talhang des Etschtales erblicken wir in der Ferne das Schloss Sigmundskron und einige Burgen der Gemeinde Eppan.
Die Talaue südlich des Eisack wird größtenteils von der Bozner Industriezone eingenommen. Zur Zeit ihrer Anlage hatten mit dem Magnesit-, dem Montecatini-, dem Stahl- und dem Lancia-Werk, in dem heute das Zweigwerk der Firma Iveco von der Fiat-Gruppe untergebracht ist, Großbetriebe die Struktur der 1935 eröffneten Industriezone bestimmt, die der Italianisierung Südtirols dienen sollte. Inzwischen wurde die Anzahl der Beschäftigten in den großen Firmen nach und nach reduziert, und auf den kleineren Flächen siedelten sich Klein- und Mittelbetriebe an.
Auch die ethnische Zusammensetzung der Arbeiter hat sich gewandelt. Während vor dem „Paket" (1971/72) die italienische Sprachgruppe eindeutig dominiert hat, stellen nun auch die Großbetriebe, bei denen es sich um Zweigwerke italienischer Konzerne handelt, zunehmend deutsche Arbeitskräfte aus der ländlichen Umgebung Bozens ein. Dadurch wurde der mit den ethnischen Gegensätzen gekoppelte Konflikt zwischen der hier konzentrierten Industrie und der kleinstrukturierten gewerblichen Wirtschaft Südtirols entschärft.
Die Industriezone führt nicht nur jenseits des Eisack, sondern auch auf der östlichen Talseite zu einer beträchtlichen Ausweitung der Siedlungen, wobei zunächst die angrenzenden Parzellen am Talboden von Oberau und nach dem Zweiten Weltkrieg auch der Hang im Bereich von Haslach verbaut wurde. In diesen Siedlungen wohnen nach wie vor größtenteils Angehörige der italienischen Sprachgruppe.

Vom Kalavienberg wird zum Bahnhof von Bozen gewandert, wo man einen Blick auf die Umgebung werfen kann. Die anschließende Omnibusfahrt führt über die Drususbrücke und die Drususallee an den westlichen Stadtrand zur Reschenstraße und weiter über diese nach Südosten über die Eisackbrücke und die Industriezone zur Staatsstraße Brenner-Verona.

Die Eisenbahnlinie grenzt die Innenstadt von Bozen, auf die sich die Standorte des tertiären und quartären Sektors konzentrieren, gegen das Gewerbegebiet am Bozner Boden ab. Nach der Eröffnung der Linie von Verona nach Bozen (1859) und der Fertigstellung der Brennerbahn

(1867) entwickelte sich zwischen der Bahn und der Altstadt ein gründerzeitliches Stadtviertel. Leider wurde der Bahnhof im Zweiten Weltkrieg so stark zerstört, dass er nach 1945 neu aufgebaut werden musste.

Der Altbau des Landhauses geht auf die Außenstelle der Tiroler Landesverwaltung in Bozen zurück, welche in der zweiten Hälfte des 19. Jahrhunderts errichtet wurde. Dieses Gebäude beherbergt die zentralen Einrichtungen der Südtiroler Landesverwaltung, die nach dem Anschluss der Verhandlungen zur Südtiroler Autonomie („Paket") mit der Zunahme der Kompetenzen laufend ausgebaut worden ist. Daher können an diesem Standort bei weitem nicht alle Landesämter untergebracht werden. Die Verwaltung war deshalb gezwungen, für zahlreiche Abteilungen Büroräume anzumieten, von denen viele im „italienischen Neubozen" jenseits der Talfer liegen. In den letzten Jahren bemühten sich die Südtiroler Behörden, das kulturelle Angebot in Bozen zu erweitern. Dazu zählt auch der Neubau des Stadttheaters am Verdiplatz westlich des Bahnhofes.

Die anschließende Omnibusfahrt durch Neubozen vermittelt einen guten Überblick über die bauliche Struktur und die Gliederung dieses vorwiegend von Italienern bewohnten Teiles der Stadt. Die Bauweise vieler Blöcke entspricht dem Stil des Faschismus, wobei die Intensität der Nutzung im Verlauf der Drususallee stadtauswärts abnimmt. Während der Einzelhandel vor der Straßenkreuzung mit dem Corso Italia noch eine beachtliche Rolle spielt, säumen westlich davon neben Wohnblöcken Kasernen, große Werkstätten und u.a. eine Weingroßhandlung die Straße.

Die nördliche Hälfte der Reschenstraße führte lange Zeit durch Obstgärten. Inzwischen hat sich die Verbauung dort weiter nach Westen vorgeschoben, wobei neben Wohnblöcken auch Sportanlagen und kleinere Einkaufszentren errichtet wurden. Der Auenbereich nördlich des Eisack wurde zeitgleich mit der Bozner Industriezone in den 1930er-Jahren mit einem planmäßigen Straßennetz erschlossen und mit Arbeiter-Wohnstätten verbaut. Bei den damaligen „Semirurali-Siedlungen" handelte es sich um Doppelhäuser im Stile der Dörfer des Veneto mit Gemüsegärten. Inzwischen wurden diese einfachen Gebäude, welche der faschistischen Idee der „Ruralizzazione d'Italia" entsprachen, niedergerissen und durch moderne Hochhausblöcke ersetzt.

Über die Brenner-Staatsstraße wird bis zum Ortszentrum Leifers vorgefahren, wo ein kurzer Halt geplant ist, um auf Struktur dieser Nachbargemeinde von Bozen hinweisen zu können.

Bei der knapp südlich der Industriezone folgenden Siedlung St. Jakob könnte man annehmen, es handle sich um einen wenig attraktiven, von Arbeitern bewohnten Stadtteil von Bozen, der sich im Zusammenhang mit dem Ausbau der Industriezone entwickelt habe. Dies trifft zwar zu, und St. Jakob ist auch eng mit Bozen verflochten, auf Grund der alten Gemarkungsgrenzen gehört diese Fraktion jedoch zur Gemeinde Leifers. Der Flugplatz unmittelbar westlich davon liegt hingegen auf Bozner Gemeindegebiet. Nach einer kurzen Freifläche führt die Straße an Steinmannwald vorbei, das als ein gutes Beispiel für eine kleine ländliche Siedlung der italienischen Sprachgruppe angesehen werden kann. Sie besteht aus eng nebeneinander stehenden bescheidenen Einfamilien- und einigen kleinen Mehrfamilienhäusern, die in der Regel nicht höher als zwei Stockwerke sind. Mit dem Bau dieser um 1970 vollendeten Siedlung wurde knapp nach dem Zweiten Weltkrieg begonnen. Sie wird vorwiegend von Zuwanderern aus dem Veneto bewohnt, die bis heute an den Lebensgewohnheiten ihrer Heimat festhalten. Sie versorgen sich in den kleinen Geschäften des Ortes und treffen sich regelmäßig in den Gaststätten, um sich dort im Fernsehen Fußballspiele, Rad- und Autorennen sowie andere Sportveranstaltungen anzusehen und darüber zu diskutieren.

Die Ortschaft Leifers, welche das Zentrum der nunmehrigen Stadtgemeinde bildet, weist eine uneinheitliche Struktur auf. Während sich die alte Dorfsiedlung von der Pfarrkirche entlang der Weißensteinerstraße talwärts erstreckt hat, bestimmt heute die Nord-Süd-Verbindung entlang der J.F. Kennedy-Straße das Siedlungsbild. Sie ist als Teil der Brenner-Staatsstraße sehr laut und auch das äußere Erscheinungsbild ist wenig vorteilhaft. Bei den Gebäuden entlang dieser Straße handelt es sich um wenig einladende Blöcke, die in der Nachkriegszeit bis um 1960 entstanden sind, als Leifers infolge der italienischen Zuwanderung stark gewachsen ist. Vor dem Zweiten Weltkrieg lebten 1939 in der Gemeinde Leifers rund 3.400 Italiener, 1961 wurden 6.495 und 1991 bereits 9.165 Italiener gezählt. Die deutsche Volksgruppe nahm von 2.300 (1939) bzw. 1902 (1961) auf 3.986 (1991) zu. Nach 1960 verlagerte sich das Siedlungswachstum auf die peripheren Viertel unterhalb und oberhalb der J.F. Kennedystraße, in einer letzten Periode wurden nach 1980 die vorhandenen Baulücken zunehmend geschlossen.

Leifers wurde zwar zur Stadt erhoben, trotzdem spürt man wenig von der Urbanität. Der Einzelhandel und die privaten Dienstleistungen, die auf die Kennedystraße konzentriert sind, bieten größtenteils nur Güter des kurzfristigen Bedarfes an. Daher kaufen die Bewohner der übrigen Fraktionen und der ländlichen Nachbargemeinden in der Regel nicht in Leifers ein, und von dort muss man nach Bozen fahren, wenn man gehobene Konsumgüter erwerben will. Ursprünglich war Leifers auch sehr stark auf den Arbeitsmarkt der Landeshauptstadt ausgerichtet gewesen, in welche nach wie vor rund die Hälfte der erwerbstätigen Beschäftigten auspendeln. Durch den Ausbau der Industriezone im Süden des Ortes mit 14 mittelständischen Betrieben hat sich die wirtschaftliche Abhängigkeit zwar etwas vermindert, allerdings ist es Leifers nicht gelungen, eine so starke Eigenständigkeit zu entwickeln, um aus dem Schatten von Bozen treten zu können (vgl. dazu *Leidlmair/Keller* 1998).

Das Bozner Unterland

Wegen der engen Verflechtungen ist es sinnvoll, Leifers als Umlandgemeinde der Landeshauptstadt und nicht als erste Gemeinde des Bozner Unterlandes zu behandeln, das erst mit der Gemeinde Branzoll einsetzt. Dieses Dorf, das auf einem mächtigen, vom Petersberger und Aldeiner Bach gemeinsam aufgeschütteten Schwemmkegel liegt, vermochte seine frühere Stellung nicht zu behaupten. Nach der Einstellung der Etschschifffahrt, für welche es als Kopfstation gedient hatte, sank Branzoll zu einer ländlichen Siedlung herab. Auch die Bedeutung der Porphyrsteinbrüche, deren Abraumhalden am Talhang gut beobachtet werden können, ist in den letzten Jahrzehnten gesunken. Umso auffallender ist die Ausrichtung der Gemeinde auf den Wein- und vor allem den Obstbau, der die landwirtschaftliche Bodennutzung auf der Talsohle weitgehend bestimmt.

Im Ortszentrum von Auer wird von der Brennerstraße - der Staatsstraße Nr. 12 - auf die Straße in das Fleimstal abgebogen. Knapp nach dem Ortsende folgen zwei Kehren. Nach der zweiten wird der Omnibus am Abstellplatz auf der rechten (westlichen) Straßenseite geparkt. Knapp oberhalb davon führt ein für den Pkw-Verkehr gesperrter Güterweg zum „Biotop Castelfeder", auf das eine Hinweistafel neben dem Eingang aufmerksam macht. Von hier folgen wir dem Wanderweg auf die Anhöhe des Rundbuckels und wenden uns zunächst der nördlichen Kuppe zu, von der aus das Tal in nördlicher Richtung überblickt werden kann.

Am Ostrand des Rundbuckels von Castelfeder kommen wir, bevor der Aufstieg beginnt, an einem Weiher vorbei, der die eiszeitliche Überformung des Geländes dokumentiert. Moränenmaterial dichtet den kleinen, auf Grund des Pflanzen- und Tierbestandes überaus bemerkenswerten See ab. Steigt man auf die zugerundete, aus anstehendem Quarzporphyr aufgebaute Felskuppe von Castelfeder, so entdeckt man entlang des Weges immer wieder kleinere und größere kantengerundete Findlinge (Kalke, kristalline Schiefer, Granite), die aus anderen Gesteinszonen stammen und vom eiszeitlichen Gletscher hier abgelagert wurden. Darüber hinaus weist der Hügel von Castelfeder, an welchem man an den harten Porphyr-Felsen deutliche Gletscherschliffe beobachten kann, auch die typische Form eines glazialen Rundbuckels auf. Er ist länglich und fällt gegen Norden, von wo der Gletscher kam, flacher und gegen Süden steiler ab.

Das Biotop Castelfeder

Wegen seiner Pflanzen- und Tierwelt wurde das Gebiet von Castelfeder von der Südtiroler Landesregierung als „Biotop" unter Naturschutz gestellt. Allerdings entspricht die heutige, parkartige offene Landschaft nicht der natürlichen Vegetation, sondern sie entstand als Folge der traditionellen Beweidung. Deshalb darf diese auch weiterhin ausgeübt werden: Das Landschaftsbild wird durch das Nebeneinander von offenen Weideflächen, mächtigen alten Eichen und Stauchgruppen geprägt, unter denen mit den Flaumeichen, Mannaeschen und Hopfenbuchen die typischen Vertreter der kollinen Stufe des submediterranen Buschwaldes auffallen. Beerentragende Sträucher wie die Felsenbirne, der Weißdorn, die Steinweichsel, die Berberitze, die Kornelkirsche, die Brombeere und die Heckenrose locken zahlreiche Vögel an, die hier überwintern. Außerdem kann man am kahlen Quarzporphyr Felspioniere wie Flechten, Moose, Hauswurz und Mauerpfeffer beobachten. Auf Grund der Fauna und Flora ist ein Besuch von Castelfeder außerordentlich lohnend. Darüber hinaus handelt es sich um einen hervorragenden Aussichtshügel, von dem aus man nahezu das gesamte Bozner Unterland überblicken kann.

Schaut man etschaufwärts, so erkennt man in der Ferne den südlichen Stadtrand von Bozen, von dem sich die rund zwei Kilometer breite Sohle des Etschtales nach Süden erstreckt. Im Bereich dieser Auen kam es in den letzten 120 Jahren zu beachtlichen Veränderungen. Vor der Regulierung der Etsch in den Jahren 1879 bis 1896 war dieses Gebiet versumpft und konnte größtenteils nur in Form einer extensiven Weidewirtschaft genutzt werden, wobei in den Mösern unterhalb von Castelfeder u.a. Schafe aus dem Fleimstal geweidet haben. Nach der erfolgreichen Regulierung wurden die versumpften Böden zunächst trockengelegt und anschließend kultiviert. Von unserem Standort aus erkennt man nördlich von Auer die großen Abzugsgräben, die das Wasser der kleineren Zubringer sammeln, in welche die Drainagerohre münden. Die Kultivierungsarbeiten haben sich bis nach dem Zweiten Weltkrieg hingezogen und sind inzwischen abgeschlossen, sodass nun moderne Obstkulturen das Landschaftsbild bestimmen.
Während im übrigen Südtirol bei der Kultivierung der Auen keine Neusiedlungen angelegt wurden, fallen in der Gemeinde Pfatten Einzelhöfe auf. Auf diesen wurden im 18. und im 19. Jahrhundert von den Großgrundbesitzern Halbpächter aus dem Trentino, Mezzadri, angesiedelt. Auf diese Weise entstand bereits vor dem Ersten Weltkrieg eine italienische Sprachinsel im Bozner Unterland, während die übrige Bevölkerung damals noch fast ausschließlich deutschsprachig war. In den übrigen Gemeinden teilte man die neu kultivierte Talaue auf die Bauernhöfe der bestehenden Dörfer auf, deren Agrarpotential dadurch stark ausgeweitet wurde. Die ortsnahen (alten) Blockfluren auf den Schwemmkegeln und im unteren Hangbereich werden wie vor 100 Jahren auch heute noch vorwiegend durch Rebkulturen genutzt, während die z.T. sehr steilen Talflanken mit wenig gepflegten Laubwäldern bestockt sind. Zwischen Pfatten und dem Bahnhof von Auer erkennt man in einer Nische unterhalb des Mittelberges auf der westlichen Talseite die Obst- und Weinbauschule Laimburg.
Westlich des Mittelberges steigt das Überetsch sanft vom Kalterer See nach Kaltern an. Bei dieser Talung handelt es sich um ein präglaziales Etschtal, das heute mit eiszeitlichem Schotter-

und Moränenmaterial angefüllt ist. Die auf den Lockersedimenten entstandenen Böden bieten günstige Voraussetzungen für den Weinbau, der hier seit prähistorischer Zeit betrieben wird. Auch auf dem Schwemmkegel des Höllenthalbaches, auf welchem das Weinbaudorf Tramin liegt, wird vorwiegend (Rot-) Wein angebaut. Allerdings spielt die Traminer Traube, die nach diesem Dorf mit dem hohen Kirchturm benannt ist, hier keine nennenswerte Rolle. Zwischen Tramin und Kaltern erkennt man die aus weichem Grödner Sandstein aufgebaute Terrasse von Altenburg. Über ihr lagern die Triaskalke des Mendelzuges, die im Bereich der steilen Wandflucht unterhalb des durch eine Seilbahn erschlossenen Mendelpasses anstehen.

Unmittelbar unterhalb unseres Standortes erstreckt sich die Marktsiedlung von Auer, die durch den Ausbau der Verkehrsinfrastruktur im 19. Jahrhundert aufgewertet worden ist. Der unregelmäßige Grundriss dieser auf dem Schwemmkegel des Auerer Wildbaches (Hohlenbach) liegenden Siedlung legt die Vermutung nahe, dass sie auf ein unregelmäßiges Haufendorf zurückgeht. Dieses erlebte erst im 19. Jahrhundert einen Aufschwung, als der Ausgangspunkt der Straße in das Fleimstal von Neumarkt hierher verlegt wurde. Auch die während des Ersten Weltkrieges eröffnete Bahnlinie in dieses Tal zweigte von Auer ab, wo der alte Bahnhof noch an diese 1958 stillgelegte Nebenbahn erinnert. Reste der Strecke kann man u.a. auf der Westseite von Castelfeder erkennen. Auer ist bis heute die wichtigste Bahnstation des Bozner Unterlandes geblieben, wobei sich hier das Park-and-Ride-System sehr bewährt. Viele Bozenbesucher stellen ihr Auto am großen Parkplatz am Bahnhof ab und fahren mit dem Zug in die Stadt. Zahlreichen Neubauten belegen, dass Auer in den letzten Jahrzehnten einen nennenswerten Bedeutungsgewinn verzeichnet hat.

Im Anschluss an diese Ausführungen wird bis zum steilen Südabfall von Castelfeder in der Nähe der Ruinen aus der Spätantike und dem Mittelalter gegangen.

Die spärlichen Mauerreste sind die letzten Zeugen der früheren Bedeutung von Castelfeder, das bereits in prähistorischer Zeit besiedelt war und möglicherweise in der Völkerwanderungszeit von Ostrom zu einer Grenzfestung ausgebaut wurde. Nach dem Bau zahlreicher Burgen verlor Castelfeder im Hochmittelalter seine frühere Bedeutung und begann bereits im 13. Jahrhundert zu verfallen, sodass heute von der frühmittelalterlichen Anlage nur noch eine klägliche Ruine übrig geblieben ist.

Südlich von Castelfeder ändert sich das Landschaftsbild. Das Etschtal wird nach der Einmündung des Überetsch breiter, der Quarzporphyr verschwindet und es stehen zu beiden Seiten die Kalke und Dolomite der südalpinen Schichtfolge an. Knapp südlich von Castelfeder hat der Trudener Bach einen mächtigen Schwemmkegel abgelagert, auf welchem im Norden der Weiler Vill und im Süden die Marktsiedlung Neumarkt liegen. Die Industriezone von Neumarkt am Bahnhof jenseits der Etsch weist darauf hin, dass die Gemarkungsgrenzen dem früheren Verlauf des (Haupt-)Flusses entsprechen. Die Talaue wird auch unterhalb von Tramin und Kurtatsch vorwiegend durch moderne Obstanlagen genutzt, wobei das große Obstmagazin unterhalb von Tramin verdeutlicht, dass heute große Lagerkapazitäten für die Vermarktung des Obstes erforderlich sind. Der westliche Talhang ist gestuft, wobei im unteren Bereich bis zu einer Höhe von rund 600 m der Weinbau dominiert. Ähnliches gilt am östlichen Talhang, wo eine bemerkenswerte Verflachungszone von Mazzon (368 m) über Pinzon (420 m) nach Montan (496 m) ansteigt.

Von Castelfeder wird über die Fleimstalstraße nach Auer zurückgefahren und von dort entlang der Staatsstraße nach Süden. An der Autobahnabfahrt wird die alte Brennerstraße gewählt, die über Vill nach Neumarkt führt. Unmittelbar südlich des Marktes, der durch die schönen Laubengänge auffällt, wählen wir die erste Abzweigung nach rechts (Westen), wo sich nach wenigen Metern ein kleiner Omnibusparkplatz befindet.

Bei der Fahrt von der Abzweigung der Fleimstalstraße nach Süden kommt man an der gotischen Kirche St. Peter vorbei, zu der man über sieben Stufen hinuntersteigen muss. Man kann annehmen, dass man im Spätmittelalter, als das Gotteshaus erbaut wurde, ebenerdig in dieses gelangen konnte, und daraus schließen, dass der Schwemmkegel des Auerer Baches in den letzten Jahrhunderten erheblich aufgeschüttet worden ist. Von Auer gelangen wir zum ländlichen, durch Weinbauernhöfe geprägten Weiler Vill mit der prachtvollen gotischen Kirche zu Unserer Lieben Frau aus dem 15. Jahrhundert. Es handelt sich dabei um einen alten Siedlungskern.

Von Parkplatz südwestlich von Neumarkt führt ein überdachter Zugang in die Lauben. Von dort wird bis zur Brennerstraße nach Osten (oben) gegangen, wo an der Kreuzung der Lauben mit der alten Brennerstraße ein Haltepunkt vorgesehen ist.

Der Markt Neumarkt ist eine Gründung von Bischof Konrad von Trient, der im Jahre 1189 am Ufer der Etsch, eine Siedlung anlegen ließ und sie mit dem Trientner Häuserrecht, Zoll- und Steuerfreiheit ausstattete, wobei die Edelfreien von Enn als lokale Lehensleute der Bischöfe am Gründungsvorgang wesentlich beteiligt waren. Eine Überschwemmung erzwang 1222 eine Verlegung des Marktes bergwärts, der nun als „Burgum novum Egne" bezeichnet wurde. Ende des 13. Jahrhundert schlugen sich die Edelfreien von Enn auf die Seite der Tiroler Grafen, die auf diese Weise in den Besitz der Herrschaft kamen. Im folgenden Jahrhundert wurde die als „Newenmarcht" bezeichnete Siedlung von den Tiroler Grafen und den ersten Habsburgern gefördert, sie nahm im Rahmen der landständischen Verfassung Tirols den ersten Rang unter den Märkten ein, wurde jedoch nicht zur Stadt erhoben. Für die spätere Entwicklung scheint die Zugehörigkeit zu Tirol allerdings nicht vorteilhaft gewesen zu sein. Mit dem Fleimstal blieb nämlich der Großteil des Hinterlandes bis zur Säkularisation (1803) im Besitz der Bischöfe von Trient.
Am Nordostrand der Lauben erhält man einen guten Eindruck von der früheren Verkehrsbedeutung von Neumarkt. Die Brennerstraße kam von Norden, machte am Rand der Lauben einen Knick und führte durch den gesamten Markt bis zur St. Nikolaus-Kirche im Südwesten. Die gerade Fortsetzung am oberen Ende der Lauben nach Süden, durch die der Fuhrwerksverkehr an Neumarkt vorbeifahren konnte, wurde erst im 18. Jahrhundert geschaffen. Jenseits der Kreuzung bildet die Fleimstalstraße, welche bis in das 19. Jahrhundert die wichtigste Verbindung in diese Welschtiroler Talschaft war, die gerade Fortsetzung der Lauben.

Von der Kreuzung an der Brennerstraße wird über die Fleimstalstraße bis zu dem im Renaissancestil erbauten Ansitz der Barone von Longo hinaufgegangen.

Vergleicht man die Fleimstalstraße mit den Lauben, so fallen deutliche Unterschiede in der Siedlungsgestaltung auf. Aus dem regelmäßigen Grund- und Aufriss im Bereich der Lauben lässt sich unschwer ableiten kann, dass diese auf die planmäßige mittelalterliche Marktgründung zurückgehen. Entlang der Fleimstalstraße weisen zwar ebenfalls viele Häuser Stilmerkmale der Renaissance auf, sie sind jedoch nicht eng aneinander gebaut und sie unterscheiden sich untereinander in der Gestaltung der Grundparzellen und der Gebäude sehr stark. Daher stört auch nicht die Grundschule aus der Gründerzeit, die 1898 anlässlich des Thronjubiläums von Kaiser Franz Josef errichtet worden ist.
Ein eindrucksvolles Baudenkmal ist der Ansitz der Barone Longo, welcher den Übergang von den herrschaftlichen Häusern des Überetsch zur italienischen Villenkultur Welschtirols und Oberitaliens herstellt. Ein Blick auf die Ausführung der Fleimstalstraße genügt, um zu verstehen, dass diese im 19. Jahrhundert nicht mehr den Erfordernissen entsprochen hat. Als beim Neubau Auer als Ausgangspunkt gewählt wurde, verlagerte sich der Verkehr nach Norden und Neumarkt geriet in das Abseits.

Von der Fleimstalstraße wird bis zum „Marktplatz" zurückgegangen, der sich zwischen den Lauben und der Andreas-Hofer-Straße befindet.

Die platzförmige Erweiterung zwischen den Lauben und der Andreas-Hofer-Straße weist auf die alten Marktfunktionen hin. Allerdings erlangte Neumarkt nie eine größere Bedeutung als zentraler Ort. Er ist zwar heute Sitz der Talschaftsgemeinschaft Unterland, auf Grund seiner Ausstattung mit öffentlichen und privaten Dienstleistungen kann er jedoch nur als Unterzentrum eingestuft werden. Dementsprechend weisen die meisten „Altstadthäuser" eine geringe Nutzungsintensität auf. Die Geschäftsflächen sind auf jenen Teil des Erdgeschosses beschränkt, den man von der Straßenseite her betritt. Die z.T. sehr großen rückwärtigen Gebäudeteile dienen hingegen nach wie vor als (überdachte) Abstellräume, während die Obergeschosse als Wohnungen genutzt werden. Der Einbau der Lauben spricht dafür, dass der Handel im Spätmittelalter eine Blütezeit erlebt hat. Allerdings war man nicht gezwungen, die Häuser in die Höhe zu bauen. Sie sind heute mit zwei Obergeschossen über dem Parterre deutlich niedriger als in anderen Städten und Märkten Tirols. Das sehr einheitlich wirkende Straßenbild wird von behäbigen Bürgerhäusern bestimmt, die im Stil der Renaissance erbaut sind und traufseitig zur Straße stehen.

Von hier wird in der Andreas-Hofer-Straße bis zum Haus vorgegangen, in welchem auf der östlichen Straßenseite das Museum der Alltagskultur untergebracht ist, durch dieses gelangt man über die Innenhöfe bis zur rückwärtigen Straße. Über diese Straße wird bis zum nächsten Halt vor St. der Nikolaus-Pfarrkirche gegangen.

Der Spaziergang vom „Marktplatz" durch den oberen Abschnitt der Andreas-Hofer-Straße und durch den Hof im Bereich des Hauses, in welchem das Museum der Alltagskultur untergebracht ist, vermittelt einen guten Eindruck über die frühere und heutige Nutzung der Häuser sowie über die Art der baulichen Gestaltung dieses Tiroler Marktes. Das gegenüber der Kirche liegende, noch weitgehend im ursprünglichen Zustand belassene ehemalige Ballhaus, in welchem die durchfahrenden Händler ihre Waren lagern durften, erinnert an den alten Fuhrwerksverkehr. Auch das Patrozinium der Pfarrkirche zum heiligen Nikolaus, der als Patron der Seeleute gilt, geht darauf zurück. Unmittelbar südwestlich der Kirche befand sich nämlich der Etschhafen, an welchem ein Teil der Waren auf Schiffe verlagert wurde. Der heutige Kirchenbau geht in das 15. Jahrhundert zurück, wurde später jedoch mehrmals (unvorteilhaft) umgebaut, sodass sie kunstgeschichtlich weit weniger sehenswert ist als die Kirche in Vill.

Von der Pfarrkirche St. Nikolaus wird durch die Andreas-Hofer-Straße zum Omnibusparkplatz zurückgegangen. Von dort fahren wir über die Staatsstraße bis Salurn, wo an der geregelten Kreuzung (nach Osten) in den Ort abgebogen wird. Im Ortszentrum kann der Omnibus am Parkplatz neben der Pfarrkirche abgestellt werden.

Südlich von Neumarkt verengt sich das Etschtal auf eine Breite von rund zwei Kilometern. Im Gebiet von Sankt Florian, dessen romanisches Kirchlein auf ein frühmittelalterliches Hospiz zurückgeht, rücken Staatsstraße und östlicher Talhang heran, der steil zum Madrutberg ansteigt. Südlich davon folgt das Dorf Laag, dessen romanischer Name (von Lacus, ital. Laghetti) dran erinnert, dass es vor der Meliorierung hier am Rande der Talau „Lacken" (Seen) gegeben hat. In Salurn handelt es sich bei der Staatsstraße um eine ortsnahe Umfahrungsstraße, von der an der geregelten Kreuzung nach Westen die Südtiroler Weinstraße abzweigt, die über die Etschbrücke nach Kurtinig und Margreid auf der westlichen Talseite führt, während die Rom- und die Noldinstraße nach Osten in das Ortszentrum führt. Nach rund 50 m quert diese beim Gasthof Roßlauf die Trientstraße, welche der alten Brennerstraße entspricht.

Die bauliche Gestaltung der alten Dorfsiedlung von Salurn unterscheidet sich grundlegend von dem im Mittelalter planmäßig angelegten Neumarkt, wo der Grundriss des Ortes auf den ehemaligen Brennerweg, dem Straßenzug durch die Lauben und die Andreas-Hofer-Straße ausgerichtet ist. Dieser verlief in Salurn entlang der heutigen Trientstraße am Rande der Talsohle und war immer weniger bedeutend als die heutige Rom- und Noldinstraße, welche mitten durch das Dorf zur Pfarrkirche führen.

Salurn weist eine ungünstige Sonnenexposition auf, es liegt im Winter über drei Monate im Schatten - agrarwirtschaftliche Überlegungen scheinen demnach für die Anlage des Ortes eine geringere Rolle gespielt zu haben als die Einbindung in das Verkehrsnetz. Bei Hochwasser stand die Salurner Klause vielfach unter Wasser. Wollten sich die Kaufleute dadurch nicht aufhalten lassen, so konnten sie die Waren auf Saumwegen nach Faedo oberhalb von San Michele oder in das vordere Cembratal und von dort nach Süden transportieren. Mehrere Bilder belegen, dass auch Albrecht Dürer bei seiner Italienreise diesen Weg gewählt hat. Das Rathaus, das Pfarrhaus und zahlreiche (adelige) Ansitze im Stil der Renaissance belegen, dass Salurn am Beginn der Neuzeit eine wirtschaftliche Blütezeit erlebt hat. Dazu mag auch die Seidenraupenzucht beigetragen haben, an welche eine Gruppe von vier alten Maulbeerbäumen in der „Muhrenstraße", als „Muhren" werden hier die Maulbeerbäume bezeichnet, 200 m südlich des unteren Dorfplatzes erinnern. Nach dem Zweiten Weltkrieg stagnierte das Dorf, von dessen Einwohnern sich mehr als zwei Drittel zur italienischen Sprachgruppe bekennen, ehe vor rund 20 Jahren ein langsamer Aufschwung einsetzte. Seither wurden von der Gemeinde die Straßen und Plätze schmuck gestaltet und auch die privaten Initiativen trugen zur Revitalisierung von Salurn bei. Auf Grund der hohen Mieten in Bozen hat in den letzten Jahren die Anzahl der Tagespendler in die über 30 km entfernte Südtiroler Landeshauptstadt stark zugenommen.

Um auf den südlichsten Abschnitt des Bozner Unterlandes eingehen und einen Blick in die Salurner Klause werfen zu können, sollte man zum Kalvarienberg von Salurn aufsteigen, wofür man rund 20 min benötigt. Dabei folgt man vom Platz vor der Kirche der Straße nach Buchholz, die oberhalb der Pfarrkirche nach Osten führt. Unmittelbar nach der Überquerung des Titschbaches führt ein Steig, an welchem Kreuzwegstationen angebracht sind, steil nach oben. Von der Kreuzigungsgruppe aus hat man einen sehr schönen Überblick über die Umgebung.

Der steile, z.T. gepflasterte Aufstieg zur Kreuzigungsgruppe benutzt den alten Saumweg von Salurn nach Faedo und in das vordere Cembratal. Im 19. Jahrhundert war er auch der einzige Verbindungsweg zu den Fraktionen Buchholz (563 m) und Gfrill (1.328 m), die heute zur Gemeinde Salurn gehören. Entlang des Weges können wir die Zusammensetzung des submediterranen Laubwaldes beobachten (u.a. Hopfenbuchen, Flaumeichen und Mannaeschen).

Am Kalvarienberg treten die typischen Landschaftselemente im Süden des Bozner Unterlandes deutlich hervor. Das Tal verengt sich und erreicht bei Salurn nur noch eine Breite von rund zwei Kilometern, wobei am gegenüberliegenden Hang eine fast 1.000 m hohe Felswand im Bereich des Gigerecks (1.167 m) auffällt. Weiter nördlich ist der Hang im Gebiet von Margreid stärker gestuft. Dies trifft auch für die Gemeinde Salurn zu, in welcher rund 300 m über dem Talboden entlang der Trudener Linie die aus Quarzporphyr aufgebaute Felsterrasse von Buchholz hervortritt, während der von Felsen durchsetzte Talhang am Geierkopf (1.091 m) südlich von Salurn steil rund 900 Höhenmeter ansteigt.

Von unserem Aussichtspunkt aus haben wir einen besonders schönen Blick auf die Talaue. Dabei erkennen wir die hohen Dämme entlang der Etsch, welche die tiefer liegenden Felder vor Überschwemmungen schützen. Sie sind sehr stabil ausgeführt, daher kam es in den letzten Jahrzehnten nur sehr selten zu Dammbrüchen. Der letzte erfolgte im August 1981, als das Wasser an der Staatsstraße - wie man an der am Gasthof Roßlauf (Kreuzung Romstraße -

Blick von Mezzocorona durch die Salurner Klause nach Südtirol

Trientstraße) angebrachten Marke erkennen kann - zwei Meter hoch stand. Vom Kalvarienberg aus kann auch das Entwässerungssystem gut eingesehen werden. In der Mitte der Felder sammelt der parallel zur Etsch verlaufende Porzengraben das Wasser. Nur noch die Parzelle nördlich des Schwimmbades, in welcher am Rande eines Tümpels Schilf und hydrophile Gehölze erhalten geblieben sind, erinnert an das Landschaftsbild vor der Meliorierung, die zu einem geschlossenen Obstbaugebiet im Bereich der ehemaligen Talaue geführt hat. Jenseits der Etsch erkennt man am Talboden das alte Dorf Kurtinig, das sich bedingt durch eine Flussschleife an einem etwas trockeneren Standort innerhalb des Auengebietes befindet.

> *Deutsche und Italiener im Bozner Unterland*
>
> Vergleicht man die beiden Talseiten, so erhält man einen Eindruck von der Asymmetrie des Bozner Unterlandes. Die westliche Talseite ist bis heute weitgehend agrarisch geprägt geblieben, wobei der Wein- und Obstbau deutlich im Vordergrund stehen. Dort spielt die italienische Sprachgruppe, deren Bedeutung gegen Süden zwar etwas zunimmt, nur eine geringe Rolle. Die Transitstraße vom Norden in den Süden verläuft seit der Antike auf der östlichen Talseite, daher nimmt das Gewerbe hier seit jeher einen höheren Stellenwert ein. Dies wirkte sich auch auf die ethnischen Verhältnisse aus. Zudem war die Bevölkerung Deutschtirols im 19. Jahrhundert wohlhabender als jene des Trentino. Aus diesem Grund begann bereits damals eine beachtliche Zuwanderung, die sich auch im ländlichen Bereich ausgewirkt hat. Als Bauern von den Hanglagen bei Buchholz und auch aus dem Dorf Salurn abwanderten, übernahmen die Höfe Landwirte aus dem Cembratal jenseits des Bergkammes, deren Nachkommen auch heute noch italienisch sprechen. Diese autochthone Gruppe unterscheidet sich deutlich von den Zuwanderern aus Altitalien, welche erst nach 1919 hierher gekommen und durchwegs Arbeiter und Angestellte (gewesen) sind.

Auf der westlichen Talseite folgt mit Roverè della Luna die erste Gemeinde des Trentino, die von Salurn nur vier, von Mezzocorona, der Nachbargemeinde im Süden, jedoch über sechs Kilometer entfernt ist. Dieses große Dorf (2000: 1.300 Ew.), dessen Einwohner vom Wein- und Obstbau leben, wurde erst im Hochmittelalter unter der Bezeichnung Aichholz besiedelt und gehörte seit damals zum Welschtiroler Gericht Deutschmetz (Mezzocorona). Die Bevölkerung sprach im Mittelalter deutsch, wurde im Verlauf der Neuzeit jedoch assimiliert, sodass es sich bereits im 19. Jahrhundert um eine rein italienische Gemeinde gehandelt hat.

Das Trentiner Etschtal - Der Kernraum des Trentino

Von Salurn wird nach San Michele all'Adige, dem früheren Welschmichel, gefahren, wo ein Haltepunkt vor der Kirche des ehemaligen Kloster, vorgesehen ist. Der Omnibus kann auf dem kleinen Parkplatz gegenüber der Kirche oder auf dem etwas größeren oberhalb der ehemaligen Klosteranlage abgestellt werden.

Südlich von Salurn führt unsere Fahrt durch die im volkstümlichen Lied besungene „Salurner Klause", die diesen Namen kaum verdient, weil sie fast zwei Kilometer breit ist. Trotzdem wird in der Literatur häufig auf deren grenzbildende Wirkung verwiesen, die vor der Meliorierung der Etschauen sicherlich deutlicher ausgeprägt war. Im Mittelalter lag die Sprachgrenze jedoch weiter südlich an der Mündung des Noce und des Avisio, wobei für die Zurückdrängung der deutschen Sprache weniger naturräumliche Veränderung, z.T. wird auf die zunehmende Versumpfung im Verlauf der Neuzeit verwiesen, als vielmehr die Gegenreformation verantwortlich war. Den Deutschen wurde damals unterstellt, sie würden zum Protestantismus neigen, daher unterstützten die katholische Kirche und der Landesfürst die italienische Sprache.

Vom Eingang zur ehemaligen Klosterkirche hat man einen guten Überblick über die Landschaft. Im Westen erblickt man die enge Schlucht der Rocchetta und im Anschluss an diese den mächtigen Schwemmkegel des Noce, durch den die Etsch an den östlichen Talhang gedrängt wurde. Er mündete ursprünglich an jener Stelle, wo sich heute die Straßenbrücke befindet, senkrecht in den Hauptfluss, daher kam es bei Hochwasser häufig zu einem Rückstau, wodurch die Salurner Klause überflutet wurde. Um dies zu verhindern, wurde der Noce nach den Plänen von Florian Pasetti bereits 1849-1853 umgeleitet, er mündet seither sieben Kilometer weiter südlich in die Etsch. Erst später folgte in den Jahren 1879 bis 1896 die Regulierung der Etsch, die das Dorf San Michele, wie man aus den tief unter dem Etschdamm liegenden Häusern ersehen kann, früher häufig bedroht hat.

Das Augustinerchorherrenstift San Michele

Für die Entwicklung der Kulturlandschaft spielte das Augustinerchorherrenstift San Michele eine beachtliche Rolle. Es wurde im Jahre 1145 durch den Fürstbischof Altmann von Trient gegründet, der als bayerischer Adeliger Mönche von Suben (heute Innviertel, Oberösterreich) mitbrachte. Da der Grund in Welschtirol schon weitgehend aufgeteilt war, konnte es viel weniger reich als die Klöster Deutschtirols ausgestattet werden. Bis zum Beginn der Neuzeit waren die Kleriker größtenteils Deutsche. Unter Josef II. wurde das Stift erstmals und während der bayerischen Besatzung (1807) endgültig aufgehoben und zum Unterschied von den meisten Klöstern Deutschtirols später nicht wieder errichtet. Es gehörte dem staatlichen Religionsfond, daher war es nahe liegend, in diesen Gebäuden die im Jahre 1874 gegründete erste landwirtschaftliche Schule Alttirols unterzubringen, in der bis zum Ersten Weltkrieg Kurse in italienischer und deutscher Sprache gehalten wurden. Als das alte Kloster nicht mehr genügend Platz für die Schule, die sich auf den Obst- und Weinbau spezialisiert hat, bot, errichtete man um 1965 neue Schulgebäude. Dadurch wurden die Räume des ehemaligen Stiftes frei für ein modernes Volkskundemuseum, in welchem die ländliche Sachkultur des Trentino hervorragend dokumentiert wird. Die einzelnen Objekte sind nach funktionalen Gesichtspunkten zusammengefasst, daher erscheint ein Besuch, der sich gut in geographische Exkursionen einbauen lässt, vor allem bei Schlechtwetter außerordentlich lohnend.

Die Lehranstalt von San Michele bildete seit der Eröffnung ein Innovationszentrum des Trentiner Obst- und Weinbaues, von dem aus sich viele Neuerungen durchgesetzt haben. Daher wurden die Sonderkulturen hier früher als sonst von der Coltura Mista auf Reinkulturen umgestellt und man findet in der Regel moderne Anlagen. Allerdings sind die Betriebe größtenteils so klein, dass sie nur im Nebenerwerb existieren können. Dieser bildet vielfach die Existenzgrundlage, deshalb kalkulieren manche Landwirte weniger scharf als ihre Südtiroler Kollegen und bieten den Wein (zu) billig an. Der jüngste Bedeutungsgewinn des Wein- und Obstbaues ist im Landschaftsbild deutlich sichtbar. In der Nähe von San Michele kann man an mehreren Stellen beobachten, dass Niederwälder gerodet und in Weingärten verwandelt wurden.

Nach einer langen Phase der Stagnation führte die junge Industrialisierung, die am Beispiel der Industriezonen von Mezzocorona und Mezzolombardo gut verfolgt werden kann, in den letzten Jahrzehnten im trentinischen Etschtal zu einer wesentlichen Zunahme der Arbeitsplätze.

Vor allem in der Nähe der Autobahnausfahrt entstanden nach 1970 mehrere Fabriken, von denen die kleineren Einheimischen gehören, während es sich bei den größeren um Zweigwerke italienischer und ausländischer Mehrbetriebsunternehmen handelt.

Von San Michele wird über die Staatsstraße nach Lavis und von dort in das Stadtzentrum von Trient gefahren, wo der Omnibus in der Via Petrarca in der Nähe der Altstadt abgestellt wird.

Die fruchtbaren Braunerdeböden an den Hangterrassen zwischen San Michele und Lavis werden vorwiegend durch Weinberge genutzt. Die Dörfer sind verhältnismäßig klein, daher könnte man annehmen, sie seien erst in jüngerer Zeit angelegt worden. Es handelt sich jedoch um einen Altsiedelraum, in welchem einzelne Orte wie Pressano bereits in frühmittelalterlichen Urkunden aus dem 9. Jahrhundert erwähnt werden. Umso jünger sind die Einzelhöfe der Gemeinde Nave San Rocco auf dem Talboden, die erst nach der Etschregulierung angelegt wurden. Hinsichtlich der Nutzung fällt das Auengebiet durch eine klare Dominanz des Obstbaues auf.
Die auf dem großen Schwemmkegel des Avisio liegende Gemeinde Lavis war früher stark durch Hochwasser gefährdet. Um dieses zu reduzieren, wurde nach den katastrophalen Überschwemmungen im Jahre 1882 eine Geschiebesperre errichtet, und seit dem Bau des Stauwerkes von Stramentizzo dient dieses neben der Energieerzeugung auch zur Regulierung des Hochwasserabflusses. Das breite, torrenteartige Flussbett im unteren Teil des Schwemmkegels, das von der Eisenbahn und der Autobahn aus gut eingesehen werden kann, weist eindringlich darauf hin, wie stark die Gemeinde Lavis früher gefährdet war. Diesbezüglich spielte das Einzugsgebiet eine wichtige Rolle. Der Avisio fließt im Cembratal durch eine enge, in den Quarzporphyr eingeschnittene Schlucht, in welcher bei Starkregen häufig Hangschutt in den Fluss rutscht. Im Osten reicht bei Lavis der rote Quarzporphyr bis an das Etschtal heran. Allerdings werden die Gesteinsplatten, welche von einigen Betrieben entlang der Staatsstraße angeboten werden, nicht hier, sondern rund zehn Kilometer weiter östlich auf der Südseite des Cembratales abgebaut.
Lavis ist heute eine Stadtrandgemeinde von Trient, die über eine beachtliche wirtschaftliche Basis verfügt, wobei die Obstmagazine am Nordende des Marktes und die Weinbaugenossenschaft in der Nähe der Avisiobrücke eine weit geringere Rolle spielen als die vielen Industriebetriebe, welche in den letzten Jahrzehnten angesiedelt wurden. Die Industriezone des Agro Trentino jenseits der Brücke über den Avisio liegt in einem Gebiet, das wegen der Hochwassergefährdung lange Zeit unverbaut geblieben ist.
Stadteinwärts folgt mit der Industriezone von Gardolo ein Gebiet, das im Rahmen der faschistischen Gemeindereform vor dem Zweiten Weltkrieg an die Stadt Trient angegliedert wurde. Von hier an ist nahezu der gesamte Talboden verbaut, wobei der Norden von Trient vorwiegend durch Industrie- und Gewerbeflächen genutzt wird. Durch die Valsugana-Schnellstraße und den Autobahn-Zubringer sind diese Betriebe gut in das örtliche und überregionale Verkehrsnetz eingebunden. Da die Stadt Trient im Band 4 des Exkursionsführers beschrieben wird, sollen hier einige grundlegende stadtgeographische Ausführungen genügen.

Vom Omnibusparkplatz in der Via Petrarca (in der Nähe des Torre Verde) wird zu dem ungefähr 5 min entfernten Dante-Denkmal im großen Park zwischen Bahnhof und den Verwaltungsgebäuden der Provinz Trient und der Region Trentino-Südtirol gegangen, wo eine kurze stadtgeographische Einführung vorgesehen ist.

Während sich viele andere Alpenstädte in Talweitungen oder größeren Becken entwickelt haben, ist Trient an einer lokalen Verengung des Etschtales entstanden, an welcher es zu einer Bündelung der Verkehrswege gekommen ist. Im Osten wird das Flussbett der Etsch vom Schwemmkegel der Fersina und im Westen durch den aus eozänen Nummulitenkalken aufge-

Die Stadt Trient gegen Osten

bauten Doss Trento eingeengt, auf welchem das in der Form eines antiken Tempels gestaltete Mausoleum für Cesare Battisti steht. An dieser Stelle wurde früh eine Furt über den Fluss angelegt, die einer Reihe überregionaler Verkehrslinien zugute kam. Nach Westen zweigt der Weg über Terlago und dem unteren Sarcatal zum Gardasee und nach Osten die Verbindung durch die Valsugana in das Veneto vom Etschtal ab. In der Richtung nach Südosten gelangt man über Vigolo-Vattaro und der Hochfläche von Lavarone nach Vicenza. Zudem liegt Trient nicht weit unterhalb der Mündung des Avisio und des Noce, sodass auch diese Täler leicht erreicht werden können. Begünstigt durch die Lage entstand in Trient frühzeitig eine Verkehrssiedlung, die ihre Stellung bis in die Gegenwart zu behaupten vermochte.

> ## *Historische Kenndaten von Trient*
>
> Am Doss Trento finden sich älteste Spuren menschlicher Behausungen aus der Jungsteinzeit, in der Bronzezeit wurde die Siedlung auf den Talboden verlegt. Diese bildete in der keltischen Zeit den Mittelpunkt des hier wohnenden Stammes, ehe dieses Gebiet im ersten Jahrhundert vor Christus an das römische Reich angegliedert wurde. In der Römerzeit war Tridentum als Munizipium städtischer Mittelpunkt jenes Gaues (Pagus), der im Norden bis zur Töllmündung bei Meran und bis nach Klausen gereicht hat. Trient behielt auch im Frühmittelalter seine Stellung als Verwaltungsmittelpunkt, in der langobardischen Zeit hatte hier ein Herzog seinen Sitz und in der karolingischen ein Graf. Otto der Große gliederte diese Grafschaft im 10. Jahrhundert als „Marca Tridentina" an das Deutsche Reich an. Die politische Bindung nach Norden blieb mit einer kurzen Unterbrechung unter Friedrich II. zu Beginn des 13. Jahrhunderts bis 1918 erhalten. Seit dem 4. Jahrhundert war Trient auch Sitz eines Bischofs, der dritte war der hl. Vigilius, welcher im Jahre 405 auf einer Missionsreise im Rendenatal erschlagen wurde und heute noch als Patron der Diözese verehrt wird. Im Jahre 1004 übergab Heinrich II. die Mark Trient an den Bischof, 1027 wurde diese Belehnung durch Konrad II. bestätigt, der dem Bischof auch die nördlich angrenzenden Grafschaften Bozen und Vinschgau übergab. Das geistliche Fürstentum blieb bis 1803 bestehen, die weltliche Macht ging jedoch bereits im 13. Jahrhundert vor allem unter Meinhard II. an die Tiroler Landesfürsten über, die zu Vögten der Bischöfe bestellt worden waren.

Das Stadtviertel zwischen dem Bahnhof und der Altstadt entstand erst nach der Eröffnung der Eisenbahnlinie durch das Etschtal (1859). Um eine gerade Streckenführung zu erreichen und einen geeigneten Platz für den Bahnhof zu finden, wurde das Flussbett der Etsch, die vorher in einer Schleife an der Altstadt vorbei geflossen war, nach Westen verlegt. Während das Gebiet jenseits des Bahnhofes später mit Wohnbauten und Gewerbebetrieben aufgesiedelt worden ist, entstand zwischen dem Bahnhof und der Altstadt ein Viertel, in welchem die öffentlichen und privaten Dienstleistungseinrichtungen konzentriert sind. Nach dem Bahnbau wurde ähnlich wie in Bozen ein repräsentativer Park angelegt. In der Mitte dieser Grünfläche steht das 17,6 m hohe Dante-Denkmal, das von nationalistisch gesinnten Bürgern unter der österreichischen Verwaltung am Ende des 19. Jahrhunderts errichtet wurde. Dante galt als „Vater der italienischen Sprache und Nation", daher war sein Standbild als Gegenstück zum Walther-Denkmal in Bozen gedacht, wobei die nach Norden gerichtete Hand die Gebietsansprüche Italiens unterstreichen sollte.

Die Bedeutung von Trient als zentraler Ort spiegelt sich in vielen Gebäuden in der Umgebung des Dante-Platzes wider. Die Verkehrszentralität kommt in den Eisenbahn- und Omnibusverbindungen deutlich zum Ausdruck. Am Bahnhof zweigt die Valsuganabahn von der Brennerstrecke ab, eine Nebenbahn, welche über Padua die kürzeste aber bei weitem nicht schnellste

Verbindung nach Venedig herstellt. Die Linie Trento-Malé, die in den Nons- (Val di Non) und Sulzberg führt, ist die letzte der vielen Schmalspurstrecken, die es früher im Trentino gegeben hat. Heute stellt ein dichtes Netz von Buslinien die Verbindung zu den einzelnen Talschaften her, für welches der große Omnibusbahnhof westlich der Bahnstation das Zentrum bildet. Nördlich der Piazza Dante fällt das zentrale Verwaltungsgebäude der Autonomen Provinz Trient auf, das in den Räumlichkeiten des bahnhofsnahen ehemaligen Grand Hotels Trento untergebracht ist. Mit dem Ausbau der Autonomie nahmen die Kompetenzen der Provinzverwaltung zu, daher reichen die Räumlichkeiten im zentralen Verwaltungsgebäude bei weitem nicht mehr aus. In einer ersten Phase begann man in den 1970er-Jahren nahe Büroräume anzumieten, später kamen immer weiter entfernte Standorte hinzu, sodass die einzelnen Abteilung der Landesverwaltung nahezu über die ganze Stadt verteilt sind.
Die entgegengesetzte Entwicklung kann bei der Verwaltung der Region Trentino-Südtirol beobachtet werden, deren Sitz sich im modernen, 1958 fertig gestellten „Regionalpalast" östlich der Piazza Dante befindet. Durch die Übertragung der Kompetenzen auf die Länder Südtirol und Trentino sind die Aufgaben der Regionalverwaltung stark zurückgegangen, daher ist auch die Verwaltung geschrumpft.
Die Altstadt mit dem romanischen Dom und dem Domplatz bildet noch immer das Zentrum von Trient, das von Einheimischen und Gästen gerne und häufig besucht wird. Im Bereich der Fußgängerzone befindet sich dort auch das Geschäftszentrum, das sich in mancher Hinsicht von Einkaufsstraßen in anderen Städten unterscheidet. Die Läden kommen in der Regel mit wenigen Mitarbeitern aus, die Verkaufsräume sind klein, die Branchenvielfalt und das Angebot an Waren jedoch groß. Viele dieser Geschäfte sind Boutiquen, welche modische Waren anbieten und auf den Geschmack der Mittelschichten ausgerichtet sind. In den engen Einkaufsgassen herrscht vor allem während der Geschäftszeiten ein reges Treiben. Im Osten der Altstadt erinnert das prunkvolle Castello del Buon Consiglio an die frühere Bedeutung der Stadt als fürstbischöfliche Residenz.

Nach den Ausführungen wird zum Omnibus zurückgegangen und mit diesem über die Brenner-Staatsstraße in das Vallagarina nach Süden gefahren.

Die Fahrt an den südlichen Stadtrand führt durch Vororte, wobei auf einer Anhöhe die große, moderne Krankenhausanlage hervorsticht. In der Industriezone von Ravina im Südwesten der Stadt fallen mit der Kellereigenossenschaft CAVIT und der Sektkellerei Ferrari zwei Betriebe auf, an welche viele Winzer der Umgebung von Trient ihre Trauben verkaufen. Dabei zählen die sorgfältig gepflegten Rebkulturen am sonnigen westexponierten Hang zwischen Trient und Mattarello zu den besten Lagen der Provinz, auf dem früher versumpften Talboden herrscht hingegen weithin der intensive Obstbau vor, der nördlich von Mattarello dem vorwiegend von Sportflugzeugen frequentierten Flughafen von Trient und einer kleineren Industriezone weichen musste. Bei Mattarello war die Etsch durch den steilen Schwemmkegel aus dem Valsorda im Osten und dem flacheren Schwemmkegel vom Westen her auch schon vor der Regulierung in ein enges Bett gezwängt, trotzdem blieb der Ort ein ländlich geprägtes Dorf, welches in der Zwischenkriegszeit in die Stadt Trient eingemeindet wurde und sich inzwischen zu einer typischen Stadtrandsiedlung entwickelt hat.

Entwicklungstendenzen der Kulturlandschaft im Vallagarina

Das obere Vallagarina kann von Castel Beseno aus gut überblickt werden. Um dorthin zu gelangen, wird von Trient über die Brenner-Staatsstraße bis nach der Abzweigung Besenello gefahren, wo man an der für die Landesausstellung im Jahre 2000 eigens geschaffenen Zufahrtstraße zum Castel

Beseno abbiegt. Der letzte Abschnitt oberhalb von Besenello weist eine 8-Tonnen-Begrenzung auf. Vom dortigen Parkplatz aus erreicht man die Burganlage in ca. einer halben Stunde. Mit kleineren Fahrzeugen kann bis zum oberen Parkplatz gefahren werden, von dem aus man in rund 10 min nach Castel Beseno gelangt.

Südlich der kunstgeschichtlich beachtlichen, im Barockstil erbauten Villa Larcher-Fogazzaro von Acquaviva steigen die schroffen Kalkfelsen von der Staatsstraße gegen Osten steil an. Auf der westlichen Talseite enden die ländlichen Dauersiedlungen, welche auf den Schwemmkegeln hintereinander angeordnet sind, etwas weiter südlich mit dem großen vom Weinbau geprägten Massendorf Aldeno, von dem eine kühn ausgebaute Straße nach Cimone und von dort zum Lago di Cei bzw. über die Felsterrasse von Garniga zum Monte Bondone emporführt. Die felsigen Talflanken und der siedlungsleere, früher versumpfte Talboden behinderten die sozialen Kontakte und führten zur Ausbildung einer Landschaftsgrenze, die auch heute noch raumwirksam ist. Südlich davon beginnt die alte Talschaft Vallagarina, die über die Provinzgrenzen hinweg bis zur Veroneser Klause, der alten Berner Klause, am Südrand der Alpen reicht. Besenello und Calliano sind die nördlichsten Gemeinden des Vallagarina, für die, obwohl Trient nahe liegt, Rovereto der wichtigste Arbeitsort für die Auspendler und der am häufigsten aufgesuchte zentrale Ort ist.

Castel Beseno

Die Burg von Castel Beseno, die mit einer Länge von 250 Metern und einer Breite von 100 Metern die größte alte Befestigungsanlage des Trentino bildet, unterstreicht die strategische Bedeutung dieses Platzes, von dem aus die Straße durch das Vallagarina nach Verona und der Übergang über die Hochfläche von Folgaria nach Vicenza kontrolliert werden konnte. Die Burg wurde im Jahre 1171 erstmals erwähnt. Nach dem Aussterben der Herren von Beseno ging sie in den Besitz der Grafen von Castelbarco über, die sie im 15. Jahrhundert eine Zeitlang den Venezianern überließen. 1454 setzte sich der Tiroler Landesfürst Sigmund durch, der erreichte, dass der Trentiner Bischof dieses Lehen an das Tiroler Adelsgeschlecht der Gradner verlieh, dem 1470 die Grafen von Trapp folgten. Im 16. Jahrhundert bauten diese Castel Beseno zu einer riesigen Festung am Südrand des Deutschen Reiches aus. Als diese Funktion verloren ging, wurde die Burg verlassen und sie verfiel zu einer Ruine. Nach dem Zweiten Weltkrieg sahen sich die Grafen von Trapp nicht mehr in der Lage, den riesigen Gebäudekomplex zu erhalten. Sie schenkten ihn daher im Jahre 1972 der Provinz Trient, die ihn nach und nach renovierte. Im Jahre 2000 waren die Arbeiten abgeschlossen, sodass Castel Beseno bei der gemeinsamen Landesausstellung von Tirol, Südtirol und Trentino neben Lienz und Brixen als dritter Ausstellungsort verwendet werden konnte. Seither dient die Burg als Museum, dessen Besuch u.a. wegen der hervorragenden Aussicht sehr lohnend ist.

Durch den mächtigen Schwemmkegel des Rio Cavallo, dem „Roßbach" in den altösterreichischen und den älteren italienischen Karten, wurde die Etsch nach Westen abgedrängt und aufgestaut. Allerdings wurde das ehemals versumpfte Auengelände, das bis gegen Mattarello südlich von Trient zurückreicht, inzwischen melioriert und die landwirtschaftliche Bodennutzung modernisiert. Als Folge davon ist die Coltura Mista, die in der Zwischenkriegszeit noch vorgeherrscht hatte, überall durch flächenintensive Wein- und Obstkulturen ersetzt worden und die Viehhaltung, welche der Eigenversorgung diente, ist verschwunden.
Die Abhänge des Monte Bondone weisen eine typische Höhenstufung auf. Zwischen den steil abbrechenden Wandfluchten unterhalb des Gipfels und oberhalb der Talsohle ist in einer See-

höhe von 500 bis 800 m eine breite Felsterrasse eingeschaltet, die von Dauersiedlungen besetzt ist. Im Spätmittelalter wurde vor allem in Garniga, das vor dem Ersten Weltkrieg auch wegen der dort verabreichten Heubäder bekannt war, Erz abgebaut. Vereinzelt finden sich auch deutsche Flurnamen. Es wurde jedoch noch nicht eingehender untersucht, ob es dort einen Siedlungsausbau mit deutschen Bauern gegeben hat. Das darüber liegende Schigebiet am Monte Bondone fällt gegen Norden flach ab und kann daher von Trient aus leicht erreicht werden. Am östlichen Talhang erblickt man von Castel Beseno aus den steilen Anstieg zu der durch den Tourismus geprägten Hochfläche von Folgaria, die hinter einer Geländekante verborgen ist. In der Mitte der Steilstufe liegt die im Zuge der mittelalterlichen Rodungskolonisation besiedelte Fraktion Mezzomonte, welche vor der Assimilierung von der deutschen Bevölkerung als Mittelberg bezeichnet worden ist. Früher wurden die Steilhänge durch den in der Form der Coltura Mista betriebenen Weinbau intensiv bewirtschaftet. Inzwischen kommt man mehr und mehr von der Nutzung der Acker- und Weinbauterrassen ab und die Sozialbrache nimmt überhand. Diesen Tendenzen entsprechen die Veränderungen im Siedlungsbild, welche auch im Bereich der näher gelegenen Ortschaft Dietrobeseno beobachtet werden können, wo die alten Bauernhöfe, die dem Typ des Unterstallhofes entsprechen, zunehmend verfallen.

Von Castel Beseno wird zum Omnibus zurückgegangen und von dort über die Brenner-Staatsstraße nach Rovereto gefahren, wo knapp nach dem Bahnhof und der Überquerung des Leno-Baches auf die nach Osten in die Richtung nach Vicenza führende Straße eingebogen wird. In der Nähe der Kirche und des Parkes von Santa Maria (in der Nähe des Krankenhauses) wird der Omnibus geparkt.

Die Fahrt von Besenello nach Rovereto führt an der eng verbauten Weinbaugemeinde Calliano, deren wichtigster Gewerbebetrieb eine der bekanntesten Druckereien des Trentino ist, und am Trümmerfeld eines von der Ostseite herunter gebrochenen Felssturzes vorbei, in welchem das Landschaftsbild durch die gut erhaltene Burg von Castel Pietra zusätzlich belebt wird. Die tiefer liegende ehemalige Talaue wird durch Weingärten intensiv genutzt. Früher war Volano ein reines Weinbaudorf, inzwischen wurden in der Gewerbezone an der Brennerstraße neben der Kellerei und dem Obstbaumagazin auch mehrere Betriebe des sekundären Sektors angesiedelt, die der Bevölkerung Beschäftigungen bieten. Mit San Ilario, von wo eine Straße zum Autobahnzubringer Rovereto Nord und zu den Gemeinden auf der westlichen Talseite abbiegt, haben wir die Stadt Rovereto erreicht. Im weiteren Verlauf führt die Staatsstraße am Fußballstadion und an mehreren, z.T. älteren Industriebetrieben in der Nähe des Bahnhofes von Rovereto vorbei. Auf der südlichen Seite des Leno-Bach-Schwemmkegels führt die Fahrt von der Brenner-Staatsstraße vorwiegend durch Wohnviertel.

Von unserem Parkplatz in der Nähe der Kirche S. Maria wandern wir durch die Via S. Maria zur Ponte Forbato über den Leno-Bach zur Piazza Podestà (Rathaus) und von dort wenige Meter hinunter zur Mauer am Leno-Bach auf der Westseite der Via Calcinari (Haltepunkt).

Das Becken von Rovereto bildet eine auffallende Talweitung, welche im Bauplan des Gebirges begründet ist. Es handelt sich um eine typische tektonische und morphologische Mulde, gegen welche helle, sehr schön gebankte Jurakalke von Osten her einfallen. In diese Gesteinsschichten sind Fossilien von Dinosauriern eingeschlossen, die nördlich des Abrissgebietes der Lavini di Marco im Verlauf eines geologischen Lehrpfades („piste dei dinosauri") gut beobachtet werden können. Diese steilen westexponierten Hänge sind weitgehend siedlungsleer. Am Talboden und am nordwestlichen Hang stehen hingegen jüngere, weichere Schichten an, die leicht ausgeräumt werden konnten, wobei die härteren Glieder der Schichtfolge als Hangversteilungen hervortreten. Im Süden des Beckens steigen die Achsen gegen die Loppio-Furche an. Während diese Talung durch ältere, härtere Gesteine angelegt ist, stellt ein Ast dieser tektonischen Mulde nördlich davon über die Terrassenflur von Ronzo-Chienis die Verbindung zum (geologischen) Gardaseebecken her. Der zweite Ast der Mulde baut südlich von Mori die Hochfläche von Brentonico auf.

Die Lage in der Nähe des Südalpenrandes und die vorteilhaften naturräumlichen Bedingungen begünstigten eine frühe Inwertsetzung des Beckens von Rovereto durch den Menschen, das seit der Jungsteinzeit kontinuierlich bewohnt ist. Zahlreiche Funde aus der Römerzeit belegen, dass die Talweitung damals bereits relativ dicht besiedelt war. Die spätere Entwicklung der Stadt wurde durch die vorteilhafte Verkehrslage begünstigt. Von beiden Seiten münden Täler in das Etschtal ein, die seit vorgeschichtlicher Zeit als sehr wichtige Verkehrsverbindungen gedient haben.

Im Westen gelangt man von Mori über die Loppio-Furche zum Gardasee und über diesen nach Brescia und in die östliche Lombardei. Auf der Ostseite führen von Rovereto zwei Verbindungen durch enge Täler, dem Val di Terragnolo und dem Valarsa, sowie über niedrige Pässe, dem Borcola Paß (1.206 m) und dem Pian di Fugazze (1.162 m), nach Schio und weiter in die vicentinische Ebene. Die strategische Bedeutung dieser Verkehrswege wurde vom Militär erkannt, das im 19. Jahrhundert den Bau der „Reichsstraßen" veranlasst hat. Auf solchen über 10 m breiten Straßen sollte das schwere militärische Gerät mit Pferdegespannen transportiert werden. Deshalb durften sie nicht zu steil angelegt werden; sie waren daher im Gebirge sehr kurvenreich. Als erste derartige Straße Altösterreichs wurde 1820 die an der Burg von Rovereto vorbeiführende Verbindung über den Pian di Fugazze nach Schio ausgebaut, die den Militärs aus der Kriegsgeschichte bekannt war. Im Jahre 1701 hatte Prinz Eugen seine Truppen über Saumwege von Rovereto in die Ebene von Vicenza verlegt und war den Franzosen in den Rücken gefallen, welche die Veroneser Klause besetzt gehalten hatten.

Von der mittelalterlichen Burg der Herren von Castelbarco ist wenig erhalten geblieben. Die heutige Schlossanlage mit den beiden Rundtürmen, den mächtigen Mauern und den starken Bastionen geht auf den Festungsbau der Venezianer im 15. Jahrhundert zurück. Später diente das Schloss nacheinander als Kaserne, Bezirkshauptmannschaft und Gefängnis, ehe nach dem Ersten Weltkrieg ein kriegsgeschichtliches Museum („Museo Storico Italiano della Guerra") untergebracht wurde.

Die Stadt Rovereto ist ein junges Glied in der Siedlungslandschaft. Das Netz der alten Dörfer war bereits ausgebildet, als Wilhelm von Castelbarco, ein Lehensmann der Bischöfe von Trient und Inhaber der Herrschaft von Lizzana, um 1300 die Burg erbaut hat. Diese und die Verkehrssiedlung, die sich unterhalb davon entwickelt hatte, ummauerte er und schuf damit eine kleine befestigte Burgstadt, wobei die drei Eingangstore, die Porta di Germania im Norden, die Porta della Scala im Osten, und die Porta d'Italia an der Lenobrücke im Süden durch Türme abgesichert wurden. Obwohl die Fläche klein war, wurden 1339 bereits 216 Feuerstätten gezählt, die Stadt hatte demnach mindestens 1.000 Einwohner. Kirchlich unterstand Rovereto noch lange der Altpfarre Lizzana, die am Südrand des Leno-Bach-Schwemmkegels liegt. Erst im Jahre 1582 verlegte der dortige Erzpriester seinen Sitz nach Rovereto. Eine entscheidende Zäsur in der politischen Entwicklung der Stadt bildete das Jahr 1416, in welchem sie in die Hand der Venezianer fiel, die sie knapp 100 Jahre später 1509 an die Habsburger abtreten mussten. Von damals bis zum Ersten Weltkrieg war Rovereto, das zeitweise von einem kaiserlichen Hauptmann verwaltet wurde, in das Territorium der „Gefürsteten Grafschaft Tirol" einbezogen, seither gehört es zur Provinz Trient und ist seit der Einführung dieser Gliederung Sitz des Comprensorio (= Talschaftsverband) Vallagarina.

Die wirtschaftliche Entwicklung Roveretos war nahezu ein halbes Jahrtausend lang eng mit der Seidenverarbeitung verbunden, die bis in das 15. Jahrhundert zurückverfolgt werden kann, als unter der Verwaltung der Venezianer der Maulbeerbaum eingeführt wurde. Diese gewann im Laufe der Neuzeit laufend an Bedeutung, ehe sie in der zweiten Hälfte des 19. Jahrhunderts der

Konkurrenz in den industriellen Zentren nicht mehr gewachsen war, sodass die alten handwerklichen Großbetriebe nach und nach geschlossen werden mussten. Die Periode des wirtschaftlichen Niederganges wurde erst nach dem Zweiten Weltkrieg beendet, als man durch die Anlage neuer Industriezonen zahlreiche Arbeitsplätze schaffen konnte.

Rovereto liegt an der alten Brennerstraße, der Kaiserstraße, die Verona mit Bozen verband. Nach der Querung der Stadt erreicht sie an der Piazza Podestà, dem „Rathausplatz", die westliche Stadtgrenze und führt von dort über die Ponte Forbato nach Süden. Das Rathaus der Stadt, der Palazzo Pretorio, das heute noch Sitz der Gemeindeverwaltung ist, wurde 1417 im zweiten Jahr der Herrschaft Venedigs errichtet, als die Bürger auf mehr Freiheiten hoffen durften. Allerdings erfüllte sich dieser Wunsch nicht, Rovereto wurde auch in den folgenden Jahrhunderten vom Burghauptmann beherrscht. Darauf scheint der Rathausplatz hinzuweisen, der von der mächtigen Burg beherrscht wird.

Die Forbato-Brücke über den Leno-Bach wurde 1840 neu errichtet, nachdem der Vorgängerbau 1797 vom Hochwasser zerstört worden war. Sie wird heute auf Grund des Landschaftsbildes, das sich hier bietet, häufig fotografiert: Unter ihr schäumt der Leno-Bach, seitlich wird sie von pittoresken Altbauten gesäumt, rückwärts folgt eine enge Schlucht und über ihr erhebt sich die Burg. Allerdings erkennen nur wenige die kulturgeschichtliche Bedeutung dieses Platzes, an dem die erhaltenen Reliktformen in der Art von „Freiluftmuseums" die frühere Bedeutung des Wassers als Energiequelle dokumentieren. An der Forbato-Brücke setzt unterhalb einer Felsschwelle, die als Wehr verwendet werden konnte, der Schwemmkegel des Leno-Baches ein. Daher konnte das Wasser gefasst und über Kanälen zu den seidenverarbeitenden Betrieben talwärts geleitet werden.

Das große alte Gebäude, das von unserem Standort (knapp unterhalb der Brücke in der Via Calcinari) aus auf der südlichen, gegenüberliegenden Seite des Leno-Baches gut eingesehen werden kann, verdeutlicht die frühere Wirtschaftsweise. Im Bereich der Kellerräume sieht man die Ableitungen aus den Werkstätten, durch welche vor wenigen Jahren noch Wasser geflossen ist. Dieses wurde von den Handwerkern als Energiequelle genutzt. Die Arbeiter wohnten zumeist in den oberen Stockwerken des Gebäudes. Ein Teil der mächtigen Bachverarchung, welche unterhalb der Brücke unsere Uferseite im Bereich der Via Calcinari schützt, geht auf die mittelalterliche Stadtmauer zurück. Nach dem Verfall der handwerklichen Seidenverarbeitung hat die Altstadt von Rovereto im 19. Jahrhundert ihre frühere wirtschaftliche Bedeutung verloren. Auch in der Folgezeit konnte keine geeignete Nachfolgenutzung gefunden werden.

Von der Ponte Forbato wird auf der rechten Seite des Leno-Baches zur neuen Brücke hinuntergegangen, von der man auf die Ponte Fornato hinaufschauen kann. Von dort spazieren wir durch den Vicolo Paiari zur Via S. Maria, wo wir den Omnibus geparkt haben.

Der Schwerpunkt der früheren Seidenverarbeitung lag im Bereich der Altstadt von Rovereto. Sie war jedoch nicht auf die nördliche Seite des Leno-Schwemmkegels beschränkt. Von der Brücke Forbato führten auch Kanäle nach Südwesten. An diesen entstanden die dicht aneinander gereihten Seidenspinnereien, die man im Vicolo Paiari an den vielen kleinen Fenstern gut erkennen kann. Inzwischen dienen diese Gebäude als Wohnhäuser. Blickt man in der Via S. Maria in die Richtung zur Forbato Brücke, so erkennt man mehrere herrschaftliche Häuser, welche einst als Handelshäuser zur Vermarktung der Seide dienten. Auch die eindrucksvolle Kirche S. Maria del Carmine, die im 18. Jahrhundert einen älteren Bau aus dem Spätmittelalter ersetzte, zeigt, welche Bedeutung die Seidenverarbeitung hier während des Manufakturzeitalters erlangte. Durch die auch heute noch bedeutsame Verkehrsverbindung durch die Via S. Maria und den Corso Verona führte der mittelalterliche Brennerweg. Heute befindet sich das funktionale Zentrum von Rovereto weiter nördlich zwischen dem Bahnhof und der Altstadt, daher spielt in den Stadtvierteln südlich des Leno-Baches die Wohnnutzung eine größere Rolle.

Auch das Krankenhaus, das einen großen Flächenbedarf aufweist und durch gut ausgebaute Straßen von allen Richtungen leicht erreicht werden kann, hat hier seinen Standort.

Es folgt die Omnibusfahrt von Rovereto nach Ala

Um 1960 wies der Raum von Rovereto zu wenige Arbeitsplätze auf. Daher waren viele gezwungen, als Gastarbeiter in das Ausland zu gehen. Die Provinz Trient versuchte diesen Mangel durch eine verstärkte Industrialisierung zu beheben. Als Anreiz wurden im Raumordnungsplan der Provinz an günstigen Lagen Industriezonen ausgewiesen, die erschlossen und infrastrukturell so ausgestattet wurden, dass man sie einheimischen und auswärtigen Investoren für Betriebsansiedlungen anbieten konnte. Die Industriezone von Rovereto ist ein schönes Beispiel dafür. Sie liegt in der Nähe der Autobahnzufahrt Rovereto-Süd, ist durch Straßen und anderen Infrastruktureinrichtungen gut versorgt und weist auch sonst günstige Standortbedingungen auf. Bei den angesiedelten Firmen handelt es sich vorwiegend um mittelgroße Zweigwerke von multinationalen Konzernen und von italienischen Großunternehmen. Man mag in manchen Fällen die Nachhaltigkeit solcher Betriebe bezweifeln, für den Raum von Rovereto haben sie sich insgesamt positiv ausgewirkt, weil sie der einheimischen Bevölkerung zahlreiche neue Arbeitsplätze geboten haben.

Auf der Fahrt zur Staatstraße sieht man auf der Höhe das Denkmal im Bereich des Ossario Castel Dante, in welches die Gebeine zahlreicher Gefallener des Ersten Weltkrieges umgebettet worden sind. Diese Anlage erinnert an die schweren Kämpfe, die in der Zeit von 1915 bis 1918 an der nahen Grenze zwischen den Truppen Österreich-Ungarns und des Königreiches Italien stattgefunden haben.

Knapp nach dem Erreichen der Staatsstraße nach Verona beginnt das Bergsturzgebiet der Lavini di Marco. Obwohl dieser nicht zu den eindrucksvollsten Bergstürzen in den Alpen gehört, ist er einer der bekanntesten. Dies hängt mit den Nennungen in der Literatur zusammen. Der italienische Dichterfürst Dante Alighieri verlegte den Eingang der Unterwelt in der „Divina Commedia" hierher und die Annalen von Fulda erwähnen einen Nachsturz im Jahre 882. Mit einer größeren Exkursionsgruppe ist es leider kaum möglich, auf diesen Bergsturz genauer einzugehen. Es könnte zwar südlich von Lizzana mitten im Bergsturzgebiet angehalten werden, infolge der dichten Bewaldung kann man jedoch nur schlecht in das Gelände dort einsehen. Zudem ist ein Teil des Ablagerungsgebietes militärisches Übungsgelände. An der Staatsstraße östlich von Marco überblickt man den Bergsturz besser, allerdings findet sich dort entlang der Staatsstraße kein geeigneter Parkplatz für einen größeren Omnibus. Daher erscheint es zweckmäßiger, während der Fahrt auf wesentliche Merkmale dieses Bergsturzes aufmerksam zu machen.

In Ala parkt man den Omnibus am besten in der Nähe der Staatsstraße ungefähr in der Mitte der Stadt und geht von dort in Zentrum von Ala im Bereich des Palazzo Angelini (heute Sitz der Banca di Trento e Bolzano).

Südlich von Marco hat sich die Etsch in härtere ältere Kalke eingeschnitten. Daher verengt sich das Tal im Vergleich zum weiten Becken von Rovereto erheblich. Das kleine Einzugsgebiet, der Niedergang der Seidenverarbeitung und der Verlust der Grenzlage haben sich auf die jüngere Entwicklung der Stadt Ala nachteilig ausgewirkt, deren äußeres Erscheinungsbild außerordentlich stark von Gebäuden aus früheren Jahrhunderten geprägt wird.

Der Markt Ala hat sich im Mittelalter als Verkehrssiedlung zu Füßen der Burg entwickelt und hat damit eine ähnliche Aufgabe wahrgenommen wie die römische Station „ad Palatium", die im Itinererium Antonini (5. Jh.) verzeichnet ist. Der unregelmäßig Grundriss lässt vermuten,

dass der mittelalterliche Markt nicht planmäßige angelegt, sondern mit dem Funktionsgewinn erst nach und nach vergrößert wurde. Nachdem Ala seit dem Frühmittelalter zum Fürstbistum Trient gehört hatte, kam es 1411 an Venedig. 1509 eroberte es Kaiser Maximilian für die Habsburger, welche die Siedlung später dem Hochstift Trient überließen. Als Kaiser Josef II. im Jahre 1766 Ala zur Stadt erhob, begann dessen wirtschaftliche Bedeutung bereits zu sinken. Knapp vorher hatte die Seiden- und Samtproduktion ihren Höhepunkt erreicht. Die Kunst der Samtweberei führten im 16. Jahrhundert zwei Handwerker aus Genua ein. Der hier hergestellte Samt wurde vor allem für liturgische Gewänder verwendet, nach denen im Zeitalter des Barocks eine rege Nachfrage bestand, mit der Aufklärung nahm sie später jedoch ab. Im 19. Jahrhundert folgte der Zusammenbruch des Seidengewerbes, welche der industriellen Konkurrenz nicht gewachsen war.
Die große Eisenbahnanlage, die Ala 1866 nach dem Verlust Venetiens bekam, das Grenzzollamt und die Garnison, die hierher verlegt wurden, konnten den Niedergang nicht mehr aufhalten. Dieser setzte sich nach dem Ersten Weltkrieg fort, als Ala die staatlichen Einrichtungen einer Grenzstadt verlor. Daher stagnierte während des 20. Jahrhunderts die Einwohnerzahl, erst gegen Ende dieses Jahrhunderts zeigten sich erste Anzeichen einer wirtschaftlichen Belebung, die hoffen lassen. Die Arbeitsplatzsituation hat sich zuletzt durch die in der Industriezone unterhalb der Staatsstraße angesiedelten Betriebe etwas gebessert. Die vorher kaum genutzten Gleisanlagen bewogen die Eisenbahnverwaltung, den Bahnhof von Ala eine Zeit lang als Terminal für die rollende Landstraße über den Brennerpass zu verwenden, der inzwischen nach Verona verlegt worden ist. Die Geschäfte, welche größtenteils nur Güter des täglichen Bedarfes anbieten, konzentrieren sich auf die Gassen in der Nähe der Brenner-Staatsstraße, die am unteren Rand des Städtchens vorbeiführt. Die Einkaufsverflechtungen reichen kaum über das Gemeindegebiet hinaus, in der zentralörtlichen Hierarchie erreicht Ala daher nur noch die Stellung eines Unterzentrums. Früher war es hingegen, weil es auf halbem Weg zwischen Trient und Verona gelegen ist, eine wichtige Poststation, in welcher die Pferde gewechselt wurden.
Wegen der kunstvollen alten Gebäude, unter denen zahlreiche prachtvolle Barock-Palazzi hervorzuheben sind, lohnt sich ein Rundgang durch die Stadt, die auf dem relativ steil ansteigenden Schwemmkegel des Ala-Baches angelegt ist. In den letzten Jahren haben sich Gemeindeverwaltung und private Hausbesitzer bemüht, das äußere Erscheinungsbild des Ortes vorteilhaft zu verändern. Die z.T. engen, winkeligen Gassen wurden neu gepflastert und viele Altbauten renoviert. Unter den vielen Ansitzen, die den früheren Reichtum der Besitzer widerspiegeln, fällt der Palazzo Angelini, der frühere Palazzo Malfatti, mit seinem prunkvollen Portal auf. Während früher dort mehrmals Kaiser (u.a. Karl V., Karl VI., und Josef II.) genächtigt haben, wird das Gebäude heute durch eine Bank genutzt.

Vom nördlichen Ortsrand von Ala wird über die Etschbrücke nach Pilcante und von dort an der Autobahnzufahrt Ala-Avio vorbei bis Sabbionara gefahren, wo der Omnibus unterhalb der Kirche an der Umfahrungsstraße abgestellt wird. Die anschließende Wanderung führt durch das verwinkelte Dorf hinauf zur Burganlage von Sabbionara. Dort kann der Haltepunkt entweder unterhalb des Mauerkranzes, der den Gebäudekomplex umgibt, oder auf dem höher gelegenen Vorplatz zum Haupteingang vorgesehen werden.

Bei Ala ist das Etschtal schmal, wobei das Flussbett an dieser Stelle - wie man bei der Fahrt über die Brücke nach Pilcante gut erkennen kann - durch den Schwemmkegel des Ala-Baches im Osten und von Pilcante im Westen stark eingeengt ist. Von Pilcante sieht man in das zur Gemeinde Ala gehörende steile Val di Ronchi hinein, das weitgehend bewaldet ist und im Bereich der Lessinischen Alpen an die oberhalb von Verona gelegene ehemalige deutsche Sprachinsel der Dreizehn Gemeinden (Tredici Comuni) angrenzt. Der frühere deutsche Namen des Tales, Rauttal, weist auf die Siedlungsgeschichte hin. Bei der Bezeichnung „Raut", die später durch das italienische Ronchi ersetzt worden ist, handelt es sich um einen typischen Rodungsnamen aus der Zeit der hochmittelalterlichen Ausbausiedlungen. Die autochthone deutsche Bevölkerung wurde im Verlauf der Neuzeit assimiliert bzw. ist z.T. wegen der ungünstigen Möglichkeiten abgewandert. Die Einwohnerzahl war auch in den letzten 150 Jahren noch stark rückläufig. Als Folge davon wurde die landwirtschaftliche Bodennutzung extensiviert und es kam zu einer starken Verwaldung.

Das Tal bleibt auch südlich von Ala und Pilcante schmal, daher treten die Verkehrsflächen, welche von der Autobahn, der Eisenbahn und der Staatsstraße eingenommen werden, im Landschaftsbild deutlich hervor. Wegen des starken Gefälles ist ebenso das Flussbett der Etsch schmal, die Geländestufe bot sich jedoch für die Ableitung des „Canale Biffis" („Canale Medio Adige") oberhalb der Autobahnzufahrt an, der in der Zeit des Faschismus angelegt wurde und seither am Hangfuß entlang parallel zum Fluss nach Süden führt. Soweit die Talsohle und die Schwemmkegel landwirtschaftlich genutzt sind, werden sie von Rebanlagen eingenommen. Auf den Hängen darüber folgen Niederwälder mit den für die unterste kolline Höhenstufe typischen Bäumen und Sträuchern.

Das Dorf Sabbionara, das zu Avio, der südlichsten Gemeinde des Trentino, gehört, weist typische Strukturmerkmale für diesen Talabschnitt auf. Obwohl das Gebiet zwischen Ala und der Veroneser Klause an der wichtigen und gut ausgebauten Verkehrsachse durch das Etschtal liegt, entwickelte sich hier in der zweiten Hälfte des 19. Jahrhunderts an der Grenze zwischen dem Kronland Tirol und dem Königreich Italien ein regionales Periphergebiet, in welchem die Standortbedingungen wegen der großen Entfernung zu den Zentren Trient und Verona auch nach dem Anschluss an Italien nicht verbessert wurden. Daher stagnierten die Einwohnerzahlen weiterhin, bzw. sie nahmen sogar ab, und die ländlichen Siedlungen blieben, wie man an der Bausubstanz von Sabbionara gut erkennen kann, lange Zeit agrarisch geprägt. Die bodenständigen Gewerbebetriebe waren klein und in der Regel auf den lokalen Markt ausgerichtet, sie lösten daher keine stärkere eigenständige Entwicklung aus. Auch die im Rahmen der Raumordnungspolitik der Provinz in der kleinen Industriezone auf dem Talboden unterhalb von Avio angesiedelten Betriebe bewirkten keinen nachhaltigen Aufschwung. In absehbarer Zukunft dürften sich die Konzentrationstendenzen im sekundären Wirtschaftssektor verstärken, und auf Grund des mangelnden Freizeitpotentials werden auch vom Tourismus keine Wachstumsimpulse ausgehen. Daher wird dieses strukturschwache Gebiet im Grenzsaum zwischen dem Trentino und dem Veronese als persistente Raumzelle weiterhin erhalten bleiben.

Dem engen Talschlauch unterhalb von Rovereto kam früher eine beachtliche strategische Bedeutung am Südende des Brennerweges zu. Daher waren die jeweiligen Territorialherren interessiert, ihn durch militärische Anlagen abzusichern. Dazu gehörte im Mittelalter die von den Herren von Castelbarco erbaute mächtige Burg von Sabbionara, von der aus diese das Tal kontrollierten.

Das Formenbild der Landschaft ist durch das Etschtal geprägt, das als enge Schlucht in die Plateauflächen nördlich von Verona eingeschnitten ist. Auf der östlichen Talseite führt von Sdruzzinà (140 m) eine schmale kurvenreiche Straße über den steilen, von Felsen durchsetzten Hang auf die Hochfläche der Monti Lessini, wo sich rund 1.000 m höher in einer Verflachungszone die Almen der Gemeinde Ala befinden. Der obere Abschnitt der westlichen Talflanke ist noch stärker von Felsen durchsetzt. Oberhalb von diesen schließen im Bereich des Monte Baldo weite Almflächen an, auf die von Avio durch das enge Val dei Molini eine kurvenreiche Straße hinaufführt. Südlich von Borghetto, dem letzten Dorf des Trentino, verengt sich das Etschtal zusehends und vermittelt den Eindruck einer Klause. Allerdings ist diese kaum deutlicher ausgebildet als andere Engstellen weiter nördlich. Ähnlich verhält es sich beim äußeren Erscheinungsbild der Kulturlandschaft, die sich an der alten Grenze des Kronlandes Tirol weniger verändert als am Südrand der Alpen an der Veroneser Klause.

Literatur

Brenner-Autobahn AG (Hg.) - 1972: Brennerautobahn. - Innsbruck.
Fischer, K./A. Leidlmair - 1975: Eisacktal - Überetsch - Mittleres Etschtal - Vinschgau. - In: Tirol. Ein geographischer Exkursionsführer (= Innsbrucker Geogr. Studien Bd. 2). - Innsbruck, S. 331-368.
Haimayer, P. - 1975: Die Fremdenverkehrslandschaft der Seefelder Senke. - In: Tirol. Ein geographischer Exkursionsführer (= Innsbrucker Geographische Studien 2). - Innsbruck, S. 131-144.
Hammer, H. - 1939: Die Kunst des Wipptales. - In: Veröff. d. Museums Ferdinandeum (Innsbruck) 18, S. 1-41.
Huter, F. - 1965: Vom Werden und Wesen Sterzings im Mittelalter. - In: Sterzinger Heimatbuch (= Schlern-Schriften 232). - Innsbruck, S. 33-94.
Huter, F. - 1966: Die historisch-politische Entwicklung Tirols. Historische Stätten des Landes Tirol. Historische Stätten des Landes Südtirol. - In: F. Huter (Hg.), Alpenländer mit Südtirol (= Handbuch der historischen Stätten Österreichs Bd. 2). - Stuttgart, S. 429-577.
Huter, F. - 1967: Historische Städtebilder aus Alt-Tirol. - Innsbruck.
Hye, F. H. - 1986: Die alte Bischofsstadt Brixen - Geschichte und Stadtbild. - In: Österreich in Geschichte und Literatur mit Geographie 30, Wien, S. 361-371.
Hye, F. H. - 1991: Die Gründung von Bozen - gesehen im Rahmen der hochmittelalterlichen Stadtgründungen in Tirol (mit Repliken auf die neuesten Theorien). - In: Bozen. Von den Anfängen bis zur Schleifung der Stadtmauern. - Bozen, S. 191-202.
Hye, F.H. - 2001: Die Städte Tirols. Teil 2: Südtirol (= Schlern-Schriften 313). - Innsbruck.
Klebelsberg, R.v. - 1953: Südtiroler geomorphologische Studien. Das obere Eisacktal (= Schlern-Schriften 84). - Innsbruck.
Leidlmair, A./W. Keller - 1998: Die Bevölkerungs- und Wirtschaftsentwicklung. - In: Raiffeisenkasse Leifers (Hg.), Leifers. Vom Dorf zur Stadt. Anfänge, Entwicklung, Chancen. - Leifers, S. 163-189.
Lang, P. - 1977: Beiträge zur Kulturgeographie des Brixner Beckens (= Innsbrucker Geogr. Studien Bd. 3). - Innsbruck.
Lang, P. - 1986: Der Brixner Raum. Merkmale einer Wirtschaftslandschaft innerhalb Südtirols. - In: Österreich in Geschichte und Literatur mit Geographie 30. - Wien, S. 372-378.
Loose, R. - 1991: Der Bozner Siedlungsraum vor der Stadtgründung. - In: Bozen. Von den Anfängen bis zur Schleifung der Stadtmauern. - Bozen, S. 115-134.
Penz, H. - Das Wipptal. Die Kulturlandschaft entlang der Brennerlinie. - In: Tirol. Ein geographischer Exkursionsführer (= Innsbrucker Geographische Studien 2). - Innsbruck, S. 195- 212.
Penz, H. - 1984: Das Trentino. Entwicklung und räumliche Differenzierung der Bevölkerung und Wirtschaft Welschtirols (= Tiroler Wirtschaftsstudien Bd. 37). - Innsbruck.
Rutz, W. - 1970: Die Brennerverkehrswege (= Forschungen zur deutschen Landeskunde 186). - Bad Godesberg.
Wopfner, H. - 1920: Die Besiedlung unserer Hochgebirgstäler. Dargestellt an der Siedlungsgeschichte der Brennergegend. - In: Zeitschrift d. Deutschen u. Österr. Alpenvereins 51, S. 26-86.

Anschrift des Verfassers:
ao.Univ.-Prof. Dr. Hugo Penz
Institut für Geographie der Universität Innsbruck
A-6020 Innsbruck, Innrain 52

5. DIE FELBERTAUERN-LINIE

Die östliche Nord-Süd-Querung von Wörgl bis Lienz

ERNST STEINICKE

---

i *Exkursionsverlauf und praktische Hinweise*

Teil 1: Wörgl - Söll - St. Johann in Tirol - Kitzbühel - Kitzbühel/Hahnenkamm (mit kurzer Wanderung)
  Abstecher in das Brixental: Kitzbühel - Kirchberg - Brixen im Thale - Westendorf - Hopfgarten - Itter (zurück nach Kitzbühel)
Teil 2: Kitzbühel - Jochberg - Paß Thurn - Mittersill - Felbertauerntunnel - Matrei in Osttirol - Ainet - Oberlienz - Lienz - Nußdorf-Debant - Dölsach - Auffahrt Iselsberg - Lienz
Transportmittel: Pkw oder Autobus; einige kurze Fußwanderungen (auch für die Wanderung am Hahnenkamm reicht normales Schuhwerk aus)
Fahrtkilometer: ~ 130 (mit Abstecher Brixental zuzüglich ~ 60 km)
Exkursionsdauer: 10 Stunden (ohne Mittagspause)
Günstige Mittagspause: Kitzbühel
Die Exkursion steht in Verbindung mit der Überblicksexkursion *Das Tiroler Unterinntal* und wird durch die Spezialexkursion *Die Nationalparkregion Hohe Tauern in Osttirol* (Band 2) ergänzt. Sie ist ganzjährig durchführbar (Achtung: Hahnenkammbahn ist nach Ende der Wintersaison für einige Wochen geschlossen).
Karten:
Tirol-Atlas 1:300.000, v.a. Topographische Übersicht und Geologie mit Tektonik
Österreichische Karte 1:50.000, Blätter 120, 121, 122, 152, 178, 179, 180
Freytag-Berndt-Wanderkarte 1:50.000, Blätter 123, 181, 182, 301, 382
Freytag-Berndt-Wanderkarte 1:100.000, Blätter 18, 38
Österreichische Karte 1:200.000, Blatt 47/12
Freytag-Berndt: Große Straßenkarte Österreichs 1:300.000, Blatt 3
Wanderland-Verlag (nur Nordtiroler Anteil): Spezial-Wanderkarten Nr. 33 (Kaisergebirge), 34 (Brixental), 35 (Kitzbühel-Paß Thurn), 36 (St. Johann in T.)

Landeskundliche Skizze

Die Streckenführung der Exkursion verläuft zwischen Wörgl und St. Johann in Tirol zunächst an einer wichtigen innerösterreichischen West-Ost-Verbindung und folgt darauf der nicht weniger stark frequentierten Route über Paß Thurn und Felbertauern nach Osttirol. Sie quert in südöstlicher Richtung drei naturräumliche Großeinheiten des Bundeslandes Tirol, die in parallelen Gesteinszonen angeordnet sind: Die Nördlichen Kalkalpen, von denen ausführlich in der Übersichtsexkursion *Das Tiroler Unterinntal* die Rede ist, die Grauwackenzone und die Zentralalpen. Die Südalpen, die das Osttiroler Lesachtal im Süden abgrenzen, werden von vorliegender Exkursion nicht berührt.

Abb. 1: Exkursionsroute Wörgl - Lienz mit Haupthaltepunkten

Auch die großen tektonischen Decken der Ostalpen ordnen sich zonal an (*Abb. 2*). Die helvetische Decke erscheint in Bayern nur als schmaler Randstreifen. Der Exkursionsraum liegt im ostalpinen Deckensystem, welches südwärts bis zur periadriatischen Naht reicht, die der Fuge im Südtiroler Pustertal sowie im Lesach- und Gailtal entspricht. Südlich davon setzt die mit den Südalpen übereinstimmende dinarische Decke ein. Obwohl sie in den Ostalpen nur beschränkt verbreitet ist, verläuft ein nicht unbeträchtlicher Teil der Exkursion innerhalb der penninischen Decke. Diese tritt in Form von geologischen Fenstern entlang des Alpenhauptkamms zutage. Dabei legen sich um vier aus spätvariskischen Granitintrusionen hervorgegangene Gneiskerne (Venediger-, Granatspitz-, Sonnblick- und Ankogel-Hochalmgruppe) zwiebelschalenförmig eine untere kalkarme und eine obere kalkreiche Schieferhülle.

Abb. 2: Der Deckenbau in den Ostalpen

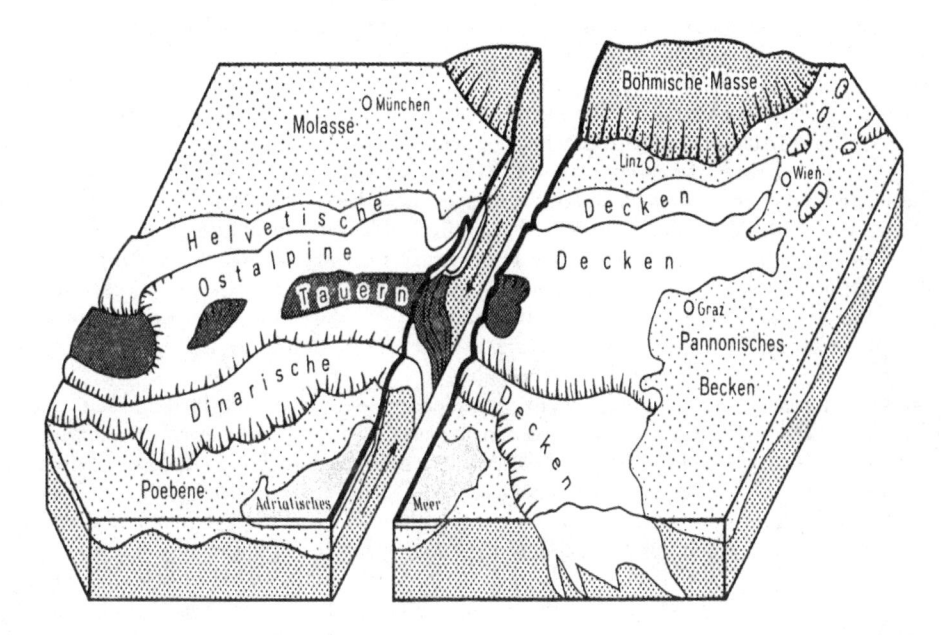

Quelle: *Atlas der Republik Österreich*

Den rund 130 Straßenkilometern zwischen Wörgl und Lienz entspricht eine meridionale Distanz von nur knapp 75 km. Die Unterschiede im Jahresgang der Temperatur sind dementsprechend gering, zumal die um über 160 m höhere Lage von Lienz (Seehöhe: 673 m) die Wärmegunst der südlicheren Breitenlage wegnimmt: So hat Wörgl (Seehöhe: 510 m) mit 8,3° C ein höheres Jahresmittel als die Gemeinden im Lienzer Becken (7,7° C). Bei den Niederschlagswerten ergeben sich allerdings beträchtliche Unterschiede. Die durch den Alpenhauptkamm im Norden und die Lienzer Dolomiten im Süden geschützte Position erklärt den geringen jährlichen Gesamtniederschlag in Lienz von 891 mm. In Wörgl fallen dagegen 1.155 mm. Ähnelt der Niederschlagswert von Lienz auch jenem von Innsbruck, so lassen sich gegenüber dem Unterinntal dennoch Unterschiede ausmachen. Sie betreffen vor allem den jahreszeitlichen Gang der Niederschläge, was durch das Anklingen südalpiner Einflüsse erklärbar ist. Ungleich zu den Südalpen fällt zwar das Maximum im Lienzer Becken nicht in die Herbstmonate, doch beträgt ihr Anteil am Gesamtniederschlag immerhin 28 %. Im Unterinntal sind es höchstens 20 %. Ein weiteres klimatisches Merkmal der Lienzer Gegend liegt in der hohen jährlichen Sonnenscheindauer. Sie beträgt knapp 2.000 Stunden im Jahr und kann sich in dieser Hinsicht mit Padua messen. Im Tiroler Unterland bilden hingegen Werte über 1.700 (St. Johann in Tirol: 1.728) die Ausnahme (vgl. *Fliri* 1975).

In der Abfolge der Vegetationsstockwerke ist - trotz des sonnigen Klimas im Lienzer Becken - die kolline Stufe nur in Ansätzen vorhanden. Ein Großteil der Exkursionsroute verläuft in der submontanen und montanen Vegetationszone, wo im Bereich der Talsohle stellenweise Auwälder mit Linden und Eichen, an den trockenen Lagen Föhren, ansonsten aber in der Hauptsache Fichten, Tannen und Lärchen die Hauptvertreter der Waldvegetation bilden. Lediglich im Gebiet des Alpenhauptkamms betreten wir Stellen, wo sich die obere montane mit der subalpinen Stufe verzahnt. Nahe der Baumgrenze von Fichte und Lärche tritt hier die Zirbe hinzu.

Die südwärts zunehmende Besonnungsdauer und abnehmende Niederschlagsmenge lässt insgesamt die Wald- sowie die Anbaugrenzen von Norden nach Süden um mehr als 300 m ansteigen. Auch die obere Siedlungsgrenze verläuft in den Zentralalpen höher als im nördlichen Kalkgebirge. Bei vergleichenden Betrachtungen des oberen Waldgrenzverlaufs ist jedoch zu berücksichtigen, dass er von der Almwirtschaft in den Kitzbüheler und Pinzgauer Schieferalpen sowie in den Tauern stark verändert wurde. In den Nördlichen Kalkalpen verhindern wiederum die Wandfluchten und der unfruchtbare Wettersteinkalk das Aufkommen einer Walddecke im Höhenstockwerk. Ähnliches gilt zum Teil auch für die Hohen Tauern, wo große petrographische Differenzierungen auf engem Raum bestehen. Der geringere Niederschlag im Süden des Alpenhauptkamms benachteiligt die talnahen Schigebiete in Osttirol. Erst im Lesachtal macht sich die südalpine Klimavariante deutlich bemerkbar: Die durch die friulanischen Kanäle an den Hauptkamm der Karnischen Alpen angeströmte feuchte Luft aus dem Adriaraum führt bereits im Spätherbst zu ergiebigen Schneefällen.

Im mittelalterlichen Besiedlungsgang unterscheiden sich die Gebiete nördlich und südlich des Alpenhauptkamms. Während sich im Norden ab dem 6. Jahrhundert bajuwarische Kolonisten sesshaft machten, waren es im Süden die Alpenslawen. Zwar drängten die Bajuwaren diese in den folgenden Jahrhunderten zurück, doch wurde Osttirol erst mit der im Hochmittelalter einsetzenden Höhenkolonisation, in der es in den meisten Gegenden des mittleren Alpenraums zur Anlage von Schwaighöfen kam, endgültig germanisiert.

In wirtschaftsräumlicher Hinsicht verläuft die Exkursion durch unterschiedlich strukturierte Gebiete. Sie beginnt im Wörgler Boden, der zur „Unterinntaler Industriegasse" und damit zu den Tiroler Zentralräumen zählt und quert darauf eine der tourismusintensivsten Gegenden Österreichs, welche von Itter über Kitzbühel nach Mittersill reicht. Das Söll-Land („Sölland"), das Becken von St. Johann, der Kitzbüheler Raum, das Brixental und - allerdings in abgeschwächtem Maße - die Nord- und Südseite des Paß Thurns sind daher ebenso zu den Aktivräumen zu rechnen. In den größeren Ortschaften, wie in St. Johann, Kitzbühel, Hopfgarten oder in Mittersill, bilden Betriebe des verarbeitenden Gewerbes eine zusätzliche Absicherung der Wirtschaft.

Mit den Hohen Tauern betreten wir anschließend ein strukturschwaches Gebiet, das sich über ganz Osttirol erstreckt. Obwohl die Idee eines Nationalparks „Hohe Tauern" mehr als 100 Jahre alt ist, verhinderten Interessenskonflikte bis zu Beginn der 1990er-Jahre die Umsetzung (vgl. Spezialexkursion *Die Nationalparkregion Hohe Tauern in Osttirol*).

Ungleich zu den Regionen nördlich des Salzachtals sind die Osttiroler Talgründe kaum besiedelt. Durch ihr geringes Wachstum bleiben die Ortschaften auf den oftmals steil geböschten Schwemm- bzw. Murkegeln konzentriert oder säumen als Streusiedlungen die Berghänge, wo im Defreggen- und im Virgental die höchsten Höfe eine Seehöhe von 1.730 m erreichen. Selbst im Zentralraum Osttirols, dem Lienzer Becken, schieben sich die Siedlungen nur zögernd in die Talauen. Eine Ausnahme bildet dabei die Industrie- und Gewerbezone von Lienz und - freilich viel schwächer ausgeprägt - von Matrei. Beide sind das Ergebnis einer jungen Entwicklung. So erscheint es nicht verwunderlich, wenn die Agrarquoten und die Zahl der Vollerwerbsbetriebe in vielen Dörfern Osttirols noch verhältnismäßig hoch sind. Darüber hinaus gehören 90 % der Höfe zu den Bergbauernbetrieben, von denen über ein Drittel in der extremsten Erschwerniszone wirtschaftet. Mit Hilfe der EU-Strukturfonds-Programme versucht man in der Gegenwart, mehr Dynamik in den Osttiroler Wirtschaftsraum zu bringen. Trotz beträchtlicher Steigerungsraten in den letzten Jahrzehnten spielt der Tourismus in Osttirol nicht jene Rolle wie in anderen Regionen Tirols. Bei einer durchaus vergleichbaren Bevölkerungsgröße erreicht der Bezirk Lienz mit 38 Gästeübernachtungen je Einwohner (2000/01) nur einen Teil der Fremdenverkehrsintensität des Bezirks Kitzbühel (100 Üb./Ew.). Die Tourismuswirtschaft südlich des Alpenhauptkamms bekommt im Sommer die mächtige Konkurrenz der Kärntner Seengebiete und der Badeorte an der Adria zu spüren und im Winter jene der attraktiven Schigroßräume von Kitzbühel-Kirchberg, Wilder Kaiser-Brixental oder Saalbach-Hinterglemm.

Mit der Fertigstellung der Felbertauernstraße im Jahr 1967 nahmen zwar die Übernachtungsziffern in Osttirol signifikant zu, doch hat sich gleichzeitig auch der (grenzüberschreitende) Durchzugsverkehr gesteigert, was sich in der Hauptzubringerroute Kufstein - St. Johann - Kitzbühel - Mittersill hoch verkehrsbelastend auswirkt. Aus diesem Grund wird es verständlich, warum sich gerade das Nadelöhr Kitzbühel in den 90er-Jahren so heftig gegen den Bau des Plöckentunnels (Kärnten/Friaul) wehrte, der zwar so manchen italienischen Gast nach Osttirol gelockt, doch gleichzeitig dem unerwünschten Durchreiseverkehr weitere Impulse verliehen hätte. Sowohl um dieses Straßenprojekt als auch um die Erweiterung der Alemagna-Autobahn vom Piavetal (Provinz Belluno) nach Osttirol ist es inzwischen ruhig geworden.

Routenbeschreibung

Wörgler Boden und Söll-Land („Sölland")

Einen Überblick über die Gegend um Wörgl mit dem untersten Talabschnitt der Brixentaler Ache (Wörgler Boden) bietet das Grattenbergl (582 m), ein glazial gerundeter Härtling aus Wettersteinkalk, der im Osten der Stadt Wörgl rund 70 m aus dem Talgrund hervorragt.

Parkmöglichkeiten befinden sich im Osten des Grattenbergls, das man in rund 15 Minuten bequem besteigt. Die Überblicksexkursion „Das Tiroler Unterinntal" widmet diesem markanten Aussichtspunkt einen ganzen Abschnitt. Hier sollen daher nur einige Hinweise genügen.

Der Wörgler Boden führt flachgründig in südöstlicher Richtung zu den Kitzbüheler Alpen, die hier mit der auffallenden Kuppe der Hohen Salve (1.829 m) ansetzen. Bis zu ihrem Fuß ist der Talabschnitt den Nördlichen Kalkalpen zuzurechnen. Der Übergang zur paläozoischen Grauwackenzone, der die gesamten Kitzbüheler Alpen in geologischer Hinsicht angehören, bildet der Bundsandstein. Während er im Wörgler (und anschließenden Kirchbichler) Boden zumeist unter Grund- und Seitenmoränen verborgen bleibt, ist dieses leicht ausräumbare, rötliche Gestein im Söll-Land, aber auch in den im Osten anschließenden Tälern der Fieberbrunner- und Leoganger Ache öfters sichtbar angeschnitten. Die Bergflanke im Süden von Wörgl besteht allerdings aus mesozoischen Kalken, die sich östlich des Tals der Brixentaler Ache im Pölven (1.594 m) sowie im Hauptstock des Kaisergebirges fortsetzen. Sie sind während der Gebirgsbildung auf das Unterinntaler Tertiär geschoben worden. Überall dort, wo die Kalkbedeckung fehlt, wie es zwischen dem Pölven und dem Grattenbergl der Fall ist, kommen die mergelig-tonigen Sedimente des Eozäns an die Oberfläche (vgl. Ortner/Stingl 2001). Am Peisslberg, im Osten des Standorts, werden die Zementmergelvorkommen nach wie vor abgebaut.

Die Exkursionsroute folgt der viel befahrenen Bundesstraße (B 312) durch die Kirchbichler Ortsteile Bruggermühle und Bruckhäusl.

Die rohstoff- und verkehrsorientierte Zementherstellung erwies sich als Motor der Industrialisierung im untersten Inntal. Noch heute erinnern unweit der Bundesstraße, im Bereich von Bruckhäusl, alte, z.T. renovierte Fabriksgebäude an diese frühe Industrialisierungsphase. Neben den Rohstoffen bot die günstige Verkehrslage dafür die Grundvoraussetzung. Mit der Fertigstellung der Giselabahn (Westbahn) im Jahr 1875 machte sich hier eine Reihe von Gewerbebetrieben sesshaft. Bis heute hat sich die Gewerbetüchtigkeit erhalten. Durch den Wörgler und Kirchbichler Boden verläuft die Bundesstraße B 312, eine der wichtigsten und meist befahrenen innerösterreichischen Verkehrsverbindungen, die über das „Kleine Deutsche Eck" nach Salzburg führt.
Weiter taleinwärts erblickt man auf einem Terrassenvorsprung Schloss Itter, welches den Eingang in das bis 1816 salzburgisch gebliebene Brixental bewacht. Über Itter steigt die Hohe Salve an. Inmitten der weichen Kitzbüheler Schieferalpen, wo die Einzelhöfe weit hinaufreichen und darüber, bereits im Almbereich, ausgedehnte Rodungsflächen den Eindruck von „Grasbergen" verstärken, zieht ihr markanter Gipfelbereich die Blicke an. Die besondere Physiognomie ist gesteinsbedingt. Harte Porphyroide, die weit herunterreichen, bauen den westlichen Teil dieses bekannten Aussichtsberges auf, der kahle Gipfelbereich wird von paläozoischem Dolomit gebildet. Wie am Grattenbergl steht auf dem Gipfel (neben der Liftstation) ein Kirchlein, das 1641 errichtet wurde. Möglicherweise befand sich dort ebenso eine heidnische Kultstätte. Dafür würde auch das Kirchenpatrozinium des Hl. Johannes d. Täufers sprechen, dessen Fest auf den 24. Juni (Zeit der Sonnenwende) fällt. Die Wallfahrt scheint erst im 17. Jahrhundert größere Bedeutung gehabt zu haben. Heute bildet die Hohe Salve den zentralen Bereich des Schigroßraums Wilder Kaiser-Brixental, der mit ca. 90 Liftanlagen zu den größten geschlossenen Schigebieten Österreichs gehört.
Die weitere Fahrt führt durch das Söll-Land, das von den Gemeinden Söll, Scheffau und Ellmau eingenommen wird und mit dem Söll-Leukental parallel zum Brixental verläuft. Im Gegensatz zur Eisenbahn nimmt die heutige Hauptstraße (B 312) die kürzere Verbindung durch diese Längstalfurche. Damit spielt sie eine wichtige Rolle als innerösterreichische West-Ost-Verkehrsachse. Die Transitbelastung ist hier so hoch, dass Bürgerinitiativen schon Mitte der 80er-Jahre eine Nachtfahrbeschränkung für schwere Lkw durchsetzen konnten. Die verkehrsgünstige Lage führte dazu, dass sich an der Auffahrt zum Söll-Land einige zum Teil bekannte Betriebe angesiedelt haben. Daneben setzt erstmals die touristische Infrastruktur voll ein. Mit dem im Jahr 1989 östlich von Itter fertig gestellten Salvista-Liftprojekt ist die technische Erschließung der Hohen Salve vorläufig abgeschlossen und damit auch die Gemeinde Itter in den Schigroßraum einbezogen.
In diesem West-Ost gerichteten Hochtal, das im Tal der Fieberbrunner Ache (Pillerseetal) seine Fortsetzung findet, lassen sich zwei Wasserscheiden erkennen. Die westliche erscheint zwischen Schwendterdörfl und Söll. Während nach Westen hin nur ein kleines Rinnsal das Tal entwässert, münden die Bäche, die in Richtung Osten fließen, in die größere Weißache. Diese durchbricht östlich von Söll die Nördlichen Kalkalpen und trennt das Pölvenmassiv vom Hauptstock des Wilden Kaisers. Die Straße nach Kufstein folgt der Weißache, die sich kerbförmig in das Kalkgebirge eingeschnitten hat. Auf halber Höhe - bereits im Unterinntaler Tertiär - liegt das Eiberg-Zementwerk, das im 19. Jahrhundert rohstofforientiert angelegt wurde.
Das weite Hochtal des Söll-Landes bietet für viele Freizeitaktivitäten außerordentlich günstige Voraussetzungen. Der flache Talboden ist durch zahlreiche landwirtschaftliche Wege erschlos-

sen. Er eignet sich für Wanderungen und Spaziergänge im Sommer und für die Anlage von Langlaufpisten im Winter. Die nordexponierten, hier mäßig steilen Hänge, an denen der Wald vor allem in der Höhe durch die Weidenutzung zurückgedrängt wurde, kommen dem alpinen Schilauf entgegen. Der Wilde Kaiser im Norden des Tales mit der Ellmauer Halt (2.344 m) bietet nicht nur eine eindrucksvolle Kulisse, sondern den Alpinisten auch beste Möglichkeiten zum Klettern im Fels. Allerdings wurde dieses hervorragende Freizeitpotential erst verhältnismäßig spät in Wert gesetzt. Der jüngste Aufschwung des Tourismus wäre ohne den Pistenschilauf undenkbar, der in den letzten drei Jahrzehnten rasch vorangetrieben wurde, wobei die wichtigsten Abfahrten am Nordhang der Hohen Salve (Söll) und am Hartkaser (Ellmau), auf dessen Gipfel eine Standseilbahn führt, erschlossen wurden.

Der verspätete Ausbau der Fremdenverkehrseinrichtungen ist sowohl mit den traditionellen Wirtschafts- und Sozialstrukturen als auch mit den lange Zeit fehlenden Infrastruktureinrichtungen verbunden. Das Söll-Land liegt im Anerbengebiet des nordöstlichen Tirols, in welchem die typischen Gesindewirtschaften früher an außeragrarischen Nebeneinnahmen wenig interessiert waren. Sie wurden erst nach dem Zweiten Weltkrieg in Familienbetriebe umgestellt, wobei sich der Strukturwandel ab der Mitte der 50er-Jahre verstärkte. Seither gehen die Agrarquoten laufend zurück. Der Ausbau der Verkehrsinfrastruktur wurde durch die abseitige Lage von der Westbahn gehemmt. Die Straßenverbindung von Wörgl nach St. Johann in Tirol erlangte erst nach dem Zweiten Weltkrieg als Zubringerroute für Touristen größere Bedeutung.

Der späte Ansatz des Tourismus spiegelt sich auch in der Physiognomie der Häuser. Im Unterschied zum Brixental (vgl. Abschnitt *Abstecher in das Brixental*) treten im Söll-Land wie auch am Ellmauer Sattel ältere Bauten zurück; nahezu alle Häuser weisen ähnliche Stilmerkmale auf. Sie wirken mit ihrer rustikalen Bauweise, bei der viel Holz verwendet wird, zwar schmuck, aber gleichzeitig monoton. Daneben lässt die Siedlungsweise eine planmäßige Gestaltung der Dörfer weitgehend vermissen. Die Bauwut hat auch vor den alten behäbigen Bauernhöfen nicht Halt gemacht, die dem Idealtypus des „Tirolisch-salzburgischen Einhofes" (vgl. Überblicksexkursion *Das Tiroler Unterinntal*) sehr nahe kamen, ehe man die meisten von ihnen modernisierte. Dieser Hoftyp wurde zum Vorbild für die Hotelbauten, bei denen man sich krampfhaft um ein „bodenständiges Bauen" bemühte. Dabei vergaß man auf die Proportionen. Die Hotelklötze und Appartmenthäuser sind nur wesentlich größer, weisen aber sonst die gleiche rustikale Gestaltung auf wie die kleinen Pensionen und Einfamilienhäuser. Besonders nachteilig wirkte sich bis etwa 1980 die fehlende Flächenwidmungsplanung aus. Man verzichtete lange Zeit auf ein verdichtetes Bauen und errichtete die neuen Einfamilienhäuser, Hotels, Pensionen sowie Wochenendhäuser und Ferienwohnungen im Anschluss an die bestehenden Einzelhöfe und Weiler. Dadurch kam es zu einer starken Zersiedelung, der viel Kulturland zum Opfer fiel. Dies wird besonders im Raum Ellmau (2001: 2.539 Ew.) sichtbar.

Die zweite Talwasserscheide liegt zwischen Ellmau und Going (Ellmauer Sattel) und weist auf die komplizierte Talentwicklung in den nördlichen Kitzbüheler Alpen hin, von der später die Rede sein wird. Östlich von Going hat der Goinger Bach, der im Leukental zur Großen Ache nach Osten entwässert, eine schmale Kerbe in den Talgrund geschnitten. Dabei führt die Straße knapp vor der Mündung dieses Baches in die Reither Ache am bekannten Gasthof Stanglwirt vorbei.

Becken von St. Johann in Tirol

Die Weiterfahrt entlang der unteren Reither Ache führt in das Becken von St. Johann. Etwas abseits von den Liften und Schipisten tritt in diesem Abschnitt die vom Fremdenverkehr geprägte Landschaft zurück. Aber auch der Siedlungsausbau, der sich um St. Johann bemerkbar macht, hat noch nicht in das Söll-Leukental hereingegriffen.

Beim Eintritt in das St. Johanner Becken nimmt man die Straße, die in das Ortszentrum von St. Johann führt (Innsbrucker Straße). Durch die vielen Hinweisschilder ist die Zufahrt zum Zentrum (Pfarrkirche) sowie die Ausfahrt nach Kitzbühel kaum zu verfehlen.

Die schon von weitem sichtbare mächtige Doppelturmfassade der St. Johanner Dekanatspfarrkirche (1724-1728), die auch im nahen Brixen und Hopfgarten Nachfolge fand, stellt den ersten großen barocken Kirchenbau im Tiroler Unterland dar. Die Urpfarre lässt sich sogar auf das Jahr 700 zurückführen.

Die Marktsiedlung St. Johann in Tirol (2001: 7.983 Ew.) liegt in der Talweitung, die an der Mündung der Reither (von Westen) und Fieberbrunner Ache (von Osten) in die Große Ache (Kitzbüheler Ache) entstanden ist. Die Tatsache, dass St. Johann im Jahre 1956 das Marktrecht verliehen bekam, unterstreicht den Bedeutungszuwachs dieser Gemeinde in den letzten Jahrzehnten. Er hängt eng mit dem Ausbau des Verkehrsnetzes zusammen. Der Ort liegt sowohl an der Westbahnstrecke vom Mitterpinzgau über Hochfilzen nach Kitzbühel und Wörgl als auch am Schnittpunkt zweier wichtiger Straßen. Die bedeutende österreichische West-Ost-Verbindung von Wörgl nach Lofer und weiter nach Salzburg trifft auf die Straße zum Felbertauern. Auf Grund der günstigen Verkehrslage haben sich in den letzten Jahrzehnten zahlreiche zentralörtliche Einrichtungen in St. Johann niedergelassen, die man im Bezirkshauptort Kitzbühel vermuten würde. In das öffentliche staatliche Gymnasium, das aus einer Privatschule hervorgegangen ist, sowie in die Bundesfachschule für Fremdenverkehrsberufe pendeln Schüler aus dem ganzen Bezirk Kitzbühel ein; das Einzugsgebiet der landwirtschaftlichen Berufsschule reicht zudem noch in den Bezirk Kufstein. Neben Gewerbebetrieben hat auch eine große Molkerei in St. Johann ihren Standort. Seit 1980 finden in der Marktgemeinde alljährlich Bezirksmessen statt.

Neben den zentralörtlichen Funktionen spielt in St. Johann auch der Tourismus eine überaus große Rolle. Nach ersten Ansätzen vor dem Ersten Weltkrieg und einem bescheidenen Ausbau in den 20er-Jahren wurde der Ort verstärkt ab der Mitte der 50er-Jahre vom Fremdenverkehr erfasst. Damit setzte sich dieser wesentlich später als im Innovationszentrum Kitzbühel, aber deutlich früher als im westlich benachbarten Söll-Land durch. In den letzten Jahren bemüht man sich in St. Johann verstärkt um Gästegruppen, die im übrigen Bezirk weniger umworben werden. Man setzte früh auf den Schilanglauf und veranstaltet im Winter mit dem „Koasalauf" einen der größten Volkslangläufe der Alpen. Im Sommer wendet man sich bewusst an (sportliche) ältere Menschen. Groß aufgezogene Seniorenradrennen und geführte Pensionistenwanderungen sollen diese Gästeschicht ansprechen. Das Angebot an freizeitorientierter Infrastruktur ist groß. Neben gut ausgebauten Schipisten und Loipen finden sich auch eine Sommerrodelbahn (Rolba-Run), eine Tennishalle, Reitställe, ein Freizeitzentrum mit Hallen- und Freibad sowie ein Flugplatz für Sportmaschinen. Sowohl das Freizeitangebot als auch die Nachfrage sind in St. Johann wesentlich breiter gefächert als in den meisten anderen Orten des Bezirkes, die sich einseitig auf den Pistenschilauf spezialisiert haben.

Von St. Johann führt die Straße über einen flachen Talboden nach Kitzbühel. Am südlichen Ortsausgang, bei Weiberndorf, haben sich in den letzten Jahren einige größere Gewerbebetriebe angesiedelt. Auffallend ist aber das unmittelbar an der Grenze zur Nachbargemeinde Oberndorf gelegene Spanplattenwerk der Firma Egger, das vom Firmengründer rohstofforientiert angelegt wurde. Auf der Westseite schiebt sich der Röhrerbichl (Rerobichl) ins Blickfeld, wo man zwischen 1540 und 1774 kupfer- und silberhaltige Erze abbaute. Von den zahlreichen Schächten, die während der Blütezeit des Kitzbüheler Bergbaus entstanden, haben einige über 800 m in die Tiefe geführt, der Heiliggeiststollen reichte sogar rund 140 m unter den Meeresspiegel! Heute befindet sich in der Gegend des Röhrerbichls lediglich ein Hartsteinwerk. Der Prozess der Vergrünlandung ist im Becken von St. Johann - wie in den übrigen Gebieten des Bezirks Kitzbühel - weit fortgeschritten, wenn sich auch in unmittelbarer Nähe zu den Siedlungen einige Ackerflächen gehalten haben.

Kitzbühel und Umgebung

Kurz vor Kitzbühel wird das Tal enger, und Ache, Bundesstraße, Eisenbahn und Siedlungen rücken auf engem Raum zusammen. Dies läßt sich damit erklären, dass auf kurzer Strecke paläozoische Dolomite, welche die Hauptgesteinsbildner des Kitzbüheler Horns (1.996 m) und des Sockels des Hahnenkamms sind, beide Talseiten ergreifen und der Abtragung einen höheren Widerstand leisten.

Um sich einen Überblick über die Stadt Kitzbühel und die Landschaft um Kitzbühel zu verschaffen, empfiehlt es sich, mit der Seilbahn auf den Hahnenkamm (1.655 m) zu fahren. Die Talstation liegt in der Nähe des Bahnhofs. Eine kurze Wanderung entlang des Hahnenkamms in Richtung Fleckalmbahn - vorbei am Startbereich des weltberühmten Hahnenkamm-Schirennens - bietet stellenweise prächtige Ausblicke über die Kitzbüheler Alpen. Die Stadt selbst überblickt man hingegen am besten unmittelbar von der Bergstation (Gesamtdauer: ca. 2 h).

Das Bild der Kitzbüheler Alpen („Grasberge") erinnert in Höhe und Aussehen vielfach an Mittelgebirgslandschaften. Deutlich heben sie sich vom Kalkgebirge des Wilden Kaisers („Steinberge") und von der Gletscherwelt der Hohen Tauern („Keesberge") ab. Allerdings ist diese Dreigliederung vom Hahnenkamm aus nur zum Teil sichtbar, da im Süden Steinbergkogel (1.971 m) und Jufenkamm den Blick auf die Zentralalpen verstellen. Grundlage für die sanften Formen mit den verhältnismäßig breiten und flachen Talböden, die nur durch einzelne Schwemmkegel gegliedert sind, bildet der weiche, leicht ausräumbare, tonige und daher zu Rutschungen neigende Wildschönauer Schiefer (Grauwackenschiefer bzw. „Pinzgauer Phyllit"). Überall dort, wo schroffere Formen hervorkommen, tritt hingegen härteres Gestein auf. Neben dem bereits genannten erzhältigen Dolomit („Eisendolomit" bzw. „Schwazer Dolomit") führten auch die Quarzporphyroide zu schärferen Geländeformen. Dieses zuweilen verschiefert auftretende Ergußgestein baut den oberen Bereich des Hahnenkamms sowie den Gampenkogel (1.956 m) im Südwesten auf und kommt auch im Norden, hauptsächlich am Rauhen Kopf (1.580 m), zum Vorschein. Von einer ehemaligen Meeresbedeckung im Mesozoikum zeugen die am Gipfel des Gaisbergs (1.767 m) erhalten gebliebenen triassischen Kalke, die ebenso aus dem Wildschönauer Schiefer herausgewittert sind. Auch die auf der sonnseitigen Abdachung des Brixentals unterhalb der Hohen Salve und am Zinsberg teilweise anstehenden paläozoischen Kalke bilden Geländestufen und beleben somit die sonst mäßig steilen Talhänge (vgl. *Penz* 1988a).

Die besonders niedrige Talwasserscheide bei Spertendorf (830 m, Gem. Kirchberg in Tirol) ist Ausdruck der bereits erwähnten komplizierten Reliefentwicklung in der Tiroler Grauwackenzone. Die großen Talfurchen des Brixentals, der Fieberbrunner Ache und des Söll-Landes verlaufen zwar in Längstalrichtung von Osten nach Westen, die Bäche durchbrechen jedoch die vorgelagerten Bergketten und entwässern nach Norden. Dadurch entstanden in den meisten Tälern Talwasserscheiden und an einigen Stellen regelrechte Talvergitterungen. Im Unterschied zum Söll-Land und dem Tal der Fieberbrunner Ache folgt das Brixental nicht der Linie von Gesteinsgrenzen. Das Auftreten des Buntsandsteins auf der Schattseite der Ehrenbachhöhe, besonders aber die Verbreitung triassischer Kalke am Gaisberg sprechen dafür, dass es sich hierbei um eine geologische Tiefenzone handelt, das Brixental somit tektonisch angelegt ist. Die Süd-Nord-Durchbrüche und damit die Entstehung von Talwasserscheiden können sicherlich mit dem weichen Gestein in Zusammenhang gebracht werden, eine befriedigende morphologische Deutung steht aber bislang noch aus, sieht man vom Tal der Großen Ache ab, das einer alten Querentwässerung folgt. Zwischen den Quertälern der Reither und Großen Ache sind in den Mulden des Bichlachs nach dem Zurückschmelzen des letzten Eisvorstoßes einige Moore entstanden, in denen man zum Teil Torf abbaute. Im größten dieser Moore liegt der nicht ganz verlandete, heute touristisch in Wert gesetzte Schwarzsee. Lange Zeit war auch der Talboden - vor allem im Bereich der Wasserscheide von Spertendorf - versumpft. Seit die Möser nach und nach kultiviert wurden, nutzen die Bauern diese Flächen im Allgemeinen als Mähwiesen.

Wie in so vielen alpinen Längstälern macht sich auch im Brixental und in der Gegend um Kitzbühel ein Gegensatz zwischen den Nord- und Südhängen bemerkbar. Legt man ein Profil durch die Kitzbüheler Alpen, so fällt auf, dass die Steilabfälle in der Regel nach Norden gerichtet sind und die sonnenexponierten Lagen eine sanftere Neigung aufweisen. Durch diese Talasymmetrie, die mit der Faltung und Schichtlagerung des Gesteins zusammenhängt, boten sich auf der Sonnenseite („Sonnberg") günstigere Voraussetzungen für die Besiedlung an. So kam es dort viel häufiger zur Anlage von Einzelhöfen als auf der Schattseite; zudem erreichen sie größere Höhen. Der Schwaighof Thalern am Kitzbüheler Sonnberg, der höchstgelegene Bergbauernbetrieb des Bezirks, befindet sich in einer Seehöhe von 1.270 m. Auf der Schattseite musste der Wald hingegen mehr den Astenwiesen und Almweiden weichen, obwohl der geschlossene Tannen- und Fichtenwald dort nicht selten auch bis zum Talboden reicht. Besonders am Schattberg wurden im Laufe der Zeit etliche Höfe aufgelassen und als Niederalmen (Asten) weitergeführt, sodass die Almzone südlich von Kitzbühel auffallend tief einsetzt (z.B. am Hausberg um 1.000 m). Allerdings haben die meisten dieser Hütten im Laufe der letzten Jahrzehnte ihre Funktion abermals verändert: Sie präsentieren sich heute als Berggasthöfe, Almbars oder Freizeitwohnsitze. Die eigentliche Almregion liegt im Höhenstockwerk zwischen 1.400 und 1.600 m, das im Osten von Kitzbühel den größten Flächenanteil einnimmt. Wie eingangs schon erwähnt, führte die schon seit frühester Zeit betriebene Weidewirtschaft dazu, dass die obere Waldgrenze weit nach unten rückte und somit die „Grasberge" das Landschaftsbild der Kitzbüheler Alpen beherrschen.

Dass das Gebiet um Kitzbühel ein uralter Siedlungsboden ist, beweist das Urnengräberfeld am Lebenberg (884 m), welches in die Zeit zwischen 1300 und 1100 v. Chr. datiert wird. Bedeutender sind jedoch die Funde vom prähistorischen Kupferbergbau in der Gegend der Kelchalm, die u.a. auch darauf hinweisen, dass hier schon vor 3000 Jahren Almen bewirtschaftet wurden. Die umfassende, echte Landnahme erfolgte jedoch erst im Mittelalter. Das Gebiet um Kitzbühel gehörte wie das um Kufstein zunächst zur Grafschaft im Unterinntal, wo um 1100 die Bischöfe von Regensburg gräfliche Gewalt ausübten. Sie überließen diese noch vor 1150 den Bayernherzögen, die um die Mitte des 13. Jahrhunderts im Gebiet der heutigen Altstadt einen neuen Markt anlegten.

Eine Vorläuferin der späteren Stadt Kitzbühel lag im Umkreis des Kirchenhügels am Nordrand der heutigen Altstadt (1165 Chizbuhel, abgeleitet vom ahd. Personennamen Chizzo). Die Stadt selbst ist eine typische hochmittelalterliche Gründung (Stadtrecht im Jahr 1271). Damit trägt sie in ihrer Anlage viele Züge, die ebenfalls in anderen Tiroler Städten auftauchen („Inn-Städte" bzw. „Inn-Salzach-Städte"; vgl. Übersichtsexkursion *Das Tiroler Unterinntal*). So erinnert auch in Kitzbühel der Stadtgrundriss mit seiner langgezogenen, elliptischen Form an die ehemalige Stellung im Durchzugsverkehr. Die Häuser stehen giebelseitig zur Marktstraße (Vorderstadt), die nach Norden hin allmählich breiter wird und damit die Handelsfunktion unterstreicht. Wie in Innsbruck oder in Rattenberg liegt die Pfarrkirche nicht im Zentrum der Altstadt. Allerdings weisen die Anlage der Hinterstadt und die Auflockerung der mittleren Häuserzeile darauf hin, dass sich Kitzbühel in wesentlichen Punkten von anderen Inn-Salzach-Städten unterscheidet. Dies soll auch in der anschließenden Stadtführung verdeutlicht werden.

Neben den Aufgaben im Durchzugsverkehr hatte die Stadt von Beginn an Funktionen für die Versorgung der bäuerlichen Bevölkerung, die im Verlauf des Siedlungsausbaus stark angewachsen war. Einen wirtschaftlichen Aufschwung verdankte die Stadt dem Kupferbergbau. Seine Blüte erreichte er an der Wende vom Mittelalter zur Neuzeit, als Kitzbühel Sitz der

Bergverwaltung und des Berggerichtes war. Die großen Abbaugebiete lagen einerseits im Süden der Stadt (Sinwell, Schattberg), zum anderen in Jochberg sowie in den bereits genannten Gebieten um die Kelchalm und den Röhrerbichl. Die Angliederung des Landesgerichts Kitzbühel an Tirol (1505) wirkte sich kaum auf die Wirtschaftentwicklung aus, die durch den Niedergang des Bergbaues im 18. Jahrhundert ungünstiger wurde.

Tab. 1: Entwicklung der Nächtigungsziffern in Kitzbühel (ausgewählte Jahre)

Tourismusjahr	Zahl der Gesamtübernachtungen	davon im Winterhalbjahr (in %)
1925/26	125.588	27,8
1930/31	171.164	52,6
1950/51	206.424	52,8
1960/61	490.963	54,8
1970/71	965.590	48,5
1980/81	1.029.479	55,2
1988/89	1.028.462	58,6
1994/95	854.556	53,9
2000/01	772.313	57,5

Quelle: *http://www.tirol.gv.at/statistik*; eigene Berechnungen

Entscheidende wirtschaftliche Impulse gingen seit der zweiten Hälfte des 19. Jahrhunderts vom Fremdenverkehr aus. Er brachte die rückläufige Einwohnerentwicklung der Stadt Kitzbühel zum Stillstand und sorgte bis zur Gegenwart für einen kontinuierlichen Bevölkerungszuwachs (2001: 8.625 Ew.). Nach der Eröffnung der Giselabahn war Kitzbühel vor allem von Wien aus leicht erreichbar und wurde bald zu einer häufig besuchten Sommerfrische. Zudem erkannten einzelne Bürger der Stadt früher als anderswo die Bedeutung des Schisports. Diese Entwicklung begann bereits 1890, als der Schipionier Franz Reisch durch eine Schrift des Norwegers Fridtjof Nansen auf den Schilauf aufmerksam wurde und Sportgeräte aus Norwegen bestellte. Ab der Jahrhundertwende hielten bekannte Alpinisten, wie Oberleutnant Georg Bilgeri und Dr. Willy Rickmer-Rickmers, Schikurse ab. In der Zwischenkriegszeit wurden nicht nur die ersten Hahnenkamm-Rennen (ab 1932) gefahren, sondern auch Bergbahnen gebaut, die den Pistenschilauf vorbereiteten (Hahnenkammbahn 1928). So fiel bereits zu Beginn der 30er-Jahre der Großteil der Gästeübernachtungen auf das Winterhalbjahr. Abgesehen von einigen Tourismussaisonen - beispielsweise zu Beginn der 70er-Jahre - hielt sich diese Verteilung bis heute (*Tab. 1*).
Schon im Jahr 1925 hatten britische Gäste maßgeblichen Anteil an den hohen Nächtigungsziffern. *Tab. 2* zeigt, dass dies auch in der Gegenwart noch der Fall ist. In der Sommersaison bilden sie traditionell die zahlenmäßig stärkste Gruppe.

Den Aufschwung nach dem Zweiten Weltkrieg begünstigten die z.T. weltbekannten Kitzbüheler Schirennläufer (Pravda, Hinterseer, Molterer, Sailer usw.). Infolge zahlreicher Bemühungen ist es der Stadt gelungen, bis heute ein führender Wintersportort zu bleiben, wenngleich die Nächtigungsziffern v.a. seit 1990 rückläufig sind. Durch das Liftangebot wurden auch die Kitzbüheler Nachbarorte Kirchberg und Jochberg in den Wirkungsbereich des intensiven Fremdenverkehrs einbezogen. Die Aufnahme der Kirchberger (1960) und Jochberger Schilifte (1964) in die Bergbahnen AG Kitzbühel war ein wichtiger Meilenstein für die Entstehung des Schigroßraums Kitzbühel. Schon zu Beginn der 80er-Jahre waren das Gebiet Kirchberg-Paß Thurn („Schisafari") sowie das Kitzbüheler Horn technisch voll erschlossen; heute stehen über 70 Aufstiegshilfen zur Verfügung.

Tab 2: Gästeübernachtungen in Kitzbühel nach Herkunftsländern (2000/01)

Staaten	**Gesamtnächtigungen 2000/01**		**Winter**	**Sommer**
	absolut	in %	in %	in %
Deutschland	236.638	30,6	28,5	26,3
Großbritannien	168.240	21,8	18,1	27,0
Österreich	147.431	19,1	20,7	17,0
Niederlande	24.571	3,2	4,0	2,1
Schweiz	18.043	2,4	1,7	3,2
Frankreich	13.279	1,7	1,1	2,5
Belgien	8.724	1,1	1,3	0,9
sonstige Staaten	155.387	20,1	24,6	21,0
insgesamt	772.313	100,0	100,0	100,0

Quelle: *http://www.tirol.gv.at/statistik*; eigene Berechnungen

Die weithin sichtbaren Stützen der 1984 errichteten Umlaufseilbahn Fleckalm, die im Jahr 1989 fertig gestellten Liftprojekte im Gebiet des Pengelsteins, die weiteren Ausbaupläne sowie der Ruf nach zusätzlichen Schneekanonen legen die Frage nach den ökologischen Auswirkungen der fortschreitenden Erschließung nahe. Dabei ist zunächst zu berücksichtigen, dass die Pisten zu einem erheblichen Teil auf Almmatten („Grasberge") angelegt wurden und somit nur wenig Wald zu roden war. Sie reichen auch nicht allzu hoch hinauf und überschreiten nirgendwo eine Seehöhe von 2000 m. Das Ökosystem ist daher belastungsfähiger als bei Schiabfahrten, die hoch über der Waldgrenze verlaufen. Dies bestätigte auch eine Untersuchung, die das Institut für Geographie der Universität Innsbruck im Hahnenkammgebiet durchgeführt hat (vgl. *Pfitzner* 1987). Zwar waren auf den Schipisten allgemein höhere Oberflächen-

abflusswerte festzustellen, für welche Kantenerosion, Einfluss von Pistenfahrzeugen sowie Geländekorrekturen (Planierungen) hauptverantwortlich sind. Die Berechnungen ergaben allerdings, dass die dadurch herbeigeführte Abflusssteigerung viel zu gering ist, um größere Rutschungen auszulösen bzw. den Siedlungsraum durch Hochwasser und Vermurungen zu bedrohen. Die ökologischen Auswirkungen werden im Hahnenkammgebiet auch durch Wiederbegrünungsmaßnahmen beanspruchter Flächen mit dem Einsatz von speziellem Saatgut und Dünger in Grenzen gehalten. Nicht unerheblich sind jedoch die Ertragseinbußen für die Landwirtschaft, die wiederum mit der Veränderung der Vegetationsstruktur und dem Rückgang von Nutzflächen auf Schipisten zusammenhängen.
Um den zurzeit rückläufigen Sommerfremdenverkehr wieder anzuheben, führt man seit einigen Jahren - nach dem Vorbild des alljährlich stattfindenden Hahnenkamm-Rennens - auch im Sommer große Sportveranstaltungen durch (Tenniscups, Golfturniere u.a.).
Mit dem Tourismus kam es zu einer starken Ausweitung des Siedlungsbestandes, der aber wesentlich vielfältiger ist als in den neu entwickelten Wintersportorten. So legen sich zwischen der Stadt, deren Kerngebiet die Eisenbahnschlinge abgrenzt, und den Edelsitzen Lebenberg und Kapsburg sowie den stattlichen Bauernhöfen zum Teil unterschiedlich gestaltete, gut ausgestattete Hotels, Pensionen und Appartements.

Der folgende Stadtrundgang führt von der Talstation der Hahnenkammbahn über die Josef-Herold-Straße, Bichlstraße und durch das Jochberger Tor in die historische Altstadt (Vorder- und Hinterstadt).

Die touristische Ausrichtung auf den sportlichen Gast zeigt sich bereits in der ehemaligen Hahnenkammstraße (heute Josef-Herold-Straße), wo auf der Ostseite zahlreiche Sportgeschäfte und Modeboutiquen aneinander gereiht sind. Dazwischen schiebt sich - fast schon wie ein Fremdkörper - das 1702 gegründete Kapuzinerkloster. Auf der gegenüberliegenden Seite, mitten in einer Grünfläche, hat die Stadt mit der „Aquarena" ein Erholungs- und Kurzentrum geschaffen. Kitzbühel besitzt eine Reihe von Hotels, die mit dem Aufkommen des Tourismus um die Wende vom 19. zum 20. Jahrhundert entstanden sind. Die meisten von ihnen wurden zwischen 1975 und 1985 renoviert bzw. umgebaut. Auch das inmitten eines vier Hektar großen Parks gelegene Grand Hotel (heute Park Hotel), das hinter dem genannten Kloster im Jahr 1903 als Stein- bzw. im obersten Geschoss als Fachwerkbau entstanden ist, sollte zu Beginn der 80er-Jahre renoviert werden, da es nicht mehr rentabel zu führen war. 1983 kaufte eine internationale Gesellschaft die gesamte Liegenschaft, um ein 5-Sterne-Hotel samt Kongresszentrum und Freizeitpark zu eröffnen. Der Denkmalschutz verhinderte jedoch bis heute den geplanten Abriss. Die Zukunft des Park Hotels, das in der Wintersaison 1989/90 letztmalig als Frühstückspension geführt wurde, ist heute ungewiss. Zurzeit dient es als Bürogebäude.
Durch das Jochberger Tor (13. Jh.), das einzige heute noch erhaltene Stadttor, betreten wir die Altstadt. Gleich rechts angebaut befindet sich der Pflegehof, dessen Turm wahrscheinlich schon vor der Stadterhebung stand. Bereits nach den ersten Schritten in Richtung der Vorderstadt fallen die überaus breiten Fronten der meisten Häuser auf. Sie besitzen durchwegs ein vorspringendes Satteldach ohne Feuermauern und waren ursprünglich nicht miteinander verbunden. Noch heute sind die zwischen den einzelnen Häusern vorhandenen Lücken („Bauwich") teilweise sichtbar (z.B. Vorderstadt 15, 18, 21). Im Unterschied zu anderen Inn-Salzach-Städten handelt es sich hier um alte Bauernhöfe (Paarhöfe), die zur Glanzzeit des Bergbaus erweitert, erhöht und nach Geschossen unterteilt wurden, die jedoch nicht vollständig zusammenwuchsen. Wie aus der Ansichtszeichnung von Andreas Faistenberger (*Abb. 3*) hervorgeht, sind die Veränderungen der Baulinien seit 1620 gering geblieben. Einen besonders locker verbauten Eindruck vermittelt die Häuserzeile zwischen Vorder- und Hinterstadt („Mittlere Zeile").

Das Haus Nr. 15, das ehemalige Berggericht und heutige Finanzamt, ist sogar freistehend. An die Zeit des Bergbaus erinnern auch die Häuser Nr. 28-34 (Hinterstadt), in denen heute die Bezirkshauptmannschaft und das Forstamt untergebracht sind. Ein weiterer Unterschied zu Inn-Salzach-Städten liegt in der generell fehlenden Erkerplastik. Das Haus Vorderstadt 6 ist das einzige Gebäude der Kitzbüheler Altstadt mit einem dekorativen Fassadenschmuck. Andererseits fällt aber in der Altstadt die sehr gute Fassadenqualität auf. Sie ist eng mit der gegenwärtigen touristischen Funktion zu sehen.

Abb. 3: Andreas Faistenberger: Der Stadtkern Kitzbühels vom Osten im Jahr 1620

Quelle: *Widmoser* (1970, Bd. 3, 113)

Die schon in der Ansicht von Faistenberger zahlreich vorhandenen Gassenladenfenster (*Abb. 3*) finden auch heute noch ihr Gegenstück. So erreicht der Anteil der Schaufensterlänge an der Gesamtlänge der Häuserfront in der Vorderstadt knapp 65 % und in der Hinterstadt rund 30 %. Ausschlaggebend dafür ist die Bekleidungsbranche, die besonders in der Altstadt konzentriert ist und dort das touristische Angebot entscheidend prägt. Die Ausrichtung auf den anspruchsvollen Gast zeigt sich aber auch deutlich im Sortiment der anderen Geschäfte, vor allem bei den Juwelierläden. Die vielen Souvenirshops und Läden mit Luxuswaren, die im Allgemeinen weniger Platz beanspruchen, machen es verständlich, dass Kitzbühel im Schnitt die geringste Ladenfläche aller Tiroler Altstädte besitzt. Die gewerbliche Nutzung der Bauten greift nur in manchen Fällen auf die Obergeschosse über. Dies betrifft in höherem Maße die Geldinstitute, die auf Grund der touristischen Stellung auch in der Kitzbüheler Altstadt nicht fehlen. Neben der Bekleidungsbranche tritt sowohl in der Vorder- als auch in der Hinterstadt das Hotelgewerbe besonders in Erscheinung. Von den rund 40 Kitzbüheler Hotels liegt die Hälfte im eigentlichen Stadtgebiet und davon wiederum ein Großteil in der Altstadt. Sowohl die verschiedenen Nachtlokale, die in diesen Hotels untergebracht sind, als auch das Casino (Hotel Greif) unterstreichen die zentralörtliche Stellung Kitzbühels.

Wie in den meisten Tiroler Altstädten ist die Wohnfunktion von untergeordneter Bedeutung: Nur 2,5 % der Kitzbüheler Bevölkerung leben in der Altstadt; dass die durchschnittliche Bewohnerzahl pro Haus dort mit 4 bis 5 außerordentlich gering ist (Innsbruck: 14 bis 15), hängt mit den Verwaltungseinrichtungen und Banken zusammen, die sich in Kitzbühel im historischen Zentrum befinden. Deutlich ist erkennbar, dass sich das touristische Angebot der Hotellerie und der Geschäfte in der Kitzbüheler Altstadt - wie auch in ihrer nördlichen und südlichen Verlängerung (J.-Pircher-Straße und Bichlstraße) - nicht an den Anforderungen des Massentourismus orientiert, sondern bewusst dem Qualitätstourismus zuwendet. So bleiben auch die „Fast Food-Betriebe" vor den Toren der Altstadt.

Der weitere Exkursionsverlauf führt über den Paß Thurn in den Salzburger Pinzgau. Vorher lohnt sich jedoch ein Besuch des sich im Westen der Stadt Kitzbühel öffnenden Brixentals.

Abstecher in das Brixental

Die Fahrt auf der Bundesstraße durch das Brixental und zurück nach Kitzbühel nimmt eine gute Stunde in Anspruch. Für die Rückkehr nach Kitzbühel kann die Route durch das Söll-Land genommen werden.

Für die Weiterfahrt nach Kirchberg ist es günstig, Kitzbühel im Südwesten entlang der Klostergasse und Franz-Reisch-Straße zu verlassen. Dabei bieten sich Blicke zu den schattseitig gelegenen Hängen, die durch den Schirennsport weltberühmt wurden („Streifabfahrt" und „Ganslernhang"). Westlich des Edelsitzes Lebenberg, der wie die beiden übrigen Kitzbüheler Schlösser Münichau und Kapsburg heute als Hotel geführt wird, tauchen einige Toteislöcher auf. In diesem Gebiet, besonders um den Schwarzsee, häufen sich die Freizeiteinrichtungen für den Sommerfremdenverkehr. Dabei treten zwei Golfplätze hervor, die einen beträchtlichen Teil des Talgrunds einnehmen. Wie die Hahnenkammbahn ist auch die Fleckalmbahn, die kurz vor Kirchberg zur Ehrenbachhöhe (1.802 m) führt, den Sommer über in Betrieb und erschließt Wanderungsmöglichkeiten am Hahnenkamm.
Mit dem Weiler Klausen sind wir in das Brixental eingetreten, das bis 1816 zum Hochstift Salzburg (Landgericht Itter bzw. Hopfgarten) gehörte und somit über drei Jahrhunderte später als das Landgericht Kitzbühel an Tirol kam. An diese alte Grenze erinnern heute allerdings nur mehr wenige Relikte aus dem Brauchtum. So endet an der Klausner Schwedenkapelle noch immer der alljährlich zu Fronleichnam durchgeführte „Brixentaler Antlaßritt". Bei dieser Prozession reiten Priester und Brixentaler Bauern in ihren festlichen Trachten hoch zu Ross von Brixen im Thale nach Klausen.
Wie die übrigen Ortschaften des Brixentals war auch Kirchberg (2001: 4.979 Ew.) lange Zeit ein Ort der Sommerfrische. Zwar erschlossen die Mayerl-Lifte schon in den 50er-Jahren den westlichen Bereich der Ehrenbachhöhe, doch wurde Kirchberg erst durch den Zusammenschluss mit den Kitzbüheler Bergbahnen zu einem ausgesprochenen Winterfremdenverkehrsort. So stieg der Anteil der Winternächtigungen von 44 % im Fremdenverkehrsjahr 1955/56 auf rund zwei Drittel am Ende der 80er-Jahre. Dass er bis zur Gegenwart leicht gesunken ist, hängt mit den Anstrengungen zusammen, den Sommertourismus anzukurbeln. In der Gesamtzahl der Nächtigungen hat man Kitzbühel bereits übertroffen (*Abb. 4*). Dem Trend zum Massentourismus entspricht das Bemühen der Gemeinde, Schi-Weltcupveranstaltungen nach Kirchberg zu bringen. Entlang der Durchzugsstraße ist die damit verbundene Siedlungserweiterung nur zum Teil sichtbar. Hier stehen noch immer ältere Gebäude, von denen einige vollständig

aus Holz erbaut sind. Wie in den übrigen Brixentaler Gemeinden fallen die vielen kleinbäuerlichen Söllgüter auf, die ehemals als Beutellehen vergeben wurden und die Lehensnehmer besonders eng an den Fürsterzbischof von Salzburg banden.

Im Gericht Itter (Hopfgarten) haben sich Reste der Leibeigenschaft (Treueid, Leibzins) bis nach 1800 gehalten. Damit waren im Erzbistum Salzburg die Bauern rechtlich viel schlechter gestellt als in den landesfürstlich-tirolischen Gerichten, wo die persönliche Abhängigkeit schon Anfang des 16. Jahrhunderts abgeschafft wurde. Die harte Hand der Grundherrschaft und der staatlichen Obrigkeit wirkte sich auf die bäuerliche Wirtschafts- und Sozialordnung nachhaltig aus. Sie unterdrückte spontane Entwicklungen und achtete auf das strenge Einhalten des Anerbenrechtes. Dies führte dazu, dass bis 1812 ein Drittel aller Haushalte zur Sozialkategorie der Besitzlosen zählte und die Verarmung ein erhebliches Problem wurde. Da die größeren Anwesen über Jahrhunderte hinweg erhalten blieben, entstand zudem ein deutlicher Kontrast zwischen Groß- und Kleinbauern (vgl. *Penz* 1988b).

Abb. 4: Nächtigungsziffern in Kitzbühel sowie im Brixental 1955/56 und 2000/01

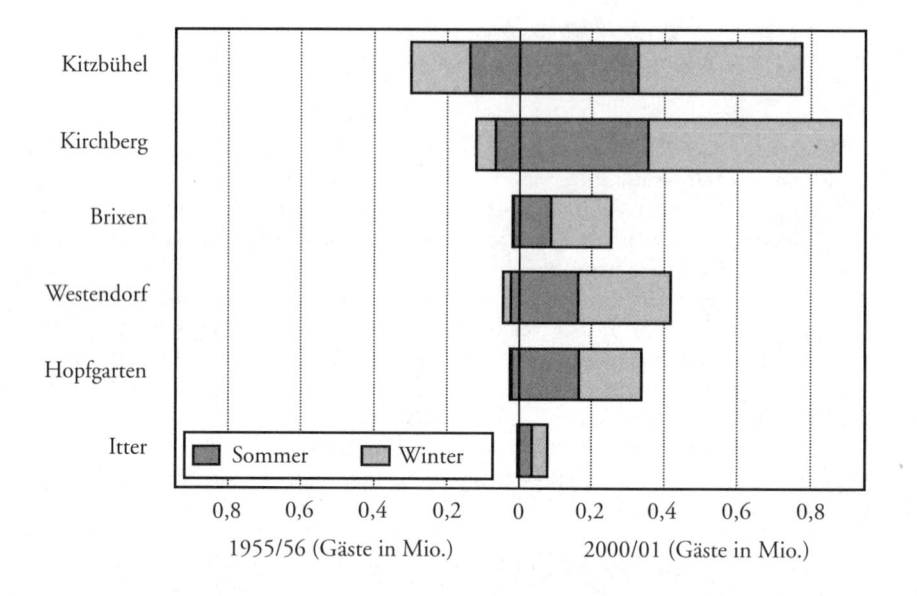

Quelle: *Penz* (1988b, 310); *http://www.tirol.gv.at/statistik*; eigene Berechnungen

Erst der Bahnbau leitete den modernen Strukturwandel ein, und Gewerbe und Industrie konnten die überbesetzte Landwirtschaft befreien. Daneben gingen Impulse für den Tourismus aus, und erstmals erwachte das Interesse Auswärtiger an Grund und Boden. Wie in Kitzbühel wurde der Tourismus zum Schlüsselgewerbe. Obwohl der Anteil der in der Landwirtschaft Beschäftigten zurückgeht, bilden die Bauern bis heute im Brixental einen sehr geschätzten Bestandteil der dörflichen Gemeinschaft. Diese Wertschätzung erleichtert es, Jungbauer zu werden.

Die neu erbauten großen landwirtschaftlichen Betriebe westlich der Wasserscheide bei Spertendorf weisen auf den jüngsten Strukturwandel hin. Um konkurrenzfähig zu bleiben, trachten die Bauern, die Viehstände zu vergrößern. Dies war im Tal wesentlich leichter möglich als auf den Bergbauernhöfen am sonnseitigen Hang, wo die steilen Flurstücke maschinell nur schwer bewirtschaftet werden können. Solche Felder sind zwar in der Regel noch genutzt, es werden jedoch kaum Intensivierungen vorgenommen. Heute gelten die flachen Tallagen als landwirtschaftliche Vorranggebiete. Die schweren Böden, die wegen ihrer Versumpfung erst spät in Wert gesetzt wurden, fallen heute durch außerordentlich hohe Flächenerträge auf. Seit 1970 wurde die Nutzung noch weiter intensiviert. Vereinzelt gelang es den Bauern, Flurstücke zuzupachten. Dies wirkt sich auf die heutige Betriebsstruktur aus. Die Tendenz zur Vergrößerung der Höfe ist auf der Talsohle viel deutlicher ausgeprägt als in den bergbäuerlichen Fraktionen. Dadurch verstärken sich die Gegensätze zwischen Berg und Tal. Die Vergrünlandung setzte sich im Brixental verhältnismäßig früh durch. Noch in den 50er-Jahren wurden die Brotgetreideareale auf ein Drittel von 1951 reduziert und in den 60er-Jahren die allerletzten Weizen- und Roggenäcker aufgelassen. Dadurch verloren die alten Mühlen an den Bächen ihre Funktion und verfielen. Später schränkte man das Futtergetreide und als letztes die Kartoffeln immer mehr ein, bis sich die Vergrünlandung in den 70er-Jahren nahezu gänzlich durchsetzte (vgl. *Penz* 1988b).

Kurzer Halt bei der Brixner Pfarrkirche.

In Brixen im Thale (2001: 2.580 Ew.) reichen die Vorläufer des modernen Tourismus noch in die Zeit vor der industriellen Revolution. Dazu zählen der Wallfahrtsverkehr und das Bäderwesen. Wie bereits am Wörgler Boden angesprochen, wurde auch die Hohe Salve, die ab Kirchberg den Blick auf sich lenkt, zuerst von Wallfahrern besucht. Mit dem erwachenden Interesse der gebildeten Kreise am Gebirge war sie bald als Aussichtsberg bekannt. Zahlreiche Mitglieder von Herrscherhäusern wanderten auf den Gipfel, wobei die Erzherzogin Maria Louise von Parma im Jahr 1823 den Anfang machte. Eine andere - bis heute bedeutende - Wallfahrt führt zur Maria-Heimsuchung-Kapelle am Osthang des Gaisbergs. Für das frühe Einsetzen des Fremdenverkehrs spielte das Maria-Louisen-Bad eine wichtige Rolle, dessen Heilkraft man ebenfalls im Jahr 1823 entdeckte. Alljährlich rund 200 Gäste besuchten dieses „Bauernbadl" im 19. Jahrhundert. Dazu kam im Jahr 1875 die Fertigstellung der Giselabahn, die den Tourismus förderte. Brixen selbst blieb lange Zeit eine gemütliche Sommerfrische, da der Zugang zu einem attraktiven Schigebiet fehlte und es daher im Winterfremdenverkehr auf die Nachbargemeinden angewiesen war. 1955/56 betrug der Anteil der Übernachtungen im Winterhalbjahr nur 11 % (vgl. *Abb. 4*). Erst durch den Bau des Schlepplifts auf die Kandlralm in den 60er-Jahren, vor allem aber durch die Sonnberg-Lifte, die 1970 eröffnet und 1987 erweitert wurden, gelang es der Gemeinde, sich ebenfalls auf den Winterfremdenverkehr umzustellen, auf den heute bereits zwei Drittel der Nächtigungsziffern entfallen. Als vorteilhaft erwies sich dabei der Anschluss der Schipisten und Lifte an den Schigroßraum Wilder Kaiser und Hohe Salve. Dass am Sonnberg von Brixen keine Auswirkungen des Pistenschilaufs zu erkennen sind, hängt damit zusammen, dass sich dort der Schnee nicht besonders lange halten kann und daher zumeist die Gondelbahn für Talfahrten benützt wird.
Da Brixen erst in den späten 70er- und während der 80er-Jahre nachzog, ist das Siedlungsbild nicht so stark von Fremdenverkehrsbauten geprägt wie beispielsweise in Kirchberg. Dennoch bestehen auch hier etliche Freizeitwohnsitze, von denen über zwei Drittel im Besitz von Münchnern bzw. Bayern sind.
Am Beispiel der Gemeinde Brixen im Thale lässt sich die Siedlungsgenese in den altbesiedelten Talschaften des nordöstlichen Tirols gut verfolgen. Die Ausgrabungen in der Pfarrkirche (seit 1978) weisen auf den Gang der Besiedlung hin (vgl. *Ubl* 1988). Diese Grabungen bezeugen eine Siedlungskontinuität seit der Antike. Zuunterst konnte man einen spätantiken Profanbau nachweisen, auf dem im 8. Jahrhundert eine Holzkirche errichtet wurde. Nachdem diese abge-

brannt war, folgte eine frühromanische Steinkirche (Kirche II), die von einem spätromanischen Steinbau (Kirche III) ersetzt wurde. Über diesem fand man die Reste zweier spätmittelalterlicher Kirchen (IV A und IV B; IV B eindeutig spätgotisch), auf denen wiederum der heutige, in den Jahren 1789 bis 1797 vollendete Barockbau (V) steht. Ungleich zu Wörgl und verschiedenen anderen Unterinntaler Gemeinden lassen sich aus den älteren Katastermappen von Brixen allerdings keinerlei Spuren einer römischen Feldvermessung („Quadrafluren") feststellen (vgl. Übersichtsexkursion *Das Tiroler Unterinntal*). Den Altsiedlungsraum unterstreichen hier vielmehr prähistorische Funde sowie die kirchliche Gliederung.

Brixen im Thale ist die Altpfarre des ganzen Tales. Es gehört zu jenen Gemeinden im nordöstlichen Tirol, die im Güterverzeichnis des Bischofs Arno von Salzburg im Jahre 788 genannt sind. Damals besaß der Salzburger Bischof in Brixen einen Fronhof; er bildete auch in der Folgezeit die wichtigste Grundherrschaft in der Gemeinde. Dies bedeutete allerdings nicht die territoriale Zugehörigkeit. Nachdem das Hochstift Regensburg im Jahre 902 erste Schenkungen im Brixental erhalten hatte, gelang es den dortigen Bischöfen später - zum Teil gegen den Willen der bayerischen Herzöge -, das Gericht Itter an sich zu bringen. Von Regensburg wurde das Brixental im Jahre 1380 an das Erzstift Salzburg verkauft, bei dem es bis zum Ende des geistlichen Fürstentums blieb.

Der frühe Siedlungsansatz um die Kirche von Brixen führte später zu keiner nennenswerten Siedlungsverdichtung. Im 19. Jahrhundert bestand hier nur ein bescheidener Kirchenweiler. Inzwischen finden sich südlich der Kirche zwar einige Gebäude, darunter auch das Gemeindeamt, trotzdem ist das Dorf Brixen nach wie vor nur locker verbaut, wobei zahlreiche zentrumsnahe Parzellen weiterhin landwirtschaftlich genutzt werden. Viele dieser Parzellen gehören zum ausgedehnten Kirchenbesitz, der früher auf drei Pachthöfe - die „Kirchengüter" - aufgeteilt war. Seit sich für diese Höfe kaum noch Pächter finden, werden die einzelnen Flurstücke an interessierte Bauern verpachtet, die auf diese Weise aufstocken können. Allerdings ist die Kirche nur in Ausnahmefällen bereit, Grund zu verkaufen (vgl. *Penz* 1988b).

Westendorf liegt abseits auf einer Terrasse, die sich auf der südlichen Talseite zum Windautal hinzieht. Ging im oberen Bereich des Brixentals der spät- und postglaziale Formenschatz nicht deutlich hervor, so ist das Landschaftsbild im Raum von Westendorf von spätglazialen Schotterterrassen entscheidend geprägt. Diese werden heute als Eisrandterrassen gedeutet, die vor mehr als 15.000 Jahren (Bühl-Stadium) entstanden (vgl. *Patzelt/Penz* 1975). Sie lassen sich über Hopfgarten und Itter bis ins Inntal verfolgen.

Wie die meisten Campingplätze entlang der Exkursionsroute hat auch der am westlichen Ortsende von Westendorf den Winter über geöffnet. In der Nähe der großen Schigebiete erfreut sich diese mobile Form des Freizeitwohnens einer zunehmenden Beliebtheit. So stehen zwischen November und April mietbare Wohnwägen zur Verfügung; zum anderen werden genügend Parkplätze für Wohnmobile bereitgestellt.

Der Übergang vom oberen ins untere Brixental verläuft durch eine schluchtartige Talverengung. Da die aus Süden kommenden Bäche, die Windauer und Kelchsauer Ache, eine größere Erosionskraft besitzen, muss die Brixentaler Ache ein Gefälle überwinden, um sich mit ihnen zu vereinigen. Dabei hat sie sich im genannten Terrassensystem sowie im anstehenden Fels kerbartig eingeschnitten. Die Eisenbahn bewältigt diese Geländestufe durch eine langgezogene, markante Schleife im Windautal.

Weder Brixen noch Itter konnten ihre alte zentralörtliche Stellung im Brixental bis zur Gegenwart bewahren. Heute ist Hopfgarten (2001: 5.272 Ew.), das im Jahr 1362 bereits als Markt aufscheint und Itter im 17. Jahrhundert als Gerichtsort ablöste, das Zentrum. Mehr als in den anderen Ortschaften des Brixentals stützt sich die Wirtschaft der Marktgemeinde auf zahlreiche gewerbliche Betriebe. Sie sammeln sich heute vor allem am nördlichen Ortsausgang, wobei ein größeres Baustoffwerk hervortritt. Daneben fallen auch die Sägewerke auf, die den Holzreichtum der Gemeinde, die sich von der Salzburger Landesgrenze im Süden bis zum

Zillertal erstreckt, verarbeiten. Vorläufer der industriellen Entwicklung waren Schmelzen, die mit dem frühneuzeitlichen Kupfer- und Silberbergbau in Verbindung zu bringen sind. Am Fuße der Hohen Salve hat sich auch hier der Sommerfrischetourismus lange gehalten, der aber weniger stark ausgeprägt war als in Brixen. In Westendorf und Hopfgarten nächtigten vor dem Ersten Weltkrieg in erster Linie Touristen, welche die Hohe Salve bestiegen und dann wieder abreisten. 1949 baute man einen 2.830 m langen Sessellift auf diesen Berg; er war zum Zeitpunkt der Eröffnung der längste Europas. Einen besonderen Aufschwung nahm der Fremdenverkehr, als 1971 der erste Schritt zur Entwicklung des Schigroßraums Wilder Kaiser-Brixental unternommen und die Gültigkeiten der Liftkarten für Hopfgarten und Söll ohne Gegenverrechnung vereinbart wurde. So gilt auch Hopfgarten heute als ein beachtlicher Wintersportplatz. Um die Umweltbelastungen auf der Hohen Salve, die den Mittelpunkt des Schigroßraums bildet, in Grenzen zu halten, errichtete man einen Fäkalkanal von der Gipfelhöhe bis nach Itter, von wo die Abwässer ins Klärwerk nach Kirchbichl geleitet werden.

Flussabwärts in Richtung Wörgl verengt sich das Tal. Diese Engstelle ist, wie eingangs bereits erwähnt, auf Grund der harten Porphyroide gesteinsbedingt. Den schluchtartigen Charakter verstärkt die von der Ache angeschnittene Bühl-Terrasse im Osten. Bis 1816 bildete die Brixentaler Klause die Grenze zwischen Salzburg und Tirol, heute trennt sie die Bezirke Kitzbühel und Kufstein. Auf einem Terrassenvorsprung kommt Schloss Itter ins Blickfeld. Nach dem Übergang des Brixentals an Tirol war das Schloss nur selten für längere Zeit bewohnt und verfiel daher immer mehr. Erst nach dem Zweiten Weltkrieg wurde die Festung vollständig renoviert und zeitweise als Schlosshotel geführt.

Mit dem Überschreiten der Bezirksgrenze nimmt das vom Fremdenverkehr geprägte Landschaftsbild ab. Machte sich schon in Hopfgarten der sekundäre Wirtschaftssektor deutlich bemerkbar, so verstärkt sich dieser in Richtung zum Inntal, und von weitem sind bereits die Schlote der Wörgler Industrie zu sehen.

Rückfahrt nach Kitzbühel.

Querung des Oberpinzgaus

Von Kitzbühel folgt die Exkursionsroute auf der Hauptstraße (B 161) dem Tal der Jochberger Ache bis zum Paß Thurn, wo wir in den Salzburger Oberpinzgau eintreten.

Wie am westlichen Stadtrand geht auch im Süden von Kitzbühel - v.a. entlang der Jochberger Ache (Oberlauf der Großen Ache) - ein Gutteil des Siedlungswachstums auf Zweitwohnsitze zurück. In den beiden folgenden Gemeinden Aurach bei Kitzbühel (2001: 1.205 Ew.) und Jochberg (2001: 1.544 Ew.) spielt der Tourismus zwar ebenfalls eine wichtige Rolle, das Bild der Kulturlandschaft ist jedoch noch stark agrarisch geprägt. Die vorherrschenden Streusiedlungen lassen sich auf den hochmittelalterlichen Siedlungsausbau zurückführen. Infolge des Anerbenrechtes blieben die Höfe, die erst nach dem Zweiten Weltkrieg von Gesinde- in bäuerliche Familienbetriebe umgestellt wurden, groß. Diese Bergbauernbetriebe haben sich inzwischen ganz auf die Grünlandwirtschaft konzentriert. Höher gelegene Wiesen und Weiden ergänzen die Futterbasis. Zahlreiche Betriebe verfügen über Asten, auf denen das Vieh zeitweise weidet. Dadurch wurde der Wald erheblich zurückgedrängt. Zuoberst reihen sich Almen aneinander, deren Weideflächen bis zu den Gipfeln der stumpfen Grasberge emporreichen.

In der Jochberger Gegend belegen zahlreiche Findlinge und Ufermoränen, die überwiegend aus Zentralgneisblöcken bestehen, dass der Paß Thurn in den Glazialzeiten vom Eis aus den Tauern überflossen wurde (vgl. *Penz/Patzelt* 1975, 324 f.). Mit dem „Gasthof zur Wacht" verlassen wir das gerodete Gebiet und treten in eine waldreiche Gegend ein. Bei der Auffahrt zur Paßhöhe, die eine kurze trogförmige Quertalstrecke bildet, waren noch Mitte der 80er-Jahre die Auswirkungen des Waldsterbens einprägsam verfolgbar. Mit der Straßenerweiterung, die rund zehn Jahre in Anspruch nahm, rodete man jedoch den kranken Waldstreifen beiderseits der verkehrsreichen und im Winter stark gesalzenen Straße.

Der Paß Thurn (1.274 m) ist tief in die Kitzbüheler Alpen eingesenkt. Hier zwischen Salzburg und Tirol grenzt die Vollökumene unmittelbar an die Almzone, wobei auf der Pinzgauer Sonnenseite die Obergrenze des bäuerlichen Dauersiedlungsbereichs bis zu 200 m höher liegt als im Norden. In der Hauslandschaft bildet der Paß Thurn eine Scheidelinie. Der quergeteilte Einhof, der das gesamte ländliche Siedlungswesen im Tiroler Unterland prägt, wird vom Paarhof, bei dem Wohn- und Wirtschaftsteil voneinander getrennt sind, abgelöst, wenngleich die traditionelle Unterländer Bauweise noch inselförmig am Südfuß des Paß Thurns (etwa in Dorf bei Bramberg) erscheint. Anstelle der alten Mautstelle mit Taverne befinden sich heute auf der Paßhöhe, die für den Schilauf voll erschlossen ist, einige Imbiss-Stuben und Hotels. Dennoch kommen die meisten Touristen mit den Schibussen aus Mittersill herauf. Als Endstation der Kitzbüheler „Schisafari" bestehen im Winterhalbjahr auch mit dem Kitzbüheler Raum besonders stark frequentierte Busverbindungen. Der Pass selbst wurde seit vorgeschichtlicher Zeit begangen. Vor rund 150 Jahren baute man - aus strategischen Gründen - die Straße über den Thurn aus, die auch heute noch im Wesentlichen der damaligen Trasse folgt.

Günstige Standorte für die nachfolgenden Hinweise bieten die Gaststätten unterhalb der Paßhöhe. Ideal ist der talseitig gelegene Parkplatz (mit Findlingen) beim „Gasthof zur Hohen Brücke", ca. 2 km unterhalb der Paßhöhe. Von dort überblickt man auch die Sohle des Salzachtals; die Ortschaft Mittersill tritt jedoch erst nach dem Rettenbachgraben voll ins Blickfeld.

Unterhalb des Passes bietet sich ein Überblick auf das Oberpinzgauer Salzachtal und auf die Hohen Tauern vom Kitzsteinhorn im Osten bis zur Wildkarspitze im Westen. Dabei ist die sonnseitige Talflanke, über welche die Straße hinunterführt, durch Felsterrassen und durch glazial überformte Hügel, Rippen und Kuppen reich gegliedert. Vereinzelt weisen Erratika aus Gneis, wie sie am empfohlenen Haltepunkt (am Parkplatz) zu sehen sind, auf die eiszeitliche Vergletscherung hin. Für die bergbäuerliche Siedlung sind alleinstehende Paarhöfe mit dazugehörigen Einödfluren charakteristisch. Diese Bergbauernhöfe konnten sich bisher auffallend gut halten. Die Zahl der Betriebsauflassungen ist deutlich niedriger als in anderen Teilen der Ostalpen. Seit dem Ersten Weltkrieg kam es verschiedentlich sogar zur Wiederbesiedlung von Zugütern.

Die beiden Talseiten - der Sonn- und der Schattenhang - unterscheiden sich nicht nur hinsichtlich der Exposition, auch im Formenstil des Reliefs heben sie sich klar voneinander ab. Dieser Gegensatz ist gesteins- und höhenbedingt. In den Kitzbüheler Alpen (hier: Pinzgauer Grasberge) stehen westlich der Quersenke des Paß Thurns Quarzphyllite und östlich davon Wildschönauer Schiefer (hier: Pinzgauer Phyllite) an. Beide Gesteine sind ähnlich weich. Höhe und Form dieser Grasberge bewirken, dass das Gebiet reich ist an bequem erreichbaren Gipfeln mit prächtiger Aussicht auf die Gletscherwelt der Hohen Tauern im Süden und die Wandfluchten der Kalkalpen im Norden (vgl. *Seefeldner* 1961, 169 f.).

Die Längstalfurche der Salzach bildet die Grenze zwischen ostalpiner und penninischer Decke. Letztere kommt hier als Tauernfenster zum Vorschein (vgl. *Krainer* 1994). Dabei legt sich ihre obere und untere Schieferhülle schalenartig auf den Zentralgneiskern, der weite Teile des Hauptkamms der Hohen Tauern aufbaut. Die von Westen nach Osten verlaufenden einzelnen Glieder des Tauernfensters setzen sich aus verschiedenen Gesteinen zusammen, die der Erosion unterschiedlich stark Widerstand leisten. Daher spielen strukturbedingte Formen eine größere Rolle als in anderen Teilgebieten der Alpen. Härtere Gesteinsglieder wittern heraus und bilden Riegel - wie beispielsweise auf der gegenüberliegenden Talseite das Chloritschieferband (obere Schieferhülle) an der Mündung des Hollersbachtals. Sie gliedern die glazial überformten Quertäler, die in die Hohen Tauern hineinreichen. Beim Vergleich des Formenstils ist die Höhe zu berücksichtigen. Die Hohen Tauern sind um ein ganzes Stockwerk höher. Sie werden durch das in rund 2.500 Meter Höhe einsetzende „eigentliche Hochgebirge" geprägt. Die stumpfen Gipfel der Pinzgauer Grasberge weisen hingegen größtenteils nur eine Mittelgebirgsformung auf.

Östlich des Hollersbachtals führt das Felbertal zum Felbertauern (2.481 m), der auf Grund seiner relativ geringen Höhe seit der Antike eine große Verkehrsbedeutung hat. Die Fortsetzung dieses Tauernübergangs im Norden bildet der Paß Thurn. Beide Übergänge knüpfen sich an eine Quereinwalmung, die sich vom Osttiroler Tauerntal bis in das Tal der Großen Ache verfolgen lässt.

Am Talboden kam es in den letzten Jahrzehnten zu auffallenden Änderungen in der landwirtschaftlichen Bodennutzung (vgl. *Penz/Steinicke* 1987). Nach der Regulierung der Salzach und der Kultivierung der Möser entwickelten sich diese zu wertvollen Kulturflächen, die zudem maschinell bewirtschaftet werden können. Die Nutzung ist relativ intensiv. Zum Teil hat sich in den letzten Jahren sogar der Silomais ausgebreitet. Diese Innovation unterstreicht die Bedeutung der Viehwirtschaft, die bereits seit langer Zeit im Vordergrund steht. Viele Betriebe haben sich auf die Aufzucht von Jungvieh spezialisiert. Die züchterischen Bemühungen setzten bereits vor mehr als 100 Jahren ein, als es gelang, den heimischen Viehschlag - das Pinzgauer Rind - gegenüber den neuen Höhenviehrassen (Simmenthaler Fleckvieh, Schweizer Braunvieh) konkurrenzfähig zu halten. Vor allem wegen der zu geringen Spezialisierung - das Pinzgauer Rind ist ein typisches Drei-Nutzungsrind - haben sich die Absatzchancen erheblich verschlechtert. Auf den flachen versumpften Talböden weideten früher die hier beheimateten Noriker- oder Pinzgauer Pferde, ein mittelschweres Kaltblut, das für die Arbeit auf den Bauernhöfen sehr vielseitig eingesetzt werden konnte. Nach der Einführung moderner Landmaschinen und der Meliorierung der Möser verschwanden diese Pferde mehr und mehr, deren Vielseitigkeit man heute nur noch bei den Wettbewerben der „ländlichen Reiter" bewundern kann. Nach der Meliorierung wurden die Möser auch parzelliert. Zahlreiche Heuhütten auf den Feldern weisen auf die zersplitterte Aufteilung des Grundbesitzes hin.

Die jüngere Siedlungsentwicklung hängt - wie die schmucken Gasthöfe und Pensionen zeigen - eng mit dem Tourismus zusammen. Allerdings wurde der Oberpinzgau noch nicht so stark vom Fremdenverkehr erfasst wie das Gebiet um Kitzbühel oder der östlich anschließende Mitterpinzgau mit den Zentren Zell am See und Kaprun sowie Saalbach-Hinterglemm. Erste Ansätze des Tourismus gehen auf den Alpinismus in den Hohen Tauern zurück, der bereits im 19. Jahrhundert eine beachtliche Rolle spielte. Zu Beginn des 20. Jahrhunderts belebte die Pinzgauer Lokalbahn, die im Jahr 1898 auf der Strecke von Zell am See nach Krimml eröffnet wurde, den Sommerfrischeverkehr. Während die Bundesbahnen bereits überlegten, diese Nebenbahnlinie stillzulegen, setzten sich das Land Salzburg und die Gemeinden des Oberpinzgaus für ihre Erhaltung ein. Nach dem derzeitigen Stand der Verhandlungen dürfte die Zukunft der Bahn mittelfristig gesichert sein.

Nur vereinzelt schieben sich Siedlungen gegen den lange Zeit versumpft gewesenen Talboden vor. Hingegen bilden Schwemmkegel - wie die Beispiele Hollersbach und Mittersill zeigen - bevorzugte Siedlungslagen. An den nach Norden exponierten Talflanken - der Schattseite - reichen die bäuerlichen Dauersiedlungen über den untersten Hangabschnitt kaum hinauf. Darüber folgen relativ geschlossene Hochwälder, während einzelne Hochalmen die Kare und Hangverflachungen oberhalb der Waldgrenze einnehmen.

Auf der Fahrt vom Paß Thurn nach Mittersill können die aktuellen Veränderungen in der agrarischen Nutzung am Sonnenhang verfolgt werden. In den letzten Jahrzehnten kam es auch hier zu einer weitgehenden Vergrünlandung, und einzelne Steilstufen, die früher mit der Sense gemäht wurden, dienen nun nur mehr als Weide. Besonders an den Besitzgrenzen lässt man sie auch verbuschen, sodass der Eindruck einer „inneralpinen Bocagelandschaft" (Heckenlandschaft) erweckt wird. Schloß Mittersill, das an der Exkursionsroute von einer Felskuppe in das Salzachtal blickt, war einst der Sitz der Lehensherren (darunter auch das Adelsgeschlecht der Velber) des Oberpinzgaus. Vom ursprünglichen romanischen Bau aus dem 12. Jahrhundert ist nichts mehr zu erkennen, da er während der Bauernkriege um 1526 niedergebrannt wurde. Der Neubau des Jahrs 1528 diente zeitweise als Festung, später, in der erzbischöflichen Periode, als Sitz des Pflegeamts und Landgerichts. Auch in der k.k. Zeit erfüllte er die Funktion eines Gerichts. Nach 1881 wurde das Schloss jedoch versteigert und wechselte in der Folge öfters den Besitzer. Heute liegt es in privaten Händen und dient als christliches Konferenz- und Studienzentrum.

Der weitere Exkursionsverlauf folgt der Nordrampe der Felbertauernstraße.

An Mittersill (2000: 5.468 Ew.), dem Hauptort des Oberpinzgaus, führt die Umfahrungsstraße im Osten vorbei. Die Ortschaft verdankt ihre zentralörtliche Funktion u.a. der Lage am Fuß des Paß Thurns und des Felbertauerns. Da der Felbertauern der wichtigste Tauernpass des Hochstiftes Salzburg war, suchte dieses den Verkehr durch eine Marktsiedlung zu kontrollieren. Knapp vor 1300 erfolgte die Erhebung zum Markt. Mittersill ist bis heute Gerichtssitz geblieben und spielt im Oberpinzgau als Arbeitsort eine wichtige Rolle. Neben Geschäften, die für die Versorgung der ländlichen Umgebung wichtig sind, entwickelten sich auch einige Industrie- und Gewerbebetriebe. Der bedeutendste ist die Schifabrik Blizzard, deren Hauptgebäude im Ort sichtbar wird. Die Schiproduktion begann, als T. Arnsteiner nach dem Zweiten Weltkrieg eine Tischlerei übernahm. 1955 stellte er mit 25 Mitarbeitern 4.000 Paar Skier her, 30 Jahre später kam weltweit bereits jeder zehnte Schi aus Mittersill: Rund 700 Beschäftigten des Werks erzeugten im Jahr 1985 570.000 Paar Skier. Wie andere bekannte österreichische Schifirmen wurde jedoch auch dieses Unternehmen in den 90er-Jahren von einer Auftragskrise erfasst, was erklärt, dass die Zahl der Mitarbeiter sowie der Blizzard-Anteil am Weltmarkt bis zur Gegenwart gesunken ist.

Im Osten der Umfahrungsstraße steht mitten im Talgrund, nahe bei der Felberkirche, das älteste Bauwerk des Oberpinzgaus, der Felberturm, der um das Jahr 1150 von den Herren von Velber errichtet wurde. Mit dem Aussterben dieses Adelsgeschlechts im Jahr 1425 verfiel die Burg mehr und mehr. Zeitweise hatte sie lediglich die Funktion als Getreidespeicher inne (vgl. *Lahnsteiner* 1956, 444 f.).

Das Felbertal unterscheidet sich etwas von den benachbarten Tauerntälern. Es mündet in keiner so deutlichen Talstufe, weist zwei Quelläste auf und entspringt dort, wo der Tauernkamm am niedrigsten und unvergletschert ist. Dadurch besaß das Tal eine entsprechende Eignung für die Anlage von Verkehrswegen. Im vorderen Talabschnitt findet sich noch eine Reihe von Dauersiedlungen, die im Zuge der hochmittelalterlichen Schwaighofkolonisation angelegt wurden. Sie reichen nur in Ausnahmefällen über 950 Meter hinauf und enden damit viel früher als auf der Osttiroler Seite der Felbertauernstraße. Diese unterschiedliche Höhe der oberen Siedlungsgrenze ist auf zwei Hauptursachen zurückzuführen: Durch die Abschirmung gegen Süden liegen die Obergrenzen der Kulturpflanzen in den nördlichen Tauerntälern niedriger (Schatten- und Staulage). Zum anderen bedingt die wirtschaftsräumliche Entwicklung diesen Gegensatz: Im Pinzgau wurden zahlreiche hoch gelegene Bauerngüter in den letzten 200 Jahren von größeren Höfen im Tal aufgekauft und in Almen umgewandelt. Dabei kam es auch innerhalb der Almstufe zu bemerkenswerten Verschiebungen: So ging der Bestoß auf den Hochalmen stark zurück, gleichzeitig wurde die Nutzung auf den Niederalmen intensiviert. Dies gilt auch für einige Almen, die von der Felbertauernstraße aus einsehbar sind. Während der historische Weg über den Felbertauern führte, wo sich die beiden Tauernhäuser als höchstgelegene Siedlungen des Felbertals (Schößwend - 1.069 m, Spital - 1.170 m) befinden, wählte man beim Bau der modernen Straße das östliche Amertal, von wo aus der Felbertauerntunnel in das Matreier Tauerntal führt.

Dieser östliche Querast mündet mit einer knapp 100 m hohen Geländestufe in das Felbertal. An der Vereinigung der beiden, im Gebiet des ehemaligen Werkschulheims, werden Wolframerze (Scheelite) aus dem Felbertal gewonnen (*Eichhorn et al.* 1995). Die Mittersiller Wolframproduktion erlebte auf Grund der chinesischen Konkurrenz in den 1990er-Jahren eine tiefe Krise. Heute gilt sie als überwunden, und der Bergbaubetrieb meldet seit einigen Jahren wieder steigende Produktionszahlen (*http://www.gl.rhbnc.ac.uk/geode/ABCD/Mittersill.html*).

Murkegel und Felsstürze gliedern den Verlauf des Amertals in einer Abfolge von Gefällsstrecken und von Almen eingenommenen Verflachungszonen. Je weiter man in das Amertal eindringt, desto unterschiedlicher zeigen sich die beiden Talflanken, was mit ihrer petrographischen Verschiedenheit zusammenhängt. Während im Osten der Zentralgneis des Granatspitzkerns trogförmig einfällt, bildet der extrem harte Amphibolit der unteren Schieferhülle im Westen fast senkrecht abstürzende Wände, Felsverschneidungen, gesteinsliefernde Abbruchsnischen und Rinnen mit den dazugehörigen Akkumulationen von Felssturzmaterial sowie Mur- bzw. Lawinenkegeln am Talgrund. Eine Waldbedeckung konnte daher nur auf der orographisch rechten Seite aufkommen. Das Amertal endet in einem großartigen Trogschluss. Kurz bevor dieser erreicht wird, biegt die Straße jedoch nach Westen ab, wo sich der Felbertauerntunnel öffnet (Seehöhe Nordportal: 1.607 m).

Für die nachfolgenden Bemerkungen empfiehlt sich ein Halt am Parkplatz beim Südportal des Felbertauerntunnels (Mautstelle); anschließend Fahrt über Matrei nach Lienz.

> ## *Osttirol und die Felbertauernstraße*
>
> Wenn von strukturschwachen Gebieten Tirols die Rede ist, so fällt das Wort rasch auf Osttirol, wo hohe Fernpendlerzahlen und Fortzüge in den meisten Talschaften das Bild der gegenwärtigen Bevölkerungsentwicklung prägen. Obwohl der Bezirk Lienz (Osttirol) als Beharrungsraum von manchen Periphergebieten Österreichs übertroffen wird, steht er hinsichtlich seiner verkehrsgeographisch benachteiligten Lage inmitten wenig durchlässiger Gebirgszüge an der Spitze. Dafür ist auch bezeichnend, dass die bequemsten Verkehrsverbindungen mit der Landeshauptstadt nur über mautpflichtige Straßen führen. Die Abseitsposition wurde vor allem durch die Zerreißung der Einheit Tirols voll spürbar, als neue Grenzübergänge den Kontakt mit den anderen Landesteilen behinderten.
>
> Das größte verkehrsgeographische Hindernis bildet im Norden die geschlossene Kette des Alpenhauptkamms, die nur an wenigen Stellen überschreitbar ist. Ein solcher bereits in keltischer und römischer Zeit bedeutender Übergang bestand zwischen dem Matreier Tauern- und dem Felbertal. Um diese vielbegangene Nebenroute des Nord-Süd-Handels in seine Hände zu bekommen, griff das Erzbistum Salzburg auch in seiner weltlichen Macht schon sehr früh über die Tauern hinüber, und Matrei kam daher erst zu Beginn des 19. Jahrhunderts an Tirol. So wurden in der warmen Jahreszeit Wein, Obst, Gewürze und Salz über den knapp zweieinhalbtausend Meter hohen Felbertauern gebracht, und daneben benützten auch die Osttiroler Viehhändler, Wallfahrer und saisonale Wanderer, von denen besonders die Defregger Teppichhändler sowie die Iseltaler Weber und Jäterinnen zu nennen sind, diesen Saumpfad zwischen Matrei und Mittersill. Noch heute zeugen die schon im Hochmittelalter von den Salzburger Bischöfen angelegten Tauernhäuser vom einstigen regen, in seiner Gesamtheit mehr nach Norden gerichteten Querverkehr.

Die Konkurrenz der Fuhrwerke und damit der befahrbaren Pässe, die Fertigstellung der Bahnlinie durch das Drau- und Pustertal (Marburg - Franzensfeste 1871) mit dem Anschluss an die Brennerbahn schwächte in zunehmendem Maße die Bedeutung des Saumpfads in den Pinzgau. Als diese kürzeste Linie zwischen Bayern und Nordostitalien auch beim Bau der Tauernbahn (fertig gestellt 1909) nicht zur Berücksichtigung kam, schien die Felbertauernroute endgültig in Vergessenheit zu geraten. Still blieb es dort ebenso nach 1919, als die Schaffung einer neuen Verbindung zwischen den nunmehr voneinander getrennten Landesteilen Nord- und Osttirol notwendig erachtet wurde. So gewann nicht das von Tiroler Seite vorgetragene Projekt einer „Großvenediger Hochalpenstraße" (Felbertauernstraße mit Scheiteltunnel), sondern im Interesse Salzburgs und Kärntens jenes der „Großglockner Hochalpenstraße". Osttirol blieb somit für weitere 40 Jahre verkehrsgeographisch isoliert.

Es dauerte bis zum Beginn der 1950er-Jahre, dass man die seinerzeitige Planung einer wintersicheren Verbindung zwischen Matrei und Mittersill wieder aufnahm. Voraussetzung für die Finanzierung des Projekts war die Gründung einer Aktiengesellschaft mit Beteiligung des Bundes (1961) und die Führung als Mautstraße. Im Jahre 1963 konnte der erste Spatenstich erfolgen. Im Sommer 1967, nach fünfjähriger Bauzeit, wurde der 36 km lange neue Verkehrsweg (Mittersill - Matrei) inklusive des 5.281 m langen Scheiteltunnels als Herzstück dem Verkehr übergeben. Durch weitere Anlagen von Lawinen- und Steinschlaggalerien, Schneefangmauern und Kurztunnels erreichte man volle Wintersicherheit. Die Felbertauernstraße AG beteiligte sich daneben an der im Jahr 1992 gegründeten Osttiroler Investment GesmbH, deren Hauptziel es sein soll, die strukturellen Schwächen der Osttiroler Wirtschaft zu beseitigen.

Abb. 5: Frequenzentwicklung der Felbertauernstraße und Nächtigungsziffern in Osttirol

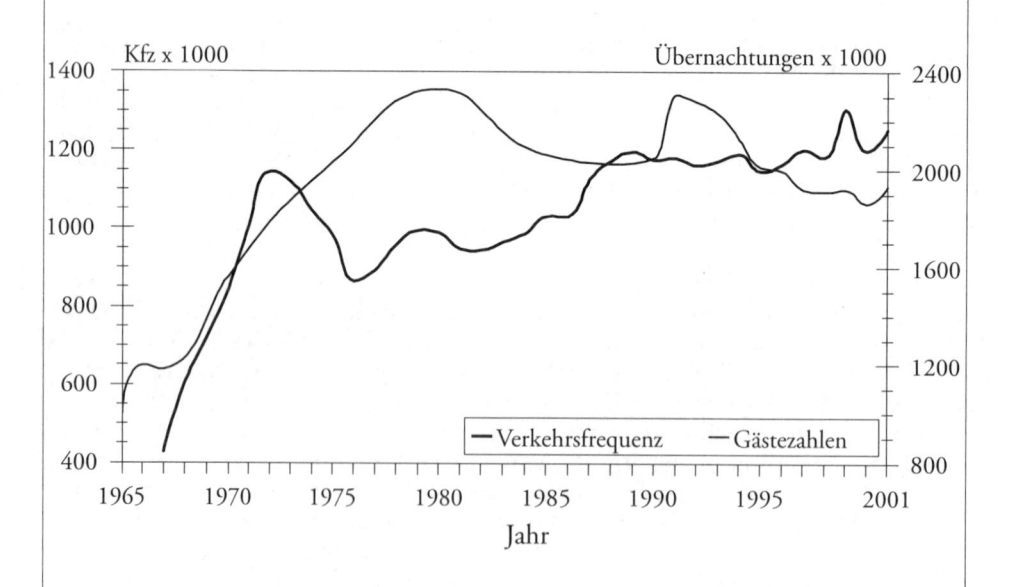

Quelle: Bodner (1985); *Amt der Tiroler Landesregierung* (1990 ff.); *Felbertauernstraße AG* (2002); http://www.tirol.gv.at/statistik; eigene Darstellung

Aus der Beobachtung der Nächtigungsziffern (*Abb. 5*) geht eindeutig hervor, dass die Eröffnung der Felbertauernstraße seit 1967 dem Osttiroler Winterfremdenverkehr kräftige Zuwachsraten mit signifikanter Erhöhung des Gästeanteils aus der BRD gebracht hat. Einen besonderen Aufschwung im Osttiroler Fremdenverkehrsgeschehen erhielten die Gemeinden im Iseltal und seinen Nebentälern. Es braucht freilich nicht zu überraschen, wenn die Steigerungsraten im Sommerhalbjahr trotz viel höherer Verkehrsauslastung unter den Erwartungen blieben, da die neue Route gleich zu Beginn schon eine Zubringerfunktion für die Badeorte an der nördlichen Adria einnahm.

Die Kurve der Frequenzentwicklung (*Abb. 5*) zeigt im Jahr 1972 einen ersten Maximalstand von 1.144.846 Fahrzeugen. Die Fertigstellung der Brenner- und darauf der Tauernautobahn macht sich aber in der Statistik bemerkbar: Bis zum Jahr 1976 ist die Frequenz um ein Viertel gesunken, um anschließend wiederum leicht anzusteigen. Der seit Beginn geregelten preislichen Begünstigung für Osttiroler Kraftfahrzeuge folgte 1982 eine Mautbefreiung, was einen deutlichen Aufwärtsschwung des Anrainerverkehrs mitbrachte. Er konnte die inzwischen eingetretene Verkehrsverlagerung auf die Tauernautobahn verdecken, welche dieselben Herkunfts- und Zielgebiete der Durchreisenden verbindet. Seit 1985 bleibt die Frequenz über 1 Mio., und seit 1988 - mit Anwachsen des Sommerreiseverkehrs in den Süden - wird der genannte Maximalstand immer übertroffen. Die meisten Fahrzeuge (1.304.901) zählte man im Jahr 1999, was mit der zeitweiligen Sperre des Tauerntunnels und der damit einhergehenden Verlagerung des Transitverkehrs erklärbar ist. Im Unterschied zu anderen alpenquerenden Straßen eignet sich die Felbertauernroute auf Grund ihrer meist nur zweispurig angelegten Zubringerstrecken kaum für den Schwerverkehr: Seit der Eröffnung im Jahr 1967 fallen knapp über 5 % der Gesamtfrequenz auf Lkw, hingegen 92 % auf Pkw.

Das Osttiroler Tauerntal

Der Felbertauerntunnel mündet auf Osttiroler Seite etwa 130 m über der schmalen Sohle des hier in nordwestlicher Richtung streichenden Tauerntals (Seehöhe Südportal: 1.632 m). Oberhalb des Matreier Tauernhauses (1.512 m), das vom Parkplatz an der Mautstelle sichtbar ist, wendet sich das Tal nach Westen, wo nach einer Steilstufe die Gletscherwelt beginnt. Das von den Gletscherbächen rund um den Großvenediger (3.674 m) gespeiste Tauerntal weist in seinem obersten Bereich eine ausgeprägte Trogform auf und schneidet die beiden Schieferhüllen des Zentralgneises von Norden nach Süden. Bei Raneburg verlassen wir die untere Hülle mit ihren kalkarmen Gesteinen (Amphibolit, Granat), um bis Matrei in der nun kalkreicheren äußeren Schieferhülle zu verbleiben. Die am sonnseitigen Hang durch Tunnels verlaufende und von Lawinengalerien geschützte Felbertauernstraße gibt an einigen Stellen Sicht zu den zahlreichen Almen frei, neben denen noch vor wenigen Jahrhunderten die Kohlenmeiler rauchten. Das einst damit verbundene Abholzen bildet auch die Ursache für den besonders niederen Verlauf der Waldgrenze, obwohl die klimatischen Voraussetzungen sowie die zum Aufblättern neigenden, teilweise steil gestellten Kalkglimmerschiefer und Kalkphyllite eine gute Voraussetzung für die Vegetation lieferten.

Kurz nach Raneburg beginnt der Dauersiedlungsbereich, und auf der gegenüberliegenden Seite erscheint die Ortschaft Berg (1.273 m), deren Hausformen Zeugnis alter bergbäuerlicher Siedlungs- und Lebensgemeinschaft ablegen. Das Dorfbild hat durch die in den 1980er-Jahren erfolgte Generalsanierung der wuchtigen, ins Tal blickenden Paarhöfe stark gewonnen. 100 Höhenmeter darunter entstand im Mündungsdreieck des Frosnitzbachs die einstige Knappensiedlung Gruben. Wo die Moränen aus dem schluchtartig einmündenden Frosnitztal zur Ruhe kamen, ist hinreichend Platz für eine Pumpstation der Transalpinen Ölleitung (TAL).

Von der Leitung selbst, die seit Kitzbühel die Exkursionsroute begleitet, sieht man nur die Pfähle mit gelb-orange gestrichenen Hütchen, den so genannten Pipelinemarker, die Anhaltspunkte für ihren unterirdischen Verlauf bieten. Seit 1967 transportiert die TAL Mineralöl vom Ölhafen Triest nach Schwechat sowie in die deutschen Raffineriezentren Ingolstadt und Karlsruhe. Was Österreich betrifft, so deckt man über die TAL jährlich ca. 75 % der österreichischen Mineralölversorgung. Bei ihrem Bau, an dem elf internationale Mineralölfirmen beteiligt waren, wurden insgesamt 40.000 Stahlrohre von je 12 m Länge und 1 m Durchmesser so verlegt, dass die Rohroberkante ca. einen Meter unter der Erdoberfläche liegt. Die Betriebsgesellschaften haben sich auch an den Kosten für Flussverbauungen, Hochwasserschutzbauten und Errichtung von Wegen beteiligt, sodass Osttirol dadurch in den Genuss einiger wirtschaftlicher Vorteile kam (*Büchlmann* 1992). Vom Gesamtdurchsatz (2000: 33,7 Mio. t) geht knapp über die Hälfte an die bayerischen Raffinerien Ingolstadt, Neustadt und Burghausen, ca. ein Fünftel jeweils an die Adria-Wien-Pipeline zur Weiterleitung an die Raffinerie Schwechat und an die Raffinerien in Karlsruhe sowie rund 6 % an die Mitteleuropäische Rohölleitung (MERO) zur Weiterleitung an tschechische Raffinerien.

Den Blick in das Matreier Becken, wo der Tauernbach in die vom Virgental herausfließende Isel mündet, versperrt noch ein zu umrundender Felsriegel, an dem die plattig gegliederten Serpentine und Grüngesteine („Matreier Schichten") an die Oberfläche kommen. Tief unten wird in der wildromantischen Proßegg-Klamm die Wasserkraft des Tauernbachs abgearbeitet. Die Bemühungen zur Schaffung eines Nationalparks Hohe Tauern reichen bis zum Beginn der 20. Jahrhunderts. Die neuesten und entscheidenden Initiativen setzte aber schließlich die Dreiländervereinbarung von Heiligenblut (1971), in der sich die Landeshauptleute von Tirol, Salzburg und Kärnten über die Errichtung des Nationalparks einigten. Während in Kärnten (1981) und Salzburg (1983) zu Beginn der 80er-Jahre die ersten Nationalparkgesetze entstanden, folgte Tirol - nach einem lang dauernden Interessenskonflikt zwischen den Befürwortern des Nationalparks und den Vertretern der Energie- und Tourismuswirtschaft - mit einiger Verspätung im Jahr 1991 (vgl. Spezialexkursion *Die Nationalparkregion Hohe Tauern in Osttirol*).

Matrei und das Iseltal

Die Südrampe der Felbertauernstraße umgeht Matrei im Osten. Schloss Weißenstein, dessen Entstehung und Geschichte Parallelen mit Schloss Mittersill aufweisen, erscheint vor dem Ortsgebiet rechter Hand. Das Schloss spielte in der Entwicklung des Matreier Fremdenverkehrs, der mit den ersten Besteigungsversuchen des Großvenedigers im Jahr 1828 ansetzt, eine nicht unbeachtliche Rolle. In der zweiten Hälfte des 19. Jahrhunderts diente es als Gästeherberge und Hotel. Um 1900 bot Schloss Weißenstein seinen Nobelgästen sogar Tennisplatz und Badebassin an.

Der Markt Matrei i. O. (bis 1920 Windisch Matrei), dessen prähistorische Besiedlung mit dem Kupferbergbau in den Hohen Tauern zu erklären ist, hat als zweitgrößter Ort Osttirols (2001: 4.921 Ew.) eine zentrale Funktion für das Virgen- und obere Iseltal, wird aber vom Lienzer Becken, in das eine beträchtliche Zahl Matreier täglich pendelt, stark überlagert. Zu seiner traditionellen Stellung als Sommerfrischeort erlangte Matrei nach Erschließung des schneesicheren Goldrieds ab 1980 auch eine gewisse Bedeutung im Winterfremdenverkehr. Im Süden wartet eine als Industriezone ausgewiesene Fläche auf neue Betriebsansiedlungen; die seit 1971 hier ansässig gewordenen Firmen beschäftigen gegenwärtig um die 100 Personen. Vom Westen mündet das Virgental, das in letzter Zeit durch die bewusste Förderung des sanften Tourismus von sich Reden machte (vgl. *Haßlacher* 1984; Spezialexkursion *Die Nationalparkregion Hohe Tauern in Osttirol*). Am Eingang steht im Süden die in der Mitte des 12. Jahrhunderts erbaute St. Nikolauskirche. Ihre Besonderheit verdankt die Chorturmkirche einerseits den zwei übereinander stehenden Altarräumen, zum anderen den romanischen Fresken, von denen ein Teil aus dem Jahr 1226 stammt. Ihre erhöhte Lage bietet daneben lohnende Einblicke in das Matreier Becken. Kurz unterhalb des Zusammenflusses der Isel aus dem Virgental mit dem Tauernbach begrenzt der immer noch aktive Murkegel des Mellitzbachs die Talweitung. Straße, Isel und Hochspannungsleitung werden hart an die ostexponierte Bergflanke gedrückt. Am Eingang zu dieser siedlungsfeindlichen Engstelle steht der auffällige Steinbau der alten Mautstelle. Die hochwassergeschützte Südseite des Murkegels ist dagegen besiedelt. Hier findet sich die Ortschaft Feld, die sich rühmt, schon im Jahr 1790 eine Schule (mit eigenem Gebäude) besessen zu haben.

Die Verengungszone deckt sich mit dem südlichen Ende des Penninikums (Tauernfenster). Wir verlassen in der Folge die Matreier Schichten und gelangen wieder in das Ostalpin, dessen Gesteinsserien zonal angeordnet sind: Zwischen dem Matreier Becken und der Mündung des Defreggentals quert man den Glimmerschiefer, anschließend folgt eine breite Zone aus Paragneisen, in denen immer wieder Granitlinsen zu finden sind, und etwas oberhalb von Lienz tritt der Quarzphyllit zutage.

Die Gegend südlich des Mellitzschwemmkegels kann als Vorbecken des viel geräumigeren Matreier Beckens betrachtet werden. Am Sonnenhang liegen verstreut einige rustikale Paarhöfe, von denen der Mattersberger Hof - einer der ältesten im Iseltal - zu erwähnen ist. Ein einst nach Kufstein abgewanderter Sprößling aus diesem Weiler gilt als der Erfinder der Nähmaschine (Madersberger). Der Siedlungsausbau am Talboden ist jünger. Dies belegt auch der erst um 1928 fertig gestellte Kirchenbau von Huben (bzw. „der Huben"). Moos und Huben zeigen trotz ihrer etwas schattigen Lage heute aufstrebende Bevölkerungsbewegungen, was sie vor allem ihrer Lage am Eingang zweier bedeutender Nebentäler des Iseltals, dem Defreggen- und dem Kalser Tal, verdanken.

Besonders aus dem Defreggental im Westen hat sich in letzter Zeit so manche Familie in Huben niedergelassen. Das heute noch stark agrarisch ausgerichtete Tal - 95 % der ländlichen Anwesen gehören zu den Bergbauernbetrieben mit der größten Bewirtschaftungserschwernis - war in den letzten Jahrhunderten auch durch seine Teppichträger, saisonale Emigranten, die in vielen Gebieten der Monarchie hausierten, bekannt. Im Zuge der Gegenreformation wurden im Jahr 1685 über 600 Personen vertrieben; sie fanden in Schwaben eine neue Heimat.

Ebenso schluchtförmig mündet von Norden das Kalser Tal, das seine Isolierung noch heute dokumentiert (vgl. Spezialexkursion *Die Nationalparkregion Hohe Tauern in Osttirol*). Die im Agrarbereich freiwerdenden Personen des Großglockner-Dorfs Kals finden größtenteils im Tourismus Beschäftigungsmöglichkeiten; damit erklärt sich auch das ausgesprochen geringe Pendleraufkommen. Etwas unterhalb einer weiteren Pumpstation der TAL steht das Kalser Kraftwerk, dessen Turbinen vom ca. 5 km oberhalb der Mündung abgeleiteten Kalser Bach angetrieben werden.

Nach der Mündung der beiden Seitentäler ist das Trogtal der Isel breiter geworden. Der Gossen- oder Diebsbach auf der orographisch rechten Talseite bildet eine besonders alte administrative Trennlinie: Bis 1811 verlief hier - in der Gegend des Granitsteinbruchs - noch die Landesgrenze zwischen Tirol und Salzburg. Während der feuchte Talboden lange Zeit gemieden wurde, bietet der morphologische Stockwerksaufbau mit verschiedenen Resten von Terrassensystemen, die allerdings vom Talboden aus nur ansatzweise sichtbar sind, günstige Siedlungslagen. Von St. Johann im Walde (2001: 299 Ew.), der einzigen Ortschaft zwischen Huben und Ainet, führen sogar Personenseilbahnen zu den Bergweilern. Sonnseitig blicken die Höfe von Gwabl und Alkus aus einer relativen Höhe von bis zu 600 m in das Iseltal. Beide gehören zu den wenigen Siedlungen Osttirols, deren etymologische Herkunft völlig unklar ist. Auf der gegenüberliegenden Seite versteckt sich auf einer im Gneis angelegten und mit Grundmoräne ausgekleideten Felsterrasse die Gemeinde Schlaiten (2001: 498 Ew.). In Form und Höhe entspricht die

Terrasse den „Tiroler Mittelgebirgen" (vgl. Übersichtsexkursion *Das Tiroler Unterinntal*). Wie in so vielen Teilen Osttirols waren auch hier alpenslawische Hirten ab dem siebten Jahrhundert die ersten Dauersiedler. Eine Fülle von slowenischen Wurzeln in Orts-, Berg-, Gewässer-, Flur- und Familiennamen weist darauf hin. Die umfassende Landnahme und damit Germanisierung erfolgte aber im Zuge der hochmittelalterlichen Rodungskolonisation.

Ähnlich wie Huben verdankt Ainet (von Einöde) auf der Schotterakkumulation des Taberbachs seinen Ausbau einer neueren Entwicklung und steht voll im Sog der Bezirkshauptstadt Lienz. Seit 1950 verzeichnet der Talort mehr als 100 Neubauten, die vorwiegend auf der nördlichen Seite des Schwemmkegels (Dornach) errichtet wurden. Sein Bevölkerungswachstum ähnelt bereits jenem der unmittelbaren Stadtrandgemeinden im Lienzer Becken (1951: 700 Ew., 2001: 1.024 Ew.).

Der Südhang des Murkegels wird dagegen landwirtschaftlich genutzt. In seinen Fluren fallen zwei Elemente besonders auf: Zum einen sind es die aus Steinmauern errichteten und zum Teil mit Hecken besetzten Terrassierungen, die auf einen einst viel stärkeren Ackerbau als heute hindeuten, wenngleich auf den meisten Parzellen die Egartenwirtschaft, also ein Wechsel zwischen Wiesen- und Ackernutzung, betrieben wird. Andererseits erscheinen in den Feldern harfenartige Holzkonstruktionen („Harpfen" bzw. „Kösen"), die zum Nachtrocknen der Feldfrüchte dienen, heute aber vielfach funktionslos geworden sind. Ihr westliches Verbreitungsgebiet endet an den Grenzen Osttirols, nach Osten hin werden diese bäuerlichen Kleinbauten jedoch häufiger, um in den Südkärntner Gebieten sowie im alpinen Teil Sloweniens ein prägendes Element der Kulturlandschaft zu bilden. Lange Zeit hat man sie mit der slowenischen Erstbesiedlung, die ebenfalls bis an die West- und Nordgrenze („Windisch Matrei") des heutigen Osttirols reichte, in Verbindung gebracht. Ein ethnisch orientierter Ansatz, der die Verbreitung der Futtertrocknungsvorrichtungen erklären soll, bleibt aber unbefriedigend, da diese stellenweise auch im Nordtiroler Wipptal, v.a. aber in Skandinavien auftauchen. Vielmehr dürfte es sich dabei um klimatisch angepasste Formen handeln, die zwar im alten alpenslawischen Kommunikationsraum weitertradiert wurden, durchaus aber auch anderswo verbreitet sind.

Nach Ainet verlassen wir kurz die Schnellstraße und biegen bei der nächsten Abzweigung (Hinweisschild Glanz) links nach Oberlienz, jedoch nicht in den Ortsteil Lesendorf, ab. Die Hauptstraße Matrei - Lienz (B 108) ist nach ca. 2 km wieder bequem erreichbar.

Der größte Schwemmkegel Osttirols am Schlainitz- und Zauchenbach, der die Dörfer Oberlienz und Oberdrum (Gemeinde Oberlienz 2001: 1.447 Ew.) sowie im Osten Thurn trägt, verhindert noch den Einblick in das Lienzer Becken. Trotz der Hochwassergefahr reihen sich die beiden zuerst genannten Siedlungen mit zum Teil ansehnlichen Paarhöfen entlang des Schleinitzbachs. Auch der moderne Siedlungsausbau, konzentriert sich hauptsächlich in diesem Bereich. Wie römische Funde beweisen, bildet der Oberlienzer Murkegel gemeinsam mit dem Lienzer Becken einen Altsiedlungsraum. Seine Entstehung hängt gewiss nicht mit einem Bergsturz aus dem Jahr 1113 zusammen, von der die Sage erzählt, sondern durch Schotterakkumulationen, die wahrscheinlich mit jenen im Inntal zeitlich einordenbar sind (vgl. Band 2 des Exkursionsführers: Spezialexkursion *Geographisches Profil: Wattens und Umgebung*). Die oberflächennahen Funde aus der Antike und dem Mittelalter zeigen, dass es zwar immer wieder zu Überschwemmungen gekommen ist, die großen Aufschüttungen jedoch viel früher, vielleicht, wie am Milser Schwemmkegel in Nordtirol belegt, im 6. vorchristlichen Jahrtausend durch katastrophenartige Wassergüsse. Inwieweit damit das Wasserflut-Schöpfungsmythos der Kirche St. Helena (vgl. *Kollreider* 1952, 24 f.) im Wurzelbereich des Schleinitz-Schwemmkegels in Verbindung zu bringen ist, bleibt der Spekulation vorbehalten.

Der südexponierte Schwemmkegel steigt im Winkel von 10-15° von einer Seehöhe von 680 m auf 1.000 m an. Ähnlich wie in Ainet hat man das Geröllmaterial, das sich an der Oberfläche des Murkegels fand, an den Feldrainen gesammelt. Somit werden die Blockfluren mit Hilfe von Steinwällen gestuft. Diese Trockenmauern („Gröffl") sind hier mächtiger und erreichen eine Höhe bis zu vier Metern. Längs der Feldmauern bilden Haselbüsche, Kirsch- und Vogelbeerbäume, Holunder und Heckenkirsche langgestreckte Gehölzreihen, welche zwischen den sonnigen Flurteilen, die mehr und mehr der Grünlandwirtschaft dienen, dahinziehen. Wie am Oberpinzgauer Sonnberg erinnert die Vegetation auf dem Schuttkegel ebenfalls an eine „inneralpine Bocagelandschaft", in die Nadelwaldreste eingestreut sind.

Das Lienzer Becken

Mit dem Überqueren der Isel betreten wir das Lienzer Becken. Rechts erhebt sich Schloss Bruck, ehemals die Residenz der Grafen von Görz, heute im Besitz der Stadt Lienz, wo es die Funktion als Heimatmuseum mit der Bildersammlung des Osttiroler Künstlers Albin Egger-Lienz innehat. Die Burg stammt aus dem Ende des 13. Jahrhunderts, sie erhielt ihr heutiges Aussehen in erster Linie im 16. Jahrhundert, nachdem sie der Grafschaft Tirol zugefallen war. Ebenfalls auf der rechten Seite wird mit dem Sessellift auf den Hochstein eine Stütze des Lienzer Fremdenverkehrs sichtbar. Das zweite Wintersportgebiet, das Zettersfeld, befindet sich im Almgebiet nordöstlich gegenüber. Um einen Eindruck vom Zentralraum Osttirols zu gewinnen, ist vor dem Besuch der Altstadt ein Blick von den Anhöhen des Lienzer Beckens empfehlenswert.

Dazu nimmt man in Lienz die Richtung nach Spittal und quert anschließend die Stadt an der Hauptdurchzugsstraße zwischen Bahnhof und Südrand der Altstadt. Entlang der B 100 geht es zunächst an der Lienzer Industriezone und darauf an der Ausgrabungsstätte von Aguntum vorbei (kurzer Halt beim Archäologiepark möglich) bis zum Ortsbeginn von Dölsach, wo man links in Richtung Iselsberg (Hinweisschild Großglockner/Mallnitz) abzweigt. Rund 300 m nach der ersten Linkskehre an der B 107 kann man das Lienzer Becken gut überblicken.

Dabei verlassen wir die Stadt durch das Industriegebiet im Osten, in dem das 1981 errichtete Liebherr-Werk herausragt. Rund 1.100 Mitarbeiter (2002), die aus allen Teilen Osttirols und auch aus Oberkärnten kommen, stellen hier Kühl- und Gefriergeräte für Haushalt und Gewerbe her. Weiter ostwärts hat die Suburbanisierung des tertiären Sektors, die gegenwärtig auch im Lienzer Becken voll einsetzt, zur Anlage einer Reihe von flächenintensiven Großmärkten geführt. Hier zeigt sich der moderne Wandel von Lienz besonders deutlich. Die markante trogartige Talverengung („Kärntner Tor"), die in der Ferne erkennbar ist, begrenzt das Lienzer Becken im Osten und bildet eine natürliche Grenze zu Kärnten. Im „Tiroler Tor", wie es von Kärnten aus genannt wird, greift der Hauptdolomit der Südseite auf die gegenüberliegende Bergflanke über.
Dass dieser Raum ein uralter Siedlungsboden ist, wird uns unmittelbar nach Überqueren des Debantbachs deutlich, wo man seit dem 18. Jahrhundert in seinem Schwemmkegel nach römischen Überresten gräbt. Von der Straße sind Teile der Ruinen sichtbar. Lange Zeit hielt man die ausgegrabene Ruinenstätte für das antike Loncium, wofür der phonetische Anklang an Lienz spricht. Erst der Historiker T. Mommsen setzte auf Grund der Entfernungsangaben der römischen Meilensteine entlang der Via Claudia Augusta, der die B 100 hier weitgehend folgt, Ende des 19. Jahrhunderts die Überreste von Aguntum im Lienzer Becken fest. Der Fund eines Inschriftsteins belegte diesen Ansatz. Die schon in vorrömischer Zeit angelegte Siedlung erhielt unter Kaiser Claudius (41-54 n.Chr.) römisches Stadtrecht und hieß nunmehr „municipium Claudium Aguntum". Sie bildet somit die einzige römische Stadt auf dem Boden des heutigen Tirols. Wie bei anderen römischen Städten ging ihr Grundriss von einem Straßenkreuz aus,

wobei die Hauptstraße (decumanus maximus) mit dem Stadttor und den Türmen auf der Trasse der uralten West-Ost-Verbindung im Drautal lag. Nördlich und südlich der Türme wurde die alte Stadtmauer ausgegraben. Oberhalb des decumanus maximus befanden sich das Handwerkerviertel und die Thermenanlage, die bis in die Völkerwanderungszeit hinein in Betrieb war. Südlich davon fand man inmitten des Wohnbereichs ein Bürgerwohnhaus im südländischen Stil. Wie die Häuser in Pompeji hatte es ein „atrium tuscanium" (Hauptraum mit offenem Dach). Das Atriumhaus von Aguntum, das heute als Grabungsmuseum dient, ist in den Alpen einmalig (vgl. *Miltner* 1952; *Alzinger* 1992).

Osttirol und Kärnten

Die schwierige Verkehrsverbindung mit Nordtirol hat nach dem Ersten Weltkrieg dazu geführt, dass man Osttirol für gewisse Belange and das Bundesland Kärnten anschloss; in der nationalsozialistischen Zeit gehörte es auch administrativ zu Kärnten. Einige Verbindungen, hauptsächlich im Medien-, Versicherungs- und Sportwesen, erinnern heute noch daran.Wenn die Peripherisierung auch zur wirtschaftlichen Vernachlässigung geführt hat, so bleiben die Osttiroler treue Tiroler, entwickelten aber ein besonders stark ausgeprägtes Bezirksbewusstsein. Im Gang der Besiedlung ist jedoch eine enge Verwandtschaft mit Kärnten unübersehbar, mit dem es durch die Täler der Möll, Drau und Gail in Verbindung steht. Nach dem Aussterben der Grafen von Görz, die auch im heutigen Kärnten und Friaul begütert waren, kam das Gericht Lienz im Jahr 1500 nur unter Protest der Kärntner Landesstände zu Tirol. Es wurde bereits angesprochen, dass die ersten Siedler Osttirols nach den Wirren der Völkerwanderungszeit - wie in Kärnten - die Alpenslawen waren. Die von ihnen geprägten Toponyme sind auch im Lienzer Becken zahlreich, und viele lassen sich u.a. durch die slowenische Lokativ-Plural-Endung auf -ah (in dts. Schreibweise: -ach) leicht als solche erkennen (z.B. Leisach, Tristach, Amlach oder Dölsach). Kurz vor 600 n.Chr. stoppten die Bajuwaren die westwärts ziehenden Slawen am Toblacher Feld. Dieser kriegerischen Auseinandersetzung, in der Aguntum zerstört wurde, folgten aber Jahrhunderte mit friedlichem Nebeneinander, in denen sich allerdings das slowenische Element im deutschen auflöste. Man darf annehmen, dass die slowenische Sprache in Osttirol und Oberkärnten schon ab dem 13. Jahrhundert verschwunden ist. Der Ortsname Lienz dürfte nicht slawischen Ursprungs sein, sondern auf eine keltische Wurzel zurückgehen. In siedlungsgeschichtlicher Hinsicht folgert *Kranzmayer* (1952) aus dem kelt. Lonkîna (bogenförmig gekrümmte Gegend) sowie aus der romanischen („Loncîna"), slawischen („Luonzîna") und germanischen (1070: „Luonza", 1595 erstmals „Lienz") Übernahme, dass im Lienzer Becken bairische Kolonisten ein älteres keltisch-romanisch-slawisches Bevölkerungssubstrat überschichteten. Auch im Wallfahrtsort Lavant, auf der gegenüberliegenden Bergflanke östlich von Tristach, fand man im Jahr 1948 nahe der Kirche St. Ulrich, die oberhalb der Siedlung in geschützter Lage steht, nicht nur Mauerreste der alten Bischofskirche von Aguntum und römische Wohnhäuser, sondern auch eine keltische Kultstätte. Der Ortsname Lavant (aus rom. ill'Avuntum) soll nach Kranzmayer als das „jenseitige Aguntum" zu verstehen sein. Offensichtlich stand die Stadt Aguntum mit der Siedlung auf dem Kirchbichl in enger Verbindung.
In kirchlicher Hinsicht trennte die Drau bis 1751 den geistlichen Einfluss des Patriarchen von Aquileja im Süden von jenem des Bischofs von Salzburg; heute zählt ganz Osttirol zur Diözese Innsbruck.

Aguntum reicht in das heutige Stadtgebiet hinein, sodass man in der Lienzer Gegend von einer Siedlungskontinuität seit der Antike sprechen kann.

An der Auffahrt zum Iselsberg lässt sich die Vereinigung von Iseltal und oberes Drautal überblicken. Letzteres überschreitet oberhalb der gesteinsbedingten Talverengung (Lienzer Klause) als „Pustertal" die Talwasserscheide zwischen Drau und Rienz (Toblacher Feld). Nirgendwo entlang der Exkursionsroute, auch nicht im Becken von St. Johann in Tirol, ist der Talboden breiter als im Osttiroler Zentralraum.

Das Landschaftsbild wird eindeutig von den imposanten Lienzer Dolomiten (Gr. Sandspitze 2.772 m) jenseits der Drau beherrscht. Sie bilden - was Erhebung und Reiz betrifft - den Höhepunkt des 100 km langen Gebirzugs der Gailtaler Alpen. An ihrer Basis kommt der im Norden der Drau verbreitete Glimmerschiefer zwar noch in der Felsterrasse des Tristacher Sees zum Vorschein, doch darüber türmt sich der triassische Stapel auf, wobei als Felsbildner der graublaue Hauptdolomit überwiegt. Das Gestein neigt zum Abbröckeln und bildet in der Regel keine größeren Wände. Die Gipfelform wird durch die Schiefstellung bestimmt (vgl. *Klebelsberg* 1952). Fast alle Gipfel der Lienzer Dolomiten sind Schichtkopfgipfel. Selbst bei den zacken- und turmartigen Formen, die aus den Graten und Scharten hervorragen, handelt es sich um Enden schief emporgereckter Dolomitschichten (vgl. *Abb. 6*).

Abb. 6: Geologischer Schnitt durch die Lienzer Dolomiten

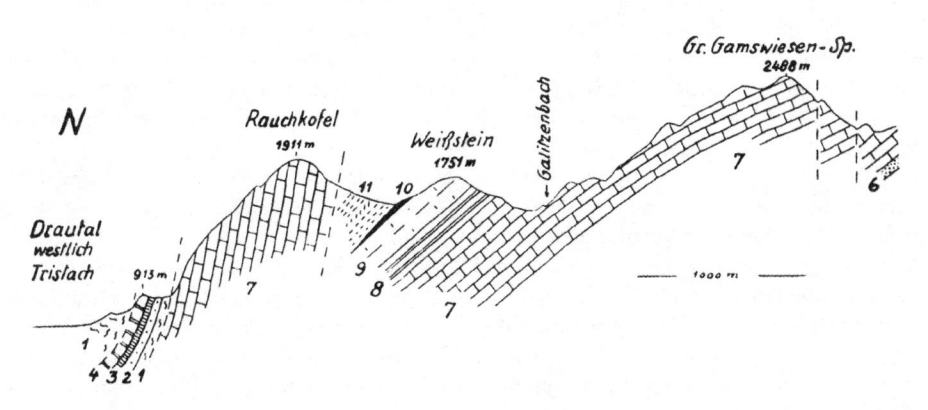

1 Glimmerschiefer und Gneis
2 Konglomerat und Grödner Sandstein (Perm)
3 Werfener Schichten
4 "Muschelkalk"
5 "Wettersteinkalk"
6 Raibler Schichten
7 Hauptdolomit
8 Kössener Schichten
9 Riffkalk
10 Roter Kalk der Jura-Formation
11 Jüngere Schichten

Quelle: *Klebelsberg* (1952, 276 f.)

Ein Vergleich mit den Südtiroler (sowie Trentiner und bellunesischen) Dolomiten ist nahe liegend. Ein erster großer Unterschied liegt in der Deckentektonik. Die Lienzer Dolomiten gehören zur ostalpinen Decke und zu den Zentralalpen. Erst südlich von ihnen verläuft an der periadriatischen Naht die Grenze zu den Südalpen. Die Südlichen Kalkalpen, zu denen der Zug der Gailtaler Alpen oft fälschlicherweise gezählt wird, sind dagegen noch fern: Jenseits des Gail- und Lesachtals verlaufen die Karnischen Alpen der südlichen Grauwackenzone mit ihren besonders alten Gesteinsserien, und erst dann beginnen die Südlichen Kalkalpen, denen u.a. die Südtiroler Dolomiten angehören. Auch in den Zentralalpen sind gewisse Teile vom Kalk bedeckt, wie beispielsweise im Brennergebiet, doch nirgendwo ist dort der mesozoische Stapel so mächtig wie in den Lienzer Dolomiten.

Den Lienzer Dolomiten fehlen daneben weitgehend die Riffkalke, in denen die bizarren und berühmten Felsformen der Südtiroler Dolomiten angelegt sind. Der Wettersteinkalk, ein Riffkalk, der im Karwendel die bleichen, kahlen Gipfelregionen aufbaut, spielt in den Lienzer Dolomiten nur eine untergeordnete Rolle. Auch der submarine Vulkanismus, dessen Eruptivgesteine aus der mittleren Trias in den Südtiroler Dolomiten die weiten Alpenmatten tragen, fehlt im gesamten Gailtaler Zug. Schließlich sei noch darauf aufmerksam gemacht, dass die Bezeichnung „Lienzer Dolomiten" erstmals in einer englischen Reisebeschreibung von 1864 erfunden („Lienz Dolomits") und, in deutscher Übersetzung, drei Jahre später offiziell eingeführt wurde. Dennoch hat sich die alte Benennung „Unholde", die sich an das wilde, schroffe Aussehen anlehnt, bis in die erste Hälfte des 20. Jahrhunderts gehalten.

Während die bis weit hinauf vom geschlossenen Nadelwald eingenommen Flanken der Lienzer Dolomiten steil gegen den Talboden einfallen, schieben sich an der nach Süden exponierten Seite einige Schwemmkegel in das Becken. Ihre sonnigen Lagen werden landwirtschaftlich genutzt, wobei - wie im Inntal - früher auch der Weinbau eine Rolle gespielt hat. Namen wie „Weingartner" oder „Weinleitenhof" erinnern noch daran. Reben treten im Lienzer Becken außerhalb von Privatgärten nicht auf. Nur vereinzelt sieht man sie als Spalier an Hausmauern gezogen, wo die Trauben durchwegs gut ausreifen. Ein kommerzieller Weinbau rentiert sich heute freilich auch am warmen Sonnenhang nicht. Die Schwemmkegel bei Lienz erweisen sich immer mehr als beliebte Siedlungsgebiete, und in ihren unteren Bereichen machen sich zunehmend Vorgänge der Suburbanisierung bemerkbar. Allerdings gilt das nur für die unmittelbare Umgebung der Stadt.

Die Meliorierung der einst sumpfigen Talauen setzte mit dem Bau der Südbahn (hier um 1871 fertig gestellt) ein, deren Trasse zwischen Villach und Toblach der Draulinie folgt. Sie stellt die Bahnverbindung von Osttirol mit der Landeshauptstadt her.

Der Blick von oben zeigt, dass weite Teile des Talbodens außerhalb der Gemarkungsgrenze der Stadt völlig siedlungsfrei sind. Erreichen die letzten Häuser auf dem Dölsacher Schwemmkegel gerade noch den Talgrund, so bleibt die Talsohle drauabwärts bis zum Kärntner Markt Oberdrauburg nahezu unbesiedelt. Von beiden Bergflanken schiebt sich der Hochwald mitunter bis zur Drau vor. Daneben grenzen auch die Auwälder entlang des Hauptflusses die agrarisch genutzten Flächen ein. Lediglich im stadtnahen Gebiet fehlt der Waldanteil. Es fällt auf, dass die Vergrünlandung insgesamt nicht so weit fortgeschritten ist wie wir es beispielsweise im St. Johanner Becken oder im Brixental feststellen konnten. Ackerflächen und Wiesen verzahnen sich nicht nur mit der Industrie- und Gewerbezone unterhalb unseres Haltepunktes, sondern reichen weit in das Lienzer Wohngebiet hinein. Eine Zone mit Sozialbrache bzw. mit brachliegendem Bauerwartungsland besteht nicht. Allerdings ist auch von einem Gemüsegürtel - wie es rund um größere Zentren häufig der Fall ist - wenig zu merken. Insgesamt findet die Landwirtschaft noch günstige Besitzverhältnisse vor, was im hohen Anteil an Vollerwerbsbetrieben, der in den einzelnen Gemeinden zwischen 20 und 40 % liegt, zum Ausdruck kommt.

Aus den beschriebenen Beobachtungen lässt sich ableiten, dass der Siedlungsausbau in Lienz schwächer verläuft als in den Bezirkshauptorten des Unterinntals. Zum anderen ist auch die landwirtschaftliche Inwertsetzung der ehemals feuchten Talauen noch jung und - wie gegenwärtig vorgenommene Rodungen belegen - noch nicht abgeschlossen. Die gering besiedelte Talsohle, von der bereits mehrfach die Rede war, ist ein Kennzeichen der Hauptfurchen Osttirols. So findet man drauabwärts im Talgrund nur wenige Bauernhöfe. Diese Ausnahmen,

Lienzer Becken gegen Westen. An der Auffahrt zum Iselsberg lässt sich die Vereinigung von Iseltal (rechts) und oberes Drautal (links) überblicken. Letzteres überschreitet oberhalb der gesteinsbedingten Talverengung (Lienzer Klause) als „Pustertal" die Talwasserscheide zwischen Drau und Rienz.

die das Ergebnis einer neueren Entwicklung sind, unterscheiden sich in der Bauweise von den Paarhöfen, die am Sonnenhang weit, fast bis zur Zone der Niederalmen, hinaufreichen. Die landwirtschaftlichen Gebäude in den Auen ähneln den quergeteilten Unterländer Einhöfen. Sie liefern den Beleg, dass die unterschiedlichen Hofformen in erster Linie als Anpassung an bestimmte betriebswirtschaftliche Erfordernisse zu sehen sind (vgl. Übersichtsexkursion *Das Tiroler Unterinntal*). Haus- und Dachformen ändern sich jedoch grundlegend jenseits der Grenze zu Kärnten.

Das Lienzer Becken, in das nicht nur die Verkehrswege durch das Isel-, Puster- und Kärntner Drautal münden, sondern auch die Straße vom Mölltal über den Iselsberg (1.118 m), zeichnet sich durch seine zentrale Funktion für Osttirol, aber auch für den Oberkärntner Raum aus. Die nächsten vergleichbaren Zentren liegen erst in knapp 80 km Entfernung (Spittal in Kärnten bzw. Zell am See in Salzburg).

Von den 50.678 Einwohnern Osttirols (2001) wohnt fast ein Viertel in der Stadt Lienz (12.156 Ew.), und in seinem Becken konzentriert sich nahezu die Hälfte der Osttiroler Bevölkerung. Noch eindrucksvoller wären diese Zahlen, würde man die anwesende Bevölkerung in Betracht ziehen. Lienz strahlt als Arbeits-, Schul- und Einkaufsort in alle Talschaften Osttirols und in das obere Kärntner Drau- und Gailtal aus. Dennoch brachten hier Industrie- und Dienstleistungszeitalter keinen überdurchschnittlichen Aufschwung (vgl. *Leidlmair* 1983, 126). So war das Siedlungswachstum in den 70er-Jahren für die Stadt nicht mit einem Bevölkerungszuwachs verknüpft. Die Erhöhung der Einwohnerzahlen zwischen 1981 und 1991 ging mehr auf den Geburten- als auf den Wanderungsüberschuss zurück. Trotz der Zuzüge aus den benachbarten Talschaften schloss die Migrationsbilanz von Lienz bis weit in die 80er-Jahre mit einem negativen Saldo ab. Seit 1991 änderten sich diese Verhältnisse grundlegend, und Wanderungsüberschüsse bestimmen nunmehr auch in der Dolomitenstadt den Bevölkerungsgang (*Kytir/Lopata* 2000). Nach wie vor gilt, dass mehr als die Hälfte der Lienzer Pendler Fernpendler sind, wobei Ziele im Innsbrucker Raum überwiegen. Daneben verdeutlicht aber das Bevölkerungswachstum der anderen Gemeinden im Lienzer Becken die mittlerweile voll eingesetzte Stadt-Umland-Wanderung. In diesem Zusammenhang soll nicht unerwähnt bleiben, dass zwischen 1945 und 1970 kein nennenswerter Betrieb im Lienzer Becken gegründet wurde. Erst danach kam es in der Peggetz und in den Bürgerau Wiesen zu Betriebseröffnungen, deren größtes das bereits genannte Liebherr-Werk ist. Die Umstellung auf die Industrielandschaft tritt also nur zögernd ein. Große Hoffnungen liegen, wie bereits angeschnitten, am Hochstein und am Zettersfeld, also im Fremdenverkehr.

Lienz - Altstadt

In Lienz bestehen an der Durchzugsstraße, unweit vom Bahnhof, genügend Parkplatzmöglichkeiten. Die folgende Wanderung durch die Altstadt beschränkt sich auf den Hauptplatz sowie auf die Andrä-Kranz-Gasse, den Johannesplatz und die Rosengasse, die westlich anschließen.

Gegenüber vom Bahnhof, in der Bozner Straße, stehen wir bereits im Inneren der ehemaligen Stadtmauer und in der Nähe des alten Osttors, an dem der trapezförmige Hauptplatz ansetzt. Zwar besteht, wie erwähnt, im Gemeindegebiet von Lienz eine Siedlungskontinuität seit der Antike, doch weder aus der römischen noch aus der slawischen Periode sind Siedlungsspuren im Mündungsgebiet von Isel und Drau, wo die heutige Altstadt liegt, nachzuweisen. Als unmittelbare Nachfolgerin von Aguntum gilt die Siedlung Patriasdorf im leicht ansteigenden Gelände nördlich der Altstadt (vgl. *Wiesflecker* 1952). Anstelle der Pfarr- und Dekanatskirche St. Andrä stand dort eine frühchristliche Kirche, die dem Patriarchen von Aquileja unterstand

(„villa Patriarche"). Von diesem Dorf aus verwalteten die Meinhardiner, die späteren Grafen von Görz, den Lienzer Gau. Sie waren es auch, die das Kolonisierungswerk am Talboden vorantrieben. Gegen Ende des 12. Jahrhunderts entstand im Bereich des heutigen Hauptplatzes das „Burgum". Seine regelmäßige Anlage als gleichschenkeliges Trapez weist auf eine grundherrschaftliche Planung hin.

Durch den Markt gewann die Talsiedlung ein Übergewicht gegenüber Luonza-Patriasdorf. Mit dem Ausbau der Straße durch das Pustertal spielte der Fernhandel schon bald eine zentrale Rolle. Das Burgum erwies sich bereits im 13. Jahrhundert als zu eng. Längst hatte sich die Siedlung nach Westen ausgedehnt, wo eine äußere Stadt („Oberer Markt" bzw. heute Johannesplatz) entstand. Der wirtschaftliche Mittelpunkt verlagerte sich in der Folge dorthin. Die Johanneskirche, die damals erbaut wurde, ist heute allerdings verschwunden; an sie erinnert nur mehr die Mariensäule. Seit 1300 dienten dem regen Fernhandel Leih- und Wechselbanken, die Juden betrieben. Die jüdische Gemeinde hatte gegen Ende des Mittelalters bereits eine eigene Gasse inne (heute: Judengasse) und südlich der Drau ihren eigenen Friedhof. Im 14. Jahrhundert erweiterte man den Mauerring, der im Nordosten heute noch deutlich erkennbar ist. Mit einer Länge von 1.000 m wurde er großzügig angelegt; er vergrößerte das umfriedete Stadtgebiet um mehr als zwei Drittel. Viele Flächen innerhalb der neuen Stadtmauern sind unverbaut geblieben, sodass sich in der Lienzer Altstadt noch immer ausgedehnte Grünflächen erstrecken, die größtenteils im Besitz der beiden Klöster (Dominikanerinnen und Franziskaner) stehen. Durch diesen Ausbau gewann die Stadt an Weite, die sie von anderen Tiroler Innenstädten unterscheidet. Eindrucksvoll zeigt dies der Vergleich mit Kitzbühel (*Tab. 3*).

Tab. 3: Verteilung der Nutzfläche in den Altstädten von Kitzbühel und Lienz 1979 (in m^2)

Bereiche	Kitzbühel	Lienz
Gebäude	13.129	42.190
Verkehrswege	4.452	18.654
Fußgängerbereiche	3.824	18.373
Grünflächen	92	18.722
sonstige Flächen	246	6.603
Gesamtfläche	21.743	104.542

Quelle: *Graf* (1979, 23)

1440 erhielt der Markt das Stadtrecht. Das Geschäftsleben dehnte sich im 14. und 15. Jahrhundert über die westliche Stadtmauer (jenseits der Rosen- und Muchargasse) hinaus, wo eine neue Vorstadt entstand. Nach dem Übergang an die Grafschaft Tirol (1500) verpfändete Kaiser Maximilian I. die Herrschaft Lienz an die Wolkensteiner Grafen. Sie verlegten ihren Sitz von Schloss Bruck in die Liebburg am Hauptplatz. Als Rathaus bildet die mehrfach umgebaute Burg noch heute das Verwaltungszentrum. Im Jahr 1990 erhielt Lienz den „Europa Nostra-Preis" für die besonders gelungene Renovierung der Liebburg. Mit dem Stadtbrand von 1609, dem die meisten Gebäude des Hauptplatzes, der im Westen anschließenden Andrä-Kranz-

Gasse und des Johannesplatzes zum Opfer fielen, mussten die Wolkensteiner Lienz an den Landesfürsten zurückgeben. Die Stadt fiel darauf an das Königliche Damenstift in Hall, und 1783 ging sie in staatliche Verwaltung über. Seit dem genannten Großbrand war es mit der wirtschaftlichen Blüte vorbei. Viele bauliche Zeugen des Mittelalters verschwanden endgültig im 19. Jahrhundert. Beispielsweise galten die Stadttore nicht mehr als zeitgemäß und wurden abgetragen. So mag es wenig verwundern, wenn in Lienz gegenüber anderen Tiroler Städten die neuere Bausubstanz überwiegt. Ein junges Baualter weisen vor allem die Gebäude um den Hauptplatz und, nördlich davon, am Südtiroler Platz auf. Sieht man von den Kirchen ab, so finden sich ältere Bauten lediglich westlich des Johannesplatzes (Rosengasse). Dazu kommt eine gute Fassadenqualität, die mit den stadterneuernden Maßnahmen der letzten Jahre in Verbindung zu bringen ist.

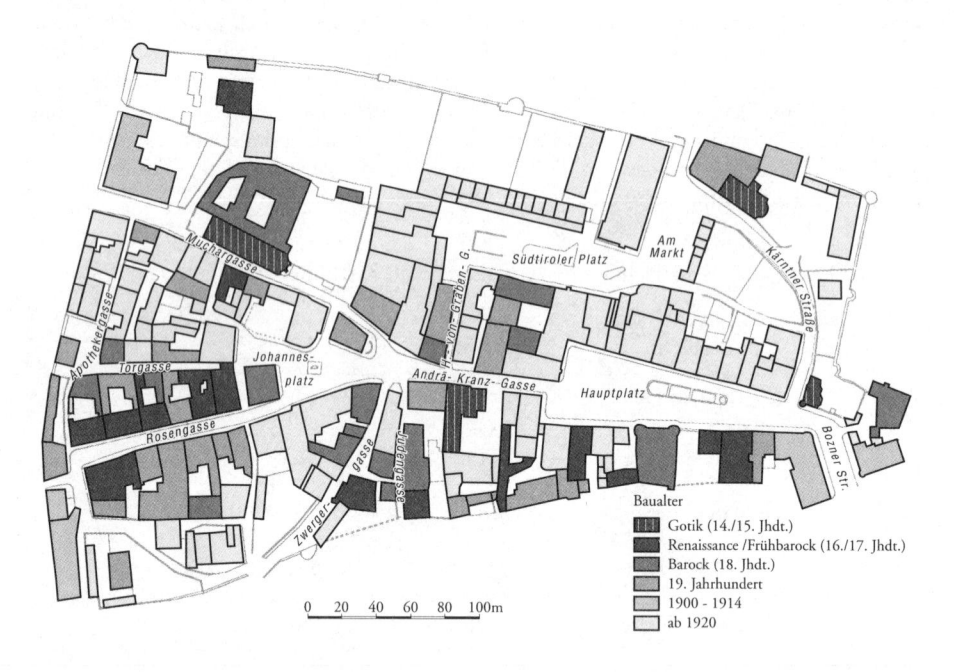

Abb. 6: Baualter der Gebäude in der Lienzer Altstadt

Quelle: *Graf* (1979, 33); modifiziert

Obwohl sie etwa in der gleichen Zeit wie die Nordtiroler Städte entstand, trägt die Lienzer Altstadt kaum Züge des Inn-Salzach-Baustils. Lediglich der langgezogene Grundriss, die Abseitslage der Pfarrkirche und einige Gebäude, die giebelseitig im Bereich der Rosengasse stehen, erinnern an die Physiognomie Nordtiroler Städte.
In der Funktion der Altstadtgebäude erkennt man deutlich den Bedeutungsüberschuss von Lienz gegenüber dem Umland und den benachbarten Talschaften. Mehr als Kitzbühel und Kufstein entspricht die Lienzer Altstadt einem typischen Geschäftszentrum. Dies macht sich in der ständig steigenden Zahl von Einzelhandelsgeschäften für den kurzfristigen, periodischen und langfristigen Bedarf bemerkbar. Wie Ergebnisse von studentischen Arbeitsexkursionen

ergaben, sind hier drei Viertel der Geldinstitute und knapp die Hälfte der Büroflächen konzentriert, Gastbetriebe und Hotels treten dagegen etwas zurück. War in Kitzbühel von der geringsten Ladenfläche der Altstadtgeschäfte Tirols die Rede, so finden wir in Lienz mit einer Durchschnittsfläche von fast 87 m² die größte. Hier zeigt sich der geringe Anteil an Geschäften mit ausgesprochenen Luxusgütern, die in der Regel weniger Flächen beanspruchen. Die touristische Funktion der Lienzer Altstadt ordnet sich eindeutig der Versorgungsfunktion für die Osttiroler und Oberkärntner Bevölkerung unter. Der Schaufensterindex, der die Konzentration von Geschäften ausdrückt, erreicht in Lienz besonders hohe Werte. In der Andrä-Kranz- und in der Rosengasse beläuft er sich auf ca. 80 %, und in den übrigen Altstadtteilen liegt er, ähnlich wie in der Kitzbüheler Vorderstadt, immerhin im Schnitt bei 60 %.

Zusammenfassend stellt sich heraus, dass Lienz nicht nur auf Grund seiner in die Antike zurückreichenden Geschichte Unterschiede zu den übrigen Tiroler Altstädten aufweist, sondern auch in Physiognomie, Funktion und sozialer Struktur. Eine relativ offene Bauweise der Geschäftsstraßen, die verhältnismäßig geringe touristische Überprägung, das Vorhandensein von Schulen und die großen Grünflächen, die allerdings teilweise nicht öffentlich zugänglich sind, geben schon rein äußerlich ein ungewohntes Bild einer Altstadt wieder. Dazu kommen ein regelmäßiger Altersaufbau und eine Berufsstruktur der Altstadtbevölkerung, die sich kaum von jener der übrigen Stadtteile unterscheidet. Die heute für Innenstädte typischen sozialräumlichen Merkmale, wie Überalterung, unausgewogene Sexualproportion oder hoher Anteil an unteren Sozialschichten, sind in Lienz noch nicht bedeutsam.

Literatur

Alzinger, W. - 1992: Aguntum und Lavant. - In: Bezirksschulrat Lienz et al. (Hg.): Bezirkskunde Osttirol, 3. Auflage. - Lienz, S. 37-39.
Amt der Tiroler Landesregierung - 1990 ff.: Der Tourismus im Sommerhalbjahr/Winterhalbjahr. - Innsbruck.
Ager, W. - 1989: Die Wirtschaft im Bezirk Kitzbühel. - Innsbruck.
Beihammer, C. - 1976: Siedlungs- und Wirtschaftsentwicklung von Westendorf, Brixen i. Th. und Kirchberg. - Unveröffentlichte Hausarbeit am Geographischen Institut der Universität Innsbruck.
Bezirksschulrat Lienz et al. (Hg.) - 1992: Bezirkskunde Osttirol, 3. Auflage. - Lienz.
Bobek, H. - 1960-1980: Atlas der Republik Österreich. Kommission für Raumforschung der Österreichischen Akademie der Wissenschaften. - Wien.
Bodner, A. - 1985: Die wirtschaftliche Bedeutung der Felbertauernstraße für den Bezirk Lienz. - Unveröffentlichte Dissertation an der Sozial- und Wirtschaftswissenschaftlichen Fakultät der Universität Innsbruck.
Büchlmann, K. - 1992: Transalpine Ölleitung (TAL). - In: Bezirksschulrat Lienz et al. (Hg.): Bezirkskunde Osttirol, 3. Auflage. - Lienz, S. 69.
Egg, E. - 1971: Das Tiroler Unterland. - Salzburg.
Eichhorn, R. et al. - 1995. Age and evolution of scheelite-hosting rocks in the Felbertal deposit (Eastern Alps): U-Pb geochronology of zircon and titanite. - In: Contrib. Mineral. Petrol. 119, p. 377-386.
Felbertauernstraße AG - 2002: Informationsschrift. - Lienz.
Fischer, J. - 1990: Die Stadt Kitzbühel. Zentrum des Fremdenverkehrs und des touristischen Angebots. - Unveröffentlichte Diplomarbeit am Geographischen Institut der Universität Innsbruck.
Fliri, F. - 1975: Das Klima der Alpen im Raume von Tirol. Monographien zur Landeskunde Tirols, Folge 1. - Innsbruck.
Forcher, M. (Hg.) - 1980: Matrei in Osttirol. - Innsbruck.
Frodl, W. - 1952: Zur Wiederherstellung von Schloß Bruck. - In: Schlern-Schriften 98 (= Lienzer Buch), S. 31-40.

Goldberger, J. - 1988: Lofer - Kitzbühel - Mittersill. - In: Salzburg, Mittlere Ostalpen, Wien - Exkursionsführer zum 21. Deutschen Schulgeographentag (3. - 8. Okt. 1988). - Salzburg, S. 103-108.

Goldgruber, B. - 1994: Zur Lage der Nahversorgung im Lienzer Becken unter besonderer Berücksichtigung des Lebensmitteleinzelhandels. Unveröffentlichte Diplomarbeit am Geographischen Institut der Universität Innsbruck.

Graf, K. - 1979: Funktionswandel in den Altstadtkernen der Tiroler Stadt mit besonderer Berücksichtigung von Lienz, Kitzbühel und Kufstein. - Unveröffentlichte Hausarbeit am Geographischen Institut der Universität Innsbruck.

Grötzbach, E. - 1963: Der Fremdenverkehr in den nordwestlichen Kitzbüheler Alpen. - In: Mitteilungen der Geographischen Gesellschaft München 48, S. 59-106.

Grötzbach, E. - 1981: Zur räumlichen Mobilität in einer peripheren alpinen Region: Osttirol. - In: Mitteilungen der Österreichischen Geographischen Gesellschaft 123, S. 67-91.

Gwinner, M.P. - 1978: Geologie der Alpen. Stratigraphie, Paläographie, Tektonik. 2. Auflage. - Stuttgart.

Haßlacher, P. - 1984: Sanfter Tourismus im Virgental. - Innsbruck.

Haßlacher, P. - 1988: Nationalpark Hohe Tauern. - In: Salzburg, Mittlere Ostalpen, Wien - Exkursionsführer zum 21. Deutschen Schulgeographentag (3.-8. Okt. 1988). - Salzburg, S. 119-145.

Haßlacher, P. - 1992: Der Salzburger Anteil des Nationalparks Hohe Tauern im Oberpinzgau im Überblick. - In: Exkursionen im Bundesland Salzburg und in Nachbargebieten. - Salzburg, S. 31-42.

Höck, H.-P. - 1985: Siedlungs- und Funktionswandel von Hopfgarten im Brixental. - Unveröffentlichte Diplomarbeit am Geographischen Institut der Universität Innsbruck.

Hofer, E. - 1982: Der Schitourismus in den Kitzbüheler Alpen. - Unveröffentlichte Hausarbeit am Geographischen Institut der Universität Innsbruck.

http://www.tirol.gv.at/statistik

http://www.gl.rhbnc.ac.uk/geode/ABCD/Mittersill.html

Jambor, H. - 1982: Die freizeitorientierte Infrastruktur in St. Johann. - Unveröffentlichte Hausarbeit am Geographischen Institut der Universität Innsbruck.

Klebelsberg, R.v. - 1952: Bau und Bild der Lienzer Dolomiten. - In: Schlern-Schriften 98 (= Lienzer Buch), S. 273-287.

Klein, H. - 1950: Der Saumhandel über die Tauern. - In: Mitteilungen der Gesellschaft für Salzburger Landeskunde 90, S. 37-140.

Kollreider, F. - 1952: Lebendiges Brauchtum in Lienz und Umgebung. - In: Schlern-Schriften 98 (= Lienzer Buch), S. 21-30.

Krainer, K. - 1994: Die Geologie der Hohen Tauern. - Klagenfurt.

Kranzmayer, E. - 1952: Einige Osttiroler Ortsnamenprobleme. - In: Schlern-Schriften 98 (= Lienzer Buch), S. 199-207.

Kytir, J./G. Lopata - 2000: Ergebnisse der Einwohnererhebung in den Gemeinden Ende 1999. - In: Statistische Nachrichten 55, S. 592-601.

Lahnsteiner, J. - 1956: Oberpinzgau. Von Krimml bis Kaprun. - Hollersbach.

Leidlmair, A. - 1975: Tirol. Die natürlichen Grundlagen und das Werden der Kulturlandschaft. - In: Innsbrucker Geographische Studien 2. - Innsbruck, S. 9-23.

Leidlmair, A. - 1983: Tirol. - In: A. Leidlmair (Hg.): Landeskunde Österreich. - Innsbruck, S. 110-126.

Mach, B. - 1983: Landwirtschaft und Industrie in Osttirol. - Unveröffentlichte Diplomarbeit am Geographischen Institut der Universität Innsbruck.

Manzl, H. - 1980: Die Einrichtungen des Wintertourismus im Bereich der Hohen Salve. - Unveröffentlichte Hausarbeit am Geographischen Institut der Universität Innsbruck.

Mattersberger, G. - 1986: Matrei in Osttirol als zentraler Ort. - Unveröffentlichte Diplomarbeit am Geographischen Institut der Universität Innsbruck.

Miltner, F. - 1952: Aguntum und Lavant. - In: Schlern-Schriften 98 (= Lienzer Buch). - Innsbruck, S. 209-218.

Müller, G. - 1965: Die Felbertauernstraße. Ein neuer wintersicherer Übergang zwischen Brenner und Radstädter Tauern. - In: Zeitschrift für Wirtschaftsgeographie 9, S. 12-19.

ÖROK - 1994: Modellbearbeitung: Regionalwirtschaftliches Konzept für den Bereich Lienz. Schriftenreihe Nr. 112. - Wien.

ÖSTAT - 1995: Volkszählung 1991. Hauptergebnisse II - Tirol. - Wien.
Österreichisches Institut für Raumplanung (ÖIR) - 1983: Grundlagen für ein koordiniertes Ausbauprogramm Osttirol. Erster Arbeitsabschnitt. - Wien.
Paschinger, V. - 1949: Landeskunde von Kärnten und Osttirol. - Klagenfurt.
Patzelt, G./H. Penz - 1975: Unterinntal - Zillertal - Pinzgau - Kitzbühel. - In: Innsbrucker Geographische Studien 2. - Innsbruck, S. 309-329.
Penz, H./E. Steinicke - 1987: Exkursion Friaul - Venetien - Trentino (16.-19. Okt. 1987). - Unveröffentlichter Exkursionsführer anläßlich des 46. Geographentages in München. - Innsbruck.
Penz, H. - 1988a: Grundzüge des Landschaftsbildes und der naturräumlichen Ausstattung. - In: S. Posch (Hg.): Brixen im Thale 788-1988. Ein Heimatbuch (= Schlern-Schriften 281). - Innsbruck, S. 21-25.
Penz, H. - 1988b: Das Wirtschaftsleben, Entwicklung und gegenwärtige Struktur. - In: S. Posch (Hg.): Brixen im Thale 788 -1988. Ein Heimatbuch (= Schlern-Schriften 281). - Innsbruck, S. 293-315.
Penz, H. - 1991: Das nordöstliche Tirol. Moderne Wandlungen der Wirtschaftsstruktur der Bezirke Kufstein und Kitzbühel. - In: Österreich in Geschichte und Literatur mit Geographie 35, S. 397-411.
Pfitzner, I. - 1987: Ökologische Untersuchung im Schigebiet Hahnenkamm (Kitzbühel). - Unveröffentlichte Diplomarbeit am Geographischen Institut der Universität Innsbruck.
Pinzer, E. - 1982a: Tirol erleben: Kufstein, Kaiser, Wildschönau, Alpbach. - Innsbruck.
Pinzer, E. - 1982b: Tirol erleben: Kitzbühel, Kaiser, Kössen, St. Johann. - Innsbruck.
Pizzinini, M. - 1971: Osttirol - eine Bezirkskunde. - Innsbruck.
Pizzinini, M. - 1982: Lienz - das große Stadtbuch. - Innsbruck.
Posch, S. (Hg.) - 1988: Brixen im Thale 788 - 1988. Ein Heimatbuch (= Schlern-Schriften 281). - Innsbruck.
Salvenmoser, M. - 1977: Der Fremdenverkehr im Sölland unter besonderer Berücksichtigung der Freizeitwohnsitze. - Unveröffentlichte Hausarbeit am Geographischen Institut der Universität Innsbruck.
Seefeldner, E. - 1961: Salzburg und seine Landschaften. - Salzburg.
Stadt Lienz - 1992: 750 Jahre Stadt Lienz. Jubiläumskatalog. - Lienz.
Steinicke, E. - 1993: Geographische Exkursion in den Kitzbüheler Alpen. - In: Österreich in Geschichte und Literatur mit Geographie 37, S. 186-202.
Steinicke, E. (Hg.) - 1994: Radwanderführer der Ferienregion Kufstein. - Kufstein.
Stolz, O. - 1912: Geschichte der Gerichte Deutschtirols. Abhandlungen zum historischen Atlas der österreichischen Alpenländer, Landgerichtskarte von Deutschtirol. - Wien.
Stolz, O. - 1952: Landgericht Lienz und Lienzer Klause. - In: Schlern-Schriften 98 (= Lienzer Buch). - Innsbruck, S. 87-94.
Tengg, V. - 1987: Jüngere Bevölkerungs- und Siedlungsentwicklung im Lienzer Raum. - Unveröffentlichte Diplomarbeit am Geographischen Institut der Universität Innsbruck.
Tirol Atlas - 1962-2002. Herausgegeben im Auftrag der Tiroler Landesregierung unter der Leitung v. A. Leidlmair. Institut für Geographie der Universität Innsbruck. - Innsbruck.
Ubl, H. - 1988: Die Ausgrabungen im Kirchenbereich. - In: S. Posch (Hg.): Brixen im Thale 788-1988. Ein Heimatbuch (= Schlern-Schriften 281). - Innsbruck, S. 74-88.
Waschgler, H. - 1952: Zur Flora von Lienz. - In: Schlern-Schriften 98 (= Lienzer Buch). - Innsbruck, S. 245-250.
Wilhelmer, A. - 1984: Bergflucht in Osttirol. - Unveröffentlichte Dissertation am Geographischen Institut der Universität Innsbruck.
Widmoser, E. (Schriftleitung) - 1967-1971: Stadtbuch Kitzbühel, 4 Bände. - Kitzbühel.
Wiesflecker, H. - 1952: Entstehung der Stadt Lienz im Mittelalter. - In: Schlern-Schriften 98 (= Lienzer Buch). - Innsbruck, S. 153-197.

Anschrift des Verfassers:
ao.Univ.-Prof. Dr. Ernst Steinicke
Institut für Geographie der Universität Innsbruck
A-6020 Innsbruck, Innrain 52

6. DER OBERE WEG

Außerfern, Fernpass und das Obere Gericht

WILFRIED KELLER

> *Exkursionsverlauf und praktische Hinweise*
>
> Autobahnzubringer von Kempten bzw. Anfahrt über Pfronten oder Füssen - Ulrichsbrücke - Pinswang - Kniepass - Pflach - Reutte - Mühl/Planseewerk - Breitenwang - Schlossberg- Heiterwang - Heiterwanger See - Bichlbach - Lähn - Lermoos - Ehrwald - Biberwier - Zugspitzblick - Fernpass - Nassereith - Gurgltal - Tarrenz - (Imst - Landeck) - Prutz - Ried - Ladis - Fiss - Serfaus - Ried - Tösens - Pfunds - Nauders - Reschenpass
> Transportmittel: Pkw oder Bus; einige Fußwanderungen (einfache Wanderschuhe ausreichend)
> Fahrtkilometer: ~ 140
> Exkursionsdauer: 10 Stunden (ohne Mittagspause)
> Günstige Mittagspause (unter der Annahme, dass die Exkursion in der Früh bei der Grenze beginnt): Ehrwald
> Die Exkursion wird durch die Überblicksexkursionen *Das Inntal von Innsbruck bis Landeck* und *Vinschgau und mittleres Etschtal* fortgesetzt; zwischen Imst und Landeck folgt sie der zuerst genannten Exkursion. Sie wird durch folgende zwei Spezialexkursionen (im 2. Band des Exkursionsführers) ergänzt:
> *Durch die östlichen Lechtaler Alpen: Von Imst über das Hahntennjoch ins Bschlaber Tal und Lechtal Galtür. Eine Gemeinde im Zeichen des Lawinenereignisses von 1999*
> Die Überblicksexkursion ist ganzjährig durchführbar.
>
> Karten:
> Übersichtskarten:
> Tirol-Atlas 1:300.000 bzw. 1:600.000, Kartenausgaben im Taschenformat insbesondere Topographische Übersicht, Geologie mit Tektonik, Vegetation, Haus und Hof, Siedlung und Flur, Verkehr
> Österreichische Karte 1:200.000, Blätter 47/10, 47/11, 48/10
> ÖAMTC-Straßenkarte 1:150.000, Blatt 6
> Generalkarte 1:200.000, Blatt 8
> Spezial- bzw. Wanderkarten:
> Österreichische Karte 1:50.000, Blätter 85, 115, 116, 144, 145, 171, 172
> Freytag-Berndt-Wanderkarte 1:50.000, Blätter 252, 253, 352
> Kompass-Wanderkarte 1:50.000, Blätter 04, 35, 42

Landeskundlicher Überblick

Außerfern

Der erste Exkursionsabschnitt beschäftigt sich mit dem Bezirk Reutte, auch „Außerfern" genannt. Schon die alte Gerichtsbezeichnung „judicium extra Vern" kennzeichnet seine von Tirol aus gesehen exponierte Lage. Mit vier Hauptverkehrslinien und zwei Nebenstraßen von

Abb. 1: Orientierungskarte „Der obere Weg"

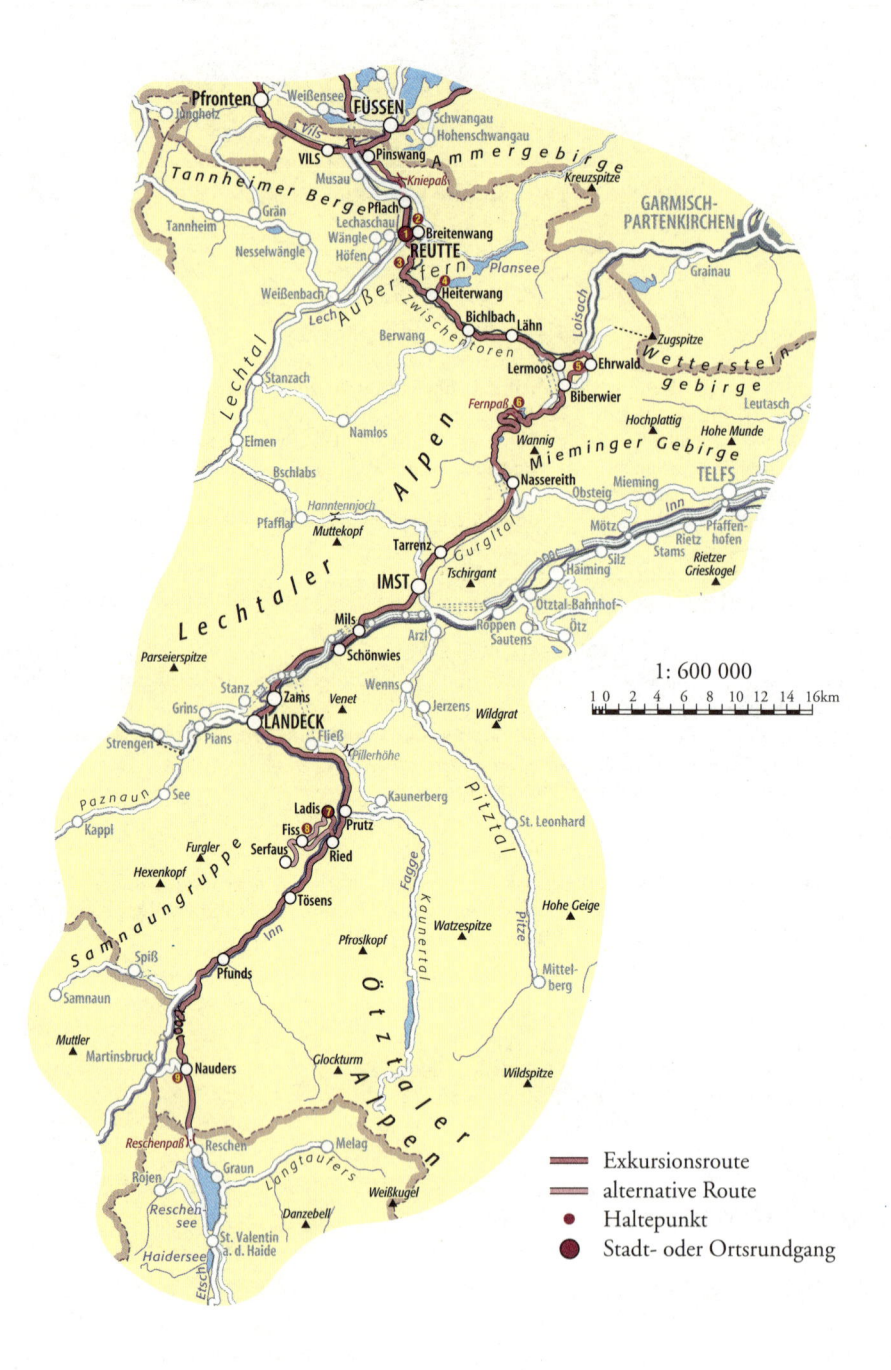

— Exkursionsroute
— alternative Route
• Haltepunkt
● Stadt- oder Ortsrundgang

Bayern ins Außerfern dokumentiert sich seine Öffnung nach Norden, während nur ein direkter Verkehrsweg über den Fernpass die Klammer mit dem übrigen Tirol herstellt.

Die engen Beziehungen zum bayerischen Alpenvorland machen es verständlich, dass wesentliche Kultureinflüsse aus dem süddeutschen Raum stammen. Besiedlung und Kultivierung erfolgten erst spät und gingen von Schwaben aus, wodurch das Außerfern der einzige von Alemannen geprägte Lebensraum Tirols wurde. Erst gegen Ende des 13. Jh. setzte das politische Einigungswerk der Grafschaft Tirol ein und gliederte das Außerfern an das Land Tirol an. Im Spätmittelalter und in der frühen Neuzeit erfreute sich das Außerfern einer wirtschaftlichen Blüte, die jedoch im 19. Jh. zum Stillstand kam und den heutigen Bezirk Reutte zu einem Notstandsgebiet absinken ließ. Den Ausschlag dafür gab in erster Linie die Verlagerung der Hauptverkehrsachse vom Fernpass zum Arlberg. Erst Industrie und Fremdenverkehr brachten nach dem Zweiten Weltkrieg einen neuerlichen Aufschwung für Bevölkerung und Wirtschaft und den Anschluss an die Entwicklung des übrigen Tirol.

Mit knapp 32.000 Einwohnern hat das Außerfern die geringste Einwohnerzahl aller Tiroler Bezirke. Der Landschaftscharakter macht die ebenfalls niedrige Bevölkerungsdichte von 25 Ew./km² verständlich: Reutte liegt unter allen Tiroler Bezirken als einziger ausschließlich im Bereich der Nördlichen Kalkalpen, was sich auch in dem geringen Anteil am Dauersiedlungsraum von nur 11 % äußert.

Mürbe und zu sanften Formen neigende Sedimente von Jura und Kreide wechseln mit harten triadischen Kalken, die hohe Wandfluchten und steile Gipfelformen aufbauen, wobei im Zuge der Deckentektonik vielerorts ältere über jüngere Schichten geschoben wurden. Durch seine nordwestliche Randlage erhält der Bezirk zu allen Jahreszeiten reichliche Niederschläge (1.500 mm), und die Öffnung nach Norden lässt den rauen Nordwestwinden ungehinderten Zutritt. Die lange Dauer der Schneedecke von vier bis fünf Monaten und das Auftreten von Spätfrösten im Frühjahr verringern die Vegetationsperiode gegenüber dem Inntal um ca. drei Wochen.

Die Siedlungen liegen, von wenigen Ausnahmen abgesehen, auf der Talsohle, häufig auf flachen Schwemmfächern. Die meisten sind mehr oder weniger aufgelockerte Haufen- und Reihendörfer bzw. Weiler, die im Hochmittelalter angelegt wurden, während die Einzelhofsiedlung kaum verbreitet ist. Die Realteilung hat schon frühzeitig zu einer Übervölkerung und dadurch bedingten Abwanderung geführt sowie eine starke Besitzersplitterung bewirkt. Diese beschränkt sich im Außerfern jedoch auf die Teilung der Grundstücke, während Aufteilungen von Häusern selten vorkommen.

Nach Landschaften lässt sich das Außerfern in das Lechtal, das Reuttener Becken mit seinen Randgebieten, das Tannheimertal und Zwischentoren gliedern.

Die historisch begründete Landschaftsbezeichnung *Lechtal* bezieht sich auf die Talsohle des Lechs von Steeg bis Weißenbach. Nur wenige Ortschaften mit einer geringen Einwohnerzahl entfallen auf den unteren Abschnitt, der im Hauptdolomit liegt. Die landwirtschaftliche Nutzfläche beschränkt sich hier auf jene Bereiche der Talsohle, die dem Lech durch Kultivierung abgerungen werden konnten. Die im oberen Lechtal anstehenden weichen Jura- und Kreideformationen haben die Ausweitung der Nutzflächen durch die Anlage von Bergmähdern erleichtert, das Tal wirkt freundlicher und einladender als der untere Talabschnitt. Saisonarbeit und Wanderhandel hatten zwar vom 17. bis ins 19. Jh. zusätzliche Einkünfte gebracht, nach deren Versiegen aber setzte eine empfindliche Verarmung ein.

Die einstmals dominierende Landwirtschaft musste starke Einbußen hinnehmen. Die bessere verkehrsmäßige Erschließung hat das Pendeln nach Reutte erleichtert. Der Initiative und dem Unternehmergeist eines einfachen Bankangestellten ist es zu verdanken, dass im Hauptort Elbigenalp vor 25 Jahren ein wichtiger wirtschaftlicher Impuls ausgegangen ist. Aus einem kleinen Tonstudio hat sich ein High-Tech-Betrieb (kdg-Mediatech) entwickelt, der mit seiner

Produktion von CDs und CD-Roms Weltgeltung besitzt und zahlreiche Zweigwerke im In- und Ausland unterhält. Im Hinblick auf den Tourismus zieht das Lechtal als beliebtes Ausflugs- und Wandergebiet vor allem Tagesgäste und Kurzurlauber aus dem süddeutschen Raum an. Allerdings erschweren geologische und morphologische Strukturen eine intensive touristische Erschließung erheblich.

Das *Tannheimertal* reicht von der Hängetalmündung des Gaichtpasses bis zum Oberjoch an der Grenze zu Bayern mit einer durchschnittlichen Höhenlage der Orte um 1.100 m. Neben den spitzen Gipfeln der bekannten Tannheimer Kletterberge beherrschen weiche Formen das Landschaftsbild, dessen Reiz durch den Halden- und Vilsalpsee erhöht wird. Viehhaltung und Milchwirtschaft bieten zwar der Bevölkerung eine bescheidene Erwerbsquelle, wirtschaftlich bedeutend ist hier jedoch der Fremdenverkehr. Die morphologischen Gegebenheiten begünstigten vor allem in den letzten drei Jahrzehnten die Errichtung zahlreicher Aufstiegshilfen, die auch den Wintertourismus kräftig ankurbeln konnten.

Das *Reuttener Becken* wurde von Lech und Lechgletscher ausgeräumt. Trotz der klimatischen Ungunst bildete sich der Reuttener Talkessel zum Zentralraum des Bezirkes mit Reutte als Mittelpunkt aus. Alle wichtigen Verkehrslinien - aus dem süddeutschen Raum, aus Zwischentoren, dem Lechtal und dem Tannheimertal - treffen hier zusammen. Lech abwärts schließen sich zwei dörfliche Gemeinden sowie die Kleinstadt Vils an, die zum erweiterten Einzugsgebiet von Reutte zählen.

Vom Fremdenverkehr gleichermaßen wie vom Durchzugsverkehr wird *Zwischentoren* bestimmt, das sich von der Ehrenberger Klause bis zum Fernpass erstreckt. Die Entwässerung erfolgt nach zwei Seiten, wobei die Talwasserscheide in einer Seehöhe von 1.128 m liegt. Bis zu den Gipfeln begrünte Mähberge stehen den steilen Wandfluchten des Wettersteingebirges und den markanten Gipfeln der Mieminger Kette gegenüber. Der Tourismus und insbesondere der Wintersport haben in Zwischentoren schon eine längere Tradition, die bereits in die Zwischenkriegszeit zurückreicht.

Reuttener Becken und Zwischentoren bilden den Schwerpunkt entlang der Exkursionsroute und werden im ersten Exkursionsabschnitt eingehender behandelt. Die Routenbeschreibung widmet sich ferner noch dem Abschnitt vom Fernpass bis nach Tarrenz.

Oberland

Der zweite Exkursionsabschnitt umfasst in seiner Streckenbeschreibung das Obere Gericht von Landeck talaufwärts bis Finstermünz und die Hochfläche von Nauders bis zum Reschen. Ein kurzer Überblick soll auch hier in den gesamten Raum einführen.

Der Begriff „Oberland" ist in Tirol nicht eindeutig zugeordnet. Im weiteren Sinn umfasst das Oberland die heutigen Bezirke Landeck und Imst, mitunter auch noch das Außerfern, wofür jedoch die Bezeichnung „Westtirol" treffender wäre. Im engeren Sinn beschränkt sich das Oberland auf den Bezirk Landeck, den eine der wichtigsten Nord-Süd-Verbindungen und Ost-West-Verbindungen in den Ostalpen queren. Der Bezirk nimmt eine Fläche von 1.595 km² ein und besteht aus 30 Gemeinden mit 43.000 Einwohnern. Die schmalen und meist tief eingeschnittenen Täler engen den Dauersiedlungsraum auf 7,3 % der Bezirksfläche ein. Der *Bezirk Landeck* gehört zu den wirtschaftlich schwächeren Regionen Tirols, was sich in einem niedrigen Bruttoregionalprodukt niederschlägt. Im Jahre 2000 lag dieses 16 % unter dem österreichischen Durchschnitt. Da größere Industriebetriebe als Arbeitgeber fehlen, finden mehr als 70 % der Berufstätigen im tertiären Sektor Beschäftigung, wobei die Sparte Fremdenverkehr mit einem Anteil von 30 % überdurchschnittlich vertreten ist. Allein im Jahre 2000 wurden im Bezirk 6,3 Millionen Übernachtungen, d. h. 16 % der Nächtigungen des

Landes, gezählt. Allerdings ist die saisonale Auslastung unausgewogen, da fast drei Viertel auf das Winterhalbjahr entfallen.

Das Oberland ist ein alter Siedlungsraum. Besiedlungsgeschichtliche Funde reichen bis in die Jungsteinzeit zurück. Die vorrömische Besiedlung dokumentiert sich in zahlreichen Ortsnamen mit Endungen auf -s. Die Eroberung dieses Gebietes durch die Römer um 15 v. Chr. führte zu einer allmählichen Romanisierung der hier ansässigen „Räter". Obwohl die bajuwarische Landnahme ab 600 einsetzte, blieb die rätoromanische Sprache im obersten Vinschgau und Inntal bis ins 16. Jh. erhalten. Mitte des 13. Jh. kam die damalige Grafschaft Oberinntal unter den Einflussbereich des Grafen Meinhard II. von Tirol und blieb seit 1263 ein Teil Tirols. Vor der Errichtung der Bezirkshauptmannschaft Landeck im Jahre 1867 war das Oberland Teil des Kreises Oberinntal mit den Gerichten Landeck, Laudegg und Nauders.

Massige dicht verbaute Haufendörfer und Weiler mit stattlichen gemauerten Höfen bilden das für diese Region typische Merkmal der Siedlungs- und Kulturlandschaft, die in den letzten Jahrzehnten allerdings starke Veränderungen erfahren hat. Die über Jahrhunderte geübte Realteilung bedingte eine starke Zersplitterung von Hof und Flur, deren Folgen für die größtenteils landwirtschaftliche Bevölkerung zu Kleinstbesitz mit erschwerten Arbeitsbedingungen, Übervölkerung, Armut und sogar Abwanderung im 19 Jh. führten.

Geologisch-tektonisch gehört der größte Teil des Bezirkes den Zentralalpen an, während nur ein kleiner Teil auf die Nördlichen Kalkalpen entfällt. Inntal und Stanzertal markieren im Groben die Grenze zwischen diesen Großeinheiten. Die Lechtaler Alpen als nördliche Begrenzung bestehen aus dem brüchigen und schroffen Hauptdolomit (gut zu beobachten zwischen Schönwies und Landeck) sowie aus Wettersteinkalk mit seinen hellen kompakten Felswänden. Die Parseierspitze (3.036 m) als höchste Erhebung der Lechtaler Alpen und zugleich der gesamten Nördlichen Kalkalpen ist von Landeck aus gut zu erkennen. Der Wechsel zu den Zentralalpen vollzieht sich westlich und östlich von Landeck in einem unterschiedlich breiten Band weicher kristalliner Schiefer, dem Landecker Quarzphyllit. Südlich davon beherrschen kristalline Gneise unterschiedlicher Ausprägung die Gebirgslandschaft, wobei zwischen dem Silvretta-Kristallin im Westen und dem Ötztaler Kristallin östlich davon unterschieden wird. Zwischen diesen beiden Massen gelangen jüngere, weiche und kalkhaltige Schiefer, allgemein bekannt als Bündner Schiefer, an die Oberfläche. Diese Gesteine gehören tektonisch einer unteren Deckeneinheit der Ostalpen, dem Penninikum (vgl. Übersichtsexkursion *Die Felbertauern-Linie*), an und treten ellipsenförmig von Prutz dem Inn aufwärts bis ins Engadin in einer Länge von 55 km und bis zu 17 km Breite als Engadiner Fenster zutage.

Kulturlandschaftlich bildet das Talbecken von Landeck und Zams als Teil des Ost-West-streichenden *Inntals* den Zentralraum des Bezirkes. Landeck und Zams wachsen zusehends zusammen und konzentrieren mit knapp 11.000 Ew. ein gutes Viertel der Bewohner des Bezirkes. Landeck ist als wichtige Drehscheibe des Verkehrs im westlichen Tirol erst 1900 aus vier Siedlungen (Angedair mit dem heutigen Stadtkern, Perfuchs, Perjen und Bruggen) zusammengeschlossen und 1923 zur Stadt erhoben worden (vgl. Übersichtsexkursion *Das Inntal von Innsbruck bis Landeck*).

Nach Westen zweigt das *Stanzertal* ab und setzt sich bis zum Arlberg fort. Seine heutige Bedeutung als wichtiger West-Ost-Verkehrsträger erlangte es aber erst im Laufe des 19. Jh., als mit dem Bau der Straße über den Arlberg (1824) sowie der Arlberg-Bahn (1884) Verbindungen nach Vorarlberg, in die Schweiz und nach Süddeutschland geschaffen wurden. Mit dem 14 km langen, im Jahre 1978 errichteten Arlberg-Straßentunnel, dem längsten Österreichs, bietet die Arlberg-Schnellstraße eine wintersichere Transitroute in Richtung Westen. Der Hauptort des Tales, St. Anton am Arlberg, genießt internationales Renommee als Wintersportort, dem 2001 die Ausrichtung der Alpinen Ski-Weltmeisterschaften übertragen worden ist.

Das *Paznauntal* verläuft in südwestlicher Richtung und führt über die Bieler Höhe (2.037 m) in das Montafon (vgl. Spezialexkursion *Galtür* in Band 2). Das enge Tal, begleitet von steilen Flanken mit einer Unzahl kleiner Weiler, verbreitert sich erst im Talhintergrund. Besiedlungsgeschichtlich interessant ist die Einwanderung und Niederlassung von Walsern, die aus dem Wallis stammend ab 1300 den oberen Talabschnitt durch ausgedehnte Rodungen kolonisiert und nicht zuletzt dadurch zur Gefährdung durch Lawinenstriche beigetragen haben. Heute bestimmt der Fremdenverkehr das Tal, wobei Ischgl zu den sechs Tourismusgemeinden Tirols gehört, die mehr als eine Million Gästeübernachtungen verzeichnen.

Das einst karge, abgeschiedene *Kaunertal* ist seit 1982 bis in die Regionen des ewigen Eises durch die Gletscher-Panoramastraße und zahlreiche Aufstiegshilfen zum Sommerschigebiet des Weißseegletschers erschlossen. Die Talmitte wird seit den 60er-Jahren von einem gewaltigen Stausee zur energiewirtschaftlichen Nutzung eingenommen.

Als *Oberes Gericht* - auch oberstes Inntal - wird jener Streckenabschnitt des Inns bezeichnet, der von Landeck bis zur Grenze bei Finstermünz reicht. Der Inn gibt sich bei seinem Eintritt nach Tirol als kraftvoller Alpenfluss zu erkennen, hat er doch hier bereits eine über 90 km lange Strecke durch das Engadin zurückgelegt. Das Obere Gericht, dem die Exkursion auf dem Weg zum Reschenpass folgt, wird von besiedelten Terrassen und Verebnungen begleitet. Die geschichtliche Entwicklung und Bedeutung hängt eng mit dem Reschen als wichtige Nord-Süd-Transitstrecke über den Alpenhauptkamm zusammen. Heute bestimmen Verkehr und Tourismus die Geschicke dieser Region.

Routenbeschreibung Teil 1: Von der Staatsgrenze über den Fernpass nach Imst

Die Anfahrt erfolgt durch den Grenztunnel bei Füssen, über Pfronten oder über Füssen. Bei der Engstelle Ulrichsbrücke treffen die Straßen aufeinander. Erster Halt ist Reutte. Fahrzeit etwa 20-30 Minuten.

Reutte bezeichnet sich in Werbeprospekten als „Tor zu Tirol". Der heute wichtigste direkte Zugang ins Außerfern führt aber seit 1999 durch einen 1.200 m langen Tunnel unter dem Falkensteinzug. Nach Schließung der letzten Lücke des Autobahnabschnittes Ulm-Kempten-Füssen in einer Länge von 16 Kilometern, mit dessen Bau 2002 begonnen werden soll, endet die längste Autobahnstrecke Deutschlands von Hamburg unmittelbar vor der Staatsgrenze. Dann mündet die vierspurige Autobahn ab dem Grenztunnel in eine zweispurige Schnellstraße und ab Reutte in eine mehr oder weniger kurvenreiche Bundesstraße in Richtung Fernpass. Nach der Tunneldurchfahrt quert die Straße ein verhältnismäßig breites Tal, das linker Hand von dem breit ausladenden Schotterbett des Lechs eingenommen wird, der von Süden kommend mit einem scharfen Knick bei der Ulrichsbrücke nach links in Richtung Füssen abbiegt. Die breite Talung setzt sich auch nach Westen fort, obwohl sie nur von einem unscheinbaren Flüsschen, der Vils, entwässert wird.

Das zweite Tor in das Außerfern, das dem Namen auch gerecht wird, führt durch dieses Tal über Pfronten nach Vils und weiter bis zur Ulrichsbrücke. Die Begrenzung im Süden bilden die bereits auf 2.000 m ansteigenden Vilser Berge und im Norden der schmale, bis knapp 1.300 m hohe Falkensteinzug. Als Besonderheit darf vermerkt werden, dass die Annäherung an die Alpen nicht mit einem Anstieg verbunden ist, sondern bis zur Einmündung der Vils in den Lech ein leichtes Gefälle aufweist. Die Vils, im Vilsalpsee im Tannheimertal entspringend, kehrt in einem Bogen über bayerisches Gebiet hier wieder nach Tirol zurück. Dieser Bach dürfte aber kaum imstande gewesen sein, die schon angesprochene Talung zu schaffen, vielmehr muss angenommen werden, dass es sich um ein verlassenes Flussbett des Lechs handelt.

Nach Überschreiten der ehemaligen Grenzstation Schönbichl taucht bald die Silhouette des Städtchens Vils - übrigens die einzige Stadt im ganzen Bezirk - auf (*Fischer* 1970). Obwohl schon 1327 zur Stadt erhoben, kann Vils dem flüchtigen Betrachter kaum einen städtischen Eindruck vermitteln. Seine Kleinheit wird in einem humorvoll-bissigen Dialektspruch so formuliert: „Vils isch so groaß wia a Nuss - kommt ma vorna eini isch ma hinda wieder duss!" In der „Stadtmitte" ist links ein kleiner Platz mit der Pfarrkirche als dessen nördliche Begrenzung zu sehen, nach Süden zweigt etwas versetzt die ebenfalls verhältnismäßig breite Stadtgasse ab, die mit dem Bus abgefahren werden kann. In der geschlossenen Bauweise der (ehemaligen) Bauernhäuser gibt sich in dieser Gasse der städtische Grundriss zu erkennen. Nach gut 100 m gelangt der Bus nach einer scharfen Linkskurve über die Hintergasse - als Parallelgasse zur Stadtgasse angelegt - zurück zur Bundesstraße. Durch die geschlossene Bauweise sind die Häuser als so genannte Durchfahrtshäuser angelegt, bei denen die Zufahrt zum Wirtschaftsgebäude durch das Wohnhaus erfolgt. Diese für das Außerfern nicht typische Hofform ist im Verlauf der Exkursion erst wieder im Oberinntal anzutreffen.

Vils wurde bereits 1327 unter den Herren von Hoheneck, die auf der nördlich von Vils gelegenen Burg Vilseck residierten, zur Stadt erhoben. Allerdings erlangte die Stadt nie größere Bedeutung und kam bis ins 20 Jh. über den Rang einer Ackerbürgerstadt nicht hinaus. Geschichtlich bemerkenswert ist die Tatsache, dass Vils zwar bereits 1408 als Reichslehen an das Haus Habsburg kam, aber erst 1816 mit Tirol vereinigt wurde.

Um die „Altstadt" ist besonders in der zweiten Hälfte des 20. Jh. ein beachtlicher Siedlungskranz entstanden, der die Einwohnerzahl von 998 im Jahre 1951 auf heute über 1.500 anwachsen ließ.

Die Landwirtschaft hatte zunehmend an Bedeutung eingebüßt, so dass nicht zuletzt im grenznahen bayerischen Raum Beschäftigungsmöglichkeiten gesucht wurden. Den wirtschaftlichen Schwerpunkt bildet für die Stadt jedoch das Zementwerk Schretter, dessen Anlagen in der Talmitte nicht zu übersehen sind. Dieser Betrieb wurde 1899 gegründet und bietet heute knapp 200 Arbeitsplätze an. Trotz des peripheren Standortes hat dieses Zementwerk als einziges in Tirol überlebt. Ein Grund dafür liegt in den hervorragenden Rohstoffen, die in der unmittelbaren Umgebung ausreichend zur Verfügung stehen. Der größte und wichtigste Steinbruch - er sticht bei der Anfahrt nach Vils ins Auge - befindet sich südwestlich der Stadt in den Vilser Alpen, wo die Kalke und Mergel im Tagbau gebrochen und mittels Seilbahn zum Zementwerk transportiert werden. Soweit möglich werden die Endprodukte Zement, Gips und Spezialbaustoffe per Bahn bzw. in Zusammenarbeit mit Speditionsfirmen nahezu rund um die Uhr ausgeliefert. Neben Österreich sind Deutschland, Schweiz und Italien die wichtigsten Abnehmerländer.

Nach kurzer Weiterfahrt wird der Verkehrsknoten Ulrichsbrücke erreicht, in die auch die dritte Zufahrtsstrecke aus Deutschland einmündet. Diese geht von Augsburg aus und führt über den Rand der breiten Füssener Bucht an der reizvollen Kleinstadt Füssen vorbei und dem Lech entlang bis zur Ulrichsbrücke. Kurz nach Füssen verengt sich plötzlich das Tal in eine sechs bis sieben Meter breite Klamm aus Wettersteinkalk, die der Lech in einem Wasserfall durchbricht. In einer scharfen Kehre führt die Straße an dieser Klamm vorbei. Dahinter hat der Lech ein breites verwildertes Bett aufgeschüttet, das auch der Schottergewinnung dient. Bei der Ulrichsbrücke, wo sich der Lech von Süden kommend heute in einem Knick nach Osten wendet, befindet sich abermals eine kleine Engstelle, die drei Straßen, die Bahnlinie und den Fluss auf wenige Meter zusammendrängt. Mit den Baumaßnahmen der Schnellstraße hat diese ihren einengenden Charakter jedoch weitgehend verloren. Eine weitere Engstelle befindet sich wenige Kilometer talaufwärts beim Kniepass. Der Wechsel von Engen und Weiten ist eine Folge wiederholter Aufschüttungen und Wiederausräumungen durch den Lech, wobei der Fluss, wie beispielsweise beim Vilstal, sein ursprüngliches Bett nicht mehr gefunden hat (*Grötzbach* 1968).

Für die Fahrt nach Reutte wird ab Ulrichsbrücke die Nebenstraße über Pinswang vorgeschlagen. Wenn die Strecke nach Reutte jedoch rasch bewältigt werden soll, empfiehlt sich die Schnellstraße, die zunächst das Augebiet des Lechs durchschneidet und allmählich ansteigend als Panoramastraße Reutte am östlichen Beckenrand umfährt. Eine weitere Straßenverbindung führt südlich des Lechs über Musau nach Pflach. Landschaftlich am reizvollsten ist die zeitlich kaum ins Gewicht fallende Wahl für den Streckenabschnitt über Pinswang. Hier zeigt sich das breite vom Lech ausgeräumte Becken zwischen Ulrichsbrücke und dem Kniepass am deutlichsten. Die am Beckenrand auf einem Hügel errichtete und dem heiligen Ulrich geweihte Pfarrkirche von Pinswang verweist auf die jahrhundertelange kirchliche Zugehörigkeit zum Bistum Augsburg. Pinswang ist alter historischer Siedlungsboden, der Ausgrabungen der letzten Jahre zufolge möglicherweise eine bis in die Keltenzeit zurück reichende Wallanlage birgt. Beim Kniepass muss die Straße jäh einen steil ansteigenden etwa 100 m hohen Felsriegel überqueren. Ein Blick zurück während des Anstieges gibt - durch aufkommenden Baumwuchs nur mehr kurz - zu erkennen, dass der Lech hier, wie bereits auf dem Streckenabschnitt zwischen Füssen und Ulrichsbrücke, „größter Grundsbesitzer des Tales" ist. Die breiten Au- und Schottergebiete wiederholen sich talaufwärts noch an einigen weiteren Stellen.

Natura 2000 und das Lechtal

Der ungebändigte Flusslauf des Lechs ist erst in den letzten Jahren als international beachteter Natur- und Landschaftsraum bekannt geworden. Wenn auch nach verheerenden Hochwasserkatastrophen zu Beginn des 20. Jh. Maßnahmen zur Bändigung des Flusses gesetzt worden sind, behält er noch immer seinen torrentenartigen Charakter bei. Als ungestümer Wildfluss bildet der Lech die Grundlage einer der letzten Wildflusslandschaften Mitteleuropas. Diese nachhaltige Flussprägung im unteren und mittleren Talabschnitt und die bis heute weitgehend erhaltene Flussdynamik sind in dem Ausmaß einzigartig für den nordalpinen Raum. Aufgrund der erwähnten Sonderstellung wurden Teile dieser Tallandschaft in das Schutzprogramm „Natura 2000" aufgenommen. Dieses verleiht der Europäischen Union die nötige Kompetenz, bedrohte Lebensräume und Tierarten unter Berücksichtigung von wirtschaftlichen Interessen der Grund- und Landbesitzer zu erhalten. Wissenschaftliche Untersuchungen belegen, dass der Lech wichtiges Brutgebiet für seltene flussbewohnende Vogelarten (wie Flussuferläufer, Flussregenpfeifer oder Wasseramsel) und Schmetterlinge (Alpenapollofalter oder die bis auf Vorkommen in Sibirien ausgestorbene Bileks Azurjungfer) und weiters Standort schützenswerter Pflanzenarten ist. Die Schnellstraße hat den Lebensraum auf diesem Abschnitt sichtbar eingeengt.

Die Ruine einer Sternschanze auf der linken Straßenseite - ein Vorposten der Grenzfeste Ehrenberg bei Reutte - weist auf ihre strategische Bedeutung am ehemaligen Hauptverkehrsweg hin. Der Lech, der sich durch die Engstelle hindurchzwängt, wird hier gestaut und energiewirtschaftlich genutzt. Nach einem raschen Abfall mündet die Straße in Pflach wieder in die Bundesstraße ein. In Pflach öffnet sich das Tal des Lechs allmählich zu dem vier Kilometer breiten und sechs Kilometer langen Reuttener Becken, dem Zentralraum des Bezirkes.

In Reutte angekommen, sollte der unmittelbar vor der ersten scharfen Linkskurve sichtbare, auch für Busse vorgesehene Parkplatz benützt werden (Haltepunkt 1). Ein kleiner Rundgang bietet die Möglichkeit, die Bedeutung von Reutte als Bezirksort eines kleinen Tiroler Randbezirkes zu vermitteln (ca. 45 Minuten).

Abb. 2: Funktionale Gliederung von Reutte

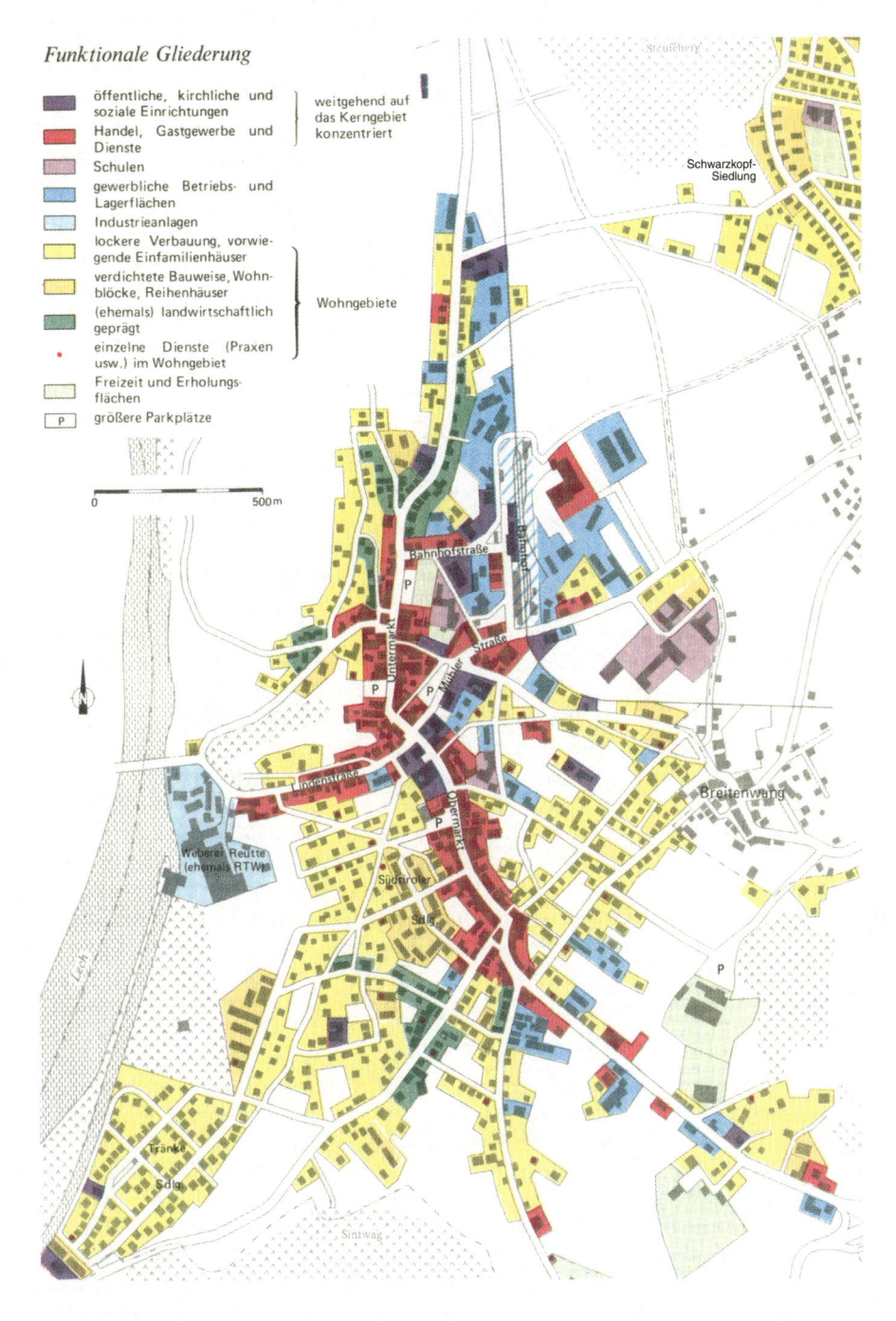

Funktionale Gliederung

- öffentliche, kirchliche und soziale Einrichtungen
- Handel, Gastgewerbe und Dienste
- Schulen

} weitgehend auf das Kerngebiet konzentriert

- gewerbliche Betriebs- und Lagerflächen
- Industrieanlagen
- lockere Verbauung, vorwiegende Einfamilienhäuser
- verdichtete Bauweise, Wohnblöcke, Reihenhäuser
- (ehemals) landwirtschaftlich geprägt
- • einzelne Dienste (Praxen usw.) im Wohngebiet

} Wohngebiete

- Freizeit und Erholungsflächen
- P größere Parkplätze

Quelle: *Keller* (1989b)

Reutte hat sich als Straßenmarkt in Nord-Süd-Richtung entwickelt (*Keller* 1989a). Diese Anordnung wird selbst bei einer flüchtigen Betrachtung bestätigt. Es ist bis heute nur unzureichend gelungen, ein entsprechendes west-östliches Breitenwachstum zu erreichen. Das Zentrum beschränkt sich im Wesentlichen auf Ober- und Untermarkt. Beim Gang durch Reutte, beginnend am nördlichen Ende des Untermarktes, sind ansatzweise städtische Züge zu erkennen, eine geschlossene Bauweise wird man jedoch vergeblich suchen. Die Gebäude reihen sich zwar dicht aneinander, doch ist in Reutte nicht jene Strenge und Geschlossenheit zu finden, wie sie üblicherweise Städten und zumeist auch Märkten eigen ist. Das vom Barock geprägte Straßenbild wurde auch durch die enge Verbindung mit dem süddeutschen Raum beeinflusst.

Die zum Teil stattlichen und teilweise bemalten oder mit Stuck verzierten Bürgerhäuser stammen aus der Zeit nach dem Großbrand von 1703 und verleihen dem Straßenbild ein „lebendiges und anmutiges Äußeres". So wird das freundliche Ortsbild in diversen Landes- und Ortsbeschreibungen aus dem 19. und 20. Jh. immer wieder lobend hervorgehoben, wie etwa bei Ignaz *Dengel*, einem Reuttener Historiker, der 1926 noch geschrieben hat, dass Reutte nach seiner ganzen Anlage, Bauweise und Geschichte den „wahren Normaltypus eines Marktfleckens darstellt" (*Dengel* 1926, 23).

Ein schönes Ensemble bilden entlang des Weges drei mit üppigen Fresken gezierte Häuser am Zeillerplatz. Das bedeutendste unter ihnen ist das „Zeillerhaus", das Wohnhaus der berühmten gleichnamigen Malerfamilie, deren bekanntester Vertreter Johann Jakob Zeiller war (1708-1783). Neben zahlreichen Fresken in seiner Heimat sind seine Werke vor allem in Klöstern und Kirchen in Niederösterreich (Altenburg bei Horn) und Bayern (Ottobeuren, Ettal) zu bewundern. Auch das mit Fresken versehene, heute als „Grünes Haus" bezeichnete Heimatmuseum zählt zu jenen Objekten, die das Erscheinungsbild von Reutte bestimmen. Nach etwa weiteren 100 m Richtung Zentrum zeigt das Ortsbild dagegen auf, dass in den letzten Jahrzehnten auch nachteilige Veränderungen stattgefunden haben und ehemalige barocke Gebäude abgerissen worden sind. Ohne sich hier ein Werturteil anmaßen zu wollen, fügen sich die Neubauten - wie hier zu beiden Seiten der Straße ersichtlich - nicht immer mit jener Harmonie in die vorhandene Haus- und Straßenlandschaft ein, wie sie ehedem bestanden hat. Dadurch hat Reutte einiges von seinem „anmutigen Äußeren" eingebüßt. Durch den Abriss eines Objektes auf der linken Seite klafft zudem seit vielen Jahren auch eine Baulücke. Andererseits dürfen aber auch jene Bemühungen nicht unerwähnt bleiben, die zur Erhaltung und Verbesserung des Ortsbildes beigetragen haben, wie Fassadenaktionen, Pflasterung und Straßenrückbau (mit Einbahnregelung) im Untermarkt, Aufstellung alter Brunnen, Vermehrung des Baumbestandes und anderes mehr, wie entlang des Exkursionsroute festgestellt werden kann. Nach zwei Gehminuten wird das eigentliche Zentrum erreicht.

Als Haltepunkt eignet sich nach Überschreiten des Kreisverkehrs der Kirchplatz, da man hier etwas abseits des Verkehrslärms steht.

An dieser Stelle soll auf zwei typische Elemente dieses Ortszentrums eingegangen werden. Zum einen bündelt sich hier an der Kreuzung, wo der Untermarkt in einen Kreisverkehr einmündet und sich im Obermarkt fortsetzt, der Verkehr, der Reutte trotz der seit 1978 bestehenden Umfahrungsstraße zunehmend belastet. Vom lokalen Verkehrsaufkommen eines Bezirksortes abgesehen, sorgen die Pendlerströme zum nahe gelegenen Planseewerk für eine weitere Verdichtung in Stoßzeiten. Dazu kommt der gesamte Durchzugsverkehr ins Lech- und Tannheimertal über die Richtung Westen abzweigende Lindenstraße. Fahle und verstaubte Häuserfassaden lassen diese Belastung im Obermarkt (und in der Lindenstraße) nur allzu deutlich erkennen. Ein zweites Kennzeichen des Reuttener Ortskerns besteht in der Konzentration fast aller zentralörtlichen Einrichtungen auf engstem Raum: Das Gemeindeamt als „Mitte", daneben die Bezirkshauptmannschaft, dahinter das Gesundheitsamt, auf der gegenüberliegenden Straßenseite im ehemaligen Ansitz Ehrenheim das Bezirksgericht, Grundbuchamt und die Gendarmerie, daran anschließend Pfarrkirche und Franziskanerkloster. Einzig das Finanzamt hat vor zehn Jahren seinen Standort an den Ortsrand verlegt.

Architektonisch kommt der Einfluss aus dem süddeutschen Raum in der Gegenüberstellung zweier Bauwerke besonders deutlich zum Ausdruck: Das Gebäude der Bezirkshauptmannschaft im Stile des süddeutschen Barocks ist mit reichem Stuck, Ziergiebel und Steildach ausgestattet und hebt sich deutlich vom Gemeindehaus, einem Vertreter des barocken Tiroler Bürgerhauses mit äußerem Stiegenaufgang und Flachdach, ab. Eine weitere Eigenheit, die bereits im Untermarkt zu sehen war, setzt sich auch im Obermarkt fort. Die meisten Häuser an deren Ostseite stehen nicht parallel zur Straße, sondern eine Häuserkante springt jeweils etwas vor, wodurch das einzelne Gebäude mehr Licht und Sonne erhält.

In ihrer Funktion sind Unter- und Obermarkt auch die beiden wichtigsten Geschäftsstraßen von Reutte. Das Angebot entspricht weitgehend jenem eines Bezirksortes. Einkaufsmärkte haben sich in den letzten Jahren zunehmend an der südlichen Ortseinfahrt (Innsbrucker Straße) und ebenso in der Mühler Straße angesiedelt. Einkaufsfahrten über die Grenze nach Füssen zur Abdeckung des kurzfristigen oder nach Kempten (mittel- und längerfristiger Bedarf) haben gegenüber früher an Bedeutung verloren.

Der Rundgang im Obermarkt kann noch bis zur Abzweigung der Schulstraße fortgesetzt werden, dann Rückkehr bis zum Kreisverkehr und abzweigen in die Mühler Straße, nach rund 100 m abbiegen nach links in eine Gasse, die Richtung Hauptschule-Untermarkt und Parkplatz zum Bus zurückführt.

In der Mühler Straße wird nach wenigen Schritten deutlich, dass das Ortszentrum verlassen wird und hier keine echte städtebauliche Entwicklung etwa durch Schaffung einer Geschäftsstraße stattgefunden hat. So reihen sich unter anderem Parkplätze, Feuerwehrhaus, eine Wohn- und Geschäftshausanlage, ehemalige Kojen einer Kohlenhandlung sowie ein größerer Einkaufsmarkt mit Parklatz aneinander.

Fortsetzung der Fahrt über Bahnhofstraße, Mühler Straße nach Mühl und zum Metallwerk Plansee. Da unmittelbar vor Plansee keine Parkmöglichkeit besteht, Abstellen des Busses bei der Kreuzung in der Ortsmitte. Kurzer Fußmarsch (200 m) bis unmittelbar vor das Werksgelände (Haltepunkt 2). Nach 20 Minuten Rückkehr zum Bus.

Die Bahnhofstraße, die den Verkehr vom Norden her unter Umgehung des Untermarktes in einem Bogen über die Mühler Straße zum Verkehrsknoten führt, weist ebenfalls nur eine lückenhafte Verbauung auf. Der Aufstieg zu einer Hauptgeschäftsstraße, wie er andernorts häufig zu beobachten ist, hat in Reutte nicht stattgefunden - ein Zeichen, dass die Bahn keine größere wirtschaftliche Bedeutung erlangt hat. Nach Überquerung des Bahngeleises wird die Mühler Straße links von einem gemischten Wohn- und wachsenden Gewerbegebiet begleitet, neuerdings durchsetzt mit kleineren Einkaufsmärkten, deren Anzahl in den nächsten Jahren ansteigen soll. Rechts führt die Fahrt vorbei am großen Schulzentrum, in dem eine Hauptschule, eine Allgemeinbildende Höhere Schule (Realgymnasium), eine Handelsakademie, eine Handelsschule sowie eine Berufsbildende Mittlere Schule für wirtschaftliche Berufe konzentriert sind.

Bei Annäherung an das ausgedehnte Siedlungsgebiet von Mühl weisen einheitliche Siedlungshäuser sowie Parkplätze bereits auf jenen Industriebetrieb hin, der mit dem Zitat „für die Welt ein Begriff, ein Glücksfall für Reutte" treffend charakterisiert wird: Das Metallwerk Plansee.

Die Sonderstellung dieses Industriebetriebes und Synergieeffekte auf Reutte und den gesamten Bezirk rechtfertigen die über den Rahmen dieser Überblicksexkursion hinausreichenden Erörterungen (*Keller* 1986; 1994).

Das mehr als 100.000 m² umfassende Werksgelände von Plansee fügt sich unauffällig in das Landschaftsbild an der trichterförmigen Öffnung des Archbachtales am östlichen Beckenrand von Reutte ein. Leider gibt es für die Exkursion keinen optimalen Standpunkt, von dem das gesamte Werkgelände überblickt werden könnte. Die Gründungsgeschichte des Metallwerkes Plansee im Jahre 1921 vermittelt in eindrucksvoller Weise, dass nicht rationale Überlegungen, sondern vielmehr Zufälle für eine Betriebsansiedlung ausschlaggebend sein können. Der Altösterreicher Paul Schwarzkopf wollte seinen Betrieb von Berlin nach Tirol verlegen. Einem Inserat folgend fuhr er nach Reutte, das er von seinen Aufenthalten im Ersten Weltkrieg zu kennen glaubte. Allerdings war ihm nicht Reutte, sondern Reith bei Seefeld im Gedächtnis. Doch in Reutte bzw. im Gemeindegebiet Breitenwang fand er das vor, was er suchte, nämlich elektrische Energie und aufgeschlossene Mitarbeiter.

Das Metallwerk Plansee

Paul Schwarzkopf hat mit 20 Arbeitskräften begonnen, heute sind es in den beiden Betrieben in Reutte etwa 2.000 Beschäftigte, weltweit bei 5.000. Aus kleinsten Anfängen heraus ist Schwarzkopf die Erzeugung von Molybdän- und Wolframdrähten gelungen. Seither gingen bahnbrechende Entwicklungen von Plansee aus, wobei der Schlüssel zu all diesen Leistungen die Pulvermetallurgie darstellt. Darunter versteht man jene Technologie, nach der metallisches Pulver unter hohem Druck zu Formkörpern gepresst und anschließend gesintert wird. Durch dieses Sintern - ein Wärmebehandlungsprozess unterhalb des Schmelzpunktes des jeweiligen Metalls, der bei Wolfram beispielsweise bei über 3.400 Grad liegt! - entsteht ein dichter Metallkörper, der durch Schmieden, Hämmern, Ziehen in Kalt- und Warmwalzvorgängen seine endgültige Form erhält. Neben Molybdän und Wolfram bilden Tantal, Niob, Chrom, Titan oder Rhenium weitere Ausgangsrohstoffe, die vorwiegend aus Übersee zugeliefert werden. Heute zählt die Plansee Unternehmensgruppe zu den weltweit führenden Herstellern von pulvermetallurgischen Produkten und Komponenten.

Die umfangreiche Angebotspalette an Planseeprodukten gliedert sich zum einen in die Bereiche Hochleistungswerkstoffe, die für Drähte, Bleche, Stäbe und andere Formkörper in der Elektronik, in der Medizin- und Kerntechnik, in der chemischen Industrie und weiteren Branchen der Hochtechnologie benötigt werden. Der zweite Stammbetrieb in Reutte konzentriert sich auf die Herstellung von Hartstoffen, Hartmetallen und Werkzeugen. Ein dritter Schwerpunkt mit der Erzeugung von Sinterstahl und Sintereisen, die vor allem in der Automobilindustrie zum Einsatz kommen, ist 1961 im nahe gelegenen Füssen gegründet worden. Zweigwerke der Plansee-Unternehmensgruppe finden sich in Österreich (Liezen), in Deutschland (2), in der Schweiz (1), Italien (1), Spanien(2), Frankreich (1), Bulgarien(1), Indien (1), USA (1) und Japan (1). Die Planseeprodukte gehen zu über 93 % in den Export (siehe *Abb. 3*).

Ausschlaggebend bei der Gründung von Plansee war die elektrische Energie, die das gemeindeeigene Elektrizitätswerk in dem nötigen Umfang liefern konnte. Reutte besitzt nämlich bereits seit 1907 in unmittelbarer Nähe ein Kraftwerk, in dem das Planseewasser zu Erzeugung elektrischer Energie genutzt wird. Der Mangel an eigenen Stromabnehmern in den Anfangsjahren führte zu der Initiative, die grenznahen bayerischen Gebiete für den Bezug elektrischer Energie zu gewinnen. Mit der Versorgung von etwa 30.000 Bewohnern im grenznahen Bayern zählt das Elektrizitätswerk Reutte heute zu den ältesten Beispielen für Stromexport. Mit seinen laufend ausgebauten Anlagen am Plansee und Lech gehört es neben den städtischen E-Werken zu den größten selbständigen Kraftwerksunternehmen in Österreich. Außerdem stellt es mit nahezu 400 Beschäftigen einen wichtigen Arbeitgeber beiderseits der Grenze dar.

Abb. 3: Die Plansee-Unternehmensgruppe

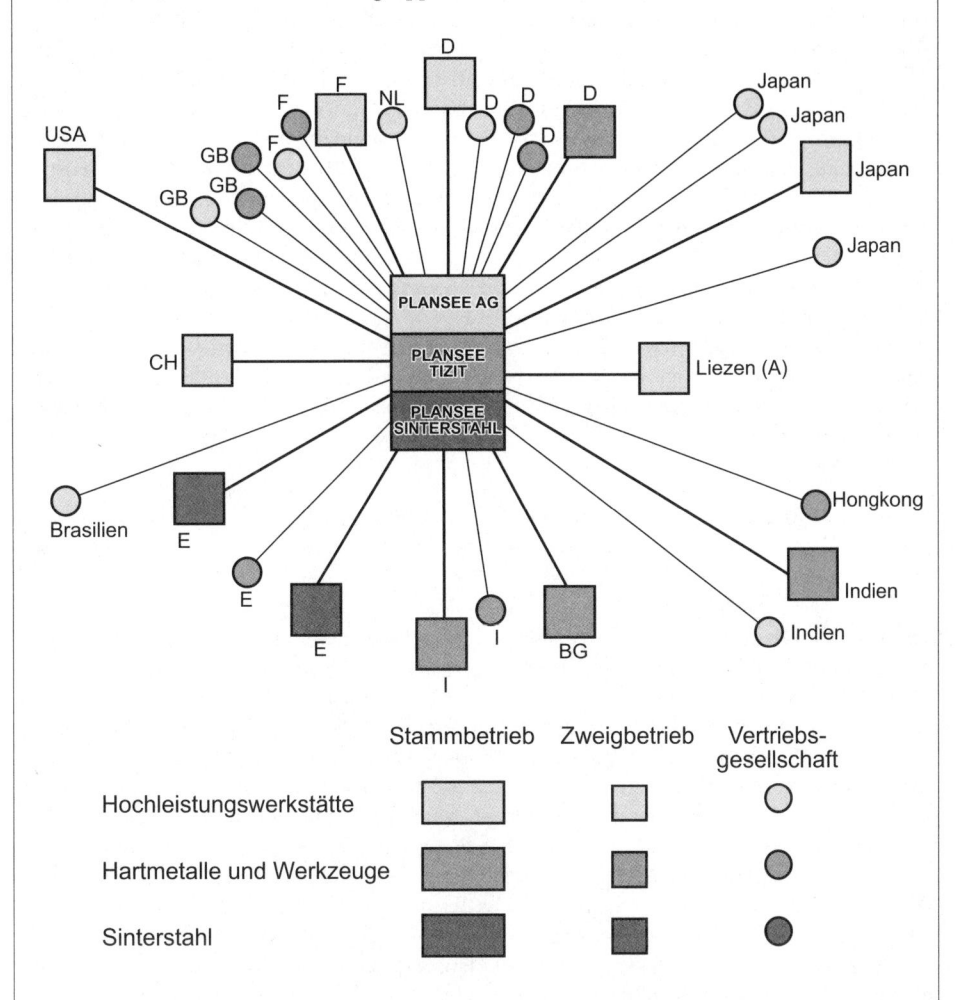

Allerdings würden diese Standortbedingungen von einst, nämlich elektrische Energie und Arbeitskräfte, heute nicht mehr rechtfertigen, einen Industriebetrieb mit einer derartigen Hochtechnologie wie Plansee in einem ländlichen Raum, fernab von industriellen Konzentrationen, wirtschaftlichen Ballungsräumen und wissenschaftlichen Forschungsstellen anzusiedeln. Um die infrastrukturellen Standortnachteile abzuschwächen und die Attraktivität des Raumes Reutte zu steigern, war das Unternehmen bemüht und letztlich auch gezwungen, verschiedene Aktivitäten zu setzen und Anreize zu schaffen, die das übliche Maß übersteigen und die Entwicklung des gesamten Bezirkes maßgeblich beeinflusst haben.

Firmeneigene Forschung und Entwicklung nehmen deshalb einen hohen Stellenwert ein. Mit sechs Prozent des gesamten Umsatzes (ca. 520 Millionen Euro im Jahre 2001) für Forschung und Entwicklung sowie weiteren 2,5 % für Qualitätssicherung zählt Plansee zu den 20 forschungsintensivsten industriellen Großbetrieben Österreichs. Seit 1952 finden in Abständen von vier bis fünf Jahren internationale Plansee-Seminare statt, zu denen jeweils etwa 500 Wissenschaftler aus der ganzen Welt nach Reutte in das „Mekka der Pulvermetallurgie" pilgern, wie zuletzt zur 15. derartigen wissenschaftlichen Veranstaltung im Jahre 2001.

Aus Gesprächen mit der Firmenleitung geht hervor, dass größter Wert auf die Ausbildung des Nachwuchses in den eigenen Lehrlingswerkstätten (seit 1939) gelegt wird, aber ebenso werden große Summen in die Fort- und Weiterbildung der Mitarbeiter durch anspruchsvolle Bildungsprogramme (seit 1971) investiert. Weiters ermöglichte das Plansee-Werk 1960 die Realisierung einer Idee von Paul Schwarzkopf, jungen Menschen gleichermaßen eine geistige wie auch eine handwerkliche Ausbildung zu vermitteln, und zwar mit der Einrichtung eines pulvermetallurgischen Zweiges in der auf fünf Jahre aufgestockten Oberstufe am Reuttener Realgymnasium. Leider ist dieses interessante und viel beachtete Schulmodell Ende der 90er-Jahre wegen mangelnder Akzeptanz ausgelaufen. Zur Anhebung der kulturellen Infrastruktur gibt es seit 30 Jahren Planseekonzerte mit Künstlern von internationalem Format.

Als interessantes Detail am Rande ist anzumerken, dass hier ein Industriebetrieb durch den Anteil an hochqualifizierten Mitarbeitern beigetragen hat, die Maturanten- und Akademikerquote in Reutte und Breitenwang überdurchschnittlich anzuheben. Dass auch beim Einkommen die Außerferner im Tiroler Spitzenfeld liegen, wird ebenfalls von Plansee mitgesteuert.

Anschließend Rundfahrt durch Schwarzkopf- bzw. Archbachsiedlung. Über Mühl, Breitenwang und über Kaiser-Lothar-Straße zurück nach Reutte. Dort abzweigen in die Innsbrucker Straße Richtung Innsbruck.

Bei dieser Rundfahrt sind noch die Auswirkungen auf die Siedlungs- und Wohnungsstruktur anzusprechen. Paul Schwarzkopf hat unmittelbar nach Kriegsende begonnen, für „seine" Mitarbeiter Werkswohnungen zu errichten. Die ersten 17 in einfacher Holzbauweise ausgeführten Einfamilienhäuser entstanden 1948 auf mageren Weidegründen nördlich von Mühl und bildeten den Grundstock für die Dr.-Paul-Schwarzkopf-Siedlung (vgl. dazu *Abb. 2*). Sie prägen auch heute noch das Straßenbild und zeugen für das große soziale Engagement der Unternehmer- und Forscherpersönlichkeit Paul Schwarzkopf. Mehrfamilienwohnhäuser und Wohnblöcke folgten in den 50er-Jahren. Nur indirekt mit Plansee hängt die ab 1965 unmittelbar daneben gewachsene Archbachsiedlung zusammen, denn ein erheblicher Teil der hier Wohnenden arbeitet bei Plansee. In beiden Siedlungen, in deren Mitte eine Volksschule mit einem Veranstaltungszentrum steht, lebt etwa ein knappes Fünftel der Bewohner von Reutte. Mit mehr als 250 Werkswohnungen, die insgesamt von Plansee errichtet worden sind, und mehr als 300 angemieteten Wohnungen steht nahezu ein Sechstel aller Wohnungen im Reuttener Becken unter direktem oder indirektem Einfluss dieses Betriebes.

Plansee bietet somit ein eindrucksvolles Beispiel dafür, wie sehr ein Industriebetrieb die Wirtschafts- Sozial- und Siedlungsstruktur nachhaltig beeinflussen kann (vgl. dazu auch die Spezialexkursion *Geographisches Profil: Wattens und Umgebung*). Trotz der überaus positiven Entwicklung für das gesamte Außerfern darf nicht übersehen werden, dass eine derartige Monopolstellung auch mit Gefahren, vor allem in Zeiten einer wirtschaftlichen Rezession, verbunden ist.

Breitenwang, ein typisches Haufendorf, wird überragt von der Pfarrkirche und ihrem weithin sichtbaren spitzen Turm. Eine Gedenktafel an einem der Häuser weist darauf hin, dass

Kaiser Lothar III. auf der Rückreise von Rom hier im Jahre 1137 verstorben ist. Dies zeugt auch von der Bedeutung der „Oberen Straße" als Konkurrenzstrecke zum Brenner. Durch die enge Anbindung an Reutte ist die Gemeinde Breitenwang trotz ihrer 1.600 Einwohner infrastrukturell schlecht ausgestattet - ausgenommen das überörtliche Veranstaltungszentrum, das anlässlich der 900-Jahr-Feier der Gemeinde 1994 eröffnet worden ist (*Keller* 1994).

Nach einem Kilometer, wo die Umfahrung von Reutte endet, mündet auch die Innsbrucker Straße in die Fernpass-Bundesstraße ein. Sie steigt am Rande des Katzenberges allmählich an, nach etwa 400 m bietet der zweite Parkplatz auf der rechten Seite einen Ausblick auf das Reuttener Becken. Noch viel eindrucksvoller gestaltet sich ein Überblick jedoch von der Ruine Ehrenberg auf dem etwa 1.050 m hohen „Schlossberg" aus. In diesem Fall zweigt die Route nach weiteren 400 m rechts zur Ehrenberger Klause ab.

Bei der Abstellmöglichkeit für den Bus unmittelbar vor der Klause zeigen Hinweisschilder an, dass zwischen einem flach ansteigenden oder einem steileren Aufstieg zur Burgterrasse gewählt werden kann (Gehzeit ca. 20 Minuten). Insgesamt sollte dafür allerdings eine gute Stunde eingeplant werden (Haltepunkt 3).

Die Ruine Ehrenberg

Die Burg Ehrenberg war einst eine der wichtigsten Grenzfestungen im alten Tirol. Zum gesamten Ensemble gehören die Burganlage mit der Aussichtsplattform auf dem - wie er hier genannt wird - kleinen Schlossberg, die Verteidigungsanlagen auf dem großen Schlosskopf, die Klause als Straßensperre am Fuß der Engstelle sowie gegenüber auf der „Hochschanz" das Fort Claudia. Erstmals ist von einer Burg unter dem Tiroler Landesfürsten Meinhard II. im Jahre 1293 die Rede. Auch die Klause, welche unterhalb der Burg als Zollstätte und Straßensperre diente, geht auf diese Zeit zurück. Ehrenberg war nicht nur eine der größten Burganlagen, sondern auch eine der meist umkämpften Straßensperren Tirols. 1546 wurden die Schmalkalden hier zurückgeschlagen, während Moritz von Sachsen 1552 die Burg für kurze Zeit einnehmen konnte. Im 30-jährigen Krieg konnte der Einbruch der Schweden nach Tirol bei Ehrenberg verhindert werden. Zu weiteren Kämpfen kam es 1703 im Zuge des Spanischen Erbfolgekrieges. Im Jahre 1782 wurden mit Ausnahme von Kufstein alle Tiroler Grenzbefestigungen aufgelöst, die Anlagen verkauft, ausgeplündert und dem Verfall preisgegeben. Erst in den letzten Jahren sind Maßnahmen angelaufen, um noch vorhandene Mauern der Burganlage freizulegen und zu sanieren. Ebenfalls in letzter Minute ist es gelungen, das noch bestehende Gebäude der Ehrenberger Klause vor dem endgültigen Verfall zu retten. Mit Hilfe eines EU-Föderprogrammes wird die Anlage bis 2003 zu einem europäischen Burgenmuseum mit Veranstaltungszentrum ausgebaut, wo das Mittelalter hautnah nachgestellt und erlebt werden soll.

Ehrenberg hatte ab dem Jahre 1296 eine zweite wichtige Bedeutung als das „Gericht außer dem Fern" dem Hauptmann von Ehrenberg übertragen wurde. Ursprünglich gehörten nur das Reuttener Becken und Zwischentoren dazu, doch in den folgenden Jahrhunderten wurden dem Richter von Ehrenberg auch die übrigen Talschaften untergeordnet. Der Richter verlegte seinen Amtssitz schon im 17. Jh. zwar nach Reutte in den Ansitz Ehrenheim (heute Sitz des Bezirksgerichtes), der Name blieb jedoch weiterhin in der Bezeichnung „Landgericht Ehrenberg" bestehen, bis 1868 durch die Neugliederung der Verwaltung die Bezirkshauptmannschaft Reutte eingerichtet wurde.

Der Aussichtspunkt gibt den Blick über den Talkessel von Reutte in seiner gesamten Ausdehnung frei. Das durch den Lech und Lechgletscher ausgeformte Becken wird ringsum von einem Bergkranz umgeben, der nach Norden zum Alpenrand stark abfällt. Im Osten reichen die Ammergauer Alpen, im Westen die Tannheimer Gruppe und im Süden der Thaneller als Ausläufer der Lechtaler Alpen an das Reuttener Becken heran. Die Gesteinsvielfalt drückt sich deutlich im Landschaftsbild aus. Die weichen Juraschichten der Tannheimer Berge werden eingerahmt von härteren und hellen Wettersteinkalken (Gaichtspitze im Süden und Gehrenspitze mit 2.164 m als nördlicher Ausläufer). Der Reuttener Hahnenkamm in der Mitte der Tannheimer Gruppe ist durch eine Seilbahn erschlossen und das wichtigste Schigebiet für Reutte. Als Grenzberg im Nordosten ist der Säuling (2.047 m) ein auch auf der bayerischen Seite häufig bestiegener Gipfel, ebenfalls aus hellem Wettersteinkalk aufgebaut. Das Bauelement der übrigen Umrahmung besteht weitgehend aus dem dunkleren und klüftigeren Hauptdolomit, dessen höchste Erhebung im Süden, der Thaneller, mit 2.343 m als Wahrzeichen von Reutte gilt. Aus der Aufschwemmungsfläche des Beckens erheben sich mehrere z. T. bewaldete Hügel aus hartem Muschelkalk, der früher auch als Baustein diente.

Die Straße durch die Engstelle bei der Ehrenberger Klause nach Reutte bestand bereits in der Römerzeit. Zum einen war es die Via Claudia Augusta, eine Fernverkehrsstraße, die von Aquilea nach Augsburg (46 n. Chr.) führte (vgl. Übersichtsexkursion *Die Brenner-Linie*), zum anderen soll unterhalb der Burg die Via Decia (250 n. Chr.) abgezweigt sein, die über das Tannheimertal in den Bodenseeraum führte. Beide Straßen erlangten im Mittelalter erneut an Bedeutung und gehörten bis ins 19. Jh. zu den wichtigsten Fernverkehrsstraßen in Tirol.

Die Anlage der ältesten Siedlungen im Reuttener Becken, nämlich Breitenwang und Wängle, gehen auf das hohe Mittelalter zurück. Breitenwang wird erstmals im Jahre 1094 erwähnt, die Kirche urkundlich 1313 bezeugt. Die Pfarre bestand mit einiger Sicherheit schon im 12. Jh., zu der auch auch Reutte gehörte. Trotz des späteren raschen Aufschwungs von Reutte blieb der Markt pfarrlich bis 1945 mit dem Dekanatssitz Breitenwang vereint. Erst seit dieser Zeit übt das 1628 gegründete Franziskanerkloster in Reutte auch die Aufgaben und Rechte als Pfarre aus. Beispiele, in denen jüngere Siedlungen des Hochmittelalters durch ihre Verkehrslage oder ihre wirtschaftliche Entwicklung den Mutterort überflügelten, sind in Tirol häufig. In der kirchlichen Verwaltung blieben diese alten Bindungen meist noch längere Zeit bestehen, in keinem Fall aber so lange wie in Reutte und Breitenwang.

Reutte trat als Tochtersiedlung von Breitenwang erst spät in Erscheinung und erlangte Ende des 14. Jh. einige Bedeutung, als die Straße nach dem Norden in den Ortsbereich verlegt wurde. Ein rascher Aufstieg folgte nach dem Bau der Lechbrücke 1464. Wenige Jahre später erhielt Reutte das Niederlagsrecht sowie das Recht des Warentransportes nach einer festgelegten Ordnung (Rodverkehr) und wurde 1489 zum Markt erhoben. Zu dieser Zeit stand der augsburgisch-venezianische Handel gleichermaßen in Blüte wie der Salztransport von Hall in den Bodenseeraum. Durch die Entdeckung der Neuen Welt und der damit verbundenen Verlagerung der europäischen Wirtschaftsachse verlor der Nord-Süd-Handel zwar an Bedeutung, die Salzlieferungen nahmen jedoch weiterhin zu. Reutte entwickelte sich zur wichtigsten Station der Salztransporte und wurde 1649 zum „Hauptniederlags- und Konfin-Ort" für das Haller Salz ernannt. Weitere Salzstadel und Unterkünfte entstanden, Handel und Gewerbe blühten auf und Kaiserin Maria Theresia bot dem Markt 1743 das Stadtrecht an, das Reutte jedoch aus steuerlichen Gründen ablehnte. Mit dem Verlust der österreichischen Vorlande (1805) und dem daraus resultierenden Ende der Salztransporte wurde der Niedergang des Handelsverkehrs und damit auch des Wohlstandes eingeleitet. In eine verkehrspolitische Randlage wurde Reutte endgültig durch die der Eröffnung der Fahrstraße über den Arlberg 1824 und den Bau der Arlbergbahn (1884) gedrängt, die Marktgemeinde blieb aber weiterhin als Verwaltungsmittelpunkt bedeutendster Ort im Außerfern. Nach schweren Rückschlägen durch die beiden

Weltkriege und der wirtschaftlichen Krise der Zwischenkriegszeit setzte 1945 ein Aufschwung für Reutte und seine Nachbargemeinden ein, der mit der Entfaltung der Industrie und dem Ausbau zentraler Funktionen als Bezirkshauptort einherging.

Die Landwirtschaft hat im Reuttener Becken überdurchschnittliche Einbußen hinnehmen müssen. Lediglich in Höfen und Wängle sind noch mehrere intakte bäuerliche Anwesen zu finden. Die einschnittigen Wiesen im Randbereich des Beckens werden kaum mehr gemäht und liegen häufig brach. Hier kann ein allmähliches Vordringen des Waldes beobachtet werden.

Mit rund 300.000 Übernachtungen in allen sieben Gemeinden zusammen im Jahre 2000 spielt auch der Tourismus eine bescheidene Rolle. Neben dem Dienstleistungssektor nimmt die Industrie in der Beschäftigtenstruktur eine Vorrangstellung ein, gehört doch das Reuttener Becken durch das Planseewerk zu den am stärksten industrialisierten Räumen Tirols (*Tab. 1*). Bis in die 1970er-Jahre beschäftigten noch die Reuttener Textilwerke als zweitgrößter lokaler Industriebetrieb 500 Arbeitskräfte, ihre einstige Produktionspalette (Schnürlsamt etc.) ist seither aber auf jene einer kleinen Weberei beschränkt worden. Die industrielle Ausrichtung dieses Raumes trägt wesentlich dazu bei, dass Reutte (19 %) und Breitenwang (15 %) zu den Gemeinden mit den höchsten Ausländeranteilen in Tirol gehört (*Demographische Daten* 2000). Auch bezüglich der Pendelwanderung liegen Reutte und Breitenwang mit 3.700 Tageseinpendlern (1991) in Relation zu den Beschäftigten im Spitzenfeld Tirols.

Ein Blick auf die Siedlungslandschaft zeigt deutlich, dass die Gemeinden Breitenwang, Ehenbichl, Höfen, Lechaschau, Pflach, Reutte und Wängle immer mehr zusammenwachsen. Bereits 42 % der Einwohner entfallen auf diese sieben Gemeinden des Reuttener Beckens. Der Bevölkerungszuwachs zwischen 1951 und 2001 beträgt knappe 180 %, jener an Gebäuden beachtliche 300 % (*Volkszählung* 1951, 2001). In der Gegenüberstellung mit den Verdichtungsräumen des Inntals, die innerhalb der letzten Jahrzehnte eine ungleich rasantere Entwicklung erfahren haben, bestätigt sich einmal mehr die periphere Lage des Reuttener Beckens innerhalb des Bundeslandes Tirol (*Tab. 2*).

Aus der Sicht des Bezirkes bildet das Reuttener Becken den natürlichen Zentralraum mit Reutte als Mittelpunkt. Seine eng gezogenen Gemeindegrenzen haben es mit sich gebracht, dass zentrale Einrichtungen, wie das (*von diesem Standpunkt aus gut einsehbare*) Bezirkskrankenhaus Reutte in Ehenbichl, auf die Nachbargemeinden ausgelagert sind.

Beim Abstieg von der Burgruine Ehrenberg ist nochmals deutlich zu sehen, wie sehr die morphologisch vorgezeichnete Engstelle im Wettersteinkalk die Errichtung einer Verteidigungsanlage geradezu herausgefordert hat.

Die weitere Exkursionsroute führt durch Zwischentoren nach Ehrwald. Ein Abstecher zum Heiterwanger See mit einem kurzen Spaziergang, einer Kaffeepause oder Mittagsrast bietet sich an. Dazu muss die Abzweigung Heiterwanger See am Ortsende von Heiterwang gewählt werden, der Bus erreicht nach etwa einem Kilometer den See, wo Parkplatz und Restaurant zur Verfügung stehen (Haltepunkt 4).

Als Zwischentoren wird der Streckenabschnitt zwischen den beiden Toren Ehrenberger Klause und Schloss Fernstein am südlichen Ende des Fernpasses bezeichnet. Die Straße verläuft in einer langen Kehre in südöstlicher Richtung und steigt noch weiter an. Vor Heiterwang fällt sie wieder zur Planseetalung ab. Der Heiterwanger See und der Plansee mit einer Seehöhe von 976 m stellen morphologisch eine Einheit dar. Sie liegen in einer glazial ausgeschürften Felswanne mit einer klüftigen und mitunter düster wirkenden Gebirgsumrahmung aus Hauptdolomit. Durch Aufschüttungen ist es zu einer Abtrennung des Heiterwanger Sees gekommen. Im Zuge der energiewirtschaftlichen Nutzung erhielten beide Seen am Beginn des 20. Jh. eine künstliche Verbindung.

Tab. 1: Die Zugehörigkeit der Berufstätigen im Reuttener Becken 1951-1991

	1951	1961	1971	1981	1991
Reuttener Becken					
Berufstätige	3.636	4.068	4.364	4.888	5562
Landwirtschaft	11,5 %	7,4 %	1,8 %	1,8 %	1.0 %
Industrie und Gewerbe	67,7 %	61,4 %	58,5 %	55,0 %	47,7 %
Dienstleistungen	20,8 %	31,2 %	39,7 %	43,2 %	51,3 %
Reutte					
Berufstätige	1.652	2.003	2.227	2.330	2.420
Landwirtschaft	5,2 %	2,1 %	1,5 %	1,5 %	0,8 %
Industrie und Gewerbe	67,0 %	60,2 %	53,0 %	48,2 %	44,4 %
Dienstleistungen	27,8 %	37,7 %	45,5 %	50,3 %	54,8 %

Quelle: *Volkszählungsergebnisse* 1951, 1961, 1971, 1981, 1991

Tab. 2: Bevölkerungs- und Siedlungsentwicklung im Reuttener Becken 1951-2001

Jahr	Reuttener Becken		Reutte	
	Bevölkerung	Gebäude	Bevölkerung	Gebäude
1951	7.653	1.119	3.478	412
1971	11.070	1.883	5.113	772
1991	12.142	2.896	5.306	1.088
2001	13.218	3.309	5.702	1.210
Zunahme 1951-2001	58 %	296 %	164 %	293 %

Quelle: *Volkszauählungsergebnisse* 1951, 1971, 1991, 2001 (vorläufig)

Bei der Weiterfahrt steigt die Straße abermals bis zur Wasserscheide bei Lähn auf über 1.100 m an. Die Orte Zwischentorens haben zwar Umfahrungsstraßen erhalten, doch sind auch entlang dieser erneut Bauten errichtet worden, wie vor allem in Heiterwang zu sehen ist. Bei der Fahrt sollte auch die Ausrichtung der (ehemaligen) Bauernhöfe beachtet werden. Das ungehinderte Einströmen der Nordwestwinde führte nämlich zu einer ausgesprochenen Windstellung der Häuser. Der Wirtschaftstrakt ist nach Norden bzw. Nordosten, das Wohnhaus nach Südosten zur Sonne gerichtet. Die klimatische Benachteiligung von Zwischentoren ist vor allem im Frühling auffallend, wenn z.B. im Inntal Mitte Mai mit der Heuernte begonnen wird, während hier noch Frühlingsblumen blühen.

Die in Bichlbach auf einem kleinen Hügel angesiedelte, 1710 errichtete Zunftkirche bezeugt, welche Bedeutung einst das Bauhandwerk in diesem Teil Tirols besessen hat. Kaiser Leopold I. gewährte nämlich dem Außerfern 1694 eine Zunftordnung. In der St.-Josef-Bruderschaft zu Bichlbach waren Maurer, Stuckateure und Zimmerleute zusammengeschlossen, der im 18. Jh. bis zu 1.200 Mitglieder angehörten. Durch die kargen landwirtschaftlichen Erträge, die einerseits auf der klimatischen Benachteiligung beruhen, andererseits aus der Realteilung mit ihren ungünstigen Besitzverhältnissen resultieren, waren die Bewohner schon frühzeitig auf Nebenerwerb angewiesen. Deshalb zogen viele dieser Bauhandwerker als Saisonarbeiter ins Ausland, vornehmlich in den süddeutschen Raum, in die Rheinlande und nach Westfalen. Das kleine barocke Juwel - die einzige Zunftkirche Österreichs - wurde in den Jahren 1971 bis 1974 renoviert und vor dem Verfall bewahrt.

An der Umfahrungsstraße bei Wengle und Lähn fällt dem Beobachter auf, dass hier zunächst eine breitere Straße vorgesehen war. In den 70er-Jahren bestand nämlich die Absicht eines vierspurigen Ausbaus im Zuge der damals projektierten, mittlerweile aber ad acta gelegten Schnellstraße Ulm-Mailand. In der Zwischenzeit wurden zwar einige Teilstücke als zweispurige Schnellstraße ausgebaut, eine Gesamtlösung steht jedoch noch aus. Ein Grundproblem liegt darin, dass sich mehrere Zubringerrouten aus Deutschland in Grenznähe - wie bereits geschildert - vereinen und über diesen einen Hauptverkehrsstrang über den Fernpass ins Inntal führen. Die Situation droht sich weiter zu verschlechtern, wenn das letzte Teilstück einer der wichtigsten Nord-Süd-Autobahnen Deutschlands bis zur Grenze fertig gestellt sein wird.

Die Außerfernbahn

Ab dem Ortsende von Lähn verläuft die Bahnlinie, die Innsbruck über Garmisch mit Reutte verbindet, bis Ehrwald parallel zur Straße. Dies bietet daher die Gelegenheit, auch die Bedeutung dieser Bahnlinie als Verkehrsträger anzusprechen. Sie wurde im Jahre 1913 als erste voll elektrifizierte Strecke eröffnet. Ob die Außerfernbahn allerdings das erste Jahrhundert ihres Bestehens überleben wird, ist jedoch nicht gesichert. Bereits 1988 bei der 75-Jahrfeier schien eine Einstellung der Personenbeförderung im Jahr 1991 und jene des Güterverkehrs im Jahr 2001 bevorzustehen. Derzeit wird die Strecke zwischen Garmisch und Kempten zur Gänze von der DB Regio Bayern geführt, die durch günstige Angebote die Attraktivität der Bahn als Erlebnisstrecke zu steigern versucht. Auf Grund ihrer Trassenführung und der zahlreichen Steigungen hat diese Bahn letztlich nur lokale Bedeutung und einen Gutteil ihrer Aufgaben als Verkehrsklammer zum Tiroler Zentralraum an die Straße abgegeben.

Lähn hieß ursprünglich Mittewald, ein Name, der auf alte Herrschaftsgrenzen hinweist, die zwischen den Diözesen Augsburg und Brixen noch bis 1816 Bestand hatten. Nach der Lawinenzerstörung im Jahre 1456 bürgerte sich der Name Lähn (Lahn = Lawine) ein. Von Lähn führt die Straße bis Lermoos wiederum bergab. Lermoos ist neben Ehrwald und Biberwier eine der drei am Rande des Lermooser Beckens gelegenen Gemeinden. Trotz der geringen Entfernung zueinander verlief ihre wirtschaftsgeschichtliche Entwicklung unterschiedlich.

Da die Wahl der Tunnel-Umfahrung von Lermoos und Biberwier auf Kosten der landschaftlichen Schönheiten dieses Talbeckens ginge, sollte die Straße Richtung Ehrwald und Biberwier gewählt werden.

Die Strecke durch Zwischentoren als Teilstück der „Oberen Straße" über Fern- und Rechenpass sowie der Salzstraße von Hall in den Bodenseeraum wird durch häufige Anstiege und Abfälle begleitet, die den mittelalterlichen und neuzeitlichen „Transitverkehr" erschwerten. An den Fußpunkten von Anstiegen entstanden deshalb Rodstationen, die mit dem Recht der Warenniederlage und des Pferdewechsels nach einer festgelegten Ordnung verbunden waren. Als eine der ältesten Rodstätten im Frachtenverkehr über den Fernpass erhielt Lermoos um 1500 das Recht der Warenniederlage. Ein Salzstadel wird bereits 1318 erwähnt. Wie die Siedlungsstruktur bei der Durchfahrt unschwer zu erkennen gibt, wird Lermoos heute vom Tourismus geprägt und liegt mit knapp 500.000 Übernachtungen (ca. 52 % Winteranteil) an der Spitze im Außerfern. Einige der Liftanlagen, die am rechten Hang von der Straße aus zu sehen sind, erschließen das Schigebiet am Grubigstein.
Vor Ehrwald zweigt das Loisachtal nach Osten ab, dem auch die Bahnlinie folgt. Aus diesem trifft aus Deutschland der vierte Hauptverkehrsstrang auf die Fernpass-Straße, nämlich jener von München über Garmisch. Ehrwald, auch als „Zugspitzdorf" bezeichnet, ist eine langgestreckte Reihensiedlung am Fuße der Zugspitze mit einer angerartigen Erweiterung im Zentrum. Abseits der Hauptverkehrsader gelegen, wandte sich die Bevölkerung der Fassdaubenmacherei zu. Seit dem 16. Jh. lieferten die Ehrwalder jährlich 300.000 Fässer durch das Gaistal zur Saline nach Hall. Ehrwald ist heute mit 2.500 Einwohnern die zweitgrößte Gemeinde im Bezirk. Seine Bedeutung für den Fremdenverkehr geht schon in die Zwischenkriegszeit zurück, da bereits im Jahre 1926 eine Seilbahn auf die Zugspitze errichtet wurde. Als eine der ersten in Österreich und lange Zeit höchste Seilbahn Europas galt sie zur Zeit ihrer Erbauung als technisches Wunderwerk. Mit fast 400.000 Übernachtungen nimmt Ehrwald heute in der Übernachtungsstatistik des Außerferns den zweiten Rang ein.

Bei schönem Wetter ist eine Wanderung durch das Lermooser bzw. Ehrwalder Moos zu empfehlen. Dazu muss der Bus am Ortsende von Ehrwald bei der Abzweigung der Straße zur Weidach-Siedlung (unmittelbar vor der Brücke über den Geißbach) verlassen werden (Haltepunkt 5). Der Bus fährt weiter nach Biberwier bis zur Einmündung der Straße von Lermoos, wo eine Abstellmöglichkeit besteht. Über gut beschilderte Wanderwege gelangt man in etwa 45 Minuten nach Biberwier.

Die Wanderung durch das Moos bietet einen herrlichen Rundblick auf die Umrahmung des Lermooser Beckens. Über Ehrwald erhebt sich das wuchtige Wettersteingebirge aufgebaut aus hellem kompaktem Wettersteinkalk. Höchste Erhebung ist die Zugspitze, die mit 2.962 m auf Grund des Grenzverlaufes auch der höchste Berg Deutschlands ist. Im Süden schließt die Mieminger Kette mit dem zweiten Wahrzeichen von Ehrwald, der Sonnenspitze (2.412 m), an. Weniger markante Züge weisen die Berge im Norden und Westen mit dem Schigebiet des Grubigstein (2.233 m) auf. Die im Moos herausragenden kleinen pyramidenförmigen Hügel - Toma genannt - sind die letzten Ausläufer des Fernpassbergsturzes. Der „Tumme-Bühel" in der Beckenmitte besteht allerdings aus anstehendem Gestein.
Die Wanderung gibt Einblick in die wirtschaftliche Problematik des Moosgebietes, das von der Loisach und von zahlreichen kleinen und größeren Kanälen entwässert wird. Die weite Moosfläche, die lange Zeit nur als eine dürftige Viehweide genutzt werden konnte, ging aus der

Verlandung eines Sees hervor, der wegen der Aufstauung der Loisach durch einen seitlichen Schuttkegel entstanden war. *Kätzler* (1977) hat hier in den 1970er-Jahren eine weit fortgeschrittene Sozialbrache gesehen.

Der Tiroler Landesfürst Ferdinand II. kam bei einer Durchreise 1577 auf den Gedanken, das Moos wieder in einen See zu verwandeln. Die Bevölkerung bat jedoch, von diesem Vorhaben Abstand zu nehmen und wies auf die ohnehin nur kleinen landwirtschaftlichen Güter hin. Zudem würde die Nebel- und Kältebildung zunehmen. Um ähnlichen Plänen vorzubeugen, kam es damals schon zu einer Kultivierung und Rodung des Mooses. Ausschlaggebend für die endgültige Erschließung wurde im Jahre 1859 das Ansuchen der 427 „Mooskonkurrenten" (Beteiligten) an den Landtagsausschuss um Subventionierung eines Entwässerungsprojektes. Dem Unternehmen war jedoch zunächst kein großer Erfolg beschieden. Zwischen 1888 und 1892 kam es nach neuen Plänen zu einer weiteren Tieferlegung und Begradigung der Loisach sowie zur Anlage von Kanälen und Drainagen, die eine wirkungsvolle Entsumpfung erzielten. Die Besitzer waren und sind zur jährlichen Wartung der Anlagen verpflichtet. Die anfangs der 1980er-Jahre neuerdings eingeleiteten Maßnahmen zur Trockenlegung zum Zwecke der besseren Bewirtschaftung waren nur teilweise erfolgreich. Trotz Bewirtschaftungsprämien sind etliche Kanäle, Brücken und Stege verfallen, vor allem Richtung Biberwier werden Teile des Mooses nicht mehr bewirtschaftet. Da die Rinderhaltung hier wie im ganzen Außerfern stark rückläufig ist und der Heuüberschuss steigt, ist auch der Heuverkauf kaum rentabel. Das Moos ist jedoch ein beliebtes ganzjähriges Naherholungsgebiet, das es zu erhalten gilt. Ein dichtes Loipennetz wandelt diese Gegend im Winter zudem in ein „Eldorado" für Langläufer.

Unmittelbar vor Einmündung des Wanderweges in die Straße am östlichen Ortsbeginn von Biberwier wird beim „Scharfen Eck" eine wenige Meter lange Geleisestraße, die auch als Römerstraße bezeichnet wird, sichtbar. Es dürfte sich hier zwar „nur" um einen Teil der mittelalterlichen Straße handeln, die Linienführung der Römerstraße durch das Außerfern konnte jedoch durch archäologische Untersuchungen in den Jahren 1992 bis 1995 streckenweise geklärt werden. Diese brachten zutage, dass eine sieben Meter breite Straße geradlinig durch das Moos geführt hat. Als Fundament dienten Fichten- und Tannenstämme, auf die mehrere Schichten Schotter aufgetragen waren. Die deshalb auch als Prügelweg bezeichnete Straße ist der erste und bis heute einzige Streckenabschnitt der Via Claudia Augusta, an dem die Baugeschichte durch dendrochronologische Datierung der verwendeten Bauhölzer, die der Moorboden bis heute konserviert hat, geklärt worden ist (*Nicolussi* 1998; *Pöll* 1998). Demnach reichen die ältesten Jahresdatierungen der Bauhölzer in das Jahr 45/46 n. Chr. zurück.

Weiterfahrt mit dem Bus Richtung Fernpass. Bei der Raststätte Zugspitzblick besteht die Möglichkeit, den Bus für eine kurze Erörterung der Fernpass-Bergsturzlandschaft zu verlassen (Haltepunkt 6).

Die Lage von Biberwier als dem kleinsten Ort im Lermooser Becken ist zwischen größeren Tomahügeln der Talmitte und der nördlichen Talflanke vorgezeichnet. Biberwier wird urkundlich zwar erst 1288 erwähnt, Ausgrabungen vor wenigen Jahren brachten aber ans Licht, dass bereits zur Römerzeit um 40 bis 50 n. Chr. eine Siedlung am Fuß des Fernpasses bestanden haben muss. Die spätere Entwicklung von Biberwier ist durch den Bergbau geprägt, der in das 16. Jahrhundert zurück reicht und im Bereich der Mieminger Berge in Form des Bleiglanz- und Zinkblende-Abbaus bis 1921 betrieben worden ist.

Nach Biberwier steigt die Straße allmählich bis zu einer Verebnung und einer Mulde, die vom Weißensee auf der linken Seite ausgefüllt ist, an. Etwa 100 m nördlich liegt auf gleicher Höhe der Mittersee, der von hier aus nicht eingesehen werden kann. An dieser Stelle mündet die Straße wieder in die Umfahrung von Lermoos ein, die seit 1983 für die Anrainerorte eine spürbare Entlastung bringt. Nach einem weiteren Anstieg tut sich eine weitere tiefe Mulde mit dem Blindsee auf. Er liegt mit einer Seehöhe von 1.092 m nur unwesentlich höher als der Weißensee. Die 100 m höher angelegte Fernpass-Straße umrundet den landschaftlich reizvollen tiefgrünen See im Süden und Westen. Der Haltepunkt „Zugspitzblick" wird in Reisebeschreibungen wegen des Blicks auf das Wettersteingebirge und die Mieminger Kette besonders hervorgehoben. Für den Geographen bietet sich an dieser Stelle Gelegenheit, auf die besonderen morphologischen Gegebenheiten des Fernpassbergsturzes hinzuweisen (*Abele* 1964, 1991). Lange vor dem Niedergang des Bergsturzes bestand hier in der Fernpassfurche vermutlich eine Talung mit einem schmalen Durchlass, durch den sich in den Eiszeiten ein Teil des Inngletschers vom Gurgltal her kommend mit hoher Fließgeschwindigkeit und großer Erosionskraft hindurchzwängte. Nach dem Rückzug des Inngletschers lösten sich Bergsturzmassen auf der Ostflanke der Loreagruppe und ließen eine (*bei der Weiterfahrt*) deutlich sichtbare amphietheaterartige Abbruchsnische in einem Ausmaß von knapp 1 km³ zurück. Die unmittelbar nach dem Aufprall am Gegenhang zum Stillstand gekommene Trümmeranhäufung - etwa die Hälfte des gesamten Bergsturzvolumens - bildet den heutigen Passwall, der etwa 300 m über der Talsohle liegt, und erhöhte hiermit die Wasserscheide zwischen Lermooser Becken und Gurgltal. Durch den Schub des nachdrängenden Materials mussten die frontalen Partien des niedergehenden Felspakets gegen Norden in das Lermooser Becken und Süden in das Gurgltal ausweichen. Trotz ihrer geringen Mächtigkeit (ein Zehntel des Materials) und dem sehr ungünstigen Ablenkungswinkel erreichte dabei die südliche Trümmerzunge mit 11,5 km eine weit größere Länge als die nördliche mit 6,5 km. Nach Norden gelangten vier Zehntel des Gesamtvolumens, die zunächst in drei Querwällen zur Ablagerung kamen. Die durch Abschiebungsvorgänge herausgebildeten Tiefenzonen werden heute von den bereits genannten Seen (Blindsee, Mittersee) eingenommen. Als Folge von Zerrungsbewegungen sind die isolierten Bergsturzhügel entstanden, die Richtung Biberwier und Lermooser Becken, aber auch im Gurgltal anzutreffen sind. Diese Toma bestehen teilweise aus zusammenhängenden Bergsturzschollen und haben ihre regelmäßige Form durch nachträgliche Abböschung erhalten (*Abb. 4 und 5*).

Abb. 4: Nord-Süd-Vertikalprofil über die Bergsturztrümmer in der Fernpassfurche

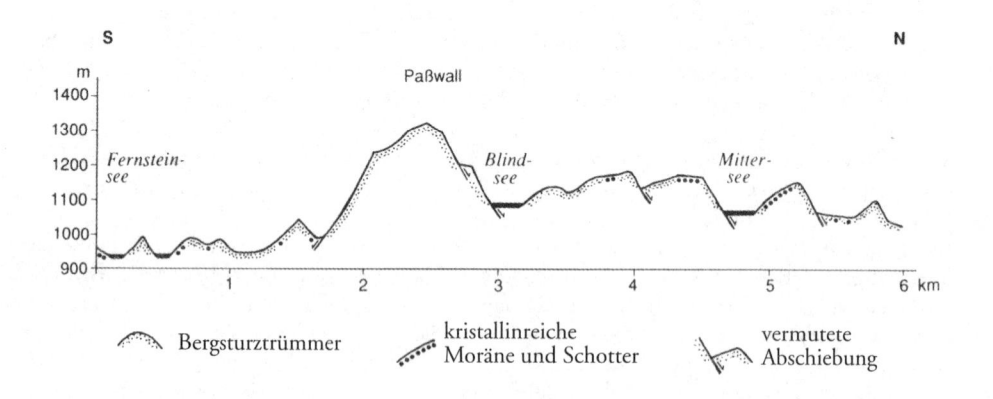

Quelle: *Abele* (1991, 28)

Anschließend fährt der Bus weiter nach Nassereith, dort Abzweigung Richtung Imst und Landeck. Wenn es die Zeit erlaubt, kann beim Schloss Fernstein der Bus für einen kleinen Spaziergang zum See verlassen werden. Parkplatz ist ausreichend vorhanden.

Abb. 5: Der Fernpassbergsturz

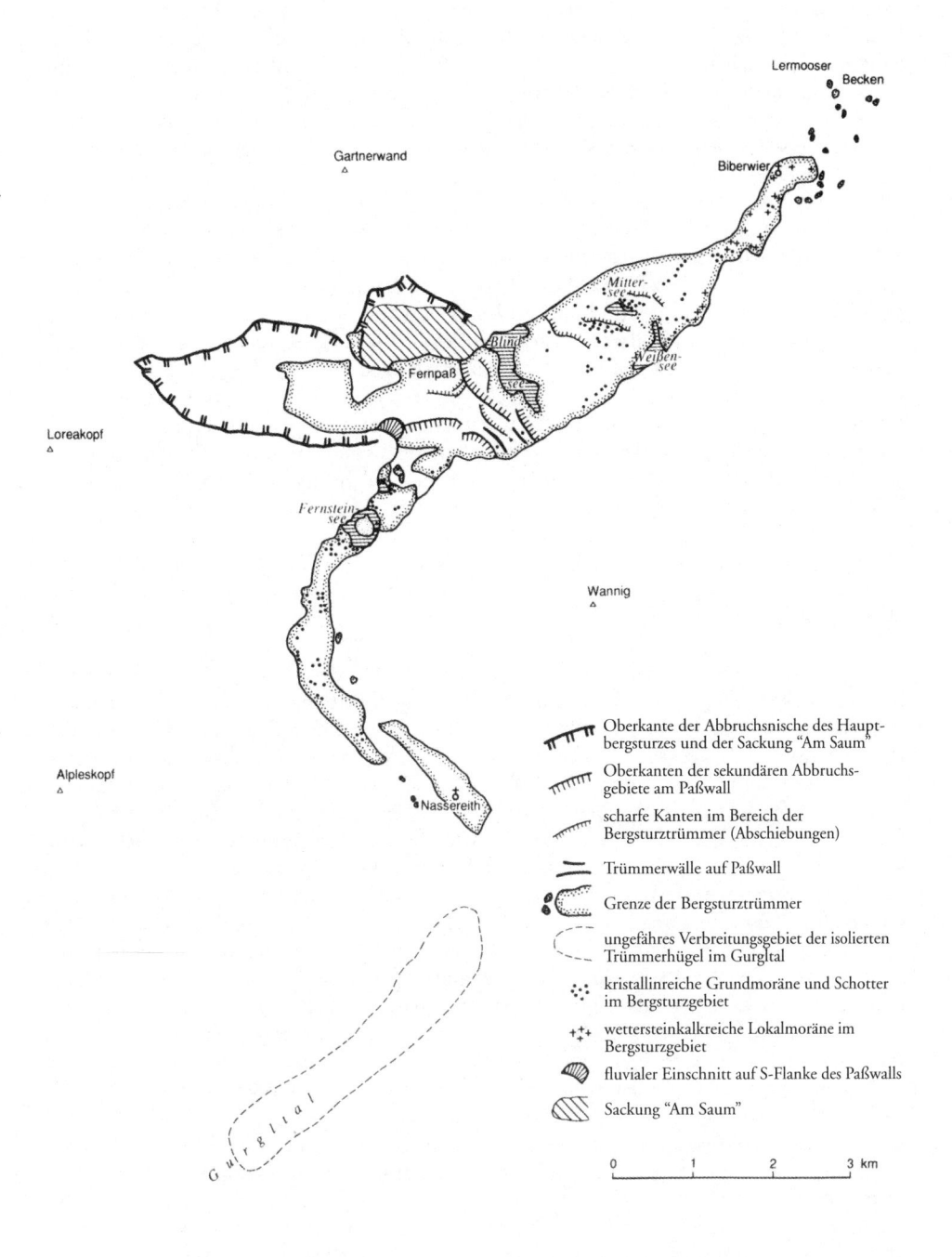

Quelle: *Abele* (1991, 24)

Nach einem knappen Kilometer wird die Passhöhe mit 1.214 m erreicht. Der Abfall auf der Südseite wirkt durch den größeren Höhenunterschied eindrucksvoller als der Anstieg im Norden. Denn hier gibt die Straße, die zunächst entlang des Passwalles und anschließend am Nordhang zum Schloss Fernstein hinunter führt, den Blick frei auf die 200 m darunter liegende unruhige Bergsturzlandschaft, in der da und dort kleine Seen eingebettet sind. Der größte unter ihnen, der Fernsteinsee, ist unmittelbar vor dem Schloss Fernstein zu sehen, aus dessen Mitte ein besonders regelmäßig geformter Toma herausragt, der die Reste der Sigmundsburg aus dem 15. Jh. trägt.

Oberhalb der Straße befindet sich das aus dem 13. Jh. stammende Schloss Fernstein, das vor allem die Funktion einer Zollstätte innehatte. Welche Bedeutung dem „Fern"-Verkehr zukam, dokumentiert sich gerade bei dieser Engstelle, wo sich drei verschiedene Trassenführungen im Gelände unterscheiden lassen. Die älteste Trasse verläuft unterhalb der heutigen Straße direkt am westlichen Seeufer vorbei und dürfte schon von den Römern benutzt worden sein. Eine weitere ist oberhalb beim Schloss Fernstein deutlich im Gelände zu erkennen, ihre Errichtung stammt aus dem Jahre 1543. Die heutige aus damaliger Sicht leistungsfähige Straße entstand im Jahre 1856, allerdings zu einem Zeitpunkt, als der Fernpassverkehr bereits bedeutungslos war. Heute ist diese Straße in Spitzenzeiten dem Verkehrsaufkommen kaum mehr gewachsen. Auch der anschließende Streckenabschnitt von Fernstein bis Nassereith wird noch von größeren Bergsturzhügeln begleitet. Vor Nassereith zweigt die Umfahrungsstraße ab, die teilweise als Tunnelstrecke geführt wird.

Für die Exkursion empfiehlt sich die Wahl der Strecke durch Nassereith. Am Ortsende teilt sich die Straße mit der Hauptverbindung Richtung Innsbruck sowie der Verbindung durch das Gurgltal Richtung Imst, Landeck und Reschenpass.

Nassereith war als Fußpunkt im Rodfuhrwesen vor dem südlichen Anstieg zum Fernpass schon früh ein Verkehrsknoten. Die Vererzung der Mieminger Kette hat ähnlich wie in Biberwier zum Abbau von Bleiglanz und Zinkblende geführt, dessen Blütezeit in das 18. Jh. zurückreicht. Nassereith hatte bis vor kurzem zu den am stärksten vom Durchzugsverkehr beeinträchtigten Orten in Tirol gehört, als 1995 die Umfahrungsstraße eine deutliche Entlastung brachte. Zahlreiche Expertenstudien beschäftigen sich seit Jahren mit den Möglichkeiten einer Verkehrsentflechtung der Fernpassroute. Der Verkehr über den Fernpass hat nämlich in den letzten 20 Jahren um 50 % zugenommen. Im Schnitt befahren heute rund 9.800 Fahrzeuge täglich diese Strecke, wobei die Spitzentage mit über 22.000 Fahrzeugen und die weit über dem Durchschnitt liegende Zunahme des Lkw-Verkehrs mit über 1.000 pro Tag im Jahre 2000 *das* Problem schlechthin darstellen (*Tab. 3*). Bereits im Jahre 1980 wurde in einer umfangreichen interdisziplinären Studie unter der Federführung des Instituts für Geographie der Universität Innsbruck ein gesamtwirtschaftliches Nutzungskonzept für den Großraum Fernpass, Mieminger Plateau und Gurgltal ausgearbeitet, in der die Machbarkeit und Verträglichkeit verschiedenster Ausbauvarianten geprüft wurden. Neben den damals zur Diskussion gestellten Trassenführungen, entweder den Fernpass zu untertunneln oder zumindest auszubauen, Nassereith westlich oder östlich in längeren Tunnelstrecken zu umfahren, stand mit dem Projekt des Tschirgant-Tunnels auch eine direkte Verbindung zum Inntal im Gespräch. Verwirklicht wurde seinerzeit nur die erwähnte unmittelbare Umfahrung von Nassereith.

Nach zwanzig Jahren stehen sich heute Befürworter und Gegner einer großzügigen Verkehrslösung nach wie vor uneins gegenüber, die umso dringlicher in Angriff zu nehmen wäre, als in jüngster Zeit das berüchtigte Nadelöhr Fernpass vermehrt für Staus und Behinderungen und im Verkehrsfunk für die Meldung „im Schritttempo über den Fernpass" sorgt und die Lebensqualität der Anrainer entlang dieser Strecke zunehmend leidet. Einmal mehr scheiden sich die

Geister bei der in jüngsten Verkehrsstudien erneut aufs Tapet gebrachten Ausbauvarianten zu beiden Seiten des Fernpasses, insbesondere des Tschirgant-Tunnels im Süden. Während die Gegner eines Ausbaus eine weitere Zunahme des Transits befürchten, erwarten die Befürworter positive wirtschaftliche Impulse für die gesamte Region durch eine bessere Anbindung des Außerferns an das Inntal.

Tab. 3: Verkehrsentwicklung auf der Fernpass- und Reschenroute 1981-2000

Jahr	Fernpass		Reschen	
	Fahrzeuge pro Tag	Lkw pro Tag	Fahrzeuge pro Tag	Lkw pro Tag
1981	6.577	580	3.913	o.A.
1985	7.365	620	4.555	o.A.
1990	9.086	848	6.091	o.A.
1995	9.550	969	6.821	487
2000	9.790	1.031	6.878	557

Quelle: Landesbaudirektion, Verkehrsbericht 2000

Bei der Abzweigung der Straße Richtung Imst verweist ein Fabriksgebäude auf die ehemalige Textilindustrie in Nassereith. Ihr kam im 19. Jh. in ganz Westtirol - neben Reutte und Nassereith sind vor allem noch die Standorte Imst, Silz und Telfs zu nennen - große Bedeutung zu, die sie auf Grund der internationalen Konkurrenz ab der zweiten Hälfte des 20. Jh. eingebüßt hat.
Die Straße, die am Südhang des Gurgltales auf den über 1.100 m hohen Holzleitensattel ansteigt und über das Mieminger Plateau stufenweise ins Inntal abfällt, ist heute die kürzeste Verbindung zur Landeshauptstadt. Ein Blick auf diesen Hang lässt ehemalige Ackerbauterrassen erkennen. Der Ackerbau hat aber im gesamten Gurgltal kaum noch Bedeutung. Das rund zehn Kilometer lange Gurgltal entwässert zum Inn hin, während es sein heutiges Aussehen dem schon genannten invers fließenden Nebenast des Inngletschers verdankt. Einzelne kleine Bergsturzhügel können bis nahe Tarrenz beobachtet werden.
Die Straße verläuft dem nördlichen Talrand entlang bis Imst. Das Tal wird durch die vielen Feldstadel bestimmt, die auf der durch Realteilung entstandenen kleinparzellierten Flur stehen. Kleine Waldinseln und häufige Feuchtwiesen und Biotope gegen Westen hin erhöhen den landschaftlichen Reiz dieses Tales.
Tarrenz, zwei Kilometer vor Imst gelegen, zeigt beim Durchfahren bereits jene Siedlungselemente, welche die sogenannten „Massendörfer" als verdichtete Form der Haufendörfer in Westtirol prägen. In Imst endet der erste als Abschnitt der westlichen Nord-Süd-Route dieses Exkursionsführers. Bis Landeck deckt sich die Strecke mit der Oberinntalroute (vgl. Übersichtsexkursion *Das Inntal von Innsbruck bis Landeck*).

Routenbeschreibung Teil 2: Von Landeck zum Reschenpass

Vor Zams ist zu entscheiden, ob für die Weiterfahrt zum Reschen die 1999 fertig gestellte Südumfahrung, die in einem Tunnel Landeck weiträumig umgeht, oder die längere Strecke durch Zams und Landeck gewählt wird. Von Landeck führt, die Exkursionsroute zunächst Inn aufwärts bis nach Ried (Fahrzeit ca. 20-30 Minuten).

In Landeck, einer auch bis vor kurzem vom Durchzugsverkehr äußerst geplagten Stadt, ist den Wegweisern Richtung Reschenpass zu folgen. Unmittelbar am südlichen Ortsende wird unterhalb der Straße für einen Augenblick ein heute zugemauertes Tunnelportal sichtbar.

Bahnprojekte am „oberen Weg"

Diese Bauruine bietet die Gelegenheit, auf die mehr oder weniger zur Diskussion gestandenen Eisenahnprojekte über Fern- und Reschenpass einzugehen. So sah etwa jenes von 1855 - also noch vor dem Bau der Brennerbahn - eine Verbindung von Südwest-Deutschland zur Adria vor. Ein anderer Plan plädierte 1898 für eine Verbindung von Berlin über Garmisch, Fern- und Reschenpass nach Mailand. Nationale und internationale Interessenskonflikte vereitelten letztlich seine Realisierung. Errichtet wurde schließlich nur die Verbindung von Kempten nach Reutte (1906) und weiter nach Garmisch (1913) mit Anschluss an die Mittenwaldbahn nach Innsbruck. Diese Trassenführung stellte sich, da über ausländisches Gebiet geführt, schon bald als die schlechteste und umständlichste Lösung heraus. Als im Süden 1906 die Bahnlinie von Meran nach Mals im Vinschgau eröffnet wurde, entbrannte erneut die Diskussion um eine Bahnverbindung von Landeck über den Reschenpass mit Anschluss an die Vinschgauer Bahn nach Meran. Der Baubeginn durch die Innschlucht südlich von Landeck mit einem Tunnel verzögerte sich bis kurz vor Ende des Ersten Weltkrieges, war aber letztlich ebenso wenig erfolgreich wie die kurzfristige Wiederaufnahme der Bauarbeiten im Zweiten Weltkrieg.

Die Strecke von Landeck bis Prutz führt durch ein enges schluchtartiges Tal, in das der Inn erst abgelenkt wurde und sich eintiefte, als er einen seiner früheren Verläufe über die Pillerhöhe Richtung Imst verließ. Die Straße folgt deshalb für einige Kilometer erhöht am nördlichen Talhang. Wo entlang der Strecke ein schmaler Talboden vorhanden ist, wird dieses ehemalige Augebiet des Inns von einer jüngeren, unregelmäßigen Verbauung mit einem gemischten Wohn- und Gewerbegebiet abgelöst. Ältere Siedlungen wie der Weiler Urgen liegen auf den Schwemmkegeln, die den Hochwässern weniger ausgesetzt sind. Auf dem südlich steil emporsteigenden Hang sind einige Siedlungsinseln zu sehen, eindrucksvoll sticht der spitze Kirchturm des über 1.200 m liegenden Weilers Hochgallmig in den Himmel. Kurz vor der Siedlung Nesselgarten sind linker Hand Ansätze einer 200 m höher liegenden Terrasse zu sehen, auf der sich die weitläufige Gemeinde Fliess ausdehnt. Derartige Terrassen begleiten die nur mäßig breite Talsohle talaufwärts an mehreren Stellen und sind ein landschaftsbestimmendes Merkmal im Oberen Gericht. Unmittelbar gegenüber der Abzweigung der Straße nach Fliess ist auch noch eine der ganz wenigen überdachten Holzbrücken über den Inn erhalten geblieben. Hinter dieser Straßenabzweigung mündet der Straßentunnel mit der Süd-Umfahrung von Landeck.
Die je nach Jahreszeit geringe Wasserführung des Inns klärt sich spätestens in der Runserau auf, wo Innwasser für das acht Kilometer flussabwärts befindliche Innkraftwerk Imst gestaut

und abgeleitet wird. Wo sich die Pontlatzer Brücke über den Inn spannt, verengt sich das Tal nochmals. Die altehrwürdige Brücke, die heute vom Hauptverkehr entlastet ist, war sowohl im Jahre 1703 (Spanischer Erbfolgekrieg) als auch 1809 (Tiroler Freiheitskämpfe) Schauplatz und Gegenstand heftiger Gefechte, in denen die Tiroler Schützen mit Bayern und Franzosen zusammenstießen. Kurz nach der Pontlatzer Brücke grüßt bereits die auf einem steilen Felssporn thronende Burg Laudegg. Die dahinter liegende „Sonnenterrasse" trägt die Gemeinden Ladis, Fiss und Serfaus, die einen Schwerpunkt dieser Überblicksexkursion bilden.

Prutz als erster größerer Ort entlang der Strecke breitet sich in der Mitte eines Talkessels aus, wo von links das Kaunertal einmündet. Von hier aus führt die Straße zum großen Gepatsch-Stausee, der 1964 errichtet das gesamte hintere Tal in einer Gesamtlänge von 6 km überstaut. Im Kaunertalkraftwerk am südlichen Ortsende von Prutz wird das Wasser abgearbeitet. Mit einem Leistungsvermögen von 390.000 kW und einer jährlich erzeugten Strommenge von 620 Mio. kWh zählt dieses Kraftwerk zu den größten Anlagen in Tirol. Hinter dem Gepatschspeicher steigt die Straße auf 2.750 m zu dem 1982 erschlossenen Gletscherschigebiet des Weißseeferners an.

Die alte Siedlung und Urpfarre Prutz zählt 1.700 Einwohner. Viele stattliche Häuser säumen die beiden parallelen Straßenzüge mit stadtähnlichem Charakter. Kurz nach Prutz könnte das Obere Gericht über die Schnellstraße bis Pfunds möglichst rasch durchfahren werden. Um die natur- und kulturlandschaftlichen Reize des Oberen Gerichtes auszuloten, sollte ausreichend Zeit für einen Besuch der sog. Oberinntaler Sonnenterrasse vorgesehen werden.

Der Bus zweigt dabei von der Schnellstraße ab und folgt der drei Kilometer langen auf 1.200 m Seehöhe ansteigenden Straße nach Ladis. Etwa 500 m vor Ladis sind noch zwei Spitzkehren zu bewältigen. Unmittelbar nach der ersten Linkskehre besteht auf der linken Seite eine genügend breite Ausweiche, um den Bus anhalten und für einige Minuten einen Blick in das Tal und auf die Landschaftsumrahmung werfen zu können (Haltepunkt 7).

Bei der Anfahrt nach Ladis fällt der Blick unweigerlich auf den kleinen Gerichtsort Ried. Sein Wahrzeichen ist Schloss Sigmundsried, eine bedeutende Dorfburg im Oberen Gericht. Sie wurde von Herzog Sigmund von Tirol im 16. Jh. als Jagdschloss errichtet. Von 1727 bis 1978 diente das Gebäude als Gerichtssitz. Diese Funktion hat Ried zwar noch immer inne, als kleines Bezirksgericht könnte es aber bald Rationalisierungsmaßnahmen zum Opfer fallen. Der genannte Haltpunkt lädt zu einer kurzen landschaftlichen Orientierung ein. Gegenüber, im Bereich des Kristallins der Ötztal-Masse steigen die kantigen Gipfel von Glockturmkamm und dem dahinter liegenden Kaunergrat auf 2.500 bis 3.000 m an. Die nördliche Begrenzung bildet der sanft geformte aus Landecker Quarzphyllit bestehende Venet, der als beliebtes Schigebiet im Landecker Raum durch eine Seilbahn von Zams aus erschlossen ist. Die Talflanken zu beiden Seiten des Inns einschließlich der Terrassenbereiche werden von Bündner Schiefern bestimmt. Auf der Westseite formen diese teilweise sogar die Gipfelflur der Samnaungruppe.

Hinsichtlich der Landschaftsgestaltung haben Inn und Inngletscher deutliche Spuren hinterlassen. Die heutige Talbildung und Talformung sind das Ergebnis des eiszeitlichen Inngletschers mit seiner ab- und ausschleifenden Wirkung einerseits und den Ablagerungen andererseits, welche die Gletscher und ihre Schmelzwässer hinterlassen haben. Bestimmende Elemente sind die bereits genannten Terrassen, die jedoch unterschiedliche Niveaus aufweisen. Neben der welligen und stark gegliederten Sonnenterrasse mit einer Länge von rund acht Kilometern, ist auch gegenüber auf etwa gleicher Höhe eine weitere Verebnung mit dem Ort Fendels zu erblicken. Sie sind - wie auch die Senke im Bereich der Norberthöhe bei Nauders - nach *Klebelsberg* (1956) - Reste eines alten Inntalbodens (mit Seehöhen von 1.200 bis 1.400 m, der mit der breiten Niederung des Reschenpasses korrespondiert. Relikte eines noch älteren Inntalbodens hingegen dürfte die Niederung der Pillerhöhe im Nordosten sein (knapp 1.600 m), während die bereits erwähnte Terrasse von Fliess mit unter 1.000 m Höhe einem jüngeren Talsystem des Inns angehören soll. Diese Terrassen sind mit weiteren, jedoch schmalen Verebnungen talaufwärts wichtige Siedlungsträger und bilden gewissermaßen das „erste Stockwerk" der Kulturlandschaft im Oberen Gericht.

Das vom Gletscher ausgeformte Trogtal ist nur mäßig breit. Die Talsohle selbst weist kaum Ebenheiten auf, da die Bäche aus den Seitentälern zahlreiche Schutt- und Schwemmkegel in das Haupttal vorgeschoben und - wie bei der Weiterfahrt gut zu beobachten ist - den Inn wechselweise auf die eine oder andere Seite gedrängt haben. Diese Schwemmkegel sind die wichtigsten Siedlungsräger im Tal, Einzelhöfe und Weiler steigen hingegen, wie gegenüber am Kaunerberg, bis in eine Höhe von 1.600 m. Von Kauns abzweigend führt eine empfehlenswerte und vom Standort aus sichtbare Ausflugsstraße auf den Kaunerberg und weiter zum Pillerhöhe (1.559 m) als Verbindung in das Pitztal. Dass dieser Übergang bereits in prähistorischer Zeit bestanden hat, geht aus Grabungen des Instituts für Klassische Archäologie der Universität Innsbruck hervor, bei denen in den letzten Jahren u.a. ein Brandopferplatz mit einem bronzezeitlichen Altar freigelegt worden ist.

Die Gemeinde Kaunerberg, die nahezu ausschließlich aus kleinen Weilern und Einzelhöfen besteht, war bis in die Mitte des vorigen Jh. extrem entsiedlungsgefährdet, denn innerhalb der vorangegangenen 100 Jahre sind 40 % der Bewohner abgewandert und 30 % der Höfe aufgelassen worden. Ein Besitzfestigungsprogramm des Landes in den 1950er-Jahren, das die Erneuerung der künstlichen Bewässerung (Waale) und die Anlage von Obstkulturen förderte, konnte die Abwanderung zwar nicht verhindern aber doch eindämmen. Heute zählt der Kaunerberg rund 350 Bewohner. In den letzten Jahren ist beim Weiler Falpaus auf über 1.400 m sogar eine neue Siedlungseinheit entstanden, die im Endausbau aus 24 Einfamilienhäusern bestehen soll.

Weiterfahrt bis Ladis, bei der Kreuzung in der Ortsmitte (Bad Ladis) Abbiegen in die Straße nach Fiss. Da im Ort keine Abstellmöglichkeit für den Bus besteht, kann der Bus nach etwa 100 m zum Aussteigen für einen Ortsrundgang anhalten. Der Bus fährt etwa 500 m vor bis zum Parkplatz der Seilbahn „Sonnenbahn Ladis-Fiss", wo die Exkursion nach Beendigung des Rundganges in etwa 45 Minuten eintrifft (Haltepunkt 8). Die Orte Ladis, Fiss und Serfaus eignen sich in besonderem Maße dazu, im Rahmen dieser Übersichtsexkursion die Kultur- und Siedlungslandschaft des Oberen Gerichtes vorzustellen. Deshalb ist für Ladis und Fiss jeweils ein kleiner Rundgang und für Serfaus eine Rundfahrt vorgesehen.

In Ladis führt die Route die Dorfstraße in nördlicher Richtung entlang bis zu dem kleinen lieblichen Dorfteich in der Mulde zwischen dem Berghang links und dem schroffen Hügel rechts mit der Burg Laudegg. Diese steht auf vorgeschichtlich besiedeltem Boden und wird bereits 1263 als Sitz des gleichnamigen Gerichtes genannt. Mit der Verlegung des Amtssitzes nach Ried im 17. Jh. allmählich in Verfall geraten, ist die Burg heute teilweise wieder aufgebaut.

Auf dem leicht ansteigenden Hang ist oberhalb des Teiches ein behäbiger Hof zu sehen, der sich beim Zugang vom Süden her als Doppelhof entpuppt und zu den am meisten fotografierten Objekten der Sonnenterrasse zählt. Die Dörfer im westlichen Tirol, speziell im Oberen Gericht, zeichnen sich durch eine enge, manchmal geradezu stadtartige Verbauung aus, wobei eine der Ursachen für diese dichte Anordnung der Häuser in der Realteilung zu finden ist. Dadurch sind die mitunter gewaltigen Ausmaße der Hofanlagen - wie auch bei diesem Beispiel - zu erklären. Die Teilungsverfahren verursachten mannigfache Zu- und Umbauten, so dass sich die ursprüngliche Form in Grund- und Aufriss oftmals kaum mehr zu erkennen gibt. Auch innerhalb der Häuser sind die Wohnteile zumeist eng ineinander verschachtelt und die Stockwerke oder gar Halbstockwerke durch zahlreiche Treppen und Stiegen verbunden. Bis vor wenigen Jahrzehnten gab es im Oberland noch Häuser, wo sich in einer Küche bis zu vier Feuer- bzw.

Kochstellen befanden, die den jeweiligen Hausfrauen der unter einem Dach lebenden Familien (z.T. mit Kreidestrichen am Boden markiert!) zugeordnet waren. Mitte des 19. Jh. waren 60 % aller Behausungen geteilt, heute hat der Rückgang der Landwirtschaft fast alle wieder in die Hand eines einzigen Besitzers geführt. Die für die Dörfer des Tiroler Oberlandes typische enge Verbauung hatte bei Bränden jedoch verheerende Auswirkungen. Als Beispiel sei das gegenüberliegende Fendels erwähnt, das 1939 und abermals 1972 großteils abgebrannt ist.

Eine weitere Eigenart des Wohnhauses ist die zumeist bis zum Dachfirst reichende massive Bruchsteinummauerung mit kleinen, tief gesetzten Fenstern. Durch das Haus führt ein breiter hochgewölbter Flur, durch den die Ernte in den Tennenraum des Wirtschaftsgebäudes gebracht wurde. Das Wirtschaftsgebäude schließt zwar in der Regel hinten an das Wohnhaus an, weist aber baulich keine direkte Verbindung mit diesem auf. Es ist in seiner ursprünglichen Form in einfacher Holzblockbauweise niedriger als das Wohnhaus ausgeführt und sitzt auf dem tiefer liegenden gemauerten Stallgebäude auf (*Abb. 6*). Dieser als Sonderform eines Paarhofes bezeichnete *Durchfahrtshof* wird häufig rätoromanischen Kultureinflüssen zugeschrieben, doch dürfte der Grund für sein Entstehen viel eher mit der räumlichen Enge der Dörfer in Zusammenhang stehen. Da sich das Hauptverbreitungsgebiet des Durchfahrtshofes neben dem Oberen Gericht auf den Vinschgau und das Unterengadin erstreckt, sollte deshalb von einem Westtiroler-Engadiner-Hoftyp gesprochen werden.

Weitere prägende Merkmale dieses Haus- und Hoftyps, die entlang des Dorfrundganges auffallen, sind Erker, Nischen, Vorsprünge, aus der Hausmauer herausragende Backöfen, geschnitzte Bundwerkgiebel, Fassadenmalereien und, bei Höfen mit getrennt stehendem Wohn- und Wirtschaftsgebäude, häufig auch wuchtige Freitreppen.

Der Rundgang kann zunächst über die etwas höher gelegene parallel zur Dorfstraße verlaufende Straße Richtung Süden, vorbei am Gasthof Stern (Haus Nr. 28) und am Gemeindeamt (Haus Nr. 27) mit wertvollen Fassadenmalereien fortgesetzt werden. In der Dorfstraße ist noch der Stockerhof (Haus Nr. 6) zu erwähnen, dessen Fresken 1975 freigelegt und restauriert wurden. Dass in Ladis einige der schönsten mit Fresken geschmückten Häuser Tirols zu finden sind, geht wohl auf seine ehemalige Bedeutung als Gerichtsort zurück. Besonders typisch und malerisch sind für diese Gegend die geschaffelten runden Holzbrunnen mit zumeist geschnitzten und mit einer Statue gekrönten Brunnensäulen.

Selbst in jüngeren Beschreibungen wird Ladis noch als Ort mit einem der schönsten Ortskerne Tirols bezeichnet. Durch die vielen baulichen Veränderungen der letzten Jahre wird Ladis diesem Anspruch kaum mehr gerecht. Beim Gang zum Bushaltplatz ist auch eine beachtliche Neubautätigkeit zu beobachten, die leider mit deutlichen Tendenzen zur Zersiedelung und hohem Landschaftsverbrauch begleitet ist.

Weiterfahrt auf der Höhenstraße nach Fiss und Serfaus. In Fiss führt die Straße unterhalb des Dorfes vorbei, wo vier Straßen in den Ort abzweigen. Für die Exkursion empfiehlt sich die vierte, auf der man zu den Parkplätzen der Seilbahnstationen gelangt. Hier kann der Bus abgestellt und das Ortszentrum in einem Fußmarsch von 5 Minuten erreicht werden. Der Zeitaufwand ist mit 30 bis 45 Minuten anzusetzen.

Bei der Fahrt von Ladis nach Fiss und Serfaus bietet sich ein Vergleich dieser drei Gemeinden bezüglich ihres heutigen Siedlungs- und Wirtschaftsgefüges an (*Fahringer* 1986). Wiesen alle drei Gemeinden vor 50 Jahren auf Grund ihrer damaligen homogenen wirtschaftlichen Gegebenheiten noch eine rein bäuerliche Struktur auf, so zeigen sie heute durch ihre individuelle Entwicklung der letzten Jahrzehnte ein unterschiedliches Bild. Während Serfaus mit über 800.000 Gästeübernachtungen im Jahre 2000 den 12. Rang in Tirol einnimmt, konnte Ladis diesbezüglich erst in den letzten Jahren in Sogwirkung der beiden Schizentren Fiss und Serfaus allmählich profitieren. Ein Zahlenspiegel soll diesen Strukturwandel konkret belegen (*Tab. 4*). Ladis war durch das Vorkommen von Sauer- und Schwefelquellen schon früh ein bekannter Badeort, die Sauerbrunnquelle in Obladis wurde bereits 1212 entdeckt. Ende des 19. Jh. reichte die Kapazität für etwas mehr als 400 Kurgäste im Jahr, eine für damalige Verhältnisse beachtliche Zahl. Mit dem Aufkommen des Wintertourismus und dem Ausbau der Schigebiete ab den 1960er-Jahren trat Ladis in den Schatten der beiden anderen Gemeinden Fiss und Serfaus.

Abb. 6: Westtiroler Hofformen

Quelle: *Tirol Atlas* (1995)

Sein Kurbetrieb ist zwar noch vorhanden, aber von untergeordneter Bedeutung. Der Obladiser Sauerbrunn erfreut sich als Heilwasser für Trinkkuren nicht nur lokaler Beliebtheit, sondern ist in Tirol über einschlägige Verteiler erhältlich.

Die vielen Unebenheiten und teilweise steilen Hänge entlang der Strecke lassen die Erschwernisse erkennen, die mit der Bearbeitung des landwirtschaftlichen Bodens verbunden sind. Als weitere Einschränkung kommt die Realteilung hinzu, die zu einer starken Flurzersplitterung geführt hat. Deshalb liegen die Besitzgrößen zumeist unter fünf Hektar. Eine in den 1960er-Jahren von der Tiroler Landesregierung vorgeschlagene Grundzusammenlegung wurde von der Bevölkerung mehrheitlich abgelehnt. Heute sind die Parzellen zumindest durch Güterwege einigermaßen gut erschlossen.

Trotz dieser ungünstigen Voraussetzungen mussten vor 40 Jahren noch etwa zwei Drittel der hier lebenden Bewohner ihr Haupteinkommen aus den kärglichen Erträgen der Landwirtschaft bestreiten. Früher wurde zur Selbstversorgung auch intensiver Ackerbau betrieben, der hier trotz der Höhenlage durch ein mildes Klima und eine hohe Sonnenscheindauer gute Erträge erbrachte. Heute jedoch bestimmt nahezu ausschließlich die Grünlandwirtschaft das Landschaftsbild. Ausgedehnte, weithin sichtbare Almflächen im Bereich der Samnaungruppe ergänzen das Futterangebot für die Rinderhaltung. Als leichtes Gebirgsrind mit guter Fleischqualität hat sich das Tiroler Grauvieh hier, wie im gesamten Tiroler Oberland, als lokale Rinderrasse eine Vorrangstellung sichern können.

Wie sehr die Landwirtschaft seither an Boden verloren hat, geht daraus hervor, dass bereits 1991 nur mehr 5 % der Bevölkerung von der Landwirtschaft gelebt haben. In dieser Statistik sind allerdings die Nebenerwerbsbetriebe nicht berücksichtigt, die immerhin 90 % aller noch bestehenden Betriebe ausmachen. Im Jahre 1999 zählte die Sonnenterrasse 116 Rinderhalter mit insgesamt 1.075 Rindern.

Klimatisch gehört das Obere Gericht zusammen mit dem Vinschgau zu den klassischen inneralpinen Trockengebieten. Im Windschatten der Nördlichen Kalkalpen gelegen übersteigt das jährliche Niederschlagsangebot kaum 600 mm. Deshalb wurde zur Ertragssteigerung seit Jahrhunderten auch künstlich bewässert. Heute allerdings sind die alten Bewässerungswaale nicht mehr intakt, da dieses aufwändige Bewässerungssystem - von einzelnen Ausnahmen abgesehen - aufgegeben worden ist.

Nach etwa vier Kilometern führt die Exkursion im Bereich des Weilers „Fisser Höfe" an einer oberhalb der Straße gelegenen neuen Reihenhausanlage vorbei, die als gelungener Versuch angesehen werden kann, traditionelle bodenständige Bauelemente mit moderner Architektur in Einklang zu bringen. Nach einem weiteren Kilometer kommt Fiss immer deutlicher zum Vorschein, das auf einem südexponierten Hang der Sonnenterrasse auf 1.440 m liegt. Vor dem Rundgang durch das Dorf dient der Haltepunkt bei der Talstation der Fisser Bergbahnen zur kurzen Erörterung des Tourismus.

Die Gebäude im Umkreis der Talstation der Fisser Bergbahnen - Ähnliches gilt auch für Serfaus - wirken als eigenständiger Siedlungsbereich. Denn neben den Seilbahngebäuden mit Kassenhallen und Informationsständen sind Sportgeschäfte, Schiverleih-Einrichtungen, Kindergarten, Restaurants und Imbiss-Stuben angesiedelt. Ein Grund für den Aufstieg von Fiss und Serfaus zu führenden Wintersportorten in Tirol, die allein im Winter eine knappe Million Übernachtungen verbuchen, liegt in den günstigen natürlichen Voraussetzungen. Das Sonnenplateau rühmt sich nicht zu Unrecht, mit einem Jahreswert von über 2.000 Stunden die höchste Sonnenscheindauer in den Alpen erreichen zu können. Neben diesen klimatischen Bedingungen sorgen die geologisch-morphologischen Gegebenheiten im Hangbereich des Komperdell für einen weiteren Vorteil. Die hier anstehenden Bündner Schiefer verwittern leicht und bilden in diesen Höhen durch ihre Ton-Kalk-Mischung nicht nur die bereits erwähnten fruchtbaren Almböden, sondern schaffen mit ihren sanften und weichen Formen auch ideale Voraussetzungen für den alpinen Wintersport. In Fiss wurden Ende der 1960er-Jahre die ersten Auf-

Tab. 4: Ausgewählte Strukturdaten der Gemeinden Ladis, Fiss und Serfaus

Ladis	1961	1981	1991	2001	Zu-/Abnahme 1961-2002
Einwohner	369	411	440	534	44 %
Gebäude	60	114	144	177	295 %
Berufstätige	192	165	195		1 %
Anteil Landwirtschaft	56 %	13 %	7 %		
Anteil Fremdenverkehr	13 %	24 %	27 %		
Landwirtschaft					
Rinderhalter	56	36	30	24	-57 %
Rinder			209	22	
Fremdenverkehr					
Übernachtungen	19.996	56.959	138.915	158.845	794 %
Winteranteil	9 %	51 %	56 %	57 %	
Bettenzahl	310	526	1.251	1.130	364 %
Übernachtungen pro Ew.	54	139	315	27	
Fiss					
Einwohner	432	627	764	862	100 %
Gebäude	88	157	202	239	272 %
Berufstätige	256	250	359		40 %
Anteil Landwirtschaft	78 %	13 %	3 %		
Anteil Fremdenverkehr	7 %	29 %	35 %		
Landwirtschaft					
Rinderhalter	73	61	53	45	-38 %
Rinder			419	32	
Fremdenverkehr					
Übernachtungen	27.819	234.078	399.882	576.383	2.072 %
Winteranteil	44 %	63 %	62 %	68 %	
Bettenzahl	261	1.862	2.797	3.449	1.321 %
Übernachtungen pro Ew.	64	373	523	623	

Serfaus					
Einwohner	852	927	1041	1097	29 %
Gebäude	152	256	292	340	224 %
Berufstätige	413	418	526		13 %
Anteil Landwirtschaft	63 %	13 %	6 %		
Anteil Fremdenverkehr	10 %	42 %	42 %		
Landwirtschaft					
Rinderhalter	95	61	50	47	-49 %
Rinder			536	52	
Fremdenverkehr					
Übernachtungen	102.650	484.653	592.117	823.757	802 %
Winteranteil	60 %	71 %	67 %	68 %	
Bettenzahl	1.154	3.387	4.926	5.149	446 %
Übernachtungen pro Ew.	120	523	569	65	

Quelle: *Volkszählungsergebnisse* 1961, 1981, 1991, 2001 (vorläufig)

stiegshilfen gebaut. In Serfaus setzte die Erschließung bereits einige Jahre früher ein. Die stündliche Förderleistung beider Schigebiete lag schon 1985 bei etwa 35.000 Personen und ist bis 2001 auf knappe 60.000 angestiegen. Dem Gast stehen (im gesamten Schigebiet der Schischaukel Fiss-Serfaus) insgesamt 9 Kabinenseilbahnen, 8 Sesselbahnen, 11 Förderbahnen und 25 Schlepplifte zur Verfügung, die bis in eine Höhe von 2.600 m führen und 160 km präparierte Schipisten anbieten. Eine als „Sonnenbahn" bezeichnete Gondelbahn bringt Zubringer der Winterurlauber von Ladis in das Schigebiet von Fiss.
Von der Talstation führen mehrere Wege in das Dorf Fiss. Auf dem Spaziergang können die Auswirkungen auf die Siedlungsentwicklung des Ortes deutlich wahrgenommen werden. Physiognomisch äußert sich dies in einer totalen Ummantelung des alten Dorfkernes durch Neubauten. Im Jahre 2001 zählte Fiss 239 Gebäude, was nahezu einer Verdreifachung seit 1961 gleichkommt. Funktional stehen nahezu alle Häuser direkt oder indirekt mit dem Tourismus in Beziehung, seien es Hotels, Pensionen, Privatzimmervermieter, Ferienwohnungen, Restaurants oder Geschäfte mit einschlägiger touristischer Ausrichtung. Allerdings hat diese „touristische Umfunktionierung" in Fiss noch nicht jene Ausmaße angenommen, wie sie im benachbarten Serfaus anzutreffen ist. Zumindest im Dorfkern ist es gelungen, das ursprüngliche Gesicht mit einigen sehenswerten Durchfahrtshäusern im Umkreis der Pfarrkirche zu erhalten, wovon einige nach wie vor landwirtschaftlich genutzt werden.
Am Beginn der 1960er-Jahre war Fiss das „bäuerlichste" aller drei Dörfer, denn laut Volkszählung von 1961 gehörten nahezu 80 % der Wohnbevölkerung dem primären Sektor an. Dreißig Jahre später waren es gerade noch 3 %, dagegen zählte bereits 1991 mehr als ein Drittel zum Wirtschaftszweig Tourismus. Serfaus hielt zu diesem Zeitpunkt bereits bei 42 %. Nur

mehr zwei der insgesamt 60 landwirtschaftlichen Betriebe wirtschafteten im Jahre 1999 noch im Vollerwerb.

Die Dorfanlage von Fiss bietet ein klassisches Beispiel für einen Haufendorf Westtiroler Prägung. Es ist gekennzeichnet durch dicht aneinander stehende Häuser in regelloser Anordnung. Die engen verwinkelten Gassen lassen eine Orientierung zur Ortsmitte - vielerorts repräsentiert durch die Pfarrkirche - erkennen.

Blochziehen

Als Besonderheit hat Fiss (und in etwas kleinerem Umfang auch Fließ) einen alten und in letzter Zeit wieder stärker zum Leben erweckten Fasnachtsbrauch anzubieten: Das „*Blochziehen*". Es ist heute die größte Fasnachtveranstaltung im Bezirk Landeck - ursprünglich war das Blochziehen in jedem Tal lebendig. Das Fisser Blochziehen bestimmt alle paar Jahre im Winter das Dorfleben und lockt viele Besucher aus nah und fern an. An einem Fasnachtssonntag wird ab Mittag eine riesige Zirbe samt Ästen auf Schlitten von vielen Maskierten, darunter die Hauptfiguren Bären und Moosmänner, vom östlichen Dorfende zum Dorfplatz gezogen. Hexen und Teufel versuchen dies durch allerhand Unfug zu verhindern. Das Blochziehen hat, wie alle großen Fasnachtsumzüge im Westen Tirols, vorchristliche Wurzeln und geht davon aus, dass mit dem Wachsen des Tages, der zunehmenden Kraft der Sonne und dem allmählichen Erwachen des Frühlings die bösen Dämonen des Winters und des Verderbens durch furchterregende Masken und Getöse abgewährt und vertrieben werden sollen.

Der wohl berühmteste Fasnachtsumzug in Tirol ist das Schemenlaufen in Imst (alle vier Jahre), gefolgt von dem Schellerlaufen in Nassereith (alle drei Jahre) und dem Schleicherlaufen in Telfs (alle fünf Jahre).

Wenn Zeit für einen Besuch in Serfaus verbleibt, wird die Exkursion nach der Rückkehr zum Bus in den drei Kilometer entfernten Ort fortgesetzt und bis zu den Talstationen der Seilbahnen und Lifte am Ortsende weitergeführt. Rückfahrt über die südliche und etwas tiefer liegende Parallelstraße (Zeitaufwand ca. 20 Minuten).

Vor Serfaus, wie Fiss ebenfalls über 1.400 m gelegen, stehen an seinem Ostrand große Parkplatzanlagen zur Verfügung, die im Winter mit unzähligen Autos von Tagestouristen und Hotelgästen vollgeparkt sind. Eine der Eigenheiten von Serfaus ist zwar unauffällig, aber einmalig für ein Dorf: Eine U-Bahn. Sie hat sich seit ihrem Bestehen (1985) bestens bewährt und bringt dem Ort im Winter eine deutliche Verkehrsentlastung. Diese Bahn transportiert die Gäste vom Parkplatz - mit zwei Stationen entlang der Dorfstraße - an das andere Ende des Dorfes zu den Ausgangspunkten der Lifte und Seilbahnen in das Serfauser Schigebiet. Darunter ist sogar eine eigene Gondelbahn für Kinder zu entdecken.

Was das „Dorf" Serfaus anbelangt, wird bei der Durchfahrt rasch offensichtlich: Serfaus hat seine Ursprünglichkeit völlig eingebüßt und ist zu einem reinen Hoteldorf geworden, gekennzeichnet durch Pseudostilelemente von Unterinntaler Bauernhäusern mit vielen Balkonen, Glockenhäuschen und anderen stilfremden Elementen, die nicht in diese Gegend passen. Nur an wenigen Stellen verstecken sich die wenigen Reste alter Bauernhäuser. Sehenswert in der Dorfmitte sind die Pfarrkirche mit dem freistehenden Glockenturm und das gotische Kirchlein, eine über 1.000 Jahre alte Wallfahrtsstätte, mit einer berühmten Marienstatue aus der Zeit um 1100.

Mit 1.100 Einwohnern ist Serfaus die größte Gemeinde auf dem Sonnenplateau. Die Nächtigungen haben die 800.000er Marke schon weit überstiegen, so dass Serfaus hinsichtlich Inten-

sität (Übernachtungen pro Einwohner) im Tiroler Spitzenfeld liegt. In der Wintersaison 2000/2001 hat diese den dritten Rang eingenommen, gefolgt von Fiss an der vierten Stelle. In 192 Beherbergungsbetrieben werden 5.150 Betten angeboten, das sind nahezu 10 % der Gästebetten im gesamten Bezirk Landeck. Einschließlich Fiss (3.500) und Ladis (1.150) steigt die Bettenkapazität auf der gesamten Sonnenterrasse auf nahezu 10.000 (*Tab. 4*).
Bei der Talstation wendet der Bus und fährt zurück nach Ried. Der Ausbau des Straßennetzes erfolgte allmählich in den 1970er- und 80er-Jahren und ist ebenfalls eine Folge des Fremdenverkehrs, zuvor gab es nur unzureichende Verbindungen und Güterwege.

Die Rückfahrt folgt über jene Straße, die kurz nach Fiss ins Tal abzweigt. Die Weiterfahrt von Ried bis Pfunds geschieht auf der kreuzungsfreien Schnellstraße. Sie findet ihre Fortsetzung in der Bundesstraße bis Nauders (ca. 25 Minuten).

In Tösens befindet sich etwa in Höhe der Kirche auf dem westlichen Hang der wildromantische Mauerbogen der „Römerbrücke", der von der Straße aus leider nicht zu sehen ist. Er ist ein umstrittener Rest der einstigen Römerstraße „Via Claudia Augusta", die zur Sicherung und Versorgung der von den Römern 15 v. Chr. eroberten Gebiete angelegt wurde. Der exakte Verlauf konnte wie im Außerfern auch hier bisher nicht lückenlos rekonstruiert werden, da archäologische Nachweise leider dünn gesät sind. Eine Hypothese geht davon aus, dass die Straße von Pontlatz ansteigend über Ladis, Fiss und Serfaus geführt und bei Tösens über die genannte Brücke die Talsohle erreicht hat (*Paul* 1988). Ab 200 n. Chr. verlor diese Verbindung über den Reschen zugunsten des Brenners an Bedeutung. Im Mittelalter spielte sie als Obere Straße jedoch eine größere Rolle, wobei überwiegend die römischen Trassen benutzt wurden. Der Obere Weg über Reschen- und Fernpass war die kürzeste Verbindung zwischen Venedig und dem Bodenseeraum bzw. Augsburg.
Kleine Weiler und Siedlungen begleiten die Exkursion links und rechts der Straße bis Pfunds. Pfunds ist ein Doppeldorf mit Pfunds-Stuben auf der westlichen und Pfunds-Dorf auf der östlichen Seite des Inns. Auch diese Gemeinde zählt zu jenen Orten des Oberlandes, die ihren Dorfcharakter mit all den genannten Eigenheiten einigermaßen gut bewahrt haben.
Etwa drei Kilometer nach Pfunds gabelt sich die Straße Richtung Reschenpass oder Richtung Unterengadin in die Schweiz. Unmittelbar davor zweigt die erst 1980 angelegte Straße nach Spiss (und Samnaun) ab, das mit 1.628 m höchstgelegene Gemeinde Österreichs ist. Als das Engadin und Samnaun 1652 an die Schweiz fielen, blieb Spiss bei Tirol, war aber nur über einen Saumweg von Pfunds und erst ab 1950 über das Schweizer Zollausschlussgebiet Samnaun auch mit dem Auto erreichbar. Die Entsiedlungsgefahr infolge dieser außergewöhnlichen Isolierung konnte mit einem Sonderprogramm der Tiroler Landesregierung und dem Straßenausbau gebremst werden. Die Nähe zu Samnaun, das durch eine Schischaukel mit dem Schigebiet von Ischgl im Paznauntal verbunden ist, bringt Spiss heute zumindest einen bescheidenen Anteil an Gästeübernachtungen.
Die geradeaus verlaufende Straße, an der sich unmittelbar nach der Abzweigung der österreichische Grenzbalken befindet, führt ins schweizerische Unterengadin. Dieses zeichnet sich durch seine weitgehend ursprüngliche Dorfanlagen mit schönen Durchfahrtshäusern aus, vor allem aber durch die Bewahrung der rätoromanischen Sprache. Auch im Oberen Gericht und im Vinschgau nahm die „rätische" Urbevölkerung zunächst die lateinische Volkssprache an. Zahlreiche Ortsnamen sind romanischen bzw. vorrömischen Ursprungs wie etwa Pfunds, Tösens, Nauders, Fiss oder Serfaus. Die Bajuwaren kamen zwar bereits im frühen Mittelalter in das oberste Inntal, doch hat sich auch hier manches romanische Kulturgut bis heute erhalten. Die romanische Sprache jedoch, die im 16. Jh. in Pfunds noch Gerichtssprache war, ist hier wie im Vinschgau untergegangen.

Die Exkursion quert bei der Kajetansbrücke den Inn, anschließend steigt die Straße kühn 400 Höhenmeter der Felswand entlang bis in die Senke von Nauders auf knapp 1.500 m Seehöhe an. Der Inn hat sich hier aus dem Unterengadin kommend in der Schlucht von Finstermünz tief in die Bündner Schiefer eingeschnitten. Die schroffen und steilwandigen Formen im Bündner Schiefer sind auf das Vorherrschen kalkiger Ausbildungen zurückzuführen, die der Erosion stärkeren Widerstand geleistet haben. Der alte Weg nach Nauders führte bis in die Mitte des 19. Jh. auf der linken Seite dem Inn entlang und setzte bei einer der unzugänglichsten Stellen über den Fluss. Diese Engstelle von (Alt-)Finstermünz war für die Errichtung einer Sperre und Zollstätte prädestiniert. Die unbewohnte Gesamtanlage mit der unter Denkmalschutz stehenden Holzbrücke ist heute begehrtes Fotomotiv. Die Obere Straße führte von hier aus steil ansteigend nach Nauders und stellte für die Fuhrleute den schwierigsten Streckenabschnitt dar. Deshalb gab es schon in den 30er-Jahren des 19. Jh. erste Pläne für einen Neubau. Schließlich wurde 1854 nach Plänen von Karl Ritter von Ghega (Erbauer der Semmeringbahn) ein für die damalige Zeit geradezu waghalsiges Straßenbauprojekt verwirklicht. Heute noch folgt die Reschenpass-Straße weitgehend dieser Trassierung und führt im zweiten Drittel links vorbei an der Festung Nauders, die 1840 als Straßensperre zum Schutz vor Einfällen aus dem Süden errichtet worden ist. Nach Überwindung des Finstermünzpasses öffnet sich allmählich die weite Hochfläche von Nauders. Hangseitig fallen bereits bei den letzten zwei Straßenkehren die vielen Ackerterrassen auf, die auf den einstigen Ackerbau hinweisen. Heute beherrschen nahezu ausschließlich grüne Wiesen das Landschaftsbild (*Sehmer* 1959).

Auch in Nauders besteht kaum eine Chance, den Bus im Zentrum abzustellen. Dagegen bietet sich die über dem Talboden liegende Liftstation „Kleinmutzkopf" als letzter Haltepunkt (9) dieser Exkursion für eine kurze Darstellung von Nauders an. Dazu fährt der Bus knapp vor Ortsende rund 500 m in Richtung Norberthöhe (Straßenverbindung Richtung Engadin/Schweiz), wo er anhalten und wenden kann (Aufenthalt maximal 15 Minuten).

Geologisch gesehen liegt Nauders am Südostrand des Engadiner Fensters, das u. a. als Beweis für die Deckennatur der Alpen angesehen wird. Wie in der Einführung erwähnt, treten hier in Form der relativ jungen Bündner Schiefer und des penninischen Flysches Teile des Penninikums zu Tage, das von den wesentlich älteren ostalpinen Kristallinkomplexen der Silvretta Decke und Ötztaler Masse überschoben worden und auf Grund tektonischer Vorgänge wieder freigelegt worden ist. Im Gegensatz dazu erscheint der markante Grenzberg Piz Lad (2.808 m) im Süden, der aus mesozoischen Kalken aufgebaut ist. Der Piz Lad ist nördlichster Ausläufer der Engadiner Dolomiten, die als zentralalpines Mesozoikum wiederum auf dem Kristallin liegen. Auch der Gipfelbereich des Endkopfes südöstlich von Graun wird von einem derartigen Kalkrest aufgebaut.
Beim Blick auf Nauders ist die typische Haufendorfanlage zu erkennen, entstanden auf dem Schwemmkegel des Gamoarbaches. Ein Gang durch das Dorf würde ein weiteres Mal bestätigen, wie sehr sich sein Bild unter dem Einfluss des Fremdenverkehrs gewandelt hat. Einige alte Häuser finden sich nur noch um die Pfarrkirche und in einigen abgelegenen Winkeln. Die Wirtschaftsstruktur war auch hier über Jahrhunderte in Bezug auf Landwirtschaft, Realteilung oder Abwanderung ähnlich den beschriebenen Gemeinden auf der Sonnenterrasse (*Hörtnagl* 1973). Seit dem frühen Mittelalter gewann Nauders zudem als Stützpunkt für den Fuhrverkehr über den Reschen an Bedeutung, so dass die Ansätze für den Tourismus weit in die Vergangenheit zurück reichen. In den ehemaligen Stallungen des Hotels Post sollen noch im 19. Jh. bis zu 80 Wechselpferde gestanden sein. Reste dieser Stallungen dienen heute als Hallenbad und können von den Gästen schwimmend bewundert werden. Auf Grund seiner Verkehrsposition entwickelte sich Nauders zum wirtschaftlichen und politischen Mittelpunkt

für den Obervinschgau und das Unterengadin. Das Gericht Nauders erstreckte sich ursprünglich im Süden bis zur Malser Haide und umfasste im Westen bis 1652 auch das Unterengadin. Gerichtssitz war seit dem 13. Jh. Schloss Naudersberg auf einem markanten Hügel in der Talmitte am südlichen Ortsende. Die heutige Anlage der Burg ist im Wesentlichen nach der Zerstörung im Engadiner Krieg 1499 von Kaiser Maximilian errichtet worden.

Die Grenzziehung im Jahre 1919 führte Nauders nach dem Ersten Weltkrieg in eine starke Isolation, da es bisher nach Süden auf den Vinschgau ausgerichtet war und sich nunmehr nach Norden orientieren musste. Die verbliebenen Teile des Gerichtes Nauders wurden daraufhin dem Gericht Ried einverleibt.

Nauders gelang es aber nach dem Zweiten Weltkrieg verhältnismäßig rasch, seine Chancen in Bezug auf den Fremdenverkehr wahrzunehmen und damit ein neues wirtschaftliches Standbein aufzubauen. Bereits Mitte der 60er-Jahre wurden erstmals mehr als 200.000 Gästeübernachtungen registriert, wobei der Winteranteil schon damals um die 40 % lag. Auf Grund der klimatischen Gegebenheiten, die in dem landläufigen Spruch „acht Monate Winter und vier Monate kalt" überspitzt zum Ausdruck kommen, ist Nauders zu einem renommierten Wintersportort aufgestiegen. Sein Hauptschigebiet liegt südöstlich im Bereich des Bergkastelbodens und gehört mit den Bergbahnen jenseits der Grenze zum „Skiparadies Reschenpass". Heute zeugen eine halbe Million Übernachtungen zwar von einer dynamischen, aber nicht derart rasanten Tourismusentwicklung, wie Fiss und Serfaus sie verbuchen.

Auf dem letzten Streckenabschnitt zum Reschenpass steigt die Straße nur mehr geringfügig an. Knapp vor dem Dorf Reschen liegt auf 1.504 m die höchste Stelle dieser Pass-Senke, deren flache Talwasserscheide zwischen dem Stillebach, der zum Inn entwässert, und der Etschquelle im Landschaftsbild nicht erkennbar ist. Der einstige, 1919 zwischen Nord- und Südtirol errichtete, heute aber nach dem EU-Beitritt Österreichs entfernte Grenzbalken liegt jedoch bereits zwei Kilometer vor der Passhöhe. Einige Geschäfte, Tankstellen, Jausenstationen oder leer stehende Zollhäuser lassen das frühere Treiben an der Grenze erahnen.

Am Reschenpass endet die Exkursion „Der obere Weg". Fortsetzung folgt in der „Exkursion Vinschgau und mittleres Etschtal".

Literatur

Abele, G. - 1964: Die Fernpaßtalung und ihre morphologischen Probleme (= Tübinger Geographische Studien 12). - Tübingen.

Abele, G. - 1991: Der Fernpaßbergsturz. - Eine differentielle Felsgleitung. - In: Jahresbericht 1989-1990 des Zweigvereines Innsbruck der Österr. Geogr. Gesellschaft. - Innsbruck.

Ammann, G. - 1978: Das Tiroler Oberland. - Österreichische Kunstmonographie 9. - Salzburg.

Fischer, R. - 1970: Vils. Die Wirtschafts- und Sozialstruktur einer Kleinstadt. - In: Beiträge zur alpenländischen Wirtschafts- und Sozialstruktur 98. - Innsbruck.

Fuchs, F. - 1984: Heimat Außerfern. Eine Heimatkunde des Bezirkes Reutte. - Reutte.

Dengel, I. - 1926: Zur Verkehrs- und Wirtschaftsgeschichte von Reutte. - In: Zeitschrift Tirol, Heft 6. - Innsbruck.

Fahringer, H. - 1986: Die Oberinntaler Sonnenterrasse. Geogr. Diplomarbeit. - Innsbruck.

Grötzbach, E. - 1968: Die Füssener Bucht und das unterste Tiroler Lechtal. - In: Topographischer Atlas von Bayern. - München.

Hörtnagl, G. - 1973: Nauders. Grenzdorf im Aufbruch. - Beiträge zur alpenländischen Wirtschafts- und Sozialforschung 163. - Innsbruck.

Kätzler, G. - 1977: Die Sozialbrache im Lermooser Becken. - In: Jahresbericht der Österr. Geogr. Gesellschaft, Zweigverein Innsbruck. - Innsbruck, S. 11-27.

Kätzler, G. - 1975: Untersuchungen zur Landwirtschaft im Lermooser Becken. Geogr. Dissertation. - Innsbruck.
Kautzky, H. - 1999: Tirol Handbuch. - Rappweiler.
Keller, W. - 1975: Die Bevölkerungsentwicklung im Außerfern. - In: Mitt. der Österr. Geogr. Gesellschaft, 117. - Wien.
Keller, W. - 1975: Das Außerfern. - In: Tirol. Ein geographischer Exkursionsführer (= Innsbrucker Geogr. Studien 2). - Innsbruck.
Keller, W. - 1986: Wandlungen im alpinen Bevölkerungsbild unter dem Einfluss der Industrialisierung - Das Außerfern als Beispiel. In Beiträge zur Bevölkerungsforschung (= Festschrift Ernest Troger Bd.1). - Wien.
Keller, W. - 1989a: Lage und Naturraum. - In: Reutte 500 Jahre Markt 1489-1989. - Reutte.
Keller, W. - 1989b: Vom Markt zum zentralen Ort. - In: Reutte 500 Jahre Markt 1489-1989. - Reutte.
Keller, W. - 1994: Vom Bauerndorf zur Industriegemeinde. - In: 900 Jahre Breitenwang 1094-1994. - Breitenwang.
Klebelsberg, R. - 1956: Aus der Geologie des Bezirkes Landeck. - In: Landecker Buch (= Schlern-Schriften 133). - Innsbruck, S. 3-14.
Klebelsberg, R. - 1955: Außerferner Geologie. - In: Außerferner Buch (= Schlern-Schriften 111). - Innsbruck, S. 3-4.
Klien, R. - 1983: Tiroler Oberland. Bezirk Landeck. - Innsbruck.
Landecker Buch - 1956: I. Band, Bezirk Landeck und Oberes Gericht (= Schlern-Schriften 133). - Innsbruck.
Lipp, R. - 1994: Außerfern. Der Bezirk Reutte. - Innsbruck.
Matscher, H. - 1956: Am obersten Inn. - In: Landecker Buch (= Schlern-Schriften 133). - Innsbruck, S. 217-235.
Nicolussi, K. - 1998: Die Bauhölzer der Via Claudia Augusta bei Lermoos (Tirol). - In: Via Claudia. Neue Forschungen. Herausgegeben von E. Walde. - Innsbruck, S. 113-146.
Pöll, J. - 1998: Ein Streckenabschnitt der Via Claudia Augusta in Nordtirol. Die Grabungen am Prügelweg Lermoos/Bez.Reutte 1992 - 1995. - In: Via Claudia. Neue Forschungen. Herausgegeben von E. Walde. - Innsbruck, S. 15-112.
Regionales Pilotprojekt Lech - Außerfern zur Erhaltung, Pflege und Entwicklung des Kulturlandschaftsraumes nach Schwerpunkten - (1996): Gesamtbericht über die erarbeiteten Entscheidungsgrundlagen. - Wien-Innsbruck-Reutte.
Paul, H. - 1988: Wanderweg Via Claudia. - Innsbruck.
Sehmer, I.- 1959: Studien über die Differenzierung der Agrarlandschaft im Hochgebirge im Bereich dreier Staaten. - Münchner Geographische Hefte 17.- Kallmünz/Regensburg.
Tirol Atlas - 1962-2002. Herausgegeben im Auftrag der Tiroler Landesregierung unter der Leitung v. A. Leidlmair. Institut für Geographie der Universität Innsbruck. - Innsbruck.

Statistische Unterlagen:
Demographische Daten Tirol 2000 - 2001: Hrsg vom Amt der Tir. Landesregierung - Innsbruck.
Der Tourismus in Österreich - versch. Jahrgänge. Beiträge zur Österreichischen Statistik. - Wien.
Volkszählungsergebnisse 1951, 1961, 1971, 1981, 1991, 2001(vorläufig). - Beiträge zur Österreichischen Statistik. - Wien.

Anschrift des Verfassers:
OR Dr. Wilfried Keller
Institut für Geographie der Universität Innsbruck
A-6020 Innsbruck, Innrain 52

7. VINSCHGAU UND MITTLERES ETSCHTAL

KLAUS FISCHER

> *ℹ️ Exkursionsverlauf und praktische Hinweise*
>
> Fahrtroute: Reschenpaß - Mals - Schlanders - Latsch/Tarsch - Naturns - Marling - Lana - Gampenstraße bis Naraun - Nals bzw. Burgstall - Terlan - Bozen
> Fahrtkilometer: ~ 120
> Exkursionsdauer: 8 Stunden (ohne Mittagspause)
> Günstige Mittagspause: Marling, Tscherms oder Lana
> Omnibusexkursion mit Wanderungen; festes Schuhwerk ist zu empfehlen
> Für Fahrzeuge über 10 t Gesamtgewicht und mehr als 3,00 m Höhe ist anstelle der Fahrt über Tisens - Prissian - Nals eine Rückkehr nach Lana nötig; von dort weiter über Burgstall nach Terlan. Prissian hat zudem eine außerordentlich enge Ortsdurchfahrt. Die Fahrt im Mitteletschtal sollte auf der alten Staatsstraße und nicht auf der Schnellstraße Bozen - Meran durchgeführt werden. Die Exkursion kann von Mitte Mai bis Ende Oktober geplant werden. Abzuraten ist wegen der italienischen Ferien von den Monaten Juli und August. Eine Stadtexkursion in Meran ist nicht eingeschlossen; sie erfordert zusätzlich mindestens 2 Stunden.
> Die Exkursion wird einerseits durch die Überblicksexkursionen *Der obere Weg: Außerfern, Fernpass und das Obere Gericht* und *Die Brenner-Linie: Die zentrale Nord-Süd-Verbindung von Innsbruck bis Ala* fortgesetzt, zum anderen durch diverse Spezialexkursionen ergänzt, die im 3. Band des Exkursionsführers zur Darstellung kommen.
> Karten:
> Freytag & Berndt Wanderkarte 1 : 50.000
>   S 2 Vinschgau-Südliche Ötztaler Alpen; S 1 Bozen - Meran und Umgebung.
> Tabacco - Topographische Wanderkarte 1:25.000 auf der Basis der amtlichen italienischen Karten, auch mit deutschem Namensgut. Topographisch die beste Karte für die Exkursionsroute.
>   Blatt 043 Vinschgauer Oberland
>   Blatt 044 Vinschgau - Sesvenna
>   Blatt 011 Meran und Umgebung mit Stadtplan Meran 1:6.000
>   Blatt 034 Bozen - Ritten - Tschögglberg

1. Der Vinschgau - Landschaftsraum der Kontraste und der Strukturschwächen

Nach dem Aufstieg vom Oberinntal über Hochfinstermünz gegen Süden öffnet sich um Nauders eine weite Hochtalung: Der Vinschgau. Wie im Wipptal greift hier eine Landschaftseinheit über die alpine Hauptwasserscheide und heutige Staatsgrenze hinweg. Sie umfasst das zum Inn entwässernde Tal des Stiller Baches und das obere Etschtal bis zur Talstufe der Töll westlich Meran. Damit setzt sich der Vinschgau aus zwei völlig unterschiedlich orientierten Abschnitten zusammen. An die rund 30 km lange Quertalung mit dem Reschenpass als einem der niedrigsten Passübergänge über die Zentralalpen (1.504 m) schließt sich das landschaftlich

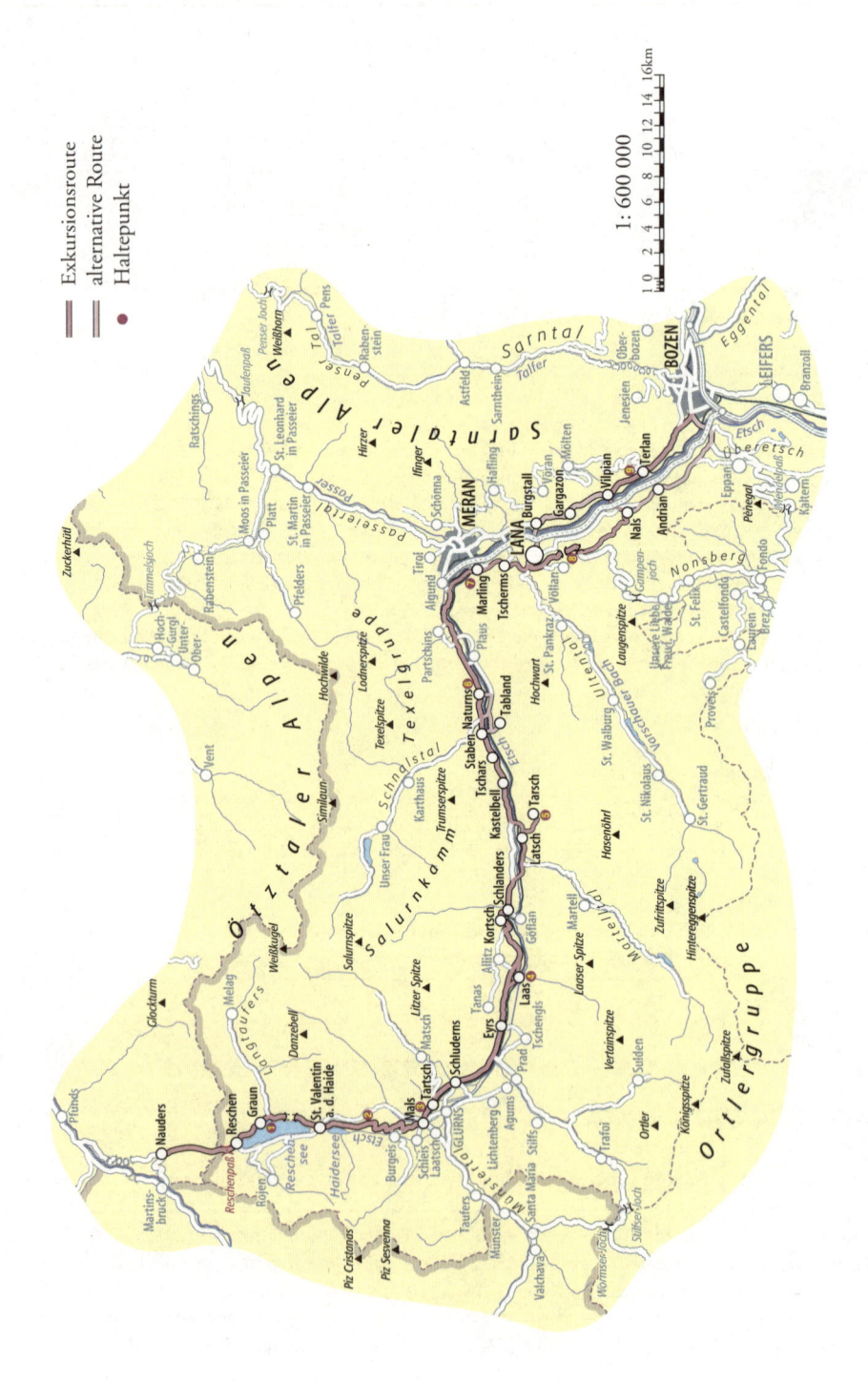

Abb. 1: Orientierungskarte Vinschgau und mittleres Etschtal

überaus eindrucksvolle Längstal zwischen den Ötztaler Alpen im Norden und der Ortlergruppe im Süden an.

Vor allem das Längstal als Teil der südlichen inneralpinen Längstalungsflucht ist wegen seiner Lage zwischen den hohen Gebirgsgruppen durch große relative Höhenunterschiede gekennzeichnet, die zu den höchsten der Alpen zählen. Diese erreichen auf 5,5 km Horizontaldistanz bis über 2.500 m. Dementsprechend besitzen die Talhänge, die allenfalls von schmalen Hangverflachungen gegliedert werden, beachtliche Neigungswerte. Zu den geomorphologischen Phänomenen des Vinschgaus gehören weiterhin die zahlreichen, teilweise riesigen Murkegel, die es in dieser Massierung in keinem weiteren Tal der Alpen gibt. Sie wurden nach dem Weichen des würmzeitlichen Etschgletschers, vornehmlich im Spätglazial, vor den Ausgängen kleinerer und kleiner Nebentäler durch zahllose Murgänge aufgebaut. Durch ihre Aufschüttung bis an den Gegenhang des Tales kam es zum Einstau des Vorfluters, der Etsch, die dabei einen großen Teil ihrer Feststofffracht sedimentierte. Zwischen den Kegeln entstanden überaus flache Aufschüttungstalsohlen. Wie erbohrte Sedimentproben nachweisen, bildeten sich temporär auch Seen, so wie es beim Haider See im Vinschgauer Oberland heute noch ist. Die Entwicklung gewaltiger Murkegel hat zur Bildung von Talstufen und zwischengeschalteten gefällsarmen Talabschnitten bzw. Talkammern geführt. Darauf beruht die Gliederung in die Teilräume Ober-, Mittel- und Untervinschgau.

Die inneralpine Lage des Vinschgaus, die große Taltiefe bzw. die hoch aufragende Umrahmung sind Ursachen für die Ausbildung autochthoner Züge des Klimas, die dem obersten Etschtal die Bezeichnung „Klimainsel" eingebracht haben. Sie treten am deutlichsten in der Niederschlagsarmut hervor, die nicht nur für die Talbodenstationen (Agums 907 m - 522 mm; Schlanders 748 m - 477 mm; Naturns 554 m - 495 mm), sondern auch für die in Hanglagen (Marienberg 1.335 m - 672 mm) und in den Seitentälern (Matsch 1.570 m - 514 mm; Sulden 1.910 m - 700 mm; Karthaus 1.330 m - 573 mm) nachgewiesen ist. Der Vinschgau zählt zu den trockensten Gebieten der Alpen, wenn er nicht sogar deren Rangfolge anführt. Der relativ geringe Niederschlag fällt dabei teilweise, wenn auch nicht übermäßig häufig, in Form von heftigen Güssen, Stark- oder Platzregen. Diese Niederschlagsereignisse haben wegen ihrer hohen Regendichte eine entsprechende Wirksamkeit hinsichtlich Abtragung von Verwitterungsdecken und der skelettreichen, lockeren Böden in Hanglagen. Die Zerschneidung der tieferen Lagen des Sonnenberges von Spondinig talabwärts und immer wieder auftretende Vermurungen sind die Resultate dieser Ereignisse.

Mit dem Sonnenscheinreichtum infolge verminderter Bewölkungswerte zwischen den genannten Massenerhebungen verbinden sich im Vinschgau gegenüber gleich hohen Lagen in Tirol höhere Jahresmitteltemperaturen. Darüber hinaus lässt das große Volumen des Talraumes zwischen hohen Gebirgsgruppen vor allem in der wärmeren Jahreszeit eine ausgeprägte Tal- und Hangwindzirkulation und Föhneffekte zur Entwicklung kommen. Bei derartigen Wetterlagen sinkt die Luftfeuchte auf außerordentlich geringe Werte ab. Alle diese Faktoren erhöhen die Evapotranspiration. Gegenüber den Werten der potentiellen Verdunstung sind insbesondere während der Vegetationsperiode die monatlichen Niederschlagsmengen erheblich geringer. Es treten also durchaus längere aride Phasen auf. Damit wird für die intensiv bewirtschaftete landwirtschaftliche Nutzfläche zur Sicherung der Ertragsleistungen Bewässerung zur Notwendigkeit und dient nicht nur der Ertragssteigerung.

Der unterschiedliche Strahlungshaushalt von Sonnen- und Schattenseite im Längstal mit Überhitzung einerseits und sonnenloser Zeit andererseits findet seine ökologische Ausprägung in unterschiedlichen natürlichen Waldgesellschaften auf beiden Talhängen. Über den azonalen Schwarzerlen-Auewäldern bzw. den Traubeneichenwäldern der Murkegel folgen sonnseitig Flaumeichen- oder Steppenheide-Kiefernwälder bis in 1.200-1.600 m Höhe, fichtenarme Lärchenwälder bis über 2.000 m und schließlich Lärchen-Zirbenwälder. Schattseitig sind sowohl in der montanen als auch in der subalpinen Stufe Fichten-Lärchenwälder verbreitet, über denen sich ab etwa 2.000 m Lärchen-Zirben- oder Zirbenbestände anschließen. Trotz der insgesamt feuchteren Standorte auf dem Nörderberg fehlen Buchenwälder oder auch nur Buchenbeimischung in der montanen Stufe, wie sie in den nördlichen oder südlichen Randalpen vorkommen.

Von den ursprünglichen Waldgesellschaften sind allerdings im Talgrund und in tieferen Lagen des Sonnenberges allenfalls noch kümmerliche Reste überliefert, denn der Vinschgau zählt, wie die zahlreichen Kulturdenkmäler aus vorromanischer und romanischer Zeit verdeutlichen, in Lagen unter 1.250 m Meereshöhe zu den altbesiedelten Räumen der Alpen. Der hoch- und spätmittelalterliche Siedlungsausbau ab dem 12. Jh. ließ Dauerwohnplätze zur Höhe emporrücken und in die Nebentäler eindringen, sodass ein Dauersiedlungsraum von 1.500 m Vertikalerstreckung entstand - ein Spitzenwert in den Ostalpen. Aus der Siedlungsgenese lässt sich somit der Gegensatz von alten Dorfkernen auf und am Rande der Kegel und den meist jüngeren Weilern und Einzelhöfen in Hanglagen erklären.

Die über Jahrhunderte geübte Erbteilung hat zur Entwicklung von Klein- und Zwergbesitz, zu entsprechenden Betrieben, zu einer extremen Parzellierung der Flur und zu Besitzzersplitterung, also Gemengelage geführt, die sich in der modernen Agrarwirtschaft als gewichtige Strukturmängel erwiesen. Vor allem der Obere Vinschgau ist durch sie gekennzeichnet, während im Untervinschgau, insbesondere östlich Tschars dem geschlossenen, das heißt, nur als Einheit vererbbaren Hof, eine größere Bedeutung zukommt. Rund ein Drittel aller landwirtschaftlichen Betriebe des Vinschgaus verfügen über weniger als 2 ha, zwei Drittel über weniger als 5 ha. Daraus ergibt sich die Notwendigkeit von Neben- oder Zuerwerb für die Mehrzahl der Betriebe; nur 40 % von ihnen werden im Haupterwerb bewirtschaftet.

Bereits in der Vergangenheit zwang die Not zu Auswanderung oder zu Zeitwanderungen. Ein bedrückender Fall waren die alljährlichen Züge der Schwabenkinder aus dem Realteilungsgebiet des westlichen Tirol in das Bodenseegebiet, die es noch bis zum Ersten Weltkrieg gab. Die problematische wirtschaftliche und soziale Lage in Südtirol bis in die 70er-Jahre des 20. Jh. (fehlende außerlandwirtschaftliche Verdienstmöglichkeiten, geringe Ausbildungschancen für junge Menschen) und die positive Entwicklung der Wirtschaft in Deutschland, der Schweiz und Österreich führten zu starker Abwanderung arbeitsfähiger Bevölkerung. Genaue Zahlen über das Ausmaß dieser Abwanderung in regionaler Aufgliederung liegen nicht vor, doch waren sie speziell im Ober- und Mittelvinschgau besonders hoch. Teilweise wurde aus dieser temporären Auswanderung eine definitive und die Bevölkerungsverluste waren beachtlich. Wanderungsverluste gehören auch heute noch zu den Charakteristika des Vinschgaus. Sie werden nur durch die hohe, über dem Mittel Südtirols liegende Geburtenrate aufgefangen. Als Zeichen anhaltender Strukturschwäche der Gemeinden sind zudem die hohen Zahlen von Pendlern über die Landesgrenzen hinweg zu werten. Im Rahmen der Volkszählung 1991 wurden 536 Tages- und 550 Langzeitpendler in die Schweiz und 63 Tagespendler nach Österreich gezählt. Insbesondere die Fraktionen oder Katastralgemeinden des Obervinschgaus sind mit recht hohen Pendleranteilen mit Arbeitsstätten in der Schweiz verknüpft.

Eine wirtschaftliche Entwicklung außerhalb des Agrarsektors setzte im Vinschgau erst relativ spät in den 70er-Jahren ein. Zwar wurden von Gemeinden Gewerbeflächen ausgewiesen, doch ihre Besetzung mit Betrieben vollzog sich nur langsam (Prad, Eyrs, Vetzan). Ebenso wirkte sich die rasche Aufgabe von Zweigbetrieben ausländischer, vornehmlich deutscher Firmen, die teilweise auf spekulativer Basis (u.a. Kredit- und Steuererleichterungen, günstige Bedingungen für Erwerb von Bauland und dessen Erschließung; niedrigeres Lohnniveau) errichtet worden waren, negativ aus. Mit nur 6 % Anteil von Industriebeschäftigten an der Gesamtzahl der Beschäftigten (1990) steht der Vinschgau (ohne Naturns, Plaus und Partschins) an letzter Stelle im Lande Südtirol. Durchaus günstiger sind die Zahlen für das Handwerk, in dem 20 %

aller Beschäftigten tätig sind. Doch die Dominanz der Baubranche mit über 30 % aller im Handwerk Beschäftigten und die geringe Betriebsgröße mit durchschnittlich drei Beschäftigten/Betrieb warnen vor einer allzu positiven Einschätzung dieses Wirtschaftsbereiches.

Der weitgehende Verzicht auf Selbstversorgung in den landwirtschaftlichen Betrieben, der verstärkt in den 60er-Jahren einsetzte und gleichzeitig in Anpassung an das natürliche Produktionspotential erfolgte, führte zu Betriebsvereinfachungen und zum Verschwinden von Betriebszweigen in den einzelnen Abschnitten des Vinschgaus. Mit der Ausweitung des Erwerbsobstbaus zog in die Talsohle des Untervinschgaus die Obstmonokultur ein und im Obervinschgau sowie auf den Berghöfen oberhalb 700 bis 800 m Höhe schritt die Vergrünlandung bis zur ausschließlichen Grünlandwirtschaft fort. Nur der mittlere Vinschgau zwischen Glurns und Laas stellt mit dem Neben- und Miteinander von Obstbau, Feldgemüsekulturen und Grünlandnutzung eine Ausnahme dar. Insgesamt ist die Agrarlandschaft des Vinschgaus zwar monotoner geworden, doch die Produktionspalette der Landwirtschaft ist in keinem anderen Gebiet Südtirols noch so vielfältig wie im Vinschgau.

Haltepunkt 1: Überflutetes Dorf Alt-Graun. Parkplatz rechts an der Straße mit Blick auf den spätromanischen Kirchturm von Alt-Graun im Reschen-Stausee und zum Ortler.

Bald nach Überschreiten der Landesgrenze treten mit dem Reschen-Stausee jüngere und folgenreiche Eingriffe des Menschen in die altüberlieferte Kulturlandschaft in den Vordergrund. Obwohl die Durchführung des Stauseeprojektes auf die nach Autarkie strebende Energiepolitik Italiens in der faschistischen Zeit zurückgeht, um billige Energie für die Industrie der westlichen Poebene um Mailand und anderen Industriestandorten in Norditalien sowie für einen Schweizer Elektrokonzern als bedeutendem Finanzier des Projektes zu gewinnen, erfolgte dessen Realisierung gegen die Einwände der Bevölkerung erst in den Jahren 1940 bis 1943 und 1947 bis 1950. Der erhalten gebliebene, aus dem 14. Jh. stammende Kirchturm von Alt-Graun im Stausee ist zu einer Touristenattraktion geworden, während an die einschneidenden Konsequenzen für die Bevölkerung und die Wirtschaft des betroffenen Gebietes kaum mehr gedacht wird. Das alte Dorf Graun und der Weiler Pitz bei Reschen versanken durch Anhebung des Wasserspiegels gegenüber der Oberfläche von Reschen- und Grauner See um 22 m vollständig in den Fluten, ebenfalls große Teile von Alt-Reschen sowie die Höfe Gorf und Arlund (Graun) und die Stockerhöfe (St. Valentin). In den Katastralgemeinden Reschen, Graun und St. Valentin gingen 57 ha Ackerland, 240 ha Wiesen und 196 ha Weideflächen verloren. Nicht weniger als 333 Besitzstände waren betroffen und allein in Graun blieben damals von 120 landwirtschaftlichen Betrieben nur etwa 18 existenzfähig. Der Viehbestand reduzierte sich um mehr als 700 Großvieheinheiten. Einundsiebzig Familien aus Graun und 16 aus Reschen mussten die Heimat verlassen und verloren damit auch alle Nutzungsrechte an Weiden, Almen und Wäldern. Sie wanderten nach Nordtirol, in andere Täler Südtirols, in den italienischen Nonsberg und in die Valsugana aus. Die Entschädigung des Grundbesitzes und der Nutzungsrechte durch die Montecatini S.p.A. mit Sitz in Mailand erfolgte überaus schleppend. Für die Verbliebenen, deren Häuser im Zuge des Einstaus gesprengt wurden, entstand in Reschen in den Flurteilen Plamord und Scheibäcker ein neues Dorf; das neue Graun wurde am Ausgang des Langtauferer Tales errichtet.

Die wenigen oben angeführten Zahlen kennzeichnen den Obervinschgau bereits hinsichtlich dreier ökonomischer Gegebenheiten:

- Die hohe Zahl von betroffenen Besitzständen als Ergebnis der weit fortgeschrittenen Realteilung auch in Lagen über 1.000 m Höhe, verbunden mit dem Hinweis auf die außerordentlich geringen Betriebsgrößen.

- Die damals noch weitgehend verbreitete Selbstversorgung mit Brotgetreide. Der einst ausgedehnte Ackerbau im Rahmen einer Felderwirtschaft ist noch immer in den lang hinziehenden Kulturterrassen um Nauders oder auf dem Falatsch- oder Klopaier Kegel zwischen Reschen und Graun gut dokumentiert. Aufgrund unterschiedlicher wirtschaftlicher und sozialer Entwicklung auf Nord- und Südtiroler Seite setzte allerdings die Vergrünlandung im Norden um Jahre früher ein.
- Den hohen Viehbesatz, der diesen Talabschnitt als Zuchtgebiet hervortreten lässt.

Tatsächlich wurde bereits 1895 im Langtauferer Tal östlich von Graun die erste Viehzuchtgenossenschaft von ganz Tirol gegründet, 1897 folgte Graun, 1899 Mals, 1900 Inner-Langtaufers, 1908 Schleis und 1909 Burgeis. Durch Einführung und Aufzucht eines reinrassigen Braunviehs anstelle eines bunten Rassen- und Kreuzungsgemisches wurde der obere Vinschgau zu einem Innovationsgebiet der Viehzucht im damaligen Tirol und hielt diese Stellung bis in die 70er-Jahre. Der genossenschaftliche Zusammenschluss der klein- und kleinstbäuerlichen Betriebe und ihre gemeinschaftlichen Leistungen waren die entscheidenden Grundlagen dafür. Die wirtschaftlichen Veränderungen der jüngsten Zeit, vornehmlich die attraktiven Milchpreise, haben die Milchwirtschaft in den Vordergrund rücken lassen.

Mit der Erschließung von Schigebieten in den Gemeinden Nauders, Graun und Mals hat der Fremdenverkehr nach schwachen Ansätzen vor dem Ersten Weltkrieg und in der Zwischenkriegszeit einen beträchtlichen Aufschwung genommen und ist zu einer wichtigen Einkommensquelle geworden. Zu einer nahezu viermonatigen und insgesamt stärkeren Wintersaison (Januar - April) tritt in Nauders und Graun eine kürzere Sommersaison (Juli - August), die sich in der Gemeinde Mals um September und erste Oktoberhälfte erweitert. Der Fremdenverkehr hat nicht nur einen beträchtlichen Rückgang der Vollerwerbsbetriebe mitbewirkt, sondern auch zu Veränderungen der Ortsbilder geführt. Die Dörfer des sogenannten Vinschgauer Oberlandes zwischen Finstermünz und dem Langkreuz auf der oberen Malser Haide, also Nauders, Reschen, Graun und St. Valentin, haben ihren ländlichen Charakter durch Ortsverlegung (s.o.) und durch Ausweitung der Fremdenverkehrseinrichtungen verloren.

Haltepunkt 2: Obere Malser Haide. Kurz nach Kilometerstein 17 bzw. 750 m nach dem Langkreuz links an der Einmündung des alten Haideweges linkerseits Parkmöglichkeit. Wenige Meter oberhalb der Neuwaal, unterhalb der Straße der Töschgwaal. Blick auf den größten Murkegel der Alpen und höchste Talstufe des Vinschgaus.

Mit dem Langkreuz auf der Malser Haide wird annähernd die Grenze von altbesiedeltem Talraum im Süden und dem Gebiet des hoch- und spätmittelalterlichen Siedlungsausbaus in der hochgelegenen Passtalung des Reschen markiert. Für den Talabschnitt im Norden zogen die Grafen von Tirol und das Kloster Marienberg im 13. und 14. Jh. neue Siedler heran, denen Allmendland des alten Dingsprengels Mals-Glurns zur Nutzung überlassen wurde. Bevölkerungswachstum, Vergrößerung intensiv genutzter Flächen und Vermehrung des Viehbestandes führten bereits im Spätmittelalter zur Entwicklung eigenständiger Wirtschaftsgemeinden in der Passtalung. Die Regelung alter Nutzungsrechte des Dingsprengels und zwischen den neu entstandenen Wirtschaftsgemeinden zog sich teilweise bis in das 17. Jh. hin.

Mit der Ausdehnung des Siedlungsraumes und der Bodennutzung musste die wegen der Trockenheit des Tales notwendige Bewässerung, über deren Anfänge nichts Genaueres bekannt ist, immer mehr erweitert werden. So entstand nicht nur auf der Malder Haide, sondern im gesamten Vinschgau im Laufe der Zeit ein überaus dichtes und weitläufiges Netz von Bewässerungskanälen oder Waalen, wie es in keinem anderen Trockengebiet der Alpen geschaffen wurde. Die Malser Haide ist das Gebiet im Vinschgau, in dem das alte Waalsystem von den Tragwaalen (Hauptkanälen) bis zu den Ilzen, den letzten kleinen Ausläufern des Kanalsystems noch voll intakt ist. Hinsichtlich Intensität, Ausdehnung und Erhaltungszustand muss es als

Obervinschgau nach Norden (im Vordergrund Malser Haide mit Haider- und Reschensee)

einzigartig in Tirol, wahrscheinlich im gesamten Alpenraum, bezeichnet werden. Sein hohes Alter geht aus den teilweise vordeutschen Namen für die Tragwaale hervor: Neu-, Töschg-, Largin-, Magrin-, Krieg-, Fosses-, Latina- und Weitwiesenwaal (von oben nach unten) hervor. Auch die äußerst komplizierte Regelung der Wasserverteilung und der Wasserrechte weisen auf die lange Tradition der Bewässerung hin. Hinzu tritt eine eigene Terminologie in der Bewässerungswirtschaft, die sich im Laufe der Jahrhunderte entwickelte. Damit kommt ihr eine hohe kulturgeschichtliche Bedeutung zu.

Der Arbeitsaufwand für die Waalbewässerung, also Flächen-Überrieselung, ist hoch. Für die Berieselung eines Hektars müssen im Laufe der Vegetationsperiode 12-14 Stunden kalkuliert werden. Hinzu kommt der Aufwand für die Erhaltung des Kanalsystems, der sich für einen Betrieb mit 5 ha intensiver landwirtschaftlicher Nutzfläche mit 20 bis 30 Tagen zu Buche schlägt. Damit wird ein beachtlicher Teil der Arbeitskraft durch die Bewässerung gebunden. Gerade unter dem Einfluss des Strukturwandels, der hohen Zahl von Nebenerwerbsbetrieben bedeutet dies einen sehr großen Aufwand, und die Verstöße gegen das alte Wasserrecht, d.h. die reglementierte Zeitfolge der Wassernutzung, die auch nächtliche Bewässerung, sog. Nachtroden, einschließt, mehren sich.

Deshalb ist es verständlich, dass rationellere Bewässerungsmethoden mit Zeitersparnis und anderen Erleichterungen das System der Überrieselung verdrängt haben. Vornehmlich wird dies durch Beregnung erreicht, mit der darüber hinaus ganz bedeutende Wassermengen gespart und Engpässe im Wasserangebot in sehr trockenen Zeitabschnitten überwunden werden können. Im Mittel- und Untervinschgau steht bereits der größte Teil der intensiven landwirtschaftlichen Nutzfläche unter Beregnung; allein durch die Talbonifizierung Vinschgau wurden in den letzten drei Jahrzehnten rund 6.000 ha mit Beregnungsanlagen ausgestattet. Mit Verlust ihrer Funktion verfallen die Waale, wenn sie im Zuge der Umstellung nicht schon beseitigt oder verrohrt wurden. Eine jahrhundertealte landschaftstypische Kultur und ihre Zeugnisse sind verschwunden oder im Vergehen begriffen.

Auch für die Malser Haide liegt ein Beregnungsprojekt vor, das die Umstellung von knapp 1.000 ha vorsieht. Außer einer rationelleren und weniger zeitaufwendigen Wassernutzung stehen als ökonomische Gesichtspunkte die Möglichkeiten einer Nutzungsintensivierung, mit der sich Ertragssteigerungen verbinden würden, im Vordergrund. Daraus könnten sich wiederum höhere Tierbesatzzahlen pro Betrieb, vor allem eine Aufstockung des Milchkühebestandes, ergeben, also die Rentabilität des Betriebes erhöhen. Bei Realisierung des Projektes muss aber auch mit einer weiteren Vereinheitlichung des Landschaftsbildes durch Verschwinden vorhandener flächenhafter und linearer Landschaftselemente, mit einem Verlust an Biodiversität und an Biotopen gerechnet werden. Die Frage der Realisierung des Beregnungsprojektes „Malser Haide" wird derzeit heftig diskutiert. Einerseits besteht der Wunsch nach Beseitigung des alten Bewässerungssystems, das zunehmend als Belastung empfunden wird, da es zeitaufwendig ist und kaum mehr Nutzungsintensivierung zulässt. Andererseits fürchten insbesondere Kleinbauern im Rentenalter eine langzeitige Verschuldung infolge hoher Erstellungs- und Folgekosten und mit ihr den Verlust von Grundbesitz, den sie als wesentlichen Teil einer Alterssicherung betrachten.

Haltepunkt 3:   Tartscher Bühel (Bichl). Parkmöglichkeit an der Kirche von Tartsch. Aufstieg von Westen über den Bichlweg in etwa 10 Minuten zum höchsten Punkt bzw. südlich davon. Der riesige Rundhöcker war bereits Siedlungsplatz im Neolithikum und in der Eisenzeit. Rechts des Aufstiegsweges Spuren vorgeschichtlicher Häuser (rätische Epoche). Vom Aussichtspunkt ausgezeichneter Blick zum Südfuß der Malser Haide, zum Schlinig- und Tauferer Tal, in die Etschtalsohle, zum Ortler und zum Ausgang des Matscher Tales mit den Trockenrasenhängen. Rückkehr zum Bus über die romanische St. Veitskirche.

Zwar ist im Oberland in den letzten drei Jahrzehnten die Zahl der landwirtschaftlichen Betriebe wie im gesamten Vinschgau deutlich zurückgegangen, doch die durchschnittliche Betriebsgröße blieb trotz Aufstockungen weiterhin gering. Der Anteil von Klein- und Kleinstbetrieben, die auf zusätzliche Einkommen angewiesen sind, liegt außerordentlich hoch. Die Nebenerwerbsbetriebe sind überwiegend in der Form organisiert, dass der Betriebsleiter zur Hauptsache einer außerlandwirtschaftlichen Tätigkeit nachgeht, während die Hausfrau einen erheblichen Teil der Stallarbeit leistet. Mit Hebung des Ausbildungsstandes der Mädchen und jungen Frauen, die sie zunehmend für berufliche Tätigkeit außerhalb der Landwirtschaft qualifiziert, wird jedoch diese Organisationsform mehr und mehr in Frage gestellt, was letztlich zur Betriebsaufgabe führen kann.

Tab. 1: Flurbereinigungsverfahren im Vinschgau

Fraktion	Fläche in ha	Beteiligte Grundbesitzer	abgeschlossen
Latsch: Plafaden	11	23	1954
Kortsch	205	149	1969
Göflan	33	37	1971
Latsch: Mareinwiesen	38	60	1972
Laas: Gunggenwiesen	35	115	1972
Tartsch	108	102	1975
Latsch: Plafaden	154	188	1978
Glurns: Rawein- und Feldwiesen	36	63	1981
Tabland-Staben-Tschars	161	117	1981
Prad-Agums: Weite Wiesen	42	108	1990
Prader Feld	190	270	1992
Glurns: Mitterwaal	125	217	1992
zusammen	1.138	1.453	

Quelle: *Raffeiner* 1991; ergänzt

Als weitere Erschwernis für derartige Betriebe im Viehhaltungsgebiet tritt die unbedingt nötige Sanierung von Ställen und Dungstätten in den beengten Haufendörfern, um die Belastung von Kanalisation und Vorflutern zu mindern. Kapitalmangel gestattet diese Sanierungen nur in unzureichendem Umfange und kann wegen der verschärften Umweltauflagen, die auch die Einschränkung der Düngerlagerung entlang der Verkehrswege in Dorfnähe wegen Platzmangels im Inneren der Dörfer betreffen, ebenfalls zum Motiv für eine Betriebsaufgabe werden. Zwischen 1982 und 2000 wurden in der Gemeinde Graun 85, in Mals 111 landwirtschaftliche Betriebe aufgegeben, in Taufers im Münstertal waren es 23. Gleichlaufend ist damit auch ein Rückgang der Rinderzahlen verbunden. Er betrug von 1991 bis 2000 in Graun 12,7 %, in Mals 5,7 %, in Taufers im Münstertal 10,2 % und in Schluderns 13,1 %. Während noch vor zwei Jahrzehnten das Streben nach Erweiterung der Betriebsfläche durch Zukauf von Parzellen zu hohen Grundstückspreisen führte, lassen sich jetzt Interessenten für angebotene Flächen immer schwerer finden.

Der noch vor 30 Jahren bedeutende Ackerbau auf der unteren Malser Haide ist zur Bedeutungslosigkeit herabgesunken und die Grünlandwirtschft hat sich im Zuge der Marktwirtschaft durchgesetzt. Nur von wenigen Landwirten wird im Rahmen des biologischen Anbaus noch Brotgetreide (Roggen und Dinkel) auf kleinen Parzellen kultiviert. Der Rinderbesatz von 1,2-1,4 GVE/ha drückt die Intensität der Grünlandwirtschaft aus. Damit sind aber die erwähnten Strukturmängel nicht aufgewogen. Eine entscheidende Möglichkeit zur Verbesserung der strukturellen Verhältnisse war und ist die Flurbereinigung. Dank der Aufgeschlossenheit der Landwirte im Vinschgau gegenüber Innovationen und ihrem Genossenschaftssinn konnten eine Reihe von Verfahren über die Talbonifizierung durchgeführt werden (*Tab. 1*).

Nicht alle Verfahren lassen sich als effektiv bezeichnen, denn einige Bereinigungsgebiete waren zu klein, um eine spürbar positive Wirkung für den Einzelbetrieb hervorzubringen. Das gilt beispielsweise für die Gunggenwiesen in Laas, wo auf einer Fläche von nur 35 ha 115 verschiedene Besitzer beteiligt waren. Die Gunggenwiesen umfassen also nur einen bescheidenen Bruchteil der intensiven landwirtschaftlichen Nutzfläche der Katastralgemeinde Laas.

Die positiven Seiten einer Flurbereinigung im Vinschgau liegen nicht nur in einer möglichst weitgehenden Aufhebung der teilweise enormen Flurzersplitterung und der Schaffung optimaler Voraussetzungen für einen rationellen Maschineneinsatz, sondern auch in der gleichzeitigen Beseitigung des durch jahrhundertelange Berieselung entstandenen Kleinreliefs - den Bicheln - durch Planierung, der Verbesserung der Verkehrserschließung, der Auflösung von Durchfahrtsdienstbarkeiten, mit denen infolge der Realteilung viele Parzellen belastet waren und der Installation der Beregnung an Stelle der Berieselung. Nur schwierig oder überhaupt nicht zu beseitigen waren und sind belastete Parzellen, sodass Neuzuteilungsflächen wiederum in mehrere Grundparzellen aufgeteilt werden mussten.

In zwei Etappen wurde auch der Murkegel von St. Martin-Glurns flurbereinigt, der vom Standort auf dem Tartscher Bichl gut einzusehen ist:

		Situation	
		vor	nach
		der Flurbereinigung	
Rawein- und Feldwiesen (1979-1981) 37 ha	Besitzer	63	63
	Parzellen	122	85
	Durchschnittsgröße der Parzelle	3.045 m²	4.606 m²
Mitterwaal (1992-1996) 121,3 ha	Besitzer	191	178
	Parzellen	530	253
	Durchschnittsgröße der Parzelle	3.388 m²	5.726 m²

Quelle: *Bonifizierungskonsortium Vinschgau*

In beiden Fällen war der Zweck der Flurbereinigung die Verminderung der Anzahl der Grundstücke, die bessere Formung der Parzellen, die Verbesserung des Wegenetzes mit Errichtung direkter Zugänge zu den einzelnen Grundstücken und die Abschaffung der Durchfahrtsdienstbarkeiten. Wie die Zahlen und *Abb. 2* deutlich machen, ist auch hier keine optimale Lösung hinsichtlich einer Zusammenlegung und Besitzauflösung erzielt worden. Speziell gilt das für das ältere Verfahren der Rawein- und Feldwiesen im oberen Teil des Murkegels, das wegen seiner geringen Fläche nur von sehr mäßiger Bedeutung für den einzelnen beteiligten Betrieb war. Erst im Zusammenwirken mit der Flurbereinigung Mitterwaal sind für den Einzelbetrieb spürbare Verbesserungen eingetreten.

Zwischen beiden Verfahren besteht jedoch ein gravierender Unterschied, der auch im Gelände hervortritt: Im Falle Mitterwaal wurden erstmals ökologische und Naturschutz-Belange berücksichtigt, indem die Erhaltung bzw. Wiederanlage von Rainen und Hecken zur Auflage gemacht wurde, um die fein gegliederte Landschaft vor einer Uniformität zu bewahren.

Bereits in der flachen Talsohle liegt die einzige Stadt des Vinschgaus, das mauerumgürtete Ackerbürgerstädtchen Glurns mit 874 Einwohnern (2000). Mit seiner Laubengasse, die infolge mehrfacher Aufschüttung durch Hochwässer von Etsch und Rambach zwerghaft wirkt, seinen Ansitzen und Bürgerhäusern, meist aus dem 16. und 17. Jh., ist es ein städtebauliches Kleinod Tirols. Seine Entstehung verdankt es der strategisch wichtigen Lage am Eingang in das Münster- oder Tauferer Tal. Darüber hinaus diente seine Erhebung zum Gerichtssitz 1223, zum Markt 1294 und zur Stadt 1304 der Demonstration der Territorialgewalt der Grafen von Tirol gegenüber den Bischöfen von Chur, die ihre Ansprüche mit der Fürstenburg bei Burgeis, dem Gerichtsort Mals und der Churburg ober Schluderns herausstellten. Nach der Calvenschlacht 1499 und der Zerstörung der Stadt durch die Engadiner erhielt Glurns die Ummauerung mit Wehrgängen, Rondellen und drei Tortürmen. Über diese Grenze ist die Stadt, abgesehen vom deplazierten Kasernengelände im Osten, über 450 Jahre nicht hinausgewachsen, denn sowohl Rodfuhr als auch Salzniederlage haben der Stadt keinen größeren Aufschwung gebracht. Aber gerade dies hat die Eigenart einer mittelalterlichen Kleinstadt erhalten.

Ab 1972 wurde Glurns zum Modellfall der Denkmalpflege in Südtirol. Das Sanierungsprogramm galt der Rettung der alten Bausubstanz und der Verbesserung der Wohnqualität, um die Stadt auch für die junge Generation attraktiv zu gestalten. Als potentielles Schulzentrum vermochte sich Glurns gegenüber dem Markt Mals allerdings nicht durchzusetzen. Zwar besitzt Mals Funktionen eines zentralen Ortes, doch bei Bewertung mittels der absoluten Zahl der Tageseinpendler als Indikator ist es von relativ geringer Bedeutung. Dabei muss allerdings berücksichtigt werden, dass die Arbeitsorte in der nahen Schweiz mit höherem Lohnniveau eine Sogwirkung ausüben und verzerrend wirken. Doch zieht Mals seine Rolle als zentraler Ort nicht in erster Linie aus seiner Funktion als Arbeitsort, sondern ist eben auch Zentrum im Hinblick auf Schulwesen, Geschäfte oder medizinische Versorgung.

Gemessen an der Einpendlerzahl wird Mals deutlich von Schluderns übertroffen. Dies ist jedoch im Wesentlichen auf einen der relativ wenigen Industriebetriebe im Vinschgau zurückzuführen, denn ansonsten besitzt Schluderns kaum zentralörtliche Funktionen. Es ist lediglich eng mit den Tagespendlerzentren Mals und Prad verflochten.

In diesem Grenzbereich von Ober- und Mittelvinschgau findet die Niederschlagsarmut im Auftreten von Trockenraseninseln erstmals ihren stärkeren landschaftlichen Ausdruck. Allerdings ist es nicht nur die Trockenheit, sondern sehr wesentlich auch der Einfluss des Menschen, der die Festuca-Rasen in sonnenexponierter Lage entstehen ließ. Intensive Weidewirtschaft hat nicht nur den Trockenrasen an die Stelle von Wäldern treten, sondern auch diese selbst lückig werden lassen, sodass Wildkräuter eindringen konnten, die dem Trockenrasen sonst fremd sind, wie z.B. Feld-Beifuss (Artemisia campestris) oder Flockenblume (Centaura strebe), und die sich mächtig ausbreiten. Vom Ausgang des Matscher Tales oberhalb Schluderns

Abb. 2: Flurbereinigung auf dem Murkegel von St. Martin (Glurns)

- ○ ○ ○ • • Hecken alt - neu
- ׀ ׀ ׀ ׀ ׀ ━━ Raine alt - neu
- ׀○׀○׀○׀ Raine, mit Hecken besetzt
- ━━━ Waale
- ▓▓▓ Straße

oben: Parzellengefüge vor der Flurbereinigung
unten: Parzellengefüge nach den Flurbereinigungsverfahren von 1978/81 und 1990/93

Quelle: nach Unterlagen des *Bonifizierungskonsortiums Vinschgau* ziehen diese Gesellschaften gegen Tartsch. Sie kommen auch am Ausgang des Schlinigtales ober Schleis und über der Calvenklause bei Laatsch am Eingang in das Münster-Tauferer Tal vor. Hier sind auch die ersten kleinen Horste eines wärmeanspruchsvollen Flaumeichenbestandes (Quercus pubescens) in 1.100-1.200 m Höhe anzutreffen.

Haltepunkt 4:   Kilometer 157 an der Staatsstraße kurz vor der Abzweigung nach Laas. Parkmöglichkeit rechts der Straße bei den marmornen „Spöttersäulen" des Künstlers Rainer Stoltz

Der flache Talboden des Mittelvinschgaus zwischen Glurns und Laas ist vornehmlich die Folge der Stauwirkung des von Norden geschütteten Gadria-Murkegels. Nach *Patscheider* (1807) war er weitgehend von schlechtem Wald, Aue, Morast und Schotterflächen eingenommen. Nach Regulierung der Etsch von 1822 bis 1825, dem Durchstich von Mäandern und der Verringerung des Flussquerschnittes, wodurch der Fluss gemäß den Vorschlägen *Patscheiders* zur Eintiefung veranlasst werden sollte, erfolgte die Trockenlegung des „Morastes" und die Zurückdrängung des Auwaldes. Mehrere tausend Hektar wertvoller Nutzfläche konnten gewonnen werden und dienten der Aufstockung der durch Teilungen entstandenen Klein- und Kleinstbetriebe. Vom ehemaligen Auwald sind heute nur geringe Reste bei Schluderns, Tschengls und Eyrs erhalten, die zwar 1976 (Schluderns) bzw. 1983 zu Biotopen erklärt wurden, aber nach wie vor mit Nutzungsrechten belastet sind. Diese naturnahen Ökosysteme sind letzte Rückzugsgebiete bedrohter Pflanzen- und Tierarten und damit unersetzliche Reservoire für fast verschwundene Lebensgemeinschaften im Talboden sowie Raststätten für durchziehende Vögel im Frühjahr und Herbst. Vornehmlich handelt es sich dabei um Schwarzerlenwald (Alnetum glutinosae), zum Teil mit Grauerlen (Alnus incana) gemischt und mit einer für Feuchtbiotope charakteristischen Kraut- und Grasschicht (Seggen, Binsen, Schilf, Rohrkolben, Schachtelhalm, Farne).

Die landwirtschaftlichen Betriebe dieses Talabschnittes weisen eine vielfältige Organisation auf; Viehhaltung, Feldgemüse und Erwerbsobstbau sind die Betriebszweige, zu denen in wenigen Fällen der traditionsreiche Getreidebau (Roggen) tritt (*Abb. 3*). Die Entscheidung für einen dieser Betriebszweige ist insofern schwierig, als zwar Erwerbsobst- und Feldgemüsebau gegenüber der Viehhaltung größere Rationalisierungsmöglichkeiten zu bieten scheinen, aber auch mit größeren Risiken behaftet sind. Der Intensivobstbau erreicht in über 800 m Höhe seine Höhengrenze. In sonnenexponierten Hanglagen bringt er durchaus noch konkurrenzfähige Qualitätsware hervor. In der flachen Talsohle aber ist die Früh- und Spätfrostgefahr groß. Letzterer kann mit flächendeckender Frostberegnung begegnet werden, wogegen die Frühfrostgefahr weitaus stärker limitierend wirkt. Hinzu kommen pedologische Faktoren, die den Obstbau einschränken, wie hohe Bodenfeuchte, geringe Wärmeleitfähigkeit und Wärmekapazität der Böden.

Für den Feldgemüsebau sind die Böden teilweise hervorragend geeignet und bringen Ware höchster Qualität hervor. Der Mittelvinschgau ist heute das Hauptanbaugebiet für Feldgemüse in Südtirol. Negativ sind sowohl kurz- als auch längerfristig die enorme Instabilität der Preise und die Abhängigkeit von Händlern im Absatzgebiet, dem Raum Mailand, die die Ware in Kommission übernehmen. Die relativ geringe Lagerfähigkeit des Feldgemüses in Kühlzellen kann nur unzureichend durch genossenschaftliche Steuerung des Ernteablaufs kompensiert werden. Daher kommt der Prüfung neuer Gemüsearten auf ihre Marktfähigkeit und Höhentauglichkeit eine besondere Bedeutung zu. In der Außenstelle des Versuchszentrums Laimburg in Eyrs werden seit 1992 über zwei Dutzend Gemüsearten getestet und neben den traditionellen chemischen Bekämpfungsverfahren im Pflanzenschutz stehen mechanische und biologische Methoden in Erprobung. Damit sollen auf möglichst naturnahe Art und Weise Grundlagen für den weiteren intensiven Freilandgemüsebau geschaffen werden. Unter etwa 20 verschiedenen Gemüsesorten ragen heute drei aus der Palette heraus: Blumenkohl, Radicchio Trevisano und Eisbergsalat, während es vor einigen Jahren noch Weißkraut, Rote Rüben und Karotten waren.

Abb. 3: Ausschnitt aus der Bodennutzungskarte der Katastralgemeinde Laas - Flurteil Laaser Möser; rechtes und linkes Etschufer

Quelle: Kartierung: *K. Fischer*; Stand: Spätsommer 1994

Maßgebend für diese Umstellung waren die höheren Gewinnspannen für Blumenkohl und Eisbergsalat. Rund 84 % des Gesamtanbaus von Blumenkohl in Südtirol ist auf den Mittelvinschgau bzw. den Landwirtschaftsbezirk Schlanders konzentriert. Für Radicchio Trevisano sind es sogar 93 %, während Weißkohl nur mehr zu 30 % an der Gesamternte von Südtirol beteiligt ist.

Die größte Anzahl von Betrieben mit Gemüsebau verzeichnet die Gemeinde Laas (1995: 246), wobei die Anbaufläche des Einzelbetriebes überwiegend unter 0,5 ha liegt, aber häufig durch Mehrfachernten (bis zu drei Pflanzungen im Jahr) äußerst intensiv genutzt wird.

Tab. 2: Wichtigste Gemüsearten im Landwirtschaftsbezirk Schlanders 1995

Gemüse	Fläche (ha)	Ertrag (100 kg)	Ertrag/ha (100 kg)
Blumenkohl	181,0	47.988	265,2
Sommerradicchio	27,2	3.569	131,0
Winterradicchio	5,5	1.688	308,0
Weißkraut	13,0	6.380	490,8
Eisbergsalat	11,9	3.355	28,7
Porree	3,5	663	190,0
Stangensellerie	3,3	901	276,4
Wirsing	3,2	932	304,0
andere Gemüsearten	10,3	1.574	-
zusammen	258,9	67.050	-

Quelle: *ASTAT* 1997

Die Kombination der Betriebszweige im Einzelbetrieb hat hohe Produktionskosten zur Folge. Sowohl über die Genossenschaften als auch über das Bezirkslandwirtschaftsamt wird daher zur Betriebsvereinfachung geraten, doch wegen der bestehenden Risiken ist die Bereitschaft der Betriebsleiter dazu gering. In vielen Fällen wird sich mit dem Generationswechsel in den Betrieben eine Lösung anbahnen, da die junge Generation die umfassende Belastung nicht mehr tragen möchte. Während die Kombination von Obst- und Gemüsebau im Arbeitskalender der Betriebe allgemein keine Probleme bereitet, ist die Verbindung mit der Grünland- und Viehwirtschaft erheblich schwieriger. Der Versuch der Rationalisierung der Viehhaltung über die Errichtung von Gemeinschaftsställen in Schluderns und Eyrs ist gescheitert. Auch die Idee der Maschinenringe hat sich mit einer einzigen Ausnahme im Vinschgau nicht durchzusetzen vermocht. Als wesentlich günstiger, flexibler und erfolgreicher erwies sich die zwischenbetriebliche Zusammenarbeit bei den Arbeitsabläufen gerade hier im mittleren Vinschgau.

Als außerlandwirtschaftliche Einkommensquelle hat im „Marmordorf" Laas die Gewinnung und Verarbeitung von Marmor, dessen Lagerstätten sich an der Jennewand (2.962 m) im Verband der mesozonalen Glimmerschiefer und Paragneise befinden, große Bedeutung gehabt. Zurückgehende Nachfrage nach diesem Gestein, Vernachlässigung jeglicher Art von Marketing über lange Zeit und eine völlig veraltete Marmorgewinnung haben zu einem Niedergang dieses Gewerbezweiges geführt. Neue Konzeptionen bei Abbau, Verarbeitung und Vermarktung wären notwendig. Heute sind andere Industrie- bzw. Gewerbezweige, die sich an der westlichen Peripherie von Laas angesiedelt haben, wichtiger als Gewinnung und Verarbeitung des Marmors.

Östlich von Laas beginnt eine weitere Talstufe, die durch den Gadria-Murkegel gebildet wird. Dieser von der nördlichen Talseite gegen Süden vorgebaute Kegel entstand wie alle anderen zur Hauptsache bereits im Spätglazial (*Fischer* 1990). Er liefert ein besonders instruktives Beispiel für die Konkurrenz der Katastralgemeinden untereinander um wertvolles Bewässerungswasser vom wasserarmen Sonnenberg, aber auch hinsichtlich der Absicherung von Siedlungen und Kulturgründen gegen Vermurungen. Über Jahrhunderte zog sich der Streit zwischen den Gemeinden Laas und Kortsch um Wasserrechte am Strimm- und Gadriabach hin, obwohl sie durch einen Vertrag aus dem Jahre 1494 als geschlichtet galten. Erst mit dem Bau von Beregnungsanlagen und Speicherbecken im letzten Drittel des vergangenen Jahrhunderts wurden sie endgültig behoben. Fast 100 Jahre, nämlich von 1826 bis 1913 dauerte auch die Auseinandersetzung um den Bau eines Abzugsgrabens, um Vermurungen zu verhindern. Dieser Abzugsgraben, der von der Sektion Innsbruck der österreichischen Wildbachverbauung errichtet wurde, wird bei Km 161 der Staatsstraße östlich von Laas überquert.

Am östlichen Fuß dieses gewaltigen Murkegels liegt der Markt Schlanders, der zentrale Ort des Vinschgaus. Die Zentralität hat Schlanders erst in den letzten 40 Jahren, teils im Wettstreit mit dem 7 km entfernten Latsch erreicht. Zwar war der Ort bereits im Mittelalter Gerichtssitz und besaß ein Dekanat, Spital und Kapuzinerkloster, konnte aber den Charakter eines Dorfes nicht ablegen. Sein Markt hat nie die Bedeutung anderer Märkte im Vinschgau erreicht. Der Zentralitätsgewinn ist vor allem mit der Entwicklung des Dienstleistungssektors verbunden, speziell in den Bereichen Verwaltung, Bildung und Gesundheit. Eine Reihe von Ämtern, weiterführenden Schulen und ein Bezirkskrankenhaus als größter Arbeitgeber des Ortes sind entstanden. Hinzu tritt ein relativ hoher Besatz mit spezialisierten Einzelhandelsbetrieben. Auf diesen Grundlagen wurde Schlanders zu einem bedeutenden Einpendlerzentrum des Landes. Weniger zügig verlief die Besetzung eines in der Katastralgemeinde Vetzan ausgewiesenen und erschlossenen 15 km² großen Industrie- und Gewerbegebietes, die vor dem Abschluss steht.

Haltepunkt 5:   *Murkegel von Tarsch - Latsch.*
Abzweigung von Staatsstraße bei Km 169 und Fahrt über Latsch nach Tarsch. Dort am unteren Ortsrand bis zu Wohnneubauten (Parkmöglichkeit) nach Osten. Kurze Fußwanderung Richtung Feldkapelle im Osten. Blick auf den Untervinschgau bis zur Talstufe des Gadria-Murkegels und auf den Sonnenberg.
Alternative (nur für kleinere Busse): Murkegel von Tabland-Tschirland (Naturns). Fahrt bis zum Ortseingang von Staben. Dort rechts über die Etschbrücke nach Tabland und weiter Richtung Tschirland zum Haltepunkt in 640 m Höhe oberhalb Tschirland (Aussichtspunkt mit Bank). Blick auf den östlichen Untervinschgau, den Sonnenberg und über die Mündung des Schnalstales bis zum Hauptkamm der Ötztaler Alpen

An der Talstufe der Gadriamure beginnt der Untervinschgau, dessen Talsohle bis auf ganz geringe Restflächen von einem geschlossenen Obstbaumbestand eingenommen wird. Der Anfang des Erwerbsobstbaus ist mit dem Bau der Vinschgaubahn Meran - Mals 1903-1906 gleichzusetzen, denn damit eröffneten sich erstmals günstige und rasche Transportmöglichkeiten für größere Mengen von Früchten. Allerdings blieb der Obstbau zunächst auf siedlungsnahe Lagen beschränkt und vollzog sich in Form des Streuobstbaus mit hohen Baumformen, um die Nutzung der Flächen auch mit Unterkulturen zu ermöglichen. Einige Obsthändler führten jedoch bereits damals den Kernobstbau im Sinne einer Monokultur ein und bepflanzten ehemalige Äcker mit der gefragten Apfelsorte Calville. Mit dem Ersten Weltkrieg erlosch die Nachfrage nach diesem Apfel und durch Veredelung oder Neupflanzung kam es in der Folgezeit mit Champagner, Kalterer Böhmer und später ersten amerikanischen Sorten, wie Wagner, Golden Delicious und Jonathan, zu dessen Ersatz, wobei sich in der Folgezeit der Golden Delicious als besonderer Segen für den Vinschgau erwies. Doch die Entwicklung des Untervinschgaus zum Obstbaugebiet wurde durch die politische und wirtschaftliche Entwicklung der 30er- und 40er-Jahre des 20. Jh. erheblich behindert.

Das gilt in gewissem Umfang auch noch für die 50er-Jahre. Der große Entwicklungsschub erfolgte jedoch in den 60er-Jahren durch Einführung der Beregnung, teilweise in Kombination mit Flurbereinigung oder Planierung. Mit der Normalberegnung konnte der Wassermangel vieler Lagen behoben und mit der Frostberegnung die Spätfrostgefahr in ebenen Talbodenabschnitten vermindert werden. Gleichzeitig machte die Mechanisierung des Pflanzenschutzes, der Bodenpflege und der Ernte große Fortschritte. Auch bei der Verwertung des Obstes vollzog sich ein grundlegender Wandel. Noch bis in die 50er-Jahre waren Händler maßgeblich an der Vermarktung beteiligt. Sie übernahmen beim Kauf auf Ehr ohne Preisabsprache die Ware und rechneten nach Verkauf mit dem Produzenten ab. Unzufriedenheit mit den Geschäftsgebaren der Händler, die Abhängigkeit von ihnen und später die Förderungshilfen der öffentlichen Hand führten zur Gründung von Genossenschaften. Die erste war die Untervinschgauer Obstgenossenschaft (UVO) in Tschars (gegründet 1933), der 1946 die Genossenschaft der Obsterzeuger Schlanders (GEOS), 1950 die Patschinser Obstgenossenschaft (POG), 1954 die Mittelvinschgauer Obstgenossenschaft (MIVO) in Latsch und 1960 die Genossenschaft Ortler, ebenfalls in Latsch, sowie weitere folgten. Das Ziel der Genossenschaften war und ist die gemeinschaftliche Verwertung, Verarbeitung und der Verkauf des von Mitgliedern angelieferten Obstes. Heute wird das Vinschgauer Obst ausschließlich über Genossenschaften vermarktet. Deren Bauten mit kostspieligen Sortier- und Verpackungsanlagen und Kühlräumen für tausende Tonnen Obst müssen als Agroindustriebetriebe bezeichnet werden und stechen im Landschaftsbild hervor. Zugleich sind sie zu wichtigen Arbeitgebern für ganzjährig und saisonal Beschäftigte geworden.

Unter der Mitwirkung der Genossenschaften und des Beratungsringes für Obst- und Weinbau hat sich der Sortenspiegel im Kernobstbau gründlich gewandelt. Noch 1947 wurden beispielsweise bei der UVO in Tschars über 100 Apfelsorten, über 40 Birnensorten, daneben Aprikosen, Zwetschgen und Pfirsiche angeliefert. Eine erhebliche Anzahl dieser Sorten war nie von großer Bedeutung. Solange es keine entwickelte Lagertechnik gab, mussten Äpfel mit guter Lagerfähigkeit und Winterfestigkeit angebaut werden, also vor allem Sorten, die über eine natürliche Wachsschicht verfügen (Champagner, Kalterer Böhmer, Wagner, Kanada-Renette). Mit der Entwicklung moderner Kühllager wurde das Sortiment infolge veränderter Marktstrategien mit entsprechender Beeinflussung der Verbrauchergewohnheiten auf etwa ein Dutzend Apfelsorten reduziert und Birnen völlig aus dem Angebot herausgenommen. Die drei wichtigsten Apfelsorten sind heute im Vinschgau Golden Delicious mit etwa 65 % des Sortiments, Jonagold mit 15 % und Red Delicious mit rund 10 %. Hinzu kommen Gloster, Elstar, Idared, Jonathan, Morgenduft, Winesap, Granny Smith und Gala.

Grundlegend geändert haben sich in den letzten dreißig Jahren auch die Baum- oder Erziehungsformen. Seit Ende der 60er-Jahre konnten sich kleine schwachwüchsige Bäume gegenüber den großen Baumformen im Anbau durchsetzen. Sie beruhen auf der Selektion von Wildformen des Apfels in Versuchsanstalten des Auslandes. Alle schwachwüchsigen Edelsorten haben heute Wurzelstöcke dieser Wildformen. Im Rahmen der Dichtepflanzungen werden 2.500 und mehr Bäume auf den Hektar gepflanzt. Der große Vorteil dieser Erziehungsform liegt in der Erleichterung von Bearbeitung und Ernte; nach dem Arbeitsaufwand ist sie allen anderen überlegen. Sie führt zur Verringerung der Produktionskosten und zur Einkommensverbesserung der Obstbauern. Die Lebensdauer derartiger Anlagen ist zwar geringer als bei den älteren Erziehungsformen, sie wird aber durch hohe Flächenerträge bei sehr früh einsetzendem Vollertrag egalisiert. Dadurch werden auch die hohen Erstellungskosten von Dichtepflanzungen aufgefangen und eine höhere Flexibilität hinsichtlich Marktanpassung erreicht. Nach Ausdehnung der Dichtepflanzungen nimmt der Vinschgau unter den Obstbaugebieten Südtirols die führende Position ein und aufgrund der hohen Pflanzdichte der Bäume hat er auch den stärksten Ertragzuwachs zu verzeichnen. Auf rund 3.820 ha bereinigter Fläche wurde im Vinschgau 1996 von 1.965 Betrieben eine Rekordernte von über 21.900 Waggon (= 219.000.000 kg) guter Qualität eingebracht. Daraus errechnet sich ein Hektarertrag von durchschnittlich 4-5 Waggon (40.000-50.000 kg).

Rund 85 % der Vinschgauer Obsternte stammt aus integriertem („biologischem") Anbau. Damit leistet die Landwirtschaft des Tales einen wichtigen Beitrag zum Umwelt- und Gesundheitsschutz, denn zum integrierten Anbau gehören neben einer standortgerechten Sortenwahl und einer umweltschonenden Bodenpflege die Reduktion des Einsatzes von Kunstdüngern, Unkrautbekämpfungs- und Pflanzenschutzmitteln auf das Allernotwendigste. Pflanzenschutzmittel werden heute nur noch dann eingesetzt, wenn Schädlinge überhand nehmen und von Nützlingen wie Vögeln, Marienkäfern, Schlupfwespen, Schwebefliegen oder Raubmilben nicht mehr bewältigt werden. Außerdem finden schädlingsspezifische Pflanzenschutzmittel Verwendung, die geringe Toxizität für Mensch, Nützlinge und Umwelt besitzen und keine Rückstände auf den Äpfeln hinterlassen. Im integrierten Pflanzenschutz wird auf die Bewahrung der natürlichen Widerstandskraft der Bäume und auf die Förderung und Schonung der natürlichen Gegenspieler von Pflanzenschädlingen großer Wert gelegt. Abgelehnt werden Dünger mit toxischen oder bodenbelastenden Inhaltsstoffen, chemisch-synthetische Wuchsstoffe, ein zeitlich begrenzter Einsatz von Herbiziden und eine chemische Nachbehandlung der Früchte. Das nach den Richtlinien des integrierten Anbaus erzeugte Obst trägt als Markenzeichen den Marienkäfer im Vinschgauemblem. Um gezieltere Werbeaktionen für dieses Obst durchführen zu können, schlossen sich die zehn Genossenschaften des Vinschgaus 1990 zur Vereinigung der Vinschgauer Obst- und Gemüseproduzenten (Vi.P.) zusammen. Neuerdings hat sie auch Qualitätskontrollen übernommen.

Die Dichtepflanzungen als nunmehr vorherrschende Erziehungsform mit Reihenabständen von 3 bis 3,2 m lassen keine weitere Nutzung auf gleicher Fläche zu. Nach Aufgabe des Ackerbaus musste zwangsläufig auch die Tierhaltung mehr und mehr reduziert werden, und heute gehören viehhaltende Betriebe in der Talsohle des Untervinschgaus zu den Ausnahmen. Leider liefern die Landwirtschaftszählungen wegen fehlender Aufgliederung nach Katastralgemeinden keine exakten Vergleichsmöglichkeiten, sondern spiegeln nur die generelle Entwicklung wider (vgl. *Tab. 3*).

Durch den Rückgang bzw. die Aufgabe der Viehhaltung ist die Nachfrage nach Alpungsmöglichkeiten auf den Gemeindealmen erheblich zurückgegangen. Nun vermögen Berghöfe, teils unter Verzicht auf ihre eigenen, meist sehr kleinen Almen dieses freigewordene Almpotential zu nutzen, wobei gleichzeitig das Personalproblem gelöst werden kann. Wegen verstärkter Stallhaltung der Milchkühe auf den Berghöfen sind eine Reihe von Kuh- bzw. gemischten Almen zu reinen Galtviehalmen umgewandelt worden. Außerdem führen die Inhaber von Almrechten die Almen nicht mehr in eigener Regie, sondern übergeben sie in der Mehrzahl Pächtern. So findet der Strukturwandel im Talboden auch seinen Niederschlag in der Almregion.

Mit der Ausdehnung des Kernobstbaus wurde der Feldgemüsebau, der kurzzeitig im Untervinschgau um Plaus, Ried (Algund II) und Partschins sowie besonders in der Gemeinde Schlanders Aufnahme gefunden hatte, verdrängt. Im Spitzenjahr 1977 kamen bei der GEOS, die die Vermarktung des Feldgemüses aus dem Raum Schlanders übernommen hatte, immerhin 157 Waggon, also 1.570.000 kg Feldgemüse zur Anlieferung. Mit dem Jahr 1989 wurde wegen der enorm gesunkenen Produktion die Vermarktung eingestellt.

Tab. 3: Rinderhaltung im Untervinschgau 1970 - 2000

Gemeinde	Rinderhaltende Betriebe				Rinderzahl			
	1970	1982	1991	2000	1970	1982	1991	2000
Schlanders	249	120	90	66	1.670	1.077	1.112	966
Latsch	272	125	55	31	1.422	594	403	268
Kastelbell-Tschars	164	104	66	45	1.462	881	699	562
Naturns	209	131	94	?	1.374	1.106	963	847
Plaus	24	22	11	?	178	155	103	80
Partschins	113	80	63	?	919	808	637	434

Quelle: *Landwirtschaftszählungen* 1970, 1982, 1991 und 2000

In den Hintergrund trat aber auch eine Baumkultur, die seit etwa 1870 im Vinschgau zu Landesberühmtheit gelangt war: Die Marille (Aprikose). Die Murkegel von Tarsch-Latsch und der Gadria waren Zentren des Marillenanbaus. Die Standortfaktoren auf den Murkegeln waren der Marille sehr förderlich, denn sie benötigt hohe Temperaturen, ist aber überaus empfindlich gegenüber Spätfrösten, wenn sie aus der Winterruhe erwacht ist. Sie verlangt leichte, sich rasch erwärmende Böden, die eine gute Durchlüftung besitzen. Außerdem sagen ihr Standorte mit anhaltender Luftbewegung zu, wo es zum raschen Abtrocknen nach Befeuchtung kommt. All diese Faktoren sind im Tal in optimaler Form gegeben, sodass die Sorte Vinschgauer Marille in Aroma, Geschmack und Farbe als einmalig bezeichnet werden muss. Hinzu kam, dass die Marille in Kombination mit Ackerbau kultiviert wurde, der für Lockerung des Bodens und guten Gasaustausch im Boden sorgte. Mit Einführung des tief gehenden Scharpfluges anstelle der Arl machten sich aber erste Schwierigkeiten bemerkbar, denn die Wurzeln des Marillenbaumes, der ein Flachwurzler ist, wurden beschädigt. Trotz ausgiebiger Düngung der Marillenäcker traten darüber hinaus wegen der Mehrfachnutzung (Getreide, meist Roggen, und Buchweizen als Nachfrucht) Ermüdungserscheinungen bei den Böden auf, und zur normalen Alternanz kamen nun bei den Marillen weitere Fehljahre. Mit dem Rückgang des Getreidebaus wurden Marillenäcker zu Marillenwiesen, aber der nur noch wenig durchlüftete Boden unter Dauergrünland führte zum Absterben der Bäume. Auch die Umstellung von der Waalbewässerung auf die Beregnung war der Marille abträglich, denn anhaltende Feuchte verträgt sie nicht. Es breiteten sich Pilzkrankheiten aus und reifende Früchte sprangen auf und faulten.

In *Abb. 4a* ist die Entwicklung festgehalten. Sie verdeutlicht über die Anlieferungsmengen die großen Ertragsschwankungen von einem Jahr zum anderen. Relativ günstig mit guten Ernten waren die 60er-Jahre, während in den 70er-Jahren nur zwei gute (1970 und 1971) und zwei befriedigende (1972 und 1976) Ernten zu vermelden waren. Seither ist die Marillenproduktion auch wegen anderer Schwierigkeiten, zu denen mangelhaftes Pflanzmaterial, das Auftreten der Scharka- oder Pockenkrankheit zu Beginn der 70er-Jahre, die Zunahme anderer Krankheiten (u.a. Rindenkrebs), Lagerungs-, Vermarktungs- und Transportprobleme gehören bzw. gehörten, stark zurückgegangen.

Derzeit (1999) sind 64,3 ha in 194 Betrieben mit Marillenbeständen ausgewiesen. Sie konzentrieren sich auf die unteren Hanglagen des Nörderberges zwischen Lichtenberg und Naturns, wobei sich das Anbauschwergewicht zunehmend von Osten nach Westen in die Gemeinden Laas und Schlanders verlagert hat. Am Nörderberg endet die Vegetationsruhe des Winters wegen niedrigem Einfallswinkel der Sonnenstrahlen und langsamer Bodenerwärmung im Vorfrühling relativ spät, sodass sich die Spätfrostgefahr reduziert. Doch die Verbindung von Grünlandnutzung und Marille ist nicht optimal. So zeigen die etwa vierzigjährigen Bestände am Tschenglser Nörderberg erhebliche Ausfallerscheinungen und kränkeln dahin. Über Versuche mit neuen Sorten in der Katastralgemeinde Nördersberg laufen Bemühungen, die Marille als taltypische Kulturpflanze vor dem Aussterben zu bewahren. Tatsächlich haben in den letzten Jahren die Neupflanzungen wieder zugenommen (*Abb. 4b*). Allerdings dominiert nicht mehr die empfindliche und zur Erntezeit arbeitsaufwendige Sorte Vinschgauer Marille (mehrfaches Durchpflücken), sondern die amerikanischen Züchtungen Orange Red, Goldrich und Harcot.

In scharfem landschaftlichen Kontrast zur intensiv genutzten Talsohle steht der Sonnenberg. In seinen unteren Lagen zwischen 500 und 1.000 bis 1.200 (1.400) m, den sogenannten Leiten, wird er über weite Strecken von Buschwald mit Waldsteppencharakter oder Trockenrasengesellschaften eingenommen. Die natürliche Vegetation ist wohl ein thermophiler Flaumeichen-Mannaeschen-Wald gewesen, dem westwärts der Schnalstalmündung zunehmend Waldkiefern (Pinus silvestris) beigemischt waren. Diese gegenüber menschlichen Eingriffen empfindlichen Waldgesellschaften wurden im Laufe von Jahrhunderten zu einem Buschwald bzw. zu Trockenrasen, der allenfalls noch einen geringen Nutzwert als Weide besitzt, herabgewirtschaftet. Schlägerungen, Waldnebennutzungen und vor allem Beweidung, die mit Schafen und Ziegen fast ganzjährig ausgeübt wurde, haben die Regeneration des Waldes verhindert und beschleunigte geomorphodynamische Prozesse initiiert.

Die Trockenvegetation des Vinschgauer Sonnenberges stellt eine Besonderheit des zentralalpinen Raumes dar und charakterisiert Extremstandorte. Die kräftige Bodenerwärmung und geringe Feldkapazität der Böden bei wenigen, aber oft heftigen Niederschlägen erfordert von den Pflanzen hohe bis sehr hohe Trockenresistenz. Das rasche Ausapern nach den spärlichen Schneefällen bewirkt auch im Winter bei Strahlungswetter spürbare Erwärmung. Dadurch werden Pflanzen zur Aktivität angeregt. Nachts sind sie dann wegen des Fehlens einer Schneedecke strengen Nachtfrösten ausgesetzt, sie müssen also neben der Trockenresistenz auch hohe Kälteresistenz besitzen. Baueigentümlichkeiten und dem Standort angepasste Wuchsformen, wie verkleinerte Blattflächen, eingesenkte Spaltöffnungen, verdickte Kutikula, filzige Behaarung oder Lederblätter, Wachstum als dichter, niedriger Rasen, als Polster, oder die Ausbildung von Blattrosetten erlauben es ihnen, Sommerhitze, Trockenheit, Winterkälte und Frostnächte zu überdauern.

Die Trockenrasen bieten einer beachtlichen Zahl seltener Pflanzen- und Tierarten einen Lebensraum. Dazu zählen als Endemismen der Vinschgauer Bergfenchel (Sesili laevigatum) und der Vinschgauer Tragant (Astragalus venostanus). Die Nordgrenze ihrer Verbreitung erreichen u.a. Gelbe Hauhechel (Ononis natrix), Trentiner Lotwurz (Onosma pseudoarenarium), Rotes Labkraut (Galium rubrum), Italienisches Leinkraut (Linaria angustissima), Krätzkraut

Abb. 4a: Marillenproduktion im Vinschgau 1960-2001

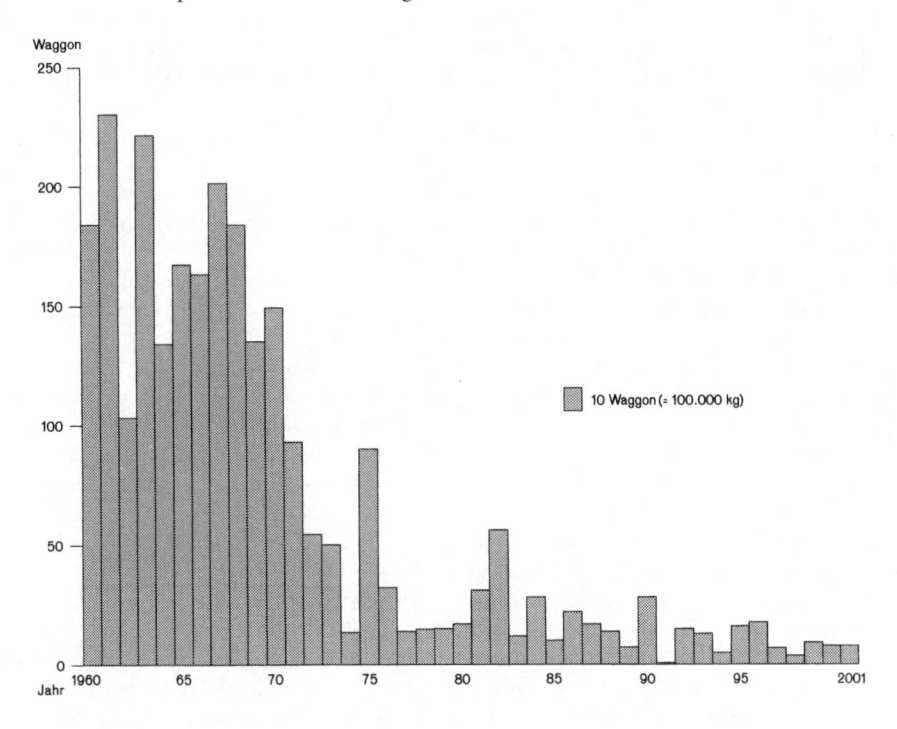

Abb. 4b: Marillenpflanzungen 1988-2001

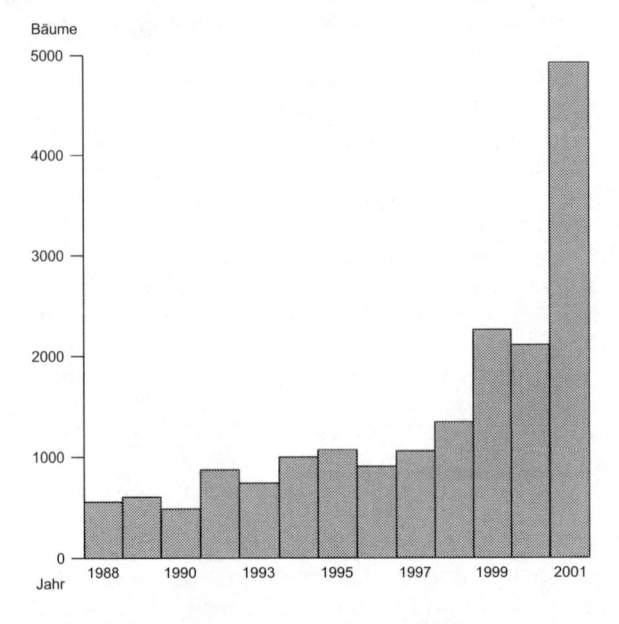

Quelle: *Beratungsring für Obst- und Weinbau, Bezirksbüro Latsch*

(Scabiosa gramuntia) oder Österreichische Schwarzwurzel (Scarzonera austriaca). Charakteristische Arten der Leiten sind außerdem das den Trockenrasen kennzeichnende eurasiatische Horstgras, der Walliser Schwingel (Festuca vallesiaca), dazu Federgras (Stipapennata), Pfriemengras (Stipa capillata), Aufrechte Trespe (Bromus erectus), Meerträublein (Ephedra distachya), Esparsetten-Tragant (Astragulus onobrychis), Spinnwebige Hauswurz (Sempervivum arachnoideum), Sonnenröschen (Helianthemum nummularium) oder Blasenstrauch (Colutea arborescens).

Die Pflanzen der Trockenrasen sind zu verschiedenen Zeiten aus unterschiedlichen Gebieten bei vom heutigen Klima abweichenden Verhältnissen eingewandert. Im Wesentlichen dürfte dies bereits im Spätglazial geschehen sein. Ob es ohne Konkurrenz des Waldes in waldfreier Zeit erfolgte, ist noch unklar. Zusätzlich zu den Steppenpflanzen ist eine ganze Reihe von Vertretern der mediterranen und submediterranen Flora in die Alpentäler vorgedrungen.

Zur Sicherung gegen Murbrüche wurden bereits 1884 bis 1912 Wiederbewaldungsversuche an den Trockenhängen untergenommen. Als sogenannte Leitenwaldelen treten sie heute von Mals über Schluderns, Eyrs, Laas, Allitz, Schlanders, Vetzan, Kastelbell, Tschars und Staben am Sonnenberg hervor. Die Aufforstung mit der nicht bodenständigen, auf höhere Luftfeuchte eingestellten Schwarzkiefer (Pinus nigra) führte zu großen Ausfällen und zu geringer Stoffproduktion. Der Holzzuwachs nach Kubikmetern pro Hektar war minimal und die Bäume stehen nach 8 bis 10 Jahrzehnten erst in der V. und VI. Ertragsklasse und zeigen häufig Kümmerwuchs. Mangelnder Lichteinfall wegen zu dichten Wuchses in den heute etwa hundertjährigen Beständen, die unzersetzte Streuauflage sowie die Überhitzung, die in sehr trockenen Zeitabschnitten wegen fehlender Luftzirkulation in den Forsten auftritt, hat zu einer extremen Verarmung des Unterwuchses geführt. Die meisten Vertreter des Trockenrasens sind bereits ausgefallen, nur kümmerliche Grashorste kommen noch vor. Zudem zeigt die Schwarzföhre kaum die Fähigkeit zur Selbstverjüngung, was teilweise auf ihre Winterfrost- und Wildverbissempfindlichkeit zurückgeführt werden kann. Insgesamt ist also keinerlei Entwicklung zu einer naturnahen Waldgesellschaft erkennbar. Unter Pinus nigra entwickelt sich der Boden kaum weiter, die Humusbildung ist stark gehemmt. Aus ökologischer Sicht haben diese Forst-Monokulturen die Produktionskraft der Standorte eher ungünstig beeinflusst.

Auch bei den jüngeren Aufforstungen 1951-1964 auf einem Gesamtareal von 1.263 ha wurde ebenfalls noch überwiegend die Schwarzföhre eingesetzt - mit Ausfällen von über 56 %. Nicht zuletzt wegen der nötigen Nachbesserungen lagen die Kosten weit über denen normaler Aufforstungen, denen - rein wirtschaftlich gesehen - niemals entsprechende Erträge gegenüberstehen werden. Im derzeit laufenden Aufforstungsprogramm wird Wert auf die Schaffung eines naturnahen Waldes mit hohem Anteil an Laubholzarten gelegt. Daraus erhofft sich die Forstwirtschaft eine wirksame Standortverbesserung.

In den untersten Lagen des Sonnenberges sind von Kortsch talabwärts auf Terrassen, hier „Steilen" genannt, knapp 60 ha mit Rebkulturen besetzt. Wie die Ausdehnung der Terrassen verrät, war deren Areal früher erheblich größer. So wurden für 1890 insgesamt 193 ha ermittelt. Doch weder damals noch heute war oder ist der Weinbau im Vinschgau ein Wirtschaftsfaktor. Die Anbauflächen im einzelnen Betrieb sind, von ganz wenigen Ausnahmen abgesehen, zu gering, ebenso die erzeugten Mengen. Flächen- und mengenmäßig nimmt der sogenannte gemischte Rotwein aus verschiedenen Vernatschsorten, Lagrein, Blauburgunder, Merlot und Vinschgauer Lokalsorten bis heute den ersten Platz ein. Er liefert in der Regel Eigenbauweine bzw. Alltagsweine. Der 1981 gegründete Vinschgauer Weinbauverein versucht einen erweiterten Anbau und eine verstärkte Erzeugung von Sortenweinen hervorragender Qualität zu fördern. Von Bedeutung wird das aber nur für wenige Betriebe sein und bleiben. Eine gemeinschaftliche Verarbeitung und Vermarktung, also eine Genossenschaftsgründung, hat es im Vinschgau nicht gegeben und wird auch nicht angestrebt. Allerdings kann die Rebkultur im Tal nur erhalten werden und das Landschaftsbild auch in Zukunft bereichern, wenn sie

Spezialitäten zu bieten vermag. Originelle und einwandfreie Eigenbauweine haben, wie die Erfahrungen zeigen, mit keinen Absatzproblemen zu kämpfen.

Zum landschaftlichen Gegensatz von Talboden mit intensivster Nutzung und sonnenverbrannten oder aufgeforsteten Leiten tritt der Gegensatz von „Landbauern" mit ihren Spezialkulturen und „Berg-" oder „Hangbauern" mit allen Erschwernissen im geneigten Gelände auf den „Böden", den Hangverflachungen im Bereich der Leiten, und vor allem oberhalb des Leitengürtels in der Höhenstufe der montanen Lärchen-Fichtenwälder. Für viele Berghöfe war die Beschaffung und das Auslangen mit „Wasserwasser", dem Wasser zu Bewässerungszwecken, eine Existenzfrage, wie die aufgelassenen Höfe am Schlanderser Sonnenberg und auf St. Martin vor Augen führen. Die Erstellung kilometerlanger Waale, z.T. aus Nebentälern heraus, oder sogar über Jöcher, wie beim Goldrainer Jochwaal, oder immer wieder aufflammende Streitigkeiten um das Bewässerungswasser dokumentieren den Wert und die Notwendigkeit des Wassers. Als in den späten 60er-Jahren auch auf den Berghöfen die Umstellung von der Selbstversorgung zur Marktwirtschaft und damit die Umwandlung von Ackerflächen zu Wiesen einsetzte, wodurch der Wasserbedarf anstieg, drohte in Verbindung mit einer Reihe weiterer Gründe eine Welle der Entsiedlung. Nur durch massive landwirtschaftliche Fördermaßnahmen, die es zuvor noch nicht gab, und die zuerst aus dem staatlichen Notstandsfond, später durch Regionalgesetz und dann durch Landesgesetze bereitgestellt wurden, konnten wesentliche Strukturverbesserungen erreicht und damit ein Exodus von den Berghöfen verhindert werden. Auch Gelder der EG bzw. der EU wurden zur Stabilisierung und Förderung der Betriebe am Berg eingesetzt. Mit der Auflassung von Berghöfen und dem Rückgang der Zahl landschaftlicher Betriebe ist aber auch weiterhin zu rechnen.

Haltepunkt 6: St. Prokulus in Naturns.
Achtung: Nicht die neue Ortsumfahrung (Tunnel) von Naturns benutzen, sondern auf der alten Straße durch den Ort. Parkplatz nach dem Ortszentrum auf der linken Seite.

Gerade am Naturnser und Partschinser Sonnenberg sind die Nutzflächen extrem geneigt, denn ausgeprägte Hangverflachungen fehlen. Die Erschließung der Höfe durch Zufahrtswege war deshalb technisch nicht immer leicht und auch nicht ohne erhebliche Eingriffe in das Landschaftsbild möglich. Bis auf wenige Ausnahmen sind die Betriebe heute auf Höfestraßen erreichbar, aber wegen der großen relativen Höhenunterschiede zwischen Talsohle und einzelnen Höfen ist eine größere Zahl von ihnen trotzdem als relativ verkehrsfern einzustufen. Weit weniger extrem gestaltete sich die Situation der Höfe am gesamten Nörderberg, wo diese auch nicht die große absolute Höhe wie am Sonnenberg erreichen. Mit 1.560 m besitzen die Haselhöfe in Außernörderberg südlich Schlanders die höchste Lage. Die in Waldinseln eingebetteten Höfe bewirtschaften Flächen durchwegs geringerer Hangneigung als am Sonnenberg und sind wegen der günstigeren Bodenfeuchteverhältnisse auf der Nörderseite schon immer stärker der Grünland- und Viehwirtschaft verbunden gewesen als die des Sonnenberges. Die Aufgabe der Selbstversorgung bereitete daher hier geringere Schwierigkeiten als auf der gegenüberliegenden Talseite.

In krassem Gegensatz zur Entwicklung am Berg steht speziell im Falle Naturns die Entwicklung im Talboden. Dank Ansiedlung von Industrie- und Gewerbebetrieben, die teilweise Filialbetriebe ausländischer Unternehmen sind, teils auf die Initiative Einheimischer zurückgehen, durch regen Fremdenverkehr und ertragreichen Erwerbsobstbau hat der Ort eine starke bauliche Entwicklung genommen. Mit einer täglichen Einpendlerzahl von 569 und dem 17. Platz in der Rangfolge der Tageseinpendlerzentren Südtirols (1991) wird die Rolle von Naturns als Zentrum einer funktionellen Kleinregion deutlich. Es ist enger mit den umliegenden Gemeinden verbunden als mit dem übergeordneten Tagespendlerzentrum Meran. Eine gewisse Zentralität besitzt Naturns auch hinsichtlich Vewaltung, Bildung und Handel (Forstamt, Arbeitsamt, Dekanatssitz, Gesundheitssprengel, Mittelschule, Spezialgeschäfte). Nach Wirtschaftsbereichen steht der tertiäre Sektor entsprechend seiner Beschäftigungszahl im Vordergrund (1991: 50,9 %). Die Zahl der Unselbständigen ist daher mit fast 2/3 an allen Erwerbstätigen hoch.

Auch der Fremdenverkehr besitzt für Naturns, ähnlich wie für Partschins, hohen Stellenwert. In beiden Orten vollzog sich seit Beginn der 70er-Jahre diesbezüglich eine starke Entwicklung (s. Partschins in *Abb. 5*). Die Zahl der Ankünfte und Übernachtungen stieg um mehr als das Vierfache. Hervorzuheben ist vor allem das Bemühen um eine hochwertige touristische Infrastruktur (Hotels höherer Kategorie, Hallenbäder, Schwimmbecken, Freibad, geführte Wanderungen, Radwanderwege u.a.), um die Rentabilität in diesem Wirtschaftsbereich zu erhöhen, denn allein aus der Steigerung des Massentourismus ist dies nicht zu erwarten. Positiv fällt auch die lange Saison von April bis Oktober ins Gewicht, womit sich eine Verbindung zur Umgebung von Meran ergibt.

Abb. 5: Entwicklung der Nächtigungszahlen 1972-2000 in Meran und Umgebung
(Eingeklammerte Zahlen hinter den Gemeindenamen sind Einwohnerzahlen von 2000)

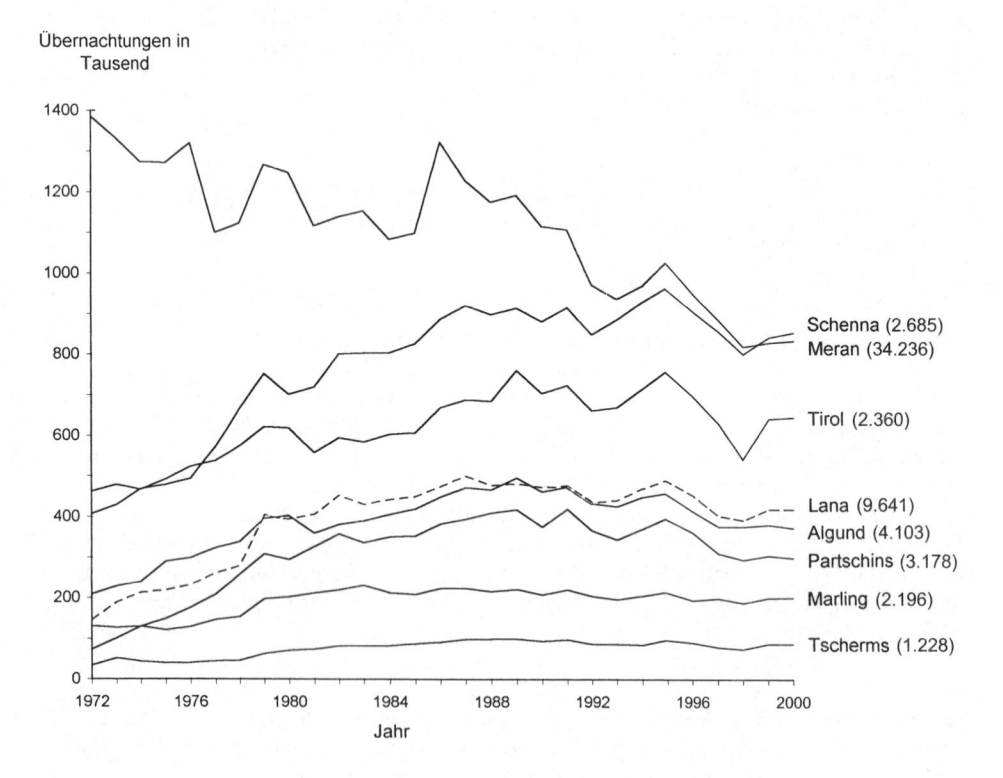

Quelle: Daten des *Wirtschaftsforschungsinstitutes der Handelskammer Bozen*

Abgesehen von den beiden Gebieten mit stark entwickeltem Fremdenverkehr, dem Vinschgauer Oberland (bedeutende Wintersaison) und dem Raum Naturns - Partschins (lange Sommersaison) hat der Tourismus sonst im Vinschgau, gemessen an den Beschäftigten, eine geringere Bedeutung als im Landesdurchschnitt. So ist die Gemeinde Laas vom Fremdenverkehr noch immer weitgehend unberührt, auch in Kastelbell - Tschars hat er keine größere Bedeutung. In Latsch sind zwar Steigerungsquoten in den letzten Jahren zu verzeichnen, aber das Schigebiet der Tarscher Alm hat keine Auswirkungen gezeigt. Glurns besitzt geringe Beherbergungsmöglichkeiten, die auch kaum ausbaubar sind, und in Schluderns ist sogar ein Rückgang der Beherbergungskapazitäten eingetreten. Als Ursache der Schwächen auf dem Fremdenverkehrssektor sind nach Analysen des *Wirtschaftsforschungsinstitutes der Handelskammer in Bozen* unter anderem anzuführen: Das Fehlen qualifizierten Personals, deren geringes Ausbildungsniveau, der Nachholbedarf in der Ausstattung der Beherbergungsbetriebe, die den Ansprüchen nicht gerecht werdende Qualität der Betriebe, die geringe Zahl von Vollauslastungstagen und die relativ kurze Aufenthaltsdauer.

Zur Verbesserung der Situation sind spezifische Angebote und deren gezielte Vermarktung notwendig. Gerade der Vinschgau verfügt neben seiner eindrucksvollen Natur- und Kulturlandschaft über Kulturschätze von europäischem Niveau und gilt als Kernlandschaft Tiroler Romanik. Selten kann ein Alpental ein derartig vielschichtiges Kulturgut aufweisen wie der Vinschgau. St. Prokulus am östlichen Ortsrand von Naturns zählt zu den uralten Kirchen, die sich über den ganzen Vinschgau verstreut erhalten haben und ein weites Zurückreichen der Kulturgeschichte des Tales sichtbar machen. Unter den vorromanischen Denkmälern Südtirols gebührt diesem Kirchlein eine Sonderstellung. Es ist nicht nur Zeugnis einer frühen Missionierung der Talbewohner, die wohl schon im 5. Jh. erfolgte, sondern vor allem bekannt durch seine Fresken aus der Zeit um 800, deren Deutung wegen ihrer Einmaligkeit bis heute zu Diskussionen angeregt hat.

2. Das mittlere Etschtal - dynamischer Talraum zwischen Meran und Bozen

An der Talstufe von Töll-Plars, die durch den Murkegel vor dem Töllgraben gebildet wird, beginnt das mittlere Etschtal. Diese Landschaftseinheit reicht über eine Entfernung von rund 24 km bis zu den Porphyrhöhen des auslaufenden Mitterberges mit Schloss Sigmundskron südwestlich von Bozen. An der Gestaltung des nunmehr etwa 3 km breiten Talbodens sind zwar auch Kegel beteiligt, doch mit Ausnahme des Schwemmkegels der Falschauer erreichen sie bei weitem nicht jene dominante Rolle wie im Vinschgau und bewirken auch keine Talstufen. Sie breiten sich vor Nebentälern aus, die meist mit schluchtartigen Ausgängen in das Etschtal münden, und sind seit alters bevorzugte Siedlungslagen, wie die Positionen von Algund, Mais, Lana, Vilpian, Nals, Terlan und Andrian zeigen. Der gefällsarme Talboden (nur ~ 1,1 ‰) zwischen den Kegeln war noch bis in die zweite Hälfte des letzten Jahrhunderts über große Strecken versumpft oder zumindest überschwemmungsgefährdet und von Moosgründen oder Mösern, Auwald, Weideland und einigen Maisfeldern eingenommen.

Aus dem flachen Aufschüttungstalboden steigen steile Hänge, die vorwiegend in rötlichem Bozner Quarzporphyr ausgebildet sind, empor. Auf der Westseite des Tales treten diese Hänge in 600 bis 700 m Höhe zurück und machen einem „Mittelgebirge" Platz, während sich am östlichen Talhang in annähernd gleicher Höhenlage nur schmale und isolierte Hangverflachungen, die von Einzelhöfen und ihren Nutzflächen besetzt sind, einschalten. Bei den umrahmenden Höhen des Mitteletschtales tritt der Hochgebirgscharakter zurück. Lediglich im Höhenzug des Gantkofel (1.866 m) hat der den Quarzporphyr und die oberpermisch-untertriassischen Sedimentgesteine überlagernde Sarl- und Schlerndolomit zur Entwicklung von bis zu 500 m hohen Wandfluchten geführt, die scharf gegen das anschließende Sanftrelief in den Hochlagen absetzen.

Durch die Richtungsänderung des Etschtales vom W-O- in einen NNW-SSO-Verlauf werden die für den Vinschgau charakteristischen Gegensätze von Sonnen- und Schattenseite deutlich abgemildert. Auf beiden Talseiten finden sich daher die gleichen Höhenstufen der Vegetation. Über den nur noch in winzigen Resten erhaltenen, artenreichen Auen- und Bruchwäldern der Talsohle folgt bis rund 700 m Höhe ein wärmeliebender Niederwald mit Flaumeichen (Quercus pubescens), Hopfenbuchen (Ostrya carpinofolia) und Mannaeschen (Fraxinus ornus). Darüber schließen sich auf nährstoffarmen, flachgründigen Standorten Kiefernwaldgesellschaften an, die in nährstoffreichen, tiefgründigen Schattlagen von buchenreichen Waldgesellschaften durchdrungen und abgelöst werden. Montane und subalpine Fichtenwälder bzw. Lärchen-Fichtenwälder bilden den Abschluss zur Höhe.

Die Ausrichtung des Tales, die das rasche Eindringen von Luftmassen südlicher Provenienz ermöglicht, und der Abschluss durch hohe Gebirgsgruppen im Norden führt zu einer thermischen Bevorzugung des Mitteletschtales. Die Jahresmitteltemperaturen erreichen insbesondere um Meran ähnliche Werte wie im Gebiet der Insubrischen Seen (Lugano, Locarno) und sind neben hoher Sonnenscheindauer ein bedeutungsvoller Parameter des „Kurklimas" der Passerstadt. Zwar liegen die jährlichen Niederschläge etwas höher als im Vinschgau, doch zwingen höhere Verdunstungsraten infolge erhöhter Temperatur und eine größere Variabilität der Niederschläge während der Jahre bzw. Jahreszeiten oder der Vegetationsperiode zur Bewässerung des Kulturlandes. Kennzeichnend ist für das mittlere Etschtal weiterhin die große Wintertrockenheit und, mit ihr verbunden, die Schneearmut.

Von Meran bis Bozen zieht sich heute wegen der Ausweitung der Orte ein nahezu durchgehendes Siedlungsband. Das alte Siedlungsbild mit seinen zahlreichen Ansitzen, Klosterhöfen, Dorftürmen und alten Kirchen und Kapellen wird in zunehmendem Masse von neuer und moderner Bausubstanz in den Hintergrund gedrängt und verliert immer mehr seinen landschaftsprägenden Charakter. Mit diesen Veränderungen verbindet sich eine - bezogen auf das Landesmittel - überdurchschnittlich hohe Wachstumsdynamik der Bevölkerung. Gleichzeitig ist jedoch eine Abnahme des italienischsprachigen Bevölkerungsanteils festzustellen, der sich zunehmend im Raum Bozen konzentriert. Die Erwerbstätigkeit der Bevölkerung wird gekennzeichnet durch anhaltende Abnahme im Sektor Landwirtschaft, lag aber nach der letzten Volkszählung von 1991 immer noch bei 18 % (ohne Meran und Tisens). Der Sekundärsektor zeigt nur geringe Zunahme, während im Bereich Dienstleistungen ein großer Aufschwung eingetreten ist (*Tab. 4*).

Für diese Entwicklung ist der stark gestiegene Fremdenverkehr mitverantwortlich, der nicht nur die Umgestaltung der Ortsbilder bewirkt, sondern auch das Wirtschaftsleben in den Gemeinden teilweise entscheidend gestaltet. Hinzu tritt das große Angebot von Arbeitsplätzen im Dienstleistungssektor, vornehmlich in Bozen, aber auch in Meran und nachgeordnet in Lana, woraus beachtliche Pendlerströme und ebenfalls Folgen für das Siedlungsbild resultieren. Bei der gewerblichen Wirtschaft lässt sich eine Konzentration auf die verarbeitende Industrie (Lebens- und Genussmittelbetriebe; metall- und holzverarbeitende Betriebe) und das Bauwesen feststellen, wobei die Orte Lana und Terlan Schwerpunkte bilden.

Im Bereich Landwirtschaft bzw. Landnutzung im Talboden sind Äcker und Wiesen völlig verschwunden, ebenso die Streuobstwiesen und Baumgärten (Pangert). Sie haben Obstintensivkulturen Platz gemacht. Mit dem Wegfall der Futterquellen sind viehlose Sonderkulturbetriebe die einzige Betriebsform der Talsohle. Ihre Mechanisierung ist so weit fortgeschritten, dass das Mitteletschtal zu den am höchsten mechanisierten Gebieten der Alpen im Bereich Landwirtschaft gehört. Die Einsatzflächen in den allgemein kleinen Betrieben stehen häufig in keinem angemessenen Verhältnis zum erforderlichen Maschinenbesatz, sodass von einer

Übermechanisierung gesprochen werden muss und der Technisierungsgrad oft als Statussymbol zu gelten hat. Dabei gestaltet sich die maschinelle Bearbeitung der kleinparzellierten Flur häufig schwierig. Eine Flurbereinigung zur Beseitigung der Kleinparzellen und der Besitzersplitterung wäre notwendig. Doch dieser stehen Finanzierungsschwierigkeiten im Rahmen der bestehenden Dauerkulturen und die geringe Bereitschaft zur Beteiligung an Umlegungsverfahren aufgrund außerlandwirtschaftlicher Einkommensquellen entgegen.

Tab. 4: Erwerbstätige nach Wirtschaftsbereichen in den Gemeinden des mittleren Etschtales im Jahr 1991

Gemeinden	Landwirtschaft		produzierendes Gewerbe, Industrie		Dienstleistungen		Erwerbstätige insgesamt
	absolut	%	absolut	%	absolut	%	
Algund	214	12,8	334	20,0	1.125	67,2	1.673
Tirol	163	15,1	172	16,0	741	68,9	1.076
Meran	337	2,5	2.951	21,5	10.461	76,1	13.749
Marling	161	17,2	195	20,8	582	62,0	938
Tscherms	114	23,0	92	18,5	290	58,5	496
Lana	519	13,7	1.021	27,0	2.238	59,2	3.778
Burgstall	63	11,3	143	25,5	354	63,2	560
Gargazon	79	15,1	119	22,8	324	62,1	522
Tisens	322	37,7	137	16,0	395	46,3	854
Nals	177	25,8	129	18,8	379	55,3	685
Andrian	96	26,7	74	20,6	190	52,8	360
Terlan	315	21,7	265	18,3	872	60,1	1.452

Quelle: *Statistisches Jahrbuch für Südtirol* (1995, 183-184)

Haltepunkt 7: Marling - Ortszentrum. Parkplatz vor der Raiffeisenbank. Gegenüber von kleiner Parkanlage oder vom Friedhofsgelände am Nordost-Eck der Kirche guter Überblick über die Weitung von Meran.

Vor allem im Raum Meran - Lana hat sich seit den 50er-Jahren ein grundlegender Wandel des Siedlungsbildes vollzogen. Die bis dahin ausschließlich oder zumindest stark landwirtschaftlich geprägten Siedlungen um Meran unterlagen fortlaufender Umstrukturierungen zu Großdörfern mit Hotels und Pensionen. Hinzu traten Zweitwohnsitze, die Neubauten weichender Erben - häufig in Kombination mit Zimmervermietung - und teilweise auch neue, großvolumige Hofstellen von Hofübernehmern. Neue Zufahrtsstraßen, Stellplätze für Autos, Freischwimmbecken oder Hallenbäder und andere Sportanlagen und versiegelte Höfe kosteten wertvolle landwirtschaftliche Nutzfläche. Moderne Architektur und Großobjekte, die oftmals wenig Sinn für landschaftsgerechtes Bauen erkennen lassen, sind zu einer weiteren Landschaftsbelastung geworden. Um weiterer Zersiedelung und Überkapazitäten im Tourismussektor entgegenzusteuern, wurde von der Landesregierung 1980 ein Bettenstopp verfügt, also keine Erweiterung der Bettenzahlen akzeptiert. Zwar kam es neuerdings (1996) zu einer Lockerung dieser Verfügung, doch ist die Genehmigung von Neubauten nicht vorgesehen, sondern lediglich die Erweiterung bestehender Betriebe in begrenztem Umfang.

Meran als Zentrum des ehemaligen Burggrafenamtes entstand im Laufe des 12. Jh. als Markt am Fuße des Segensbühels auf dem Schwemmkegel der Passer. Im Jahr 1317 wurden dem Markt von König Heinrich von Böhmen Stadtrechte verliehen, nachdem er bereits um 1300 von Ringmauern mit Tortürmen umgeben worden war. Von der Ringmauer sind keine Reste erhalten, während drei der vier Tore, das Bozener, Vinschger und Pseirer Tor überliefert sind. Das Ultner Tor wurde um 1880 abgebrochen. Das Recht, Jahrmärkte abzuhalten, und das Niederlagsrecht machten die Stadt zu einem lebhaften Handelsplatz, der bis 1477 auch Münzstätte war. Auch nach Übertragung der Funktionen einer Landeshauptstadt nach Innsbruck in der zweiten Hälfte des 14. Jh. wurden in Meran noch Landtage abgehalten. In der Neuzeit sank die Passerstadt jedoch zur Landstadt herab und erlebte erst mit der Entwicklung zum Modekurort ab der ersten Hälfte des 19. Jh. einen neuen Aufschwung. Kriegszeiten und Nachkriegsjahre haben jedoch das Fluidum der Stadt als Luxuskurort gründlich zerstört und an seine Stelle einen Fremdenverkehrsort treten lassen, der vom Massentourismus geprägt wird.

In groben Zügen sind die Entwicklungsphasen der Stadt im Grundriss wiederzuerkennen. Die Beziehungen zu Handel und mittelalterlichem Fuhr- und Saumverkehr zeigen zwei senkrecht zueinander laufende Straßenzüge: Die Laubengasse parallel zur Passer und in Orientierung auf den Jaufenweg und der Rennweg vom Vinschger zum ehemaligen Ultner Tor als Teil der „Oberen Straße" über Reschen und Fernpass. Der älteste Teil der Stadt, das Viertel Steinach, liegt östlich des Pfarrplatzes. Daran schließt sich westlich das Laubenviertel mit seiner dichten Bebauung an. Neue Stadtteile entstanden erst mit dem Aufschwung des mondänen Fremdenverkehrs im letzten Jahrhundert. Mit lockerer Bebauung villenartigen Charakters wuchs die Stadt zunächst nach Süden und Südwesten, und entlang der Passer entstanden die Promenadenanlagen. In Richtung auf den neuen Bahnhof, der 1906 gleichzeitig mit der Bahnlinie nach Mals eröffnet wurde, erfolgte bis 1915 mit lockerer Bebauung die Entwicklung der „Gartenstadt". In der Zwischenkriegszeit kam es auf Untermaiser Grund zur Entwicklung des hässlichen Kasernengeländes und zur Anlage des Pferderennplatzes. In den 50er-Jahren dehnte sich die städtische Bebauung mit dem Laurin-Viertel auf Kosten von Obstwiesen in Richtung Gratsch aus und danach in das Gebiet zwischen Passer-Pferderennplatz und Piavestraße-Bahnlinie sowie in die Randgebiete von Obermais. Der Übergang der lockeren Randbebauung der Stadt zum zersiedelten Umland ist fließend und hat seine Ursache im lange fehlenden Generalbebauungsplan.

Das Wirtschaftsgefüge Merans ist untrennbar mit dem Fremdenverkehr verbunden und auf diesen ausgerichtet. Der Besatz mit Handelsbetrieben in der Altstadt, unter denen der Einzelhandel überwiegt, ist außerordentlich hoch. Er dokumentiert die Zentralität der Stadt und ihre Bedeutung als Fremdenverkehrszentrum. Das geht auch aus der beachtlichen Zahl von Einpendlern (1990: 3.798) hervor, die überwiegend im Dienstleistungssektor beschäftigt sind (*Tab. 4*). Die Gemeinden Burgstall, Kuens, Marling und Tscherms entsenden täglich mehr als 50 % der wohnhaften Beschäftigten nach Meran. Für 14 umliegende Gemeinden ist die Stadt wichtiger Arbeitsort. Handwerks- und Industriebetriebe sind überwiegend in der Peripherie der Stadt angesiedelt, aber für die Wirtschaft Merans von untergeordnetem Rang. Dagegen besitzt die Stadt als Schulzentrum große Bedeutung mit speziellen, für Südtirol teilweise einmaligen Ausbildungsstätten (Hotelfachschule, Frauenoberschule, Lehrerbildungsanstalt).

Tourismus in Meran

Die Entwicklung Merans zum heilklimatischen Kurort mit seinen Trauben-, Milch- und Molkenkuren begann bereits vor der Eröffnung von Bahnlinien im Alpenraum, doch brachte die Eröffnung der Bahnstrecke Bozen-Meran jenen kräftigen Aufschwung, der Meran zu einem führenden Luxuskurort Europas werden ließ. Träger des Kurtourismus dieser Zeit war das wohlhabende Bürgertum und der Adel aus Europa. Große Hotels entstanden in Richtung auf den Bahnhof und in Obermais. Hinzu kamen Sanatorien und Fremdenheime sowie Anlagen und Neubauten der Stadtgemeinde und der Kurverwaltung. Kurz vor dem Ersten Weltkrieg konnten in Meran bereits um 1,2 Mio. Übernachtungen bei nur etwa 40.000 Ankünften registriert werden, wobei eine Konzentration auf das Winterhalbjahr bemerkenswert ist.

Mit dem Ersten Weltkrieg setzte eine gewaltige Zäsur im Fremdenverkehr der Passerstadt ein. Die Angliederung Südtirols an Italien und die sozialen Wandlungen führten zu großen Umschichtungen. Zwar erreichten die Nächtigungszahlen bald wieder das Vorkriegsniveau, aber die Aufenthaltsdauer sank auf wenige Tage und der Gästebesuch verlagerte sich auf die Sommersaison. Meran hatte seinen Charakter als Luxuskurort verloren. Auf der Grundlage der radioaktiven Quellen von St. Vigil und Martinsbrunn wurde der Ausbau zum Heilbad Ende der 30er-Jahre angestrebt, doch der Zweite Weltkrieg unterbrach auch diese Entwicklung. Ein Neubeginn setzte nach 1950 ein und verhalf Meran nochmals zur Spitzenstellung unter den Fremdenverkehrsorten des Landes. Um 1960 begann aber bereits der Aufschwung der unmittelbaren Nachbargemeinden, und 1970/1972 hatten diese zusammen nach Nächtigungszahlen mit Meran gleichgezogen. Heute übertrifft Schenna allein bereits Meran (*Abb. 5*). Nach der Fremdenverkehrsintensität, also der Zahl der Übernachtungen auf 100 Einwohner, rangiert Meran heute deutlich unter dem Südtirol-Schnitt, während Dorf Tirol, Schenna, Algund oder Partschins führende Positionen einnehmen. Hinzu tritt als Problem in Meran die geringe Auslastung der großen und mittleren Hotels, von denen bereits eine Reihe durch Umbau anderen Nutzungen zugeführt wurde. Meran ist auf dem Fremdenverkehrssektor in eine Stagnations- bzw. Sättigungsphase geraten und leidet unter der Verkehrsbelastung, die von den Randgemeinden ausgeht.

Die Auslastung der Bettenkapazität im Fremdenverkehrsraum Meran ist dank einer langen Saison insgesamt als günstig einzustufen. Die Saison reicht in Abweichung von den anderen Tourismusgebieten Südtirols von Ende März bis Ende Oktober, mit Spitzen um Ostern, im August und zur Zeit der Obsternte bzw. Traubenlese. Lediglich Überetsch lässt sich diesbezüglich mit Meran und Umgebung vergleichen. Zu einer nennenswerten Wiederbelebung der Wintersaison, allerdings auf anderer Basis als vor dem Ersten Weltkrieg, ist es trotz zahlreicher Bemühungen nicht gekommen. Wegen unsicherer Schneelage und großer Entfernung zu Skigebieten hat sich keine rechte Entwicklung des Wintertourismus eingestellt. Auch die Errichtung von Meran 2000 vermochte keine wesentliche Änderung herbeizuführen, was wiederum teilweise mit der Altersstruktur der Gäste in Zusammenhang steht, überwiegt doch älteres Publikum. Kennzeichnend ist ferner der über dem Landesdurchschnitt liegende Anteil von ausländischen Gästen, unter denen sowohl nach Ankünften als auch nach Nächtigungen wiederum die Deutschen dominieren. Lediglich die Stadt Meran verzeichnet einen höheren Anteil an inländischen Urlaubern.

Die beschränkten Möglichkeiten einer baulichen Ausweitung der Stadt, die nach dem Generalbebauungsplan lediglich in einer Auffüllung vorhandener Wohngebiete beruhen können, sind ein wesentlicher Grund dafür, dass die Bevölkerungszahl Merans seit Jahren auf gleichem Niveau bei 34.000 Einwohnern verharrt. Hinsichtlich der Volksgruppenanteile ist gleichzeitig ein leichter Rückgang der italienischen Sprachgruppen festzustellen.

Tab. 5: Sprachgruppenverteilung in der Stadt Meran 1910-1991

Jahr	deutschsprachig	italienischsprachig	andere Sprachzugehörigkeiten
1910	96,0 %	4,0 %	-
1921	81,0 %	19,0 %	-
1951	42,0 %	58,0 %	
1961	41,0 %	59,0 %	-
1971	45,0 %	54,0 %	1,0 %
1981	49,7 %	49,8 %	0,5 %
1991	50,5 %	49,0 %	0,5 %

Quelle: *ASTAT*

Im Vergleich zu Meran ist die Wirtschaftsstruktur der südlich gelegenen, aufstrebenden Gemeinde Lana wesentlich günstiger zu bewerten, denn sie stützt sich neben dem Fremdenverkehr auf Obstbau, Industrie und Handwerk. Der Tourismus setzte hier um die Jahrhundertwende ein und entwickelte sich rasch dank guter Verkehrsanbindung von Lana an die Bahnlinie Bozen - Meran (Trambahn Meran - Lana und Lokalbahn Lana - Burgstall), dem Bau von Hotels und Pensionen sowie der Seilbahn auf das Vigiljoch (1912) und der Anlage von Spazier- und Wanderwegen durch den Verschönerungs- bzw. Kurverein, unter anderem durch die „Gaul", die Ausgangsschlucht der Falschauer aus dem Ultental. Die beiden Weltkriege unterbrachen auch in Lana die Entwicklung. Ein neuer Anlauf setzte in den 60er-Jahren ein mit Ausbau der Bettenkapazität und qualitativer und quantitativer Verbesserung des Freizeitangebotes. 1987 wurden erstmals eine halbe Million Übernachtungen gezählt (*Abb. 5*).
Der Erwerbsobstbau brachte nicht nur eine Intensivierung der Landwirtschaft, steigenden Wohlstand für die Obstbauern und Ausbau und Modernisierung der Hofstellen, sondern bildet

speziell in Lana eine solide Grundlage für eine Reihe mittelständischer Unternehmen. Damit bietet er wertvolle Arbeitsplätze in einer größeren Zahl von Produktions-, Verarbeitungs- und Zulieferbetrieben. Bereits 1884 entstand ein erstes Obstmagazin am Zaglerhof in Mitterlana, und heute gibt es vier Obstgenossenschaften und sechs private Obsthändler, die die Lagerung, Sortierung und Vermarktung der Ernte übernehmen. Für den Versand von Obst mussten Verpackungsmaterial und Behälter in Holzverarbeitungsbetrieben hergestellt werden. Nach dem Ersten Weltkrieg kam es zur Gründung von zwei Marmeladefabriken, um bei der ständig steigenden Obstproduktion besonders Fallobst und sonstiges Auswurfobst verwerten zu können. Hinzu kommen heute Unternehmen für den Verkauf von Betriebsmitteln wie Dünger oder Pflanzenschutzmittel. Ein großer Teil der Bevölkerung bestreitet damit direkt oder indirekt seine Existenz aus dem Obstbau.

Als industriell unterentwickelte und damit bezuschussbare Gemeinde erlangte Lana beträchtliche Fördermittel und plante ab 1966 im Mündungstrichter der Falschauer in die Etsch eine Industriezone, die 1981 eingeweiht werden konnte. Derzeit sind dort 23 Unternehmen mit rund 700 Beschäftigten angesiedelt. Hinzu kommen 12 weitere Industriebetriebe im Ort, über 200 Handwerks- und Dienstleistungsbetriebe und eine Vielzahl von Geschäften, Großhandels- und Gastbetrieben. Lana wurde durch das beachtliche Arbeitsplatzangebot zu einem bedeutenden Einpendlerzentrum, in dem sich sogar Mangel an qualifiziertem kaufmännischem oder technisch geschultem Personal bemerkbar macht. Allerdings besitzt die Industriezone Lana den Nachteil einer peripheren Lage zu großen Verbrauchermärkten, was bereits zur Standortverlagerung alteingesessener Firmen geführt hat.

Auch auf der gegenüberliegenden Etschseite ist auf dem ehemaligen Gelände eines Chemiewerkes des Montecatini-Konzerns in Sinich, das bereits 1926 im Zuge der Italianisierungsbestrebungen für Südtirol errichtet worden war, ein neues Gewerbegebiet durch das Land ausgewiesen worden. Auf dem mit erheblichen Mitteln sanierten, da verseuchten Gelände wurden 1996 23 Betrieben, darunter 4 Handwerks- und 4 Industrieunternehmen, Flächen zugewiesen. Die Zukunft wird zeigen, ob hier die Entwicklung ebenso erfolgversprechend verläuft wie in der Industriezone Lana.

Haltepunkt 8: St. Hippolyt. Von der Gampenstraße in Naraun Aufstieg auf Weg Nr. 5 zum Kirchlein in ca. 15 Minuten. Keine Parkmöglichkeit am Ausstiegsort hinter dem Straßentunnel! Rückkehr mit dem Busfahrer vereinbaren!

Von der Porphyrkuppe von St. Hippolyt bietet sich eine einzigartige Aussicht auf die breite Sohle des Mitteletschtales und auf die Gebirgsgruppen von den Ötztaler Alpen (Texelgruppe) im Norden bis zum Rosengarten und Latemar im Osten. Jenseits der gegenüberliegenden Talflanke erhebt sich als Teil der Sarntaler Alpen der Tschöggelberg mit seinem Sanftrelief, ausgebildet in wenig resistentem Grödner Sandstein und Werfener Schichten. Im Norden ragt darüber mit scharfen Hochgebirgsformen die aus hellem Granit bestehende Iffinger-Gruppe (2.481 m) auf. Diese Intrusivmasse markiert die Judikarienlinie, die als Teil der periadriatischen Naht der bedeutendsten Störungszone der Alpen angehört, trennt sie doch im geologischen Sinne die Ostalpen von den Südalpen. Auch der Kreuzberg (mit Joch- und Außerberg) im Westen des Standortes besteht aus einem derartigen granitischen Pluton an dieser Bewegungszone und fixiert deren Fortsetzung in Richtung auf den großen Intrusivkörper der Adamello-Presanella-Gruppe.

Die Sohle des Etschtales

Die Aufschüttungstalsohle wird heute nahezu vollständig von einem riesigen Obstgarten eingenommen, in dem annähernd zwei Millionen Obstbäume stehen. Die Obstmonokulturen sind das Resultat eines enormen Landschaftswandels, der sich vornehmlich in den letzten einhundert Jahren vollzogen hat. Zuvor war die Talsohle über weite Flächen von Auwäldern und Mösern, also Mooren bzw. Sümpfen, eingenommen. Nur wenige Äcker, die vor allem mit Mais, der ab 1758 nach verheerenden Überschwemmungen Eingang in diesen Abschnitt des Etschtales gefunden hatte, oder auch mit Sirch, der wenig produktiven Besenhirse (Sorghum), bestellt wurden, waren auf etwas günstigeren Standorten eingestreut. Dazwischen floss mäandrierend, oft in mehrere Abflussstränge aufgespalten, die Etsch, die trotz Archenbaus bei Hochwässern immer wieder ausbrach und ihr Bett verlegte. Infolge Rückstaus und Barrierebildung durch den Eisack entstand im Mitteletschtal bei extremen Hochwässern ein kilometerlanger See (1747, 1757, 1789, 1868, 1882).

Zur Verbesserung der landwirtschaftlichen Verhältnisse wurde mit Patent vom 5. November 1768 unter Kaiserin Maria Theresia die Urbarmachung ödliegender oder extensiv genutzter Gemeindegründe, die Abstellung der Gemeindeweide und die Aufteilung des zu meliorierenden Landes an die Gemeindegenossen verfügt. Doch die Umsetzung der Verordnungen ging nur sehr zögerlich vonstatten und dauerte bis in die 50er-Jahre des 20. Jh. Teilweise war dies eine Folge wiederholter Hochwässer mit erneuter Überschüttung der entsprechenden Gründe. Andererseits bedurfte es der langwierigen Ablösung altüberkommener Nutzungsrechte. So besaßen auf der Artlunge, wie der flache Talboden zwischen der Marlinger Brücke bei Meran und der Sigmundskroner Brücke bei Bozen genannt wurde, unmittelbar anrainende Gemeinden und Gemeinden der Seitentäler Weiderechte. Dazu gehörten die Gemeinden bzw. Fraktionen Tisens, Naraun, Prissian, Rateis, Mölten und die Täler Ulten, Passeier und Fassa sowie das Sarntal. Aueparzellen trugen auch das sogenannte Stimblrecht, das heißt, das Recht zur gesamten Holznutzung durch fremde, meist auswärtige Berechtigte, während die Streugewinnung den Gemeindemitgliedern zustand. Die Ablösung der Weiderechte erfolgte teils auf dem Kapitalwege, teils durch Grundabtretungen. Beispielsweise gelang die Auflösung der Passeirer Weiderechte im Raum Terlan bereits 1798 gegen Zahlung einer Entschädigung an das Gericht Passeier. Im Zuge eines Vergleichs trat 1816 Niederlana rund 50 ha an die Gemeinde Tisens und 1825 20 ha an die Rateiser Höfe ab, um die Weiderechte in den Auen abzulösen.

Ein gründlicher und nachhaltiger Wandel vollzog sich erst mit der Regulierung der Etsch und der Korrektion der beiderseitigen Zuflüsse bzw. Gräben, die im Zusammenhang mit dem Bahnbau von Bozen nach Meran (1879-1881) zur Notwendigkeit wurde. Mit Anlage von acht Mäander-Durchstichen konnte der Lauf der Etsch weitgehend begradigt werden, und die Mündungsverlegung von Nebenbächen flussabwärts führte zur Beseitigung von Staugebieten. An diese Arbeiten schlossen sich Entwässerungsprojekte an, die zunächst von der Etschregulierungsgenossenschaft Passer-Eisackmündung (bis 1891) und später von den Etschregulierungs-Erhaltungs-Genossenschaften (1891-1927) bzw. dem Bonifizierungskonsortium Passer-Eisackmündung (seit 1931) getragen wurden. Insbesondere ging es um den Bau und die Erhaltung von Abzugsgräben und zweier Pumpwerke in Sinich und Sigmundskron sowie die Neuanlage von Flurwegen.

Völlig unverständlich sind aus heutiger Sicht die Einwände der Gemeindevorsteher und -räte von Lana, Burgstall, Gargazon, Terlan, Andrian und Eppan gegen die Etschregulierung, obwohl gerade diese Gemeinden häufig vom Hochwasser schwer geschädigt wurden und das Sumpf- oder Wechselfieber, die Malaria, verbreitet war. Bei Ausbleiben der Etschhochwässer würde der Fluss die Funktion eines „Nil im Kleinen" verlieren, eine Erhöhung des Flussbettes wäre die Folge der Begradigung und daraus resultierend der Stau der Nebenbäche. In den landwirtschaftlichen Betrieben käme es zu Mangel an Streu für die Düngererzeugung und insgesamt würden die Grundstücke eine Wertminderung erleiden (*Bothe für Tirol und Vorarlberg* 1876). Auch der Verlust bzw. die Einschränkung der Gewinnung von Pferdefutter und Holz, der Fischerei und der Jagd auf Wildschweine und Wasservögel sowie die hohen Kosten der Maßnahmen waren Argumente gegen eine Regulierung der Etsch.

Durch die Etschregulierung 1879-1891 und die weiteren Meliorationsarbeiten wurden 3.800 ha im Mitteletschtal einer Verbesserung zugeführt. Heute gibt es nur drei kleine Gebiete, die den Charakter des Ökosystems Auwald oder Möser bewahrt haben. Es sind der Schwarzerlen-Auwald auf der linken Etschseite zwischen Burgstall und Gargazon, die Prissianer Au und die Fuchsmöser an der Landesstraße Andrian - Unterrain unter dem Hangenden Stein. Die Bestände sind floristisch interessant durch ihre besondere Artenzusammensetzung; sie enthalten als Zeichen ihrer Ursprünglichkeit zahlreiche nitrophile Arten, darunter Schwarzer Holunder (Sambucus nigra), Klebkraut (Galium aparine), Gemeiner Beinwell (Symphytum officinale), Gemeiner Beifuss (Artemisia vulgaris), Kratzbeere (Rubus caesius) und andere. In der Strauchschicht sind vertreten der Gemeine Schneeball (Viburnum opulus), Hartriegel (Cornus sanguinea), Faulbaum (Frangula cornus), Gemeine Waldrebe (Clematis vitalba), Zaunwinde (Calystegia sepium), Gemeiner Hopfen (Humulus lupulus) und Schilf (Phragmites communis). Vertreter höherwüchsiger Bäume sind neben der Schwarzerle (Alnus glutinosa) Schwarzpappel (Populus nigra) und Silberweide (Salix alba).

Auf den parzellierten und urbar gemachten Flächen erfolgte zwecks weiterer „Austrocknung des Bodens" die Anlage von Türkenäckern, denn der Mais oder Türken war ein Hauptnahrungsmittel der Bevölkerung im Etschtal geworden. Teilweise wurden auch Reben gepflanzt, doch bald rückte der Obstbau auf die allgemein nährstoffreichen Böden nach. Die Inbetriebnahme der Brennerbahn 1867 und der Bahnlinie Bozen - Meran öffnete dem Erwerbsobstbau eine wesentlich erweiterte Basis. Bis dahin waren es recht bescheidene Mengen Obstes, die von Kraxenträgern, Säumern, Karrnern oder mit größeren Landwagen über Brenner und Reschen nach Süddeutschland oder zur Lände nach Hall oder Schwaz gebracht wurden, von wo sie auf Inn und Donau nach Wien gelangten.

Der Obstbau entwickelte sich um Meran, Lana und Algund relativ rasch, im Gebiet Terlan-Andrian-Eppan dagegen um Jahrzehnte später. Von den rund 600 ha Mösern in der Gemeinde Eppan (zwischen Andrian und Frangart/Sigmundskron) waren Ende der 1920er-Jahre nur etwa 100 ha mit Obst besetzt. Umfangreiche Arbeiten im Gebiet des Fuchsangers und der Kaisermöser von 1955 bis 1958 (Verbesserung der bestehenden Gräben, Aushub von fünf Nebengräben) gestatteten die Umwandlung von 330 ha Mösern in Kulturland, sodass seit 1980 auch in diesem Talabschnitt ein geschlossenes, allerdings stark spätfrostgefährdetes Obstbaugebiet besteht.

Kennzeichnend für den Erwerbsobstbau in der Zeit bis zum Ersten Weltkrieg, ja auch noch darüber hinaus, waren weitständige, großkronige Hochstamm- und Halbstammanlagen. Diese Erziehungsform ermöglichte die Doppelnutzung als Obstwiese oder Obstacker. Sie hatte zudem den Vorteil, in den ebenen Tallagen weniger durch Spätfröste gefährdet zu sein, denn das bis in die 50er-Jahre allgemein praktizierte „Rauchen", das Verbrennen von möglichst qualmendem Material (v.a. Rebholz und frischer Mist) zur Frostbekämpfung, hatte keine ausreichende Wirkung. Ein weiteres Merkmal war die Sortenvielfalt. Der Sortenspiegel im Meraner Gebiet in den 1890er-Jahren umfasste über 200 (!) verschiedene Apfel- und Birnensorten, von denen heute keine mehr marktgängig und viele nicht mehr bekannt sind. Zu den bevorzugten Sorten gehörten Maschanzger, Weißer Rosmarin, Weißer Wintercalvill sowie Winterdechant unter den Birnen.

Die Vermarktung des Obstes geschah anfänglich über sogenannte „Blütenkäufe". Bei diesen verkaufte der Landwirt bereits im Winter die Ernte des folgenden oder sogar von zwei oder vier Jahren im Voraus zur Gänze oder in einzelnen Partien an den Händler. Er selbst kümmerte sich dann nicht weiter um die Bäume und das Obst, bis der Zeitpunkt eines erneuten Verkaufs wieder näher rückte. Dem Händler oblag damit die Aufgabe der Baumpflege, der Schädlingsbekämpfung und der Ernte. Auch Frost- und Hagelschäden lagen im Risiko des Händlers. Durch fortschrittliche Obstbauern trat ab den 1890er-Jahren eine Änderung ein.

Sie übernahmen die Aufgaben und Risiken des Obstbaus und verkauften die Früchte an die Händler. Im Jahre 1893 wurde auch mit der Obstproduzentengenossenschaft (O.P.G.) Meran-Burggrafenamt, deren Einzugsgebiet über das Burggrafenamt hinausging (z.B. Kastelbell und Latsch im Vinschgau), die erste Genossenschaft dieser Art in Tirol gegründet.

In der Zeit zwischen den beiden Weltkriegen erfuhren die Obstflächen eine beträchtliche Erweiterung. Die Marlinger Au wurde melioriert und mit Obstkulturen besetzt. Von Streumösern zu Obstwiesen wandelte sich großenteils das Bild der Mitterlanaer Au und der Herrnau. Dabei kamen vor allem neuere Erziehungsformen zur Anwendung, wie Spaliere, Palmetten, Spindel oder Kordon (Superspindel). Die Anzahl der Sorten war immer noch groß, sie lag in Algund, Marling und Lana bei 80. Die Vermarktung trugen trotz der Gründung weiterer Genossenschaften überwiegend Händler, die die Ernte in Kommission übernahmen. In dieser Zeit begann sich bereits die Erkenntnis durchzusetzen, dass sich Obstbau und Grünlandwirtschaft auf gleicher Fläche wegen der zahlreichen Spritzungen nicht vertragen.

Die größten Veränderungen und eine steile Aufwärtsentwicklung vollzogen sich nach dem Zweiten Weltkrieg. Wurden zunächst die vor dem Krieg gepflanzten Sorten wie Kalterer Böhmer, Champagner Renette, Goldparmäne oder Gravensteiner sowie Williams Christ unter den Birnensorten noch bevorzugt, so traten alsbald Neuanlagen mit amerikanischen Sorten in den Vordergrund. Der Sortenspiegel konzentrierte sich auf wenige von ihnen: Golden Delicious, Morgenduft, Jonathan, Stark Delicious, Winesap, wobei der jeweiligen Standorteignung der einzelnen Sorten zunehmend Rechnung getragen wurde. Die Birnenbestände, die teilweise in den 20er- und 30er-Jahren eine beachtliche Rolle gespielt hatten, wurden mehr und mehr durch Apfelbäume ersetzt. Heute sind Birnenanlagen bzw. Mischbestände mit Birnen auf unbedeutende Reste zusammengeschrumpft.

Immer dichtere Pflanzung der Obstbäume ließ nur noch nährstoffarmes Schattengras aufkommen, das zudem wegen des Einsatzes chemischer Pflanzenbehandlungsmittel als Futter unbrauchbar war. Der Viehbestand in den landwirtschaftlichen Betrieben wurde vermindert und schließlich abgeschafft.

An die Stelle der Grasnutzung trat das Mulchen. Auch der zunehmende Arbeitskräftemangel in der Landwirtschaft zwang zu Betriebsvereinfachungen. Aus vielfältig orientierten Betrieben wurden reine Obstbaubetriebe mit Vorteilen, aber auch Risiken. Aufgrund holländischer Erfahrungen und der Empfehlungen des 1957 gegründeten Südtiroler Beratungsringes für Obst- und Weinbau fanden Ende der 60er- und zu Beginn der 70er-Jahre die Dichtepflanzungen Eingang im Obstbau. Damit begann die Phase moderner Intensivpflanzungen, und die Zeit der hohen, großkronigen Bäume, die das Bild der Talsohle geprägt hatten, nahm ihr Ende. Doch anders als im Vinschgau haben sich im Mitteletschtal ältere Erziehungsformen stärker erhalten und bringen Abwechslung in die Obstbaulandschaft.

In den 60er-Jahren Jahren verstärkte sich die Tendenz der Gründung neuer Obstgenossenschaften, die auch von der Landesverwaltung finanziell und steuerlich gefördert wurden. Der „Kauf auf Ehr" seitens der Händler, also in Kommission, war auch im Mitteletschtal in die Kritik geraten, da sowohl Auszahlungstermine als auch -höhe unbefriedigend ausfielen. Hinzu trat die Notwendigkeit einer verlängerten, umfassenden Lagerhaltung, die durch zeitweilige Importsperren von Abnehmerländern (Deutschland, Österreich, Schweiz) wegen großer Eigenproduktion zwischen 1954 und 1966 veranlasst wurde. Das konnte mit der Errichtung von CA (controlled atmosphere)-Lagern erreicht werden. Durch Absenkung des Sauerstoffgehaltes auf ca. 2,5 Volumenprozent gegenüber 20,1 % und Anhebung des CO_2-Gehaltes auf ca. 3,5 % gegenüber 0,035 %, wodurch der Reife- und Alterungsprozess physiologisch gehemmt wird, konnte eine Lösung erreicht werden. Der weitaus größere Teil der Obsternte wird heute über Genossenschaften, z.T. in Zusammenarbeit mit Agenturen, abgesetzt. Nach Prozentanteilen folgen heute im Mitteletschtal die Sorten Golden Delicious, Morgenduft, Red Delicious, Gloster, Jonathan, Granny Smith, Jonagold, Winesap, Elstar, Idared, Summerred,

Gala und Gravensteiner nacheinander. Als neue Sorten stehen Breaburne, Fuji und Pink Lady in Erprobung.

Nicht genossenschaftlich organisierte Obstbauern können ihre Produktion außer über Händler im Rahmen der nach holländischem Muster eingerichteten Versteigerung in Vilpian und Sigmundskron (EGMA) mit dem Vorteil einer raschen Auszahlung absetzen (bis 1989 auch in Lana). Eine industrielle Verwertung von Äpfeln findet in Vilpian statt. Dort werden Dunstäpfel hergestellt und, in Konservendosen abgefüllt, vermarktet. Bei einer Produktion von 1.500 Waggon im Jahr kann dadurch der Markt von farbloser, schwer verkäuflicher Ware, speziell der Sorten Jonathan und Morgenduft, entlastet werden. Unverkäufliches Tafelobst dient überwiegend der Alkoholerzeugung und wird von der AIMA (Azienda Interventi Mercati Agricolo) übernommen. Die dabei erzielten Interventionspreise decken aber nicht annähernd die Produktionskosten.

Das „Mittelgebirge" von Tisens

Vom Porphyrhügel von St. Hippolyt ergibt sich auch ein guter Überblick über das „Mittelgebirge" von Tisens. Darunter ist kein Mittelgebirge im geomorphologischen Sinne zu verstehen, sondern wie in Tirol üblich, ausgedehnte Hangverflachungen einige hundert Meter über der Talsohle, die deutlich gegen steileres, tieferes und höheres Gelände absetzen. Das Tisner Mittelgebirge ist das Musterbeispiel für ein lithologisch-selektiv bedingtes Mittelgebirge, da es sich an die oberste Teile der flachlagernden Bozener Quarzporphyrtafel und an den Ausraum der weniger resistenten oberpermisch-untertriassischen Sedimentgesteine anlehnt (Grödner Sandstein, Bellerophon- und Werfener Schichten). Über eine Entfernung von mehr als 13 km reicht es von der Mündung des Ultentales in das Mitteletschtal bis an den Fuß des Gantkofels, wobei es sich ab Prissian verschmälert und mit dem Anstieg der Porphyrplatte gegen SSE anhebt. Im Detail ist das Mittelgebirge reich bewegt, durch seichte Mulden und stumpfe Buckel gegliedert und vom Eis überschliffen bzw. mit Moräne überdeckt worden.

Das Terrassengelände ist alter Siedlungsraum. Bisher wurden über ein Dutzend Wallburgen nachgewiesen und St. Hippolyt selbst ist einer der ältesten urgeschichtlichen Siedlungsplätze Südtirols (*Kaltenhauser* 1974). Administrativ gehört das Mittelgebirge größtenteils zur Gemeinde Tisens, kleinere Abschnitte im NW und SE zu Lana (Völlan) und Nals bzw. Eppan (Gaid, Perdonig). Auch hier hat sich in den letzten Jahrzehnten ein entscheidender Landschafts- und Strukturwandel vollzogen. Vom einst ausgedehnten Ackerbau mit Roggen als wichtigstem Erzeugnis sind kaum noch Reste vorhanden. Bereits in den 30er-Jahren drang mit Erbauung der Gampenstraße (1935-38) der Erwerbsobstbau langsam in das Mittelgebirge bis zu Höhen von über 800 m vor. Dieser Trend verstärkte sich nach dem Zweiten Weltkrieg weiter und war verbunden mit der Abkehr von der Selbstversorgung, der Umstellung vom Gesinde- zum Familienbetrieb, dem Ausbau der Infrastruktur (Wegenetz und Verkehrsanbindung) und der Errichtung von Beregnungsanlagen. Heute kann der weitaus überwiegende Teil des Kulturlandes mit Hilfe der genossenschaftlich errichteten Anlagen bewässert werden, womit der klimatisch und edaphisch bedingte Wassermangel, der Getreidebau und Rebkulturen in den Vordergrund rücken ließ, behoben ist. Die Vermarktung des Obstes erfolgt großteils über die 1951 gegründete TISOG (Tisner Obstgenossenschaft). Problematisch ist allerdings das enge Sortiment auf dem Mittelgebirge, das sich auf die Apfelsorten Golden und Stark Delicious stützt.

Als alte Dauerkultur auf dem Mittelgebirge tritt zum Obstbau die Rebkultur bis in Höhen von 750 m. Zu Zeiten eines bedeutenden Ackerbaus säumten die Reben die Ackerparzellen, oder es waren hier und dort Dachlauben oder Pergeln in die Getreidefelder eingestreut. Mit dem

Schwinden des Ackerbaus mussten auch sie dem Intensivobstbaus weichen. Das wichtigste Rebareal liegt heute in Untersirmian und ist nahezu vollständig mit der Sorte Weißburgunder, lagenmäßig als Weißsirmianer bezeichnet, besetzt. Mit einem Maischeertrag von 80 bis 100 dt, ausnahmsweise auch 120 dt liegt der Ertrag, bedingt durch die Höhenlage, deutlich unter dem Landesdurchschnitt. Größere, zusammenhängende Rebflächen ziehen sich auch auf den sonnigen Leiten von der Wehrburg bis Casatsch gegen Nals hinunter, deren Ernte vornehmlich in der Kellereigenossenschaft Nals verarbeitet wird. Wie aus den Rebflächen von 0,36 ha pro landwirtschaftlichen Betrieb hervorgeht, stellt der Weinbau lediglich einen Nebenerwerbszweig dar, nur in Untersirmian gewinnt er mit fast 0,9 ha/Betrieb (allerdings nur 8 Betriebe) größeren Stellenwert.

Als Obst-Halbkultur und charakteristisches Element der Kulturlandschaft des Tisner Mittelgebirges müssen die Einzelexemplare oder Haine von Edelkastanien („Köstenwaldelen") erwähnt werden. Ihre Früchte bildeten bis Ende des 19. Jh. als „Brot der Armen" eine wichtige Nahrungsgrundlage für die Bevölkerung in den Berglagen zwischen 400 und 1.100 m. Für landwirtschaftliche Betriebe in Rateis, Völlan, Tisens und Prissian waren die Kösten auch als Handelsware von Bedeutung. So lieferte der Hof Platteid in Völlan um 1900 allein etwa 1,5 Waggon (15.000 kg) und die Gemeinde Tisens über 10 Waggon (*Kurz* 1978). Neben den Früchten hat auch das Holz der Bäume für die Erstellung von Pergeln, Herstellung von Fässern oder als Bauholz wegen seiner Haltbarkeit hohen Wert. Seit dem Zweiten Weltkrieg ist ein starker Rückgang der Nachfrage nach den Früchten infolge mangelnder Wert- schätzung eingetreten, dem auch ein etwas gesteigerter Verbrauch im Rahmen von Törggelepartien nicht entscheidend gegensteuern kann. Verdrängung durch den Intensivobstbau, Vernachlässigung der Pflege und vor allem der lange Zeit nicht hinreichend beachtete, aus Ostasien eingeschleppte Kastanienrindenkrebs (Endothia parasitica) haben zu einem starken Bestandsrückgang geführt. Mit einer erneuten Ausweitung dieser Halbkultur ist in Zukunft kaum zu rechnen, vielmehr können die Bemühungen lediglich auf eine Sicherung des Fortbestandes der jetzigen Vorkommen gerichtet sein.

Wegen des ausgedehnten Getreidebaus und fehlender Almen hatten Grünland-, und auf ihr aufbauend die Viehwirtschaft, auf dem Tisner Mittelgebirge seit jeher nur untergeordnete Bedeutung. Lediglich in den hoch gelegenen Fraktionen Gaid, Obersimian, Gfrill und Platzers sowie bei einigen Höfen über 800 m Höhe in Völlan, Naraun und Grissian bildet die Viehhaltung den wichtigsten Betriebszweig, gestützt auf zweimähdiges Grünland und Bergwiesen. Dennoch ist die Futterbasis allgemein sehr knapp, weshalb schon seit langer Zeit ein großer Teil des Viehstandes, insbesondere Schafe und Galtvieh, im Sommer auf fremde Almen im Ulten-, Passeier- und Schnalstal sowie im Nonsberg verbracht wird. Eine Konsequenz der beschränkten Weidemöglichkeiten auf dem Mittelgebirge ist die Orientierung der viehhaltenden Betriebe auf die Milchwirtschaft, während die Zucht ohne Bedeutung bleibt. Nur wenige Betriebe mit einem größeren Rinderbestand können als sich selbst (durch Nachzucht) ergänzende Milchviehbetriebe klassifiziert werden. Insgesamt sind die Betriebsgrößen bescheiden; nur wenige halten mehr als 10 GVE. Daher sind auch die Milchanlieferungen pro Betrieb relativ gering und bleiben unter 10.000 l jährlich.

Der hohe Anteil geschlossener Höfe an der Gesamtzahl landwirtschaftlicher Betriebe auf dem Mittelgebirge täuscht über die tatsächliche, keineswegs unproblematische Situation hinweg, denn nur etwa die Hälfte von ihnen sind Vollerwerbsbetriebe, die anderen werden als Neben- oder sogar nur als Zuerwerbsbetriebe geführt. Von den Vollerwerbsbetrieben erreicht eine ganze Reihe diesen Status nur, da sie über größeren Waldbesitz verfügen, der ihnen zusätzliches, teilweise sogar das wichtigste Einkommen sichert. Rund 75 % der Waldfläche des Tisner Mittelgebirges sind Privatbesitz, und nur knapp 20 % der Betriebe verfügen über keinen Wald. Allerdings muss berücksichtigt werden, dass ein großer Teil des Waldes aus wenig wertvollem und produktivem Niederwald an den Steilhängen zur Talsohle hinunter besteht.

Zu einer wirtschaftlichen Stütze ist auch im Tisner Mittelgebirge der Fremdenverkehr geworden. Er besitzt insofern eine lange Tradition, als etschländischer Adel hier die Sommerfrische verbrachte und die „Badlen" von Völlan und Gfrill mit ihren schwefel- und eisenhaltigen bzw. radioaktiven Wässern bei der bäuerlichen Bevölkerung beliebt waren. Der moderne Fremdenverkehr setzte Mitte der 1950er-Jahre ein und wies zunächst nur eine langsame Steigerung auf. Erst gegen Ende der 70er-Jahre ist eine kräftige Zunahme zu verzeichnen, die vor allem von ausländischen Urlaubern gestützt wird. Nachteilig ist die Konzentration der Fremdensaison nahezu ausschließlich auf die Monate April bis Oktober; das bedeutet also den Ausfall der Wintersaison. Nur unvollkommen wird dies durch eine etwas erhöhte Aufenthaltsdauer der Gäste kompensiert.

Die Strukturschwächen des Mittelgebirges von Tisens vermag auch der Tourismus nicht auszugleichen. Sie finden ihren Ausdruck in der stagnierenden bzw. rückläufigen Bevölkerungszahl (Tisens 1951: 1.813; 1971: 1.811; 1991: 1.721; 1995: 1.714), in der hohen Agrarquote von 37,7 % (1991; siehe *Tab. 4*) und der hohen Auspendlerzahl. Der Mangel an außerlandwirtschaftlichen Arbeitsplätzen auf dem Mittelgebirge - neben drei Sägewerken, den Gastbetrieben und Einzelhandelsgeschäften bietet nur noch der öffentliche Dienst Arbeitsmöglichkeiten - und die zahlreichen landwirtschaftlichen Kleinbetriebe speziell in den Fraktionen Tisens und Prissian zwingen zu Arbeit und Verdienst in der Etschtalsohle. Von 854 Beschäftigten in der Gemeinde Tisens sind 275 Tages- und 43 Langzeitpendler, das sind 37,2 % aller Arbeitnehmer (1990), denen nur 54 Einpendler gegenüberstehen. Zielorte der Pendler sind vor allem Lana (86) und Bozen (60).

Haltepunkt 9:   Wetterkreuz oberhalb Terlan (390 m). Abzweigung von der Straße Meran - Bozen am Ortsausgang von Terlan und Fahrt auf der Landesstraße Richtung Mölten bis vor die dritte Straßenkehre. Durch Lücke in linksseitiger Leitplanke und in kurzem Aufstieg zum Wetterkreuz. Keine Parkmöglichkeit für den Bus; dieser muss bis zur Kehrstelle Richtung Mölten weiterfahren und zu einem vereinbarten Zeitpunkt zur Ausgangsstelle zurückkehren.

Lange Zeit war der Weinbau zwischen Algund und Andrian die wichtigste Kultur und die Haupteinnahmequelle für die Bevölkerung, während Viehwirtschaft und Ackerbau immer eine nachgeordnete Stellung einnahmen. Für die im Mitteletschtal begüterten Klöster Süddeutschlands und Nordtirols hatte der Weinbau größte Bedeutung zur Versorgung mit Mess- und Gästewein sowie für den Eigenbedarf. Mit dem Aufstieg von Meran zum mondänen Kurort gewann die feinschalige Meraner Vernatschtraube als Kurmittel zunehmend therapeutische Bedeutung und wurde als Speisetraube, eingehüllt in Holzwolle, in Weidekörben in verschiedene Länder Europas exportiert. Heute können diese Kurtrauben wegen ihrer späten Reife mit den Tafeltrauben aus den südeuropäischen Anbaugebieten preislich nicht mehr konkurrieren. Bereits um die Jahrhundertwende setzte ein Rückgang der Rebflächen zugunsten des Obstbaues ein (speziell in Lana). Besonders nach dem Ersten Weltkrieg und v.a. ab 1950 kam es zu großen Flächenreduktionen. Aus der Talsohle, wo die Reben häufig in Mischkultur mit Obst und Ackerbau (Mais, Getreide) standen und die sog., meist qualitativ geringer wertige „Bodenware" lieferten, wurden sie vollständig verdrängt. Aber auch in Hanglagen, von denen die „Leitenware" stammt, trat der Obstbau die Nachfolge der Rebe an. Insgesamt hat das Mitteletschtal mit den stärksten Rückgang an Rebflächen unter den Anbaugebieten Südtirols erfahren (*Tab. 6*). Die Ursachen dieses Rückganges lagen zunächst in verminderter Rentabilität durch die Ausbreitung von Rebkrankheiten (Echter Mehltau oder Traubenschimmel = Oidium tuckeri, ab 1850 in Südtirol; Falscher Mehltau = Peronospora viticola, ab 1880 und Reblaus = Phylloxera vitifoli, ab 1901), in der notwendigen Umstellung von traditionellen, aber ertragsschwachen oder im Ertrag stark schwankenden Sorten auf neue Rebsorten und im Anschluss Südtirols an das Weinproduktionsland Italien. Die große Nachfragesteigerung nach Äpfeln und eine ungeahnte Preissteigerung für Kernobst ab den 50er-Jahren bewogen viele landwirtschaftliche Betriebe zur Umstellung auf den einträglicheren und weniger arbeitsintensiven Obstbau. Hinzu trat mit dem Wachstum der Siedlungen, der Ausweitung von touristischen Einrichtungen, der Bereitstellung von Industrie- und Gewerbeflächen die Verbauung wertvoller Kulturgründe. Heute vermag das mittlere Etschtal weder den Handel noch die Gastronomie ausreichend mit Wein zu versorgen.

Tab. 6: Rebflächen im Mitteletschtal 1894 und 2000 (in ha)

Gemeinden	1894	2000	Veränderungen der Rebfläche (1894-2000) in Prozent
Algund	170,3	36,5	-79
Tirol	143,4	64,1	-55
Meran (mit Gratsch, Ober- und Untermais)	383,4	104,1	-73
Marling und Tscherms	214,7	48,3	-77
Lana (mit Völlan)	185,3	40,8	-78
Burgstall	30,3	8,2	-73
Gargazon	21,4	1,6	-92
Tisens	22,7	9,7	-57
Nals	67,3	26,9	-60
Andrian	53,6	49,6	-7
Terlan	222,0	157,6	-29
Mitteletschtal	1.514,4	547,4	-64

Quelle: *Mach* (1894); *Landwirtschaftszählung* (2000)

Das Bestreben ist darauf gerichtet, die verbliebenen Rebflächen zu erhalten, denn die Weinpergeln oder Puntaunen bzw. Pataunen, wie sie im mittleren Etschtal genannt werden, bilden ein wesentliches Element des Kulturlandschaftsbildes. Darüber hinaus besitzt die Dachlaube, obwohl sie zu den kostspieligsten Erziehungsformen im Weinbau zählt, eine Reihe von Vorteilen. Dazu zählen gute Rebenentwicklung, einfache Bewirtschaftung im Sommer, die Blattmasse ist der Sonne gut ausgesetzt, während die Trauben beschattet werden und die Trauben hängen frei, sodass sie weniger botrytisanfällig sind (Botrytis cinerea = Grauschimmel) und auch leichter abgeerntet werden können. Der Bewahrung der Rebflächen stehen allerdings auch gewichtige Strukturprobleme entgegen. Den Weinbau tragen in großem Umfange Kleinbetriebe, die Rebareale von deutlich unter 2 ha nur noch im Nebenerwerb bewirtschaften. Derartigen Betrieben wird allgemein im Qualitätsweinbau keine Chance eingeräumt. Bei den heutigen Anforderungen garantiert nur eine professionelle Bewirtschaftung und eine hinreichend große Anbaufläche das Überleben der Rebkultur.

Mit einer Rebfläche von 157,6 ha (2000) ist heute Terlan die größte Weinbaugemeinde des Mitteletschtales. Ohne Zweifel kann das auf die besondere Güte des Weines aus dem Terlaner Anbaugebiet zurückgeführt werden. Bereits *Staffler* bemerkt in seiner Landestopographie (1846, 928): „*Die Gegend von Terlan und Siebeneich ist wegen ihres Weines berühmt; die an der Gebirgsneige im heißesten Sonnenstrahl gereifte Traube gibt das edelste Getränk; insbesondere gilt dies von der weißen Traube bei Terlan mit einer solchen Auszeichnung, dass auf die Frage nach dem besten weißen Wein des Landes anstandslos der Terlaner genannt wird.*" Dem stimmt auch *Beda Weber* zu, wenn er schreibt (1849, 215): „*Kaum dürfte ihm ein anderer Tirolerlandwein mit Glück verglichen werden.*" Sicherlich hat die Rebsorte Weißterlaner den Ruf Terlans als Weindorf begründet. Die Weißterlaner Rebe ist allerdings wegen großer Ertragsschwankungen inzwischen fast verschwunden und der „Terlaner" besteht nunmehr aus einem gemischten Satz von mindestens 50 % Weißburgunder und veränderlichen Anteilen anderer weißer Trauben. Hinzu kommen noch weitere Weißwein-Spezialitäten, wie Terlaner Welschriesling oder Terlaner Sauvignon. Sie begründen den deutlich höheren Flächenanteil weißer Rebsorten in der Gemeinde Terlan gegenüber den anderen Gemeinden im Mitteletschtal (25 % gegenüber 10 %). Aber auch die Rotweine Terlans zeichnen sich durch hervorragende Qualität aus, vor allem aus den südexponierten Hanglagen Silberleiten im Ortsteil Oberkreit. Die Silberleiten, deren Name auf das Vorkommen und den ehemaligen Bergbau auf silberhaltigen Bleiglanz und Zinkblende zurückgeht, liefern einen Wein von mildem, abgerundetem Geschmack (Satz von 80 % Großvernatsch und 20 % Lagrein).

Das Rebareal der Gemeinde Terlan gehört vollständig zu den Weinbaugebieten mit kontrollierter Ursprungsbezeichnung (DOC = denominazione di origine controllata) bzw. die Weine tragen den Vermerk „Qualitätswein besonderer Anbaugebiete" (Q.b.A.). In diesen Gebieten dürfen nur für den Anbau klassifizierte Sorten angebaut werden, die auf der Basis vieljähriger Erfahrungen und in Anpassung an die Boden- und Klimaverhältnisse hervorragende Weinqualität in Geschmack und Charakter garantieren. In Terlan sind es u.a. St. Magdalener, Merlot, Malvasier und Müller-Thurgau als rote und Rheinriesling, Welschriesling, Weißburgunder, Sauvignon und Silvaner als weiße Weine, die in spätfrostfreien Lagen auf dem Kegel des Petersbaches und den tieferen Leiten erzogen werden. Ganz ähnliche Positionen nehmen die Kulturen der Qualitätsweine auch in Andrian und Nals ein. Um ihre Qualität zu sichern, sind nur begrenzte Produktionsmengen gestattet. So liegt der zulässige Höchstertrag pro Hektar je nach Sorte zwischen 110 und 140 dt, obwohl die Ertragsleistungen auf 160 dt und mehr pro Hektar ansteigen können. Zu den DOC-Weinen gehört auch der „Meraner" oder „Meraner Hügel", der aus der Rebsorte Vernatsch gekeltert wird und dessen Anbaugebiet zwischen Dorf Tirol/Algund und Gargazon/Tisens liegt. Ebenfalls aus Vernatschtrauben wird in Nals und Andrian der Kalterer See - Q.b.A. erzeugt. Einige Weinlagen haben darüber hinaus einen besonderen Ruf erlangt, so beispielsweise Schloss Brandis, Schloss Lebenberg (Vernatsch), Schloss Rametz (Blauburgunder, Rheinriesling), Küchelberger (Vernatsch) oder Gneider (benachbart zum Küchelberger).

Schwierigkeiten mit der Rebkultur (Kostensteigerungen wegen Bekämpfung von Rebkrankheiten, Umstellung auf neue Rebsorten), der Weinwirtschaft und der Weinvermarktung (Fehlen leistungsfähiger Absatzorganisationen) ließen ähnlich wie im Obstbau schon gegen Ende des 19. Jahrhunderts den Gedanken an Genossenschaften als Selbsthilfeorganisationen der Weinbauern aufkommen. Mit Unterstützung der landwirtschaftlichen Lehranstalt St. Michael an der Etsch und dem damaligen Ackerbauministerium in Wien entstanden 1893 in Andrian und Terlan sowie in Neumarkt im Bozener Unterland die ersten Kellereigenossenschaften in Tirol. Zu ihren Aufgaben zählten auch die Verbesserung der Kellereiwirtschaft und vor allem die Lösung aus der Abhängigkeit von Weinhändlern durch eigene Vermarktung. Bald folgten weitere Genossenschaftsgründungen, u.a. 1901 in Marling. Heute gibt es im Mitteletschtal sechs Kellereigenossenschaften (Algund, Meran, Marling, Nals-Margreid/Entiklar, Andrian und Terlan), zu denen noch vier private Handelskellereien in Meran, Lana und Nals treten.

Literatur

1. Vinschgau

Anonym - 1979: Großberegnungsanlage Tablander Hügel (Tabland, Staben, Tschars), Tschirlander Hügel und Staben. Einweihung am 1. Juli 1979. - Bozen.

Autonome Provinz Bozen-Südtirol, Landesinstitut für Statistik - ASTAT (Hg.) - 1995: Berufspendlerströme und Arbeitsmarkträume in Südtirol. Volkszählung 1991. ASTAT Schriftenreihe Nr. 41. - Bozen.

Autonome Provinz Bozen-Südtirol, Landesinstitut für Statistik - ASTAT (Hg.) - 1997: Gemüse- und Beerenobstbau in Südtirol 1995. ASTAT-Schriftenreihe Nr. 47. - Bozen.

Autonome Provinz Bozen-Südtirol, Landesinstitut für Statistik - ASTAT (Hg.) - 2001: Landwirtschaftszählung 2000. Tabellensammlung. Vorläufige Daten. - Bozen.

Bondini,G. - 1993: Wege am Wasser. Südtiroler Waale. - Lana.

Fischer, K. - 1974: Agrargeographie des westlichen Südtirol. Der Vinschgau und seine Nebentäler. - Wien.

Fischer, K. - 1990: Entwicklungsgeschichte der Murkegel im Vinschgau. - In: Der Schlern 64, S. 3-96.

Florineth, F. - 1973: Steppenvegetation im Oberen Vinschgau. - Phil. Diss. Innsbruck.

GEOS (Hg.) - 1996: GEOS 1946-1996. 50 Jahre Obstgenossenschaft Schlanders. - Schlanders.

Gibitz, H. - 1948: Der Reschener-Stausee - eine Tragödie für die dortige Landschaft. - In: „Dolomiten" (Tageszeitung), Nr. 170, 1948, S. 3. - Bozen.

Handels-, Industrie-, Handwerks- und Landwirtschaftskammer Bozen, WIFO-Wirtschaftsforschungsinstitut (Hg.) - 1988: Thesen zum Fremdenverkehr im Vinschgau. Sonderauswertung Nr. 2. - Bozen.

Hydrographisches Amt der Autonomen Provinz Bozen (Hg.) - 1994: Niederschläge 1921-1990. 70 Jahre Beobachtungen in Südtirol. - Bozen.

Hye, F.-H. - 1992: Geschichte der Stadt Glurns. Eine Tiroler Kleinstadt an der obersten Etsch. Herausgeber: Gemeinde Glurns. - Bozen.

Köllemann, C. - 1979: Der Flaumeichenbuschwald im unteren Vinschgau. - Phil. Diss. Innsbruck.

Leidlmair, A. - 1993: Der Vinschgau als Naturlandschaft. - In: Der Schlern 67, S. 663-684.

Loose, R. - 1993: Grundzüge der Siedlungsgenese des Vinschgaus. - In: Der Schlern 67, S. 685 - 701.

Obstgenossenschaft UVO Tschars-Staben (Hg.) - 1993: 60 Jahre Obstgenossenschaft UVO. - o.O.

Patscheider, F. - 1949: Graun und Reschen, zwei versunkene Dörfer. - Phil. Diss. Innsbruck.

Patscheider, F. - 1807: Vorschlag über die Austrocknung und Beurbarung des zwischen Glurns und Laas in Ober-Vinschgau liegenden Morastes, die Bezähmung der dort verheerenden Wildbäche und der Etsch. - Innsbruck.

Raffeiner, H. - 1991: Die Säule der Landwirtschaft. 25 Jahre Bonifizierungskonsortium Vinschgau. Herausgegeben vom Bonifizierungskonsortium Vinschgau. - Schlanders.

Raiffeisenkasse Naturns (Hg.) - 1993: Naturns, Plaus und ihre Raiffeisenkasse. - Naturns.

Strimmer, A. - 1968: Die Steppenvegetation des mittleren Vinschgaus. - Phil. Diss. Innsbruck.

Tappeiner, G. - 1993: Möglichkeiten und Grenzen einer kleinräumigen Regionalpolitik am Beispiel des oberen Vinschgaus und des EG-Sonderprogrammes LEADER. - In: Der Schlern 67, S. 702-708.

Unterthurner Gasser, H. - 1979: Die Veränderungen in der Agrarlandschaft in Südtirol unter besonderer Berücksichtigung der Flurbereinigung. - Phil. Diss. Innsbruck.

Vinschgauer Weinbauverein (Hg.) - 1991: Weinbau im Vinschgau. - Lana.

Wirtschaftsforschungsinstitut - WIFO der Handelskammer Bozen (Hg.) - 1992: Struktur der Südtiroler Industrie. - Bozen.

Wirtschaftsforschungsinstitut - WIFO der Handelskammer Bozen (Hg.) - 1992: Struktur des Südtiroler Handwerks. - Bozen.

2. Mittleres Etschtal

Anonym - 1941: Lana, dessen Entwicklung, Volks- und Wirtschaftsleben. - Lana.
Autonome Provinz Bozen/Südtirol, Landesinstitut für Statistik - ASTAT (Hg.) - 1993: 4. Landwirtschaftszählung 1990. - Bozen
Autonome Provinz Bozen/Südtirol, Landesinstitut für Statistik - ASTAT (Hg.) - 1996: Statistisches Jahrbuch für Südtirol 1995.- Bozen
Bender, G. - 1974: Meran. Ein Beitrag zur Stadtgeographie. Phil. Diss. Freiburg i.Br. - Bamberg.
Bothe für Tirol und Vorarlberg, 62. Jg. Nr. 128 vom 6. Juni 1876, S. 951 - 952. - Innsbruck.
Dariz, E. - 1983: Beiträge zur Wirtschafts- und Sozialgeschichte von Algund und Umgebung. - Phil. Diss. (Manuskript) Innsbruck.
Drahorad, W. - 1986: Obstbau in Terlan.- Terlan.
Gemeinde Eppan an der Weinstraße (Hg.) - 1990: Eppan. Geschichte und Gegenwart. - Eppan.
Huber, J. - 1837: Ueber die Stadt Meran in Tirol, ihre Umgebung und ihr Klima. - Wien. Reprint herausgegeben von der Kurverwaltung Meran 1985 als Jubiläumsschrift unter dem Titel „150 Jahre Kurort Meran.
Huyn, H. Graf (Hg.) - 1985: Weinland Südtirol. - Stuttgart.
Innerhofer, W. - 1980: Das Meraner Becken als Fremdenverkehrslandschaft. - Phil. Diss. (Manuskript) Innsbruck.
Kaltenhauser G. - 1974: Die urzeitliche Hügelsiedlung St. Hippolyt bei Tisens. - In: Der Schlern 48, S. 17-26.
Kellereigenossenschaft Terlan (Hg.) - 1995: Terlan und der Wein. Ursprung und Entwicklung des Terlaner Weinbaues. - Terlan.
Kurz, H. - 1978: Das Tisner Mittelgebirge. Siedlung, Bevölkerung und Wirtschaft. - Phil. Diss. (Manuskript) Innsbruck.
Leidlmair, A. - 1957: Das mittlere Etschtal. Wandlungen einer Südtiroler Kulturlandschaft. - In: Stuttgarter Geogr. Studien 69 (= Lautensach-Festschrift), S. 220-234.
Mach, E. - 1894: Der Weinbau und die Weine Deutschtirols. - Bozen.
Marktgemeinde Lana (Hg.) - 1990: 1000 Jahre Lana Festschrift der Gemeinde Lana 990-1990. - Lana.
Peer, T. - 1977: Der Schwarzerlenwald im Etschtal. - In: Jahrbuch des Vereins zum Schutz der Bergwelt, 42. Jg., S. 87-99. - München.
Pichler, W. - 1988: 700 Jahre Vilpian. - Vilpian.
Rachewiltz, S.W. de - 1992: Kastanien im südlichen Tirol. Kulturzeitschrift „Arunda", Nr. 33. - Schlanders.
Raiffeisenkasse Lana (Hg.) - 1985: Lana. Vergangenheit und Gegenwart. - Lana.
Raiffeisenkasse Marling (Hg.) - 1989: Dorfbuch Marling. - Bozen.
Staffler, J.J. - 1846: Tirol und Vorarlberg, topographisch, mit geschichtlichen Bemerkungen. II. Theil, II. Bd., 2. Heft, Innsbruck. - Reprint Bozen 1980.
Südtiroler Obstbaumuseum Lana (Hg.) - 1992: Die Kastanienbäume sterben - na und? Schriftenreihe des Südtiroler Obstbaumuseums, Heft 1. - Lana.
Wagner, G. - 1977: Das mittlere Etschtal. Struktur und Probleme einer intensiv genutzten Agrarlandschaft. - Phil. Diss. (Manuskript) Innsbruck.
Weber, B. - 1849: Die Stadt Bozen und ihre Umgebungen. - Bozen. - Reprint Bozen 1987.
Weber von Ebenhof, A. - 1892: Der Gebirgs-Wasserbau im alpinen Etschbecken und seine Beziehungen zum Flussbau des oberitalienischen Schwemmlandes. - Wien.
WIFO-Wirtschaftsforschungsinstitut der Handels-, Industrie-, Handwerks- und Landwirtschaftskammer Bozen (Hg.) - 1996: Eckdaten zum Südtiroler Fremdenverkehr 1972-1995. - Bozen.

Anschrift des Verfassers:
Univ.-Prof. Dr. Klaus Fischer
Lehrstuhl für Physische Geographie
der Universität Augsburg
Universitätsstraße 10
D-86159 Augsburg

8. GAMPENPASS - GARDASEE

Die Nord-Süd-Querung durch das westliche Trentino

HUGO PENZ

> *Exkursionsverlauf und praktische Hinweise*
>
> Lana - Gampenpass - Unsere Liebe Frau im Walde - Fondo - Romeno - Sanzeno - San Romedio - Cles - Tuenno - Cunevo - Cavedago - Andalo - Molveno - Stenico - Ponte Arche - Fiavè - Tenno - Arco - Nago - Torbole - Riva del Garda
> Ergänzt durch die Zufahrten: San Michele a.A. - Fai d. Paganella - Andalo
> sowie Trient - Terlago - Vezzano - Cavédine - Bergsturz Le Marocche - Dro - Arco
> Transportmittel: Pkw oder Omnibus; einige kurze Fußwanderungen (Halbschuhe sind bei Schönwetter ausreichend)
> Fahrtkilometer: ~ 170
> Exkursionsdauer für das hier beschriebene Programm: 10 Stunden. Beginnt man am Morgen in Lana, so bietet sich eine Mittagspause in Andalo an. Abgesehen von den großen Fremdenverkehrsorten sind im Trentino die meisten Gaststätten nicht auf Omnibusgruppen eingestellt. Es empfiehlt sich daher, telefonisch oder über e-mail Reservierungen vorzunehmen. Geeignete Restaurants können die örtlichen Tourismusverbände vermitteln. Dasselbe gilt für die Übernachtung in Hotels.
> Die Exkursion wird durch die Überblicksexkursionen *Die Brenner-Linie: Die zentrale Nord-Süd-Verbindung von Innsbruck bis Ala, Das Tiroler Unterinntal, Das Inntal von Innsbruck bis Landeck, Vinschgau und mittleres Etschtal* fortgesetzt. Dazu bieten sich entlang der Fahrstrecke zahlreiche Spezialexkursionen an, die in Band 3 (Südtirol) und Band 4 (Trentino) beschrieben werden.
> Karten:
> Tirol Atlas 1:300.000, insbesondere Topographische Übersicht und Geologie mit Tektonik
> EU-Regio-Map - Tirol, Südtirol, Trentino. Institut für Geographie der Univ. Innsbruck und Ed. Hölzel Wien, 2. Aufl. 2001
> Die einschlägigen Blätter der Carta d'Italia 1:50.000
> Straßenkarte des Touring Club Italiano 1:200.00, Blatt 3 (Trentino-Alto Adige)
> Private Kartenwerke: Einschlägige Wanderkarten der Verlage Freytag Berndt 1:50.000; Kompass 1:50.000; Tabacco 1:50.000.

Leitlinien der regionale Differenzierung des westlichen Trentino: Tendenzen der Entwicklung im Spannungsfeld zwischen Peripherisierung und Modernisierung

Der Großteil der Reisenden fährt entlang der Brenner- und Etschtalfurche vom Norden in den Süden. Sie folgen damit einem Quertal, das hinsichtlich der Reliefgestaltung gesteinsbedingt in relativ große, einheitliche Teilstücke zerfällt, von denen sich die abseits davon liegenden

Abb. 1: Orientierungskarte Gampenpass - Gardasee

Gebirgslandschaften deutlich unterscheiden. Dies gilt besonders für das an das Etschtal anschließende westliche Trentino. Dort herrscht zwischen der judikarischen Bruchlinie, die vom Idrosee über die nahezu gerade judikarische Talflucht nach Madonna di Campiglio und weiter nach Malé zieht, und dem Etschtal ein Sattel- und Muldenbau vor, der sich nachhaltig auf die Reliefgestaltung ausgewirkt hat. Die westliche Sattelzone erstreckt sich von der Brentagruppe zu den Gebirgsstöcken westlich des Gardasees. Östlich davon schließen mit der Verbindung vom Nonsberg über Außerjudikarien bis zum Gardasee hintereinander aufgefädelte Beckenlandschaften an, die nicht nur tektonische, sondern auch morphologische Senken darstellen, die gegen Osten durch Gebirgskämme begrenzt werden, welche gegen das Etschtal steil abbrechen. Im Bereich der Sättel (z.B. in der Brentagruppe) sind ältere, harte Glieder der südalpinen Schichtfolge erhalten geblieben, welche die Gebirgszüge der judikarischen Alpen aufbauen. Die Sarca und die anderen Flüsse haben in diese Gebirgsketten tiefe, enge Schluchten geschnitten. In den Becken steigen die Achsen gegen den Rand an, wobei am Muldenboden die jüngsten und gleichzeitig weichsten Glieder der Schichtenfolge, die tertiären (Scaglia Grigia-)Mergel, erhalten geblieben sind, welche sehr leicht ausgeräumt werden konnten. Wo diese anstehen, finden sich weite Verflachungszonen, die vielfach von mächtigen glazialen Schottern und Moränen bedeckt sind und für die landwirtschaftliche Nutzung günstige Voraussetzungen bieten. Auf Grund der Gebirgsstrukturen zerfällt der Naturraum des westlichen Trentino in durch tiefe Schluchten deutlich voneinander getrennte Kammern. Obwohl zwischen diesen seit prähistorischen Zeiten enge kulturelle Kontakte bestanden haben, waren die einzelnen Talschaften seit jeher auf ihre Eigenständigkeit bedacht, die trotz vergleichbarer Rahmenbedingungen im Verlauf des modernen Strukturwandels zu bemerkenswerten regionalen Differenzierungsprozessen geführt haben. Das westliche Trentino bildete nach dem Verfall der Seidenraupenzucht im 19. Jahrhundert lange Zeit einen peripheren Passivraum, der infolge der starken Abwanderung von aktiven Bevölkerungsgruppen lange Zeit durch eine geringe wirtschaftliche Dynamik gekennzeichnet war. Nur wenige Gebiete - etwa das Nordufer des Gardasees, die Bergsteigerdörfer im Umkreis der Brentagruppe und Teile der Hochnonsbergs - wurden frühzeitig vom Tourismus erfasst. Als die zentrale Entwicklungsachse des Trentino entlang des Etschtales nach dem Zweiten Weltkrieg stark aufgewertet wurde, setzte dort ein beachtlicher wirtschaftlicher und gesellschaftlicher Wandel ein, dessen Auswirkungen auf die benachbarten ländlichen Regionen unterschiedlich waren und im Verlauf unserer Exkursion durch das westliche Trentino eingehend studiert werden sollen.

Vom Tisener Mittelgebirge in den Deutsch-Nonsberg

Die Straße über den Gampenpass zweigt unterhalb von Lana von der Schnellstraße Bozen-Meran ab. Von hier führt sie über den Valschauer-Schwemmkegel, auf welchem in den letzten Jahrzehnten eine ansehnliche Industriezone ausgebaut wurde, zum Ortzentrum von Lana (Gemeinde Lana 2001: 9.752 Ew.). Dieser Ort hat schon in der Vergangenheit über beträchtliche zentralörtliche Einrichtungen verfügt, ist jedoch erst im 20. Jahrhundert zur Marktsiedlung erhoben worden. Dennoch handelt es sich bei Lana, dessen früher getrennte Ortsteile Nieder-, Mittel- und Oberlana inzwischen zusammengewachsen sind, um eine typische Altsiedlung. Zur Urpfarre, die urkundlich erstmals 1239 erwähnt wird, gehörten auch die umliegenden Orte Völlan, Gargazon und Burgstall. Die äußerst sehenswerte, im Jahre 1492 geweihte Pfarrkirche Maria Himmelfahrt mit dem Altar des aus Schwaben stammenden Künstlers Hans Schnatterpeck, die zu Recht als eine der schönsten spätgotischen Kirchen Tirols gilt, liegt abseits der Hauptstraße in Niederlana. Als Ausgangspunkt der Verbindung über den Gampenpass in den Nonsberg besaß Lana im Mittelalter eine nicht zu unterschätzende Verkehrsbedeutung. Darauf weist die Niederlassung des Deutschen Ordens hin, dem Kaiser Friedrich II im Jahre 1215 Güter im Tal und die Margarethenkapelle am Berg geschenkt hat. Im Laufe der Zeit wurden diese Besitzungen ausgebaut und im Jahre 1396 hat Papst Bonifaz IX. dem Ritterorden die Pfarre Lana verliehen. Ähnlich wie in den anderen Südtiroler Niederlassungen (z.B. Bozen, Ritten, Sterzing) kümmerte sich dieser um die Pilger und Kranken, die die Straße benützten. Die Nähe von Meran belebte am Ende des 19. Jahrhunderts den frühen Fremdenverkehr, der im Ortsbild deutliche architektonische Spuren hinterlassen hat, wie am Beispiel des Gemeindehauses und des Hotels Lana-Hof im Ortszentrum gezeigt werden kann.

Am oberen Ende des Schwemmkegels verlässt die Gampenpassstraße die Talsohle und steigt an der steilen, aus Quarzporphyr aufgebauten Talflanke in südlicher Richtung gleichmäßig an. Knapp oberhalb von Schloss Leonburg wird im Bereich der Fraktion Naraun die Terrasse von Tisens erreicht. Dort bietet sich für geographische Exkursionen der Besuch von St. Hippolyt besonders an. Von diesem hervorragenden Aussichtspunkt aus kann das gesamte mittlere Etschtal zwischen Meran und Bozen eingesehen werden (vgl. Übersichtsexkursion *Vinschgau und mittleres Etschtal*, Haltepunkt 8).

Von Tisens wird über den Gampenpass (1.512 m) bis zum nächsten Haltepunkt beim Wallfahrtsort Unserer Lieben Frau im Walde gefahren.

Während der steile, blockreiche Talhang größtenteils bewaldet ist, überziehen moderne Obstkulturen die rund 630 m hoch liegende „Mittelgebirgsterrasse" von Tisens (2001: 1.803 Ew.). In den intensiv genutzten Fluren fallen Beregnungsanlagen auf, welche das Witterungsrisiko der kapitalintensiven Sonderkulturen verringern. Inzwischen sind solche Beregner auch oberhalb der Obstbaustufe installiert. Sie können dort als Indiz für die Intensivierung der Grünlandnutzung durch die Milchbauern dienen. Auf der Fahrt von Tisens nach Gfrill treten am Straßenrand mehrere kleine Aufschlüsse hervor, an denen der rote Grödner Sandstein zu sehen ist. Darüber folgen Triaskalke, die u.a. am Gampenpass (1.512 m) anstehen. Die beiden durch Einzelhofsiedlungen geprägten Ortschaften Gfrill (lat. Caprile = Ziegenweide) und Platzers weisen zwar vordeutsche Ortsnamen auf, sie wurden jedoch erst im Zuge der hochmittelalterlichen Rodungskolonisation in Dauersiedlungen umgewandelt.

Obwohl der Gampenpass bereits im Mittelalter häufig begangen wurde, dauerte es lange, bis man über ihn eine moderne Autostraße baute. Die österreichische Militärverwaltung war zwar daran interessiert, fertig gestellt wurde die Gampenpassstraße, die durch eine großzügige Linienführung auffällt, jedoch erst im Jahre 1939. Vor dem Ersten Weltkrieg, als an anderen Südtiroler Pässen (Mendel, Karerpaß) „klassische" Fremdenverkehrssiedlungen entstanden sind, lag der Gampen noch abseits, daher sucht man hier vergeblich nach Spuren des frühen Tourismus. Die vielen Parkplätze auf der Passhöhe weisen vielmehr darauf hin, dass die weitgehend unberührte Landschaft bis heute ein beliebtes Wandergebiet geblieben ist, wobei im Spätsommer zu den Südtiroler Ausflüglern zahlreiche Italiener kommen, die in den nahen Hochwäldern Pilze suchen.

Im Wallfahrtsort Unsere Liebe Frau im Walde (1.351 m) wird zunächst die abseits der Hauptstraße liegende, sehenswerte Wallfahrtkirche besucht. Anschließend werden vom Vorplatz der Kirche aus die landschaftlichen Gegebenheiten interpretiert.

Die Wallfahrt wirkt sich bis heute auf die Struktur der Gemeinde (2001: 786 Ew.) aus. Obwohl diese nie besonders viele Pilger angezogen hat, konnten sich unmittelbar neben der Kirche zwei behäbige Wirtshäuser entwickeln, die Gasthöfe „Zur Sonne" und „Zum Hirschen". Im kleinen Laden des Ortes werden neben den üblichen Devotionalien auch Krippenfiguren angeboten. Zu einem stärkeren Ausbau der freizeitorientierten Infrastruktur ist es bisher nicht gekommen. Die wenigen Hotel- und Gastbetriebe setzen auf den „sanften Tourismus", wobei einzelne Aktivitäten wie die „Löwenzahnwochen" im Frühjahr und die „Radicchiowochen" im Herbst vornehmlich gesundheits- und umweltbewusste Gäste ansprechen. Die intensive Grünlandnutzung zeigt, dass sich die durch kleine und mittelgroße Höfe geprägte, auf die Milchviehhaltung ausgerichtete bergbäuerliche Landwirtschaft in den letzten Jahrzehnten gut behauptet hat, wobei das Überleben der Betriebe in vielen Fällen durch Einnahmen aus der Privatzimmervermietung erleichtert worden ist.

Wallfahrtskirche zu Unserer Lieben Frau

Die heutige Wallfahrtskirche zu Unserer Lieben Frau geht auf ein mittelalterliches, bereits 1184 urkundlich erwähntes Hospiz am Weg von Meran über den Gampenpass in den Nonsberg zurück. 1224 erhielt dieses die Augustinerregel und wurde 1321 an das Chorherrenstift Au (Gries) bei Bozen angegliedert, bei dem es bis zur Aufhebung des Klosters im Jahre 1807 geblieben ist. Mit der Neubesetzung von Gries bei Bozen im Jahre 1845 durch Benediktiner aus der Abtei Muli, die damals aus der Schweiz vertrieben wurden, übernahmen diese auch die Seelsorge der Pfarre von Unserer Lieben Frau im Walde. Seit 1989 wird der Wallfahrtsort wieder von Diözesanpriestern betreut. Beim Heiligtum handelt es sich um einen ansprechenden Kirchenbau, der seine heutige Gestalt im 15. Jahrhundert erhalten hat, ein Teil der Inneneinrichtung stammt aus dem 18. Jahrhundert, als u.a. barocke Altäre eingebaut wurden. Der Zeitpunkt, wann die an das gotische Gnadenbild Maria mit dem Kinde aus der Mitte des 15. Jahrhunderts geknüpfte Wallfahrt aufgekommen ist, liegt im Dunkeln, möglicherweise setzte sie im Spätmittelalter ein und hat sich - wie die vielen Votivtafeln an der rückwärtigen Kirchenwand zeigen - bis in die Gegenwart gehalten.

Obwohl seit dem hochmittelalterlichen Siedlungsausbau deutsch gesprochen wurde, gehörte die „Deutschgegend am Nonsberg", zu der neben Unserer Lieben Frau und St. Felix an der Gampenstrasse auch die westlich davon liegenden Gemeinden Laurein und Proveis gezählt werden, nie zum Burggrafenamt. Das Gebiet unterstand dem Landgericht Castelfondo im (italienischen) Nonsberg, das Meinhard II. von Tirol 1265 erworben und später als Teil Welschtirols gegolten hat. Erst nach dem Zweiten Weltkrieg wurde der Deutschnonsberg an die Provinz Bozen angeschlossen. Diese Gemeinden sind klein und liegen peripher, sie wurden in den letzten Jahren gezielt durch die Landesverwaltung gefördert, wobei Laurein und Proveis, die vorher nur über trentinisches Gebiet erreichbar gewesen waren, durch den im Jahre 2000 eröffneten Straßentunnel in das Ultental eine direkte Verbindung nach Südtirol erhalten haben.
Von Unserer Lieben Frau im Walde führt die Fahrt zur letzten deutschen Ortschaft des Nonsberges nach St. Felix, einer Streusiedlung, die an einem sanft abfallenden, nach Südwesten exponierten Hang liegt, in welchen sich die Novella in einer tiefen Schlucht eingeschnitten hat. An der Gemarkung von St. Felix grenzen die Fluren des Weilers Tret an, der von einer Italienisch sprechenden Bevölkerung bewohnt wird und zur Gemeinde Fondo in der Provinz Trient gehört, die getrennt durch einen Wald rund 200 m tiefer liegt. Die Sprachgrenze hat sich hier anders entwickelt als im Bereich der (deutschen) Sprachinseln im Fersental und in Lusern, wo sich die Minderheit nur halten könnte, weil diese infolge der geringen Kontakte von der italienischen (Mehrheits-) Bevölkerung nicht assimiliert wurde. Die deutschen Gemeinden des Nonsberges grenzen hingegen an Südtirol und unterhielten über den Gampenpass und die anderen Jöcher immer enge Beziehungen nach Norden, während Wirtschaft und Gesellschaft

von Tret auf den italienischen Nonsberg ausgerichtet war. Unterhalb dieses Weilers führt die Straße durch einen sanft abfallenden, gepflegten Hochwald, in welchem nacheinander zwei canyonartige, von Nebenbächen der Novella eingeschnittene Schluchten überquert werden.

Der Nonsberg - eine eigenständige durch einen intensiven Strukturwandel der Landwirtschaft geprägte Landschaft

Wenn die Zeit knapp ist, kann an der Kreuzung oberhalb von Fondo die Umfahrungsstraße in Richtung Mendelpaß gewählt werden, anderenfalls sollte man diese alte Marktsiedlung besuchen und geradewegs in das Ortszentrum hinunterfahren, wobei am besten am zentralen Platz unterhalb der Pfarrkirche, der Piazza S. Giovanni, angehalten wird.

Die Lage und die Grundrissgestaltung weisen auf die früheren Funktionen von Fondo hin. Hier kreuzte sich der Nord-Süd-Weg vom Gampenpass in den Nonsberg mit der Ost-West-Verbindung von der Mendel in den Sulzberg (Val di Sole). Auf Grund der (großräumigen) Verkehrsgunst entwickelte sich an einem außerordentlich ungünstigen lokalen Standort eine Siedlung, deren Spuren sich bis in die Bronzezeit zurückverfolgen lassen. Im Mittelalter war Fondo zwar im Besitz der Bischöfe von Trient, der Ort war jedoch eingeschlossen vom Gericht Castelfondo, das den Tiroler Landesfürsten gehörte. Schon damals verfügte er über zentralörtliche Einrichtungen, die von Kaiser Maximilian im Jahre 1517 mit der Ernennung zum Markt bestätigt wurden. Der Siedlungsstandort ist durch die Lage an der sehr engen, rund 50 m tiefen Schlucht des Sas-Baches gekennzeichnet, die mitten durch den Ort hinunterführt. Auf Grund der dichten Verbauung kann sie nur an ihren Rändern wahrgenommen werden, entfernt man sich von diesen nur wenig, so glaubt man, die geschlossene Verbauung setze sich ohne Unterbrechung bei den Häuser am jenseitigen Hang fort. Obwohl Fondo wie die meisten sehr eng verbauten Siedlungen des Nonsberges mehrmals von Bränden heimgesucht wurde, dominieren architektonisch eindrucksvolle, verschachtelte Gebäude, die charakteristische Stilmerkmale der Renaissance aufweisen. Vor allem im Ortszentrum, im Gebiet um die Piazza San Giovanni, die durch einen schönen Brunnen ein besonderes Gepräge erhält, ist das historische Ortsbild weitgehend erhalten gebieten. Für die Besucher ist dies erfreulich, sie sollten allerdings nicht übersehen, dass sich darin die geringe wirtschaftliche Dynamik der Gemeinde widerspiegelt.
Fondo (2000: 1.431 Ew.) war in der Zeit der österreichischen Verwaltung vor dem Ersten Weltkrieg als Sitz des Bezirksgerichtes das anerkannte Unterzentrum des Hochnonsbergs. Nach einer Phase des Niederganges, als viele Bewohner wegen der geringen Möglichkeiten nach Amerika auswanderten, erholte sich die Wirtschaft mit dem Einsetzen des Tourismus vor dem Ersten Weltkrieg. Nach dem Bau der Straße über den Mendelpass (1883-1890) und der Eröffnung der Standseilbahn von Kaltern auf die Mendel (1902) waren die Voraussetzungen dafür geschaffen. Gebäude im Stil gründerzeitlicher Gaststätten, die z.T. heute sanierungsbedürftig sind, dokumentieren das frühe Einsetzen des Fremdenverkehrs. Seither stagniert nicht nur dieser, auch die Ausstattung mit tertiären Einrichtungen hat gegenüber früher eher ab- als zugenommen. Die geringe Dynamik kann an der Größe, dem Bauzustand und der Branchengliederung der Geschäfte im Ortszentrum von Fondo gut demonstriert werden. Die bescheidene Ausstattung mit Diensten wirkt sich auf die Regionalentwicklung des Hochnonsbergs negativ aus, als positiv sind die Zunahme des Handwerks und von Gewerbebetrieben, die sich vorwiegend der Holzverarbeitung widmen, sowie die Modernisierung der Landwirtschaft einzustufen.

Von Fondo wird bis zur Abzweigung der Mendelstraße und von dort auf der Nonsbergstraße bis nach Sarnonico gefahren. Im Zentrum dieses eng verbauten Massendorfes biegen wir in Richtung Dambel nach Westen ab und halten knapp nach dem Ortsausgang bei der Freizeitanlage am sanften Gegenhang an. Von dort aus kann die Landschaft des Hochnonsberges mit den Gemeinden Sarnonico, Ronzone und Malosco gut überblickt werden.

Der Hochnonsberg bildet eine weite, gewellte tektonische und geomorphologische Mulde, die im Bereich der Altsiedlungen Malosco, Ronzone und Sarnonico in 900 bis 1.000 m Seehöhe eine Verflachungszone aufweist. Östlich davon steigt das Gelände sanft zum Mendelkamm (Mendelpass 1.363 m) an, der eine Höhe von 1.500 bis 1.700 m erreicht (Penegal 1.750 m). Auf der von uns nicht einsehbaren Ostseite dieses Kammes fällt das Gelände an den Schichtköpfen in steilen Felswänden gegen das Etschtal ab. Auch gegen Norden, wo der trentinische Weiler Tret und die Einzelhöfe von St. Felix im Deutschnonsberg von unserem Standort aus beobachtbar ist, steigt das Relief sanft an. Die landwirtschaftliche Bodennutzung des Dauersiedlungsraumes wird durch das Grünland geprägt, das von einzelnen Obstwiesen mit Apfelkulturen durchsetzt ist. In der Feldflur fallen moderne rinderhaltende Großbetriebe auf, die ähnlich wie Gewerbebetriebe gestaltet sind. Oberhalb der parzellierten Flur schließen gepflegte Nadelwälder an, die Almen und Schilifte unterhalb der Gipfel können von unserem Standort aus nicht gut eingesehen werden.

Das Siedlungsbild des Hochnonsbergs drückt den sozio-ökonomischen Wandel der letzten 100 Jahre besonders deutlich aus. Nach dem Bau der Mendelstrasse (1883-1890), der Standseilbahn von Kaltern auf die Mendel (1902) und der 1909 eröffneten, jedoch bereits 1933 eingestellten Straßenbahnverbindung von der Mendel über die Ostseite des Nonsberges nach Dermullo setzte frühzeitig der Fremdenverkehr ein. Bei den Touristen, die über Bozen und dem Überetsch anreisten, handelte es sich zuerst vorwiegend um Gäste aus dem Deutschen Reich und aus Österreich-Ungarn, welche nach dem verlorenen Ersten Weltkrieg ausblieben. Begünstigt durch die gute Verkehrsinfrastruktur gelang es den Vermietern, inländische italienische Urlauber anzusprechen, die seither dominieren. Auch nach dieser Umstellung hat sich das räumliche Verteilungsmuster nicht wesentlich verändert. Die größte Intensität erreicht der Tourismus in der Umgebung des Mendelpasses, wo auch die kapitalkräftigeren Gäste absteigen. Von dort nimmt seine Bedeutung mit wachsender Entfernung ab. Dies zeigt bereits ein Vergleich der Gemeinden, die von unserem Standort eingesehen werden können. Das Ortsbild des von der Mendel weiter entfernten Sarnonico (2000: 660 Ew.) wurde durch den Fremdenverkehr weniger verändert als das von Ronzone (2000: 366 Ew.) und Malosco (2000: 377 Ew.). Selbstverständlich entsprechen nicht alle relevanten Einrichtungen diesem Schema. So wurde der moderne Golfplatz abseits der Zentren auf ruhigen Grundstücken zwischen Seio und Dambel angelegt.

Die relativ geringen Auswirkungen des Tourismus auf die stärker ländlich geprägten Siedlungen des Nonsberges hängen mit dem Freizeitverhalten der Gäste zusammen. In den „billigeren" Gemeinden verbrachten italienische Familien ihre Sommerfrische, welche sich in Privatquartieren oder in einfachen Ferienwohnungen mehrere Wochen lang einmieteten und bescheiden lebten. Deshalb lohnten sich keine größeren Investitionen, die unmittelbaren Auswirkungen auf das Siedlungsbild blieben dementsprechend bescheiden. Wesentlich stärker wurde dieses durch den Bau von Freizeitwohnsitzen in Einfamilien- und kleinen Apartmenthäusern verändert. Während die Bevölkerung Nord- und Südtirols gegenüber solchen Bauvorhaben sensibel reagiert, regt sich im Trentino nur in seltenen Ausnahmefällen der Widerstand. Der Baugrund wird in der Regel preiswert angeboten, wobei in bergbäuerlichen Gemeinden vor allem jene Eigentümer Grund verkaufen möchten, welche aus der Landwirtschaft ausgeschieden und in die Stadt abgewandert sind. Im Hochnonsberg handelt es sich bei den Besitzern von Freizeitwohnsitzen z.T. um italienische Bürger aus Bozen, die hier leichter Eigenheime erwerben können als in Südtirol. Das Siedlungsbild hat sich dadurch in den letzten Jahrzehnten entscheidend verändert. Die locker verbauten, vielfach als Freizeitwohnungen genutzt Neubauten am Dorfrand heben sich deutlich von den zunehmend verfallenden, eng verbauten, verwinkelten, alten Häuser in den Dorfkernen ab. Auch der Einzelhandel hat auf diese Entwicklungen reagiert. Während kleine Geschäfte in den Dorfkernen schließen, entstehen an verkehrsgünstigen Stellen, etwa bei der Wohnanlage an der Abzweigung der Mendelpassstraße, moderne Handelsbetriebe.

Vom Haltepunkt unterhalb von Sarnonico wird zum Dorfzentrum zurückgefahren und von dort über Cavareno nach Romeno, wo ein etwas längerer Halt eingeplant ist. Am Beispiel dieser Gemeinde soll der moderne Strukturwandel der Landwirtschaft und die gegenwärtige Siedlungstransformierung diskutiert werden.

Bei der Fahrt von Sarnonico nach Romeno queren wir mit Cavareno (976 m; 2000: 905 Ew.) ein großes „Massendorf", das stärker als die vorherigen Siedlungen vom Fremdenverkehr geprägt ist. Damit weicht diese Gemeinde, die frühzeitig ein (untergeordnetes) zweites Zentrum des Tourismus im Hochnonsberg gebildet hat, von der Regelhaftigkeit ab, nach der sich die Bedeutung des Fremdenverkehrs von oben (Mendel) nach unten (Niedernonsberg) verringert. Rund einen Kilometer unterhalb von Cavareno führt die Straße nach dem alten Sägewerk (Segheria) an der Molkerei von Romeno vorbei, die eine wesentliche Voraussetzung für die Modernisierung der Landwirtschaft gebildet hat, wobei die neuen Bauernhöfe unterhalb der Straße einen ersten Eindruck vom Strukturwandel vermitteln.

In Romeno kann der Omnibus am Parkplatz neben dem Gemeindeamt, eine Straße nördlich der Pfarrkirche, abgestellt werden (Haltepunkt 1).

Blickt man vom Dorfbrunnen, an welchem die Frauen vor 20 Jahren noch ihre Wäsche ausgeschwemmt haben, nach Osten, so erkennt man den geänderten Formenstil der Landschaft gegenüber dem nördlichen Hochnonsberg. In die Terrassenflächen, auf denen die Feldfluren von Romeno (961 m; 2000: 1.251 Ew.) und der Dörfer Amblar (986 m; 2000: 218 Ew.) und Don (976 m; 2000: 234 Ew.) liegen, haben sich Täler eingeschnitten, die in sanften Mulden ansetzen, gegen unten immer enger werden und schließlich canyonartige Schluchten bilden. Dieser Verlauf kann am Beispiel des östlich von Romeno noch wenig eingeschnittenen Tales des Moscabiobaches gut verfolgt werden, der im Bereich des Wallfahrtsortes San Romedio in einer engen Schlucht mündet. Während im Bereich der Schluchten der Wald erhalten geblieben ist, werden die Verebnungen durch intensives Grünland genutzt. Einzelne Ackerbauterrassen unterhalb von Amblar erinnern an die frühere Bewirtschaftung.
Der Ortsname Romeno, vereinzelte Funde aus der Römerzeit, die im 13. Jahrhundert urkundlich erwähnte Altpfarre, das Patrozinium Maria Himmelfahrt und andere Indizien deuten darauf hin, dass es sich bei diesem Dorf um eine Altsiedlung handelt, die immer ländlich geblieben und nie eine größere zentralörtliche Bedeutung erlangt hat. Das bescheidene Gemeindehaus, in welchem auch der Tourismusverband untergebracht ist, und der einfache unterhalb der Terrassenkante angelegte Sportplatz zeigen, dass der landwirtschaftlich geprägten Gemeinde Romeno nur geringe Mittel für Investitionen in die kommunale Infrastruktur zur Verfügung stehen.

Im Anschluss an die Ausführungen an diesem Haltepunkt kann die nahe Pfarrkirche Maria Himmelfahrt besucht werden. Im Inneren wurde das ursprünglich gotische Gotteshaus mit dem spitzen Kirchturm im 18. Jahrhundert barockisiert. Anschließend wird entlang der Via S. Antonio bis zur gotische Kapelle S. Antonio gegangen, wobei am Weg auf die Rückseite der alten Unterstallhöfe geachtet werden soll, auf welche im Ortszentrum genauer eingegangen wird (Haltepunkt 2).

Abb. 2: Romeno: Funktionale Gliederung und Skizze des Rundgangs

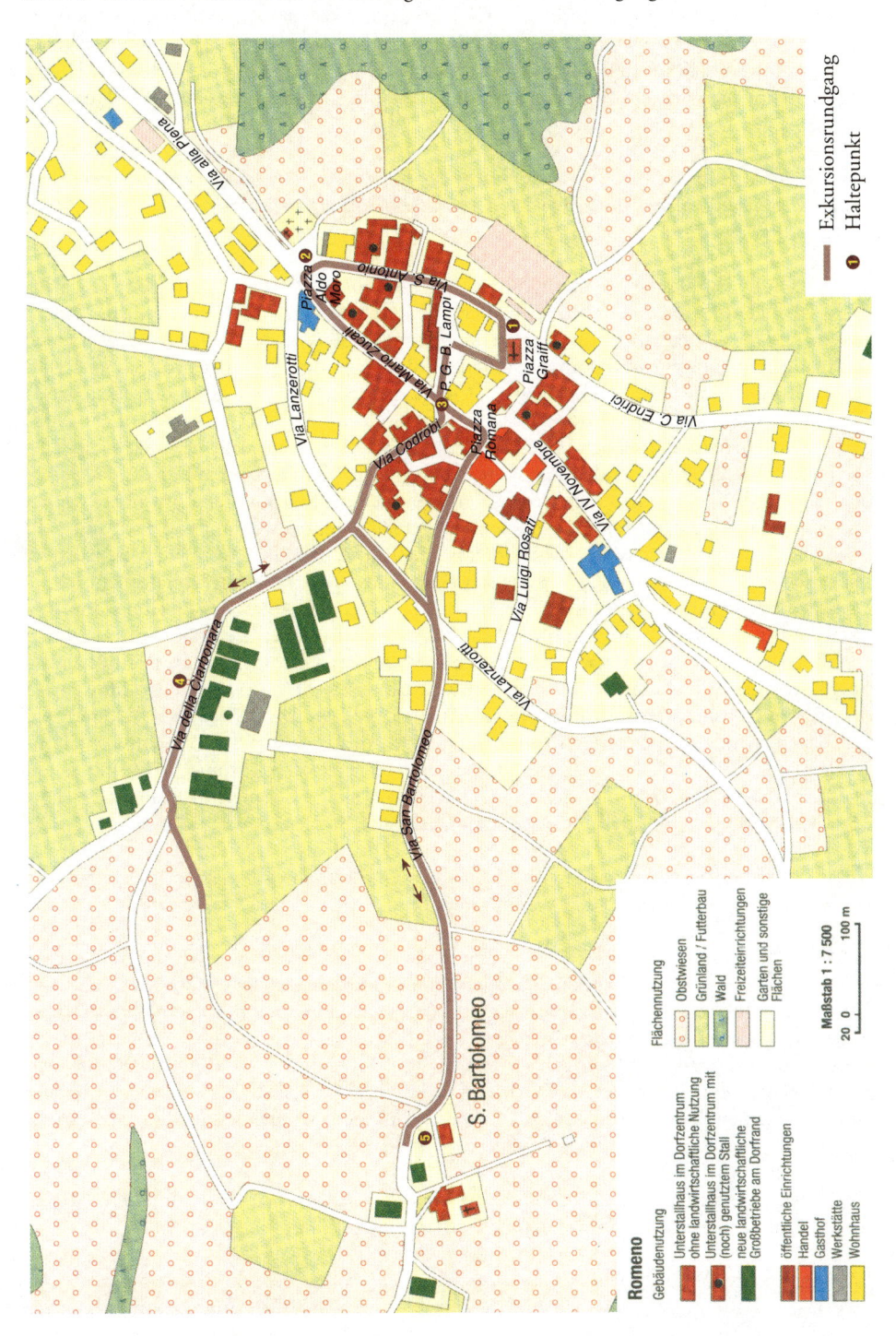

Bei der an der Hauptstraße neben dem Friedhof gelegenen kleinen S. Antonio-Kapelle, die auf der Außenseite mit Fresken aus dem 16. Jahrhundert verziert ist, handelt es sich um ein bemerkenswertes gotisches Baudenkmal. Auf der gegenüberliegenden Straßenseite befindet sich mit dem Hotel Villa Nuova das größte Gasthaus des Dorfes. Die geringe Anzahl von Beherbergungsbetrieben wirft ein bezeichnendes Licht auf den Entwicklungsstand des Tourismus in dieser ländlichen Gemeinde.

Vom Nordende des alten Dorfes gehen wir entlang der Hauptstraße zum nächsten Haltepunkt (3) im Ortszentrum, wo die Straße nach Dambel in westlicher Richtung abzweigt. An dieser platzartigen Erweiterung bietet es sich an, auf die Problematik der Unterstallhöfe einzugehen.

Unterstallhöfe, von denen die meisten ihre alte Funktion verloren haben, prägen das Siedlungsbild des Dorfkernes. Bei diesen Gehöften befand sich der Stall im Tiefparterre, das Hochparterre und die Obergeschosse dienten als Wohnräume, während das Heu in den z.T. offenen Dachräumen gelagert wurde. Bedingt durch die Realteilung wohnten in den großen, verschachtelten Gebäuden i.d.R. mehrere Familien. Mit dem Einsetzen des Strukturwandels entsprachen sie nicht mehr den modernen Erfordernissen. Als zahlreiche kleine Höfe, die nur einige wenige Rinder gehalten hatten, nach dem Zweiten Weltkrieg aufgelassen wurden, verloren deren Ställe ihre Funktion. Die verbleibenden Landwirte stockten ihre Betriebe zwar auf, sie waren jedoch an diesen dunklen Gewölben nicht interessiert, weil sich die Stallarbeiten dort nicht rationalisieren ließen. Sie errichteten am Ortsrand zeitgemäße Neubauten und verließen mit dem gesamten Vieh die alten Ställe. Der Wohnkomfort war in den alten Gemäuern bescheiden. Daher zogen die jungen Familien vielfach in neue Häuser. Nur die Alten blieben zurück, es wurde kaum noch investiert und die Wohnqualität in den Altbauten des Dorfzentrums verschlechterte sich immer mehr. Die öffentliche Hand allein ist sicherlich nicht in der Lage, den Verfall zu stoppen. Dafür müssten die Eigentümer bereit sein, viel Geld in die Revitalisierung dieser Gebäude zu investieren. Mit den Unterstallhäusern geht z.T. wertvolles Kulturgut zu Grunde. Im Nonsberg lebten früher sehr viele Adelige (vgl. *Ausserer* 1899), die z.T. verarmten und Bauern wurden. Angehörige dieser Gruppe und Aufsteiger aus dem Bauernstand ahmten den Lebensstil des Adels nach und übernahmen einzelne architektonische Elemente von Schlössern und Palästen. Daher finden sich - wie auch einige Beispiele in Romeno zeigen - unter den verfallenden Unterstallhäuser bemerkenswerte Baudenkmäler.

Vom Ortszentrum gehen wir auf der Straße in Richtung Dambel nach Nordwesten. Am Dorfrand ist der nächste Halt (4) jenseits der Straßenkreuzung (Beginn der Via della Ciarbonara) vorgesehen.

Der alte Dorfrand hebt sich deutlich von den Neubaugebieten ab, wobei wir dort einige ehemalige Ställe mit darüber liegenden Scheunen erkennen können, welche innovative Bauern in den 1960er-Jahren errichtet haben. Inzwischen wurden die Höfe so stark aufgestockt, dass diese Wirtschaftsgebäude nicht mehr ausreichen, deshalb wurden - wie wir noch sehen werden - weiter vom Dorf entfernt größere gebaut. Um das alte Dorf entstand ein Ring von Neubauten, die als Eigenheime genutzt werden. Da im Ort nur wenige Arbeitsplätze zur Verfügung stehen, sind viele von den Bewohnern Pendler, von denen ein Teil (u.a. auch Auspendler nach Bozen) täglich und der Rest an den Wochenenden nach Romeno zurückkehrt.

Vom Haltepunkt am Dorfrand wird entlang der Via della Ciarbonara über eine Geländekuppe zu den modernen landwirtschaftlichen Großbetrieben gegangen (Haltepunkt 5).

Der moderne Strukturwandel der Landwirtschaft, der am Beispiel von Romeno gut verfolgt werden kann, kommt im Landschaftsbild des Hochnonsbergs deutlich zum Ausdruck. In dieser

Gemeinde spielte die Tierhaltung bereits in der Vergangenheit eine beachtliche Rolle. Viele Bauern hielten sogar Pferde und transportierten mit diesen Holz bis nach Bozen und Mezzolombardo (*Gorfer* 1975, 751). Bei den Landwirtschaften handelte es jedoch größtenteils um kleine Anwesen, deren Viehbestand weniger als fünf und nur in Ausnahmefällen knapp mehr als zehn Großvieheinheiten betrug. Begünstigt durch die Zersplitterung des Grundbesitzes wurden nach dem Zweiten Weltkrieg ähnlich wie in den benachbarten Gemeinden (vgl. *Tab. 1*) zahlreiche Kleinbetriebe aufgelassen, auf der anderen Seite stockte eine geringe Zahl von innovativen Bauern auf. Einige von diesen, u.a. die Inhaber der Höfe an der Via della Ciarbonara, haben ihre Landwirtschaften zu hoch technisierten und weitgehend spezialisierten Großbetrieben entwickelt, welche über 50 Milchkühe bzw. mehr als 100 Jungrinder halten. In Romeno begünstigten die von der lokalen Molkerei gezahlten hohen Milchpreise diese Entwicklung. Da diese Bauern nur über wenig Grund verfügten, waren sie gezwungen, riesige Flächen, z.T. 50 bis 100 Hektar, zuzupachten und viel Geld in moderne Wirtschaftsgebäude zu investieren. Der Pachtzins war im Hochnonsberg zunächst niedrig, weil die Eigentümer von aufgelassenen Betrieben in dieser Höhenstufe froh waren, Interessierte für brachgefallene Felder zu finden. Inzwischen sind die Pachtpreise infolge der verstärken Nachfrage angestiegen. Daher müssen diese Bauern hart arbeiten, wenn sie sich unter diesen Bedingungen behaupten wollen.

Tab. 1: Entwicklung der Rinderhaltung im Hochnonsberg 1970-2000

Gemeinde	Anzahl der Betriebe mit Rindern			Gehaltene Rinder		
	1970	1990	2000	1970	1990	200
Amblar	19	7	4	69	102	98
Castelfondo	104	29	18	465	520	607
Cavareno	31	11	6	185	524	491
Dambel	66	19	8	277	413	177
Fondo	106	47	21	536	475	442
Romeno	122	39	17	633	962	868
Ruffre	31	6	4	102	91	88
Ronzone	21	9	3	99	116	226
Sarnonico	59	16	11	258	309	204
zusammen	559	183	92	2.624	3.512	3.201

Quelle: *Censimento generale dell'agricoltura* (1970-1990)

Vom Feldweg, der knapp unterhalb der landwirtschaftlichen Großbetriebe nach Westen abzweigt, kann die unterhalb liegende Gemarkung von Romeno gut überblickt werden.

Von den flach gegen Nordwesten abfallenden Feldern hat man eine gute Fernsicht. Dabei erkennt man im Nordwesten auf dem oberhalb der Novella-Schlucht liegenden Talhang die Terrassenflur, welche sich von Fondo über Brez, Cloz und Romallo nach Revò erstreckt und nahezu ausschließlich durch intensive Obstkulturen genutzt wird. Westlich der breiten Nonsbergmulde markiert ein schmaler Einschnitt den Oberlauf des Noce, der dort durch jenes enge Tal fließt, das mit dem Namen Sulzberg (Val di Sole) eine andere Bezeichnung trägt als im Unterlauf. Im Südwesten ragt die Brentagruppe in die Höhe, deren steile Kalkwände sich deutlich von den weichen Formen der Nonsbergmulde abheben. Die landwirtschaftliche Bodennutzung des Weststeils der Gemarkung von Romeno ist unterhalb von 850 m durch die Dominanz der Obstkulturen gekennzeichnet, während auf den höher liegenden Parzellen der Futterbau vorherrscht.

Das weitere Programm sieht zwei Alternativen vor: Wir können von diesem Haltepunkt zum Omnibus zurückgehen oder die Beobachtungen vertiefen, indem wir die Höfegruppe von S. Bartolomeo besuchen, die wir erreichen, wenn wir bei der Kreuzung am Ortsrand nach SW zur Via S. Bartolomeo und über diese rund 500 m nach W bis zum Weiler S. Bartolomeo gehen.

Die Höfegruppe San Bartolomeo verdeutlicht sowohl die geschichtliche Entwicklung als auch den aktuellen Wandel des Hochnonsbergs. Die modernen landwirtschaftlichen Gebäude wurden hier unmittelbar neben den alten Gehöften errichtet, welche die Siedlungsgeschichte widerspiegeln. Dies gilt vor allem für das kleine unscheinbare Kirchlein zum heiligen Thomas, das zum daneben liegenden alten Bauernhof gehört, der im Mittelalter ein Hospiz war. Die viereckige Kapelle geht auf die Apsis einer (abgebrochenen) mittelalterlichen Kirche zurück, die - wie Funde belegen - auf einen spätrömischen Siedlungsplatz errichtet worden ist. Beim Freskenschmuck im Inneren der Kapelle handelt es sich um Gemälde, die um 1200 entstanden sind.

Von S. Bartolomeo wird über die Via S. Bartolomeo bis zur Hauptstraße (Via IV Novembre) und weiter zum Omnibus zurückgegangen. Die folgende Fahrt führt über die Nonsbergstraße zum nächsten Haltepunkt in der Gemeinde Sanzeno.

Der Nonsberg bildet eine deutlich abgetreppte Mulde, wobei während der Fahrt von Romeno nach Sanzeno auf einer Entfernung von rund fünf Kilometern ein Höhenunterschied von 300 m überwunden wird. Ab der Höhe von Malgolo (791 m) verschwindet der Futterbau aus der Flur, die von dort an abwärts nahezu ausschließlich durch intensive Obstkulturen genutzt wird.

Sanzeno wurde durch außerordentlich bedeutende prähistorische Ausgrabungen bekannt. Daher sollte beim Halt, der in diesem Dorf vorgesehen ist, auf die vor- und frühgeschichtliche Siedlungsgenese eingegangen werden. Der Halt kann an zwei Stellen geplant werden. Knapp oberhalb von Sanzeno wurde im Jahre 2001 ein Museum mit prähistorischen Fundstücken eröffnet, dessen Besuch sich lohnt. Zudem hat man vom Parkplatz aus einen schönen Blick auf die Landschaft des mittleren Nonsberges. Wer sich dazu nicht entschließt, sollte die große Basilika der drei Märtyrer Sisinius, Martyrus und Alexander am unteren Ortsrand von Sanzeno besuchen. Auch vom Platz unterhalb dieser Kirche aus kann man sich einen guten Überblick über die Landschaft verschaffen.

Sanzeno (2000: 905 Ew.) gehört zu den wichtigsten prähistorischen Fundplätzen der Ostalpen. Bereits in der zweiten Hälfte des 19. Jahrhunderts wurde mit den Ausgrabungen begonnen, wobei diese u.a. der damalige Obmann des Tiroler Landesmuseums Ferdinandeum, der erste Ordinarius der Geographie an der Universität Innsbruck, Franz von Wieser, förderte. Später wurde dieses Gelände mehrmals systematisch durchforscht, wobei u.a. eine rätische Siedlung aus der Hallstattzeit mit zahlreichen Gebrauchs- und Kunstgegenständen entdeckt wurde. Diese Funde dokumentieren die Lebensweise der damaligen Bevölkerung und belegen enge kulturellen Kontakte mit prähistorischen Siedlungen in anderen Teilen Alttirols, vor allem mit Fritzens im Unterinntal (vgl. Spezialexkursion im 2. Band *Geographisches Profil: Wattens und Umgebung*). Die Ergebnisse dieser Untersuchungen, sind auch für Geographen, die sich mit Fragen der Kulturlandschaftsgenese beschäftigen, von großem Interesse.

Die Basilika zu den drei Märtyrern Sisinius, Martyrus und Alexander erinnert an die Christianisierung des Nonsberges. Der Opfertod der drei Glaubensboten im Jahre 397, die hier von heidnischen Bewohnern des Nonsberges erschlagen wurden, ist historisch durch einen Brief des damaligen Bischofs von Trient, des hl. Vigilus, an den Bischof von Mailand, Simplizianus, und an Johannes Chrysostomus in Konstantinopel belegt. Aus diesem Dokument kann abgeleitet werden, dass am Nonsberg in der Spätantike ein dichtes Netz von (Alt-)Siedlungen bestanden hat. Der Ortsname geht auf einen der drei Glaubensboten zurück, allerdings wurde San Sisinio im Laufe der Zeit zu Sanzeno verstümmelt, das immer zusammengeschrieben wird und nicht auf den in den Südalpen häufig verehrten heiligen Zeno von Verona zurückgeht. Die Basilika ist ein außergewöhnlicher Sakralbau, in welchem Kunstwerke aus verschiedenen Epochen eine gelungene Einheit bilden.

Von Sanzeno aus überblickt man die Terrassenlandschaft des mittleren Nonsberg, wobei die sanften, durch intensive Apfelkulturen genutzten Hügelzüge, die eng verbauten Dörfer und die alleinstehenden Bürgen und Schlösser deutlich hervortreten. Die engen, tief eingeschnittenen Schluchten, die ein weiteres typisches Landschaftselement bilden, können von unserem Standort aus hingegen nur an einigen wenigen Stellen wahrgenommen werden. Daher ist eine Fahrt zur Wallfahrtskirche San Romedio vorgesehen, welche in einer der eindrucksvollsten Schluchten des Nonsbergs liegt. Die Straße dorthin zweigt am Dorfplatz des eng verbauten Sanzeno (634 m) ab, einer Obstbaugemeinde, welche von den höher gelegenen Fremdenverkehrszentren weit entfernt ist und daher nur über ein geringes Angebot an touristischen Einrichtungen verfügt.

Die Straße von Sanzeno nach San Romedio ist für größere Omnibussen zu eng. Kleinere Fahrzeuge können problemlos bis zum Parkplatz unterhalb der Wallfahrtskirche fahren. Gruppen, die sich drei bis vier Stunden in San Romedio aufhalten wollen, kann eine beeindruckende Wanderung empfohlen werden. Sie zweigen am Ortsende von Romeno mit dem Omnibus nach Sàlter ab, und steigen von dort über den steilen, alten Wallfahrtsweg (Wanderweg 535) in die Schlucht von San Romedio, besuchen das Heiligtum und wandern von dort auf der (wenig befahrenen) Straße nach Sanzeno, wo der Omnibus auf dem Dorfplatz auf die Gruppe wartet.

Auf Grund der landschaftlichen Gegebenheiten und der baulichen Gestaltung gehört San Romedio zu den sehenswertesten Wallfahrtsorten der Alpen. Darüber hinaus weist er eine bemerkenswerte Entstehungsgeschichte auf, welche die alten kulturellen Beziehungen zwischen Deutschtirol und dem Trentino dokumentiert. Unmittelbar hinter einer ehemaligen Mühle, die heute ein Restaurant beherbergt, setzt die canyonartige Schlucht ein, die von 150 bis 200 m hohen, aus Hauptdolomit bestehenden, deutlich gebankten, hellen, fast senkrechten Felswänden aufgebaut wird. Nach mehreren lang gezogenen Kurven erblickt man kurz vor dem Parkplatz, von welchem ein gut ausgebauter Gehweg zur Wallfahrtskirche hinaufführt, zuoberst auf einer Felsnadel die Rückseite des Heiligtums, das aus mehreren übereinander angeordneten Kapellen besteht.

Am Eingangstor des Heiligtums von San Romedio ist eine Marmortafel angebracht, welche in italienischer Sprache auf die Wallfahrt Andreas Hofers und seiner Schützen im Jahre 1809 erinnert. Im Innenhof sind u.a. das Andenkengeschäft und eine Bar untergebracht. Zur Wallfahrtsstätte an der Spitze des Felssporns führt eine aus zahlreichen hohen Stufen bestehende

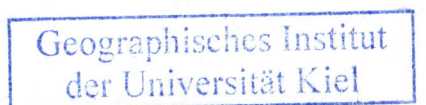

Steintreppe, an der mehrere Kapellen übereinander angeordnet sind, wobei die Bauten umso älter werden, je höher man steigt. Das oberste Kirchlein geht in Zeit um 1000 zurück. Den an mehreren Stellen aufgehängten Votivbildern kann man entnehmen, dass früher viele Pilger aus dem Burggrafenamt nach San Romedio kamen, die jüngeren Darstellungen beziehen sich hingegen durchwegs auf italienische Orte. Franziskanerpatres betreuen die Wallfahrtsstätte.

> ## San Romedio
>
> Das Heiligtum San Romedio wurde sicherlich bereits als heidnische Kultstätte genutzt, die - wie der Fund einer Münze des Frankenkönigs Pippin aus der Zeit um 770 (*Lutterotti* 1975) belegt - bald nach der Christianisierung durch eine Kapelle ersetzt wurde. Welche Rolle für die Entstehung der Wallfahrt der hl. Romedius gespielt hat, ist bis heute unklar. Bei der häufig erzählten Heiligengeschichte handelt es sich um eine Legende, die möglicherweise einen historischen Kern hat. Nach dieser habe es sich beim hl. Romedius um einen Adeligen aus Thaur bei Innsbruck gehandelt. Bei einer Pilgerreise sei sein Pferd in der Gegend von Trient von einem Bär gerissen worden, der ihm später habe als Reittier dienen müssen. Mit diesem Begleiter sei er nach San Romedio gezogen und habe dort als Einsiedler heiligmäßig gelebt. Auf Grund dieser Legende wird der Heilige immer mit einem Bär dargestellt, und in San Romedio werden deshalb seit langer Zeit Bären gehalten, wobei der enge Käfig in den 1980er-Jahren durch ein großes Gehege unterhalb der Heiligtums ersetzt wurde, welches eine artgerechtere Haltung erlaubt. Die Herkunft des (historisch nicht belegten) hl. Romedius aus Thaur bei Innsbruck kann als Ausdruck der engen kulturellen Kontakte zwischen dem Nonsberg und dem Nordtiroler Inntal angesehen werden, die im Rahmen der Fritzens-Sanzeno-Kultur bereits in prähistorischer Zeit bestanden haben. Umgekehrt verfügte das Hochstift Trient in Thaur - woran die Vigil-Kapelle heute noch erinnert - über einen beachtlichen Grundbesitz. Auch die ursprünglich dort ansässige und später nach Hall verlegte Saline wurde im Mittelalter von den Bischöfen von Trient betrieben.

Von San Romedio fahren wir nach Sanzeno, von dort in Richtung Trient bis zur Straßenkreuzung von Dermullo und anschließend in Richtung Cles bis über Brücke am Staudamm von Santa Giustina. Unmittelbar nach dieser wird im Bereich der Einkaufsstraße am „Polygon S. Giustina Center" angehalten. Von hier gehen wir über die Brücke zum Platz auf die Ostseite der Schlucht, wo sich schwerpunktmäßig geologisch-morphologische Fragen und Probleme der Energiewirtschaft diskutieren lassen.

Die im Hauptdolomit angelegte enge Schlucht von Santa Giustina, die von der Brücke 140 m in die Tiefe reicht, ist ähnlich eindrucksvoll wie die Klamm von San Romedio, wobei die Genese jener geomorphologischen Form besonders schön aufgezeigt werden kann. Die Klamm ist im hellen, harten Hauptdolomit angelegt, in welchem sich der Noce hineingefräst hat. Darüber steht die rötliche, deutlich weichere Scaglia Rossa an, die inzwischen weitgehend abgetragen ist und einen flachen Hang bildet. Die enge Klamm endet 700 m flussabwärts bei Tassullo an einer Störungslinie, an welcher der Hauptdolomit abtaucht. Sie geht im Bereich der anschließenden Scaglia Rossa in ein V-Tal über, in dem häufig Rutschungen vorkommen.
Die enge Klamm von Santa Giustina bildete ein Verkehrhindernis, über das frühzeitig eine Brücke gebaut wurde. Die heutige Stahlbrücke, die mit einer Länge von 67 m das Tal 144 m über dem Flussspiegel übersetzt, wurde bereits 1888 eröffnet. Die knapp südlich davon verlaufende Brücke der Straßenbahn, die eine lichte Weite von 78 m aufweist, ist mit 138 m etwas länger. Die Bündelung des Verkehrs an diesen Brücken führte zu einen lokalen Verkehrs-

knoten, an welchem 1909 bis 1933 mit der Strecke von Dermullo auf die Mendel sogar eine zweite Straßenbahnlinie abzweigte. Allerdings hat sich dies auf die Siedlungsentwicklung nicht sonderlich ausgewirkt.

Als die Wasserkraftnutzung in den italienischen Alpen systematisch vorangetrieben wurde, bezog die staatliche Energiewirtschaft auch das Einzugsgebiet des Noce in ihre Planungen ein. Dabei erschien Santa Giustina als besonders vorteilhaft für der Standort eines Kraftwerkes: Man konnte hier mit geringem Aufwand ein großes Staubecken schaffen und die Grundablösen niedrig halten, weil größtenteils nur unbewohnte, unwirtliche Schluchten überflutet wurden. Die von 1943 bis 1950 errichtete, 152,5 m hohe Staumauer hat am Grund eine Mächtigkeit von 16,5 m und an der Krone von 3,5 m. Der See, der vom Noce und der Novella gespeist wird, ist 7,5 km lang, 1,5 km breit und bis zu 150 m tief (Angaben nach *Gorfer* 1975, 674). Wenn er (im Herbst) gefüllt ist, erweist er sich für das Landschaftsbild des Nonsbergs als vorteilhaft, umso störender wirken die kahlen Schotterbänke, wenn der Seespiegel (im Frühjahr) abgesenkt ist.

Die günstigen Verkehrsverbindungen haben die Obstbaugenossenschaft bewogen, ihre Lagerhallen westlich der Nocebrücke zu errichten, später folgte die kleine Einkaufsstraße „Polygon S. Giustina Center", in welchem Schuhe, Kleidung und Sportartikel angeboten werden. Knapp oberhalb davon befindet sich ein Zementwerk, das u.a. die im Bereich der Scaglia Grigia vorkommenden Mergel zu Baumaterialien verarbeitet.

Von unserem Haltepunkt bei Santa Giustina führt die Fahrt über eine rund 100 m hohe Geländestufe nach Cles, dem Hauptort des Nonsbergs. Dort wird der Omnibus in der Nähe des zentralen Platzes, dem Corso Dante, abgestellt. Um die Problematik dieses lokalen Zentrums, erfassen zu können, sollte man hier einen kurzen Rundgang einplanen.

Die Marktsiedlung Cles (658 m; 2000: 6.404 Ew.) ist der Hauptort des Nonsbergs. An der südlichen Einfahrt nach Cles, der Via Trento, hat sich sich eine moderne Industrie- und Gewerbezone entwickelt, in welcher sich neben Betrieben des sekundären Sektors auch ein Discounter (Lidl) und einige Fachmärkte niedergelassen haben, die zeigen, dass der Einzelhandel in den letzten Jahren verstärkt vom Ortszentrum in die Peripherie verlagert wurde, wo ausreichend Parkplätze zur Verfügung stehen. Im Ortszentrum von Cles treten diesbezüglich häufig Engpässe auf. Der Ort verfügt über keine Umfahrungsstraße, daher verursacht der Durchzugsverkehr zusätzliche Belastungen. Die Bahnlinie Trento-Malé führt hingegen östlich am Zentrum vorbei und kann von dort aus durch einen kurzen Tunnel erreicht werden.

Ausgangspunkt des Rundganges ist die Pfarrkirche, anschließend wird die Durchzugsstraße überquert. Auf der Nordseite des Corso Dante sind beim Rathaus (Municipio) und beim Palazzo Assessorile Haltepunkte vorgesehen. Von dort gehen wir zur Piazza Granda, dem „oberen Stadtplatz".

Am zentralen Platz, dem Corso Dante, liegen bemerkenswerte Baudenkmäler. Als erstes fällt die sehenswerte Pfarrkirche Maria Himmelfahrt auf, die der Fürstbischof Bernhard von Cles von 1518 bis 1522 erbauen ließ. Sie ist eine der drei „Clesianischen Kirchen", zu denen auch S. Maria Maggiore in Trient und die Pfarrkirche von Civezzano gezählt werden. Sie weisen einen eigenständigen Baustil auf, der durch einen künstlerisch hochwertigen Übergang von der Spätgotik zur Renaissance gekennzeichnet ist. Die Größe des Kirchenbaues legt die Vermutung nahe, dass der nie zur Stadt erhobene Marktort Cles unter der Regierungszeit dieses Fürstbischofs, welcher von der gleichnamigen Burg abstammte, eine wirtschaftliche Blütezeit erlebte. An der Fassade des (alten) Rathauses, in welchem auch das Tourismusbüro des Ortes seinen Sitz hat, ist eine Kopie der „Tabula Clesiana" angebracht. Bei dieser handelt es sich um einen der wichtigsten archäologischen Funde des gesamten Alpenraumes aus der Römerzeit.

Auf das Original, einer 50 x 38 cm großen, nun im Nationalmuseum in Trient ausgestellten Bronzeplatte, ist man im Jahre 1869 beim Ausheben eines Grabens in den Campi Neri im Westen von Cles gestoßen. Die Tabula Clesiana enthält einen Erlass von Kaiser Claudius aus dem Jahre 46 n. Chr., in welchem den Bewohnern des Nonsberges, den Anauni, Tulliassi und Siduni, das römische Bürgerrecht verliehen wird. Sie dokumentiert, dass dieses Gebiet damals bereits relativ dicht besiedelt war und einen beachtlichen Entwicklungsstand erreicht hatte.
Im Palazzo Assessorile, in dem heute die Gemeindeverwaltung untergebracht ist, residierte bis zur Säkularisierung im Jahre 1804 mit dem Assessore der Vertreter des Fürstbischofs. Nach der Verwaltungsreform im Jahre 1867 wurde Cles Sitz einer Bezirkshauptmannschaft, zu welcher neben dem mittleren und oberen Nonsberg auch der gesamte Sulzberg (Val di Sole) gehörte. Der untere Nonsberg wurde hingegen von Mezzolombardo aus verwaltet. Mit der Krise der Seidenraupenzucht in der Mitte des 19. Jahrhunderts begann in Cles die Wirtschaft zu stagnieren, was sich auf die Entwicklung der privaten Dienste nachteilig ausgewirkt hat. In der Zwischenkriegszeit vernachlässigte der faschistische Staat die kleineren zentralen Orte. Daher war Cles nach dem Zweiten Weltkrieg sowohl in qualitativer als auch in quantitativer Hinsicht nur bescheiden mit öffentlichen und privaten Einrichtungen ausgestattet. Erst in den letzten 30 Jahren verbesserte man diese konsequent, wobei sowohl die öffentliche Verwaltung - Cles wurde u.a. Sitz des Comprensorio Val di Non - als auch das Gesundheits- und Schulwesen stark ausgebaut wurden. Für viele dieser Einrichtungen fehlten im Zentrum geeignete Gebäude, daher wurden z.T. am Ortsrand zahlreiche Neubauten errichtet. Die geringe Ausstattung mit zentralörtlichen Einrichtungen begünstigte traditionelle, aus der agrarischen Lebenswelt kommende Wirtschaftsformen (Obstbau). Für manche innovative wirtschaftliche Ansätze war dies sicher nachteilig.
An der Piazza Granda, dem oberen Marktplatz, demonstriert das Gebäude des früheren Grand Hotels den Abstieg des Tourismus in den letzten 100 Jahren besonders augenfällig. Vor dem Ersten Weltkrieg zählte Cles zu den ersten Adressen. Die reiche Oberschicht, unter denen sich auch Mitglieder des Hochadels befanden, reiste mit Kutschen von der Mendel an, übernachtete im Grand Hotel und fuhr weiter nach Madonna di Campiglio. Nach der Eröffnung der Bahn bis Malé (1909) wurde Cles als Etappenort nicht mehr benötigt. Als die Oberschicht aus dem deutschsprachigen Raum nach dem Ersten Weltkrieg ausblieb, dominierten unter den Gästen zunehmend die Mittelschichten, die heute vielfach mit dem Gebotenen auch nicht mehr zufrieden sind und in andere Destinationen abwandern. Seit dem Einsetzen des Tourismus wurden im Ortskern von Cles ländlich anmutenden Gebäude weitgehend beseitigt. Geht man von der Piazza Granda ein Stück in die Via G. Lampi (nach Südwesten), so ändert sich das Bild. Man sieht zahlreiche ehemalige Unterstallhöfe, die man auch hier nur schwer wird revitalisieren können.

Wir verlassen Cles über die nach Tuenno führende Provinzstraße und fahren durch die Obstbaulandschaft des Nonsbergs über Terres und Flavon bis zur Kurve knapp unterhalb von Cunevo, wo ein Fotohalt eingeschoben und ausführlicher auf die Entwicklung des Obstbaues eingegangen werden soll.

Bei der Fahrt über die Via A. Degasperi kann an mehreren Beispielen verfolgt werden, dass Dienstleistungseinrichtungen mit einem großen Flächenbedarf an den Ortsrand verlegt werden. Der Bereich des Krankenhauses ist noch relativ zentrumsnah, die Gebäude der Obstlager, die sehr viel Platz benötigen, liegen am Rand des verbauten Gebietes und die modernen Sportanlagen mit Schwimmbad, Laufbahnen, Fitness-Zentrum, Fußball- und Tennisplätzen liegen außerhalb des geschlossen verbauten Gebietes gegenüber einer Industriezone. Von hier bis Tuenno folgt eine rund 650 m hoch liegende, sanft gewellte Fläche, die durch Obstgärten intensiv genutzt wird. Von hier fallen die Kulturflächen sanft gegen die „Quattro Ville" Rallo, Tassullo, Nanno und Pórtolo ab. Durch die Apfelkulturen sind viele Bauern des Nonsbergs zu etwas Wohlstand gekommen, der sich - wie man am Beispiel des großen, eng verbauten Dorfes Tuenno (630 m; 2000: 2.287 Ew.) gut verfolgen kann - vielfach auch in der Renovierung der Häuser ausdrückt.

Unterhalb von Tuenno führt die Straße in mehreren Kurven über einen steilen Hang hinunter, auf welchem an einigen Stellen mächtige, zum Abrutschen neigende Schotter aufgeschlossen sind. Anschließend überquert sie das Toveltal, das hier in die Mergel der Scaglia Rossa eingeschnitten ist, während nur wenig höher graue Rhät-Kalke und darüber der massige Hauptdolomit anstehen. In Terres (598 m; 2000: 308 Ew.) wird eine etwas niedrigeres Terrassensystem erreicht, das langsam gegen Flavon (565 m; 2000: 517 Ew.) abfällt und von dort nahezu eben nach Cunevo (572 m; 2000: 547 Ew.) weiterführt.

Vom Haltepunkt unterhalb von Cunevo aus überblickt man den Unternonsberg, wobei bei einem West-Ost-Querprofil von hier zum Castel Thun auf der östlichen Talseite die landschaftlichen Charakteristika des unteren Nonsberg klar hervortreten. Unterhalb unseres Standortes taucht die etwas stabilere Scaglia Rossa ab und es steht die weiche Scaglia Grigia an, die sich leicht ausräumen lässt. Daher geht die Talsohle in eine Schwemmfläche über, die früher versumpft war. Die tonreichen Mergel dienten als Rohstoffbasis für eine inzwischen geschlossene Ziegelfabrik. Abgesehen vom östlichen Talausgang, wo im Gebiet von Vigo di Ton der Hang gleichmäßig ansteigt, folgt auf die Talsohle eine größtenteils bewaldete Talstufe, die nach oben in eine breite, sanft ansteigende von eiszeitlichen Schottern überkleidete und teilweise zerschnittene Terrassenfläche übergeht. Über dieser erheben sich im Westen wie im Osten steile Talflanken.

Die landwirtschaftlichen Nutzflächen sind mit intensiven Apfelkulturen bepflanzt, die das letzte Glied eines langen Entwicklungsprozesses bilden. Nach dem Bau der Brennerbahn begannen Obsthändler aus Bozen und Mezzolombardo, Äpfel in die Großstädte der österreichisch-ungarischen Monarchie zu verkaufen, wobei die Anbaugebiete nach dem Bau der Bahnlinie Trento-Malé (1909) stärker auf den Nonsberg ausgedehnt wurden. Während sich der Anschluss an Italien beim Weinbau nachteilig auswirkte, fanden sich dort nach dem Ersten Weltkrieg neue Abnehmer für die Äpfel und die Birnen aus dem Nonsberg, deshalb mussten viele Ackerflächen und Maulbeerbäume Obstwiesen weichen. Nach 1945 nahm die Obstproduktion zunächst nur langsam zu, umso rascher wurde sie in den 1960er-Jahren ausgeweitet, wobei es zu einer Gewichtsverlagerung zwischen den Hauptobstarten gekommen ist. Um 1950 hatten sich Äpfel und Birnen noch die Waage gehalten, inzwischen werden rund zwanzig Mal mehr Äpfel geerntet, weil diese vor allem auf dem deutschen Markt leichter verkauft werden können. Die Ausweitung des Obstanbaues ging Hand in Hand mit einer Intensivierung der Nutzung. In den 1960er-Jahren dominierten im Nonsberg noch Obstwiesen, bei denen das geerntete Heu an die Rinder verfüttert wurde. Inzwischen ist man durchwegs auf Reinkulturen übergegangen, es werden auch reichlich Pflanzenschutzmittel eingesetzt und durch Beregnungsanlagen minimiert man das Wetter-, vor allem das Frostrisiko. Die Vermarktung erfolgt durch die Lagergenossenschaften, deren riesige Magazine u.a. oberhalb unseres Standortes auffallen. In den Zellen mit kontrollierter Atmosphäre, in denen der CO_2-Gehalt hinaufgesetzt ist, wird das Obst so lange frisch gehalten, bis am Markt ein befriedigender Preis erzielt werden kann. Wegen der peripheren Lage ist dies vielfach erst im Spätwinter oder im Frühjahr der Fall.

Vom Haltepunkt bei Cunevo wird zum Ausgang des Nonsberges an der Rocchetta-Schlucht hinuntergefahren. Dort muss man sich entscheiden, ob man in der Nonsbergmulde bleibt und über das Sporeggiotal nach Andalo fährt, oder ob man die Straße über Fai della Paganella nach Andalo wählt, von der aus man eine hervorragende Aussicht auf das Etschtal hat.

Die Talenge der Rocchetta, durch die der Noce in das Etschtal mündet, ist in der Gesteinsstrukur begründet. Von beiden Seiten fallen die Schichtpakte ein. An dieser Schwächestelle kam es zu einem Anzapfungsvorgang durch einen untergeordneten Seitenbach der Etsch, welcher sich durch rückschreitende Erosion eingeschnitten hat. Diese Schlucht bildet eine deutliche Geländestufe, die energiewirtschaftlich genutzt wird. Am Beginn der Engstelle wird der Noce knapp unterhalb von Castelletto aufgestaut, und von dort wird das Wasser durch Druckleitungen zum Kraftwerk oberhalb von Mezzocorona geführt.

Durch das Sporeggiotal oder über die Terrasse von Fai nach Andalo

Wählt man die Variante durch das Sporeggiotal, so fährt man bei der Wegkreuzung am Beginn der Rocchetta-Schlucht in Richtung Spormaggiore, Andalo und Molveno. An dieser Straße bietet sich bei Cavedago ein hervorragender Aussichtspunkt an, von dem aus die landschaftliche Gliederung des Nonsberges gut erläutert werden kann. Von Fai della Paganella aus kann hingegen das Trentiner Etschtal gut eingesehen werden. Daher bietet sich diese Variante an, wenn auf die modernen Entwicklungstendenzen im Trentiner Zentralraum eingegangen werden soll.

Die Straße nach Spormaggiore überwindet in mehreren Kehren einen Höhenunterschied von 250 m. Sie führt größtenteils an modernen Obstkulturen vorbei, bei denen es sich um deutlich jüngere Anlagen als im Nonsberg handelt. Das Sporeggiotal, dessen Namen auf die früheren Feudalherren, die Grafen von Spaur (italienisch Spor), zurückgeht, bildet eine relativ eigenständige Talschaft, in welcher sich die Obstbauinnovationen des Nonsberges, die man ständig vor Augen hatte, nicht so leicht durchsetzen konnten. Dabei bereitete die Flurberegnung, die erst in den 1980er-Jahren installiert wurde, größere Schwierigkeiten. Auch das Ortsbild weicht von jenem der Dörfer des Nonsberges ab: Die Häuser sind hier kleiner und weniger verschachtelt, die Verbauung ist lockerer und der Tourismus spielt in dem näher an den Fremdenverkehrszentren des Brentagebietes (z.B. Andalo, Molveno) gelegenen Spormaggiore (571 m; 2000: 1.176 Ew.) eine größere Rolle als in vergleichbaren Dörfern des Nonsberges. Oberhalb von Spormaggiore bietet sich von der Ruine von Belfort (746 m) aus ein schöner Überblick auf den Nonsberg. Allerdings verfallen die Gemäuer dieses ehemaligen Schlosses zunehmend, das früher den Namen Altspaur geführt hat und bis in das 18. Jahrhundert bewohnt war. Im Sommer sind in der Nähe zahlreiche Bienenstöcke aufgestellt, und eine Tafel weist auf das Programm der Wiederansiedlung von Braunbären in diesem Gebiet hin.

Im Bereich der Kapelle von San Tomaso (bei Cavedago), von der aus man den Großteil des Nonsberges überblicken kann, wurde eine kleine Freizeitanlage mit einigen Parkplätzen eingerichtet. Daher ist diese Stelle als Haltepunkt besonders geeignet.

Bei der Kirche San Tomaso (902 m), die auf einer kleinen erhöhten Verflachung liegt, handelt es sich um ein eindrucksvolles gotisches Baudenkmal, das zahlreiche spätromanische Strukturmerkmale aufweist. Besonders bemerkenswert sind die gut erhaltenen Fresken aus dem 14. Jahrhundert auf der (westlichen) Eingangsseite. Das im Rahmen der mittelalterlichen Rodungskolonisation entstandene Dorf Cavedago (864 m; 2000: 463 Ew.) ist aus der Verdichtung von Streusiedlungen entstanden und dementsprechend viel lockerer verbaut als die Altsiedlungen des Nonsbergs. Die Neubauten aus jüngerer Zeit hängen mit dem Tourismus zusammen, dessen Intensität mit zunehmender Höhe ansteigt. Neben fünf Hotel- und Gastbetrieben fallen Apartmenthäuser und Eigenheime auf, die als Freizeitwohnsitze genutzt werden. Der Aufschwung des Fremdenverkehrs führte - wie man anhand von Brachflächen unschwer erkennen kann - zu einem Verfall der landwirtschaftlichen Nutzung.

Vom Standort in San Tomaso aus können die typischen Reliefstrukturen des südwestlichen Trentino diskutiert werden. Der Nonsberg bildet, wie erwähnt, sowohl in tektonischer als auch in geomorphologischer Hinsicht eine breite Mulde mit einem sanft ansteigenden Ostschenkel, dem Mendelzug, und einem steil aufragenden Westschenkel, der Brentagruppe. Am Muldenboden stehen mit der Scaglia Grigia die jüngsten und zugleich weichsten Gesteine an, die leicht ausgeräumt werden konnten und sanft gewellte Terrassen bilden, deren Oberfläche durch mächtige glaziale Schotter zusätzlich geglättet wurden. Die älteren, härteren Gesteine, vor allem der Hauptdolomit, in welchem der Noce und seine Seitenbäche canyonartige Klammen hineingefräst haben, bilden Stufen. Auf diese Weise ist ein Relief entstanden, das ähnlich wie ein Amphitheater vom Muldenboden in drei Richtungen ansteigt. Im Deutschtiroler Dialekt werden Verflachungen oberhalb einer Talstufe als „Berge" bezeichnet, daher sprach man vom „Nonsberg" und nie vom Nonstal, obwohl die italienische Bezeichnung seit jeher „Val di Non" gelautet hat. Die Schlucht, in welcher der Noce in das Etschtal mündet, zerschneidet den Ostschenkel der Nonsbergmulde, die im Süden ihre Fortsetzung findet. Sie wird im Sporeggiotal und im Gebiet von Andalo und Molveno zwischen der Paganella- und Brentagruppe zusammengepresst, ehe sie im Becken von Stenico (Außerjudikarien) eine größere Breite erreicht. Während der Eiszeit folgte dieser Mulde ein riesiger Gletscher, welcher das Eis aus dem Norden in das Gardaseegebiet transportiert hat.

Wählt man die östliche Trasse, so fährt man unmittelbar nach der Rocchetta auf die Terrasse von Fai della Paganella. Diese Variante bietet sich auch für Exkursionsfahrten an, bei denen erst bei San Michele a.A. von der Brennerroute zum weitgehend unbekannten Verbindungsweg durch das westliche Trentino an den Gardasee abgezweigt wird.

Die gut ausgebaute Zufahrt nach Fai della Paganella führt durch Niederwaldbestände, in denen einzelne Nussbäume auffallen, in mehreren Serpentinen in die Höhe. Am untersten Abschnitt des gegenüberliegenden südexponierten Hanges erkennt man gepflegte Weinberge, die erst um 1970 im schuttreichen Niederwald angelegt wurden. Diese Umstellung wurde durch die Eigentumsverhältnisse erleichtert; die Niederwälder gehörten in der Regel jenen Bauern, welche die Rodungen vorgenommen haben. Oberhalb der Weinberge schließen Niederwälder an, die sich teilweise bereits zu Mittelwäldern durchgewachsen sind. Diese durchsetzen auch die darüber liegenden steilen Felswände. Wegen der kurzen Umtriebszeit von 5 bis 15 Jahren waren die Niederwälder früher gut in das System der bäuerlichen Selbstversorgung und des ländlichen Sozialsystems angepasst, das durch große Armut gekennzeichnet war. Inzwischen haben viele traditionelle Nutzungen an Bedeutung verloren. In den Weinbergen verwendet man beim Pergelbau vielfach bereits Betonsäulen und verzichtet auf den Einsatz von Kastanienstangen, viele Geräte, für welche man das Rohmaterial aus dem Wald geholt hat, werden zugekauft und auch die Brennholzentnahme spielt keine nennenswerte Rolle mehr. Daher werden die Gehölze nicht mehr laufend zurückgeschnitten. Sie wachsen durch, sodass nach und nach Mittel- und Hochwälder entstehen.

Knapp unterhalb von Fai befindet sich auf der östlichen, dem Tal zugewandten Straßenseite ein Rastplatz mit einigen Holztischen. Von dort aus können wir den Noceschwemmkegel und die an diesem anschließenden Gebiete gut überblicken (vgl. Überblicksexkursion „Die Brenner-Linie").

Der Schwemmkegel des Noce, der den Sulz- (Val di Sole) und Nonsberg (Val di Non) entwässert, setzt am Ende der Rocchetta-Schlucht ein und reicht bis zur Etsch, die bei San Michele an den Ostrand des Tales gedrängt wurde. Aus der Form des Fächers kann man unschwer ableiten, dass der Noce ursprünglich in einem rechten Winkel gemündet hat. Dadurch wurde bei Hochwässern die Etsch zurückgestaut, sodass die flussnahen Häuser von San Michele, die Brennerstraße und beträchtliche Teile der Salurner Klause überflutet wurden. Die Orte Mezzolombardo und Mezzocorona litten weniger darunter, weil sie durch mächtige, aus Steinmauern bestehende Archen geschützt waren. Auf Grund der starken Gefährdung wurde die Etsch in diesem Abschnitt einige Jahrzehnte früher als sonst reguliert. Die Pläne Florian Passettis, der bei der österreichischen Eisenbahnverwaltung in Venezien beschäftigt war, bildeten die Grundlage für die Verbauung. Durch die Verlegung der Mündung des Noce sieben Kilometer talabwärts (1848-1853) gelang es, den Rückstau erheblich zu verringern. Inzwischen wird der Noce-Schwemmkegel, soweit er nicht durch Wohn-, Betriebs- und Verkehrsflächen verbaut ist, durch Weinberge intensiv genutzt.

Der beachtliche Altbaubestand dokumentiert, dass Mezzocorona (219 m; 2000: 4.666 Ew.) auf der nördlichen, linken und Mezzolombardo (226 m; 2000: 5.884 Ew.) auf der rechten Seite des Schwemmkegels bereits in den früheren Jahrhunderten eine beachtliche Bedeutung besessen haben. Die Nähe dieser beiden alten Marktsiedlungen hängt mit der mittelalterlichen Territorialstruktur zusammen. Mezzocorona unterstand seit dem Hochmittelalter den Tiroler Landesfürsten und wurde deshalb auch Deutschmetz bezeichnet, Mezzolombardo, dessen deutscher Name Welschmetz lautete, gehörte hingegen zum Territorium der Fürstbischöfe von Trient. Auch nach der Säkularisierung dieses geistlichen Fürstentums blieb die Rivalität zwischen beiden Orten bestehen. Zunächst hatte Mezzocorona die Nase vorne, als 1857 die Schnellzugstation dort errichtet wurde, trotzdem vergab man zehn Jahre später (1867) den Sitz der Bezirkshauptmannschaft an Mezzolombardo, an welchem später die Nebenbahn Trento-Malé vorbei geführt wurde. Die geringe Bautätigkeit in der Zwischenkriegszeit und in den ersten Jahrzehnten nach 1945 weist auf die Stagnation der Wirtschaft in dieser Zeit hin. Ein stärkerer Aufschwung setzte erst nach 1965 ein, als durch die Ansiedlung von Industriebetrieben in der Nähe der Autobahn zahlreiche neue Arbeitsplätze geschaffen wurden. Leider handelte es sich dabei vorwiegend um Fabriken, die wenig qualifizierte Arbeitskräfte beschäftigen, wodurch die Nachhaltigkeit dieser Maßnahmen beeinträchtigt wird. Auch auf die Umwelt wurde bei einzelnen Anlagen wenig Rücksicht genommen. Bei starkem Talaufwind können deren Emissionen noch in der Gegend von Salurn deutlich wahrgenommen werden.

Von diesem Haltepunkt knapp unterhalb der Terrassenfläche wird bis zur Kirche von Fai vorgefahren, dort führt eine Nebenstraße durch die Via Risorgimento und durch den Weiler Ori bis zum Hotel La Campannina. Dort wählt man den Steig nach Süden zum Aussichtspunkt Belvedere, von dem aus man eine hervorragende Aussicht auf das Etschtal hat.

Im äußeren Erscheinungsbild der Landschaft spiegelt sich der sozio-ökonomische Wandel deutlich wider, der die Gemeinde Fai della Paganella (957 m; 2000: 900 Ew.) in den letzten Jahrzehnten erfasst hat. Die Extensivierung der Bodennutzung, die - wie einzelne Ackerbauterrassen zeigen - früher auf die Selbstversorgung ausgerichtet war, weist auf den Bedeutungsverlust der Landwirtschaft hin. Die Hotel- und Gastbetriebe dokumentieren hingegen die Stellung des Tourismus und die vielen Freizeitwohnsitze die wachsende Bedeutung dieser Gemeinde für den Naherholungsverkehr der Stadt Trient.

Die Nutzungsstruktur auf der Etschtalsohle zwischen San Michele und Lavis zeigt Parallelen und Abweichungen gegenüber dem mittleren Etschtal und dem Bozner Unterland. Auch in der Gemeinde Nave San Rocco (208 m; 2000: 1.216 Ew.) dominieren Obstkulturen, die Siedlungsweise unterscheidet sich hingegen deutlich. Während die Auen in Südtirol seit der Etschregulierung (1879-1896) von den bestehenden Dörfern aus bewirtschaftet werden, fallen in Nave S. Rocco Streusiedlungen auf, die erst im 19. Jahrhundert angelegt wurden. An der Kultivierung der Etschauen waren nördlich von Trient zahlreiche kapitalkräftige Großgrundbesitzer beteiligt, welche die meliorierten Flächen Halbpächtern zur Bewirtschaftung überließen. Diese Höfe waren von Beginn an deutlich größer als die kleinen bäuerlichen Anwesen im Altsiedelland und wurden später in der Regel nicht geteilt, daher fällt Nave San Rocco bis heute durch größere landwirtschaftliche Betriebe auf. An den Hanglagen zwischen San Michele und Lavis herrscht der Weinbau vor, wobei man sogar aus der Ferne erkennen kann, dass es sich um gepflegte Anlagen handelt. Der hohe Standard dieser Rebkulturen hängt mit der Obst- und Weinbauschule in San Michele zusammen, die bis in das Jahr 1874 zurückgeht und im Laufe der Zeit zahlreiche Innovationen begünstigt hat (vgl. Übersichtsexkursion *Die Brenner-Linie*). Von unserem Standort aus können die Maßnahmen, die im Rahmen der Etschregulierung getroffen wurden, gut eingesehen werden. Im Süden erkennt man den mächtigen Schwemmkegel des Avisio, der vorwiegend aus groben, aus rotem Quarzporphyr bestehenden Schottern aufgebaut ist. Daraus lässt sich unschwer ableiten, dass dieser Fluss früher das Etschtal, vor allem im Bereich des Agro Trentino unterhalb von Lavis immer wieder bedroht hat. Im Rahmen der Etschregulierung wurden auch die Nebenflüsse saniert, wobei u.a. an der Mündung des Avisio in das Etschtal bei San Giorgio eine mächtige Geschiebesperre errichtet wurde. Durch den Bau des Stausees von Stramentizzo nahm die Gefährdung weiter ab, sodass die früheren Überschwemmungsgebiete in den letzten Jahrzehnten durch moderne Industriezonen in Wert gesetzt werden konnten. Oberhalb des Schwemmkegels von Lavis, der die Etsch nach West abgedrängt hat, war es zu Versumpfungen gekommen. Im Zuge der Kultivierung wurden die Möser drainiert und das aus den Röhren abfließende Grundwasser durch Kanäle in die Vorfluter und von diesen in die Etsch abgeleitet, wobei man - wie in der Nähe der Nocemündung ersehen werden kann - wegen des geringen natürlichen Gefälles z.T. Pumpen einbauen musste. Auf diese Weise entstanden wertvolle Kulturflächen, die nach der Kultivierung in der Regel ackerbaulich, inzwischen jedoch nahezu ausschließlich durch Obstanlagen genutzt werden.

Von Fai fahren wir mit dem Omnibus über die gut ausgebaute Provinzstraße nach Andalo, wo am Parkplatz im Ortszentrum der nächste Haltepunkt vorgesehen ist.

Die Liftanlagen am Pass von Santel (1.030 m) weisen darauf hin, dass das Vorland der Brentagruppe, an deren Westseite das durch Weltcup-Rennen bekannte Wintersportzentrum Madonna di Campiglio liegt, stark vom Tourismus geprägt ist. Von Santel aus können die mächtigen, bis zu einer Höhe von knapp über 3.000 m aufragenden Kalkklötze der Brentagruppe, die eine prächtige Kulisse für die Fremdenverkehrsorte im Vorland abgeben, gut eingesehen werden.

Die Hochfläche von Andalo und Molveno: Landschaftswandel im Umkreis der Brentagruppe unter dem Einfluss des Tourismus

Fährt man vom Aussichtspunkt San Tomaso bei Cavedago talaufwärts, so erreicht man nach rund zwei Kilometern Fahrt ein weites Hochtal, das im Westen durch die mächtige Brentagruppe und im Osten durch die sanfter ansteigenden, bewaldeten Hänge der Paganella (2.125 m) begrenzt wird. Infolge des unübersichtlichen Lokalreliefs, das durch kleine Dolinen auf Jurakalken seinen besonderen Reiz erhält, kann der Verlauf der Talwasserscheide am Nordrand dieses Hochtales im Gelände nur schwer festgelegt werden. Erst ab dem Lago di Andalo, der nach Süden entwässert, kann das Abflussgebiet eindeutig zugeordnet werden. Der Lago di Andalo ist ein typischer Karstsee, dessen durchschnittliche Länge 1.100 m und Breite 200 m beträgt. Bei Hochwasser kann er eine Ausdehnung von 1.450 mal 350 m erreichen. Im Untergrund des Seebeckens stehen Kalke an, die stellenweise durch Moränenmaterial bedeckt sind. Bei den periodisch überfluteten Wiesen im Bereich des Lago di Andalo handelt es sich um eine ökologisch sehr sensible Zone, die geschützt werden sollte, die jedoch, wie der Campingplatz, die zahlreichen Wanderwege und die Gebäude des Hallenschwimmbades und der Eishalle in der Nachbarschaft zeigen, durch die intensive touristische Nutzung bedroht ist.

Die Straße durch das Sporeggiotal und über die Hochfläche von Fai della Paganella treffen im Ortszentrum von Andalo aufeinander. Um die Struktur dieses italienischen Wintersportortes kennen zu lernen, empfiehlt es sich, am Platz im Ortszentrum auszusteigen.

Der Wintersportort Andalo

Andalo (2000: 1.026 Ew.) kann als typisches Beispiel für einen italienischen Wintersportort dienen, dessen Aufschwung mit der Entwicklung des alpinen Schisports zusammenhängt. In der Zeit des frühen Alpinismus war Andalo gegenüber Molveno benachteiligt, weil man von hier aus nur auf die rund 2.500 m hohe Vorkette der Brentagruppe und nicht auf den über 3.000 m hohen Hauptkamm aufsteigen konnte. Die wichtigste Grundlage für den alpinen Schisport bilden die Pisten oberhalb der Waldgrenze auf der Westseite der Paganella. Diese werden durch mehrere Seilbahnen erschlossen, wobei sich eine der Talstationen unmittelbar neben dem Ortzentrum befindet. Der Wintersporttourismus hat zu einer starken Zunahme der Hotel- und Gastbetriebe geführt, deren Zahl von vierzehn am Ende der 1950er-Jahre auf 57 im Jahre 2001 angestiegen ist. Hand in Hand mit diesem Aufschwung ging eine laufende Qualitätsverbesserung einher. 2001 waren von den 57 Hotel 46 als Drei-Sterne-Betriebe eingestuft. Die italienischen Wintersportzentren sind durch die große Zahl von Ferienwohnungen charakterisiert, die größtenteils in Apartmenthäusern untergebracht sind und das Siedlungsbild wesentlich bestimmen. Dieses Bettenangebot wirkt sich auch auf die Nutzungsstruktur im Ortszentrum aus. Neben Sport-, Textil-, Schuh- und Schmuckgeschäften fallen Supermärkte auf, in denen die Mieter von Ferienwohnungen Lebensmittel einkaufen können. Auch sonst ist das touristische Angebot auf den Bedarf der Gäste ausgerichtet, die vorwiegend aus italienischen Großstädten kommen. Diese sind in der Regel weniger gute Schiläufer als die deutschen Urlauber. Sie geben sich zumeist mit weniger anspruchsvollen Schipisten zufrieden, legen jedoch großen Wert auf ein gepflegtes Wohnen und auf eine gute Küche. Daher wurde das Niveau der Restaurants und der Kaffeehäuser deutlich angehoben. Die vielen Pizzerias werden vorwiegend von Mietern der Ferienwohnungen besucht. Die Touristen reisen fast ausschließlich mit ihren Kraftwagen an. Wegen der zu kleinen öffentlichen Abstellflächen ergeben sich für den ruhenden Verkehr - wie man am Platz im Ortszentrum von Andalo immer wieder beobachten kann - zunehmend Schwierigkeiten.

Obwohl das Hochtal von Andalo (1.040 m) in der Nähe des Altsiedlungsgebietes im Nonsberg liegt, wurde es im Zuge der mittelalterlichen Rodungskolonisation vom weiter entfernten Außerjudikarien aus besiedelt. Kirchlich gehörte es zur Urpfarren Pieve di Banale südlich von Molveno. Aus den ab dem 11. Jahrhundert angelegten Einzelhöfen sind durch Realteilung später dreizehn Fraktionen hervorgegangen, während andere Urhöfe wüstgefallen sind (*Gorfer* 1975, 486). Die wenigen noch bestehenden alten Bauernhäuser dokumentieren die traditionelle Bauweise, die sich deutlich von der im Nonsberg unterscheidet. Die rechteckigen Häuser sind bis zur Höhe des ersten Stockes gemauert, wobei man vielfach mächtige, nicht verputzte

Steinquader erkennen kann, während die aus Holz erbauten Obergeschosse in zwei bis drei Treppenabsätze unterteilt sind, in welchen früher Heu gelagert wurde.

Von Andalo wird über die Staatsstraße nach Molveno gefahren, wo der nächste Halt am nordöstlichen Ende des Sees nach der Einmündung des aus Andalo kommenden Rio Lambin vorgesehen ist.

Am südlichen Ortsende von Andalo steht die rötliche Scaglia Rossa an. Im darauf folgenden weitgehend bewaldeten, engen Talabschnitt, in welchem die Straße am sonnseitigen Hang entlang geführt wird, kommt der härtere Hauptdolomit zum Vorschein. Erst bei Molveno, das auf dem flacher ansteigenden sonnseitigen Hang oberhalb des gleichnamigen Sees liegt, wird das Tal wieder etwas breiter.
In dem tiefer als Andalo liegenden Molveno (854 m; 2000: 1.080 Ew.) hing der Aufschwung des Fremdenverkehrs eng mit dem Alpinismus zusammen. In der zweiten Hälfte des 19. Jahrhunderts entwickelte sich Molveno zu einem bedeutenden Bergsteigerdorf, das von den bekanntesten englischen und deutschen Alpinisten besucht wurde, welche von einheimischen Bergführern begleitet zu den Gipfeln der Brentagruppe aufstiegen. Als wichtigstes Ziel galt die Cima Brenta (3.151 m), die vor dem Ersten Weltkrieg als Kaiser-Franz-Josef-Spitze bezeichnet wurde. Mit dem See besaß der Ort eine zweite Attraktion, allerdings kamen die frühen Gäste nicht, um dort zu baden, sondern sie bewunderten die romantische Landschaft mit dem klaren Wasser. Die Eröffnung des Grand Hotel Molveno am Nordostufer des Sees im Jahre 1903 weist auf die große Bedeutung des frühen Tourismus hin, der seine Position auch nach dem Ausbleiben der kapitalkräftigen Besucher aus dem Deutschen Reich und Österreich in der Zwischenkriegszeit behaupten konnte. Erst nach dem Zweitem Weltkrieg ist Molveno klar gegenüber Andalo zurückgefallen, das über die besseren Schipisten verfügt. Zudem verlor der See seinen früheren Reiz, seit dessen Spiegel nach der Anlage des Kraftwerkes immer wieder abgesenkt wird. Der Neu- und Umbau von Hotelbetrieben spielt deshalb eine geringere Rolle als in dynamischen Zentren. Auch die Entwicklung des heute als 3-Sterne-Betrieb geführten Grand Hotel Molveno zeigt, dass diese Gemeinde nach 1945 nicht mehr an die Zeit des „Nobel-Tourismus" anknüpfen konnte. Es sind v.a. Angehörige der italienischen Mittelschicht, die hir ihren Urlaub verbringen.
Bedingt durch den Tourismus kam es in Molveno während der letzten 100 Jahre zu einer starken Siedlungsausweitung, das Dorf wuchs vom alten Kern auf einer schmalen Felsterrasse über den Hang hinunter zum See und gegen den Schwemmkegel des Baches aus dem Val delle Seghe, an welchem früher Mühlen, Schmieden und Sägewerke gestanden hatten. Die geringe Ausdehnung der Feldflur weist darauf hin, dass die Landwirtschaft auch in der Vergangenheit nur eine bescheidene Rolle spielte, wobei einzelne südexponierte ehemalige Ackerbauterrassen dokumentieren, dass früher für die Eigenversorgung Getreide angebaut wurde. Die vielen, inzwischen brachgefallenen Parzellen spiegeln den Bedeutungsverlust der Landwirtschaft wider. Heute ist die gesamte Wirtschaft, sieht man von der Wasserkraftnutzung ab, weitgehend auf den Tourismus ausgerichtet.

Vom Nordufer fahren wir zum südlichen Ende des Molvenosees, wo sich auf der westlichen Straßenseite ein geschotterter Parkplatz befindet. Von dort aus kann sowohl der See als auch der ansteigende Hang östlich der Straße eingesehen werden, der aus typischem Bergsturzmaterial aufgebaut wird.

Im Süden wird der Molvenosee durch eine mächtige Schuttbarriere abgedämmt, welche - wie man am Aufschluss oberhalb der Staatsstraße leicht erkennen kann - aus unsortiertem, eckigem Bergsturzmaterial aufgebaut ist. Der aufgestaute See liegt in einer Höhe von 823 m, er ist 4,4 km lang, 1,5 km breit und 123 m tief. Vor dem Bau des Kraftwerks wies er eine schöne blaue Färbung und eine äußerst geringe Eintrübung auf. Er war damals außerordentlich sauber, weil er größtenteils durch unterirdische Zuflüsse gespeist wurde. Dieses Wasser stammte aus der unberührten Brentagruppe und gelangte in den See, nachdem es durch mächtige Schotter gesickert und dabei gereinigt worden war.

Für die Errichtung eines Elektrokraftwerkes sprach neben der Möglichkeit, den Molvenosee als Staubecken zu verwenden, der Reliefunterschied von rund 600 m von hier bis zum Krafthaus im unteren Sarcatal. Der Bau erfolgte knapp nach dem Zweiten Weltkrieg, als Italien auf diese Weise die Lücken in der Energieversorgung zu schließen versuchte. Bereits 1952 war der See zu einem Staubecken umgestaltet, im Jahr darauf (1953) waren die Zuleitungen fertig gestellt, über welche das Wasser z.T. in offenen Galerien und z.T. in Tunnels aus bis zu fünf Kilometer entfernten Gebieten der Brentagruppe zum See fließt. Beispiele für Zuleitungen können an der gegenüberliegenden Seite des Sees beobachtet werden. Inzwischen ist dieser deutlich trüber geworden, weil die künstlich geschaffenen Zuflüsse erheblich mit Schwebstoffen befrachtet sind. Vom Molvenosee wird das Wasser durch Druckstollen unterirdisch quer durch die Gazza-Gruppe zum Kraftwerk in Santa Massenza (254 m) geleitet, in welchem jährlich über 600 Mio. kWh erzeugt werden (*Gorfer* 1975, 480-481).

Vom Molvenosees wird bis zu dem unmittelbar südlich der Ortschaft Nembia auf der östlichen Straßenseite liegenden Parkplatz gefahren, auf welchem sich eine Schautafel zum Naturpark Adamello-Brenta befindet. Leider beinträchtigen während der Vegetationsperiode die inzwischen aufgekommenen Sträucher die Aussicht. Einen besseren Eindruck vom Bergsturzgebiet erhält man, wenn man auf der westlichen Straßenseite über den länger nicht mehr gepflegten, steilen Schotterweg so weit nach oben geht, bis man über die Sträucher hinwegsehen kann.

Zwischen dem Molvenosee und Nembia führt die Straße durch ein klassisches Bergsturzgebiet, das durch unregelmäßig Oberflächenformen und dem Nebeneinander von hausgroßen Blöcken und Feinmaterial gekennzeichnet ist, das bei der Talfahrt des Bergsturzes zerrieben wurde. Im bewegten Gelände befinden sich abflusslose Hohlformen, die zeitweise mit Wasser gefüllt sind. Dies gilt auch für den in topographischen Karten verzeichneten Lago Nembia. Auf dem sterilen Bergsturzmaterial konnten sich nur seichte Rendzinaböden entwickeln, von denen nur wenige als extensive Magerwiesen genutzt werden. Bedeutender ist der Tourismus, der die Existenz einiger kleiner Gaststätten sichert.

Blickt man vom Parkplatz südlich von Nembia gegen Osten, so erkennt man, daß der Großteil der Bergsturzmasse dort abgelagert wurde, wobei die geringe Vegetationsbedeckung auffällt. Viele Stellen sind kahl, andere durch einen außerordentlich schütteren Baumbestand bestockt. Durch das ungeordnete Blockwerk der abgelagerten Kalke und Dolomite kann das Regenwasser ungehindert in die Tiefe abfließen. Daher ist es für die Bodenbildung zu trocken, die auch durch das sehr langsam verwitternde Gesteinssubstrat erschwert wird. Das Bergsturzgebiet südlich des Molvenosees zerfällt in mehrere Ablagerungsräume, die auf getrennte Ereignisse zurückgehen, bei denen - wie die Abbruchsnischen beweisen - gewaltige Gesteinsmassen sowohl von der Ost- als auch von der Westseite des Tales abgebrochen sind.

Von diesem Haltepunkt wird bis zum Ende der Strecke vorgefahren, in welcher die Straße über Kunstbauten und Tunnels am steilen Felsabhang entlang geführt wird. Dort befindet sich auf der westlichen Straßenseite ein Rastplatz mit einer Tafel des Tourismusverbandes der Gemeinde San Lorenzo in Banale. Knapp nördlich davon zweigt auf der östlichen Straßenseite ein Wanderweg nach Besson und Molina ab. Auf diesen gehen wir rund 300 m, wobei wir nach der Weggabelung den unteren Steig bis zur Abzäunung folgen, von der aus das Val Nembia und damit das Bergsturzgebiet gut eingesehen werden kann.

Am Felshang südlich von Nembia fallen die aus Jurakalken bestehenden Schichten, die wie geschliffen erscheinen, steil gegen das Nembiatal ein, das sich gegen Süden stark verbreitert und in das weite Becken von Außerjudikarien übergeht. Die heutige kurvenreiche Straße, für die zahlreiche Kunstbauten und Tunnels erforderlich waren, unterstreicht die frühe (strategische) Bedeutung dieser Verbindungslinie.

Außerjudikarien - eine typische Trentiner Peripherlandschaft

Wir folgen zunächst der Hauptstraße bis zur Kreuzung bei Dorsino, wo wir auf die Straße nach Stenico abbiegen. Unmittelbar westlich von Sclemo fahren wir zum Dorf Seio hinauf, von dem aus wir nahezu ganz Außerjudikarien überblicken können.

Die ersten Beobachtungen, welche in San Lorenzo in Banale (758 m; 2000: 1.117 Ew.) gemacht werden können, deuten darauf hin, dass sich Außerjudikarien in Hinblick auf die Dynamik der wirtschaftlichen Entwicklung deutlich von den vorher besuchten Landschaften unterscheidet. Wir erblicken zwar oberhalb von San Lorenzo di Banale einen modernen landwirtschaftlichen Großbetrieb, zahlreiche kleine Parzellen werden jedoch noch in traditioneller Weise bewirtschaftet. Einen ähnlichen Eindruck vermittelt der Tourismus in San Lorenzo, einer der wichtigsten Fremdenverkehrsgemeinden Außerjudikariens. Weil Schipisten für den Winter und aufwendigere Freizeiteinrichtungen für den Sommer fehlen, ist der Ort ist bis heute eine traditionelle Sommerfrische geblieben, von der aus u.a. der Naturpark in der Brentagruppe besucht werden kann. Von San Lorenzo führt ein Weg durch das Val d'Ambièz zu den Hütten am Fusse der Cima Tosa (3173 m), des höchsten Gipfels der Brentagruppe. Dementsprechend reichen die Anfänge des Tourismus auch hier bis in die Frühzeit des Alpinismus zurück. Der geringen Dynamik des modernen Wandels entspricht das Siedlungsbild. Die Altbauten wurden nicht sonderlich transformiert und es fällt auch keine stärkere Neubautätigkeit in diesem sonnenexponierten, relativ gut ausgestatteten Dorf auf.
In den deutlich kleineren, tiefer liegenden Dörfern Dorsino (636 m), Andogno (543 m) und in Sclemo (753 m), die als nächste durchfahren werden, spielte der Tourismus nie eine nennenswerte Rolle, die vielen alten Höfe, die das Siedlungsbild prägen, zeigen vielmehr, dass diese Orte sehr lange agrarisch geprägt geblieben sind, wobei sich die Besitzer bemüht haben, die alten Unterstallhöfe instand zu halten. Daher sind viele von ihnen in einem weit besseren Bauzustand als in anderen Regionen des Trentino und werden bis heute noch verwendet. Offenbar hielt die Bevölkerung in dieser Gemeinde auch früher schon länger als anderswo an traditionellen Bauweisen fest. Alte Bilder zeigen, dass um 1950 noch viele Gebäude mit Stroh gedeckt waren (vgl. *Pedrotti* 1969). Dieses wurde später durch Ziegeln ersetzt, die Dachkonstruktionen erinnern jedoch noch an die alte Bauweise. In der landwirtschaftlichen Bodennutzung treten ebenfalls traditionelle Elemente hervor. Neben kleinen Äckern, die nach wie vor der Eigenversorgung dienen, fallen einzelne Rebreihen auf, wo der Wein noch in der Form der Coltura Mista angebaut wird, d. h. auf der jeweiligen Parzelle sind nebeneinander Ackerfrüchte, Strauch- (Weinrebe) und Baumkulturen angepflanzt. Wenn unterhalb von Seio (824 m) in rund 800 m Höhe noch Wein angebaut wird, so kommt darin nicht nur die Klimagunst am südexponierten Hang zum Ausdruck, die Beibehaltung der alten Wirtschaftsweise verdeutlicht auch die zeitliche Verzögerung des gesamtgesellschaftlichen Wandels. In stärker modernisierten Gemeinden wurden solche wenig ertragreiche Rebstöcke bereits vor langer Zeit gerodet. Der Futterbau wurde hingegen frühzeitig mechanisiert. Deshalb konzentrierte man die Nutzung auf flache Wiesen, in welchen Landmaschinen eingesetzt werden können. Viele steile Hänge, in denen nur die Handarbeit in Frage kommt, sind hingegen - wie man

den Kartenbeilagen in der Arbeit von *Loose* (1983) entnehmen kann - bereits in den 1970er-Jahren brachgefallen.

Der Haltepunkt an der Kirche von Seo (824 m) wurde gewählt, weil man von hier aus nahezu das gesamte Gebiet von Außerjudikarien einsehen kann. Darüber hinaus lassen sich am Beispiel dieses kleinen Dorfes die Entwicklungstendenzen der Kleinsiedlungen in Außerjudikarien gut dokumentieren.

Von unserem Standort aus überblicken wir die weite Beckenlandschaft von Außerjudikarien, das in der geologischen Literatur in der Regel als das Becken von Stenico bezeichnet wird. Es ist ähnlich, allerdings etwas weniger kompliziert als der Nonsberg aufgebaut. Es wird im Westen und im Osten durch die Sattelzonen des judikarischen Gebirges begrenzt, in welchen ältere und härtere Kalke und Dolomite erhalten geblieben sind. Diese bilden mächtige von NNE nach SSW ziehende Gebirgsketten, in welche sich die von Westen nach Osten fließende Sarca in zwei tiefen und engen Schluchten eingeschnitten hat, deren Bildung von der geologischen und geomorphologischen Forschung bisher noch nicht schlüssig erklärt werden konnte. In der Mulde treten die weichen Mergel der Scaglia Grigia zu Tage, auf die z.T. mächtigen Schotter- und Moränenauflagen aus der Eiszeit abgelagert sind. Im Inneren ist das Becken unsymmetrisch, die Sarca hat sich im nördlichen Bereich in die Sedimente eingegraben. Durch diese Einkerbung, die im Bereich von Ponte Arche erst spät besiedelt wurde, war der nördliche Teil Außerjudikariens, die alten Pfarren von Stenico und von Banale, früher deutlich vom größeren südlichen Teil abgetrennt. Nördlich der Sarca gehen die steilen Flanken der Brentagruppe mit dem Auftauchen der Scaglia-Mergel in sanftere Hänge über, die abgetreppt zum Fluss abfallen. Südlich der Sarca folgen über den jungen Taleinschnitten weite, gegen den Muldenrand sanft ansteigende Terrassenflächen, die günstige Voraussetzungen für die Landwirtschaft bieten.

Die von der Sarca durchschnittenen Gebirgsrücken sind sowohl im Westen als auch im Osten relativ niedrig. Daher hat man von unserem Standort aus eine großartige Fernsicht. Westlich der Burg von Stenico erkennen wir die enge Durchbruchschlucht der Sarca, die erst im 19. Jahrhundert durch eine Straße erschlossen wurde. Vorher konnte man nur über den weiter südlich liegenden Duronepass nach Innerjudikarien gelangen. Deshalb wurde früher auch zwischen Judikarien vor und hinter dem Duronepaß unterschieden. Im Westen wird die Sarcaschlucht von den Gipfeln der vergletscherten Adamellogruppe überragt, die vorwiegend aus Tonaliten aufgebaut sind. Im Osten erkennt man u.a. die Lagoraigruppe und den Monte Bondone, während die zum Gardasee ziehenden Kalkketten Außerjudikarien im Süden abschließen.

Von Seo wird nach Stenico vorgefahren und dort im Ortszentrum, im Bereich der Piazza Dante neben dem Dorfbrunnen geparkt. Falls ausreichend Zeit zur Verfügung steht, ist der Besuch der Burg von Stenico empfehlenswert. Von dort aus lässt sich auch die Siedlungsentwicklung von Stenico diskutieren. Anderenfalls eignet sich der Platz neben dem Dorfbrunnen für einen kurzen Halt.

Auf Grund der günstigen Lage der Burg war Stenico seit dem Mittelalter das Verwaltungszentrum Judikariens. Während andere Gerichte bereits in der frühen Neuzeit in Städte und Märkte verlegt wurden, hielt man in dieser peripheren Landschaft am alten Standort fest, allerdings ist es dem Markt Stenico nicht gelungen, andere zentralörtliche Funktionen an sich zu binden. Es ist eine ländliche Gemeinde geblieben, welche - wie man anhand der Gebäudenutzung feststellen kann - nur über die für ein Dorf typischen Versorgungseinrichtungen verfügt. Aus dem Alter und der Zustand der Gebäude kann man schließen, dass sich der Ort in den letzten Jahrzehnten nur langsam gewandelt hat.

Von Ortszentrum von Stenico wird über die flachere Straße nach Villa Banale und von dort über die hohe Brücke über die Sarca, vorbei an den Badeanlagen von Comano Terme in das Zentrum von Ponte Arche gefahren, wo der Halt für einen kurzen Rundgang genützt wird.

> *Die Burg Stenico*
>
> In Außerjudikarien kam es in den letzten 200 Jahren zu bemerkenswerten Verlagerungen der zentralörtlichen Einrichtungen. Der Burgberg von Stenico wurde wahrscheinlich bereits durch eine vorgeschichtliche Wallburg genutzt, im Frühmittelalter stand dort eine Burg, welche an die Herren von Stenico belehnt war. Als diese ausstarben, kam sie in den unmittelbaren Besitz des Bischofs von Trient, der sie durch einen für ganz Judikarien zuständigen Schlosshauptmann verwalten ließ. Auch die Bischöfe hielten sich häufig auf der prachtvoll ausgestalteten Burg auf, die im Kern auf das 12. und 13. Jahrhundert zurückgeht. Nach dem Ende des geistlichen Fürstentums verkauften die Bischöfe 1829 die Burg von Stenico an die österreichische Verwaltung, von dieser ging sie nach dem Ersten Weltkrieg an den italienischen Staat über. Unter Österreich war in der Burg das Bezirksgericht untergebracht. Als die Gerichtsbehörde im Jahre 1929 aufgelassen wurde, verwendete die italienische Verwaltung die Räume für die örtliche Carabinieri-Kaserne, bis diese gegen Ende der 1960er-Jahre geschlossen wurde. 1973 ging Schloss Stenico als Folge des Autonomie-Abkommens in den Besitz der Provinz Trient über, welche die Gebäude gründlich renoviert und in ein sehenswertes Museum umgewandelt hat. Nicht nur wegen der inzwischen restaurierten Gebäude mit vielen Gemälden aus dem Mittelalter und dem Barock und den reichen Sammlungen lohnt sich der Besuch. Von der Befestigungsmauer aus hat man auch eine eindrucksvolle Aussicht.

Bei der Fahrt von Stenico über Villa Banale nach Ponte Arche verfestigt sich das Bild, das wir bisher gewonnen haben. Manche Indikatoren, etwa der vereinzelte Übergang zum modernen Obstbau oder das Brachfallen von landwirtschaftlich Grundstücken, scheinen auf stärkere Veränderungen in naher Zukunft hinzudeuten. Auf der anderen Seite könnten das Festhalten an der Coltura Mista und am Getreidebau als Beleg dafür gewertet werden, dass Kräfte der Beharrung auch heute noch die Entwicklung bestimmen. Unterhalb von Villa Banale überquert die Straße an der 72 m langen und 85 m hohen Ponte Servi den Sarca-Fluss, der sich hier bereits tief in die Kalkbänke eingeschnitten hat. Blickt man an dieser Brücke flussabwärts, so erhält man einen guten Eindruck von dieser außerordentlich engen, verkehrsfeindlichen Schlucht, welche Außerjudikarien vom unteren Sarcatal klar abgrenzt.

Am Standort des Kurbades Terme di Comano (395 m), das sich an einer Heilquelle entwickelt hat, ist die Talsohle noch eng. Das Wasser, das mit einer Temperatur von 27 Grad entspringt und Kohlensäure sowie Spuren von Schwefel enthält, wird vor allem bei Hautkrankheiten eingesetzt. Die Lage der Quelle entspricht den tektonischen Grundstrukturen; Außerjudikarien weist ähnlich wie andere Regionen der Südalpen Bruchlinien auf, an denen häufig Thermalquellen austreten. Der Überlieferung nach soll das Bad bereits in der römischen Zeit bekannt gewesen sein, die ältesten heute noch bestehenden Kurgebäude stammen jedoch erst aus der ersten Hälfte des 19. Jahrhunderts. Damals wurde das Bad über die nähere Umgebung hinaus so bekannt, dass es auch von Adeligen und Angehörigen der bürgerlichen Mittelschicht aufgesucht wurde. Für den Tourismus in Außerjudikarien spielt es auch heute noch eine beachtliche Rolle.

Der Omnibus wird in Ponte Arche in der Nähe des Omnibusbahnhofes geparkt. Um sich einen Überblick über diese Siedlung verschaffen zu können, gehen wir zunächst rund 300 m an der Hauptstraße nach Osten, anschließend auf der anderen Straßenseite zurück und weiter nach Westen bis zur Abzweigung der Straße nach Stenico.

Ponte Arche (400 m) ist das seltene Beispiel eines zentralen Ortes, der sich wegen der Lagegunst und nicht infolge der Förderung durch die öffentliche Hand entwickelt hat. In Statistiken und auf Karten scheint er in der Regel nicht auf, weil diese neue Ortschaft auf drei Gemeinden aufgeteilt ist, nämlich Stenico, Bleggio Inferiore und Lomaso. Die Talaue war lange Zeit siedlungsleer, sie wurde erst verbaut, nachdem die Überschwemmungsgefahr gebannt und der Ort in das regionale Verkehrsnetz eingebunden war. Geschichtlichen Quellen kann man entnehmen, dass es hier seit dem Beginn der Neuzeit für den Nord-Süd-Verkehr eine Brücke über die verarchte Sarca - daher der Name Ponte Arche - gegeben hat. Entscheidend aufgewertet wurde der Standort allerdings erst, als 1852 eine durchgehenden Ost-West-Strassenverbindung durch die beiden Schluchten von Sarche über Ponte Arche und von dort bis Tione di Trento geschaffen wurde.

In Ponte Arche haben sich abgesehen von Tourismusbetrieben vor allem zentralörtliche Einrichtungen angesiedelt. Das Heilbad von Comano bildet die wichtigste Attraktion für den Fremdenverkehr. Da Kurgäste, die privat wohnen, keine weiten Wege in Kauf nehmen wollen, befinden sich die meisten Hotels im Osten des Ortes, von wo die Patienten über die schöne Kurpromenade entlang der Sarca rasch zum Kurhaus gelangen können. Der für die Verkehrsabwicklung wichtige Omnibusbahnhof, das Postamt, die Pfarrkirche, an welche 1961 der Sitz des Dekanates für Außerjudkarien von Vigo Lomaso verlegt worden ist, und viele Einzelhandelsbetriebe liegen im Zentrum, während sich Banken und Versicherungen auf den Westteil der Siedlung konzentrieren. Das funktionslose Gebäude auf der nördlichen Straßenseite gegenüber dem Postamt diente früher zum Dörren des Tabaks, der seit dem Zweiten Weltkrieg in Außerjudikarien nicht mehr angebaut worden ist.

Von Ponte Arche wird auf der Straße nach Riva del Garda bis knapp unterhalb von Fiavé gefahren. Dort wird der Omnibus am Anstieg unterhalb des Dorfes angehalten, weil sich die Agrarlandschaft von dort aus gut erklären lässt.

Auf den weiten, z.T. sanft ansteigenden Terrassenfluren Außerjudiakriens sind die naturräumlichen Voraussetzungen ähnlich wie im Nonsberg. Auf Grund der agrarsozialen Verhältnisse und Lagebeziehungen ist es jedoch zu keiner vergleichbaren Spezialisierung der Bodennutzung gekommen. Der Großteil der Parzellen wird relativ intensiv durch Futterpflanzen genutzt, wobei vor allem Futter- und Körnermais angebaut werden. Daneben fallen Obstkulturen auf, die - wie man leicht erkennen kann - erst vor relativ kurzer Zeit angelegt worden sind. Außerjudikarien war lange Zeit ein typischer Peripherraum, in welchem sich die traditionelle Coltura Mista lange halten konnte. Dabei wurden die Äcker an ihren Rändern durch Weinstöcke und Maulbeerbäume gesäumt. Während diese im übrigen Trentino weitgehend verschwunden sind, fallen in Außerjudikarien immer wieder einzelne dieser Bäume auf. Der Obstbau konnte sich nur sehr langsam durchsetzen, weil den Bauern in dieser weit abseits liegenden Region jener Zugang zum Markt fehlte, den die Landwirte im Nonsberg früh gefunden hatten. Auch die Betriebsstrukturen haben die Beibehaltung der traditionellen Wirtschaftsformen begünstigt. In Gemarkungen wie in Vigo Lomaso oder Campo Lomaso spielte in der Vergangenheit der (adelige) Großgrundbesitz eine beachtliche Rolle, daneben gab es auch mehr mittelbäuerliche Betriebe als in anderen Talschaften des Trentino. Diese Höfe spezialisierten sich in den 1970er-Jahren auf die Rinderhaltung, in der Regel auf die Milchwirtschaft, und bestellten ihre Fluren größtenteils mit Mais, Luzerne und anderen hochwertigen Futterpflanzen. Klein- und Nebenerwerbsbauern stellten sich hingegen vielfach auf Sonderkulturen um, zu denen hier auch die Anpflanzung von Schwarzen Johannesbeeren und von Walnüssen zählt. Dieser Differenzierungsprozess ist derzeit noch im Gange. Er hat zu einem abwechslungsreicheren Landschaftsbild geführt als in jenen Regionen des zentralen Trentino, in denen die landwirtschaftliche Bodennutzung weitgehend vereinheitlicht wurde. Eine Besonderheit Außerjudikariens war die Nutzung der Korbweiden, die an ökologisch ungünstigen Standorten vorkommen. Sie verdeutlicht die Armut, die früher hier geherrscht hat. Das Weidenreisig, das u.a. zum

Anbinden der Reben Verwendung fand, wurde im Spätwinter geschnitten, anschließend zu Hause verarbeitet und in der Regel an Weinbauern im Etschtal verkauft.

Um die Siedlungsentwicklung in den großen Dorfsiedlungen Außerjudikariens beobachten zu können, wird Fiavé besucht, wo am Platz vor der Pfarrkirche angehalten wird und von dort nach Norden zur Kapelle San Zeno und von dort weiter bis zum Nordrand des Ortes gegangen wird.

Fiavé (669 m; 2000: 1.053 Ew.) ist bis heute eine ländliche Siedlung geblieben, in welcher die traditionellen Siedlungselemente noch gut beobachtet werden können. Obwohl das Dorf rund 800 Einwohner zählt, ist die Ausstattung mit Dienstleistungseinrichtungen, die sich in der Nähe der Pfarrkirche zu den hl. Fabian und Sebastian konzentrieren, bescheiden. Das einzige größere Hotel und einige wenige kleine Gaststätten weisen auf die geringe Bedeutung des Tourismus hin, der auf inländische Sommerfrischler beschränkt ist. Bei den landwirtschaftlichen Gebäuden, die den Typ des Unterstallhofes entsprechen, hat der Strukturwandel bereits eingesetzt, allerdings ist dieser noch nicht so weit fortgeschritten wie im Hochnonsberg. Die meisten alten Höfe sind bereits baufällig, viele von ihnen werden jedoch noch genutzt. Der moderne Großbetrieb am Dorfrand nördlich der kunstgeschichtlich interessanten gotischen Kapelle San Zeno und einige Neubauten östlich von dieser lassen erwarten, dass es in naher Zukunft auch in Fiavé zu beachtlichen baulichen und sozio-ökonomischen Veränderungen kommen wird (vgl. *Loose* 1983).

Rund zwei Kilometer südlich von Fiavé führt ein Feldweg zu den Ausgrabungen nach Westen. Für größere Fahrzeuge ist es nicht ratsam, dorthin zu fahren, daher sollte der Omnibus auf der östlichen Straßenseite in der Nähe der Bar La Pinetta abgestellt werden.

Ein Besuch des Standortes der bronzezeitlichen Pfahlbausiedlung von Fiavé lohnt sich aus mehreren Gründen. Die Ausgrabungsstätte wurde als „prähistorischer Park" gestaltet, wobei die freigelegten Holzpiloten, auf denen die Siedlung geruht hat, und die Schautafeln einen guten Eindruck vom Leben in der bronzezeitlichen Pfahlbausiedlung vermitteln. Durch Torfstiche war man bereits in der Mitte des 19. Jahrhunderts auf diese aufmerksam geworden, später wurde sie in mehreren Grabungsphasen gründlich archäologisch untersucht. Die prähistorische Fundstelle belegt, dass es sich bei Außerjudikarien um einen Altsiedelraum handelt, dessen Feldflur seit der Jungsteinzeit kontinuierlich genutzt worden ist.
Der Besuch der Ausgrabungsstätte kann für die Beobachtung der vielfältigen Pflanzen- und Tierwelt dieses Feuchtbiotops genutzt werden, das durch die glaziale Schuttbarriere, auf welcher das Dorf Fiavé steht, gegen Norden abgedämmt ist. Allerdings wurde das Moor inzwischen auf kleine Flächen zurückgedrängt. Im 19. Jahrhundert wurde zuerst Torf gestochen, später wurden große Teile des Moores entsumpft und kultiviert, sodass sogar etwas Getreide angebaut werden konnte. Allerdings ist es nie gelungen, die Staunässe völlig zu beseitigen. Dementsprechend treffen wir heute vorwiegend feuchte Wiesen an, die als Dauergrünland genutzt werden. Im Moor wird vor allem Hangwasser gestaut, das unterirdisch durch das Kalkgestein herunterfließt. Die Forellenzucht unmittelbar neben der Ausgrabung zeigt, wie sauber und frisch dieses Moorwasser ist.

Von Fiavé wird über Ballino zum nächsten Haltepunkt bei Ville del Monte unterhalb des Lago di Tenno gefahren.

Südlich von Fiavé tauchen die weichen Scaglia-Grigia-Megel unter, als Folge davon rücken die aus Kalk und Dolomit aufgebauten Gebirgsketten nahe aneinander. Zwischen ihnen führt ein schmales Tal zum Passo Ballino hinauf. Nahe der Passhöhe treffen wir auf den aus behäbigen alten Gehöften bestehenden Weiler Ballino, der im äußeren Erscheinungsbild einer Verkehrssiedlung entspricht. Im Mittelalter befand sich hier eine Mautstelle, später war es Raststätte für Menschen und für Fuhrwerke, die auf dem Weg vom Norden in das Gardaseegebiet im Süden waren.

Das nördliche Ufer des Gardasees und das untere Sarcatal. Kulturlandschaftswandel unter dem Einfluss des Tourismus

Der nächste Haltepunkt ist beim Rastplatz auf der westlichen Straßenseite oberhalb des Ortschildes Ville del Monte vorgesehen. Von dort aus sieht man erstmals das Nordufer des Gardasees. Knapp unterhalb des Ortschildes kann der Omnibus am Abstellplatz auf der östlichen Straßenseite geparkt werden.

Mit dem Lago di Tenno erreichen wir die weitgehend vom Tourismus geprägte Region in der Nähe des Gardasees. Zunächst fällt die Fremdenverkehrssiedlung „Lago di Tenno" auf, welche sich östlich von der Abzweigung der Straße über Pranzo nach Riva entwickelt hat. Neben dem lokalen Potential, das durch den See gegeben ist, profitiert dieser Ort auch vom Image des Gardaseegebietes als international bekannte Freizeitregion. Vom Parkplatz neben der Staatsstraße gelangt man über einen Gehweg zum Lago di Tenno, dessen Ufer erfreulicherweise nicht verbaut sind.

Von unserem Haltepunkt aus kann man unschwer erkennen, dass die Dörfer Ville del Monte und Tenno sowie Pranzo und die übrigen Siedlungen dies- und jenseits des Varone-Baches erheblich durch den Tourismus geprägt sind. Das äußere Erscheinungsbild der Orte ist ansprechend, weil viele alte Häuser liebevoll renoviert wurden und zumindest zeitweise bewohnt sind. Die Anzahl der Neubauten ist gering, daher sind die Siedlungen nur wenig über den alten Dorfrand hinaus gewachsen. Die Agrarlandschaft bietet dagegen ein wenig erfreuliches Bild. Die früher im Rahmen der Coltura Mista intensiv genutzten kleinen Weinbauterrassen werden mehr und mehr vernachlässigt. Auf manchen stehen noch die alten Rebstöcke, andere bewirtschaftet man nur noch als Wiesen, und viele Flächen wurden aus der Nutzung ausgeschieden, sodass das Gestrüpp überhand nehmen konnte. Diese Extensivierungsprozesse spiegeln die modernen sozio-ökonomischen Veränderungen wider, welche die Gebirgsdörfer in der Nähe des Gardasees erfasst haben. Die Jüngeren pendeln in die Gemeinden im Tal, wo sie vorwiegend im Tourismus oder in der Industrie eine Arbeit finden.

Von diesem Haltepunkt fahren wir vorbei an der Burg von Tenno bis zum Autoabstellplatz gegenüber der Bar Panorama oberhalb von Cologna.

Je mehr wir uns dem Gardasee nähern, umso stärker macht sich der Einfluss des Tourismus bemerkbar. Für historisch Interessierte empfiehlt es sich, beim Schloss Tenno einen Halt einzulegen und das Dorf zu besuchen, das durch einen mächtigen Mauerring in den Burgbezirk einbezogen ist. Die alten eng verbauten Häuser haben ihr ursprüngliches Aussehen noch weitgehend bewahrt. Daher fühlt man sich bei einem Rundgang in das Mittelalter zurückversetzt. Am Hang unterhalb von Tenno fallen die Olivenbäume auf, welche auf die Klimagunst des Gardaseegebietes hinweisen.

An der flachen Sohle des unteren Sarcatales hat sich die geschlossene Verbauung von den alten Siedlungskernen aus gegen das Umland vorgeschoben. Die Stadt Riva ist inzwischen mit dem Darf Varone zusammengewachsen, sie reicht im Osten bis zum Monte Brione und im Nordosten bis San Tomaso und nahezu bis Gavazzo, wobei am Rand des geschlossen verbauten Gebietes mehrere Industriezonen auffallen, die im Rahmen der Trentiner Raumplanung angelegt wurden. Die wenigen verbliebenen Freiflächen sind größtenteils mit Rebkulturen bepflanzt und werden somit intensiv landwirtschaftlich genutzt. Viele dieser Parzellen weisen quadratische Grundmuster auf, von denen in der kulturlandschaftsgenetischen Literatur angenommen wird, sie gingen auf die Flureinteilung der Römerzeit zurück.

Von hier wird durch das am Hang liegende Dorf Cologna bis nach Varone vorgefahren, wo ein kurzer Stopp eingeplant werden sollte. Der Omnibus kann am Parkplatz neben dem Eingang zur Höhle mit dem Wasserfall (Eintrittsgebühr) abgestellt werden.

Varone liegt am obersten Ende des Schwemmkegels, den der Varone-Bach gegen den Gardasee aufgebaut hat. Vorher stürzt dieser Bach im Wasserfall von Varone über die Felswand oberhalb des Ortes zu Tale, in welche er sich tief eingeschnitten hat. Der 87 m hohe Wasserfall als Touristenattraktion und die Nähe des Gardasees haben den Fremdenverkehr begünstigt, dessen Entwicklungschancen jedoch durch einige Industriebetriebe beeinträchtigt werden. Die Firmen entlang des Varonebaches belasten die Umwelt z.T. erheblich. Ein typisches Beispiel ist diesbezüglich die Papierfabrik Varone, deren Abwässer früher ungeklärt in den Gardasee geflossen sind. Seit 25 Jahren bestehen im trentinischen Einzugsgebiet des Gardasees lokale Kläranlagen, welche die Zuflüsse reinigen. Für die riesigen Kosten einer Ringkanalisation, durch welche die (Bade-) Wasserqualität nachhaltig hätte verbessert werden können, fehlten der öffentlichen Hand die Mittel.

Falls nicht ausreichend Zeit zur Verfügung steht, kann von hier direkt zum Hafen von Riva del Garda gefahren werden. Will man ausführlicher auf die Problematik des unteren Sarcatales eingehen, so sollte ein Besuch der Stadt Arco und des Hafenortes Torbole eingeplant werden. In diesem Fall wird bis zum Rand der Innenstadt von Riva gefahren und dort in die Straße nach Arco eingebogen, wo der Omnibus auf einen der zentrumsnahen Parkplätze abgestellt wird. Von hier wird zu Fuß bis zur Piazza III Novembre vorgegangen, wo die Stadtentwicklung von Arco behandelt wird.

Die Piazza III Novembre ist ein stimmungsvoller Platz, der auf allen Seiten von sehenswerten Baudenkmälern gesäumt wird. Ursprünglich wurde er im Süden von der Stadtmauer begrenzt. Heute schließt dort das in der Blütezeit Arcos vor dem Ersten Weltkrieg entstandene gründerzeitliche Stadtviertel an. Die Kollegiatskirche Maria Empfängnis beherrscht den Süden des Platzes. Sie wurde zwischen 1613 und 1671 erbaut und zählt zu den bedeutendsten Bauwerken der Trentiner Spätrenaissance. Die Paläste um die Piazza III Novembre waren ursprünglich im Besitz der Burgherren, der Grafen von Arco. Das gilt für das im Barockstil erbaute Rathaus auf der Ostseite ebenso wie für den Palazzo Giuliani im Norden, der wegen der schönen Lauben auch als Palazzo della Loggia bezeichnet wird. Am barocken Mosesbrunnen auf der Westseite erinnert das dort angebrachte Wappen an die Grafen von Arco. Östlich der Kollegiatskirche schließt die Piazza Marchetti mit dem gleichnamigen Palast aus dem 16. Jahrhundert an.

Das Gebiet von Arco war bereits in prähistorischer und römischer Zeit, als es zum Municipium von Brixia (= Brescia) gehört hat, relativ dicht besiedelt. Die heutige städtische Verbauung lässt sich bis in das 12. Jahrhundert gut zurückverfolgen, als die Herren von Arco die Burg von den Bischöfen von Trient als Lehen verliehen bekommen haben. Mit dieser war die Stadt durch eine gemeinsame Ummauerung verbunden. Den Herren von Arco, die 1413 in den Reichsgrafenstand erhoben wurden, gelang es, hier ein kleines Herrschaftsgebiet zu schaffen, das kurzfristig (1433-1440) sogar ein unabhängiges Territorium war, sich jedoch 1440 der Tiroler Landeshoheit unterwerfen musste. Auch in den folgenden Jahrhunderten blieb Arco eine Burgstadt mit vier Toren, die eine geringe Bedeutung für die Umgebung besessen hat.

Die historische Verbauung der Altstadt von Arco blieb erfreulicherweise bis nach dem Zweiten Weltkrieg erhalten, als sich die Stadtgemeinde und die Provinz Trient zu einer Altstadtsanierung entschlossen haben, bei der auf die Erhaltung der historischen Bausubstanz besonderer Wert gelegt wurde. Dafür wurde ein detaillierter Sanierungsplan entworfen, der die zukünftige Gestaltung der einzelnen Objekte regelt. Kunstgeschichtlich wertvolle Gebäude wie die Kirchen und die Palazzi am Hauptplatz wurden unter strengen Denkmalschutz gestellt, bei dem nur Restaurierungen erlaubt sind. Für bestimmte Altbauten, zu denen die meisten Gebäude im Stadtzentrum gerechnet werden, ist eine „konservierende Gebäudesanierung" vorgeschrieben, bei der alle architektonisch wertvollen Bestandteile, etwa die Fassade, erhalten bleiben müssen. Bei weniger wertvollen Gebäuden ist eine Neugestaltung möglich, andere dürfen abgebrochen und neu aufgebaut werden, während bei einer letzten Gruppe der Abbruch vorgesehen ist, um zu einer zweckmäßigeren Gestaltung der Siedlung zu kommen.

Von der Piazza III Novembre wird in das gründerzeitliche Villenviertel bis zum Informationsbüro der Kurverwaltung gegangen. Genauere Ausführungen zur Stadt Arco sind für den im Band 4 des Exkursionsführers im Rahmen einer stadtgeographischen Spezialexkursion vorgesehen.

Die Villa von Erzherzog Albrecht von Habsburg, der von 1872 bis zu seinem Tod im Jahre 1895 regelmäßig während des Winters hier gewohnt hat, bildete den Ausgangspunkt für den gründerzeitlichen Nobelkurort Arco. Dieser Habsburger, der als letzter siegreicher Feldherr (Custozza 1866) zu den bekanntesten Persönlichkeiten der Donaumonarchie gezählt hat, bewog zahlreiche Adelige und reiche Bürger sich in der Nähe anzusiedeln. Dadurch entstand nach dem Vorbild der Großstädte eine gründerzeitliche Villenvorstadt mit ausgedehnten Gärten und zahlreichen privaten Parkanlagen. Nach dem Ersten Weltkrieg blieb der Adel aus, und in den Hotels, in welchen die Wiener Oberschicht abgestiegen war, wurden Sanatorien für Tuberkulose-Patienten eingerichtet. Erst als diese Krankheit nach dem Zweiten Weltkrieg ihren Schrecken verlor und die Sanatorien in Krankenhäuser für alle Arten von Lungenkrankheiten umgewandelt wurden, nahm der Tourismus wieder zu, ohne die einstige Bedeutung zu erlangen. In den letzten Jahrzehnten hat die Stadt Arco bewusst an die Blütezeit vor dem Ersten Weltkrieg angeknüpft. Die Parks werden instand gehalten, die großzügigen gründerzeitlichen Häuser renoviert, wobei man manche sogar im „Schönbrunn-Gelb" streicht. Zu den Arbeitsplätzen im Tourismus und Gesundheitswesen kommen nun auch Beschäftigungen in der Industrie, welche stark ausgeweitet wurden, seit mehrere moderne Industriezonen angelegt worden sind.

Bei der anschließenden Fahrt über Nago nach Torbole ist ein kurzer Halt bei den Gletschermühlen von Nago vorgesehen. Die Gletschermühlen, auf die mit der Aufschrift „marmiti dei giganti" aufmerksam gemacht wird, liegen an der Straße von Nago nach Torbole. Unmittelbar nach der ersten Kehre befindet sich auf der westlichen Straßenseite ein kleiner Parkplatz, der gegenüberliegende Abstellplatz auf der östlichen Straßenseite ist für Fahrzeuge der dortigen Bar reserviert. Diese Stelle bietet sich auch als Fotohalt an, von dem aus das Nordostufer des Gardasees bei Torbole aufgenommen werden kann. Von hier wird ca. 50 m zum Abstieg zu den Gletschermühlen hintergegangen.

Die beiden in weichen Biancone-Kalken angelegten Gletschermühlen fallen durch ihre Größe auf. Die größere ist rund 15 m hoch und nur zur Hälfte ausgebildet, die andere Hälfte war offenbar im Eis angelegt und ist nachher abgeschmolzen. Zur kleineren oberen Gletschermühle, die schöner geformt ist, kann man über eine gut abgesicherte Eisenleiter hinaufsteigen. Der kurze Stollen, der von der unteren Gletschermühle in den Fels hineinführt, wurde im Rahmen der Befestigungsarbeiten vor dem Ersten Weltkrieg vom österreichischen Militär angelegt. Die Gletschermühlen passen gut in die durch die Eiszeit geprägte Landschaft am Nordufer des

Blick auf den nördlichen Gardasee (mit der Ortschaft Torbole und der Sarcamündung)

Gardasees, wo die Felssohle mehrere Hundert Meter tiefer gelegen ist als im Etschtal, von dem Eis über die Loppio-Furche herübergeflossen ist. Dadurch bildete sich bei Nago ein Gletscherbruch mit einem Spaltensystem aus, an welchem das Wasser bis zum Boden hinunterstürzen und dort das Gestein mit der Hilfe von „Mahlsteinen" auskolken konnte. Auf den Tafeln mit der Beschreibung dieser Naturdenkmäler wird neben der Lokalbezeichnung „marmitte dei giganti" der italienische Terminus „pozzi glaciali" verwendet, der im deutschen Text (unglücklich) mit „Eislicher Riesenkessel" übersetzt wird. Die Vegetation in der Umgebung der Gletschermühlen zeigt typische Vertreter der planaren Höhenstufe am Nordufer des Gardasees. Die immergrüne mediterrane Flora ist durch den Ölbaum und die Steineiche vertreten. Daneben finden sich Hopfenbuchen, Mannaeschen und Felsenbirnen, welche in der kollinen Stufe der Südalpen häufig vorkommen.

Von den Gletschermühlen wird nach Torbole hinuntergefahren, wo der Halt am Parkplatz südlich der Ortschaft (in der Nähe des Tourismusbüros) vorgesehen ist. Anschließend wird von Torbole nach Riva gefahren, wo der Omnibus am Parkplatz neben dem „alten Bahnhof" abgestellt wird.

Goethe und Windsurfer am Gardasee

Während Arco und Riva im Mittelalter zu Städten aufgestiegen sind, blieb Torbole ein Fischerdorf, dessen Hafen später für den Verkehr in das südliche Gardaseegebiet bedeutsam wurde. Einer der bekanntesten Reisenden war Johann Wolfgang von Goethe, an dem im Hafen ein Denkmal erinnert. Er nahm am 12.9.1786 ein Schiff nach Malcesine, wo er eine unliebsame Überraschung erlebte. Als er dort Zeichnungen von der Burg anfertigte, glaubten die venezianischen Behörden, es handle sich um einen österreichischen Spion, nahmen ihn fest und sperrten ihn ein.
Die heute sehr häufig befahrene Straßenverbindung von Torbole nach Süden, die Gardasena orientale, wurde erst nach dem Anschluß des Trentino an Italien in der Zwischenkriegszeit erbaut. Der Name Torbole - „torbol" lautet der Dialektausdruck für „torbido" = trüb - beschreibt die trübe Färbung des Wassers in der Umgebung der Sarcamündung, er hängt nicht mit den „turbulenten" Winde zusammen, die hier häufig wehen und zahlreiche Windsurfer anlocken. Von diesen kommen viele, wie man den Autoschildern der parkenden Fahrzeuge entnehmen kann, aus Tirol und Süddeutschland. Es handelt sich dabei zumeist um junge sportliche Gäste, die in Campingplätzen übernachten. Daher spielen diese im „Surferzentrum" Torbole eine größere Rolle als in den anderen Gemeinden des unteren Sarcatales.

Begünstigt durch die Freizeiteinrichtungen am Gardasee ist es nach dem Zweiten Weltkrieg westlich des Monte Brione zu einer Konzentration von Tourismusbetrieben gekommen. Mit der Spiaggia dei Pini und der Spiaggia Sabbioni schließen westlich des Segelhafens S. Nicolo die wichtigsten Badestrände an. Entlang und nördlich der Staatsstraße prägen Hotels, bei denen es sich vorwiegend um Drei-Sterne-Betriebe handelt, das Siedlungsbild. Knapp westlich davon ändert sich dieses schlagartig. Dort wurde nämlich beginnend mit dem Feuerwehrhaus eine für den Fremdenverkehr nicht günstige junge Industriezone eingeschoben, die bis zum Varone-Bach und damit nahe an die gründerzeitliche Verbauung von Riva heranreicht.

Der kurze, rund 10 min dauernde Rundgang führt vom Omnibusbahnhof, der von Osten her über die Viale Rovereto und die SS 240 leicht erreicht werden kann, am Seeufer entlang zum Hafen von Riva. Dabei wird zunächst durch die Viale della Liberazione bis auf die Höhe des Grand Hotel Riva vorgegangen, von wo aus auch die alte Wasserfestung La Rocca eingesehen werden kann.

Der moderne Omnibusbahnhof liegt unmittelbar neben der alten Endstation der Schmalspurbahn von Mori nach Riva, die 1895 eröffnet und 1933 stillgelegt wurde. Der Zustrom der Fremdengäste hatte nach dem Ausbau der Reichsstraße von Mori über Nago an den Gardasee und der Eröffnung der Bahnlinie durch das Etschtal (1857) bereits früher eingesetzt, er nahm jedoch nach dem Bau der Nebenbahn stark zu, weil Riva nun von Mori aus in einer Stunde erreicht werden konnte. Als Folge davon entstand zwischen dem Bahnhof und der Altstadt ein Stadtviertel, das durch die gründerzeitliche Verbauung mit Villen und prachtvollen Gärten auffällt. In der näheren Umgebung befinden sich mit dem Lido Palace Hotel und dem Grand Hotel Liberty zwei Vier-Sterne-Betriebe, welche auch heute noch zu den führenden Häusern gehören. Bei dem südöstlich des Parkplatzes gelegenen Kongresszentrum „Palacongressi" handelt es sich um eine jüngere Einrichtung, die zur Verlängerung der Fremdensaison beiträgt. Auf dem kurzen Weg bis zum Grand Hotel Riva können die wesentlichen Strukturmerkmale des alten gründerzeitlichen Villenviertels gut beobachtet werden.

Bei der Festung La Rocca handelt es sich um einen massigen, von hohen Mauern umgebenen Bau, der von der Stadt durch einen Wassergraben getrennt ist. Die dort vor Anker liegenden kleinen Boote erinnern an die frühere Bedeutung der Fischerei für Riva. Bereits 1124 hatte Bischof Altmann den Bürgern der Stadt erlaubt, zum Schutz der Siedlung eine feste Burg zu errichten. Später bauten mit den Scaligern, den Venezianern und den Bischöfen von Trient die jeweiligen Stadtherren die Festung aus, welche, nachdem sie 1850 der österreichische Staat angekauft hatte, ab der Mitte des 19. Jahrhunderts als Kaserne verwendet wurde. Leider verlor die Burg durch die damit verbundenen Umbauten ihr ursprüngliches Aussehen, sodass sie heute zwar einen massiven aber keinen sonderlich interessanten Anblick mehr bietet. Nach der Renovierung dient die Rocca heute als Museum.

Vom Grand Hotel Riva wird über die Piazza Garibaldi und die Via Maffei zum alten Hafenplatz, der Piazza III Novembre, vorgegangen.

Der Hafenplatz, der heute Piazza III Novembre heißt, öffnet sich gegen den See. Daraus kann sehr gut auf die Orientierung der Stadt Riva del Garda geschlossen werden, die immer eng mit dem Gardasee verbunden war. Am Rande des Platzes erhebt sich als Symbol der Wehrhaftigkeit des Bürgertums der mittelalterliche Stadtturm, der Torre Aponale, welcher im Jahre 1555 von 20 auf 34 m aufgestockt wurde und seine jetzige Form mit Galerie und Kuppel und dem diese überragenden Engel erhalten hat. Wie viele andere alte Baudenkmäler wird der Turm heute als Museum genutzt. Der Name Riva, der vom Lateinischen Ripa (= Ufer) stammt, weist darauf hin, dass der Hafen bereits in der Römerzeit ausgebaut war. Wie das gesamte untere Sarcatal gehörte auch das Nordufer des Gardasees zum Municipium von Brixia (= Brescia). 983 übergab Kaiser Otto II. Riva an den Bischof von Verona, aber seit dem 12. Jahrhundert war er eine Besitzung des Bischofs von Trient. Wie bereits erwähnt, erlaubte Bischof Altmann der werdenden Stadt 1124 den Bau einer Burg, er behielt die Verwaltung jedoch in seiner Hand, zuerst unter Vikaren, dann unter einem Podestà, der von den Bürgern mit Zustimmung des Bischofs gewählt wurde. Nachdem Riva im Spätmittelalter zeitweilig zu Verona, Mailand und Venedig gehört hatte, eroberte es schließlich 1509 Georg von Neideck im Auftrag von Kaiser Maximilian, der die Stadt dem Trientner Bischof zurückgab, bis zur Säkularisierung 1803 blieb sie bei diesem Hochstift, nach den Napoleonischen Kriegen gehörte sie zum Kronland Tirol, ehe sie nach dem Ersten Weltkrieg an Italien angegliedert wurde.

Das Erscheinungsbild dieses Platzes und seiner Umgebung vermittelt einen Eindruck davon, wie sehr Riva seit dem 19. Jahrhundert durch den Tourismus umgeprägt worden ist. Viele Altstadthäuser wurden, wie man am Beispiel des Hotel del Sole, in welchem u.a. Friedrich Nietzsche als Gast weilte, und des Hotel Centrale deutlich erkennen kann, in Fremdenverkehrsunterkünfte umgewandelt, und die Touristengruppen prägen während der Saison das Leben in der Altstadt. Das im Renaissancestil erbaute Rathaus an der Westseite des Platzes und der noch etwas ältere Palazzo Pretorio in der anschließenden ruhigen Piazza S. Rocco zeigen, dass dieser heute von Gästen überflutete Hafenabschnitt im Mittelalter das Zentrum der Stadt bildete.

Von der Piazza III Novembre wird entlang des Ufers zur Piazza Catena vorgegangen, wo sich der ruhige Platz vor der Statue des Heiligen Johannes Nepomuk für den letzten kurzen Halt anbietet.

Der moderne Passagierhafen, von welchem die Schiffe auslaufen, liegt unmittelbar neben der Altstadt. Die vielen Souvenirläden weisen darauf hin, dass er heute weitgehend auf den Tourismus ausgerichtet ist. Früher diente er hingegen vorwiegend zur Abwicklung des Nord-Süd-Verkehrs. Es gab damals nämlich keine Landverbindung zum Südufer des Gardasees. Die von hier nach Süden führende Straße entlang des Westufers, die Gardasena occidentale, die zahlreiche Tunnels und Viadukte erforderlich machte, wurde erst 1932 eröffnet. Unmittelbar hinter der Straße steigt der Talhang steil gegen Westen an. Bei extremen Starkregen stürzen dort Wasserbäche zu Tal, die Muren und Felsstürze auslösen können. Solche Naturereignisse bedrohten in den letzten Jahrzehnten mehrmals die Straßen. Das Standbild des Heiligen Johannes Nepomuk weist darauf hin, dass es auch in früheren Jahrhunderten zu ähnlichen Katastrophen gekommen ist.

Am Nordufer des Gardasees ist das untere Sarcatal verhältnismäßig breit. Der Westteil wird im Bereich der Stadt Riva von den Murschwemmkegeln des Albola- und des Varonebaches eingenommen, in der Mitte erhebt sich der Monte Brione und im Osten mündet bei Torbole die Sarca. Der tiefblaue Nordteil des Gardasee ist eingezwängt zwischen den von Schichtköpfen gebildeten Felsabstürzen des Gebirges am Westufer und der im Bereich der Monte Baldo Gruppe gegen Osten steil ansteigenden südalpinen Sedimentationsplatte, an welcher der Talhang zuunterst mit Olivenhainen und darüber mit den jeweils charakteristischen Gehölzen von der kollinen über die montane bis zur subalpinen Höhenstufe bestockt ist. Mit einer Fläche von insgesamt 370 km², einer Länge von 51,5 km und einer Breite von 17,2 km gehört der Gardasee zu den größten Binnenseen Europas. Der Trentiner Anteil beträgt rund 14,5 km², bei einer Länge von 5,5 km und einer maximalen Breite von 3,5 km. Die Entstehung des Gardasees hängt mit der eiszeitlichen Vergletscherung zusammen. Er wird im Süden durch das Moränenamphitheater abgedämmt, und verdankt seine Ausgestaltung z.T. auch der Tiefenerosion des Eises. Der Seespiegel liegt auf einer Höhe von 65 m, die größte Tiefe beträgt 346 m bzw. im Trentino 311 m, der See reicht damit fast 300 m unter den Meeresspiegel hinunter, es handelt sich somit um eine Kryptodepression (Angaben nach *Tomasi* 1963, 249).

Zufahrt von Trient über das untere Sarcatal nach Arco

Für Exkursionsgruppen, welche vom Etschtal direkt zum Gardasee reisen möchten, bietet sich die Zufahrt von Trient an, die im Folgenden beschrieben wird. Dabei wird zunächst bis zum Parkplatz neben der Ausfahrt nach Terlago gefahren.

Knapp oberhalb von Trient führt die Gardaseestraße durch eine enge Schlucht, in der mit dem Schlern- und dem Hauptdolomit stabile Gesteinspakete anstehen, in welche sich der Vela-Bach hineingefräst hat. Lange Zeit behinderte diese Klamm den Verkehr, inzwischen wurde die Straße den modernen Erfordernissen angepasst, indem mehrere Tunnels gebaut und die Linienführung verbessert wurden. An den Hängen sieht man an vielen Stellen alte militärische Anlagen, die Kaiser Franz Josef nach dem Verlust der Lombardei in den Jahren 1860-1862 errichten ließ. Besonders eindruckvoll ist das Sperrwerk von Càdine am oberen Eingang der

Buco di Vela. Oberhalb davon haben eiszeitlichen Schotter im Bereich des Dorfes Càdine (494 m), welches in der Zwischenkriegszeit an die Stadt Trient angegliedert wurde, etwas günstigere Voraussetzungen für die Anlage einer bäuerlichen Siedlung geboten. Im darauf folgenden Abschnitt bis zur Abzweigung nach Terlago stehen wenig fruchtbare Kalke an, die vorwiegend mit Föhrenwäldern bestockt sind.

Die Talweitung von Terlago ist im Bauplan des Gebirges begründet. Es handelt sich um eine für die Etschtaler Alpen typische Mulde, in welcher junge, leicht ausräumbare Mergel anstehen. Oberhalb des Dorfes Terlago folgt eine im Landschaftsbild deutlich hervortretende Sattelzone aus härterem Dolomitgestein. Auf der Rückseite schließt eine schmale tektonische Mulde an, die sich geradlinig vom Lago della Mar am Fuße der Paganella über Monte Terlago und Vezzano in das untere Sarcatal erstreckt. Über diese Niederungen floss während der Eiszeiten ein Seitenarm des Etschtalgletschers in das Gardaseegebiet. Daher spielt in diesem Gebiet der glaziale Formenschatz eine beachtliche Rolle, daneben kommen bedingt durch das Gesteinssubstrat auch bemerkenswerte Karsterscheinungen vor.

Blickt man vom Parkplatz an der Abzweigung nach Norden, so erblickt man am Talboden den See von Terlago, einem typischen Karstsee, der durch zwei Zuflüsse gespeist wird, jedoch keinen oberirdischen Abfluss besitzt. Er wurde bereits im 19. Jahrhundert vom Trentiner Geographen und Politiker *C. Battisti* und dem Geologen *Trener* (1898) untersucht, die festgestellt haben, dass das Wasser aus diesem See unterirdisch abfließt und beim Hof Ischia Podetti auf der Etschtalsohle wieder austritt. Der See liegt in 416 m Seehöhe, er ist 1,6 km lang, weist die Form der Ziffer acht auf und ist bis zu 9,3 m tief. Während das Gelände im Osten ansteigt und mit einem Föhrenwald bestockt ist, schließt gegen Südwesten eine weite Auenlandschaft an, die - wie der Name des Zuflusses, Fosso Maestro, andeutet - erst spät melioriert wurde, wobei Reste des Schilfbestandes und von feuchtigkeitsliebenden Gehölzen an die frühere Vegetation erinnern. Erst in den letzten Jahren kam es hier zu einer Intensivierung der landwirtschaftlichen Nutzung, wobei der Obstbau etwas ausgeweitet wurde.

Da Sträucher aufgekommen sind, kann vom Parkplatz aus das Dorf Terlago nicht gut eingesehen werden. Dafür muss man ungefähr 200 m an der Straße nach Terlago hinuntergehen.

Das eng verbaute Haufendorf Terlago (485 m), das auf einem Schwemmkegel westlich oberhalb des Sees liegt, weist eine überraschend geringe Siedlungsdynamik auf. Obwohl die Gemeinde (2000: 1.466 Ew.) nur rund acht Kilometer von Trient entfernt ist, bestimmen nach wie vor Altbauten das Ortsbild. Der für die Stadtregionen Mitteleuropas typische Suburbanisierungsprozess, welcher vor allem in einer starken Zunahme der Pendelwanderung geführt hat, spielt hier (noch) keine Rolle.

Von Terlago wird über die neue Staatsstraße bis zur südlichen Ortseinfahrt von Vezzano gefahren, wo der Omnibus in der Nähe der Carabinieri-Kaserne abgestellt wird. Von dort führt der geologische Lehrpfad „A. Stoppani" nach Südosten. Nachdem wir den Weg ca. 500 m gefolgt sind, suchen wir einen freien Platz auf, von welchem wir die Landschaft überblicken können.

In dem zur Stadtgemeinde Trient gehörenden, auf einem Hügel liegenden, eng verbauten Dorf Vigolo Beselga (492 m) finden sich ebenfalls keine Hinweise auf eine stärkere Suburbanisierung. Das Bild der Kulturlandschaft ist im Übergangsraum zum unteren Sarcatal durch das Festhalten an traditionelle Elemente geprägt, dies gilt für die Siedlungen ebenso wie für die landwirtschaftliche Bodennutzung, die einen geringen Spezialisierungs- und somit Modernisierungsgrad aufweist.

Im Gebiet von Vezzano ändert sich das Landschaftsbild. Bedingt durch die weichen, tonreichen Mergel, die in diesem Becken anstehen, weitet sich das Tal, das im Nordwesten durch den

Monte Gazza begrenzt wird. In diesen hat sich die Sarca in einer engen Klamm eingeschnitten und dadurch den im Südwesten liegenden Monte Casale abgetrennt, der diesen von der Paganella geradlinig zum Gardasee führenden Gebirgskamm fortsetzt. Mit dem Lago di Massenza und dem Lago di Toblino beleben zwei Seen den Boden der Mulde, die sich nur nach Süden öffnet, gegen Nordwinde hingegen geschützt und daher klimatisch begünstigt ist. Deshalb setzt in Vezzano mit den ersten Ölbäumen, Zypressen und Steineichen die planare Höhenstufe des Klimagunstgebietes an den insubrischen Seen ein. Bereits seit langer Zeit sind die Weine aus dieser Gegend, in welcher u.a. der Vino Santo verkeltert wird, weithin bekannt, es ist jedoch zu keiner so starken Intensivierung des Anbaues gekommen wie im Trentiner Etschtal und im Vallagarina, wo die dorfnahe Flur nahezu zur Gänze mit Intensivkulturen bepflanzt ist. Im unteren Sarcatal sind das Getreide und der Futterbau hingegen noch nicht aus den Feldern verschwunden. An den südexponierten Hängen des Monte Gazza fallen bis zu einer Höhe von fast 1.000 m Weilersiedlungen auf, die im Hochmittelalter angelegt wurden und in den letzten Jahrzehnten durch starke Rückgänge der Einwohnerzahlen gekennzeichnet waren.

In Vezzano (385 m; 2000: 1.911 Ew.), das während der altösterreichischen Verwaltung Sitz eines Bezirksgerichtes war, hatten früher verschiedene, für ein Unterzentrum typische Einrichtungen ihren Sitz. Im Jahre 1527 wurde der Ort von Bernhard von Cles zum Markt erhoben, und 1896 wurde dieser Titel durch den österreichischen Kaiser bestätigt. Allerdings ist die Umlandbedeutung von Vezzano in den letzten Jahrzehnten deutlich zu Gunsten von Sarche zurückgegangen, das sechs Kilometer talabwärts, an der Abzweigung der Straße nach Außerjudikarien liegt und eine bessere infrastrukturelle Ausstattung aufweist. Daher befinden sich dort u.a. die moderne Kellerei der Talschaft und weit größere Einkaufsmärkte als in Vezzano. Die vielen Seen und das vorteilhafte Klima begünstigten im unteren Sarcatal, das von hier bis zum Gardasee reicht, das frühe Einsetzen des Tourismus, der bis heute einen wesentlichen Beitrag zur Wirtschaft dieses Gebietes leistet.

Das untere Sarcatal weist bis zur Gemeinde Dro ähnliche Strukturmerkmale auf, wie wir sie in Vezzano kennen gelernt haben. Daher besuchen wir das parallel zum Sarcatal verlaufende Tal von Cavédine, das (bei S. Valentino) knapp vor Padergnone abzweigt. Wir folgen der Straße bis Abzweigung zur Ortschaft und zum Lago di Cavédine. Im Ortszentrum von Cavédine besteht in der Piazza Garibaldi die Möglichkeit, den Omnibus zu parken. Von dort gehen wir zur Pfarrkirche, von der aus man nahezu das ganze Tal überblicken kann.

Während der Tourismus im unteren Sarcatal frühzeitig beachtliche Veränderungen hervorgerufen hat, setzte der moderne Strukturwandel - wie ein Blick auf einzelne Elemente der Kulturlandschaft zeigt - im Tal von Cavédine auffallend spät ein. Bereits bei der Fahrt durch Calavino (420 m; 2000: 1.224 Ew.), in welchem der große Palazzo Negri auffällt, überraschen die erhaltenen Unterstallhöfe, während diese in anderen Talschaften des Trentino deutliche Zeichen des Verfalls aufweisen. Auch im Bereich der landwirtschaftlichen Bodennutzung erfolgte die Modernisierung erst spät. Vor 30 Jahren war die Coltura Mista noch weit verbreitet. Die große Zahl von Funden aus der Römerzeit und das mächtige Schloss Madruzzo zeigen, dass dieses Tal erst spät in das Abseits geraten ist. Während sich hier die Altsiedlungen befinden, wurde die versumpfte Talsohle nördlich des Bergsturzes von Le Marocche lange Zeit gemieden, erst als die Talsohle unterhalb von Sarche melioriert war, verödete der Weg durch das Tal von Cavedine. Auf der mächtigen Burg oberhalb von Calavino lebte das Adelsgeschlecht der Madruzzi, das am Beginn der Neuzeit über 100 Jahre, u.a. auch in der Zeit des Konzils, die Fürstbischöfe von Trient gestellt hat und mit dem letzten dieser Bischöfe ausgestorben ist.

Eng verbaute Dörfer bestimmen die Siedlungsstruktur des Tales, wobei die meisten wesentlich kleiner sind als Cavédine (534 m; Gemeinde Cavédine 2000: 2.733 Ew.), das trotz seiner rund 1.600 Einwohner und des Gemeindesitzes nur die für ein Dorf typischen Einrichtungen verfügt. Cavédine kann daher als Beispiel für die ländlichen Siedlungen des Tales dienen, für welche behäbige, wenig transformierte Unterstallhöfe mit verwinkeltem Grundriss, hölzernen Balkonen und schlichtem Mauerwerk, das bis zum Dach hinaufreicht, charakteristisch sind. Die inzwischen modernisierte landwirtschaftliche Nutzung ist auf die sanft ansteigende Talsohle konzentriert, wobei von Cavédine talabwärts der Obst- und Weinbau dominiert, während von hier aufwärts neben dem Obst, das an die örtliche Genossenschaft verkauft wird, vor allem Mais angebaut wird. Am Hang, der die Talung im Westen gegen das Sarcatal begrenzt, verfällt die Nutzung hingegen zunehmend und es kommt der Niederwald auf. Mehrere kleine Industriebetriebe, die an der Provinzstraße angesiedelt wurden, bieten außeragrarische Beschäftigungen. Der Tourismus wird nur in der Form der Sommerfrische gepflegt, er spielt daher eine weit geringere Rolle als im unteren Sarcatal.

Von Cavédine fahren wir über die Talstraße zum Passo di S. Udalrico und von dort am Dorf Drena vorbei zum westseitigen Rastplatz zwischen den beiden Kehren unterhalb der Burg von Drena, von wo aus man den Bergsturz Le Marocche gut überblicken kann.

Am Passo San Udalrico erreicht die Provinzstraße in ungefähr 600 m Höhe ihren höchsten Punkt und führt von dort in westlicher Richtung in das Sarcatal hinunter, wobei der Hang bis zum Dorf Drena (393 m; 2000: 472 Ew.) mäßig und darunter steil abfällt. Die geschichtliche Entwicklung dieser Gemeinde war eng mit der gleichnamigen Burg verbunden, auf der im Mittelalter Lehensleute der Grafen von Arco gesessen sind. Auch heute bestehen noch enge Beziehungen zum unteren Sarcatal. Daher weist Drena ähnliche sozio-ökonomische Strukturen wie die dortigen Gemeinden auf und unterscheidet sich deutlich von Cavédine.
Das äußere Erscheinungsbild der Marocche im unteren Sarcatal kann als Musterbeispiel für große südalpine Bergstürze dienen. Daher ist geplant, sie im Band Trentino (Band 4) dieser Serie eingehend zu beschreiben, sodass wir uns hier mit einer kurzen Einführung begnügen können. Von unserem Standpunkt aus sind die wesentlichen Bestandteile der Bergstürze gut einsehbar, die das Sarcatal zwischen Dro und Pietramurata in einer Länge von rund sieben Kilometern verschüttet haben. Am steilen gegenüberliegenden, ostexponierten Gebirgshang können mehrere Abbruchsnischen unterschieden werden. Von der kleinen nördlichsten unterhalb des Monte Casale ist der Bergsturz Comoli abgebrochen. Größer ist die gegen Süden anschließende Nische der Bergsturzmassen von Pietramurata, deren Ablagerungsgebiet bis zum Südende des Lago di Cavédine reicht. Der größte Bergsturz ist von der riesigen Nische an der Ostseite des Monte Brento niedergegangen und hat im Bereich der Trümmerlandschaft von Kas das Tal zwischen Dro und Pietramurata und somit den Großteil des von uns eingesehen Gebietes verschüttet. Wesentlich kleinere Massen sind südöstlich des Monte Brento abgebrochen und zwischen Dro und Ceniga vorwiegend in der Form von Toma-Hügeln liegen geblieben.
Im Gebiet von Dro lassen sich, wie angesprochen, alle wesentlichen Merkmale einer großen südalpinen Bergsturzlandschaft demonstrieren. Dazu zählen die unregelmäßige Formung der Oberfläche, das Nebeneinander von riesigen Blöcken und von Feinmaterial, das bei der Talfahrt des Bergsturzes zerrieben worden ist, sowie die scharfen Kanten des Gesteinsmaterials. In der Form stark abweichende Hügel und abflusslose Hohlformen gestalten das Gelände unübersichtlich. Auf dem sterilen Bergsturzmaterial konnte sich nur eine sehr kümmerliche Vegetation entwickeln, wobei einzelne Zypressen besonders auffallen. Durch das Blockwerk der abgelagerten Kalke und Dolomite kann das Regenwasser ungehindert in die Tiefe abfließen. Daher ist es für die Bodenbildung zu trocken, die auch durch das sehr langsam verwitternde Gesteinssubstrat erschwert wird.

Bergsturzlandschaft zwischen Dro und Cavedine im unteren Sarcatal

Abb. 3: Die Bergstürze im Gebiet von Le Marocche

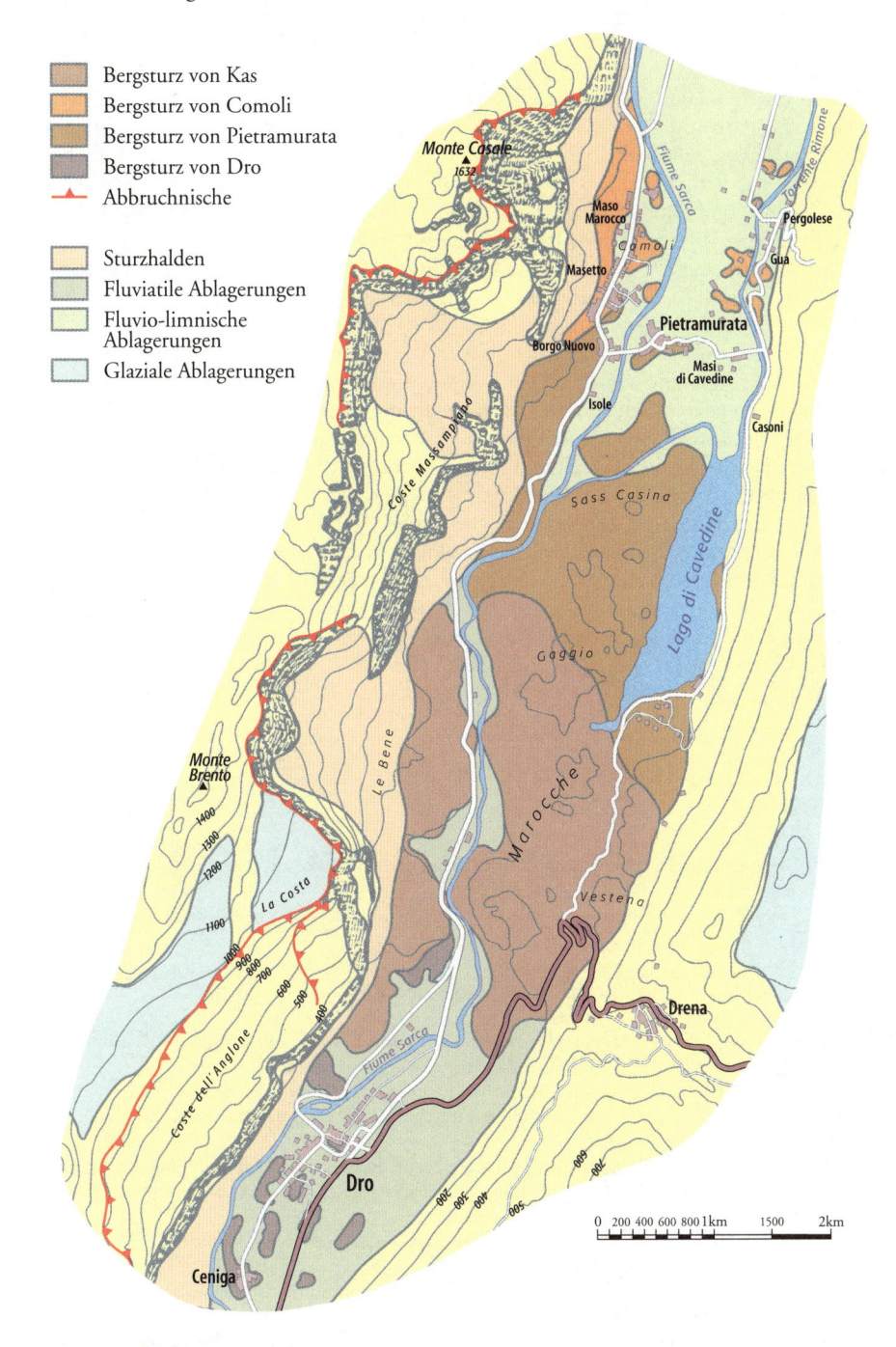

- Bergsturz von Kas
- Bergsturz von Comoli
- Bergsturz von Pietramurata
- Bergsturz von Dro
- Abbruchnische

- Sturzhalden
- Fluviatile Ablagerungen
- Fluvio-limnische Ablagerungen
- Glaziale Ablagerungen

Quelle: nach *Perna* (1997), modifiziert und erweitert durch H. Kölbersberger

Von diesem Haltepunkt wird über Dro nach Arco gefahren, wo der Omnibus im Bereich der Parkplätze im Süden der Stadt abgestellt wird. Von dort aus gehen wir in die Stadt Arco und fahren anschließend von dort nach Riva, dem Ziel unserer Exkursion (siehe vorangegangener Abschnitt).

Bei der Fahrt durch die Bergsturzlandschaft können vom Omnibus aus die oben geschilderten Eigenheiten dieses Landschaftstyps von der Nähe aus betrachtet werden. Am blockreichen Rand des Bergsturzes, der oberhalb des Dorfes Dro erreicht wird, setzt die landwirtschaftliche Nutzung mit Olivenbäumen ein, während die angrenzenden blockreichen Schwemmfächern von Rebanlagen eingenommen werden. An den Parzellengrenzen fallen Zwetschgenbäume auf, deren Früchte von der örtlichen Obstbaugenossenschaft vermarktet werden. Der intensive Wein- und Obstbau zeigt, dass in der durch das milde Klima begünstigten Gemeinde Dro (123 m; 2000: 3.347 Ew.) die Landwirtschaft auch heute noch eine beachtliche Rolle spielt, dem Tourismus ist es hingegen nicht gelungen, stärker Fuß zu fassen.
Nach kurzer Fahrt erreichen wir Arco. Bei der Fahrt über die Sarcabrücke erkennt man, welche hervorragende strategische Stellung diese Stadt im Mittelalter besessen hat. Durch die Schwemmkegel der Seitenbäche wurde die Sarca an den Burgberg herangepresst. Dadurch konnte hier der gesamte Verkehr durch das untere Sarcatal zum Gardasee leicht kontrolliert werden. Blickt man von der Brücke zur Burg, so beeindruckt die steile Felswand, durch die mehrere Klettersteige emporführen. Diese ziehen viele Sportkletterer an, die beste Möglichkeiten vorfinden. Die jungen Bergsteiger reisen in der Regel mit Privatkraftwagen an, welche sie auf den Parkplätzen nördlich der Sarcabrücke abstellen, und übernachten in nahen Campingplätzen. Als zweite Sportart hat sich in den letzten 20 Jahren im unteren Sarcatal und im Gardaseegebiet das Mountain-Biking durchgesetzt, wofür nicht nur Radstrecken im Tal, wie man am Beispiel des Weges entlang der Sarca nach Norden ersehen kann, sondern auch das Forststraßennetz, das an den steilen Talflanken hoch hinaufführt, ausgebaut worden ist. Mit diesen jungen sportlichen Gästen ist es gelungen, Arco für neue Touristengruppen attraktiv zu machen.

Literatur

Ausserer, C. - 1899: Der Adel des Nonsberges. - In: Jahrbuch der k.k. Heraldischen Gesellschaft „Adler", NF. 9. - Wien, S. 13-252.
Gorfer, A. - 1975: Le valli del Trentino. Trentino occidentali. Guida geografico-storico-artistico-ambientale. - Trento.
Huter, F. - 1967: Historische Städtebilder aus Alt-Tirol. - Innsbruck, Wien, München.
Leidlmair, A.- 1957: Das mittlere Etschtal. Wandlungen einer Südtiroler Kulturlandschaft. - In: Lautensach-Festschrift (= Stuttgarter Geogr. Studien 69). - Stuttgart.
K. Fischer/A. Leidlmair - 1975: Eisacktal - Überetsch - Mittleres Etschtal - Vinschgau. - In: Innsbrucker Geographische Studien 2 (= Tirol. Ein geographischer Exkursionsführer), S. 43-65.
Leidlmair, A./E. Steinicke - 1987: Bericht über die Exkursion der 12. Geographentagung: Brixen - Bozen - Überetsch - Nonsberg - Lana - Brixen. - In: Österreich in Geschichte und Literatur mit Geographie 31, S. 331-368.
Loose, R. - 1983: Agrargeographie des südwestlichen Trentino. Landwirtschaft und agrarsoziale Verhältnisse der Valli Giudicarie (Judikarien) in der Mitte des 19. Jahrhunderts und in der Gegenwart. - Wiesbaden.
Lutterotti, A. - 1975: Eine Münze Pippins in San Romedio. - In: Der Schlern 49, S.174-176.
Lutterotti, A. v. - 1997: Das Trentino. Ein neues Gesicht eines alten Grenzlandes. - Bozen.
Pedrotti, M. - 1969: Aspetti di etnologia culturali degli insediamenti umani nelle Giudicarie esteriori. - In: Economia Trentina 18, 23, p. 59-76.
Penz, H. - 1984: Das Trentino. Entwicklung und räumliche Differenzierung der Bevölkerung und Wirtschaft des Trentino (= Tiroler Wirtschaftsstudien 37). - Innsbruck.

Perna, G. - 1997: Itinerari geologici: La valle delle Marocche. - In: Economia Trentina 46, 1, p. 69-92; 46, 2, p. 95-122.
Rasmo, N. - 1982: Storia dell'arte nel Trentino. - Trento.
Trener, G. B./C. Battisti -1898: Il lago di Terlago ed i fenomeni carsici delle valli della Frica, del Des e dei Laghi. - In: Tridentum 1, p. 37-63, 97-128.
Tomasio, G. - 1963: I laghi del Trentino. - Trento.

Anschrift des Verfassers:
ao.Univ.-Prof. Dr. Hugo Penz
Institut für Geographie der Universität Innsbruck
A-6020 Innsbruck, Innrain 52

INNSBRUCKER GEOGRAPHISCHE STUDIEN

Band 32 Axel Borsdorf (Hrsg.): Lateinamerika im Umbruch. Geistige Strömungen im Globalisierungsstress. 2001, 169 S.

Band 31 Sven Fuchs, Margreth Keiler, Andreas Zischg: Risikoanalyse Oberes Suldental, Vinschgau - Konzepte und Methoden zur Erstellung eines Naturgefahrenhinweis-Informationssystems. 2001, 182 S.

Band 30 Gabriele Schwaller: Das Geographische Informationssystem als Werkzeug für wasserwirtschaftliche Planungsaufgaben - Untersuchungen zur Koppelung mit 2d-Abflußmodellierungen am Beispiel der Rahmenuntersuchung Salzach. 2000, 206 S.

Band 29 Christine Vogt: Guatemalas verbotene Ressourcen - Eine handlungstheoretische Untersuchung. 1999, 174 S.

Band 28 Gertraud Meißl: Modellierung der Reichweite von Felsstürzen - Fallbeispiele zur GIS-gestützten Gefahrenbeurteilung aus dem Bayerischen und Tiroler Alpenraum. 1998, 249 S.

Band 27 Armin Heller: Neue Typen der Agrarstruktur Österreichs - Automatische Gemeindeklassifikation mit Clusteranalyse und GIS. 1997, 204 S.

Band 26 Klaus Frantz, Ed.: Human Geography in North America - New Perspectives and Trends in Research. 1996, 366 S.   vergriffen

Band 25 Franz Riegler: Höfeerschließung im bergbäuerlichen Siedlungsraum - Das Beispiel Tirol. 1995, 146 S.

Band 24 Masaaki Kureha: Wintersportgebiete in Österreich und Japan. 1995, 188 S.

Band 23 Bruno Paldele: Die aufgelassenen Almen Tirols. 1994, 160 S.

Band 22 Andreas Erhard: Malawi. Agrarstruktur und Unterentwicklung. 1994, 312 S.

Band 21 Lateinamerika. Krise ohne Ende? Beiträge zu einer Ringvorlesung an der Universität Innsbruck. Hg. v. A. Borsdorf. 1994, 204 S.   vergriffen

Band 20 Der Geograph im Hochgebirge. Heuberger-Festschrift. Hg. v. M. Petermüller-Strobl und J. Stötter. 1993, 128 S.

Band 19 Ernst Steinicke: Friaul. Bevölkerung und Ethnizität. 1991, 224 S.

Band 18 Rudolf Berchtel: Alpwirtschaft im Bregenzerwald. 1990, 156 S.   vergriffen

Band 17 Hanns Kerschner: Beiträge zur Synoptischen Klimatologie der Alpen zwischen Innsbruck und dem Alpenostrand. 1989, 253 S.

Band 16 Probleme des ländlichen Raumes im Hochgebirge. Ergebnisse einer Tagung der Kontaktgruppe französischer und deutscher Geographen 1986 in Innsbruck. Hg. v. Peter Haimayer. 1988, 360 S. vergriffen

Band 15 Franz Fliri: Beiträge zur Kenntnis der jüngeren Klimaänderungen in Tirol. Niederschlagsbeobachtungen Innsbruck u. Kloster Marienberg. 1986, 135 S.

Band 14 Josef Aistleitner: Formen und Auswirkungen des bäuerlichen Nebenerwerbs. Das Mühlviertel als Beispiel. 1986, 174 S.

Band 13 Environment and Human Life in Highlands and High-latitude Zones. Ed. by A. Leidlmair and K. Frantz. 1985, 203 S.

Band 12 Jan Nottrot: Luxemburg. Beiträge zur Stadtgeographie einer europäischen Hauptstadt und eines internationalen Finanzplatzes. 1985, 131 S.

Band 11 Ernst Steinicke: Das Kanaltal. 1984, 140 S. vergriffen

Band 10 Konrad Höfle: Bildungsgeographie und Raumgliederung Tirol. 1984 vergriffen

Band 9 Albin Pixner: Industrie in Südtirol. Standorte und Entwicklung seit dem Zweiten Weltkrieg. 1983, 138 S.

Band 8 Arbeiten zur Quartär- und Klimaforschung. Fliri-Festschrift. 1983

Band 7 Peter Meusburger: Beiträge zur Geographie des Bildungs- und Qualifikationswesens. 1980, 229 S.

Band 6 Studien zur Landeskunde Tirols und angrenzender Gebiete. Leidlmair-Festschrift II. 1979 vergriffen

Band 5 Fragen der geographischen Forschung. Leidlmair-Festschrift I. 1979 vergriffen

Band 4 Heinrich Tscholl: Der Tschögglberg. Eine bevölkerungs- und wirtschaftsgeographische Untersuchung. 1978, 142 S.

Band 3 Paul Lang: Beiträge zur Kulturgeographie des Brixner Beckens. 1977, 188 S. vergriffen

Band 2 Tirol. Ein geographischer Exkursionsführer vergriffen

Band 1 Helmut Tiefenthaler: Natur und Verkehr auf der Arlberg-Westseite. 1973 vergriffen